Ute Felger

Lehr- und Handbücher der Soziologie

Herausgegeben von Dr. Arno Mohr

Lieferbare Titel:

Bauch, Medizinsoziologie

Helle, Verstehende Soziologie

Jacob · Eirmbter, Allgemeine Bevölkerungsumfragen – Einführung in die Methoden der Umfrageforschung

Maindok, Einführung in die Soziologie

Mikl-Horke, Historische Soziologie der Wirtschaft

Przyborski · Wohlrab-Sahr, Qualitative Sozialforschung, 2. Auflage

Weyer, Soziale Netzwerke, 2. Auflage

Qualitative Sozialforschung

Ein Arbeitsbuch

von
Aglaja Przyborski
und
Monika Wohlrab-Sahr

2., korrigierte Auflage

Oldenbourg Verlag München

Bibliografische Information der Deutschen Nationalbibliothek

Die Deutsche Nationalbibliothek verzeichnet diese Publikation in der Deutschen Nationalbibliografie; detaillierte bibliografische Daten sind im Internet über <http://dnb.d-nb.de> abrufbar.

© 2009 Oldenbourg Wissenschaftsverlag GmbH
Rosenheimer Straße 145, D-81671 München
Telefon: (089) 45051-0
oldenbourg.de

Das Werk einschließlich aller Abbildungen ist urheberrechtlich geschützt. Jede Verwertung außerhalb der Grenzen des Urheberrechtsgesetzes ist ohne Zustimmung des Verlages unzulässig und strafbar. Das gilt insbesondere für Vervielfältigungen, Übersetzungen, Mikroverfilmungen und die Einspeicherung und Bearbeitung in elektronischen Systemen.

Lektorat: Wirtschafts- und Sozialwissenschaften, wiso@oldenbourg.de
Herstellung: Anna Grosser
Coverentwurf: Kochan & Partner, München
Cover-Illustration: b a u e r konzept & gestaltung
Gedruckt auf säure- und chlorfreiem Papier
Druck: Grafik + Druck, München
Bindung: Thomas Buchbinderei GmbH, Augsburg

ISBN 978-3-486-59103-3

Vorwort zur 1. Auflage

Dieses Buch will den gesamten Prozess qualitativer Forschung begleiten – von den ersten Anfängen bis zur Niederschrift der Ergebnisse. Es soll bei den Entscheidungen, die im Verlauf dieses Prozesses zu treffen sind, gleichermaßen praktische Hilfestellung geben wie auch dabei helfen, diese Entscheidungen zu reflektieren. Wie praktiziere ich einen bestimmten Schritt im Forschungsprozess? Und was tue ich und mit welchen Konsequenzen, wenn ich mich für dieses Vorgehen anstelle eines anderen entscheide?

Auch wenn das Feld der qualitativen oder rekonstruktiven Sozialforschung traditionell in verschiedene Schulen aufgeteilt ist, geht dieses Buch von Fragen aus, die sich alle diese Schulen gleichermaßen stellen müssen; Fragen überdies, die sie an vielen Stellen mit dem anderen großen „Lager", der standardisierten Sozialforschung, verbinden. Wie formuliert man sein Erkenntnisinteresse und seine Fragestellung? Welche methodischen Zugänge sind dem angemessen? Wo findet man dafür die adäquaten Daten? Wie erschließt man ein Forschungsfeld? Wie dokumentiert und interpretiert man empirisches Material? Wofür stehen die empirischen Fälle und die daraus gewonnenen Befunde? Wie kommt man zur Formulierung einer Theorie? Und wie schreibt man das Ergebnis des Forschungsprozesses so nieder, dass auch andere Lust bekommen, darüber etwas zu lesen, und gleichzeitig etwas davon erfahren, wie dieses Ergebnis zustande gekommen ist?

Der Aufbau des Buches orientiert sich in erster Linie am Prozess der Forschung und zeichnet einen kompletten Forschungsbogen nach. Erst in zweiter Linie kommen verschiedene Schulen und Ansätze im Bereich der interpretativen Sozialforschung zu Wort. Aus diesen Schulen mussten wir hier eine Auswahl treffen, und es gibt zweifellos weitere wichtige Richtungen, die man hätte behandeln können. Dennoch glauben wir, mit der Auswahl der Ansätze ein Spektrum zu repräsentieren, in dem sich die wesentlichen Pole des Feldes qualitativer Sozialforschung, aber auch die zentralen gemeinsamen Problemstellungen wiederfinden. Gemeinsam allerdings ist allen hier behandelten Ansätzen, dass sie bei der Interpretation stets auf zwei Ebenen ansetzen und diese zueinander ins Verhältnis setzen: Dass sie nämlich den Inhalt ins Verhältnis setzen zur interaktiven Form, in der er präsentiert wird. Und dass sie beides über den systematischen und methodisch angeleiteten Vergleich erschließen. Wenn es in diesem Buch ein Credo gibt, dann ist es das: Qualitative Forschung besteht nicht darin, zu paraphrasieren, nachzuzeichnen und zu klassifizieren, sondern sie soll in methodisch begründeter Weise zu anspruchsvollen Interpretationen und – über das Nutzen des systematischen Vergleichs – zu begründeten Generalisierungen und zur Theorie gelangen.

Ohne die Divergenzen zwischen den verschiedenen hier behandelten Ansätzen unter den Tisch fallen zu lassen, wollen wir diese doch in einer Weise präsentieren, in der sie sich wechselseitig nicht grundsätzlich ausschließen. Auch wenn es unterschiedliche theoretische Grundlegungen gibt, die man kennen sollte, stößt man doch in der Forschungspraxis immer wieder auf Gemeinsames. Das gilt auch für uns als Autorinnen dieses Buches, die wir aus unterschiedlichen methodischen Richtungen und zudem aus unterschiedlichen fachlichen

Disziplinen kommen. Das Schreiben dieses Buches war für uns stets aufs Neue ein Prozess wechselseitiger Perspektivenübernahme. Es war aber auch immer wieder ein Prozess der (wechselseitig aneinander herangetragenen) Kritik an manch unhinterfragter Selbstverständlichkeit methodischer Schulen, die sich bisweilen nur noch nach innen, aber nicht mehr nach außen verständlich machen. Die Arbeit am konkreten Material jedoch war immer gemeinsames Interpretieren, bei dem Schulendivergenzen nachrangig wurden.

Die Geschichte des Schreibens an diesem Buch reicht buchstäblich zurück in die Jahre des letzten Jahrtausends. Seitdem kamen Kinder zur Welt, wurden Umzüge bewältigt, neue Stellen angetreten und viele andere Projekte begonnen und abgeschlossen. Das Buch hat uns ständig begleitet, und manchmal waren wir nahe daran, es ad acta zu legen. Der normale Wissenschafts- und Lehrbetrieb trägt das Seine dazu bei, dass solche größeren Vorhaben sehr mühsam werden. Es war nicht zuletzt ein Forschungssemester am Europäischen Hochschulinstitut in Florenz, das die Fertigstellung des Buches nun endlich möglich gemacht hat. Den Lektoren des Oldenbourg-Verlages – Arno Mohr und Jürgen Schechler – sei für den langen Atem bei der Betreuung dieses Projektes gedankt. Bei der konkreten Fertigstellung und Edierung des Manuskripts waren Verena Hauser (Wien) und Melanie Sachs (Leipzig) eine unschätzbare Hilfe.

Die lange Dauer des Schreibens an diesem Buch hatte aber ohne Zweifel einen großen Vorteil: In dieser Zeit waren wir mit den empirischen Projekten und methodischen Fragen Hunderter Studierender – in Vorlesungen, Seminaren und Forschungswerkstätten – konfrontiert, wurden von ihnen angeregt und angefragt und mussten mit ihnen gemeinsam Lösungen erarbeiten. So mühsam das bisweilen war (und so gerne wir dabei schon dieses Buch zur Hand gehabt hätten), haben wir davon doch auch außerordentlich profitiert. Wir hoffen, dass dies auch den Studierenden zugutekommt, die diese kondensierten Erfahrungen nun als Lehrbuch in die Hand nehmen.

Wien und Florenz im Februar 2008
Aglaja Przyborski und Monika Wohlrab-Sahr

Inhaltsverzeichnis

Inhaltsverzeichnis		**7**
Abbildungsverzeichnis		**11**
Tabellenverzeichnis		**13**
1	**Erkenntnisinteresse, methodologische Positionierung, Forschungsfeld, Methode**	**15**
1.1	Formulierung des Erkenntnisinteresses und der Fragestellung	15
1.2	Methodologische Positionierung	18
1.3	Bestimmung des Forschungsfeldes	20
1.4	Methodenwahl	21
2	**Methodologie und Standards qualitativer Sozialforschung**	**25**
2.1	Ausgangspunkt: Common-Sense-Konstruktionen	26
2.2	Zugang: Methodisch kontrolliertes Fremdverstehen	28
2.3	Analyseeinstellungen: Subjektiver Sinn versus Struktur der Praxis	32
2.4	„Klassische" Gütekriterien: Validität, Reliabilität und Objektivität	35
2.4.1	Validität	36
2.4.2	Reliabilität	38
2.4.3	Objektivität	40
2.5	Weiter reichende Qualitätsstandards: Metatheoretische Fundierung und Generalisierbarkeit	42
2.5.1	Forschungsablauf der hypothesenprüfenden Verfahren	42
2.5.2	Forschungsablauf rekonstruktiver Verfahren	43
2.6	Methodenentwicklung und Methodenaneignung: Praxeologie	48
2.7	Transdisziplinarität und Verbindung von Grundlagen- und Anwendungswissenschaft	50
3	**Im Feld: Zugang, Beobachtung, Erhebung**	**53**
3.1	Felderschließung und teilnehmende Beobachtung	53
3.1.1	Qualitative Forschung ist Feldforschung!	53
3.1.2	Was und wer gehört zum Feld?	54
3.1.3	Wie bekommt man Zugang zum Feld?	56
3.1.4	Die eigene Rolle im Feld: Das Problem der teilnehmenden Beobachtung	58
3.2	Beobachtungsprotokolle	63
3.2.1	Wie protokolliert man Beobachtungen?	63
3.2.2	Wo und wann schreibt man seine Protokolle?	66

3.3	Allgemeine Prinzipien und forschungspraktische Schritte bei der Erhebung sprachlichen Datenmaterials	67
3.3.1	Feldkontakt: Erste Gespräche mit Informanten und möglichen Interviewpartnern	67
3.3.2	Strategien der Gewinnung von Interviewpartnern und Teilnehmerinnen an Gruppendiskussionen	72
3.3.3	Kommunikation zur Vereinbarung von Terminen für die Erhebung	73
3.3.4	Erhebungsort und Rahmenbedingungen der Erhebung	76
3.3.5	Technische Geräte	79
3.3.6	Erhebungssituation: Kommunikation in der Rolle der Interviewerin oder Gruppendiskussionsleiterin	80
3.3.7	Spezielle Probleme und Verhalten während der Erhebung	88
3.4	Spezielle Formen des Interviews und der Erhebung	91
3.4.1	Narrative Interviews	92
3.4.2	Gruppendiskussionen	101
3.4.3	Gruppendiskussionen und Interviews mit Kindern	115
3.4.4	Paar- und Familieninterviews, Familiengespräche	122
3.4.5	Experteninterviews	131
3.4.6	Offene Leitfadeninterviews	138
3.4.7	Fokussierte Interviews/Fokusgruppeninterviews	145
3.4.8	Authentische Gespräche	155
3.5	Datensicherung: Transkription	160
3.5.1	Prinzipien der Transkription gesprochener Sprache	162
3.5.2	TiQ – ein Transkriptionssystem zur Erfassung von Gesprächen für eine rekonstruktive Auswertung	164
3.5.3	HIAT auf der Basis von EXMARaLDA: Ein hoch ausdifferenziertes Transkriptionssystem	167
3.5.4	Prinzipien und Techniken der Transkription von Filmen	168
3.5.5	MoViQ: Ein Transkriptionssystem zur Erfassung von Filmen für eine rekonstruktive Auswertung	169
4	**Sampling**	**173**
4.1	Sampling und Repräsentativität: Wofür stehen die ausgewählten Fälle?	173
4.2	Was bedeutet Sampling?	174
4.3	Samplingeinheiten und Beobachtungseinheiten	176
4.4	Formen des Sampling in qualitativen Untersuchungen	177
4.4.1	Theoretical Sampling	177
4.4.2	Sampling nach bestimmten, vorab festgelegten Kriterien	178
4.4.3	Snowball-Sampling	180
4.5	Zur Kombinierbarkeit von Samplingverfahren	181
4.6	Wann hat man genügend Fälle?	182
5	**Auswertung**	**183**
5.1	Grounded-Theory-Methodologie	184
5.1.1	Entstehungshintergrund des Verfahrens	186
5.1.2	Bevorzugte und mögliche Erhebungsinstrumente	189

5.1.3	Theoretische Einordnung	190
5.1.4	Theoretische Grundprinzipien und methodische Umsetzung	193
5.1.5	Schritte der Auswertung	206
5.2	Narrationsanalyse	217
5.2.1	Entstehungshintergrund des Verfahrens	217
5.2.2	Bevorzugte und mögliche Erhebungsinstrumente	219
5.2.3	Theoretische Einordnung	220
5.2.4	Theoretische Grundprinzipien und methodische Umsetzung	221
5.2.5	Schritte der Auswertung und Interpretationsbeispiel	231
5.3	Objektive Hermeneutik	240
5.3.1	Entstehungshintergrund des Verfahrens	240
5.3.2	Theoretische Einordnung	241
5.3.3	Bevorzugte und mögliche Erhebungsinstrumente	245
5.3.4	Theoretische Grundprinzipien und methodische Umsetzung	246
5.3.5	Schritte der Interpretation	260
5.3.6	Interpretationsbeispiel: Schuhe ausziehen oder nicht?	265
5.4	Die dokumentarische Methode	271
5.4.1	Entstehungshintergrund des Verfahrens	271
5.4.2	Bevorzugte und mögliche Erhebungsinstrumente sowie Anwendungsfelder	272
5.4.3	Theoretische Einordnung	274
5.4.4	Theoretische Grundprinzipien und methodische Umsetzung	277
5.4.5	Schritte der Interpretation: Auswertungspraxis (Texte)	286
5.4.6	Interpretationsbeispiel: Gespräch mit zwei jungen Frauen	299
5.5	Interpretation fremdsprachigen Materials	308
6	**Generalisierung**	**311**
6.1	Was ist das Problem? Worum geht es bei der Generalisierung?	313
6.2	Grundmodelle der Generalisierung	316
6.2.1	Deduktives Erklären vs. Rekonstruktion von Konfigurationen und Mechanismen	316
6.2.2	Formen der Generalisierung	318
6.3	Idiographik oder Nomothetik? Ein historischer, aber systematisch aufschlussreicher Kontrast	322
6.3.1	Individualisierung vs. Generalisierung	322
6.3.2	Gesetzeswissenschaften und Wirklichkeitswissenschaften	325
6.3.3	Der Idealtypus als Mittel verstehenden Erklärens	328
6.4	Verwendung idealtypischer Konstruktion in der Forschung	332
6.5	Anwendung: Vom Fall zum Typus	335
6.5.1	Fallstruktur und Typus	335
6.5.2	Elemente der Idealtypenkonstruktion als Methode: Abstrahierung, Kontextualisierung, Kohärenzstiftung	336
6.5.3	Metatheoretische Kategorien	337
6.6	Christine Späth als exemplarischer Fall des Typus „Individualisierung"	338
6.6.1	Metatheoretische Kategorien der Biographieanalyse	338
6.6.2	Vom Fall zum Typus	340

7	**Darstellung rekonstruktiver Ergebnisse**	**351**
7.1	Zur Relevanz der Darstellung	351
7.2	Gütekriterien und Darstellung	353
7.3	Die Erzählperspektive	354
7.4	Darstellungsformate, -elemente und -aufbau	358
7.5	Darstellung von Interpretationen, Fällen und komparativen Analysen	361

Literatur	**365**
Personenverzeichnis	**389**
Sachverzeichnis	**393**

Abbildungsverzeichnis

Abb. 1:	Entwicklung einer Fragestellung	16
Abb. 2:	Partiturschreibweise der Transkription nach EXMARaLDA	168
Abb. 3:	Filmtranskription nach MoViQ	170
Abb. 4:	Forschungsphasen in der Grounded Theory (nach Strauss 1991: 46)	203
Abb. 5:	Struktureller Aufbau der Erzählung (nach Labov 1980: 302)	226
Abb. 6:	Generalisierung I	315
Abb. 7:	Generalisierung II	315
Abb. 8:	Generalisierende Methode des methodologischen Naturalismus	323
Abb. 9:	Individualisierende Methode der Geschichtswissenschaft	324
Abb. 10:	Typentableau „Muster biographischer Entwicklung" (nach Brose et al. 1993: 158)	349

Gestaltung der Abb. 6, 7, 8, 9: erwinbauer.com

Tabellenverzeichnis

Tab. 1:	Beispiel für die Indexikalität der Alltagssprache (Garfinkel)	29
Tab. 2:	Beobachtungsprotokoll	63
Tab. 3:	Formen des Kodierens (nach Strauss und Corbin)	205
Tab. 4:	Offenes Kodieren nach der Grounded Theory (vom Text zum Konzept)	208
Tab. 5:	Axiales Kodieren nach der Grounded Theory (von Konzepten zu Kategorien)	209
Tab. 6:	Ebenen der Kategorienbildung (Grounded Theory)	210
Tab. 7:	Kontraste auf der Ebene von Konzepten (Grounded Theory)	213
Tab. 8:	Theoriegenerierung über Kontrastierung von Kategorien (Grounded Theory)	216
Tab. 9:	Unterscheidung zwischen „Gesetzeswissenschaften" und „Wirklichkeitswissenschaften"	327
Tab. 10:	Dimensionen des Idealtypus „biographische Identität"	339
Tab. 11:	Konkretisierung der Dimensionen beim Typus „Idealisierung"	347

1 Erkenntnisinteresse, methodologische Positionierung, Forschungsfeld, Methode

Jede empirische Arbeit – egal ob es sich um ein Forschungsprojekt mit mehreren Mitarbeitern oder um eine studentische Einzelarbeit handelt – beginnt mit der Beantwortung einiger wesentlicher Fragen:

Was will ich wissen? **(Formulierung des Erkenntnisinteresses und der Fragestellung)**

Welches methodologische Paradigma ist meiner Fragestellung angemessen und welche Konsequenzen folgen daraus? **(Methodologische Positionierung)**

Wo und von wem erfahre ich am ehesten etwas über das, was ich wissen will? **(Bestimmung des Forschungsfeldes)**

Welches sind die geeigneten Verfahren, um in einem bestimmten Forschungsfeld Daten zu erheben, die im Hinblick auf mein Erkenntnisinteresse besonders aussagekräftig sind? **(Wahl der Erhebungsverfahren)**

Welche Art der Auswertung ist aufgrund der erhobenen Daten möglich und diesen Daten angemessen? **(Wahl der Auswertungsmethoden)**

Diese Fragen klingen auf den ersten Blick banal. Dennoch ist ihre präzise Beantwortung entscheidend für das Gelingen oder Scheitern jeder Forschung. Im Rahmen „qualitativer" – man könnte auch sagen: interpretativer oder rekonstruktiver – Forschung[1] bedeutet das nicht zuletzt, Forschungsfragen zu entwickeln, die über einen qualitativen Zugang tatsächlich zu bearbeiten sind, und sie mit methodischen Instrumenten zu bearbeiten, die einem solchen Zugang adäquat sind.

1.1 Formulierung des Erkenntnisinteresses und der Fragestellung

Es scheint auf den ersten Blick banal, darauf hinzuweisen, dass am Anfang jeder Forschung die Formulierung des Erkenntnisinteresses und einer präzisen Fragestellung stehen muss. Dennoch handelt es sich dabei um den entscheidenden ersten Schritt. Wenn hier nachlässig verfahren wird, wird sich dies im späteren Verlauf der Forschung unweigerlich rächen. Und genau daran kranken viele Vorhaben. Häufig werden schlicht Phänomene, die man untersuchen will, mit einer Fragestellung gleichgesetzt. Wenn aber eine Doktorandin z.B. vorhat, sich in ihrer Dissertation mit dem Phänomen der „Aussteiger" zu befassen, hat sie damit noch lange keine Fragestellung formuliert. Zum einen bedarf es einer – wenn auch vorläufigen – Definition des Phänomens, die präziser ist als die Alltagsdefinition des Aussteigers. Welche Gruppen sollen in den Blick genommen werden, wenn von „Aussteigern" die Rede

---

[1] Mehr zur Erläuterung dieser Begriffe in Kap. 2.

ist? In welchem Sinne handelt es sich dabei um „Aussteiger", worauf ist ihr „Ausstieg" bezogen? Zum anderen handelt es sich bei den „Aussteigern" zunächst lediglich um einen grob umrissenen Bereich. Dieser mag zwar als solcher „interessant" scheinen, aber genau das, was daran für die Forschung „interessant" sein könnte, worin also das Erkenntnisinteresse der Forscherin besteht, gilt es – in zunächst vorläufiger Weise – auszubuchstabieren.

Abb. 1: Entwicklung einer Fragestellung

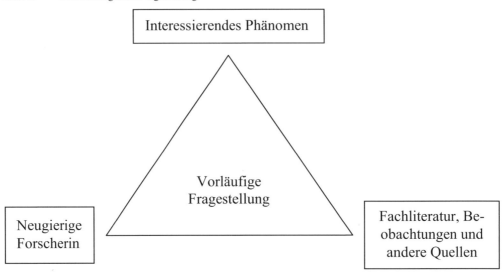

Anregungen dafür können aus vielen Quellen kommen. Dazu gehören Alltagsbeobachtungen, Gespräche mit Personen, die das potentielle Forschungsfeld kennen, und natürliche diverse Arten der Literatur, in denen das Phänomen behandelt wird. Beim Beobachten, beim Lesen und bei Gesprächen wird man Zugänge, die sich zunächst aufgedrängt haben, wieder aussortieren, man wird auf Literatur stoßen, in der das, was einen selbst interessiert hat, schon eingehend erforscht ist (und diese Perspektive dann enttäuscht wieder fallen lassen), und es werden sich allmählich verschiedene mögliche Fragestellungen herauskristallisieren.

Am Phänomen der „Aussteiger" kann einen z.B. interessieren, aus welchen biographischen Konstellationen heraus es zum „Ausstieg" kommt. Im Hintergrund stünde in diesem Fall ein biographietheoretisches Interesse, das auf das Verstehen und Erklären von Brüchen in Biographien ausgerichtet ist. Es kann einen weiter (oder zusätzlich) interessieren, wie der Prozess des Aussteigens vor sich geht, ob sich „Karrieren" von Aussteigern identifizieren lassen, wie es dazu kommt, dass sich die biographische Orientierung auf den Ausstieg hin verdichtet oder sie sich vielleicht wieder verflüchtigt. Auch hier wäre ein biographie- und lebenslauftheoretisches Interesse maßgeblich, bei dem der Ausstieg als Prozess (vor dem Hintergrund anderer Möglichkeiten) in den Blick kommt. Man kann sich für Aussteiger auch interessieren, weil sie mit gesellschaftlichen Normalerwartungen brechen: z.B. ihre Partner und Kinder zurücklassen, ihren Besitz aufgeben, ihre große Wohnung oder gar ihr Heimatland verlassen, auf Konsum und Komfort verzichten oder auch: sich einer Verantwortung entziehen, von der man glaubt, dass sie sie wahrnehmen müssten. Im Fokus des Interesses stünde hier der Bruch mit Konformitätserwartungen und gesellschaftlichen Normen, und die Frage, wie ein solcher Bruch motiviert ist, wie er legitimiert wird und wie die Betreffenden sich in der

1.1 Formulierung des Erkenntnisinteresses und der Fragestellung

neuen Situation einrichten. Die biographische Genese wäre dabei nicht von vorrangigem Interesse, die Fragestellung wäre auf die Auseinandersetzung mit gesellschaftlichen Normen fokussiert. Wieder eine andere mögliche Fragestellung bestände darin, die Motive und Legitimationen von Aussteigern historisch zu verorten, indem man etwa Deutungsmuster des Ausstiegs herausarbeitet und auf ihr Verhältnis zu möglichen historischen Vorbildern (etwa im Kontext zivilisations- und modernitätskritischer Bewegungen) hin untersucht. Im Fokus stünden hier Deutungsmuster und ihre Einbettung in kulturelle Strömungen. Es sind noch eine ganze Reihe weiterer Fragestellungen denkbar.

Dieses Beispiel zeigt, dass zu ein- und demselben Phänomenbereich unterschiedliche Fragestellungen entwickelt werden können, die jeweils aus einem anderen Erkenntnisinteresse resultieren. Die möglichst genaue Formulierung dieser Fragestellung und dieses Erkenntnisinteresses ist ein wesentlicher erster Schritt der Forschung, in dem auch bereits erste, noch ganz vorläufige Konzepte auftauchen, z.B. Kontinuität vs. Bruch in Biographien, Bruch mit Normalerwartungen vs. Normalisierung oder Deutungsmuster der Gesellschaftskritik.

Aus dieser ersten Formulierung ergeben sich bereits Vergleichsperspektiven, die ebenfalls helfen, die eigene Fragestellung zu präzisieren. So kann man etwa überlegen, was eine Aussteigerin von einer Konvertitin oder von einer Frau, die sich entschließt, ins Kloster zu gehen (beides Fälle, in denen ein anderer, weltanschaulich gerahmter Ausstieg vollzogen wird) oder von einer Person, die sich zur Auswanderung entschließt, unterscheidet; man kann den „Ausstieg" aber auch als „Abweichung" konzipieren und ihn mit anderen Formen der Abweichung (etwa der Drogensucht, der Prostitution oder des Lebens in Saus und Braus nach einem plötzlichen Lottogewinn) vergleichen. Auch kann man gesellschaftskritische Deutungsmuster des Ausstiegs mit solchen vergleichen, die etwa eine gesellschaftliche Revolution propagieren. Das bedeutet nicht, dass man all das selbst untersuchen muss. Aber man kann den hypothetischen Vergleich nutzen, um das Erkenntnisinteresse im Hinblick auf den gewählten Untersuchungsgegenstand klarer zu formulieren und das Thema der Untersuchung präziser zu bestimmen. Im Forschungsansatz der Grounded Theory (Kap. 5.1) wird dieses Vorgehen im Detail erläutert (Strauss 1991 [1987]).

Das bedeutet nicht, dass sich an diesen ersten Formulierungen der Fragestellung im Verlauf der Forschung nichts mehr ändern kann. Qualitative Forschung zeichnet sich gerade dadurch aus, dass sie ihre Fragestellungen, Konzepte und Instrumente in Interaktion mit dem Forschungsfeld immer wieder überprüft und anpasst. Auf Grundlage einer präzise formulierten Fragestellung zu Beginn lässt sich aber später genauer bestimmen und dokumentieren, wo und aus welchen Gründen sich Perspektiven im Verlauf der Forschung verändert haben.

Zu Beginn jeder Forschung gilt es, aufgrund erster Beobachtungen und Überlegungen, sowie in Auseinandersetzung mit Fachliteratur und anderen Quellen, die ein interessierendes Phänomen betreffen, sein eigenes Erkenntnisinteresse zu formulieren und die Fragestellung der Untersuchung zu präzisieren. Das Phänomen selbst, das untersucht werden soll, lässt mehrere Fragestellungen zu. Bei der Präzisierung der Fragestellung werden bereits erste Theoriebezüge erkennbar. Allerdings bleibt die erste Formulierung der Fragestellung und des Erkenntnisinteresses vorläufig und wird im Lauf der Forschung nachjustiert.

1.2 Methodologische Positionierung

Gerade bei studentischen Abschlussarbeiten stößt man bisweilen auf das Problem, dass die Studierenden sich für eine qualitative Arbeit vor allem aus einem negativen Grund entscheiden: Sie wollen **nicht quantitativ** forschen. Oft ist aber nicht wirklich klar, was die Entscheidung für eine qualitative Arbeit im Einzelnen bedeutet und welche Konsequenzen sie hat.

Aber auch in Forschungsprojekten und bei Dissertationsvorhaben stößt man immer wieder auf solche Unklarheiten. Im Lauf der Forschung resultiert daraus bisweilen unter der Hand eine Forschungslogik, die letztlich an standardisierten Verfahren orientiert ist, ohne freilich deren Kriterien Genüge zu tun. Dies hat zum Teil damit zu tun, dass die Forschenden nie oder nur am Rande gelernt haben, wie eine qualitative Untersuchung im Einzelnen auszusehen hat, manchmal meint man auch, gegenüber Gutachtern Kompromisse machen zu müssen, so dass am Ende ein buntes (aber wenig erfreuliches) Durcheinander von „qualitativem Material", paraphrasierendem Nachvollzug und quantifizierender Interpretation steht. Dieses Lehrbuch möchte dazu beitragen, solches „Durcheinander" zu vermeiden. Das heißt: Wer qualitativ forschen will, muss es auf dem Niveau tun, das auf diesem methodischen Gebiet erreicht ist, und sich Fragestellungen überlegen, die einem solchen Vorgehen angemessen sind. Qualitative Arbeiten sind keine „kleinen" Varianten von Untersuchungen, die man im Prinzip auch als standardisierte Befragung oder mit Hilfe eines aufwändigen experimentellen Designs durchführen könnte. Sie sind aber auch keine „weiche" Forschung, bei der es nur gilt, möglichst nahe an den Aussagen der befragten oder beobachteten Personen zu bleiben. Was das im Einzelnen bedeutet, was es heißt, „rekonstruktiv" zu forschen, werden wir im nächsten Kapitel eingehend behandeln. Bereits an dieser Stelle ist es jedoch wichtig, sich klar zu machen, dass mit der Entscheidung für eine qualitative Arbeit ein bestimmter methodologischer Rahmen gewählt ist und man auch mit den Aussagen, die man trifft, innerhalb dieses Rahmens bleiben muss.

Dazu ein Beispiel aus der universitären Sprechstunde: Eine Studentin interessierte sich für den Umgang mit befristeter Beschäftigung im Wissenschaftsbereich und hatte dafür 20 offene Interviews durchgeführt, in denen die Befragten ihre beruflichen Werdegänge erzählten und ihre aktuelle berufliche Situation beschrieben. Die Fragestellung der Untersuchung war von ihr zu Beginn nicht besonders präzise formuliert worden, diese Unklarheiten wurden offensichtlich, als die Auswertung anstand. Die Fragestellung musste nachträglich präzisiert werden. Möglich wäre es nun z.B. gewesen, die Definition des Problems auf der Seite der befragten Personen und das damit in Verbindung stehende **Wie** des Umgangs mit der Befristung zu rekonstruieren. Dazu gehören z.B. die unterschiedlichen Formen der kommunikativen und lebenspraktischen Normalisierung dieser Beschäftigungsform, etwa deren Legitimation über bestimmte Leistungsethiken. Dazu gehören auch Formen der Temporalisierung, etwa der Einteilung des eigenen Lebens in frühe Phasen, in denen Befristung als normal und vielleicht auch angemessen oder gar „natürlich" – einem Drang, sich auszuprobieren entsprechend – angesehen wird, und spätere Phasen, mit denen Befristung als nicht verträglich erachtet wird oder in denen sie als Ausweis des Scheiterns angesehen wird. Und es werden aus dem Material auch bestimmte Kontextbedingungen erkennbar werden, unter denen Befristung zum Problem wird bzw. umgekehrt relativ gut zu bewältigen ist. All dies kann man im Rahmen einer qualitativen Untersuchung sinnvoll analysieren. Und all dies wären Fragestellungen, bei denen die Erzählungen, die ausführlichen Beschreibungen und auch die Argumentationen der befragten Personen tatsächlich zum Zuge kommen könnten, zu deren Beantwortung sie sogar unabdingbares Material darstellen.

Die Studentin konnte sich aber zu diesem Verfahren nicht konsequent entschließen und begann immer wieder, kausale Aussagen über den Zusammenhang zwischen einzelnen Personenmerkmalen (etwa Geschlecht, Alter, Zahl der Kinder oder sozialer Herkunft) und dem Umgang mit Befristung zu formulieren, bis dahin, dass sie anfing, auf der Grundlage ihrer Untersuchungsgruppe quantifizierende Auswertungen vorzunehmen. Dieses Vorgehen verstößt nun aber dezidiert gegen die Logik qualitativer Forschung. Es suggeriert statistisch repräsentative Aussagen, bei denen bestimmte Personenmerkmale zu Einstellungen (etwa zur Befristung) ins Verhältnis gesetzt werden könnten.

Zweifellos stößt man auch bei einer offenen Erhebung auf Zusammenhänge zwischen einer bestimmten Problemkonstellation und -definition und sozialstrukturellen Merkmalen. Man wird vielleicht feststellen, dass die beiden Mütter, die man befragt hat, die Befristung des Arbeitsplatzes in anderer Weise thematisieren als kinderlose Frauen. Als Elemente des Bedingungszusammenhanges, innerhalb dessen sich die befristet Beschäftigten bewegen, dürfen solche Zusammenhänge natürlich keinesfalls ignoriert werden. Der Fokus liegt dabei aber auf der Frage, **wie** unter den entsprechenden Rahmenbedingungen die Probleme benannt, interpretiert, gelöst oder perpetuiert werden. Qualitative Studien, die letzten Endes versuchen, den Nachweis einer Korrelation zwischen bestimmten Merkmalen zu erbringen, verschenken die Möglichkeiten rekonstruktiver Forschung und pervertieren zu einer Schrumpfform quantitativer Forschung. Jeder, der eine solche Studie zu bewerten hat, wird entsprechend unzufrieden sein: Repräsentanten eines qualitativen Zugangs, weil in solchen Arbeiten nichts von dem ausgeschöpft ist, was man mit dieser Erhebungsform tatsächlich „entdecken" könnte. Wofür wurde der ganze Aufwand mit offenen Interviews betrieben, wenn man daraus nicht mehr und keine anderen Informationen gewinnt als aus einem Fragebogen? Aber auch Vertreter eines quantitativen Zugangs wären unzufrieden, weil die festgestellten Korrelationen statistische Repräsentativität suggerieren, wo diese nicht annäherungsweise erreicht ist. Der Verstoß gegen die Unterscheidung dieser beiden methodologischen Paradigmen, deren Möglichkeiten und Konsequenzen, ist eine der „Todsünden" in der qualitativen Forschung, die es unbedingt zu vermeiden gilt. Welchem Paradigma auch immer ein Gutachter anhängen mag, solche „Kategorienfehler" wird er in jedem Fall bemerken.

Auf diese Unterscheidung zu pochen, bedeutet nun aber umgekehrt keinen Methodenpurismus. Es kann ausgesprochen sinnvoll sein, in aufeinander folgenden Arbeitsschritten verschiedene methodische Zugänge zu verknüpfen: etwa auf der Grundlage einer standardisierten Erhebung gezielt Interviewpartner eines bestimmten Typs auszuwählen, um anhand dieser Interviews bestimmte Mechanismen genauer zu untersuchen. Aber auch bei einer solchen Verknüpfung unterschiedlicher methodischer Vorgehensweisen, die man als „Triangulation" bezeichnet, wäre bei jedem Arbeitsschritt die „Logik" des dabei zugrunde gelegten methodischen Vorgehens zu berücksichtigen. Die Verknüpfung unterschiedlicher methodischer Zugänge erfordert daher weitgehende methodische Kompetenzen: Man muss sich in den hypothesenprüfenden Verfahren ebenso zu Hause fühlen wie in den interpretativen, man muss wissen, an welcher Stelle man Aussagen welchen Typs trifft und wie beide aufeinander zu beziehen sind.

> Jede Forschung erfordert eine methodologische Positionierung, die Konsequenzen für das weitere Vorgehen hat. Wenn man sich mit seiner Fragestellung aus bestimmten Gründen für ein qualitatives Vorgehen entscheidet, muss man sich konsequent im Rahmen dieses methodologischen Paradigmas bewegen. Sollen im Rahmen eines Forschungsvorhabens in getrennten Schritten quantitative und qualitative Verfahren kombiniert werden, ist bei jedem Schritt den Anforderungen des jeweiligen methodologischen Paradigmas Rechnung zu tragen.

1.3 Bestimmung des Forschungsfeldes

Gehen wir also davon aus, dass wir zu Beginn der Forschung unsere Fragestellung geklärt und uns für einen interpretativen Zugang entschieden haben. Nehmen wir an, wir interessieren uns – in einer ersten Formulierung – für Macht in heterosexuellen Paarbeziehungen, bei denen die Partnerin und der Partner denselben beruflichen Status haben. Da Macht ein Begriff ist, der sowohl in den Sozialwissenschaften als auch im Alltag Verwendung findet und oft in spezifischer Weise konnotiert ist, fragen wir genauer danach, wie bei solchen Paaren **Entscheidungsprozesse in konflikthaften Situationen** ablaufen, welche Mechanismen der Durchsetzung oder Zurückstellung eigener Interessen oder des Interessenausgleichs sich finden lassen, welche Resultate dabei zustande kommen und wie sie von den Partnern bewältigt und interpretiert werden. Der erste Schritt, die Formulierung des Erkenntnisinteresses, wäre nach der Bestimmung einer solchen Forschungsfrage bewältigt.

Nun ist in einem nächsten Schritt die Frage zu klären, in welchem Forschungsfeld und anhand welcher Themen das, was uns interessiert – nämlich Macht in Paarbeziehungen im Zusammenhang mit Entscheidungssituationen –, am besten zu untersuchen ist. Das heißt, es geht zunächst einmal darum, Felder zu identifizieren, in denen das, was wir wissen wollen, am deutlichsten zutage tritt, und zwar ohne, dass wir die Paare direkt danach fragen müssen. Wenn wir nämlich direkt nach Macht fragen, riskieren wir, eine Welle ideologischer Statements auszulösen. Da wird es Paare geben, die davon überzeugt sind, in allen Belangen partnerschaftliche Entscheidungen zu treffen. Sie werden eine explizit gestellte Frage nach Macht in Entscheidungsprozessen wahrscheinlich zurückweisen und stattdessen im Interview eine Präsentationsfassade der Rücksichtnahme und des demokratischen Aushandelns errichten. Oder sie werden zumindest versuchen, Ungleichgewichte bei Entscheidungsprozessen zu glätten. Andere werden die Frage zum Anlass nehmen, ihre subjektive Theorie eines generellen Machtgefälles zwischen Männern und Frauen zu erläutern und vielleicht einen Konflikt zu präsentieren, an dem diese Theorie exemplarisch deutlich wird. Wieder andere werden ihre Vorstellungen eines „natürlichen" Kräfteverhältnisses zwischen Männern und Frauen darlegen und vieles andere mehr. Das „Material", das dabei zustande käme, wäre sicherlich hoch interessant für eine Forschungsfrage, bei der es darum ginge, wie Paare mit normativ hoch besetzten Themen – wie etwa der Gleichheit zwischen den Geschlechtern und der dabei gleichzeitig implizit abgewerteten Machtförmigkeit von Entscheidungsabläufen – in ihrer Selbstdarstellung umgehen. Wir würden aber vermutlich wenig darüber erfahren, wie und mit welchen Machtverteilungen kritische Entscheidungen zustande kommen, wie sie legitimiert oder kritisiert werden und auf welchem Niveau sich eine Partnerschaft einpendelt, nachdem eine solche Entscheidung gefallen ist.

Um solche abstrakten Theoretisierungen zu vermeiden, bietet es sich an, ein Forschungsfeld zu suchen, das für unser Erkenntnisinteresse besonders aufschlussreich zu sein verspricht. Ein mögliches Forschungsfeld wären zum Beispiel Schwangerschaftskonflikte: also etwa die Entscheidung eines Paares, die Schwangerschaft der Frau abbrechen zu lassen oder nicht. Ein anderes Feld wären Konflikte, die mit der Vereinbarkeit von Beruf und Familie zusammenhängen: zum Beispiel die Entscheidung für oder gegen den Antritt einer Arbeitsstelle an einem anderen Ort, an dem der Partner oder die Partnerin keine Arbeit hätte. Mit einer solchen Festlegung hätten wir den dritten Schritt getan, nämlich das Forschungsfeld zu definieren, in dem wir für unsere Forschungsfrage das beste Material zu finden hoffen.

> Wenn das Erkenntnisinteresse geklärt und die Forschungsfrage expliziert ist, gilt es zu überlegen, in welchem Forschungsfeld man das beste Material zur Untersuchung dieser Frage finden kann.

1.4 Methodenwahl

Damit steht nun eine vorläufig letzte Frage zur Beantwortung an: über welche konkreten methodischen Operationen – d.h. welche Formen der Erhebung und Auswertung – man das aufschlussreichste Material zutage fördert. Um auf den eben geschilderten Fall zurückzukommen: Am besten wäre es in diesem Fall natürlich, man könnte den Paaren bei ihrer Entscheidungsfindung direkt zusehen.

Eine solche Beobachtung natürlicher Interaktionen ist in der empirischen Sozialforschung manchmal durchaus möglich, bisweilen sogar die einzige Möglichkeit, die der Forscher oder die Forscherin hat. Das ist etwa der Fall, wenn Bereiche so tabuisiert oder von der Öffentlichkeit abgeschlossen (z.B. geheimnisbehaftet) sind, dass eine direkte Befragung über diese Sache nicht möglich wäre. Oder wenn es um Bereiche geht, in denen der Charakter der zu untersuchenden Sache grundlegend verändert würde, wenn man sie bewusst machte, indem man darüber spräche. Ein Beispiel dafür ist die Klatschkommunikation, die man zwar beobachten und vielleicht auch hervorlocken kann, während jedoch ein **Reden über Klatsch** dem Gegenstand kaum angemessen sein dürfte (vgl. Bergmann 1987). In solchen Fällen empfiehlt sich die teilnehmende – unter bestimmten Umständen auch die verdeckte – Beobachtung.

In unserem Fall allerdings dürfte die teilnehmende Beobachtung ausgeschlossen sein. Auseinandersetzungen, zu denen es im Privatleben kommt, finden – aus guten Gründen – unter Abwesenheit von Forschern statt und lassen sich auch nicht zu Zwecken der Forschung ohne weiteres reinszenieren. Genau dies aber stellt uns vor ein methodisches Problem: Wir müssen nämlich überlegen, welche Form der Erhebung am besten geeignet ist, um der Struktur der Auseinandersetzung, die das Paar – etwa über die Frage des Schwangerschaftsabbruchs – geführt hat, möglichst nahe zu kommen.

Hier lassen sich nun verschiedene Formen denken. Man könnte Paare gemeinsam befragen, wie es zu einer bestimmten Entscheidung gekommen ist. Dieses Vorgehen hätte den Vorteil, dass sich in dem gemeinsamen Rekapitulieren der Ereignisse vermutlich einige der Konfliktlinien reproduzieren würden, die auch die vergangene Auseinandersetzung geprägt haben. Dies hätte zur Folge, dass das Paar nicht nur **über** die vergangene Interaktion spräche, sondern sich gleichzeitig in einem aktuellen Interaktionsprozess befände, der dann für die Forscherin selber zum „Material" werden könnte. Gather (1996)[2] hat diesen Gedanken in ihrer Untersuchung bewusst umgesetzt und Paare nicht allein über bestimmte Aspekte ihres Berufs- und Privatlebens befragt, sondern sie zu Beginn des Interviews selbst vor eine Entscheidungssituation gestellt: Das Interview begann mit der Aufforderung, das Paar solle selbst entscheiden, wer damit beginnt zu erzählen, wie die beiden sich kennengelernt haben. Diese Aushandlungsprozesse lieferten für die Forscherin erstes Material über die Interaktion des Paares, die dann später zu dem Material, in dem es um Entscheidungen im Leben des Paares ging, in Beziehung gesetzt werden konnten. Man kann also festhalten: Dort, wo es zentral um Strukturen der Interaktion geht, ist man gut beraten, solche Interaktionsprozesse auch bei der Wahl der Erhebungsformen zu berücksichtigen.

Allerdings sind mit einer Entscheidung für Paarinterviews auch Probleme verbunden. Die Interviewsituation stellt für das Paar – stärker als für den Einzelnen – eine Art Öffentlichkeit dar. Man erzählt nicht nur einem Interviewer, dem man – wie einem Reisenden im Zug – wahrscheinlich nie wieder begegnet, vergleichsweise risikolos seine Geschichte, sondern man erzählt die Geschichte einer konflikthaften Entscheidung in Anwesenheit des Partners, der daran mitgewirkt hat. Überdies präsentiert man nicht nur sich selbst **als Person**, sondern es präsentiert sich gleichzeitig **das Paar als solches** gegenüber der Interviewerin. Es kommen hier also – wie bei allen Interviews mit mehreren Personen – Rücksichtnahmen und Präsentationsfassaden ins Spiel. Daher gilt es, bei der Auswahl der Methode zwischen den Vorteilen und Nachteilen der jeweiligen Erhebungsform abzuwägen. In vielen Fällen wird es sinnvoll sein, zunächst einige Probeinterviews zu führen, um abzuschätzen, welche Probleme sich dabei einstellen. In jedem Fall aber muss man sich darüber im Klaren sein, dass es zwar keine perfekten, wohl aber dem Gegenstand mehr oder weniger angemessene Erhebungsformen gibt. Wie man methodisch vorgeht, will gut überlegt sein, denn von dem erhobenen Material hängt entscheidend ab, wie gut man später auswerten kann und wie wertvoll die zutage geförderten Befunde sind.

Die Frage nach den geeigneten Erhebungsformen und Auswertungsverfahren wird in diesem Buch noch an mehreren Stellen behandelt werden (vgl. Kap. 3 und 5). Dabei werden in den entsprechenden Kapiteln systematisch die hier angesprochenen Fragen behandelt. An dieser Stelle geht es zunächst einmal um die grundsätzliche Überlegung, die am Anfang jeder Untersuchung stehen muss: Wie muss ich methodisch vorgehen, um geeignetes Datenmaterial zu bekommen? Man kann die Entscheidungen, die dabei zur Debatte stehen, anhand folgender Fragen verdeutlichen: Handelt es sich um einen Gegenstand, über den Erhebungen durchgeführt werden müssen oder stehen bereits Dokumente (z.B. Briefe, Tagebücher, Fotos) zur Verfügung, die Aufschluss über die interessierende Sache geben können? Wenn Dokumente ausscheiden, man also Material erst erheben muss, ist zu entscheiden, ob dies über eine direkte Befragung möglich und sinnvoll ist oder ob dies den Gegenstand so verändern würde, dass eine sinnvolle Auswertung nicht mehr möglich wäre. Je nach Einschätzung müsste dann entweder eine Entscheidung für teilnehmende oder nicht teilnehmende Beobachtung oder für eine Form der Befragung getroffen werden. Beide Erhebungsformen werden – einschließlich einer Diskussion ihrer jeweiligen Vor- und Nachteile – im weiteren Verlauf dieses Buches eingehend behandelt (vgl. Kap. 3).

---

[2] Vgl. auch Meuser (1998).

1.4 Methodenwahl

Wenn man sich für eine Befragung entscheidet, ist zu überlegen: Handelt es sich z.B. um ein Phänomen, an das sinnvoll über eine Befragung Einzelner heranzugehen ist, oder geht es zentral um Fragen der Interaktion, so dass auch die Erhebung sinnvoller Weise auf interaktive Formen abstellen müsste?

Ist die Entscheidung für ein bestimmtes Interviewsetting – also etwa: Einzelinterview, Paarinterview, Familiengespräch, Gruppendiskussion – getroffen, gilt es zu klären: Welche Form des Interviews ist der avisierten Fragestellung angemessen?

Dies wird in den folgenden Kapiteln dieses Buches noch eingehend zu behandeln sein (siehe Kap. 3). Dabei werden systematisch alle dabei zu bedenkenden Fragen behandelt. Aber bereits an dieser Stelle ist darauf hinzuweisen, dass auch die Wahl der Erhebungsform eng mit dem Erkenntnisinteresse und dem Forschungsfeld verbunden ist. So wird man sich etwa für autobiographisch-narrative Interviews nur dort entscheiden, wo selbst erlebte Ereignisverkettungen im Zentrum des Interesses stehen, die sich tatsächlich **erzählen** lassen. Und auch nach dieser ersten Grundsatzentscheidung stehen weitere an: Zum Beispiel die Frage, ob man an der Erzählung einer bestimmten Etappe des Lebens – etwa am Prozess der Berufswahl – interessiert ist oder ob die gesamte Biographie von Interesse und Belang ist. Für andere Fragestellungen wird es dagegen generell weniger sinnvoll sein, eine biographische Form der Befragung zu wählen.

In diesem Zusammenhang stellt sich eine weitere Frage hinsichtlich der Angemessenheit bestimmter Befragungsformen bei spezifischen Untersuchungsgruppen. So ist etwa bei manchen Personengruppen das Instrument des autobiographisch-narrativen Interviews noch nicht sinnvoll einzusetzen, weil sie über diese Darstellungsform nicht oder noch nicht verfügen. Dies gilt zum Beispiel für Kinder, die noch keinen Blick auf das Leben als Ganzes ausgebildet haben, aber auch für Personen, die aus Kulturen stammen, in denen es als ungehörig oder beschämend angesehen wird, einem Fremden aus seinem privaten Leben zu erzählen. Eine daraus resultierende, zu Beginn der Forschung zu beantwortende Frage wäre demnach: Sind die geplanten Formen der Erhebung der Personengruppe angemessen, die befragt werden soll?

In engem Zusammenhang mit der Entscheidung für Formen der Erhebung steht auch die Frage nach den geeigneten Auswertungsverfahren. Dabei wollen wir keinem Purismus der Ansätze das Wort reden. Bei genauerer Betrachtung – so wird später deutlich werden – teilen die diversen Kunstlehren, die es im Feld qualitativer Forschung gibt, doch eine ganze Reihe gemeinsamer Grundannahmen und darauf bezogener Regeln und Praktiken. Wesentlich ist aber, dass Formen der Erhebung und Auswertung eng aufeinander bezogen sind. Oft sind bestimmte hermeneutische Auswertungsverfahren nicht zu praktizieren, weil während der Erhebung den Befragten kein Spielraum für selbstläufige Darstellungen gelassen wurde. Ein Auswertungsverfahren, bei dem es auf die Interaktion in Gruppen und die Analyse von Gruppendiskursen ankommt, läuft ins Leere, wenn während der Gruppendiskussion ständig einzelne Personen angesprochen wurden, die dann nacheinander – aber eben nicht aufeinander bezogen – antworten. Ein Auswertungsverfahren, das für die Rekonstruktion biographischer Prozesse entwickelt wurde, kann nicht zur Anwendung kommen, wenn keine Interviews geführt wurden, in denen solche Prozesse selbstläufig zur Darstellung kommen. Demnach wäre die letzte, zu Beginn der Forschung zu beantwortende Frage: Sind Erhebungsform und Auswertungsverfahren so aufeinander abgestimmt, dass das erhobene Material eine geeignete Grundlage für das gewählte Auswertungsverfahren bildet?

> Wenn ein Forschungsfeld gefunden ist, in dem sich eine bestimmte Fragestellung gut untersuchen lässt, muss geklärt werden, welche Methoden der Erhebung dafür angemessen sind. Auch die später zur Anwendung kommenden Auswertungsverfahren werden von der Wahl der Erhebungsformen beeinflusst.

Aus all dem, was wir hier an zu bedenkenden Problemen und zu treffenden Entscheidungen benannt haben, resultiert aber eine Konsequenz, die meist ignoriert wird und trotzdem in vielen Fällen über Gelingen und Scheitern entscheidet: Der **Umgang mit qualitativen Formen der Erhebung und Auswertung** muss – ebenso wie der mit standardisierten Verfahren – **langfristig eingeübt** werden.

Deshalb sollte man nicht erst kurz vor der Anmeldung der Abschlussarbeit oder dem Schreiben eines Forschungsantrages damit beginnen, sich mit qualitativen Methoden zu beschäftigen. Nicht nur das Führen von Interviews, deren Transkription und Auswertung sowie das Erstellen und Analysieren von Beobachtungsprotokollen erfordert Zeit. Auch das Einüben in die Praxis der Interpretation und in die Dokumentation und endgültige Niederschrift von Interpretationsergebnissen ist sehr zeitaufwändig. Die Lektüre von Methodenliteratur allein reicht dafür sicher nicht aus. Wer kann, sollte deshalb die Gelegenheit nutzen, an Projektseminaren und Forschungswerkstätten teilzunehmen, in denen rekonstruktive Verfahren angewandt werden. Auch die Bildung studentischer Interpretationsgruppen kann für das Einüben in die Praxis der Interpretation eine große Hilfe sein. Vielleicht findet sich eine Hochschullehrerin oder ein wissenschaftlicher Mitarbeiter, der diesen selbst organisierten Gruppen ab und zu beratend zur Seite steht.

2 Methodologie und Standards qualitativer Sozialforschung

Auch für die praktische Forschung ist die Formulierung einer theoretischen Basis relevant. Zwar stehen qualitative Verfahren in der aktuellen Diskussion nicht mehr unter solch starkem Legitimationsdruck wie noch vor einiger Zeit, dennoch sieht man sich beim Verfassen von Abschlussarbeiten sowie von Forschungsanträgen und -berichten vor die Aufgabe gestellt, diese Verfahren in ihrer methodologischen Fundierung zu charakterisieren. Dies gelingt aus unserer Perspektive besser auf dem Wege der Darstellung des eigenständigen Forschungsprogramms und übergreifender Qualitätskriterien qualitativer Verfahren[3] als auf dem Weg der primären Abgrenzung von hypothesenprüfenden Verfahren, wie es in der Überblicksliteratur häufig der Fall ist (vgl. u.a. Lamnek 1995a). Letzteres weist der qualitativen Sozialforschung den Status eines bloßen Gegenprogramms oder ergänzenden Beiwerks zu hypothesenprüfenden Verfahren zu. Wir werden im Folgenden zwar auch auf einige Unterschiede rekonstruktiver und hypothesenprüfender Verfahren hinweisen, diese aber auf der Grundlage einer **gemeinsamen Begrifflichkeit** von quantitativer und qualitativer Forschung entwickeln. Zentral dabei sind die Entfaltung von Standards qualitativer Methoden und die Auseinandersetzung mit den „klassischen **Gütekriterien**" empirischer Sozialforschung.

Abgrenzungsfragen spielen auch zwischen verschiedenen Kunstlehren im Bereich der qualitativ-rekonstruktiven Forschung eine Rolle. Manchmal sind diese in der Sache begründet, bisweilen aber auch primär dem Unterscheidungsbedürfnis wissenschaftlicher Schulen geschuldet. Während wir uns in diesem Buch an verschiedenen Stellen mit sachlich begründeten und gegenstandsbezogenen Unterschieden beschäftigen werden, sollen die Abgrenzungsfragen unterschiedlicher Schulen hier keine Rolle spielen. Daher werden wir uns darauf konzentrieren, die Kompatibilität der in diesem Band behandelten Verfahren methodologisch zu begründen.

Als gemeinsamen Ausgangspunkt rekonstruktiver Ansätze skizzieren wir ihren **Erkenntnis- und Handlungsbegriff** sowie den darin begründeten **Unterschied von alltäglichem und wissenschaftlichem Erkennen** (bzw. Handeln). Den **Zugang zu empirischen Daten** beschreiben wir als **methodisch kontrolliertes Fremdverstehen**. Die **Analyseeinstellung** behandeln wir als **Spannungsverhältnis zwischen den Ebenen (a) subjektiver Sinn und (b) Prinzipien der Herstellung sozialer Praxis**. Auf dieser Grundlage legen wir die **klassischen Gütekriterien Validität, Reliabilität und Objektivität** an rekonstruktive Forschung an und behandeln schließlich aktuelle **Qualitätsstandards,** zu denen wir die **metatheoretische Fundierung von Methoden**, die methodologisch begründete **Generalisierbarkeit von Ergebnissen**, eine **praxeologische Ausrichtung** sowie die **Ausarbeitung der Potentiale rekonstruktiver Methoden für Transdiziplinarität** und für die **Verbindung von Grundlagen- und Anwendungswissenschaft** zählen.

---

[3] Vgl. Bohnsack 2004, Laucken 2001, Reichertz 2000a, Breuer 2000, Przyborski/Slunecko 2009a.

Im Gegensatz zu den anderen Kapiteln dieses Bandes bleiben die hier angestellten Überlegungen weitgehend abstrakt, und wir beschränken uns auf einige wenige Beispiele aus klassischen methodologischen Texten bzw. Untersuchungen. Wenn man erst am Anfang der Einarbeitung in qualitative Methoden steht, kann es sich als sinnvoll erweisen, das folgende Kapitel nach der Lektüre der Kapitel zu den einzelnen Methoden, die anhand vieler Beispiele aus der Forschungspraxis entfaltet werden, ein weiteres Mal zu lesen.

2.1 Ausgangspunkt: Common-Sense-Konstruktionen

Unser Handeln und Erkennen, wie wir es unmittelbar und jeden Tag vollziehen, stellt den Ausgangspunkt der folgenden Überlegungen dar. Wir stellen also zunächst die Frage nach einer Theorie des alltäglichen (d.h. nicht allein wissenschaftlichen) Handelns und Erkennens, um von dort zu einer **Erkenntnistheorie** und zur theoretischen Betrachtung unseres wissenschaftlichen Erkennens und Handelns zu gelangen, zur **Wissenschaftstheorie**.

Jede Handlung, sei es der Weg zum Arbeitsplatz, die Zubereitung eines Gerichts oder das Absolvieren einer Prüfung, setzt den ständigen Einsatz von Hintergrundwissen, einen Entwurf oder eine Orientierung voraus (vgl. dazu Schütz 2004: 201) – z.B. ein Wissen davon, wie ich von A nach B komme, dass und wie die Verarbeitung einzelner Zutaten ein Gericht ergibt und wie eine Prüfung abläuft. Es genügt folglich nicht, eine Frau dabei zu beobachten, wie sie in einem Hörsaal oder in einer Straßenbahn sitzt, um zu wissen, was sie tut. Vielmehr müssen wir etwas über die impliziten Konstruktionen und Orientierungen oder die Handlungsentwürfe in Erfahrung bringen, in die das Handeln eingebettet ist, auch wenn diese Einbettung den Handelnden nicht unmittelbar bewusst ist. Beim Versuch, künstliche Intelligenz herzustellen, muss dieses Wissen expliziert bzw. in einen Programmcode überführt werden, was sich schon für einfachste Aufgaben im alltäglichen Bereich als sehr schwierig herausstellt. Handlungswissen ist kaum auf einzelne Bausteine oder Kognitionen zurückzuführen. Vielmehr ist es so, „dass selbst die einfachsten kognitiven Fähigkeiten ein schier unendliches Wissen voraussetzen, das wir wie selbstverständlich voraussetzen" (Varela/Thompson 1992: 207).

Sozialwissenschaftliche Konstruktionen, Kategorien und Typenbildungen müssen an diese Konstruktionen und Typenbildungen des Alltags – den Common Sense – anschließen. Diese wissenschaftlichen Begriffsbildungen sind dann (sekundäre) **Konstruktionen** von implizit im alltäglichen Handeln immer schon vollzogenen **Konstruktionen**. Entsprechend ist auch das Verhältnis qualitativer Methoden der Sozialwissenschaft zu ihrem **Gegenstand** zu charakterisieren: Es ist per se rekonstruktiv.

Dieser Anschluss wissenschaftlicher Deutungen an die Konstruktionen, die wir im Forschungsfeld vorfinden, stellt eine gemeinsame Linie unterschiedlicher Traditionen der Sozialwissenschaft dar, welche die qualitativen Methoden entscheidend mitgeprägt haben. Die Ethnomethodologie (vgl. Garfinkel 2004 [1967]) und die Konversationsanalyse (vgl. Sacks/Schegloff/Jefferson 1974 und Sacks 1995 [1964-1972]), ebenso die Ethnographie des Sprechens (vgl. Gumperz 1982a und b, Gumperz/Cook-Gumperz 1981 und Labov 1980) nehmen beispielsweise beobachtete Interaktionen oder Gespräche, also Begebenheiten des Alltags, mit einem bestimmten Interesse unter die Lupe. Sie arbeiten heraus, welche Ordnung das soziale Geschehen hervorbringt: was uns eine Erzählung als Erzählung erkennen lässt, eine Frage nach dem Befinden als Höflichkeitsfloskel oder was den reibungslosen Ablauf der Bezahlung von Waren an der Kasse ermöglicht. Das intuitive Verständnis der Beteiligten wird

2.1 Ausgangspunkt: Common-Sense-Konstruktionen

mithin von den Forschern in Form von Regeln der (Herstellung von) Verständigung expliziert und auf den Begriff gebracht (vgl. dazu Bergmann 2000).

Auch die Tradition der Chicagoer Schule (vgl. z.B. Glaser/Strauss 1967 und Goffman 1971) sucht den Anschluss an Beobachtungen im Alltag. Goffman, der seine Methode kaum expliziert, unbestritten aber bahnbrechende Ergebnisse erzielt hat, spricht in diesem Zusammenhang von „naturalistic observation" (Goffman 1971: 20). Des Weiteren ist die Wissenssoziologie (vgl. Mannheim 1964) zu nennen, die u.a. einen Zugang zu jenem Wissen eröffnet, das uns nicht lexikalisch, begrifflich gegeben ist, sondern als implizites, mit anderen geteiltes Wissen in unsere unmittelbare, alltägliche Handlungspraxis eingelassen ist.

Schon Schütz als ein wichtiger Vertreter der Phänomenologie hat in den 1930er Jahren darauf aufmerksam gemacht, dass „(d)ie Konstruktionen, die der Sozialwissenschaftler benützt (...) sozusagen Konstruktionen zweiten Grades" sind, denn „(e)s sind Konstruktionen jener Konstruktionen, die im Sozialfeld von Handelnden gebildet werden." (Schütz 1971: 6 [1932]) Wenn wir berücksichtigen, dass die Handelnden selbst Interpretationen hervorbringen, so müssen wir diese in unseren Forschungsbemühungen **re**konstruieren. Die Interpretationen der Handelnden selbst werden also – als **Konstruktionen ersten Grades** – in einem ersten Schritt der Forschung nachvollzogen und verstanden. Erst im zweiten Schritt bilden die Forscher wissenschaftliche Typen und Theorien. Diese Konstruktionen werden von Schütz **Konstruktionen zweiten Grades** genannt.

Die übliche Abgrenzung qualitativer von quantitativen Methoden trifft diese Unterscheidung zwischen Konstruktionen der Erforschten und Konstruktionen der Forscher nicht. Quantitative Verfahren versuchen – wo sie etwa mit Testverfahren operieren – die Konstruktionen und Interpretationen der Erforschten zu eliminieren. Sie wollen dadurch einen „objektiven", unverfälschten Zugang zum Verhalten der Probanden bekommen. Bei repräsentativen Umfragen spielen die subjektiven Konstruktionen allenfalls im Vorfeld, z.B. bei der Formulierung von Items im Rahmen explorativer Vorstudien, eine Rolle, die in ihrer Gesamtheit alle Varianten der subjektiven Konstruktion des Gegenstandes erfassen sollen. Jedes Einzelne von ihnen soll aber eine ganz bestimmte Aussage ohne weiteren Interpretationsspielraum zum Ausdruck bringen. Die Aufgabe empirischer Methoden wird hier in der Prüfung von Hypothesen, also von Theorien des Forschers gesehen, in denen die Analyse des Gegenstandsbereiches bereits operationalisiert ist.

Verfahren, die nicht bei der Rekonstruktion der – vielfach impliziten – Konstruktionen der Erforschten ansetzen – auch wenn z.B. offene Formen der Erhebung zum Einsatz kommen –, folgen in der Regel einer quantitativen Forschungslogik (s. auch Kap. 2.5.1). Eine (genuin) qualitative Forschungslogik ist in einer **Rekonstruktion** im eben skizzierten Sinn verankert.

> Sozialwissenschaftliche Konstruktionen basieren auf alltäglichen Konstruktionen: Es handelt sich um Interpretationen bzw. Konstruktionen zweiten Grades. Das Verhältnis qualitativer Methoden zu ihrem Gegenstand ist deshalb ein rekonstruktives.

Wie vollzieht sich nun diese Rekonstruktion der im Forschungsfeld gegebenen Sinnstrukturen aus methodologischer Perspektive?

2.2 Zugang: Methodisch kontrolliertes Fremdverstehen

Der Forschungsprozess nimmt also seinen Ausgang bei der Alltagspraxis und beim Alltagswissen der Erforschten. Diese gilt es zunächst einmal zu verstehen. Dieser erste Schritt des Verständnisses erscheint auf den ersten Blick simpel, zumal, wenn beide – Forscherinnen und Erforschte – die gleiche Sprache (im wörtlichen wie auch im übertragenen Sinn) sprechen.[4] Wie voraussetzungsvoll freilich das uns selbstverständliche Funktionieren der Verständigung im Alltag ist, zeigte Garfinkel (2004 [1967]) in seinen sogenannten „Krisenexperimenten".[5] Dabei veranlasste er seine Studierenden, sich gegenüber vertrauten Personen wie gegenüber vollkommen Fremden zu verhalten, mit denen man die selbstverständlichen Voraussetzungen der Alltagskommunikation nicht teilt. Beispielhaft zitieren wir hier eine dieser Interaktionen:

„Fall 5

Das Opfer winkte freundlich.

(VP) Wie stehts?

(E) Wie steht es mit was? Meiner Gesundheit, meinen Geldangelegenheiten, meinen Aufgaben für die Hochschule, meinem Seelenfrieden, meinem ...

(VP) (Rot im Gesicht und plötzlich außer Kontrolle). Hör zu. Ich unternahm gerade den Versuch höflich zu sein. Offen gesprochen kümmert es mich einen Dreck, wie es mit Dir steht." (Garfinkel 1981: 207)

Die kulturelle Fremdheit, die die Experimentatoren (E) den Versuchspersonen (VP) entgegenbrachten, also das Verweigern der selbstverständlichen Voraussetzungen, die in jeder Kommunikation unausgesprochen mitgeführt werden, führte regelmäßig – wie im zitierten Beispiel – zu einem mehr oder weniger dramatischen Zusammenbruch bzw. Abbruch der Kommunikation. Die Krisenexperimente zeigen die Bedingungen, unter denen ein kommunikativer Austausch nicht mehr funktioniert, und verweisen damit – indirekt – auf die Voraussetzungen des Gelingens von Kommunikation. Hier lautet eine der Bedingungen: Wenn man die (sprachlichen) Äußerungen eines Gesprächspartners innerhalb einer Kommunikationsgemeinschaft (im Beispielfall: Freunde, Verwandte, Studienkollegen) auf ihren bloßen wörtlichen und logischen Gehalt reduziert, ohne die Bedeutungen zu berücksichtigen, die sie durch den zeitlichen Kontext und die Umstände der Äußerung, die biographische Situation des Sprechers u.Ä.m. bekommen, funktioniert offensichtlich der alltägliche Austausch nicht mehr. Interessant an diesem Beispiel ist, dass die implizit zugrunde liegende Regel, die den Bedeutungsgehalt der ersten Äußerung bestimmt, in der dritten Äußerung durch die Versuchsperson expliziert wird: Die erste Äußerung war durch die Umstände (freundliches Winken) als freundlicher Gruß markiert. Aufgrund der Störung im selbstverständlichen Ablauf – des Insistierens auf dem abstrakten, logischen Gehalt der Äußerung unter Ausblendung des situativen Kontextes – wird es für das Gegenüber notwendig, auf die metakommunikative Ebene zu wechseln. In den von Garfinkel dokumentierten Krisenexperimenten wird aber nur

---

[4] Die Selbstverständlichkeit dieses Verständnisses zwischen Forschenden und Erforschten wurde u.a. grundlegend seitens der Phänomenologie, des Symbolischen Interaktionismus und der Ethnowissenschaften kritisiert (zu dieser Kritik vgl. Bohnsack 2003a: 17–26).

[5] Garfinkels Arbeiten fußen theoretisch auf Alfred Schütz' phänomenologischer Soziologie, insbesondere auf den späten Schriften. Siehe dazu Schütz 2004 [1932].

2.2 Zugang: Methodisch kontrolliertes Fremdverstehen

in den seltensten Fällen die zum Tragen kommende Regel – metakommunikativ – explizit gemacht. Meist wird die Kommunikation mit der Frage, ob man nicht ganz bei Sinnen sei, abgebrochen.

In einem weiteren Beispiel hat Garfinkel Studierende gebeten, Gespräche aufzuzeichnen und anschließend in eine Spalte zu schreiben, was tatsächlich gesagt wurde, in die andere Spalte dagegen, was sie und ihre Gesprächspartner als Themen verstanden haben:

Tab. 1: Beispiel für die Indexikalität der Alltagssprache (Garfinkel)

„Mann: Dana hat es heute geschafft, eine Münze in die Parkuhr zu stecken, ohne dass er hochgehoben werden musste.	Als ich heute Nachmittag unseren vierjährigen Sohn Dana aus dem Kindergarten abholte, schaffte er es, hoch genug hinaufzulangen, um eine Münze in die Parkuhr zu stecken, als wir in der Parkzone parkten. Bisher musste man ihn immer hochheben, damit er so weit hinauf reichte.
Frau: Hast du ihn in das Schallplattengeschäft mitgenommen?	Da er eine Münze in die Uhr steckte, musst du angehalten haben, als du ihn bei dir hattest. Ich weiß, dass du entweder auf dem Hin- oder auf dem Rückweg am Schallplattengeschäft angehalten hast. War es auf dem Rückweg, so dass er bei dir war, oder hast du dort angehalten, als du unterwegs warst, um ihn zu holen und dann noch irgendwo anders auf dem Rückweg?
Mann: Nein zum Schuster.	Nein, beim Schallplattengeschäft habe ich auf dem Hinweg angehalten, beim Schuster war ich auf dem Nachhauseweg, als er bei mir war."
...	
(Garfinkel 2004: 38 [1967])[6]	

Aus diesem Nebeneinander von faktischem Gesprächsverlauf und rekonstruierter Bedeutung dieses Gesprächs wird klar, dass zwischen Mann und Frau eine Fülle von Bedeutungen mitgeteilt wurde, ohne dass diese für Außenstehende unmittelbar deutlich wurden. Der Sinn des Gesagten – „what they are really talking about" (Garfinkel 2004 [1967]: 41) – ergibt sich nicht unmittelbar aus den Äußerungen, sondern erst daraus, dass wir die spezifischen Bedeutungen erschließen, die sie für die Interaktionspartner haben. Garfinkel und Sacks (Garfinkel 1981 [1961]: 210ff.) sprechen in diesem Zusammenhang von „Indexikalität". Damit ist gemeint, dass sprachliche Äußerungen lediglich Hinweise auf Bedeutungsgehalte sind. Sie stehen in einem Verweisungszusammenhang. Je weniger gemeinsame Erfahrungen mich mit meinem Gegenüber verbinden, je weniger kulturellen Hintergrund wir teilen, desto weniger bin ich in der Lage, Äußerungen – auf der Ebene von Konstruktionen ersten Grades – treffend zu interpretieren. An anderer Stelle bezeichnet Garfinkel dieses Phänomen als die „unausweichliche Vagheit" (ebd.: 204) der Alltagssprache.

Die „unausweichliche Vagheit" ist somit konstitutives Moment der Kommunikation. Zugleich hält die Kommunikation eine Fülle – ständig zur Anwendung kommender, gleichwohl aber nicht bewusster – Regeln bereit, mit dieser Vagheit zurechtzukommen.[7] Beispielsweise verstehen bzw. interpretieren wir Äußerungen immer als Teile eines Gesamtzusammenhangs, als Teil einer Geschichte, über die wir im Fortschreiten der Kommunikation noch weiter informiert werden. Diese Regel lässt sich auch an dem zuletzt zitierten Beispiel gut nachvollzie-

---

[6] Übersetzung durch die Verfasserinnen
[7] Vgl. auch das zuletzt zitierte Beispiel und die hier zur Anwendung kommende Regel.

hen. Zugleich fließt eine Fülle von Alltagswissen mit ein, das uns ein (Vor-)Verständnis des Gesamtzusammenhanges der Geschichte erlaubt. Jegliche Form der Kommunikation ist demnach in mehr oder weniger starkem Maß „Fremdverstehen" (Schütz 2004 [1932]: 88), das sich aber intuitiv sehr gut bewältigen lässt. Wirksam bei diesem intuitiven Prozess werden bestimmte Regeln[8] und das gesamte, je spezifische Alltagswissen der Kommunizierenden.

Das **Verstehen** gestaltet sich umso schwieriger, je weiter wir von den Kommunikationspartnern biographisch und kulturell entfernt sind, je loser der Interaktions- und Erfahrungszusammenhang ist. Umgekehrt ist aber die **Explikation** dieses Verständnisses, dieses intuitiven Wissens, wie es in der Forschungspraxis notwendig wird, umso schwieriger, je näher man biographisch und kulturell seinem Forschungsgegenstand ist. Schließlich handelt es sich dabei um Wissensbestände, auf die man „unter Seinesgleichen" selbstverständlich zurückgreifen kann, ohne viel erklären zu müssen.

Was bedeutet nun diese Voraussetzungsfülle und – damit verbunden – die Vagheit der Kommunikation, die immer schon auf alltäglichen Interpretationen aufruht, die als solche nicht mehr expliziert werden, für den Forschungsprozess? Es gilt zu beachten, dass wir es bei unserem ersten Interpretationsschritt – der Rekonstruktion der Konstruktionen ersten Grades – mit **Fremdverstehen**[9] zu tun haben. Dies gilt umso mehr, als sich das wissenschaftliche Interesse ja nicht in erster Linie auf die Erforschung des unmittelbaren Freundeskreises der Forscherin richtet. Aber selbst wenn dies so wäre: Auch bei Personen, die einander sehr gut kennen, gelingt Verstehen nicht immer unmittelbar, sondern ist immer wieder auch sekundäre Interpretation von bereits Interpretiertem. Umgekehrt bleibt im Fall des **unmittelbaren Verstehens** – wie wir gesehen haben – die Schwierigkeit, dieses Verständnis auf den Begriff zu bringen, wie es für die wissenschaftliche Arbeit erforderlich ist. Man muss sich erst recht „fremd machen", um diese Explikation leisten zu können. Schütze et al. (1973: 442) bemerken dazu: „Es hilft also nichts: die soziologische Methodologie muss von den Implikationen des Fremdverstehens ihren Ausgang nehmen."

Zwei Wege haben sich in der empirischen Sozialforschung etabliert, mit dem Problem umzugehen, dass sich Kommunikation durch eine „unausweichliche Vagheit" auszeichnet und nicht wie die Mathematik einen für alle verbindlichen, also allgemeinen Sinn hat: Der eine Weg besteht darin, in der Kommunikation mit den Erforschten deren Äußerungen ihrer Indexikalität, also ihres je spezifischen Verweisungszusammenhangs zu entkleiden. Die alltägliche Kommunikation soll hier in eine übergeführt werden, die in ihrem Bedeutungsgehalt standardisiert ist; sie verliert mithin ihre Verwobenheit mit der (z.B. milieuspezifisch unterschiedlichen) Handlungspraxis. Fragen oder Stimuli sollen von allen Erforschten in identischer Art und Weise verstanden werden, die notwendige Unschärfe des Fremdverstehens eliminiert werden. Ebenso werden dann auch die Reaktionen der Untersuchten im selben standardisierten Zusammenhang interpretiert. In diesem Fall sprechen wir von einem **standardisierten** Erhebungsverfahren. Die Standardisierung dient hier als Grundlage der intersubjektiven Überprüfbarkeit, einer der Säulen empirischer Forschung.

Der andere Weg besteht in einer „**kontrollierten Methode des Fremdverstehens**", wie sie als Forschungsansatz zunächst von Schütze et al. (1973) entworfen wurde. Hierbei wird der

---

[8] Wir werden darauf in den folgenden Abschnitten näher eingehen.
[9] Das Konzept des Fremdverstehens geht auf Alfred Schütz (2004: 87f.; 95; 146; 219ff.; 244f.; 259; 268f.; 304; 317; 399ff.) zurück. Auf Schütz rekurrieren sowohl die methodologischen Arbeiten von Schütze als auch die von Garfinkel.

2.2 Zugang: Methodisch kontrolliertes Fremdverstehen

Verweisungscharakter von alltagsweltlicher und wissenschaftlicher Typenbildung systematisch berücksichtigt, um den „Übersetzungsprozess zwischen wissenschaftlicher Theorie und Alltagswissen intersubjektiv überprüfbar" zu machen (ebd.: 448). Im Vergleich mit dem oben skizzierten Verfahren wird dabei der umgekehrte Weg gegangen. Die Kommunikation wird so weit wie möglich in ihrem je spezifischen Verweisungszusammenhang „eingefangen" und somit das für die Kommunikation konstitutive Moment der Indexikalität nicht ausgeblendet, sondern bewusst einbezogen. Dies impliziert auch, sich der Lebendigkeit der Sprache und der in ihr zum Ausdruck kommenden soziohistorischen Verbundenheit von Sinnstrukturen zu stellen (vgl. Przyborski 2004: 22ff. und Slunecko 2008: 135ff.).

Wie vollzieht sich nun die Kontrolle des Fremdverstehens?

Zunächst gilt es, den Erforschten die Möglichkeit zu geben, Sachverhalte und Problemstellungen innerhalb ihres Relevanzsystems in der ihnen eigenen Sprache darzustellen. Denn nur so erhalten wir Material, das uns die Möglichkeit gibt, die Indexikalität der Äußerungen Schritt für Schritt in ihrem **Kontext** herauszuarbeiten. Die Darstellungsformen der Untersuchten werden konserviert (z.B. Gespräche auf Tonträgern oder Interaktionen auf Video) oder sie liegen bereits in reproduzierbarer Form vor (z.B. in Form von Familienfotos und anderen Bildern, schriftlichen Dokumenten oder Filmen). Die Einzeläußerungen können mithin in dem Kontext untersucht werden, den die Untersuchten selbst hergestellt haben. Eine Äußerung wird unter Berücksichtigung der ihr vorangehenden und nachfolgenden Äußerungen zum Beispiel als Belehrung[10] im Kontext des Tischgespräches einer Familie (vgl. Keppler 1994) interpretierbar.[11]

Die methodische Kontrolle bezieht sich mithin auf die Kontrolle der Unterschiede der Darstellungsformen von Untersuchten und Forschern. Der Differenz zwischen den Relevanzsystemen und Interpretationsrahmen wird systematisch Rechnung getragen: Bei der Erhebung geschieht dies dadurch, dass die Bedingungen dafür geschaffen werden, dass die Untersuchten ihre Darstellung selbst gestalten können. Bei der Auswertung wird von den Kontextuierungen der Erforschten ausgegangen und nicht – wie bei den standardisierten Verfahren – von Vorab-Kontextuierungen durch die Forscher. Das heißt, die Äußerung eines Untersuchten wird z.B. im Kontext **seiner** Erzählung interpretiert und nicht im Kontext eines Tests oder Fragebogens, in denen bestimmte Interpretationen schon vorgegeben sind.

> Äußerungen stehen immer in einem spezifischen Verweisungszusammenhang, d.h. sie sind indexikal. Methodisch kontrolliertes Fremdverstehen heißt, Bedingungen dafür zu schaffen, dass die Erforschten ihre Relevanzsysteme formal und inhaltlich eigenständig entfalten können. Die einzelnen Äußerungen werden erst in diesem Kontext, innerhalb der Selbstreferenzialität der gewählten Einheit, interpretierbar. Der Prozess des Fremdverstehens ist insofern methodisch kontrolliert, als der Differenz zwischen den Interpretationsrahmen der Forscher und denjenigen der Erforschten systematisch Rechnung getragen wird.

---

[10] Die Belehrung wird bei Luckmann als „kommunikative Gattung" behandelt (vgl. u.a. Luckmann 1986 und Günthner/Knoblauch 1997).

[11] Systemtheoretisch formuliert hieße das, die Eigenlogik bzw. Selbstreferenzialität der gewählten Einheit – seien es autobiographische Erzählungen, Tischgespräche oder Fotos – in den Blick zu bekommen und sie gemäß dieser Eigenlogik zu analysieren.

2.3 Analyseeinstellungen: Subjektiver Sinn versus Struktur der Praxis[12]

Wenn wir von **alltäglichem Wissen** und von Konstruktionen ersten Grades sprechen, so meinen wir nicht ausschließlich unmittelbar abfragbares, d.h. ohne weiteres reflexiv, bewusst verfügbares Wissen. Ein häufiges Missverständnis qualitativer Methoden besteht in der Annahme, man müsse Wissen in Bezug auf den Forschungsgegenstand lediglich abfragen, sammeln und dokumentieren. Dies ist u.a. eine Aufgabe der sozialen Berichterstattung, aber kein prinzipielles Kennzeichen qualitativer Methodologie.

Im Gegenteil: Viele sozialwissenschaftlich interessante Phänomene lassen sich **nicht** unmittelbar abfragen. Dies hat unter anderem damit zu tun, dass menschliches Handeln ernsthaft blockiert wäre, wenn wir uns alles, was wir tun, zurechtlegen und bewusst machen müssten. Die standardisierten Verfahren versuchen, diesem Sachverhalt durch Testkonstruktion Rechnung zu tragen. Sie fragen dann nicht nach dem Handeln, sondern provozieren solches Handeln, um es zu „messen".

Das Explizitmachen des Sinnes von etwas, das wir selbstverständlich praktizieren – wie das Flirten – ändert die Situation meist grundlegend. So zum Beispiel, wenn zwischen einem flirtenden Paar die Äußerung: „Wir übersehen noch die Ampel vor lauter Flirten" fällt. Mit dieser Äußerung ist das Flirten als primärer Rahmen, d.h. als jener, der die Interaktion bestimmt, situativ außer Kraft gesetzt und die Aufmerksamkeit richtet sich momentan wieder auf den Straßenverkehr.

Kompliziert wird die Sache dadurch, dass der Sinn einer Handlung keine individuelle, sondern eine soziale und oft eine kollektive Angelegenheit ist. Das heißt, dass in unserem Handeln mehr zum Ausdruck kommt als unsere persönliche Absicht oder auch unsere Persönlichkeit, dass wir nämlich gleichzeitig als Frau oder Mann, als Angehörige einer sozialen Schicht, Bewohner eines Landes, Kind bestimmter Eltern mit bestimmten kulturellen und biographischen Erfahrungen u.a.m. agieren. Daher verwirklicht sich sozialer Sinn vielfach „durch uns hindurch", so dass ein Einzelner darüber nicht ohne Weiteres im Sinne eines Experten für sein Handeln Auskunft geben kann. Dies zeigt sich etwa am Beispiel der Partnerinnensuche zweier junger türkischer Männer in der Studie von Przyborski (2004: 184ff.). Die Handlungsbemühungen und -intentionen beider Probanden unterschieden sich diametral. Der eine suchte unabhängig von seiner Herkunftsfamilie aktiv nach einer jungen Frau für eine ernsthafte Liebesbeziehung. Der andere versuchte sich den Vorstellungen der Heiratsvermittlung seiner Familie „anzupassen", wie er es formulierte. Beide waren in ihrem Bemühen letztlich erfolglos. Trotz aller Unterschiede in den Handlungsstrategien zeigt sich bei genauerer Analyse bei beiden ein gemeinsamer Sinnhintergrund: nämlich die Entfremdung von ihrer Herkunftskultur, die eine Lücke in der handlungspraktischen Bewältigung der Partnerinnensuche hinterließ.

Zwei Analyseeinstellungen bzw. Beobachterhaltungen lassen sich im Bereich der **qualitativen** Methoden – idealtypisch – unterscheiden (vgl. Bohnsack 2001a). Die Konstruktionen „zweiten Grades" nach Schütz (1971), wie wir sie im ersten Abschnitt dieses Kapitels betrachtet haben, sind auf die Rekonstruktion der Theorien des Alltags und deren Aufbau gerichtet. Qualitative Ansätze, welche in dieser Forschungstradition stehen, sind auf denselben

---

[12] Vgl. dazu Bohnsack 2004: 74ff.

2.3 Analyseeinstellungen: Subjektiver Sinn versus Struktur der Praxis

Gegenstand gerichtet wie der Common Sense. Es geht dabei um das systematische Erfassen bzw. Erschließen von subjektiven Deutungen und Einstellungen ebenso wie von Alltagstheorien (vgl. Helsper/Herwartz-Emden/Terhart 2001: 256). Diese Perspektive ist stark „**deskriptiv** orientiert", wie beispielsweise Hitzler (2003: 50) betont.

Die **zweite** Analyseeinstellung ist kennzeichnend für die Methoden, mit denen sich dieser Band vorrangig befasst. Diese Analyseeinstellung ist uns in diesem Kapitel bereits am Beispiel des Garfinkel'schen Krisenexperiments begegnet: Ein Student fragt einen Kommilitonen flüchtig nach dem Befinden. Der Kommilitone und zugleich „Experimentator" fordert den Studenten auf, seine Frage zu spezifizieren. Wütend erklärt der Student daraufhin, dass es sich dabei lediglich um eine Höflichkeitsfloskel gehandelt habe. Über das, was er subjektiv meint, erfahren wir in erster Linie, was es **nicht** ist. Es ist kein tiefgehendes Interesse am Befinden des Anderen. Wir erfahren aber auf der Grundlage der „Entgleisung" des Kommilitonen gleichzeitig etwas über die Regel der Herstellung der Interaktion. Es geht um eine Form der Höflichkeit, über die ein Kontakt hergestellt wird. In diesem Fall, so können wir weiter ausführen, wird eine Befindensfrage als Grußformel verwendet. Damit wird auch klar, an welcher Regel der Interaktion der Student orientiert ist. Ein Gruß – das wissen wir auch intuitiv – erwartet einen (Gegen-)Gruß. Wenn wir diese Regel benennen, sie explizieren, dann haben wir damit eine Regel der Herstellung der Interaktion ausgeführt. Sacks (1995: 521ff.) hat diese Regeln der Herstellung von Gesprächen weiter ausgearbeitet und abstrahiert. Er hat eine Fülle von sprachlichen Formen gefunden, die eine ganz bestimmte zweite Form nach sich ziehen, wie z.B. eine Frage eine Antwort. Diese „adjacency pairs" sind bestimmend für die Entwicklung von Gesprächen.[13]

In dem skizzierten Fall ist das Interesse an der Herstellungsregel auf die **formale** Struktur der Interaktion bezogen. Mit diesem Interesse an der Formalstruktur erschöpft sich die Suche nach Herstellungsregeln im Rahmen der Konversationsanalyse.[14] Herstellungsregeln können sich aber auch darauf beziehen, welchen Sinn ein inhaltlich bestimmtes Verhalten und eine inhaltlich bestimmte Kommunikation in einem spezifischen Zusammenhang ergeben. Über diese Frage gelangen wir zu den sozialen Regeln sowie zur **sinnstrukturierten** Auseinandersetzung mit sozialen Regeln (vgl. Oevermann 2000), die dem Phänomen, das wir analysieren wollen, zugrunde liegen und es in gewisser Weise „hervorbringen". In dem oben genannten Beispiel der beiden jungen Männer türkischer Herkunft ist es das Prinzip der Eheschließung und Lebenspartnerschaft auf der Grundlage eines übereinstimmenden sozialen Habitus, das sich handlungspraktisch am leichtesten durch Heiratsvermittlung umsetzen lässt. Beide Fälle zeigen eine Entfremdung von diesem Prinzip im Zuge des Aufwachsens in einem kulturellen Zusammenhang, in dem sich die Partnerwahl im Rahmen der romantischen Liebe, also auf der Grundlage von Individualität vollzieht. Weder die eine noch die andere Form konnten die jungen Männer habitualisieren, beide Formen sind ihnen gewissermaßen fremd. Die – je unterschiedlichen – Schwierigkeiten bei der Partnerwahl werden durch ein beiden gemeinsames Orientierungsdilemma hervorgebracht.

Diese Analyseeinstellung hat dann nicht – wie es im Alltag meist der Fall ist – das im Blick, was jemand meint oder sagen will, sondern die Sinnstruktur, die seinem Handeln zugrunde

---

[13] Zu einer kritischen Betrachtung bzw. Erweiterung vgl. Przyborski 2004: 19ff.
[14] Vgl. u.a. Sacks/Schegloff/Jefferson 1974, Kallmeyer/Schütze 1976, Streeck 1983.

liegt und es – im Sinne der sozialen Genese – hervorbringt. Die Analyseeinstellung ist mithin auf **Prozessstrukturen der Herstellung** gerichtet.[15]

Mannheim spricht in diesem Zusammenhang von der „Einklammerung des Geltungscharakters" (Mannheim 1980 [1922]: 88). Dadurch wird der Blick frei auf das, „wie etwas entstanden ist" (ebd.: 91). Die „soziogenetische" oder „genetische Betrachtung", wie Mannheim diese Perspektive der Interpretation nennt, erklärt die sozialen „Gebilde" als „Resultat eines soziopsychischen Erlebniszusammenhanges" (ebd.: 89). Diesen Erlebniszusammenhang versucht man dann zu rekonstruieren.[16]

Alle im vorliegenden Band dargestellten Methoden unterscheiden daher (zumindest) zwischen zwei Sinnebenen. Die erste Sinnebene entspricht weitgehend der ersten Analyseeinstellung. Sie ist auf die Rekonstruktion der Common-Sense-Theorien gerichtet, darauf, was kompetente Gesellschaftsmitglieder unmittelbar erschließen könnten, wenn sie sich Zeit für eine systematische Rekonstruktion nehmen würden. Die zweite Sinnebene entspricht weitgehend der zweiten Analyseeinstellung, welche wir eben beschrieben haben. Sie ist auf das praktische, das **habituelle** Handeln sowie auf den „objektiven Sinn" bzw. den „Dokumentsinn" bestimmter Äußerungen gerichtet.

Als habituelles Handeln können wir zunächst jenes verstehen, das uns zutiefst selbstverständlich ist, dessen Bewusstmachung (s.o.) uns im unmittelbaren Handeln stören würde. Bourdieu (1982: 281) spricht im Zusammenhang mit Habitus auch vom „modus operandi", der Strukturgesetzlichkeit, die Handeln und andere soziale Gegenstände hervorbringt.[17]

Die Leistung und Aufgabe der hier diskutierten rekonstruktiven Verfahren liegt nun dort, wo zwischen diesen beiden Sinnebenen unterschieden und deren Verhältnis zueinander bestimmt werden soll. In der Narrationsanalyse im Rahmen der Biographieforschung zum Beispiel geht es um die Unterscheidung zwischen den bekundeten Handlungsabsichten und Theorien über das eigene Selbst einerseits und der sich „im Schatten" dieser Theorien dokumentierenden Handlungspraxis sowie den Prozessen des Erleidens andererseits. Oft liegt der Zugang zum handlungsleitenden Wissen der Akteure gerade nicht in deren expliziten Theorien und Erklärungen, sondern ist in den Beschreibungen und Erzählungen ihrer Handlungspraxis

---

[15] Im Anschluss an Niklas Luhmann ließe sich das auch beobachtungstheoretisch formulieren. Es handelte sich dann um eine Beobachtung der (Art und Weise der) Beobachtung und ihrer Explikation. Man ist sozusagen den „Beobachtungen auf der eigenen Spur" (vgl. Slunecko 2008). Mit Luhmann (1990: 95) kann man formulieren: „Die Was-Fragen verwandeln sich in Wie-Fragen", wenn es um wissenschaftliches Beobachten bzw. Interpretieren geht. Es handelt sich um „Beobachtungen zweiter Ordnung" (Luhmann 1990: 86f.).

[16] Komplexer als hier auszuführen möglich ist, wird der Begriff des „subjektiven Sinns" bei Schütz (2004) verstanden. In Auseinandersetzung mit und in Weiterführung von Max Webers Begriff des „subjektiv gemeinten Sinnes" gelangt Schütz zu der Erkenntnis, dass nur „im Zuge einer Konstitutionsanalyse" Klarheit über den Begriff des sinnhaften Handelns gewonnen werden könne: „Es muss systematisch der Aufbau jener Erlebnisse untersucht werden, welche den Sinn eines Handelns konstituieren." (Schütz 2004 [1932]: 126) Schütz kommt dann zu folgender Verhältnisbestimmung von objektivem und subjektivem Sinn: „Objektiver Sinn steht daher nur in einem Sinnzusammenhang für das Bewusstsein des Deutenden, subjektiver Sinn verweist daneben und darüber hinaus auf einen Sinnzusammenhang für das Bewusstsein des Setzenden. Subjektiver Sinnzusammenhang liegt also dann vor, wenn das, was in einem objektiven Sinnzusammenhang gegeben ist, von einem Du seinerseits als Sinnzusammenhang erzeugt wurde." (Ebd.: 270) Insofern geht es auch bei Schütz um das, was wir oben „Prozessstrukturen der Herstellung" genannt haben, allerdings verlagert er diesen Konstitutionsprozess radikaler als andere Ansätze in das Subjekt.

[17] Auch der Kunsthistoriker Panofsky unterscheidet beispielsweise im Bezug auf die darstellende Kunst diese Sinnebenen. Wobei er ebenfalls den Habitus bzw. die historisch hervorgebrachte Totalität der „Weltanschauung" als Träger der zweiten Sinnebene versteht (vgl. Panofsky 1964 und 1975).

aufgehoben. Aus diesem Grund kommt es etwa bei der **Narrationsanalyse** wesentlich auf das Verhältnis von Erzählung und Argumentation an. Bei der **dokumentarischen Interpretation** bspw. von Gruppendiskussionen wird zwischen dem immanenten, dem wörtlichen Sinngehalt und dem dokumentarischen Sinngehalt unterschieden, in dem sich kollektive (Handlungs-)Orientierungen dokumentieren. Für die **objektive Hermeneutik** ist die Unterscheidung zwischen subjektiv gemeintem bzw. manifestem und objektivem bzw. latentem Sinn maßgeblich. Die **Gesprächsanalyse** zielt auf eine ähnliche Ebenenunterscheidung, indem sie zwischen dem wörtlichen Sinn und den formalen Prinzipien des Aufbaus von Gesprächen unterscheidet.

> Wir können zwei Analyseeinstellungen bzw. zwei prinzipielle Sinnebenen unterscheiden: erstens jene, die auf Common-Sense-Theorien und deren Systematisierung gerichtet ist; zweitens jene, die auf Prozessstrukturen der Hervorbringung praktischen Handelns und anderer sozialer Gegenstände, auf ihren Modus Operandi gerichtet ist.

2.4 „Klassische" Gütekriterien: Validität, Reliabilität und Objektivität

Eine wesentliche Herausforderung qualitativer Methodologie besteht gegenwärtig in der Verständigung über **gemeinsame Standards**. Reichertz formuliert dieses Anliegen entlang der klassischen Gütekriterien (vgl. Lienert 1969), wie sie in der quantitativen Methodologie formuliert wurden: „Die entscheidende Frage, die wir uns stellen müssen, lautet deshalb, wie aus wissenssoziologischer Perspektive explizite Qualitätskriterien für die **Zuverlässigkeit** der Datenerhebung, für die **Repräsentativität** der Datenauswahl und für die **Gültigkeit** der (generalisierten) Aussagen bestimmt und kanonisiert werden können, die jedoch nicht an den (zurecht fragwürdigen) Idealen einer kontextfreien Sozialforschung orientiert sind, sondern z.B. auch das Wechselspiel von Forschern und Beforschten, Forschung und gesellschaftlicher Verwertung bzw. Anerkennung und auch die Besonderheiten der ‚social world' (…) der Wissenschaftler" mit reflektieren (Reichertz 2000a: 51). Das vorliegende Buch versucht, diese Bemühungen voranzutreiben. So werden in diesem Kapitel gemeinsame Standards formuliert, welchen dann auch im praktischen, umfangreichen Teil Rechnung getragen wird. Zwischen qualitativen und quantitativen Verfahren wurde eine Verständigung über gemeinsame Standards bisher kaum versucht.[18] Gerade in einer solchen Verständigung, und zwar in einer Begrifflichkeit, die allen Seiten zugänglich ist, läge das Potenzial, das Verhältnis unterschiedlicher Formen empirischer Sozialforschung adäquat zu definieren. Im folgenden Abschnitt geht es daher um eine Auseinandersetzung mit den klassischen Gütekriterien.

Wenn die Verständigung über Gütekriterien gelingen soll, muss einer Vereinnahmung der einen Seite durch die andere (vgl. Steinke 2000: 319) vorgebeugt werden. Aus diesem Grund charakterisieren wir zunächst den Unterschied der beiden Zugänge. Dabei dienen die bisher dargestellten Gemeinsamkeiten qualitativer Verfahren als Ausgangspunkt dieser Standortbestimmung. Eine klare Grenze markiert das unterschiedliche Verhältnis der beiden empirischen Zugänge zu ihren Erfahrungsdaten bzw. ihr Verhältnis zur Kommunikation mit den

---

[18] Ausnahmen sind Seale 2000 [1999] und Bohnsack 2004.

Untersuchten. Diese Kommunikation ist bei quantitativen Methoden standardisiert. Vor oder nach der Datenerhebung müssen die Erfahrungs- bzw. Beobachtungskategorien, die überhaupt zugelassen werden, eindeutig definiert werden. Anders verhält es sich bei den qualitativen Methoden. Entscheidend ist dabei nicht in erster Linie – wie häufig betont wird – dass die Kommunikation mit den Probanden „offen" ist. Entscheidend ist vielmehr, dass den unterschiedlichen Relevanzsystemen von Forschern und Erforschten systematisch und in kontrollierter Weise Rechnung getragen wird. Wie wir gesehen haben, geschieht dies u.a. durch die Rekonstruktion von Common-Sense-Konstruktionen und durch das Einbeziehen der Kontextuierungen der Erforschten.

2.4.1 Validität

Die Validität oder **Gültigkeit** eines empirischen Verfahrens lässt sich wie folgt definieren: Sie kennzeichnet, ob und inwieweit die wissenschaftliche, begrifflich-theoretische Konstruktion dem empirischen Sachverhalt, dem Phänomen, auf welches sich die Forschungsbemühungen richten, angemessen ist. Wie wir bereits gesehen haben, handeln auch diejenigen, die Gegenstand der Forschung sind, sinnstrukturiert. Dieser Sinn wird durch die Forscherin rekonstruiert. Bei den quantitativen Verfahren vollzieht sich diese Rekonstruktion letztlich bereits vor dem Gang in das empirische Feld. Theorien und Konstrukte werden – zum Teil nach Pretests oder „explorativen" Vorstudien – vorab gebildet und strukturieren die Konstruktion von **Mess**instrumenten (z.B. von Intelligenztests). Diese gelten dann als valide, wenn sie z.B. mit einem von der Messung unabhängigen Außenkriterium (Schulleistungen), welches zu dem Phänomen (Intelligenz) gehört, auf das sich die Theorien beziehen, hoch korrelieren.

Im Unterschied dazu wenden sich qualitative Verfahren entweder den Phänomenen selbst (durch teilnehmende Beobachtung oder die Analyse von Kulturprodukten, wie Bildern oder Gesprächen) oder deren Rekonstruktion durch die Untersuchten zu (etwa in Form von Erzählungen). Sie sind daher bereits aufgrund ihrer Ausgangsdaten näher am Phänomen.[19] Das mag ein Grund dafür sein, dass die Validität qualitativer Forschung selten in Frage gestellt wurde. Die wissenschaftlichen Konstruktionen sind der beobachtbaren Praxis durch die Art der Erhebung angemessen **und** in dem Maß gültig, wie sie die Common-Sense-Konstruktionen – in einem ersten Schritt – **adäquat rekonstruieren** (vgl. Schütz 1971 [1962]).

Diese Gegenstandsnähe ist aber noch nicht ausreichend für die Bestimmung der Gültigkeit von Ergebnissen qualitativer Methoden. Denn: Woran können wir fest machen, ob wir angemessen rekonstruiert haben, adäquat **verstanden** haben? Bei den qualitativen Verfahren kann diese Überprüfung nun nicht mittels eines so genannten „Außenkriteriums" (vgl. u.a. Diekmann 2004: 224) erfolgen, da meist ein Phänomen(komplex) des Alltags, also quasi ein „Außenkriterium", den Ausgangspunkt einer Untersuchung darstellt und nicht wie in der quantitativen Forschung – auch bei jenen Untersuchungen, die eine komplexere Problemanalyse anstreben – kleinste Einheiten, die kontextunabhängig gemessen und als Indikatoren für sozialwissenschaftliche Konstrukte analysiert werden (vgl. Slunecko 2008: 219). Es muss also nicht überprüft werden, ob ein Indikator oder ein Konstrukt Bedeutung für Phänomene des Alltags hat.

---

[19] Dies kann in manchen Fällen sogar dazu führen, dass sich Fragestellungen, die zunächst erkenntnisleitend waren, als dem Gegenstand nicht adäquat herausstellen und von daher im Zuge der Forschung geändert werden müssen.

2.4 „Klassische" Gütekriterien: Validität, Reliabilität und Objektivität

Methodologisch umfassender lässt sich die Adäquatheit des **wissenschaftlichen** Verstehens auf der Grundlage der Rekonstruktion der **Alltagsmethoden** des Verstehens bestimmen. Wenn wir die (impliziten) Grundlagen, auf welchen Verständigung im Alltag basiert – mit Habermas (1981: 176ff.) „die formale Pragmatik" – durchschauen und auf den Begriff bringen können, dann können wir unsere wissenschaftlichen Rekonstruktionen auf dieser Basis begründen (vgl. auch Przyborski 2004: 38ff.; Soeffner 1989). Solange man nicht weiß, in welchen Formen sich z.B. gemeinsame oder unterschiedliche Orientierungen im Gespräch artikulieren, d.h. wie wir uns im Rahmen impliziter Regeln über Milieuzugehörigkeiten und - unterschiede verständigen, kann man Milieus immer nur quasi von außen bestimmen. Kennen wir jedoch die formalen Prinzipien, in welchen sich Gemeinsamkeiten bzw. Unterschiede vollziehen, lassen sich Milieus von innen, auf empirischer Grundlage herausarbeiten (vgl. Bohnsack 1989; Przyborski 2004).

Wir müssen also nachweisen, **wie** gesellschaftliche Tatsachen kommunikativ hergestellt werden. Erst dann sind die wissenschaftlichen begrifflich-theoretischen Konstruktionen adäquat und haben das Potenzial zur sozialwissenschaftlichen Theoriebildung. Den Blick für diese „Methoden" des Alltags, für die „Ethno-Methoden" (vgl. Bohnsack 2004) haben uns die Ethnomethodologen geöffnet (u.a. Garfinkel 2004 [1967]; Atkinson 1988). Diese Alltagsmethoden müssen zum Gegenstand empirischer Rekonstruktion gemacht werden. Ein mittlerweile schon als klassisch zu bezeichnendes Beispiel hierfür ist die Rekonstruktion der Alltagsmethode der Erzählung. Wir kennen den formalen Aufbau von Erzählungen, d.h. wir können sie anhand formaler Merkmale von anderen Textsorten (vgl. auch Kap. 5.2) unterscheiden und wir wissen, dass sie im Alltag zum Austausch darüber und zur Konservierung dessen dienen, was als „Tatsache" gilt. Derartige **formale Prinzipien der Gestaltung**, die im Prozess der Verständigung eine wichtige Rolle spielen, finden sich nicht nur auf der Ebene von Texten, sondern ebenso auf der Ebene von Bildern oder Gesten. Die Rekonstruktion, die begriffliche Entfaltung dieser Alltagsmethoden ist Voraussetzung für die Explikation und Formalisierung von wissenschaftlichen Methoden der Interpretation.

Bereits in den 1980er Jahren wurde dieser Schritt für die Weiterentwicklung empirischer Methoden explizit gefordert.[20] Habermas etwa macht – ebenfalls mit Bezug auf die Ethnomethodologie – die Strukturen der Verständigung zu einer Schlüsselstelle der Sozialforschung: „Dieselben Strukturen, die Verständigung ermöglichen, sorgen auch für die Möglichkeiten einer reflexiven Selbstkontrolle des Verständigungsvorgangs." (Habermas 1981: 176) Soeffner formuliert im Zusammenhang mit den Methoden bzw. Verfahren alltäglicher Verständigung: „Die nicht-standardisierten Verfahren beziehen sich auf natürliche Standards und Routinen der Kommunikation, die zunächst einmal gewusst und in ihrer Funktionsweise bekannt sein müssen, bevor die auf ihnen basierenden Daten kontrolliert interpretiert werden können." (Soeffner 1989: 60)

Es geht also darum, zu erarbeiten, welche impliziten Regel(mäßigkeite)n es uns ermöglichen, uns im Alltag zu verständigen, in welchen Formen z.B. unmittelbares Verständnis abläuft und welche Formen Träger von nicht unmittelbarem Verständnis sind (vgl. Przyborski 2004). Diese Regel(mäßigkeite)n, diese Standards sind in die Handlungspraxis eingelassen und mithin eine Form impliziten Wissens, das in der Alltagswelt gewissermaßen „natürlich" vorhanden ist. Aus diesem Grund sprechen wir bisweilen auch von „natürlichen Standards", wenngleich

---

[20] Mannheim hat diesen Schritt (Mannheim 1980 und 1964, vgl. Bohnsack 2001a und Kap. 5.3 dieses Buches) bereits zu Beginn des letzten Jahrhunderts vollzogen.

hier nicht an eine Naturgesetzlichkeit im nomothetischen, also im raum-zeitlich unabhängigen Sinn gedacht ist. Die Rekonstruktion „natürlicher" bzw. alltäglicher Standards fällt auch unter die Regeln der Herstellung, wie wir sie im vorangegangenen Abschnitt besprochen haben.

> Qualitative Methoden sind insofern valide, als sie an die Common-Sense-Konstruktionen der Untersuchten anknüpfen und auf den alltäglichen Strukturen bzw. Standards der Verständigung aufbauen.

2.4.2 Reliabilität

Die Reliabilität oder **Zuverlässigkeit** einer Methode bezeichnet im Rahmen der standardisierten Verfahren die Möglichkeit der exakten Reproduzierbarkeit einer empirischen Untersuchung, die Genauigkeit der Messung oder die „Reproduzierbarkeit von Messergebnissen" (Diekmann 2004: 217). Zentral ist dabei die Operationalisierung, also die möglichst eindeutige Beschreibung der Verknüpfung von Beobachtungsdaten und Begriffen bzw. der zu beobachtenden, zu messenden Indikatoren. Bei der Operationalisierung bzw. bei der Bildung von Indikatoren handelt es sich immer schon um ein wissenschaftlich sehr stark interpretiertes Festhalten von Beobachtungen. Die Beobachtungen im Rahmen qualitativer Methoden sind im Vergleich dazu relativ wenig[21] bis gar nicht vorab interpretiert.[22] Es erübrigt sich daher auch – wie bei den quantitativen Methoden für die Bestimmung der Zuverlässigkeit eines Instruments üblich – ein nochmaliges Messen oder die Halbierung des Messvorganges. Letztere zählt zu den gebräuchlichsten Methoden der Reliabilitätsschätzung[23] der quantitativen Methoden. Dabei wird ein Test, eine Batterie von Items in zwei Hälften geteilt. Man erhält zwei – kürzere – Itembatterien, die dasselbe messen. Der Grad der Übereinstimmung erlaubt eine Reliabilitätsschätzung. So kann man u.a. darauf schließen, dass die Verknüpfung von Begriffen und Beobachtungen exakt genug gewesen ist. Diese Verknüpfung mit gegenstandsbezogenen wissenschaftlichen Begriffen, mit gegenstandsbezogener Theorie, geschieht bei den rekonstruktiven Methoden erst zu einem späteren Zeitpunkt im Untersuchungsablauf. Das heißt aber nicht, dass die Erhebung theorielos erfolgt (s.u.). Beobachtungen werden jedoch nicht als Indikatoren vorab definiert, sondern als Dokumente, als sinnstrukturierte soziale Produkte aufgefasst, deren theoretisches Potenzial erst durch eine nachfolgende Interpretation erarbeitet wird. Die Frage kann also nicht heißen: Lässt sich der Erhebungs- bzw. Messvorgang wiederholen?, sondern: Sind Ergebnisse, Untersuchungen prinzipiell replizierbar?

Diese Frage wird an qualitative Methoden zu Recht gestellt. Können Ergebnisse bei der Wiederholung einer Untersuchung bestätigt werden oder untersucht man lediglich zwar sehr valide, aber doch nur singuläre Fälle? Dieses Problem stellt sich auch schon innerhalb einer Untersuchung. Sind die Ausgangsdaten überhaupt vergleichbar? Hat man nicht bei jedem Interview oder jeder Gruppendiskussion etwas völlig anderes erhoben? Wie lässt sich Material vergleichen, das „offen" erhoben wurde und sich in so unterschiedlicher Gestalt präsentiert? Replizierbarkeit und die Möglichkeit des Vergleichs von Daten sind in quantitativen wie auch in qualitativen Verfahren für die Bestätigung bzw. Entwicklung von Theorien unerlässlich.

---

[21] Z.B. bei der teilnehmenden Beobachtung, vgl. Kap. 3.1.
[22] Wie z.B. ein authentisches Gespräch, vgl. Kap. 3.4.8.
[23] Ausführlicher u.a. Diekmann 2004: 217ff.

2.4 „Klassische" Gütekriterien: Validität, Reliabilität und Objektivität

Ein Schlüssel zur Lösung dieses Problems ist bei den **standardisierten Verfahren** die **Standardisierung und Operationalisierung** des Messvorganges und seiner Interpretation. Im Unterschied dazu greifen die **rekonstruktiven Verfahren** hier auf die folgenden Prinzipien zurück: auf das der **Rekonstruktion** der **alltäglichen Standards** der Verständigung und Interaktion; und auf das des Nachweises der **Reproduktionsgesetzlichkeit der Fallstruktur**.

Die alltäglichen Standards der Verständigung und Interaktion sichern erstens die Vergleichbarkeit des Materials über unterschiedliche Themen hinweg. Beim Vergleich autobiographischer Stegreiferzählungen (vgl. auch Kap. 3.4.1 u. 5.2) bildet das Verhältnis von erzählenden und argumentierenden Teilen des Interviews die Achse des Vergleichs. Erst auf dieser Folie, die durch die alltäglichen Standards gegeben ist, lässt sich die thematische Entwicklung interpretieren und vergleichen. Zweitens versetzt uns die Rekonstruktion der alltäglichen Standards in die Lage, die Interventionen der Forscherinnen zu kontrollieren: etwa, ob der Interviewer seine Frage so gestellt hat, dass die Untersuchten tatsächlich ihre Erfahrungen in ihrer eigenen Sprache entfalten können,[24] oder ob eine Erzählaufforderung so gestaltet ist, dass sie auch wirklich dazu geeignet ist, eine Erzählung hervorzurufen (vgl. Kap. 3.4.1). Drittens können auf der Basis der alltäglichen Standards die Schritte der Auswertung formalisiert werden. Im Fall des narrativen Interviews mündet dies z.B. in die Unterscheidung erzählender und argumentierender Textstellen als zentralem Schritt des Interpretationsvorganges. Die Auswertungsschritte erfahren damit ihrerseits eine ‚Standardisierung', was die Wiederholung, Vergleichbarkeit und intersubjektive Überprüfbarkeit von Untersuchungen ermöglicht.

Neben der Explikation der alltäglichen Standards der Verständigung gibt es ein weiteres Prinzip qualitativer Forschung, das für deren Zuverlässigkeit bestimmend ist. Sowohl auf der Ebene der einzelnen Fälle – mögen dies Einzelinterviews oder Gruppendiskussionen, Bilder oder Filme sein – als auch über die einzelnen untersuchten Fälle hinweg muss die **Reproduktionsgesetzlichkeit** (Oevermann et al. 1979 und Oevermann 2000: 124ff.) der herausgearbeiteten Struktur nachgewiesen werden. Es geht darum zu zeigen, dass Strukturelemente – wie beispielsweise die strikte Trennung einer inneren, familialen Sphäre und einer äußeren, durch öffentliche Institutionen bestimmten Sphäre sowie eine spezifische Prozessstruktur der handlungspraktischen Umsetzung dieser Trennung – nicht beliebig herausgegriffen sind, sondern sich sowohl im einzelnen Fall als auch über diesen hinaus systematisch finden.[25]

Beide Prinzipien führen dazu, dass die Interpretation von der oftmals beliebig erscheinenden thematischen Struktur der Fälle unabhängig wird. Sie richtet sich also nicht primär auf eine Zusammenfassung von Themen, sondern darauf, wie diese Themen entwickelt werden und welche Strukturen darin – wiederkehrend – zum Ausdruck kommen. Themen können in Gruppendiskussionen Jugendlicher beispielsweise der Konsum von Alkohol, das Musikmachen oder das Tanzen sein. Alle drei genannten Themen können Träger einer aktionistischen Handlungsorientierung sein, das wäre die in diesen Themen wiederkehrende Prozessstruktur.

Bei der Interpretation biographischen Materials wird man z.B. darauf stoßen, dass sich bestimmte Problemlösungen (oder auch -vermeidungen) im Lauf der Biographie an verschiedenen Stellen wiederholen, so dass dieser Problemlösungs- oder Problemvermeidungsmodus zum biographischen Charakteristikum wird, über das sich mit anderen – inhaltlich ganz anders gelagerten – Fällen Gemeinsamkeiten herstellen lassen (vgl. Wohlrab-Sahr 1994).

---

24 An empirischem Material lässt sich das in diesem Band z.B. in Kap. 5.4.6 exemplarisch nachvollziehen.
25 Vgl. zu diesem Beispiel Bohnsack 2001b und Przyborski 2004: 198.

Für die Interpretation heißt das, dass jenseits der thematischen Unterschiede nach wiederkehrenden identischen Strukturen, nach **Homologien** (vgl. Mannheim 1964) in einem Fall und über die Fälle hinweg gesucht wird. Die Interpretation eines Falles kommt dann zu einem Ende, wenn an thematisch ganz unterschiedlichen Stellen die gleiche Struktur herausgearbeitet werden kann (vgl. Oevermann 2000). In der Terminologie der „Gütekriterien" der standardisierten Forschung könnte man sagen: Dann ist die Interpretation reliabel. Bei einem lebensgeschichtlichen Interview würden wir dann vielleicht sehen, dass es für das Ergebnis der Interpretation nicht relevant ist, ob vom Interviewten dieses oder jenes Beispiel gewählt wurde, sondern dass in beiden Beispielen **dieselbe Struktur** zum Ausdruck kommt. Oder wir werden vielleicht feststellen, dass wir in der Reaktion auf eine unvorhergesehene Unterbrechung des Interviews dieselbe Struktur herausarbeiten können wie bei den Episoden, die aus dem Leben erzählt wurden, in einer Bildkomposition dieselben Strukturen wie in den dargestellten Gesten.

> Qualitative Methoden sichern Reliabilität durch den Nachweis der Reproduktionsgesetzlichkeit der herausgearbeiteten Strukturen und durch das systematische Einbeziehen und Explizieren alltäglicher Standards der Kommunikation.

2.4.3 Objektivität

Was objektiv ist, ist noch lange nicht wahr – zumindest, wenn wir uns dem gängigen Sprachgebrauch der Scientific Community anschließen. Diekmann (2004: 217) bezeichnet die „Objektivität" als „ein schwächeres Kriterium" als die Kriterien der Reliabilität und Validität, denn: „Wer wiederholt lügt (egal, wer ihn zum Sprechen bringt, die Verf.), mag zwar die Reputation eines zuverlässigen Lügners erhalten, nur sagt er uns eben nicht die Wahrheit." (Ebd.: 223) Als objektiv gelten Messinstrumente oder empirische Verfahren, wenn die damit erzielten Ergebnisse unabhängig sind von der Person, die die Messinstrumente anwendet. Gerade die Diskussion um die Objektivität verliert sich oft in der Aporie von subjektiver Beliebigkeit und raum-zeitlich ungebundenen (nomothetischen) Gesetzesaussagen, die mit den Menschen, die sie hervorbringen, nichts mehr zu tun haben (sollen). Einig ist man sich hingegen – über Unterschiede qualitativer und quantitativer Methodologien hinweg –, dass eine intersubjektive Überprüfbarkeit von Ergebnissen gewährleistet sein muss. Wie schon bei den beiden anderen Gütekriterien eröffnet der Blick darauf, **wie** Objektivität in den hypothesenprüfenden Verfahren gesichert wird, eine Perspektive auf vergleichbare methodisch-methodologische Fundierungen rekonstruktiver Verfahren.

Die Objektivität hängt bei quantitativen Verfahren davon ab, inwieweit die Vorgehensweise standardisiert ist und mithin von anderen intersubjektiv überprüft und kontrolliert werden bzw. in genau derselben Art und Weise (praktisch) vollzogen werden kann. Bei der Erhebung von Beobachtungsdaten in den Sozialwissenschaften treten Forscher und Erforschte in einen Kommunikationsprozess ein. Dieser unterliegt, wie wir eingangs gesehen haben, einer Fülle von Unschärfen (vgl. Kap. 2.1). Hypothesenprüfende Verfahren strukturieren nun die Kommunikation auf der Grundlage von Theorien genau vor. Die Kommunikation – von Forscherinnen **und** Erforschten – wird dadurch vorab standardisiert. Das heißt, nur jene Elemente der Kommunikation, die vorab definiert und erfasst wurden, finden Eingang in den Forschungsprozess. Dies gilt letztlich auch für die Inhaltsanalyse. Der Prozess der Kategorien-

2.4 „Klassische" Gütekriterien: Validität, Reliabilität und Objektivität

findung für das offen erhobene Material muss hier zu einem Ende gekommen sein, bevor das Material endgültig ausgewertet wird. Jede beliebige Person muss bei der Anwendung ein und desselben Kategoriensystems auf dasselbe Ausgangsmaterial zu einem identischen Ergebnis kommen. Äußerungen, die in den Kodierregeln **nicht** erfasst sind, zählen nicht. Die Standardisierung dient also bei den hypothesenprüfenden Verfahren[26] der intersubjektiven Überprüfbarkeit der Forschungsergebnisse. Das Ideal ist eine durch historische und soziale Bedingungen unbeeinflusste, von den Untersuchenden unabhängige Kommunikation. Das heißt, die Kontrolle des Einflusses der Untersuchenden erfolgt durch Standards, die aufgrund von Theorien durch die Forschenden gesetzt werden.

Die Art und Weise, wie Objektivität bei hypothesenprüfenden Verfahren zu erreichen versucht wird, markiert für die Untersuchenden einen **Standort außerhalb des sozialen Gefüges**. Im Unterschied dazu gehen bei den rekonstruktiven Verfahren alle methodologischen Überlegungen von einem **Standort der Untersuchenden innerhalb des sozialen Gefüges** aus. Es wird keine erkenntnislogische Differenz zwischen Untersuchenden und Untersuchten vorausgesetzt.

Wie gehen nun aber rekonstruktive Methoden mit den Unschärfen der Kommunikation im Sinn einer Möglichkeit der intersubjektiven Überprüfbarkeit von Ergebnissen um? Sie gehen den umgekehrten Weg, wie er für die standardisierten Verfahren beschrieben wurde. Es wird gerade nicht davon ausgegangen, dass sich die Variation der Bedeutungen durch ihre zufällige Verteilung ausmittelt bzw. dass sie durch Kontrolle im oben beschriebenen Sinn in den Griff zu bekommen ist. Vielmehr geht es darum, die Kommunikation und damit auch die Träger von Bedeutung – seien sie verbal, bildhaft, szenisch, als geistige oder gegenständliche Objekte gegeben – möglichst vollständig zu erfassen. Es werden z.B. nicht bestimmte Antwortkategorien vorgegeben, von welchen man meint, dass alle Untersuchten sie in derselben Art und Weise verstehen. Vielmehr werden Bedingungen geschaffen, die es den Untersuchten ermöglichen, ihre Art und Weise der sprachlichen Gestaltung zu entfalten. Stimuli, Frage oder Reaktionen der Forscher werden mit erfasst. Bilder werden nicht auf der Grundlage zuvor definierter inhaltlicher Kategorien, sondern in ihrer je eigenen Gestaltung erfasst.

Um die Variationen von Bedeutungen in den Griff zu bekommen, macht man sich zunutze, dass es auch im Alltag Strukturen geben muss, die wechselseitige Verständigung – z.B. auch über das Nicht-Verstehen – sichern. Die alltäglichen Standards der Verständigung erfüllen also bei rekonstruktiven Verfahren eine ähnliche Funktion wie die Standardisierung bei den hypothesenprüfenden Verfahren. Um die intersubjektive Überprüfung zu sichern, dürfen wir diese Standards aber nicht lediglich intuitiv anwenden. Die Rekonstruktion bzw. Explikation der kommunikativen Regeln, der alltäglichen Standards der Verständigung, gibt Aufschluss darüber, wie sich der Verständigungsprozess zwischen Erforschten und Forschenden einerseits und der Erforschten untereinander andererseits vollzieht. Vermögen die Sozialwissenschaften, „die interaktionslogische Gesamtsystematik der Basisregeln der Kommunikation anzugeben", heißt es bei Schütze – der in Anlehnung an die Ethonomethodologie von „Basisregeln" anstelle von „Standards der Kommunikation " spricht – „dann können auf der Hintergrundfolie identischer Basisregeln gerade auch die Unterschiede zwischen alltagsweltlich-nichtwissenschaftlichen und wissenschaftlichen Prozessen der Wissensbildung herausgearbeitet werden" (Schütze et al. 1973: 446). Es gilt in der rekonstruktiven Sozialforschung folglich, die der Kommunikation zugrunde liegenden Regeln im Forschungsprozess zu expli-

---

[26] Dazu ist auch die Inhaltsanalyse zu zählen, die letztlich dieses Ziel anstrebt (vgl. Mayring 2002).

zieren und nicht wie im Alltag lediglich intuitiv zu befolgen. Das intuitive Verständnis reicht insofern nicht aus, als in der direkten Kommunikation zwar angezeigt wird, wenn die Reaktion nicht stimmt, d.h. die zugrunde gelegte Bedeutung bzw. „Regel" falsch war, nicht aber, welche die richtige ist.

Auf der Ebene der Erforschung verbaler Standards der Kommunikation wurde in den letzten Jahren viel erreicht. Dies hat zu mittlerweile sehr ausgereiften Methoden der Textinterpretation geführt, die u.a. in den nächsten Kapiteln diskutiert werden. Für die Bild- und Filminterpretation sowie für die Interpretation von Gegenständen muss auf dieser Ebene noch viel Forschungsarbeit geleistet werden. Hier sind die empirischen sozialwissenschaftlichen Methoden herausgefordert.

> Auf der Basis alltäglicher Regeln bzw. Standards lassen sich sowohl Schritte der Erhebung wie auch der Auswertung – im Sinn von Forschungsprinzipien, die es einzulösen gilt – formalisieren und damit in gewisser Weise auch standardisieren. Dies erhöht die intersubjektive Überprüfbarkeit, die wiederum die „Objektivität" empirischer Methoden steigert.

2.5 Weiter reichende Qualitätsstandards: Metatheoretische Fundierung und Generalisierbarkeit

Ein häufiges Vorurteil gegenüber qualitativen Methoden besteht darin, dass diese – zumindest zu Beginn einer Studie – gänzlich auf theoretisches (Vor-)Wissen verzichten würden. Wie in Kap. 5.1 deutlich werden wird, entsprechen frühe Positionierungen in der qualitativen Methodenliteratur (Glaser/Strauss 1967) durchaus dieser Einschätzung. Allerdings wurden solche – oft polemisch intendierten – Positionierungen in dem Maße, wie die alten Frontstellungen an Bedeutung verloren, relativiert bzw. als temporäres, strategisches Ausklammern von Vorwissen erläutert. Dennoch unterscheidet sich die theoretische Verankerung rekonstruktiver Methoden grundlegend von derjenigen quantitativer bzw. hypothesenprüfender Verfahren. Um diesen Unterschied zu verdeutlichen, beleuchten wir an dieser Stelle den Forschungsablauf der beiden Zugänge im Vergleich.

2.5.1 Forschungsablauf der hypothesenprüfenden Verfahren

Eine quantitative Untersuchung beginnt in der Regel damit, dass man im Kontext einer **gegenstandsbezogenen Theorie** ein **Erkenntnisinteresse** entwickelt.[27] Das kann z.B. heißen, dass man im Rahmen einer Theorie, die einen bestimmten sozialwissenschaftlichen Gegenstand, wie Informationsverarbeitung und Angstbewältigung,[28] betrifft, eine Forschungslücke findet und diese zu schließen versucht, dass zwei Theorien miteinander konkurrieren oder dass sich ein aktuelles Phänomen mit einer klassischen oder einer neuen Theorie erklären lässt und man hier nach einer empirisch begründeten Entscheidung sucht. Die vorhandenen gegenstandsbezogenen Theorien sind Ausgangspunkt und Ende der empirischen Forschungsbemühungen. Von daher bestimmen sie auch die nächsten Schritte. Aus dem Erkenntnisinteresse

---

[27] Die Phase der Entwicklung einer Theorie, der Entdeckungszusammenhang bzw. die Phase der Exploration ist in der quantitativen Forschungslogik weitgehend ausgeklammert.

[28] Vgl. z.B. Vitouch 2007.

2.5 Metatheoretische Fundierung und Generalisierbarkeit

heraus werden Forschungsfragen, vor allem aber **Hypothesen** formuliert: „Vor der empirischen Prüfung sollte man sich erst einmal Klarheit darüber verschaffen, welche genaue Form die zu prüfende Theorie überhaupt hat." (Diekmann 2004: 128) Diese „Klarheit" strukturiert dann die Bildung der Hypothesen. Die Hypothesen werden schließlich **operationalisiert**, d.h. es wird genau expliziert, wie sie einer Überprüfung über den Weg der **Messung** der Quantifizierung zugeführt werden können. An dieser Stelle spielen die klassischen Gütekriterien, wie wir sie zuvor diskutiert haben, eine zentrale Rolle. Die meisten Hypothesen in den Sozialwissenschaften sind nicht deterministisch, sondern probabilistisch. Ein vorhergesagter Merkmalswert tritt also z.b. nur mit einer bestimmten Wahrscheinlichkeit auf. Dadurch bekommen Statistik und Wahrscheinlichkeitsrechnung im Bereich quantitativer sozialwissenschaftlicher Methoden ihre zentrale Bedeutung. Egal ob die **Ergebnisse der Messung** die Hypothesen falsifizieren oder bestärken, sie **müssen interpretiert werden**. Im Sinne der klassischen Gütekriterien ist dies – wie bereits angedeutet – nur vor dem Hintergrund der Theorie möglich, welche der Untersuchung zugrunde liegt.

Die metatheoretische Einbettung der gegenstandsbezogenen Theorien ist selten Inhalt von quantitativen Forschungsbemühungen oder deren Reflexion. Zum Beispiel werden Merkmalsausprägungen eines Kollektivs selbst bei Forschungsarbeiten mit Kollektivhypothesen, welche sich von Individualhypothesen unterscheiden (vgl. u.a. Diekmann 2004: 116f.), auf der Grundlage von Summenbildungen der Messungen an einzelnen Individuen errechnet. Kollektivität ist mithin als Summenphänomen – metatheoretisch – gefasst. Dies bleibt in der Regel aber implizit.[29] Wissenschaftstheoretisch beruft sich die quantitative Methodologie weitgehend auf den „kritischen Rationalismus" von Popper (1971 [1935]). Die metatheoretische Einbettung ist – sowohl auf der Ebene formaler Theorien (die z.B. Begriffe wie „Kollektiv" fassen) als auch auf der Ebene von Wissenschafts- und Erkenntnistheorie – immun gegenüber empirischen Forschungsergebnissen.

2.5.2 Forschungsablauf rekonstruktiver Verfahren

Neben dem **Erkenntnisinteresse** und der **empirischen Annäherung** (vgl. Kap. 3.1.1) an ein Phänomen steht am Beginn eines rekonstruktiven Forschungsprozesses die Entscheidung für eine formale bzw. **Metatheorie**. Darin werden begrifflich-theoretische Grundlagen erfasst, die mit dem Gegenstand, auf welches sich das Erkenntnisinteresse richtet, nur mittelbar etwas zu tun haben, wie z.B.: Was ist unter Kollektivität zu verstehen, unter Handeln, unter Motiv oder Orientierung bzw. Orientierungsmuster? Die metatheoretische Auseinandersetzung strukturiert die **Wahl der Methoden** und Techniken, die zur Anwendung kommen und die **Erhebung** und Auswertung, d.h. die **Interpretation** von empirischem Material ermöglichen. **Ergebnis** der Forschung **sind gegenstandsbezogene Theorien**, wiewohl auch die metatheoretischen Grundlagen durch empirische Forschung weiter entwickelt werden (vgl. u.a. Glaser/Strauss 1967; Schütze 1983; Bohnsack 1989; Przyborski 2004). Diese gegenstandsbezogenen Theorien können schließlich in vorhandene Theorien eingebettet bzw. vor deren Hintergrund diskutiert werden.

---

[29] Zu einer Kritik metatheoretischer Voraussetzung in der psychologischen Forschung vgl. Slunecko 2008.

Der Verzicht auf nomologische Hypothesen[30] ist also keineswegs mit einem Verzicht auf theoretisches Wissen oder Theoretisierung gleichzusetzen. Die theoretischen Kenntnisse, die für die Durchführung einer empirischen Untersuchung unerlässlich sind, beziehen sich aber im Vergleich zwischen hypothesenprüfender und rekonstruktiver Methodologie auf jeweils unterschiedliche Ebenen. Im ersten Fall bezieht sich das theoretische Vorwissen unmittelbar auf den Untersuchungsgegenstand; im zweiten Fall auf Metatheorien, welche analytische Grundbegriffe für die Forschungspraxis zu Verfügung stellen. Das heißt nicht, dass man gegenstandsbezogene Theorien im rekonstruktiven Forschungsprozess vorab nicht zur Kenntnis nehmen sollte. Sie dienen der Schärfung des Erkenntnisinteresses und müssen mit den Ergebnissen in Verbindung gebracht werden, da nur so ein allgemeiner Erkenntnisfortschritt möglich wird. Sie sollten aber insbesondere bei der Interpretation von empirischem Material zunächst ausgeklammert werden, um nicht der Versuchung zu erliegen, das vorgefundene Material lediglich subsumtionslogisch bereits vorhandenen Kategorien zuzuordnen. Theoretisierung geschieht auch beim rekonstruktiven Verfahren von Anfang an: etwa, wenn man versucht, sich dem Phänomen, das einen interessiert, in analytischer Einstellung zu nähern, indem man es systematisch auf seine Bedingungen und Konsequenzen hin befragt, es gegenüber vergleichbaren Phänomenen systematisch abgrenzt und dabei erste Konzeptualisierungen vornimmt. Wir haben dies oben am Beispiel des Phänomens der „Aussteiger" exemplarisch vorgeführt (vgl. Kap. 1). Insbesondere beim Verfahren der Grounded Theory und der objektiven Hermeneutik kommen dabei heuristische Hypothesen zum Zuge, die helfen, das Phänomen in noch vorläufiger Weise analytisch zu erfassen. Diese sind mit den nomologischen Hypothesen der standardisierten Verfahren keinesfalls zu verwechseln.

Metatheorien und ihre Grundbegriffe bilden Rahmen und Werkzeuge für die qualitative Analyse. Sie sind in Traditionen sozial- und geisteswissenschaftlicher Theoriebildung fundiert. Die Methodologie des narrativen Interviews (vgl. Kap. 5.2) ist beispielsweise in biographietheoretischen Grundbegrifflichkeiten (vgl. Schütz 1981) und in der Erzähltheorie (vgl. Schütze 1987) verankert. Die Biographietheorie gründet auf identitätstheoretischen Voraussetzungen, insofern es um die Frage geht, wie Personen über verschiedene Kontexte und widersprüchliche Erfahrungen hinweg Kohärenz herstellen und damit sich selbst als Einheit erfahren bzw. konstituieren (vgl. Linde 1993; Wohlrab-Sahr 2006). Die Erzähltheorie gründet auf empirischen Erkenntnissen der angewandten Sprachwissenschaft (vgl. Labov 1980; Sacks 1995 [1964-1972]), welche wiederum durch die Ethnomethodologie (vgl. Garfinkel 2004 [1967]) und die sozialwissenschaftliche Phänomenologie (vgl. Schütz 2004 [1932]) inspiriert und begründet sind. In der dokumentarischen Methode (vgl. Kap. 5.4) gehören Begriffe wie „Dokumentsinn" versus „immanenter Sinn", „Kollektiv" und „konjunktiver Erfahrungsraum" sowie „Diskursorganisation" zum metatheoretischen Analyserahmen. Fundiert ist dieser Analyserahmen in der Arbeit von Mannheim (1980 und 1964) sowie in der Phänomenologie, der Ethnomethodologie und in Erkenntnissen der angewandten Sprachwissen-

---

[30] Nomologische Hypothesen oder Gesetzeshypothesen sind Allaussagen (also immer und überall gültige Aussagen), die Sachverhalte und Ereigniszusammenhänge benennen, die unter definierten Bedingungen auftreten. Es sind also Aussagen über den Zusammenhang von (im Bereich der Sozialwissenschaften: sozialen) Merkmalen, die man (wenn sie bereits operationalisiert sind bzw. werden sollen) auch als Variablen bezeichnet (vgl. Fuchs-Heinritz et al. 1994: 243 und Diekmann 2004: 107ff.). Es können unterschiedliche Formen von Zusammenhängen ausgedrückt werden, z.B. Wenn-dann- oder Je-desto-Beziehungen usw. Wichtig ist noch zu erwähnen, dass es deterministische und probabilistische nomologische Hypothesen gibt. Deterministische Hypothesen beschreiben ihre Gültigkeit ausnahmslos, probabilistische mit einer (bestimmten, statistisch ermittelten) Wahrscheinlichkeit für die Ausnahmen. Letztere sind in den Sozialwissenschaften die Regel.

2.5 Metatheoretische Fundierung und Generalisierbarkeit

schaft und Kunstgeschichte (siehe Panofsky 1999 [1947]; Imdahl 1996). Die Theorie der objektiven Hermeneutik (vgl. Kap. 5.3) rekurriert u.a. auf Arbeiten von Mead, Piaget, Freud und Chomsky. Diese bilden die Säulen einer „Theorie der Bildungsprozesse in Gestalt einer Theorie der sozialen Konstitution des Subjekts" (Oevermann et al. 1979: 396).[31]

Die Abhängigkeit des metatheoretischen Analyserahmens von spezifischen Theorietraditionen und Paradigmen enthüllt die Paradigmenabhängigkeit empirischer Forschungsbemühungen, die Aspekthaftigkeit bzw. „Aspektstruktur" (Mannheim 1952b: 232, vgl. auch Bohnsack 2003a: 173ff.) von Wissen und Erkenntnis. Das heißt, dass man mit bestimmten grundlagentheoretischen Annahmen seinen Finger immer auf ganz bestimmte Aspekte der sozialen Welt legt. Dort, wo theoretische Grundannahmen bei der Primordialität kollektiver Sinnzusammenhänge ansetzen, also dabei, dass jedem sozialen Sinn – auch dem individuellen – ein gemeinsamer kollektiver Sinn zugrunde liegt, werden Ergebnisse immer wieder eben diesen kollektiven Sinn beinhalten. Wenn man Wesen und Entwicklung sozialer Prozesse in der Verteilung von Macht ansiedelt, werden auch die Ergebnisse immer wieder auf diese Machtstrukturen verweisen. In diesen theoretischen Grundannahmen liegen die blinden Flecken der jeweiligen methodologischen Ansätze begründet, d.h. dass Ergebnisse, die sich zu diesen Grundannahmen sperrig verhalten, bisweilen systematisch übersehen werden. Auch wenn man diese Befangenheit nicht grundsätzlich heilen kann, so kann die Kenntnis verschiedener methodologischer Ansätze und ihrer Grundannahmen doch dazu beitragen, im Feld und auf der Grundlage von empirischem Material mehr zu erkennen als dies von einem monoparadigmatischen Standpunkt aus möglich wäre.

Erst ein sicherer Umgang mit den Werkzeugen und dem Rahmen qualitativer Analyse ermöglicht eine präzise Generierung gegenstandsbezogener, empirisch bereits überprüfter Theorie. Der Forschungsprozess ist nicht durch gegenstandsbezogene Theorien bereits vorab weitreichend vorstrukturiert. Vielmehr gilt es, Forschungsprinzipien, die sich aus den metatheoretischen Grundlagen ableiten, flexibel und präzise anzuwenden. Die Vertrautheit mit Metatheorien ist mithin eine Voraussetzung für die Arbeit mit qualitativen Methoden.

> Die Generierung gegenstandsbezogener, empirisch fundierter Theorien setzt die Verankerung der (qualitativen) Methoden in einem metatheoretischen Zusammenhang voraus.

Zunehmend stellt sich die qualitative Methodologie auch dem Problem der Generalisierbarkeit ihrer Ergebnisse (vgl. u.a. Mitchell 1983; Oevermann 1991; Hammersley 1992; Seale 2000 [1999]: 106-118; Flick 2000: 259; Merkens 2000: 291; Bohnsack 2005). Über viele Unterschiede hinweg ist man sich einig darüber, dass man über die Verteilung von Merkmalen oder über die Stärke eines Zusammenhangs in einer Grundgesamtheit auf der Grundlage von qualitativen Methoden nichts aussagen kann. Das heißt, mehr oder weniger explizit grenzt man sich von der Repräsentativität des Forschungsergebnisses (für eine bestimmte Grundgesamtheit) ab. Ist damit die Möglichkeit der Generalisierung verspielt?

Um diese Frage zu beantworten, müssen wir weiter ausholen: Was haben **Generalisierbarkeit und Repräsentativität** miteinander zu tun? Oder noch grundlegender: Was bedeutet „Generalisierbarkeit", was „Repräsentativität"? Bei der Generalisierbarkeit geht es um die Frage der Induktion, also des Schlusses von einzelnen Beobachtungen auf allgemeine Zusammenhänge, auf eine Theorie. Das ist insofern eine wichtige Frage, als es bei qualitativen

---

[31] Zu weiteren Methoden vgl. die Kap. 5.1 und 5.5.

Methoden vorrangig um die Generierung von Theorien geht. Der Schluss von einzelnen Beobachtungen auf alle jemals möglichen ist zweifellos **nicht** möglich. Dennoch begegnen uns bei der empirischen Forschung verschiedene – eingeschränkte – Formen des induktiven Schließens. Eine davon, die sich besonders im massenmedialen Bereich großer Beliebtheit erfreut, argumentiert mit Repräsentativität. Ist die Rede von einer „repräsentativen Stichprobe" oder gar von einer „repräsentativen Studie", dann ist damit meist eine Zufallsstichprobe oder eine Quotenstichprobe gemeint (vgl. Diekmann 2004: 368f.). Ohne zu tief in Fragen der Statistik einzutauchen, lässt sich sagen, dass hierbei numerisch von einer quasi verkleinerten Population auf eine definierte Gesamtpopulation geschlossen wird. Statt von Repräsentativität zu sprechen, welche die Statistik als Fachbegriff gar nicht kennt, ist es aufschlussreicher, Angaben zur Stichprobentechnik zu machen, denn „eine Stichprobe ‚repräsentiert' (...) niemals sämtliche Merkmalsverteilungen einer Population" (Diekmann 2004: 368). Ergebnisse einer Studie können mithin wesentlich besser eingeordnet und beurteilt werden, wenn wir etwas über die Art und Weise der Stichprobenziehung und damit über mögliche Fehlerquellen erfahren. Festhalten lässt sich, dass sich hinter der eher „bildhafte(n) Redeweise von Repräsentativstichprobe" (Diekmann 2004: 368) ein **numerischer Schluss** (im Sinne einer Wahrscheinlichkeitsaussage) von einem verkleinerten „Abbild" eines Bevölkerungsteils auf den gesamten Bevölkerungsteil verbirgt.

Die Schätzung der Verteilung von Merkmalen oder auch der Stärke eines Zusammenhangs in einem bestimmten Teil der Bevölkerung ist für viele Zwecke der Sozialforschung unerlässlich. Bei der Generierung und Prüfung von Theorien sind andere Wege sinnvoller. Für die Prüfung von Theorien im Sinn von Allaussagen, wie sie quantitative Verfahren anstreben, gilt immer noch das Experiment als Königsweg (vgl. u.a. Diekmann 2004: 289ff.; Stangl 1989). Dabei hat man es immer mit zumindest einer Versuchsgruppe und einer Kontrollgruppe zu tun. Die Möglichkeit des **theoretischen Schließens**, die hier zugrunde liegt, speist sich aus dem **systematischen Vergleich**. Wie wir sehen werden, liegt im systematischen Vergleichen eine Gemeinsamkeit quantitativer und qualitativer Methodologie.

Auch die qualitativen Methoden arbeiten dort, wo Fragen der Generalisierung ernst genommen werden, mit dem systematischen Vergleich, der komparativen Analyse. Der Unterschied liegt in dem, was verglichen wird. Überall dort, wo es um Inferenzstatistik geht, d.h. um die Überprüfung von Zusammenhängen und damit das Schließen auf Theorien (auf theoretische Zusammenhänge), werden rechnerisch ermittelte Typen, z.B. Mittelwerte, also **Durchschnittstypen** – wiederum rechnerisch – miteinander verglichen. Bei qualitativen Methoden werden dagegen letztlich **Idealtypen** miteinander verglichen. Im Anschluss an Max Weber, der diese Unterscheidung zuerst getroffen hat, kann man unter „Idealtypus" (Weber 1980: 3) einen „begrifflich konstruierten reinen Typus" (ebd.: 1) verstehen (vgl. auch Schütz 2004 [1932]; Wohlrab-Sahr 1994). Dabei wird sozialer Sinn in abstrahierter Form gefasst. Weber verdeutlicht dies am Beispiel des zweckrationalen Handelns, welches von anderen – etwa wertrationalen – Formen des Handelns unterschieden wird. Gerade diese Form der Idealtypenbildung ist auch im Alltag sehr gebräuchlich.

Mit Loos und Schäffer lässt sich sagen, dass es bei Idealtypen nicht um die Repräsentativität sozialen Sinns geht, sondern um dessen „**Repräsentanz**" (2001: 99ff., Hervorh. d. Verf.), oder wie es Strübing im Anschluss an eine Formulierung von Corbin und Strauss (1990: 421) ausdrückt: „Diese Art des auf Theoriegenese statt auf Theorietest gerichteten Samplings zielt ersichtlich nicht auf die in statistischen Samplingverfahren angestrebte Repräsentativität der Stichprobe für eine bestimmt Grundgesamtheit. Angestrebt wird vielmehr eine **konzeptuelle**

Repräsentativität, d.h. es sollen alle Fälle und Daten erhoben werden, die für eine vollständige analytische Entwicklung sämtlicher Eigenschaften und Dimensionen der jeweiligen gegenstandsbezogenen Theorie relevanten Konzepte und Kategorien erforderlich sind." (Strübing 2004: 31, Hervorh. d. Verf.) Ihren forschungspraktischen Ausgang nimmt die Bildung von Idealtypen bei der Grounded Theory (vgl. Glaser/Strauss 1967) und ihrer Art und Weise der komparativen Analyse.

Heute lassen sich im Rahmen der qualitativen Methoden **zwei Modelle der Typenbildung** unterscheiden (vgl. Nentwig-Gesemann 2001). Die erste – die etwa durch das Verfahren der objektiven Hermeneutik repräsentiert wird – besteht darin, verschiedene Aspekte des Falles in ihrem inneren Zusammenspiel typologisch zu fassen; damit repräsentiert die Fallstruktur weitgehend den Typus. Im Hintergrund steht hier die Vorstellung, dass jeder einzelne Fall „seine besondere Allgemeinheit" konstituiert (Hildenbrand 1991: 257) in dem Sinne, dass er in Auseinandersetzung mit allgemeinen Regeln seine Eigenständigkeit ausbildet. Es lassen sich also aufgrund von Fallmaterial sowohl gesellschaftliche Regeln und Bedingungen erkennen als auch die charakteristische Art und Weise, wie diese im Fall zur Anwendung kommen (ebd.), kurz: der Selektionsprozess, den der Fall vor dem Hintergrund objektiver Möglichkeiten vornimmt.

Dieses Verfahren führen wir im Kap. 6 vor, wo anhand des biographischen Interviews mit einer Zeitarbeiterin die Prozessstruktur der Biographie und die Reproduktion einer durch Idealisierung charakterisierten biographischen Haltung herausgearbeitet werden, indem das Zusammenspiel von Umweltbezug, Selbstbezug, Handlungssteuerung, Problemlösungsstrategie und (biographischer) Zeitperspektive aufgezeigt wird. Das Zusammenspiel dieser metatheoretischen Dimensionen charakterisiert das Verständnis des Typus in diesem ersten Sinne: Der Typus **ist** diesem Verständnis zufolge **ein sich reproduzierender Verweisungszusammenhang**. Ein ähnliches Vorgehen findet sich etwa auch bei Giegel, Frank und Billerbeck (1988).

Beim zweiten Modell der Typenbildung – wie es im Rahmen der dokumentarischen Methode ausgearbeitet wurde (vgl. Bohnsack 2001) – geht es darum, die Grenzen des Geltungsbereichs eines Typus dahingehend zu bestimmen, dass fallspezifische Beobachtungen **unterschiedlichen Typiken** zugeordnet werden können. Beispielsweise kann sich die nichtzweckrationale, aktionistische Struktur des Handelns einer Jugendgruppe als Ausprägung einer **Entwicklungstypik** erweisen, wenn andere Gruppen dieser Altersphase eine ebensolche Handlungsstruktur aufweisen. Die Radikalität der Aktionismen der untersuchten Gruppe lässt sich jedoch auf die mangelnde Fähigkeit der Perspektivenreziprozität innerhalb der Gruppe zurückführen, welche sich aus einer **Typik der Primärsozialisation** ergibt. Diese kann wiederum auf der Grundlage von Gemeinsamkeiten mit anderen Gruppen rekonstruiert werden, die sich zwar in einer anderen Entwicklungsphase befinden, aber dennoch auf eine Phase der Aktionismen derselben radikalen Ausprägung zurückblicken. Im Vergleich dazu zeigen andere Gruppen, denen eine andere Primärsozialisation gemeinsam ist, zwar auch aktionistisches Handeln, aber nicht in dieser Radikalität. An einem Fall lassen sich damit grundsätzlich immer **mehrere Typiken**, d.h. Dimensionen unterscheiden, deren Überlagerung es mittels komparativer Analyse zu ermitteln gilt (vgl. Nohl 2001, Przyborski/Slunecko 2009b).

Die Identifizierung bestimmter Entwicklungsphasen kann in dieser Analyseeinstellung zum Bestandteil einer Entwicklungstheorie werden, die Verteilung von Aktionismen in einer Grundgesamtheit dagegen nicht. Diese Vorgehensweise macht auch deutlich, dass jede Interpretation (da Interpretieren immer Vergleichshorizonte voraussetzt, egal ob diese theoretisch gedankenexperimentell oder empirisch fundiert sind) typisierend ist, indem sie an Dimensionen gebunden ist.

Der zentralen Bedeutung von Typenbildung und Generalisierbarkeit ist in diesem Band ein eigenes, forschungspraktisch ausgerichtetes Kapitel gewidmet (vgl. Kap. 6).

> Die Schlüssel zur Generalisierung liegen im Vergleich und in der Typenbildung. Mittels gezielter komparativer Analyse werden a) Idealtypen oder b) eine Typologie, die mehrere Dimensionen (Typiken) beinhaltet, erarbeitet. Von Typologien geht die Bildung von Theorien auf empirischer Grundlage aus.

2.6 Methodenentwicklung und Methodenaneignung: Praxeologie

Die Formulierung der gemeinsamen methodologischen Basis qualitativer Forschung hinkt bisher der Präsentation überzeugender Ergebnisse unterschiedlicher qualitativer Zugänge ein wenig nach. Eine zentrale Gemeinsamkeit qualitativer Ansätze besteht darin, dass diese in der Forschungspraxis entwickelt werden. Die Explikation gemeinsamer Methodologie und gemeinsamer Standards kann der spezifischen Forschungspraxis und ihrer Rekonstruktion erst nachfolgen. Das bedeutet auch, dass sich rekonstruktive Methodologie von ihren Ergebnissen tangieren und verändern lässt.

Qualitative Methoden rekonstruieren also nicht nur ihren Gegenstand, sie beruhen selbst auf einer Rekonstruktion der Forschungspraxis, auf einer Rekonstruktion des wissenschaftlichen Handelns. Dies unterscheidet sie grundlegend von hypothesenprüfenden Verfahren, deren Methodologie rein logisch begründet ist und von der Forschungspraxis somit nicht berührt werden kann.

Bisher haben wir das implizite oder atheoretische Wissen der Forschenden weitgehend als ein zu kontrollierendes diskutiert, also als etwas, das den Forschungsprozess nicht stören soll. Damit befinden wir uns in einer langen Wissenschaftradition, wie sie von Knorr-Cetina (1988) herausgearbeitet wurde, und haben dabei, wie diese ebenfalls gezeigt hat, ein wesentliches Element wissenschaftlicher Methodologie ausgeblendet. Denn in der genannten Perspektive wurde **die soziale Verankerung des Wissens** immer erst dann hervorgekehrt, wenn Wissen „als ‚falsch' diskreditiert" werden sollte: „Es wird unterstellt, dass soziale Einflüsse wissenschaftliche Verfahren derart kontaminieren, dass sie zu unkorrekten Ergebnissen führen." (Knorr-Cetina 1988: 85) Man sollte die Frage einer derartigen „Kontamination" aber auch an Wissen bzw. wissenschaftliches Denken richten, das als „wahr" und „korrekt" gilt. Knorr-Cetina bezieht sich in diesem Zusammenhang explizit auf Mannheim.

Mannheim als Begründer der Wissenssoziologie bezeichnet dieselbe als „Lehre von der Seins*ver*bundenheit des Wissens" (Mannheim 1952b: 227). Das Wissen ist nicht dadurch beschränkt, dass es der sozialen Handlungspraxis entspringt (was der Ausgangspunkt unserer Überlegungen war). Die „Verwurzelung des Denkens im sozialen Raum", so Mannheim, „wird (...) keineswegs als Fehlerquelle betrachtet werden dürfen", vielmehr „wird die soziale Gebundenheit einer Sicht (...) gerade durch diese vitale Bindung eine größere Chance für die

2.6 Methodenentwicklung und Methodenaneignung: Praxeologie

zugreifende Kraft dieser Denkweise in bestimmten Seinsregionen bedeuten" (Mannheim 1952a: 73).

Das heißt, **jede** wissenschaftliche Erkenntnis steht im Zusammenhang einer sozialen Praxis, einer Forschungs**tradition**. Sie bedarf kreativer „Geister", die Kinder ihrer Zeit sind. Implizites oder atheoretisches Wissen, wie wir es im letzten Abschnitt angesprochen haben, ist unabdingbare Voraussetzung für diese Kreativität und damit für einen gelungenen Forschungsprozess. „Die umfassende Verankerung der wissenschaftlichen Erkenntnis in der sozialen Praxis" hat Bohnsack von verschiedenen Standpunkten her aufgerollt (Bohnsack 1999: 192ff.). Es wird deutlich, dass das atheoretische Wissen, das hier zum Tragen kommt, nicht nur und nicht in erster Linie einen spezifischen Forschungsgegenstand betrifft, sondern die Art und Weise, wie man in bestimmten Bereichen überhaupt zu Erkenntnis kommt, z.B. als implizites Wissen darum, dass in der Scientific Community Wissen in einer immer wieder unterschiedlichen, paradigmenabhängigen Weise weitergegeben wird (vgl. auch Kuhn 1973).

Ihre Ursprünge hatten qualitative bzw. rekonstruktive Methoden Ende der 1920er/Anfang der 1930er Jahre im Kontext einer starken Integration von Forschung und Lehre. Als zwei wesentliche Wurzeln rekonstruktiver Methoden lassen sich die Chicagoer Schule und der Forschungszusammenhang Mannheims und seines Assistenten Elias in Frankfurt am Main nennen. Typisch für beide Forschungszusammenhänge waren Forschungswerkstätten und Projektseminare, in welchen die Forschungspraxis mit erkenntnistheoretischer und methodologischer Reflexion unmittelbar verbunden war.

Strauss hat den spezifischen Forschungsstil der Chicagoer Schule seit den 1960er Jahren fortgesetzt. Heute finden wir diese enge Bindung von Forschungspraxis und methodischer Reflexion in der Lehre auch bei den Vertretern gegenwärtiger rekonstruktiver Verfahren. Die Tradition von Forschungswerkstätten wird in Frankfurt/Main, Magdeburg, Berlin, Göttingen, Leipzig, Wien und anderen Universitätsstädten fortgesetzt. Solche Forschungswerkstätten zeichnen sich meist durch eine starke Involvierung der Teilnehmer und Teilnehmerinnen – die immer auch selbst in die empirische Forschung eingebunden sind – aus. Das mag darin begründet sein, dass Lebenspraxis und Forschung nicht als voneinander entfremdet erlebt werden und die Kompetenzen, die für die Interpretation benötigt werden, bereits in der alltäglichen Praxis verankert sind, in der wir intuitiv über sie verfügen.

Wenn ich z.B. anlässlich eines bevorstehenden Besuches von Anna erst zum Zeitpunkt, den wir für ihr Eintreffen vereinbart haben, zu kochen beginne, weil ich damit rechne, dass sie ohnehin später kommt, konstruiere ich einen **Typus**. Dieser resultiert aus der Beobachtung, dass Anna – mit den charmantesten Ausreden – immer zu spät kommt, und dass winzige Kleinigkeiten ganz plötzlich ihre gesamte Aufmerksamkeit beanspruchen können. Der von mir intuitiv konstruierte Typus bezieht sich auf Annas persönlichen Habitus, auf den ich mich in meinem Verhalten einstelle, er wird damit handlungsleitend. Wir verwenden also auch im Alltag Methoden der Interpretation, die wir – als Sozialwissenschaftler – in unserem Gegenstandsbereich anwenden. Auf eben diesen Alltagsmethoden basieren sozialwissenschaftliche Interpretationen. Unter der Voraussetzung, dass man sich diesen alltäglichen Abstrahierungs- und Generalisierungsprozess klarmachen kann, gelingt es somit einem kompetenten Mitglied der Gesellschaft schnell, in den Forschungs- und Interpretationsprozess einzusteigen und sich alsbald als kreative Interpretin zu erleben.

Die Arbeit im Rahmen von Forschungswerkstätten ermöglicht es auch, dass jene, die im Forschungs- oder Lernprozess noch nicht so weit fortgeschritten sind, von denen lernen, die schon mehr Erfahrung und methodische Kenntnisse haben. Die methodische Durchdringung des eigenen Forschungshandelns erfolgt somit prozesshaft in der Diskussion mit anderen: „Ebensowenig wie die Methodologie aus der Logik deduktiv ableitbar ist, ist es die Forschungspraxis aus der Methodologie. Für die Forschungspraxis bedeutet dies dann auch, dass die Aneignung von Methoden sich nicht primär auf dem Wege der Vermittlung methodischer Prinzipien vollzieht, sondern auf demjenigen der Einbindung in die Forschungspraxis, der Aneignung eines Modus operandi, eines Habitus." (Bohnsack 1999: 194)

Für die Arbeit mit rekonstruktiven Methoden bei Abschlussarbeiten lässt sich daraus die Empfehlung ableiten, sich eine Arbeitsgruppe zu suchen, in der man Ideen und vor allem empirisches Material diskutieren kann. Es ist in jedem Fall von Vorteil, wenn jemand in dieser Gruppe bereits vorher Erfahrungen in der Arbeit mit rekonstruktiven Methoden gesammelt hat.

> Rekonstruktive Methoden werden in der Forschungspraxis entwickelt und angeeignet. Aus diesem Grund kann man ihre Methodologie als eine praxeologische bezeichnen.

2.7 Potenziale: Transdisziplinarität und Verbindung von Grundlagen- und Anwendungswissenschaft

Wie wir gezeigt haben, setzen rekonstruktive Methoden auf einer sehr elementaren Ebene mit der Rekonstruktion von Konstruktionen erster Ordnung an. Diese Rekonstruktionen des Gegenstandes sind nicht bzw. kaum überformt von (gegenstandsbezogenen) Theorien, die den einzelnen Disziplinen zugeordnet werden können. Sie liegen „unterhalb der je disziplinspezifischen Theoriekonstruktionen" (Bohnsack/Marotzki 1998: 8).

Folglich muss man sich bei der Arbeit in Forschungsteams, die mit Vertreterinnen unterschiedlicher Disziplinen besetzt sind, nicht in erster Linie über die je unterschiedlichen theoretischen Zugänge auseinandersetzen. Vielmehr kann man über die Bearbeitung von empirischem Material zu einer gemeinsamen Rekonstruktion des Forschungsgegenstandes kommen. In einem zweiten Schritt können diese Rekonstruktionen und die dabei generierten Theorien eine disziplinspezifische Einordnung erfahren und für Theoriekontexte der jeweiligen Disziplin fruchtbar gemacht werden. Insofern lassen sich rekonstruktive Methoden treffend als **transdisziplinäre** Methoden charakterisieren.[32]

Eine weitere Folge dieser elementaren Rekonstruktion des Gegenstandes auf der Basis einer metatheoretisch fundierten Methodologie, die zunächst ohne gegenstandsbezogene Theorien auskommt, besteht in der Möglichkeit der Kritik gegenstandsbezogener Theorien auf der Grundlage empirischer Befunde (vgl. Oevermann 1979). Den rekonstruktiven bzw. „qualitativen Methoden" kommt somit eine Aufgabe „für die Belebung und Innovation verkrusteter Theoriegebäude" (Bohnsack/Marotzki 1998: 7) zu.

Zuletzt sei noch auf eine weitere Implikation und Aufgabe der sehr elementar ansetzenden Explikation alltäglicher, handlungsleitender Orientierungsmuster bzw. allgemeiner Modi Operandi hingewiesen, die von Bohnsack und Marotzki als Aufruf an die Vertreter qualitativer

---

[32] Forscher unterschiedlicher Disziplinen müssen sich eben nicht erst auf der Ebene unterschiedlicher theoretischer Gebäude verständigen, wie es der Begriff „interdisziplinär" zunächst eigentlich impliziert.

2.7 Transdisziplinarität und Verbindung von Grundlagen- und Anwendungswissenschaft

Methoden formuliert wird, nämlich „sich auf den Weg zu machen in Richtung einer **interdisziplinären Grundlagen- und Anwendungswissenschaft** " (ebd.: 7, Hervorh. im Original). Denn gerade rekonstruktive Methoden vermögen die Kluft zu überwinden, die oft zwischen (beruflicher) Praxis und wissenschaftlicher Theorie beklagt wird.

> Rekonstruktive Forschung ist transdisziplinär und vermag Grundlagen- und Anwendungswissenschaft zu vereinen.

3 Im Feld: Zugang, Beobachtung, Erhebung

Viele assoziieren mit „qualitativer Forschung" sofort empirische Erhebungen mit Hilfe offener Interviews. Wir setzen grundlegender an. Feldforschung wird – nach den grundlegenden methodologischen Überlegungen der vorangehenden Kapitel – in der Folge als umfassender Rahmen und Beobachtung als grundlegende Methode und Technik qualitativer Forschung erläutert. Die einzelnen Methoden und Techniken zur Erhebung von sprachlichem Datenmaterial werden dann innerhalb dieses Rahmens eingehend behandelt.

3.1 Felderschließung und teilnehmende Beobachtung

Im ersten Schritt konkreter empirischer Arbeit gilt es zu verstehen, wie das jeweilige Forschungsfeld bestimmt ist und was zum Untersuchungsgegenstand alles dazugehört. Genaue Beobachtungen im Forschungsfeld sind oft ein erster notwendiger Schritt, um überhaupt entscheiden zu können, was man mit welchen Mitteln erheben will.

Von daher wird es nun um folgende Fragen gehen: Was bedeutet es, von qualitativer Forschung als „Feldforschung" zu sprechen? Wie findet man Zugang zum Forschungsfeld und welche „Fallen" tun sich dabei auf? Was sind die wichtigsten Formen der Erfassung und Erhebung dessen, was im Feld „vor sich geht" und was gilt es dabei zu beachten? Wie sichert man das, was man bei der Forschung gesammelt, beobachtet und erhoben hat?

3.1.1 Qualitative Forschung ist Feldforschung!

Qualitative Forschung ist keine Forschung unter Laborbedingungen und auch nicht vergleichbar mit einer reinen Fragebogenerhebung, bei der die Aufgabe des Interviewers vor allem darin besteht, darauf zu achten, dass das Instrument – also der Fragebogen – vollständig und richtig angewandt wird. Qualitative Forschung ist **Feldforschung**. In einer frühen Arbeit haben Leonard Schatzman und Anselm Strauss (1973) darauf aufmerksam gemacht, dass „ins Feld zu gehen" nicht bedeutet, sich in ein klar umrissenes Territorium mit einer Reihe kontrollierbarer Variablen zu begeben: „Der Feldforscher begreift, dass sein Feld – welcher Beschaffenheit auch immer es ist – an andere Felder anschließt und auf vielfältige Weise mit ihnen verknüpft ist: Institutionen verweisen notwendigerweise auf andere Institutionen, werden von ihnen durchdrungen oder überlagert; soziale Bewegungen sind oft von dem gesamten Gewebe, dessen Textur sie zu verändern suchen, kaum zu unterscheiden. Aus der Perspektive eines sozialen Prozesses haben Institutionen und soziale Bewegungen keine absoluten räumlichen Grenzen, keinen absoluten Anfang und kein absolutes Ende. Ihre Parameter und Eigenschaften sind konzeptionelle Entdeckungen, und nur aus theoretischen oder arbeitspraktischen Gründen werden ihnen Grenzen zugewiesen." (Schatzman/Strauss 1973: 2; Übersetzung d. Verf.)

Die Phase der Felderschließung beginnt im Forschungsprozess bereits vor der eigentlichen Erhebung. Noch ehe das erste Interview, die erste Gruppendiskussion – oder welche andere Form der Erhebung auch immer – durchgeführt wird, geht es hier darum, sich einen Eindruck vom Feld selbst zu verschaffen. Zu einer solchen Vorbereitung gehört natürlich die gründliche Sichtung vorliegender Literatur zum Thema. Auch bei interpretativer Forschung kann es nicht darum gehen, Dinge „neu zu erfinden", die andere längst erforscht haben. Aber auch die beste Vorbereitung durch Literatur ersetzt nicht die gründliche Erschließung des Feldes.

Je nach Fragestellung und Forschungsinteresse wird diese Phase anders gestaltet werden und die Felderschließung unterschiedlich lange andauern, in manchen Fällen wird sie sich über den ganzen Zeitraum der Forschung erstrecken. Es ist wichtig, bereits in dieser Phase die Schritte, die man unternimmt – vielleicht in einem Forschungstagebuch – zu protokollieren (s. dazu Kap. 3.2). Denn durch die Art der Felderschließung werden bereits erste Definitionen des Gegenstandes vorgenommen, die spätere Ergebnisse beeinflussen können.

> Vor der Erhebung im engeren Sinne gilt es, sich mit den Bedingungen des Forschungsfeldes vertraut zu machen. Die Felderschließung – d.h. die Reflexion über die Bedingungen des Forschungsfeldes und über dessen Ausdehnung – kann unter Umständen den gesamten Forschungsprozess begleiten.

3.1.2 Was und wer gehört zum Feld?

In manchen Forschungsprojekten kann es genügen, einzelne Interviewpartner oder Paare anzusprechen, weil hier das Verhalten bzw. die Orientierung dieser Paare oder Individuen im Hinblick auf ein bestimmtes Thema interessiert. Wenn wir uns etwa für Machtverhältnisse bei Paaren interessieren – beispielsweise solchen, bei denen Frauen im beruflichen Status ihren Männern gleichgestellt sind oder es vor dem Ende ihrer aktiven Erwerbstätigkeit waren (vgl. Gather 1996; Behnke/Meuser 2003) –, beschränkt sich die Felderschließung darauf, solche **Personen** zu finden. Die Felderschließung könnte also hier durch den bloßen Zugang zu den Interviewpartnern definiert sein, die – abgesehen von der Besonderheit, die sie für das Forschungsprojekt interessant macht – keinem gemeinsamen Feld zugehörig sind. Ein Kontakt über die durchgeführten Interviews hinaus wäre in diesem Fall weder nötig noch wünschenswert. Allerdings sollte man sich – sofern man Einblick darin erhält – notieren, in welchem Umfeld die Interviewpartner leben, wie ihre Wohnungen gestaltet sind usw. Solche Dinge können – sofern sie genau protokolliert sind – bei der späteren Interpretation von Interviews durchaus eine Rolle spielen.

Anders kann es aber sein, wenn man sich für Einzelne oder für Paare interessiert, die dadurch charakterisiert sind, dass sie in bestimmten **institutionellen Kontexten** vorzufinden sind: etwa Paare, die ungewollt kinderlos bleiben und aus diesem Grund medizinische Hilfe in Anspruch nehmen; Jugendliche, die sich einer Berufsberatung beim Arbeitsamt oder berufsqualifizierenden Maßnahmen unterziehen; oder Personen, die bei Zeitarbeitsfirmen beschäftigt sind (vgl. Brose/Wohlrab-Sahr/Corsten 1993). In diesen Fällen gehört der institutionelle Kontext zum Feld dazu und muss als solcher gesondert erschlossen werden. Die Personen, die es zu befragen gilt, teilen – auch wenn sie sich untereinander nicht kennen – bestimmte Erfahrungen, sind bestimmten institutionellen Prozeduren, bestimmten Hoffnungen, Enttäuschungen und Demotivierungen ausgesetzt und unterliegen bestimmten institutionellen Regeln, die es als solche zu rekonstruieren gilt. Das kann auf verschiedene Weise geschehen: über Expertengespräche, teilnehmende Beobachtung, Aktenanalyse usw.

In manchen Fällen wird diese Erschließung der institutionellen Kontexte auch den Weg zu Interviewpartnern eröffnen. Wenn jedoch Kontakte zu Interviewpartnern über Institutionen – Firmen, Beratungsstellen, medizinische Einrichtungen, Arbeitsamt etc. – hergestellt werden, ist darauf zu achten, dass bei ihnen nicht der Eindruck entsteht, man arbeite im Auftrag der jeweiligen Einrichtung oder gebe persönliche Informationen aus den Interviews an diese weiter. Das Misstrauen, das möglicherweise gegenüber einer Institution besteht, könnte sich in diesem Falle auch auf die Forscher übertragen.

Auch Fragen des Datenschutzes stellen sich hier in spezifischer Weise und können bereits der Herausgabe von Adressen an Forscher im Wege stehen. Eine Lösung könnte in diesem Fall sein, dass ein Anschreiben der Forschungsgruppe zwar über die jeweilige Einrichtung zugestellt wird (um Datenschutzbestimmungen gerecht zu werden), die Angeschriebenen sich in ihrer Antwort dann jedoch direkt an die Forscher wenden, ohne dass die beteiligte Institution davon erfährt. In dem Anschreiben der Forschungsgruppe müsste dann deutlich gemacht werden, dass es sich um ein unabhängiges Forschungsprojekt handelt und dass der Weg über die Institution nur gewählt wurde, um Zugang zu der betreffenden Personengruppe zu finden.

Komplizierter wird die Frage nach der Erschließung des Forschungsfeldes jedoch in Fällen, in denen zu Beginn der Forschungsarbeit noch gar nicht feststeht, wie überhaupt **das Feld abzugrenzen** ist, bzw. in denen sich im Verlauf der Forschung herausstellt, dass das Feld größer ist als ursprünglich angenommen. So kann sich etwa im Verlauf einer ethnologischen Forschung über ein Dorf herausstellen, dass man dieses Dorf nicht angemessen erforschen kann, ohne die Untersuchung der Mobilität von Dorfbewohnern durch Wanderarbeit, Markttätigkeit etc. mit einzubeziehen, und dass auf diese Weise das ursprünglich lokal begrenzte **Forschungsfeld „in Bewegung"** gerät (vgl. Weltz 1998). Ebenso kann die Untersuchung von Familien ergeben, dass die Funktionsweise der ursprünglich avisierten Kleinfamilien nicht sinnvoll ohne die Analyse weiterer **Netzwerke** untersucht werden kann, die diese Familien unterstützen und die gewissermaßen zur erweiterten Familie gehören. Bei der Untersuchung religiöser Konversion wird man vielleicht darauf stoßen, dass es hier nicht ausreicht, den individuellen Wandlungsprozess zu erforschen, sondern dass auch die Kommunikation in den religiösen Gruppen mit in die Untersuchung einbezogen werden muss, da sie auch die persönliche Darstellung des jeweiligen Wandlungsprozesses entscheidend beeinflusst. Auch die **Orte** und Kontexte, an denen sich Konvertiten treffen und in denen sie sich austauschen – Kult- und Meditationsorte, religiöse Veranstaltungen, Frauengruppen etc. – können hier relevant sein (vgl. Wohlrab-Sahr 1999). Auch ob diese Orte sich in der unmittelbaren Nachbarschaft der Konvertiten befinden, also eingebettet sind in das normale Wohnumfeld, oder ob man, um zu diesen Orten zu kommen, einen längeren Anfahrtsweg in Kauf nehmen muss, sind Fragen, die bei der **Erschließung des Feldes** wichtig sein können.

Bei einer Untersuchung von Jugendmilieus werden neben den unmittelbaren Cliquen auch die Orte interessant sein, an denen die Gruppen sich aufhalten: Jugendtreffs, Cafés, Parks, Fußballplätze, Spielplätze, Bushäuschen, Sitzbänke in der Fußgängerzone etc. Auch hier wird man vielleicht erst im Lauf der Forschung darauf stoßen, dass zu den Gruppen, die man zunächst im Auge hat, noch weitere Jugendliche gehören, die nur bei bestimmten Anlässen dabei sind.

> Wer und was zum Feld gehört, steht oft nicht von Anfang an fest. In manchen Forschungszusammenhängen werden daher Erweiterungen und Neubestimmungen des Forschungsfeldes im Lauf der Forschung notwendig sein. Die Forscherin sollte sich darauf von Anfang an einstellen.

3.1.3 Wie bekommt man Zugang zum Feld?

Auch die Wege ins Feld sind so verschieden wie die Forschungsfelder selbst. In manchen Fällen wird man vielleicht sogar den Weg über eine Zeitungsannonce wählen müssen, um Kandidaten für Interviews zu finden. In anderen Fällen werden Vertreter von Institutionen die Ansprechpartner sein, die uns den Weg ins Feld ebnen.

Aber auch in Kontexten, deren institutioneller Charakter nicht auf den ersten Blick ersichtlich ist, kann es Schlüsselpersonen geben, die man bei einem Feldkontakt nicht umgehen darf: In einem Jugendclub etwa mag es einen Sozialarbeiter geben, der zuerst angesprochen werden muss, oder auch einen Jugendlichen, der in der Gruppe eine führende Rolle spielt.

In anonymeren Kontexten, wie in Kneipen, in größeren Jugendzentren oder bei Sportveranstaltungen, mag es sinnvoll sein, dort selbst eine Weile zu verkehren und sich einen Eindruck zu verschaffen, ehe man evtl. Kontakt mit potentiellen Interviewpartnern aufnimmt.

Wie man sich das Feld auf der Ebene kommunikativer Kontakte erschließt, behandeln wir in Kapitel 3.3.1a. Dabei werden auch noch einige generelle Fragen des Feldzugangs behandelt (vgl. dazu auch Atkinson/Hammersley 1998).

a. Offene oder verdeckte Forschung?

Auf den ersten Blick scheint es aus ethischen Gründen geboten, sich selbst als Forscherin einzuführen, wenn man ein Forschungsfeld betritt. Und in manchen Fällen wird dies auch aus inhaltlichen Gründen unumgänglich sein. In anderen Fällen jedoch sind die Dinge komplizierter. Wenn man tabuisierte, verbotene oder als deviant geltende Phänomene untersuchen will oder auch nur solche, die geradezu davon leben, dass sie nicht explizit zum Thema werden – wie etwa das Phänomen des Klatsches (vgl. Bergmann 1987) –, würde man die eigene Forschung zunichte machen, wenn man sich selbst als Forscherin vorstellen würde. Wie etwa die wechselseitige Annäherung und das „Abchecken" bei einem „Blind Date" vor sich gehen, zu dem sich beispielsweise drei Frauen und drei Männer in der Wohnung einer Gastgeberin treffen, lässt sich „offen" wohl kaum erforschen. Und der gesamte in der Ethnographie untersuchte Bereich des sozialen Lebens in der öffentlichen Sphäre (Lofland 1989) – das Verhalten in Einkaufszentren, in der Warteschlange, in der U-Bahn, im Fahrstuhl (Hirschauer 1999), in Bars oder in der Sauna – erfordert einen aufmerksamen Beobachter, der sich gerade nicht als Forscher zu erkennen gibt.

Es gibt also Bereiche, in denen es aus Gründen des Forschungsinteresses durchaus angebracht sein kann, sich selbst nicht als Forscher zu „outen". Allerdings wird man hier auf Gedächtnisprotokolle verwiesen sein, um das Beobachtete festzuhalten, wird also auf die üblichen Formen der Dokumentation verzichten müssen. Daraus resultieren wiederum Probleme der Objektivierbarkeit des Beobachteten für Außenstehende, die es zu bedenken gilt.

Es wäre gleichwohl zu einfach, solche „verdeckten" Formen sozialwissenschaftlicher Erhebung pauschal abzulehnen. Würde dies doch implizieren, dass der sozialwissenschaftlichen

Forschung nur solche Phänomene zugänglich sind, die gewissermaßen auch gesellschaftlich „salonfähig" sind, bzw. solche, über die man problemlos explizit sprechen kann.

In einem spektakulären Fall von Forschung, aus dem ein mit dem C.-Wright-Mills-Preis ausgezeichnetes Buch hervorgegangen ist, hat Laud Humphreys (1975) gewissermaßen als „Voyeur" verdeckte Forschung über den anonymen Sex Homosexueller in öffentlichen Toiletten durchgeführt. Er begab sich dabei in die Rolle eines Transvestiten, einer sogenannten „watchqueen", der innerhalb des Milieus die Teilnahme als Beobachterin gestattet ist, und untersuchte die verschiedenen Rollen innerhalb des Settings, die Art des Aushandelns des Sexualkontaktes etc. Ohne an dieser Stelle die forschungsethischen Fragen im Einzelnen diskutieren zu können, wird doch an dem Fall deutlich, dass diese Forschungsarbeit als „offene" niemals möglich gewesen wäre.

In manchen Fällen mag es angebracht sein, nur einen Teil der im Feld Befindlichen über den eigenen Status als Forscher und die eigenen Forschungsinteressen zu informieren. Interessiert man sich etwa dafür, wie in Kneipen, die dafür einschlägig bekannt sind, intime Kontakte angebahnt werden, wird man vielleicht eine Bedienung, den Mann oder die Frau an der Bar etc. in sein Vorhaben einweihen, nicht jedoch diejenigen, für deren Verhalten man sich tatsächlich interessiert. Eine solche selektive Informationspreisgabe wird zumindest dann nicht allzu problematisch sein, wenn es sich bei den Besuchern der Kneipe und den dort Beschäftigten um zwei getrennte Gruppen handelt, die Distanz zueinander wahren und durch eine solche Strategie nicht in Loyalitätskonflikte geraten. Dies gilt auch dann, wenn man selbst die Forschungssubjekte lediglich beobachtet, jedoch darüber hinaus keine Beziehung zu ihnen aufbaut, sie also über die eigenen Interessen nicht gezielt täuschen muss. In anderen Fällen jedoch beschwört man mit einer solchen selektiven Information unweigerlich Probleme herauf: In dem Moment, wo die Forschung als solche „entdeckt" wird, ist man nicht nur selbst in der Rolle dessen, der bewusst getäuscht hat, sondern auch diejenigen, die über die Forschung informiert waren, geraten in eine höchst problematische Position gegenüber dem Rest des Feldes.

> Die Frage, ob eine Beobachtung offen oder verdeckt durchgeführt wird, muss nicht nur forschungsethisch, sondern auch im Hinblick auf den Untersuchungsgegenstand reflektiert werden. In manchen Fällen würde eine offene Beobachtung den Untersuchungsgegenstand so verändern, dass die Validität der Ergebnisse erheblich beeinträchtigt würde. Andere Phänomene könnten erst gar nicht untersucht werden.

b. Darlegung des Forschungsinteresses

Die Frage, was die Forschungssubjekte von den eigenen wissenschaftlichen Fragestellungen, Vorüberlegungen und Thesen erfahren sollen, ist nicht allein eine Angelegenheit der Forschungsethik. Es geht dabei auch darum, wie eine bestimmte wissenschaftliche Information auf diejenigen „wirkt", denen sie präsentiert wird. Solche Wirkungen können unterschiedlicher Art sein: Die Präsentation des wissenschaftlichen Interesses durch die Forscherin kann abschreckend, spekulativ und damit verdächtig auf Personen wirken, die selbst keinem wissenschaftlichen Kontext entstammen. Sie kann Barrieren an einer frühen Stelle im Forschungsprozess errichten, an der es zunächst einmal darum gehen soll, Kontakt zu etablieren und Vertrauen aufzubauen.

Zu viel von dem preiszugeben, was einen in der Forschung interessiert, kann aber auch die Forschungsergebnisse selbst beeinflussen, kann die Aufmerksamkeit der Forschungssubjekte in einer Weise „lenken", dass die Forschungsresultate selbst dadurch beeinträchtigt werden. Dennoch wird man – wenn man offen forscht – den Personen, mit denen man im Feld zu tun hat, in allgemeinverständlicher Weise klar machen müssen, worüber man forscht und was die Personen im Forschungsfeld zu dieser Forschung beitragen können. Wir werden uns mit diesen Fragen im Kapitel 3.3.1.b noch eingehender befassen.

> Bei der Darlegung des Forschungsinteresses gegenüber den Untersuchungspersonen ist darauf zu achten, dass dies in einer Weise geschieht, die die Forschungsergebnisse nicht beeinflusst. Eine allgemeine Einführung ist oft hilfreicher als spezielle Erläuterungen zum wissenschaftlichen Erkenntnisinteresse.

3.1.4 Die eigene Rolle im Feld: Das Problem der teilnehmenden Beobachtung

Auch die Rolle der Forscherin im Feld – darauf haben bereits Schatzman und Strauss (1973) hingewiesen – ist nicht zu vergleichen mit derjenigen bei einem Experiment. Die Forscherin kann gegenüber dem Feld keine antiseptische Distanz bewahren: Sie nimmt teil, auch wenn sie nur beobachtet. Sie tritt in einen Kommunikationsprozess ein, und in diesen Prozess geht viel von dem ein, was sie als Person mit einem bestimmten Geschlecht, mit sozialen Bindungen, individuellen Eigenschaften, theoretischem Vorwissen, sozialen Ressourcen etc. mitbringt. Da dies aus einem Kommunikationsprozess grundsätzlich nicht ausgeklammert werden kann, muss es im Prozess der Forschung selbst reflektiert werden.

Einige der Probleme, die mit der Frage der teilnehmenden Beobachtung aufgeworfen sind, wurden bereits oben unter dem Thema „Feldzugang" angesprochen. Hammersley und Atkinson (1983) haben die Position vertreten, dass es sich bei jeder Sozialforschung um eine Art teilnehmender Beobachtung handelt, da man die soziale Welt nicht erforschen kann, ohne selbst Teil von ihr zu sein. Dennoch gibt es unterschiedliche Grade, sich in das Forschungsfeld zu involvieren, und die Rolle, die der Forscher dabei einnimmt, ist jeweils verschieden.

In der neueren ethnographischen Forschung insbesondere in den USA, aber auch in Teilen der feministischen Forschung oder der Gemeindepsychologie wurde bisweilen der Anspruch vertreten, die Forschung solle ein gemeinsames Unternehmen der beteiligten Personen sein. Es finden sich hier zum Teil leidenschaftliche Plädoyers für die Aufhebung der Grenze zwischen Forschern und Probanden.

Nun erlaubt die Feldforschung zweifellos nicht dieselbe Distanz zum Gegenüber, die ein Interviewer hat, der lediglich beim Ausfüllen eines Fragebogens attestiert. Das Verhältnis von Teilnahme und Beobachtung muss im Zuge der Feldforschung ausgelotet werden und es wird – je nach Forschungsgebiet – unterschiedlich bestimmt werden. Auf der einen Seite des Spektrums steht der Beobachter, der lediglich an der öffentlichen Sphäre teilhat, welche auch die Beobachteten teilen, der sich darin aber weder als Forscher offenbart noch eine persönliche Beziehung zu den Beobachteten herstellt. Auf der anderen Seite des Spektrums steht derjenige, der sich über längere Zeit in einer Gruppe bewegt und eine Vielzahl intensiver persönlicher Kontakte aufbaut. Die Forschung über Jugendcliquen, wie sie in der Forschungsgruppe um Bohnsack durchgeführt wurde (Bohnsack et al. 1995), oder die Forschung in Schulklassen (Breidenstein/Kelle 1998) gehören in diese zweite Rubrik. Allerdings wäre es ein fataler Trugschluss zu meinen, man könne und solle als Forscher die eigene Rolle völlig vergessen und tatsächlich Teil des Feldes „wie alle anderen" werden. Nicht nur geriete

3.1 Felderschließung und teilnehmende Beobachtung

die Seite der Beobachtung dadurch ernsthaft in Gefahr, die einem hilft, andere Dinge und Dinge anders in den Blick zu nehmen, als es diejenigen tun, zu deren alltäglichem Leben das „Feld" gehört. Auch im Hinblick auf die „beforschten" Personen sollte man keine Egalität, Nähe oder gar Freundschaft suggerieren, die man letztlich nicht garantieren kann (vgl. auch Kap. 3.3.7). Auf der anderen Seite wird es bei einem allzu großen Signalisieren von Distanz in vielen Fällen gar nicht erst gelingen, Zugang zum Feld zu bekommen. So wie es am Anfang darum geht, Distanz zu überwinden und Vertrauen herzustellen, geht es im Verlauf und am Ende der Forschung vielleicht in sehr viel stärkerem Maße darum, Distanz zu schaffen und Involviertheit zu vermindern. Man wird zweifellos bei jeder Art der Forschung seinen eigenen Weg zwischen beobachtender Distanz und empathischer Nähe suchen müssen. Allerdings darf an keiner Stelle vergessen werden, dass man sich im Forschungsfeld in einer bestimmten sozialen **Rolle** befindet: in der Rolle des Forschers, der das Feld irgendwann wieder verlässt und an anderen Orten neue Forschung betreibt.

Pollner und Emerson (1983) beschreiben die Dynamik der teilnehmenden Beobachtung als eine Dynamik von Inklusion und Exklusion: Einerseits ist es Voraussetzung für das Gelingen des Forschungsprozesses, in einem gewissen Maße von den Personen im Feld „aufgenommen" zu werden, ihr Vertrauen zu gewinnen. Überdies muss der Forscher, wenn er die Perspektive der „untersuchten" Personen verstehen will, seine kritische Reserviertheit gegenüber deren Praxis und Überzeugungen ein ganzes Stück zurücknehmen und sich in eine Perspektive hineindenken, aus der all dies selbstverständlich sinnvoll scheint. Er muss lernen, die Haltung der Anderen, der „Beforschten" einzunehmen. Gerade darin liegt die Ambivalenz dessen, was Anthropologen als „going native" bezeichnet haben: die Spannung zwischen notwendiger Vertrautheit mit dem Feld einerseits und notwendiger Distanz gegenüber diesem andererseits. Goffman (1989) hat die eine Seite dieses Spektrums betont, als er im Rahmen eines Forschungsseminars sein Verständnis von teilnehmender Beobachtung erläuterte, das allerdings – so seine Einschränkung – nur in bestimmten Forschungssituationen zu realisieren ist und eine vergleichsweise lange Dauer im Feld voraussetzt:

„Mit teilnehmender Beobachtung meine ich eine Technik (...) der Datenerhebung, bei der man sich selbst, seinen eigenen Körper, seine eigene Persönlichkeit, seine soziale Situation, den besonderen Umständen unterwirft, denen bestimmte Individuen ausgesetzt sind, so dass man physisch und ökologisch in den Zirkel ihrer Antworten auf ihre soziale Situation, ihre Arbeitssituation, ihre ethnische Situation oder was auch immer eindringen kann. So dass man ihnen nahe ist, während sie darauf reagieren, was das Leben mit ihnen anstellt. Ich denke, dass die Art und Weise, das zu tun, nicht allein darin besteht, ihren Gesprächen zuzuhören, sondern das leise Grunzen und Stöhnen mitzubekommen, mit dem sie auf ihre Situation reagieren. Die Standardtechnik dabei, scheint mir, besteht darin, sich selbst ihren Lebensumständen zu unterwerfen, was bedeutet, dass man – obwohl man faktisch jederzeit gehen kann – sich so verhält, als könne man dies nicht, und dass man versucht, all die angenehmen und unangenehmen Dinge zu akzeptieren, die ihr Leben auszeichnen. Das stimmt den eigenen Körper ein, und mit diesem eingestimmten Körper und dem ökologischen Recht, ihnen nahe zu sein (das man sich auf die eine oder andere hinterhältige Weise erschlichen hat), ist man in einer Position, um ihre gestischen, visuellen, körperlichen Reaktionen auf die Dinge, die um sie vorgehen, wahrzunehmen und ist empathisch genug – weil man den gleichen Mist aufgenommen hat wie sie – zu spüren, was es ist, auf das sie reagieren. Für mich ist das der Kern der Beobachtung. Wenn man sich selbst nicht in diese Situation bringt, glaube ich nicht, dass man ein Stück ernsthafte Arbeit zustande bringt. (Obwohl es natürlich, wenn man nur wenig Zeit hat, alle möglichen Gründe gibt, warum man nicht in der Lage ist, in diese Situation hineinzukommen.) Aber das ist die Natur der Sache. Man zwingt sich künstlich, sich auf etwas einzustimmen, das man dann als ein Zeuge aufnimmt – nicht als ein Interviewer, nicht als ein Zuhörer, sondern als ein Zeuge dafür, wie sie auf das reagieren, was mit ihnen und um sie herum passiert." (Goffman 1989: 125f.; Übersetzung d. Verf.)

Es ist klar, dass Goffman hier eine Situation beschreibt, die nicht von jedem, nicht in jeder Forschungssituation und nicht bei jedem Thema zu realisieren ist. Aber auch die von ihm beschriebene Haltung setzt die Distanz des Forschers insofern mit voraus, als dieser ja „Zeuge" der Situation bleiben muss. Am besten lässt sich dies vielleicht mit der Erfahrung von Auslandsaufenthalten vergleichen. Wenn man nur kurze Zeit im Ausland bleibt, wird man einen touristischen, fremden Blick behalten. Das, was man erlebt, kommt einem exotisch oder befremdlich oder auch interessant vor. Aber man bleibt distanziert. Bei längeren Auslandsaufenthalten beginnt sich das zu verändern. Man fängt an, Freundschaften zu schließen, man bewegt sich sicherer in der fremden Sprache. Man beginnt, die Binnenperspektive der Bewohner des Landes zu verstehen, eignet sich vielleicht auch deren Tonlage an. Dennoch „ist" man keiner von ihnen, man bleibt – bei aller wachsenden Vertrautheit – Zeuge dessen, was um einen herum passiert. Mit dem Unterschied, dass das Verstehen nicht allein auf der kognitiven Ebene bleibt, sondern man ein feineres Sensorium für Stimmungen und Gefühle entwickelt.

> Die teilnehmende Beobachtung schließt die Reflexion der Rolle des Feldforschers ein. Dieser begibt sich auf eine Gratwanderung zwischen Nähe und Distanz, zu der es gehört, die Perspektiven der Untersuchungspersonen übernehmen zu können, aber gleichzeitig als „Zeuge" der Situation Distanz zu wahren. Ohne Nähe wird man von der Situation zu wenig verstehen, ohne Distanz wird man nicht in der Lage sein, sie sozialwissenschaftlich zu reflektieren.

Die Frage der Balance des Feldforschers zwischen Nähe und Distanz, Inklusion und Exklusion ist nicht mit einfachen Rezepten zu lösen. Und es werden unterschiedliche Forschertypen für sich dabei zu verschiedenen Lösungen kommen. Die anthropologische, ethnologische und soziologische Feldforschungsliteratur ist voll von Beschreibungen genau dieses Problems der Balance. Eine Ethnologin, der es gelungen war, Vertrauen zu den Personen im Feld aufzubauen, wurde von diesen schließlich wie eine Familienangehörige behandelt, an die entsprechende Erwartungen herangetragen werden: etwa dass die Personen im Feld auch am Heimatort der Forscherin jederzeit und für längere Zeit willkommen seien. Ein Soziologe, der jahrelang Forschung in einer religiösen Gemeinschaft betrieben hatte, sah sich schließlich mit der verärgerten Erwartung konfrontiert, er möge sich endlich zu dieser Gemeinschaft bekehren, obwohl er glaubte, seine Rolle als Forscher sei längst akzeptiert worden. Und – um ein Beispiel aus der studentischen Forschung zu nennen – eine Studentin der Kulturwissenschaften, die mit einer Gruppe auf dem Jakobsweg gepilgert war und dabei sowohl teilnehmend beobachtet als auch Interviews durchgeführt hatte, fühlte sich bei der Interpretation der Forschungsnotizen und Erhebungen plötzlich blockiert, weil sie sich mit den Pilgern persönlich verbunden fühlte und glaubte, diese zu „verraten", wenn sie deren Aussagen und Handlungen einer distanzierten Analyse unterzöge.

Gerade weil solche Situationen im Rahmen der Feldforschung erwartbar auftauchen, ist es umso wichtiger, während der Forschung nicht nur die Anderen, sondern auch sich selbst zu beobachten, und nicht nur das Verhalten der Anderen, sondern auch die Veränderung der

3.1 Felderschließung und teilnehmende Beobachtung 61

eigenen Position zu protokollieren. Für den Forschungsprozess bedeutet das, sich immer wieder systematisch aus der Rolle des Teilnehmers zu lösen und zum Beobachter zu werden. Dies kann auf der konzeptuellen Ebene in die Forschungsarbeit integriert werden, indem etwa Phasen intensiver Feldforschung mit Phasen distanzierter analytischer Arbeit abwechseln. Es kann auch durch bewusst aufrechterhaltenen Kontakt nach außen – etwa zum Betreuer einer Abschlussarbeit oder einer Gruppe anderer Forscher – gelingen.[33] Die Schwierigkeit aber ist, die Balance zwischen Nähe und Distanz auf der Ebene der Interaktion aufrechtzuerhalten. Denn das hängt nicht nur von der Feldforscherin, sondern auch davon ab, welchen Status die beobachteten Personen der Forscherin in ihrem sozialen Feld zugestehen oder zuzuweisen versuchen. In diesem Sinne muss die Beobachterrolle bzw. die Rolle der Feldforscherin im Forschungsprozess immer wieder gemeinsam hergestellt werden. Und es wird zahlreiche „Versuchungen" auf beiden Seiten geben, diese Rolle in Frage zu stellen. Die Forscherin wird – teils weil sie an dem untersuchten Feld auch ein persönliches, vielleicht sogar moralisches Interesse hat, teils weil eine gewisse persönliche Teilnahme an Aktivitäten der Personen im Feld nötig ist, um die anfängliche Fremdheit zu überwinden – versucht sein, sich immer weiter in diese Aktivitäten zu involvieren, bis es möglicherweise zum Konflikt der Perspektiven als Teilnehmerin und als Beobachterin kommt. Die Personen im Feld werden ihrerseits vielleicht die Forscherin als willkommene Unterstützung bei den anfallenden Aufgaben und Aktivitäten betrachten (z.B. bei einer Untersuchung über die Arbeit von NGOs), sie zu ihrer persönlichen Vertrauten machen oder – etwa bei der Erforschung religiöser oder politischer Minderheiten – versuchen, sie für die eigene Gruppe anzuwerben.

Bei der Beobachtung von Gruppen, bei denen deviantes Verhalten eine Rolle spielt (z.B. Jugendgangs), kann es beim Versuch, die Forscher aus der Reserve zu locken, zu brisanten Situationen kommen. So kam es im Zuge einer Forschung über Jugendcliquen (Bohnsack et al. 1995) dazu, dass Jugendliche den beiden Feldforschern prahlend von kriminellen Handlungen erzählten, die sie bereits begangen hätten. Die Forscher versuchten Distanz zu wahren, indem sie diese Prahlereien ignorierten. Dieser Distanzierungsversuch wurde aber auf eine massive Probe gestellt, als die Jugendlichen auf dem gemeinsamen Weg zur U-Bahn vor den Augen der Forscher Fensterscheiben einwarfen. Das Beispiel zeigt, dass der Versuch, Balance zu wahren, in vielen Fällen für die Dauer des Forschungsprojektes prekär bleiben kann und immer wieder neu ausgelotet werden muss.

Die Nähe, die im Forschungsprozess dadurch entstehen kann, dass die Forscherin Einblick in Dinge bekommt, die vor der Öffentlichkeit normalerweise verborgen bleiben, und dies vielleicht auch an Orten, die als privat gelten, mag ihrerseits dazu beitragen, dass die Grenzen zwischen einer Forschungsbeziehung und einer persönlichen Beziehung verschwimmen. So mag es für die „Beforschten" nahe liegen, sich mit der Person, der man sich anvertraut hat, auch persönlich anzufreunden. Manchen Personen im Feld mag es auch ratsam erscheinen, den Forscher, der doch beträchtliches Insiderwissen erworben hat, über Freundschafts- und Loyalitätsbande an die Gruppe zu binden.

So schwer diese Trennung – je nach Art der Forschung in verschiedener Weise – sein mag, so gehört es doch zu einer professionellen Handhabung der Forscherrolle, Privatleben und Forschung auseinanderzuhalten. Diese Trennung kann nicht nur dazu beitragen, den emotionalen Missbrauch derer zu verhindern, die einem Einblicke in wichtige Seiten des eigenen

---

[33] Goffman allerdings hätte diese Variante vermutlich strikt abgelehnt, weil sie dem Forscher einen Ausweg eröffnet. Seine Maxime war: "Cut your life to the bone." (Goffman 1989: 127)

Lebens gewährt haben. Sie dient auch dem unmittelbaren Forschungszweck, indem sie es der Forscherin ermöglicht, bei der Interpretation der Forschungsergebnisse in einer Weise frei zu sein, wie man es gegenüber Freunden nicht sein kann. Nur dann kann man „Fälle" interpretieren und wissenschaftliche Konzepte entwickeln – und nicht das Leben von Freunden deuten. Auch für das Gegenüber im Forschungsprozess kann dies eine Entlastung bedeuten: Die Gewissheit, dass das, was man dem Forscher erzählt, keine größeren Konsequenzen im weiteren Alltag haben wird, kann auch eine Offenheit ermöglichen, die man sich gegenüber jenen, mit denen man ständig zu tun hat, gerade nicht leisten kann. Ein professioneller Feldforscher jedenfalls ist nur einer, der seine Rolle im Forschungsprozess und sein Verhältnis gegenüber Probanden im Hinblick auf diese Probleme reflektiert. Denn gerade bei interpretativer Forschung lauern durch die Spezifik der Daten, die erhoben werden, auch besondere Gefahren. Wenn ich jemandem mein ganzes Leben inklusive intimer Details schildere – etwas, das ich bis dahin vielleicht in dieser Form noch nie getan haben –, kann es leicht dazu kommen, dass ich die Person, die mir zugehört hat, als besonders aufmerksam und sensibel idealisiere. Im therapeutischen Prozess können solche Idealisierungen ein wichtiger Ausgangspunkt für die therapeutische Arbeit sein. Im Forschungsprozess stellen wir aber kein derartiges „therapeutisches Bündnis" her. Umso wichtiger ist es, die Spannung zwischen forschender Distanz und empathischer Teilhabe nicht aufzulösen. Obwohl wir aufmerksam zuhören und währenddessen z.B. Sympathie, Bewunderung oder Mitleid empfinden, sind und bleiben wir Forscher und werden nicht Freunde, Therapeuten oder Ähnliches.

Vielleicht hat der eine oder die andere schon einmal die Erfahrung gemacht, dass man im Zug jemanden kennenlernt, dem man in einer Offenheit Dinge erzählt, über die man schon lange nicht mehr oder vielleicht noch nie gesprochen hat. Und dies obwohl – oder vielleicht gerade weil – man an einer bestimmten Station aussteigt und die andere Person wahrscheinlich nie wieder sieht. Dieses Beziehungsmuster kann sicher nicht immer das Modell für eine Forschungsbeziehung abgeben. Aber es verweist doch darauf, dass Distanz für eine bestimmte Form der Offenheit nötig sein kann und vor allem dafür, dass diese Offenheit für die Person, die sich geöffnet hat, ohne gravierende Folgen bleibt.

Die Signale der Distanz allerdings, die dafür nötig sind und die deutlich machen, dass man – bei aller Empathie – in erster Linie Forscherin ist, die ihre Arbeit tut, müssen wohl dosiert ausgesendet werden. Denn die Kehrseite des „going native" ist das Image des arrogant-distanzierten Forschers, der sich seiner Probanden nur bedient, ohne sich für deren Perspektive zu interessieren. Man muss sich also auf das Feld und die Personen im Feld auch einlassen, andernfalls wird man weder Kontakt bekommen noch zufrieden stellende Forschungsergebnisse erzielen.

> Das Beschreiten eines Mittelweges zwischen „going native" und unbeteiligter Distanz kann durch methodische und soziale Vorkehrungen unterstützt werden. Gerade die „soziale Folgenlosigkeit" der Forschung für die Untersuchungspersonen eröffnet diesen Spielräume, sich frei zu äußern. Sie werden sich aber nur dann offen äußern, wenn sie sich in ihrer Lebenssituation ernst genommen fühlen. Die Aufrechterhaltung der Spannung zwischen forschender Distanz und empathischer Teilhabe charakterisiert eine professionelle Forscherrolle.

3.2 Beobachtungsprotokolle

Bereits bei unseren Ausführungen zu Fragen des Feldzugangs wurde deutlich, dass qualitative Forschung in hohem Maße die Fähigkeit zu genauer Beobachtung voraussetzt. Diese Beobachtung kann – je nach Fragestellung und Vorgehen unterschiedlich – eine mehr oder weniger große Rolle als eigene Form der Erhebung bekommen und andere Arten der Erhebung – seien es Interviews oder Gruppendiskussionen – ergänzen. Um dies zu ermöglichen, ist es wichtig, den Vorgang des Beobachtens so weit wie möglich zu formalisieren und damit intersubjektiv nachvollziehbar zu machen.

3.2.1 Wie protokolliert man Beobachtungen?

In der ethnographischen Forschung hat es sich eingebürgert, die eigenen Beobachtungen in Form von Feldnotizen festzuhalten oder sogar ein regelmäßiges Forschungstagebuch zu führen. Anselm Strauss (1991 [1987]) hat vorgeschlagen, bei diesen Forschungsprotokollen drei Arten von Notizen zu unterscheiden: empirische Notizen, methodische Notizen und theoretische Notizen. In der Literatur finden sich auch andere Vorschläge (vgl. u.a. Hildenbrand 1999 und Bohnsack et al. 1995). In unserer Forschungspraxis hat sich folgende Einteilung bewährt: Beobachtungen (die eigentlichen empirischen Notizen), Kontextinformationen, methodische und Rollenreflexion sowie theoretische Reflexion. Ein solches Protokoll wäre dann folgendermaßen aufgebaut:

Tab. 2: Beobachtungsprotokoll

Ort, Zeit	Beobachtungen	Kontextinformationen	Methodische und Rollen-Reflexionen	Theoretische Reflexionen
Wo befinde ich mich zu welchem Zeitpunkt?	Wie sieht das Feld aus? Welche genauen Abläufe gibt es? Wer tut was und wie mit wem? Gibt es Routinen? Gibt es besondere Ereignisse? Welche Konstellationen gibt es? Gibt es hervorgehobene Personen mit höherer Kontakthäufigkeit, besonderen Befugnissen? Gibt es Personen, die kaum/ nicht kontaktiert werden? Wie ist die Art des Kontakts? Gibt es Gruppenbildungen und Grenzziehungen? Gibt es Hinweise auf relevante Beziehungen zu Personen/ Einrichtungen außerhalb des unmittelbaren Feldes?	Durch welche Rahmenbedingungen, z.B. finanzieller, familiärer, rechtlicher, politischer Art oder durch welche vor dem Untersuchungszeitraum liegenden Abläufe wird das Feld mitbestimmt?	Wie ist meine Rolle als Forscher im Feld? Haben Beobachtungen im Feld bestimmte methodische Konsequenzen?	Wie lässt sich das bisher Beobachtete in vorläufiger Weise theoretisch fassen? Welche Zusammenhänge deuten sich an?

Eine zweite Möglichkeit der Darstellung der unterschiedlichen Rubriken des Beobachtungsprotokolls besteht darin, die Rubriken mit Buchstaben zu kennzeichnen (B, K, M, T) und die in den Rubriken festgehaltenen Beobachtungen und Reflexionen durch unterschiedliche Schrifttypen oder Schriftformatierungen voneinander abzuheben. Die Rubriken wechseln einander dann beim Protokollieren ab. Wichtig ist es, dabei die Angabe von Zeit und Ort nicht zu vergessen.

Unter die Rubrik **Beobachtungen** fallen alle empirischen Daten. Hier sollte man all das notieren, was die **Vorgänge im Feld** betrifft: Dabei kann man sich – was die Personen im Feld angeht – zunächst an der Frage orientieren: Wer tut was mit wem, wann und wo? Oder: Was ist mit welchem Ablauf passiert?

Dabei sollten möglichst alle Dinge notiert werden, die für die eigene Fragestellung potentiell relevant sind. Wird die Beobachtung etwa in einer Gaststätte oder in einem Club vorgenommen, in dem sich Jugendliche treffen, wäre zu notieren: Wer ist anwesend, womit sind die Jugendlichen beschäftigt? Was geschieht, wenn eine weitere Person den Raum betritt? Wen begrüßt diese zuerst, wie läuft die Begrüßung ab? Gibt es Gruppen von Jugendlichen, die sich separieren oder von anderen links liegen gelassen werden? Gibt es Personen, die häufiger als andere kontaktiert oder in einer besonderen Art und Weise behandelt werden? Wie ist die Zusammensetzung der Jugendlichen im Hinblick auf Alter, Geschlecht, Herkunft etc.? Gibt es Personen, die in positiver oder negativer Hinsicht eine Sonderstellung einnehmen? Wie äußert sich diese? Gibt es Einflüsse von nicht anwesenden Personen/Institutionen, die sich im Feld bemerkbar machen? Worüber wird gesprochen (möglichst prägnante Zitate oder Interaktionssequenzen im Sinne eines „Verbatims" wörtlich festhalten! – vgl. dazu Vogd 2004)? Wie gehen die beobachteten Personen mit der Anwesenheit des Forschers/der Forscherin um?

Bei einer Beobachtung in einem Betrieb würde man zusätzlich auf Fragen achten wie: Welche Abläufe und Routinen gibt es? Gibt es besondere, ggf. kritische Situationen und wenn ja, wie wird mit ihnen umgegangen? Wodurch wird klar, was an jedem Arbeitsplatz zu tun ist? Gibt es Zusammenarbeit, Anweisungen, Abhängigkeiten? Gibt es Einflüsse von Prozessen außerhalb des Feldes, die sich im Feld bemerkbar machen?

Diese Fragen sind freilich nur Beispiele für das, worauf im Feld zu achten ist und was in den empirischen Feldnotizen – den Beobachtungen – festgehalten werden sollte. Je nach Untersuchungsgegenstand und spezifischem Forschungsfeld werden sie jeweils unterschiedlich ausfallen.

Die Niederschrift der Beobachtungen bewegt sich auf der Ebene eines Berichts, einer chronologisch sequenzierten Darstellung. Das heißt, man schreibt nicht nur einzelne Informationen auf, so wie sie einem gerade in Erinnerung kommen, sondern man beginnt am Anfang der Beobachtung, setzt mit dem Ablauf der Ereignisse in ihrer gegebenen zeitlichen Ordnung fort und endet dort, wo der Kontakt zum Feld aufhört. Mit fortschreitender Erfahrung in der Feldarbeit und/oder in einem Projektzusammenhang kann es dann dazu kommen, dass man nur noch einzelne Episoden eines Feldkontaktes in ein Beobachtungsprotokoll aufnimmt. Aber auch diese Episoden werden chronologisch sequenziert dargestellt. Insgesamt bewegt sich die Niederschrift der Beobachtung auf der Ebene einer Beschreibung. Auch das Aussehen von Örtlichkeiten und Personen wird dabei festgehalten.

Das zentrale – methodische – Problem ist dabei der Grad der Detaillierung des Protokolls (vgl. Bohnsack et al. 1995: 433ff.; 442f.). Je genauer die Darstellung ist, desto weniger muss

3.2 Beobachtungsprotokolle

man auf Abstraktionen und Generalisierungen zurückgreifen, in die immer schon Interpretationen eingelassen sind.

Das folgende Beispiel soll das methodische Problem der Detaillierung des Berichts verdeutlichen. So könnte ein- und dieselbe Beobachtung in den beiden folgenden unterschiedlichen Versionen aufgeschrieben werden: 1. Der Mann hebt den rechten, leicht gebeugten Arm mit einer zügigen Bewegung, bis die Hand etwa in der Höhe seiner Schulter ist. Dann bewegt er die Hand mit einer leichten Rotation des Unterarmes rasch und locker hin und her, bis die Frau aus seinem Blickfeld verschwindet. 2. Der Mann winkt, bis die Frau aus seinem Blickfeld verschwindet. Selbst wenn die Interpretation, dass der Mann winkt, stimmen mag, bleibt es dennoch eine Interpretation. Von Interpretationen kann man sich nicht gänzlich lösen. Dennoch verlangt eine knappere Darstellung mehr Interpretation. Dieses Problem lässt sich nicht durch bestimmte Regeln in den Griff bekommen, vielmehr ist es wichtig, sich das Problem bewusst zu machen und es im Forschungsprozess immer wieder zu reflektieren: Gibt man forschungsökonomischen Gesichtspunkten mehr Gewicht oder soll die Interpretation einer Begebenheit möglichst kontrolliert und systematisch erfolgen?

Kontextinformationen sind all jene Informationen, die nicht aus der aktuellen Beobachtung, sondern aus anderen Quellen stammen, wie zum Beispiel aus früheren Beobachtungen, aus Beobachtungen Dritter, aus eigener Feldkenntnis oder aus den Medien. Die Quelle, aus welcher man die Information hat, ist meist für die Interpretation relevant und sollte daher angegeben werden.

Die **methodischen und Rollenreflexionen** betreffen die Konsequenzen des Beobachteten für den weiteren Forschungsprozess und damit auch die Reflexion der Rolle als Feldforscherin. Dazu gehören zum Beispiel Vorsichtsregeln und Merkzeichen wie die folgenden: Gibt es bestimmte Personen, denen im Feld eine Schlüsselfunktion zukommt und denen man folglich im Forschungsprozess besondere Aufmerksamkeit zukommen lassen muss? Gibt es Außenseiter, die möglicherweise eine andere, aber damit auch wichtige Perspektive auf den zu untersuchenden Gegenstand haben und demnach gesondert zu interviewen wären? Gibt es Untergruppen, die etwa bei der Zusammensetzung von Gruppendiskussionen zu berücksichtigen sind? Gibt es erkennbare „Fallen", die es zu vermeiden gilt? (Manchmal zum Beispiel erschließen sich diese bei Gesprächen über Dritte.) Wie ist die eigene Rolle im Feld und wie verändert sich diese? Gibt es „Angebote", die Beobachterrolle zu verlassen und aktiver Teilnehmer des Feldes zu werden? Was wären die Folgekosten eines solchen Rollenwechsels? Etc.

Die **theoretischen Reflexionen** enthalten erste theoretisierende Interpretationen des Beobachteten, die sich der Theoriesprachen der Grundlagenfächer, auf die man Bezug nimmt – etwa der Soziologie oder der Psychologie –, bedienen. An dieser Stelle können etwa Bemerkungen zur geschlechtlichen oder ethnischen Segregation, zur Rollen- und Machtstruktur im Feld, zu den Strukturen betrieblicher Rekrutierung und Sozialisation, zum Verhältnis von Konformität und Abweichung und Ähnliches mehr stehen. Einiges von dem, was bereits unter den „Beobachtungen" notiert war, wird hier in einer Theoriesprache wieder auftauchen. An dieser Stelle beginnt bereits ein expliziter Interpretations- und Theoretisierungsprozess. Gerade deshalb ist es aber wichtig, die protokollierten Abläufe und theoretischen Notizen zu trennen. Zu leicht gerät man sonst in Versuchung, das Beobachtete vorschnell auf einen theoretischen Begriff zu bringen, so dass später nicht mehr nachvollziehbar ist, welche Beobachtung es eigentlich genau war, die zur Verwendung einer bestimmten theoretischen Kategorie geführt hat. Nicht selten wird man sich von einer anfänglich verwendeten Kategorie wieder verabschieden müssen. In solchen Fällen ist es von unschätzbarer Bedeutung, ein relativ detailliert verfasstes und genau dokumentierendes Beobachtungsprotokoll zu haben, um daran den Prozess der Theoriegenerierung noch einmal neu ansetzen zu können.

> Im Beobachtungsprotokoll werden Ort, Zeit und Sequenz der beobachteten Abläufe festgehalten. Sinnvoll ist es, in dem Protokoll, das man auf Grundlage seiner Feldnotizen erstellt, zwischen Beobachtungen, Kontextinformationen, methodischen und Rollenreflexionen und theoretischen Reflexionen zu unterscheiden. Nur so ist es möglich, später die Beobachtungen als solche interpretieren zu können, ohne dass diese bereits durch vorschnelle Theoretisierungen überformt sind. Gleichzeitig werden erste, sich früh aufdrängende Reflexionen des Beobachteten festgehalten.

3.2.2 Wo und wann schreibt man seine Protokolle?

Es gibt in der ethnographischen Forschung sehr unterschiedliche Positionen im Hinblick darauf, wo die Niederschrift von Beobachtungsprotokollen erfolgen sollte. Goffman (1989) zum Beispiel lehnte Notizen in Anwesenheit der beobachteten Personen im Feld strikt ab, nicht zuletzt deshalb, weil damit deren Aufmerksamkeit potentiell von ihren „natürlichen Abläufen" abgelenkt und auf die Tätigkeit des Forschers gelenkt würde. Letztlich wiederholt sich bei der Frage nach dem Wo des Protokollierens das Problem der Rolle der Forscherin und der Balance von Teilnahme und Beobachtung. Wird doch im Akt des Protokollierens der Forscher unweigerlich in seiner professionellen Rolle und damit in seiner beobachtenden Distanz erkennbar. Die Täuschung, die zwischenzeitlich um sich greifen mag, er gehöre „ins Feld", wird in solchen Situationen unweigerlich zerstört, was nicht ausschließt, dass diese Täuschung später wieder einsetzt.

Gerade diese beiden Probleme – das Protokollieren kann den „natürlichen" Ablauf stören und es rückt den Forscher in seiner distanzierten Professionalität ins Licht – lassen es aber ratsam erscheinen, diese Frage je nach Kontext unterschiedlich zu beantworten. In Kontexten, in denen „verdeckt" beobachtet wird, verbietet es sich in der Regel ohnehin, seine Notizen in direkter Anwesenheit der zu beobachtenden Personen zu machen. Es sei denn, es handelt sich um einen öffentlichen Raum – wie etwa ein Café –, in dem Schreiben nichts Ungewöhnliches ist. Aber auch in jenen Fällen, in denen man als Forscher eingeführt ist, kann es – wie Goffman zu Recht anmerkt – die normalen Abläufe stören, wenn man dabeisitzt und sich Notizen macht. Es ist dann besser, sich zum Schreiben zwischendurch irgendwohin zurückzuziehen oder die Notizen auf den Zeitpunkt des Tages zu verschieben, an dem man das Feld verlässt.

In keinem Fall aber sollte das Notieren von Beobachtungen zu lange hinausgeschoben werden. Insbesondere die konkreten Abläufe und Interaktionen drohen dann zu verschwimmen. Das heißt, es empfiehlt sich, am Tag der Beobachtung zumindest noch kurze Notizen zu machen und diese spätestens am Tag darauf im Sinne eines Beobachtungsprotokolls auszuformulieren.

Vorstellbar sind aber durchaus auch Beobachtungskontexte – etwa in organisatorischen Zusammenhängen –, in denen es kein Problem darstellt, direkt im Feld Notizen zu machen. Dies gilt etwa im Falle einer wissenschaftlichen Begleitforschung zu praxisorientierten Projekten, bei der die Forscher erklärtermaßen in der Beobachterrolle sind und das Erstellen von Notizen zu der Rolle gehört, die man von ihnen erwartet. Ähnliches kann auch bei Forschungen in Schulen, Betrieben oder Krankenhäusern (Vogd 2004) gelten, wenn etwa die beforschten

Personen sich von den Forschungsergebnissen eigene Erkenntnisse erwarten, oder wenn eine nicht teilnehmende Beobachterrolle so eindeutig vorgesehen ist, dass daran auch der fehlende Notizblock nichts ändern könnte. In der Regel wird dieses Notieren in Anwesenheit der Beobachteten aber nur in solchen Kontexten unproblematisch sein, in denen sich diese nicht als Privatpersonen, sondern in ihrer beruflichen Rolle befinden, selbst wenn das Interesse des Forschers sich damit allein nicht zufriedengibt.

> Feldforschungsnotizen sollten unmittelbar nach der Beobachtung gemacht werden. Um die Interaktion im Forschungsfeld nicht zu beeinträchtigen, wird es in den meisten Kontexten angebracht sein, die Beobachtungen nicht in Anwesenheit der Untersuchungspersonen niederzuschreiben. In manchen institutionellen Kontexten, in denen alle über die Beobachtung informiert sind, kann das Anfertigen von Notizen in Anwesenheit der Untersuchungspersonen weniger problematisch sein.

3.3 Allgemeine Prinzipien und forschungspraktische Schritte bei der Erhebung sprachlichen Datenmaterials

Ebenso grundlegend wie die Kompetenzen und Techniken für Beobachtungen im Feld sind Kompetenzen für das Führen von Gesprächen. Bevor wir uns mit speziellen Methoden und Techniken der Erhebung sprachlichen Datenmaterials befassen, wollen wir auf einige allgemeine Prinzipien bei der Erhebung solchen Materials eingehen, die für die verschiedenen qualitativen Ansätze gelten. Solche übergreifenden Prinzipien sind bisher kaum formuliert worden. In der Regel werden forschungspraktische Leitlinien im Kontext einer konkreten Erhebungsmethode dargestellt, so dass bisweilen der Eindruck voneinander strikt unterschiedener, heterogener Vorgehensweisen entsteht. Das folgende Kapitel will diesem Eindruck entgegenwirken und den Blick für die Voraussetzungen schärfen, unter denen man in verschiedenen Formen des Interviews möglichst ergiebiges empirisches Material zu Tage fördern kann.

3.3.1 Feldkontakt: Erste Gespräche mit Informanten und möglichen Interviewpartnern

Wie im letzten Kapitel dargelegt, ist der Kommunikationsprozess mit den Personen(-gruppen) im jeweiligen Forschungsfeld konstitutiv für qualitative Forschung (vgl. Kap. 2). Zu dieser Kommunikation gehört es unter anderem, die im Feld Beteiligten in gewissem Umfang und in adäquater Weise über die Rolle der Feldforscherinnen, das Erkenntnisinteresse und die Art und Weise der angestrebten Erhebung zu informieren.[34] Hier wird schon der erste Schritt (in Richtung) der Erhebung unternommen.

> Die möglichen Interviewpartner in adäquater Weise über die Rolle der Forscher im Feld, das Erkenntnisinteresse und die Art und Weise der Erhebung zu informieren, ist bereits der erste Schritt der Erhebung.

---

[34] Es sei denn, man hat sich aus theoretischen und/oder forschungspraktischen Gründen dazu entschlossen, gänzlich verdeckt (vgl. Kap. 3.1.1) zu forschen.

a. Kommunikation in der Phase der teilnehmenden Beobachtung

Wenn die teilnehmende Beobachtung zunächst die einzige Erhebungsform sein soll, kann es sinnvoll sein, seine Feldforschung mehr oder weniger verdeckt bzw. in einer eher passiven Rolle zu beginnen – besonders dann, wenn sie im öffentlichen, halböffentlichen oder zumindest offen zugänglichen Raum stattfindet. Man begibt sich als „Teil der Öffentlichkeit" ins Feld, macht sich hier vielleicht zunächst ein Bild, verschafft sich, ohne seine Rolle und Forschungsabsichten sofort und aktiv preiszugeben, einen ersten Eindruck. Die Erhebungssituationen einer Jugendstudie in Berlin sollen dies illustrieren.[35] Beim Zugang zu Jugendlichen über Jugendzentren hat es sich etwa als vorteilhaft erwiesen, sich erst einmal – so wie es viele Jugendliche auch tun – irgendwo im Jugendzentrum zu platzieren. Die Erfahrung zeigte, dass sich meist der eine oder andere Jugendliche den Feldforscherinnen zuwendet und im Zuge eines Gespräches von sich aus Fragen nach dem „Warum und Wozu" des Aufenthalts der unbekannten erwachsenen Personen im Jugendzentrum stellt. Dieser Weg bietet bestimmte Vorteile. Man gibt die Information zuerst an Interessierte weiter. Diese nehmen die Information eher auf und tragen sie u.U. auch im Feld weiter. Man gewinnt im Feld an Bekanntheit. Das heißt nicht, dass neue Kontaktpersonen nicht informiert werden wollen bzw. müssen, denn trotz aller Bemühungen um Exaktheit und Angemessenheit ist der Filter der Alltagskommunikation bei der Weitergabe von Informationen nicht zu unterschätzen. Zudem gibt man auf Fragen der Beteiligten im Feld Antwort. Auf diese Weise kann man seine Information besser auf die gegebenen Bedürfnisse zuschneiden.

> Möglicher Vorteil einer zunächst passiven Rolle bei Erhebungen im (halb-)öffentlichen Raum: Man kann sich ein Bild des Feldes verschaffen. Dies erlaubt es, die Kommunikation besser auf die möglichen Interviewpartner abzustimmen.

Zum Forschungsfeld zählt aber oft nicht nur die eigentliche Zielgruppe – in unserem Beispiel die Jugendlichen. Gerade um im Umgang mit den Jugendlichen möglichst frei zu sein, mussten die Sozialarbeiter und Pädagoginnen, die mit den Jugendlichen im Feld arbeiteten, einbezogen werden. Die Leiterinnen und (anwesenden) Mitarbeiter des Jugendzentrums erhielten bei den ersten Begegnungen Informationen über die Studie. Oft hatten sie aufgrund ihrer Ausbildung selbst Erfahrung mit Jugendforschung oder kannten verschiedene Untersuchungen. Wichtig im Gespräch war es, deutlich zu machen, dass sie als Experten betrachtet wurden und dass ihre Einschätzungen und Meinungen für die Forschung wichtig waren, die Kontakte zu den Jugendlichen aber möglichst ohne ihre Vermittlung hergestellt werden sollten. Es ging also darum, sie einerseits zu Verbündeten der Forscherinnen zu machen, sie jedoch andererseits, was den Kontakt zu den Jugendlichen betraf, möglichst auf Distanz zu halten.

Bei Erhebungen in kleineren Gaststätten, deren (jugendliche) Besucher für die oben genannte Jugendstudie interessant waren, wurden spätestens beim zweiten Besuch das Personal und/ oder die Gaststättenbesitzer über die Rolle der Feldforscher, das Forschungsvorhaben und die Form der Erhebung aufgeklärt. Auch wenn man annehmen konnte, dass diese die Stammgäste ins Bild setzen würden, wurden diese Gäste beim ersten Kontakt von den Forschern trotzdem noch einmal über das Vorhaben informiert (vgl. auch Loos 1988). In größeren, „unpersönlichen" Gaststätten, in denen das Personal häufig wechselt und zwischen Personal und Gästen

---

[35] Siehe u.a. Bohnsack et al. 1995; Schäffer 1996; Nohl 1996; Bohnsack/Nohl 1998; Nohl 2001; Bohnsack/Loos/Przyborski 2002; Przyborski 2004.

kaum eine persönliche Beziehung beobachtbar war, unterblieb die Information von Personal und Besitzern. Dies hätte hier eher Verwirrung gestiftet als die Feldarbeit und die Erhebungen zu unterstützen.

Die Struktur, die hier beschrieben wurde, bietet sich auch für andere Kontexte an. Will man z.B. Studierende in einem Computerraum beobachten, in dem eine Tutorin ständig anwesend ist, empfiehlt es sich, die Tutorin über die Erhebungsform zu informieren. Diese wird sich andernfalls schnell „beobachtet" fühlen und möglicherweise unangenehm berührt reagieren. Man tut also gut daran, diejenigen, die in einer Institution oder in einem anderen Feld ständig anwesend sind – auch wenn sie nicht zur unmittelbaren Untersuchungsgruppe gehören – möglichst rasch über Forschungsvorhaben und Erhebungsformen zu informieren bzw. auch die Kooperationsbereitschaft zu klären.

Der Weg über Institutionen und Vertreter von Institutionen zu Informanten erschwert in vielen Fällen eine offene Kommunikation, da man sich Institutionen gegenüber immer auf die eine oder andere Weise strategisch verhält. Wird die Forscherin einmal als Teil einer Institution betrachtet, kann sie diese Zuschreibung kaum noch loswerden. Ein solcher Fall ergab sich im Rahmen einer Studie über Zeitarbeit (Brose/Wohlrab-Sahr/Corsten 1993), bei der der Kontakt zu den Beschäftigten zum Teil über die Zeitarbeitsunternehmen hergestellt worden war. In einem Fall führte dies dazu, dass die befragte Person trotz der Zusicherung von Anonymität während des Interviews ständig auf der Hut war, da sie offensichtlich befürchtete, die Interviewer führten ihre Studie in Kooperation mit dem Arbeitgeber durch.

In manchen Fällen wird allerdings der Zugang zum Feld nur über die Institutionen möglich sein. Auch kann der Zugang über Institutionen – Betriebe, Arbeitsamt, Kliniken – die Wahrscheinlichkeit erhöhen, dass man es mit einem breiteren Spektrum von Probanden zu tun bekommt und nicht nur mit denen, die besonders aktiv und zur Auskunft jederzeit bereit sind. In solchen Fällen ist es besonders wichtig, deutlich zu machen, dass die Institution lediglich den Kontakt ermöglicht, aber keinen Einblick in die geführten Gespräche bekommt. So kann man etwa – wie es in der genannten Zeitarbeitsstudie der Fall war – das Anschreiben der Forschungsgruppe über den Betrieb an die Mitarbeiter verteilen lassen, die dann aber ihre Zusage zu einem Interview direkt der Forschergruppe übermitteln. Es wird unter diesen Bedingungen jedoch besonders darauf ankommen, zu Beginn des Gesprächs die Unabhängigkeit der Forschung von der Institution deutlich zu machen (sofern diese besteht) und absolute Vertraulichkeit zuzusichern.

> Personen, die unmittelbar mit einer Institution oder einem anderen Feld, in dem Daten erhoben werden, verbunden sind, sollten – nach Maßgabe ihrer Betroffenheit von der Erhebung – möglichst rasch über die Rolle der Forscher und ihre Forschungsabsicht informiert werden. Auch sollte ihre Kooperationsbereitschaft geklärt werden. Den Kontakt mit den Interviewpartnern sollten die Forscher aber – soweit sich das realisieren lässt – selbst herstellen. Wo dies nicht möglich ist, kommt der Zusicherung von Anonymität besondere Bedeutung zu.

b. Kommunikation bei der Gewinnung von Interviewpartnern oder Teilnehmern von Gruppendiskussionen

Wie kommt man nun zu Interviewpartnern oder Teilnehmern für eine Gruppendiskussion? Bevor einige gängige Techniken in den Blick genommen werden, soll auf grundlegende

Prinzipien bei der Gewinnung von Teilnehmerinnen an einer Erhebung eingegangen werden, die sich aus der Reflexion der Forschungspraxis ergeben. Es handelt sich hierbei nicht um strenge Regeln, die man situationsunabhängig immer gleich anwenden könnte. Vielmehr verlangen solche Prinzipien eine kreative Umsetzung in der jeweiligen Forschungssituation.

Ohne Einblick in Alltag und Handlungspraxis der zu Untersuchenden ist es oft schwer, einen geeigneten, unmittelbaren und passenden Zugang zu Teilnehmerinnen an Erhebungen zu finden. Sollen z.B. Interviews mit Patienten in einem Krankenhaus bei der Einweisung, während des Aufenthalts oder am Tag der Entlassung geführt werden? Welche Tageszeit im Verlauf der Krankenhausroutine lässt überhaupt ein Interview zu?

Ganz ohne teilnehmende Beobachtung zu Beginn des Forschungsprozesses kommen daher nur Forschende aus, denen das jeweilige Forschungsfeld aus der Teilnehmerperspektive (z.B. bei einem Krankenhausaufenthalt) bereits bekannt ist. Selbst in diesem Fall empfiehlt es sich aber, das Feld noch einmal zu sondieren, da man aus der Perspektive der Forscherin einiges anders wahrnimmt. Bei einem Krankenhausaufenthalt haben wahrscheinlich die wenigsten ihr Umfeld und den Tagesablauf auf die Eignung für ein Interview hin abgeklopft. Diese Beobachtungen sind immer schon Teil der Forschung und verdienen von daher systematische Berücksichtigung: im Hinblick auf die Gewinnung der Interviewpartner und mehr noch im Hinblick auf die gesamte Studie. Oft gibt das Feld schon erste Antworten, ehe man gezielte Fragen stellt.[36]

Aufmerksame Beobachtung und deren systematische Niederschrift und Analyse sind Grundprinzipien der Feldarbeit. Sie sind gerade in der Anfangsphase des Forschungsprozesses wichtig, denn die Reflexion der ersten Erfahrungen im Feld und mit den Interviewpartnern trägt dazu bei, die folgenden Schritte zu strukturieren.

Ein weiteres Prinzip rekonstruktiver Forschung, dessen gelungene Umsetzung gerade beim Neuerschließen eines Feldes bedeutsam ist, ist eine **kommunikative Haltung**: „Viele Menschen (viel mehr als man annehmen würde) sind bereit, an einer kommunikativen Form der Sozialforschung, also an einer solchen, deren Verlauf sie selbst mitgestalten können, teilzunehmen. Um diese Bereitschaft herzustellen, ist es aber notwendig, dass die Forschenden in ihrem Auftreten den Interviewpartnern gegenüber diese kommunikative Haltung auch zeigen." (Loos/Schäffer 2001: 45) Es gilt daher, möglichst rasch einen direkten Kontakt mit den Untersuchungssubjekten herzustellen. Nur einem unmittelbaren Gegenüber kann ich meine kommunikative Haltung zeigen. Wie aber setzt man nun eine kommunikative Haltung um? Ein Kennzeichen ist sicher Offenheit gegenüber den zu Untersuchenden. Dies beginnt bei der Flexibilität bei der Terminvereinbarung und kann unter bestimmten Umständen bis zum Aufgreifen von Vorschlägen im Zusammenhang mit der Erhebungssituation oder im Hinblick auf die Anlage der Untersuchung gehen. Sie geht aber vor allem mit dem Bemühen um Verstehen einher. Whyte begann bspw. Italienisch zu lernen, die Sprache des Landes, aus dem die Einwanderer in seinem Untersuchungsfeld kamen. Dabei war letztlich weniger die tatsächliche Verständigung in dieser Sprache hilfreich als die Tatsache, dass die Einwanderer den Eindruck bekamen, dass er sich um Verständnis und Verständigung bemühte (Whyte 1993: 295-300). Eine kommunikative Haltung lässt sich daher gerade nicht in starre Verhaltensnormen gießen, sondern muss aus der jeweiligen Situation heraus entwickelt werden.

---

[36] Whyte (1993: 279–325) stellt dies anhand seiner eigenen Erfahrungen im Feld sehr anschaulich dar.

3.3 Allgemeine Prinzipien und forschungspraktische Schritte

Dasselbe gilt für die Haltung der **Authentizität**. Oft wird der Hinweis, sich ein möglichst genaues Bild vom Forschungsfeld zu machen, dahingehend missverstanden, dass damit allein Verhaltensfehlern im Feld vorgebeugt werden soll, damit die Rolle, die man „spielt", perfekter gelingt. Das würde bedeuten, in jedem Fall zu versuchen, sich an die im Feld geltenden Normen und Regeln anzupassen. Aber gerade das kann zum Scheitern der Kontaktaufnahme führen, dann nämlich, wenn man vorgibt dazu zu gehören, für die Probanden aber unauthentisch wirkt. In einer Studie über Konversion zum Islam (Wohlrab-Sahr 1999) wurde der Forscherin von den afroamerikanischen Konvertitinnen abschätzig berichtet, dass schon einmal eine Frau sich aus Forschungsgründen für diese Gruppe interessiert habe, die sich verschleiert und damit den Frauen im Feld angepasst habe, obwohl alle gewusst hätten, dass sie selbst keine Muslimin war. Gibt sich die Forscherin jedoch als (Milieu-)Fremde, aber gleichwohl Interessierte zu erkennen, wird ihr von den meisten Beteiligten eingeräumt, dass für sie als „Fremde" andere Regeln und Normen gelten. Sollte es zu regelwidrigem Verhalten kommen, wird dies nicht als „Fehler", sondern als Unkenntnis interpretiert, über die der feldfremden Forscherin möglicherweise sogar hinweggeholfen wird. „Das für eine fruchtbare Kommunikation mit den Erforschten notwendige Vertrauen gründet nicht in einer Anpassung oder Anähnelung des Forschers an sein Untersuchungsfeld, sondern wiederum in einer *authentischen* Haltung des Forschers: Er muss glaubhaft die Person sein, die er ist." (Loos/Schäffer 2001: 46; Hervorh. im Orig.) Zudem erhöht man die Chancen, viel über das Untersuchungsfeld zu erfahren, wenn man sich als interessierte Fremde dem unbekannten Umfeld mit Achtung nähert. Nicht selten finden sich Personen, die versuchen, den Fremden in die eigene Welt einzuführen.

Dies führt zu einem weiteren Punkt: dem **Interesse**. Ein offenes Interesse, das nicht nach Bestätigung der eigenen vorgefertigten Annahmen sucht, erleichtert in vielen Fällen den Zugang zum Feld. So freuten sich jugendliche Hooligans im Ostteil Berlins, als sie von den Feldforschern in einer Kneipe angesprochen wurden, dass sich überhaupt jemand für sie interessiert.

Bestandteil einer kommunikativen Haltung ist auch, bei den zu Untersuchenden auftretendes Interesse an den Forscherinnen wahrzunehmen und ernst zu nehmen. Denn nicht nur Forscher haben Interesse an anderen, ihnen mehr oder weniger fremden sozialen Zusammenhängen. So fanden einige Gruppendiskussionen mit Jugendlichen – oft auf deren Wunsch – im Universitätsinstitut der Forscherinnen statt. Eine Gruppe türkischstämmiger Studentinnen beispielsweise erklärte sich überhaupt erst nach dem Vorschlag der Forscherin, die Diskussion im Institut durchzuführen, bereit, an der Erhebung teilzunehmen. Die jungen Frauen sagten ausdrücklich, dass sie die Gelegenheit nutzen wollten, zu sehen, wie und wo die Forschung eigentlich stattfinden würde. Auch eine Gruppe Hooligans – Lehrlinge, die nichts mit dem akademischen Kontext zu tun haben – wollte gern das Universitätsinstitut kennenlernen.

Immer wieder kommt es in solchen Zusammenhängen vor, dass Jugendliche nach den persönlichen und beruflichen Lebensumständen der Forscher, nach ihren Liebesbeziehungen, ihrer finanziellen Stellung, aber auch nach ihrer Einschätzung bestimmter Probleme fragen. Ohne die Rollenverteilung von Forscherinnen und Untersuchungspersonen zu vergessen, sollte man darauf gefasst sein, dass auch die Befragten bisweilen in die Interviewerrolle schlüpfen und bereit sein, sich darauf in authentischer Weise einzulassen.

Zuletzt sei noch auf ein Problem bei der Gewinnung von Teilnehmern an einer Erhebung hingewiesen, das uns selbst bei unserer Forschung und auch bei Arbeiten von Studierenden immer wieder aufgefallen ist: Vielfach wird befürchtet, dass es besonders schwer ist, Zugang zu einem bestimmten Untersuchungsfeld zu finden, und so wird nach Mittelsmännern und -frauen gesucht, die dabei behilflich sein können. Oft stellt sich dieser Verdacht allerdings bei der tatsächlichen Kontaktaufnahme als unbegründet heraus. Loos und Schäffer (2001: 46) sprechen hier von „imaginierte(n) Zugangsschwierigkeiten". Vorannahmen über einen sozialen Zusammenhang erschweren den Zugang oft eher als ihn zu erleichtern. Das bedeutet nicht, dass man sich vor dem Zugang ins Feld nicht informieren sollte. Der direkte Kontakt aber sollte nicht zu lange aufgeschoben werden.

> Besonders in der Phase der Gewinnung von Interviewpartnern – aber auch in der Folge – leisten Authentizität und kommunikative Haltung gegenüber den Informanten sowie wirkliches, offen vermitteltes Interesse einen wesentlichen Beitrag zum Gelingen der gesamten Erhebungs- bzw. Feldarbeit. Die größte Barriere stellen bisweilen imaginierte Zugangsschwierigkeiten dar.

3.3.2 Strategien der Gewinnung von Interviewpartnern und Teilnehmerinnen an Gruppendiskussionen

Jede der spezifischen Formen, Informanten und Informantinnen zu gewinnen, strukturiert die Auswahl des empirischen Materials mit (vgl. dazu Kap.4). Egal ob man im Sinne eines „theoretical sampling" (vgl. Glaser/Strauss 1967: 45ff.) eine theoretisch orientierte Suchstrategie verfolgt oder ob man im Sinne eines „empirical sampling" die Vergleichfälle sukzessive auf der Grundlage von Hinweisen aus dem Feld sucht, der Weg der Gewinnung von Interviewpartnern hat einen Einfluss auf deren Auswahl. Dieser Effekt muss reflektiert werden und systematisch in die Planung der Erhebung einbezogen werden.

Das **Schneeballsystem** funktioniert nach dem Prinzip, dass geeignete Interviewpartner weitere geeignete Interviewpartner kennen. Dies erleichtert nicht nur das Auffinden neuer Untersuchungssubjekte, sondern auch den Prozess der Kontaktaufnahme und Information. Allein der Hinweis „Und bestellen Sie ihm/ihr liebe Grüße von mir ..." kann Türen öffnen. Oft machen die Untersuchten sogar regelrecht Werbung für die Teilnahme und erzählen, wie es bei ihnen „gelaufen" ist, dass es „eh ganz einfach" oder „interessant" gewesen sei.

Das Austauschen über die Erhebungssituation kann allerdings auch zum Nachteil geraten, wenn falsche oder zu spezifische Erwartungen ausgelöst werden und die Befragten sich in ihrem Interviewverhalten wechselseitig beeinflussen. Auch hier gilt es, sich für die Information neuer Interviewpartner Zeit zu nehmen.

In Untersuchungen, die einen dichten sozialen Zusammenhang und auch dessen spezielle Grenzen zum Gegenstand haben – also z.B. in der Milieuforschung –, ist die Strategie des **Schneeballprinzips** gut geeignet. Sie ist meist gut kompatibel mit einem „empirical sampling" und hilft Netzwerke zu erfassen. Auch die Grenzen des Netzwerks können damit ausgelotet werden, denn oft kennen Individuen oder Gruppen auch ihre „Feinde", also die, von denen sie sich abgrenzen. Maximale Kontraste sind hingegen mit dieser Auswahlstrategie schlecht zu erzielen. Dafür ist es notwendig, sich ein neues Forschungsfeld zu erschließen.

Anzeigen und Handzettel haben den Vorteil, dass man sie so platzieren kann, dass sie eine ganz bestimmte Zielgruppe erreichen. Aufrufe, sich für ein Interview zur Verfügung zu stellen, z.B. an einem Universitätsinstitut, einer Klinik oder in einer kleinen, zielgruppenspezifischen Publikation, erreichen zumindest ganz bestimmte Personen. Die Schwelle, sich zu

3.3 Allgemeine Prinzipien und forschungspraktische Schritte

melden, ist aber sehr hoch und wird u.U. nur von Personen überwunden, die bereits eine bestimmte Nähe zum akademischen Bereich haben.

Persönliche Kontakte sind für den Zugang zu einem Forschungsfeld nur mit Vorsicht einzusetzen. Ist man mit den Interviewpartnern selbst bekannt, werden z.B. Selbstverständlichkeiten nicht oder nur bruchstückhaft im Interview angesprochen (s.u.). Gewinnt man Informanten über Freunde oder Bekannte, ist es oft schwer, beim Gegenüber wirkliche Offenheit und Vertrauen zu schaffen. Die Anonymität ist in so einem Fall von vornherein beeinträchtigt. Zudem ist man erfahrungsgemäß bei der Interpretation befangen, wenn man mit der Person im Alltag zu tun hat oder gar mit ihr befreundet ist.

Dennoch spricht nichts dagegen – vielleicht für erste Übungsschritte –, persönliche Kontakte für den Zugang zu einem Feld zu nutzen und dort Beobachtungen anzustellen oder auch ein (Probe-)Interview zu führen. Auch lassen sich persönliche Befangenheiten dadurch kompensieren, dass ein anderer aus der Forschungsgruppe das Interview mit der betreffenden Person führt und evtl. auch interpretiert.

Die Ansprache von Informanten über **E-Mails** findet zumindest in Lehrforschungsprojekten immer häufiger Anwendung. Oft scheint von den so angesprochenen Personen die Frage, woher die Forscherin die Adresse hat, nicht problematisiert zu werden. Dennoch gebietet es die Höflichkeit, über den Zugang zu der jeweiligen Adresse Rechenschaft abzulegen. Hiermit hat man allerdings bereits eine sehr spezifische Auswahl von Personen getroffen, also eben jene, die eine E-Mail-Adresse haben und deren Adresse man ausfindig machen konnte. Diese systematische Auswahl gilt es zu reflektieren und gegebenenfalls auszugleichen.

Zum Zugang über eine Institution haben wir in diesem Kapitel (s.o.) bereits das Wichtigste gesagt. Oft werden in diesem Zusammenhang **Briefe** eingesetzt. Hier kann man z.B. überlegen, welche Zielgruppe eher auf der Grundlage einer E-Mail oder eher auf der Grundlage eines Briefes bereit ist, an einer Erhebung teilzunehmen.

Sowohl in klassischen (bspw. Whyte 1993; zuerst 1943) als auch in aktuellen Studien (bspw. Schäffer 2003) ist die **direkte Kontaktaufnahme** im öffentlichen oder halböffentlichen Bereich einer der am häufigsten beschrittenen Wege. Der große Vorteil dieses Vorgehens liegt darin, dass die Feldforscherinnen von vornherein den Kontakt und die Beziehung strukturieren. Diese Form wurde bereits im vorangegangenen Text (siehe Kapitel 3.3.1) als prototypischer Zugang zum Feld behandelt.

> Jede spezifische Form der Gewinnung von Interviewpartnern wirkt sich auf das Sampling aus. Dies muss bei der Planung und Auswertung bedacht werden. Die direkte Kontaktaufnahme im jeweiligen Forschungsfeld ist eine klassische, ergiebige, jedoch sehr aufwändige Form. Je nach Erkenntnisinteresse können auch das Schneeballprinzip, Anzeigen und Handzettel, Briefe und E-Mails oder persönliche Kontakte erfolgreiche Formen der Kontaktaufnahme sein.

3.3.3 Kommunikation zur Vereinbarung von Terminen für die Erhebung

Wenn die teilnehmende Beobachtung im Forschungsprozess eine eher untergeordnete Rolle spielt, werden die zu Untersuchenden über die Forschungsabsicht und die Erhebung in aller Regel bei der ersten Kontaktaufnahme informiert. Das Gespräch bei der Kontaktaufnahme dient in diesem Fall der Klärung der Bereitschaft zur Teilnahme an der Erhebung und der Vereinbarung eines Erhebungstermins.

> Bei der Kontaktaufnahme mit Teilnehmern an Erhebungen ohne extensive Beobachtung im Feld dient das erste Gespräch der Klärung der Bereitschaft für eine bestimmte Erhebung und der Vereinbarung eines Termins.

Egal, an welcher Stelle der Erhebungs- bzw. Feldarbeitsphase die zu Untersuchenden über eine Erhebungsabsicht informiert werden: Um zu ergiebigem Material zu kommen, lohnt es sich, dabei einiges zu beachten.

Damit, dass man sich für die Aufklärung der Forschungssubjekte über das Forschungsvorhaben genügend Zeit nimmt und auf alle Fragen seitens der Interviewpartner und -partnerinnen eingeht, kann man seine „kommunikative Haltung" zeigen (vgl. den vorangegangenen Abschnitt 3.3.1.b).

Es ist von Vorteil, wenn diese Aufklärung nicht erst unmittelbar vor dem Interview, der Gruppendiskussion oder der Aufnahme von Gesprächen geschieht. Die Erläuterung des Erkenntnisinteresses impliziert immer auch eine Auseinandersetzung der Interviewpartner mit der Perspektive des Forschers und seinen Relevanzsetzungen. Gerade bei engagierten „Teilnehmern" kann dies zu einer falsch verstandenen Kooperativität führen. Sie versuchen, die Forschungsfrage zu bearbeiten und orientieren sich dabei eher an den Relevanzsetzungen der Forscher anstatt an den eigenen. Das hat u.U. zur Folge, dass die Untersuchungsteilnehmer beginnen, über die Forschungsfragen zu theoretisieren, sich Antworten auszudenken und dann Belege dafür zu liefern. Die Forscher erhalten dann kein Material, das ihnen als Grundlage dienen kann, die Welt der Untersuchten entlang der Gegenstände und Perspektiven zu rekonstruieren, die diesen wichtig sind, für sie selbstverständlich sind und die aus ihrer alltäglichen Handlungspraxis entstehen. Wenn man sich z.B. dafür interessiert, welche Stilmittel Sprecherinnen einsetzen, um Spannung in Erzählungen zu erzeugen, sind ihre eigenen Reflexionen darüber ungleich weniger aussagekräftig als ihre Erzählungen selbst. Interviewpartner sind nicht als Experten für die Analyse ihres Lebens, sondern als ‚Experten'[37] für den schlichten Verlauf ihres Lebens gefragt.

Aus diesem Grund tut man gut daran, den möglichen Interviewpartnern gegenüber seine theoretischen Annahmen nicht darzulegen. Diese könnten das Interview oder auch andere Formen der Erhebung nachhaltig strukturieren. In einigen Fällen wird die Darstellung des theoretischen Hintergrundes die Möglichkeit, brauchbares Material zu erheben, sogar untergraben. Das gilt z.B. für Untersuchungsgegenstände, die per definitionem im Verborgenen stattfinden, wie etwa der Klatsch (vgl. Bergmann 1987).

Die Darlegung theoretischer Annahmen unmittelbar vor der Erhebung kann das Interview so nachhaltig strukturieren, dass der eigentliche Untersuchungsgegenstand durch die Dominanz der wissenschaftlichen Relevanzsetzungen gegenüber jenen der Untersuchten gewissermaßen verloren geht. Von daher ist es günstiger, das Erkenntnisinteresse bei Gesprächen im Vorfeld der eigentlichen Erhebung in einer zwar authentischen, aber für das Feld **und** die Erhebung konstruktiven Weise anzusprechen. Man wird dann darauf sicherlich zu Beginn des Gesprächs noch einmal kurz zu sprechen kommen, sollte es dabei aber bei der Darstellung relativ allge-

---

[37] Der Expertenbegriff wird an dieser Stelle lediglich metaphorisch verwendet.

3.3 Allgemeine Prinzipien und forschungspraktische Schritte

meiner Zusammenhänge belassen, ohne auf spezifische Interessen oder Vorannahmen einzugehen. Die hier angesprochene Problematik stellt sich allerdings bei Interviews mit bestimmten Personengruppen in besonderer Weise, z.B. bei Experteninterviews. Da man es in diesem Fall mit einem Gegenüber zu tun hat, dessen Kooperationsbereitschaft möglicherweise davon abhängt, Einblick in die Interessen des Interviewers – als eines Experten auf einem anderen Feld – zu bekommen, ist das Kunststück hier besonders groß, den anderen an den eigenen Fragen teilhaben zu lassen, ohne so viel preiszugeben, dass man ihn in seiner eigenen Art der Darstellung beeinträchtigt (s.u.).

Wichtig bei der Erläuterung des Erkenntnisinteresses ist generell ihre Angemessenheit in Bezug auf die zu Untersuchenden, weniger ihre wissenschaftliche Detailtreue. Salopp gesprochen müssen die Forschungssubjekte „etwas" mit der zur Verfügung gestellten Information „anfangen können". So hat es sich bspw. als praktikabel erwiesen, Jugendlichen nicht jedes Detail über die Ziele und Inhalte kriminologisch interessierter Jugendforschung zu erläutern. Im oben genannten Beispiel genügte es in den meisten Fällen zu sagen, dass das Ziel der Forschungsbemühungen „ein Buch" sei. An weiterführenden Erklärungen bestand oft gar kein Interesse. Auf wesentlich größeres Interesse stießen dagegen Informationen über die Person der Feldforscher und darüber, was sie bewegte, das Projekt durchzuführen. Bei Forschungsbemühungen im Feld Jugendlicher türkischer und arabischer Herkunft bewährte sich folgende Darstellung: Viele Berichte in Zeitungen und Magazinen stellten sie als gefährliche, gewalttätige und unberechenbare Gruppe dar. Dies hätte die Forscher stutzig gemacht. Von daher waren sie nun daran interessiert, **die eigene Sichtweise** der Jugendlichen kennenzulernen. Die Forscher wollten sich Zeit nehmen, um sich auf der Grundlage der Darstellungen der Jugendlichen und im Kontakt mit ihnen ein Bild zu machen und dieses schließlich auch der Öffentlichkeit zugänglich zu machen.

Auf diese Weise gelang es, zwei Voraussetzungen für eine erfolgreiche Kontaktaufnahme zu schaffen: eine Vertrauensbasis herzustellen und deutlich zu machen, warum es wichtig ist, die persönliche Sichtweise der Informanten zu erfahren (vgl. Riemann 1987: 39).

> Bei der Erläuterung der Forschungsabsichten gegenüber den Untersuchungspersonen sind glaubwürdige Beweggründe für ein Interesse der Forscher an der persönlichen Sichtweise der Untersuchungsteilnehmer wichtiger als detailgenaue Informationen über die wissenschaftliche Legitimation eines Forschungsprojektes. Wo wissenschaftliche Hintergründe erläutert werden, sollte dies in einer Form geschehen, die die Darstellung der Interviewpartner möglichst wenig beeinflusst.

Bei der **Terminabsprache** gilt es auf Verbindlichkeit (z.B. können Telefonnummern für unvorhersehbare Zwischenfälle ausgetauscht werden) und einen ausreichenden Zeithorizont zu achten. Im Zuge der ersten Erhebungen wird sich dieser etwas genauer bestimmen lassen. Bei allen vorgestellten Verfahren sollte der vereinbarte Zeitraum nicht unter zwei Stunden betragen. Besser sind drei oder mehr Stunden, zumal die Erhebung nicht mit dem Zusammentreffen beginnt und mit der Verabschiedung endet. Nicht selten kommt es vor, dass man bei einem ersten Zusammentreffen die Erhebung nicht abschließen kann. Dies kann vielerlei Gründe haben: Den Interviewpartnern erscheint es zu belastend, „alles auf einmal zu erzählen", die kalkulierte Zeit reicht doch nicht aus, man wird von etwas Unvorhergesehenem unterbrochen usw. Darüber hinaus zeigt die Forschungspraxis, dass sich aufgrund erster Analysen oft noch

Nachfragen ergeben, man zu bestimmten Punkten noch mehr Material benötigt. Aus diesen beiden Gründen ist es von großem Vorteil, die Bereitschaft für weitere Interviewtermine zu erfragen.

Bei diesem Vorgespräch muss auch geklärt werden, ob die möglichen Interviewpartnerinnen mit der jeweiligen Erhebungsform und mit der Aufzeichnung des Gespräches einverstanden sind.

Einen letzten Punkt gilt es zu erwähnen, der sowohl für den Aufbau von Vertrauen als auch in forschungsethischer Hinsicht von Bedeutung ist: Schon in diesem Gespräch ist es sinnvoll, Fragen des Datenschutzes anzusprechen und auf die Wahrung der Privatsphäre hinzuweisen. Den potentiellen Interviewpartnerinnen kann bzw. muss die Anonymisierung des erhobenen Materials und die vertrauliche Behandlung der Daten zugesichert werden.[38]

Fixpunkte im Vorgespräch: Es spart Enttäuschung und zusätzliche Arbeit, auf Verbindlichkeit zu achten. Der vereinbarte Zeithorizont soll eher großzügig als knapp bemessen sein. Das Einverständnis mit der speziellen Weise der Erhebung und Dokumentation (z.B. Aufzeichnung auf Tonträger) muss geklärt werden. Die Teilnehmerinnen können auch bereits über die Anonymisierung der Daten aufgeklärt werden.

3.3.4 Erhebungsort und Rahmenbedingungen der Erhebung

Für die teilnehmende Beobachtung (Kap. 3.1.4), „natürliche" bzw. authentische Gespräche[39] (Kap. 3.4.8) sowie mediale Inhalte und Dokumente erübrigt sich die Frage nach dem Erhebungsort. Bei allen anderen Erhebungsformen muss ein solcher Ort ausgewählt und müssen die Rahmenbedingungen gestaltet werden. Prinzipiell gibt es folgende Möglichkeiten für den Erhebungsort:

- innerhalb des privaten Umfeldes der Untersuchten (z.B. in deren Wohnung);
- innerhalb einer Institution, die den Zugang zu den Interviewpartnern ermöglicht hat und/oder einen mehr oder weniger wichtigen Kontext der Untersuchung darstellt (z.B. in dem Betrieb, in dem ein Personalchef arbeitet, der ein Experteninterview gibt);
- innerhalb der Institution, in der die Forscher beschäftigt sind (z.B. im Büro des Forschers oder in einem Seminarraum);
- im öffentlichen Raum (z.B. im Park oder einer zeitweilig nicht genutzten Gaststube);
- im privaten Umfeld des Forschers.

Die Frage, die die Auswahlentscheidung strukturieren sollte, lautet: Wo ist das ergiebigste Material zu erwarten? Das heißt auch: Wo werden sich die Interviewpartner am wohlsten fühlen? Wo lässt sich eine für Interviewer und Interviewte angenehme Atmosphäre herstellen? Zur Beantwortung dieser Fragen bieten sich die Erfahrungen und Informationen aus den ersten Feldkontakten an. Ergibt sich daraus nicht von vornherein ein eindeutiger Anhaltspunkt, spricht in den seltensten Fällen etwas dagegen, die Interviewpartnerinnen zu fragen, welcher Ort ihnen für das Interview oder die Diskussion angenehm und geeignet erschiene.

---

[38] Zur Frage der Anonymisierung s. z.B. Hildenbrand 1999a und b sowie Rosenthal 2005: 99.
[39] Derartige Gespräche können per definitionem nur an dem Ort, an dem sie stattfinden, aufgezeichnet werden.

3.3 Allgemeine Prinzipien und forschungspraktische Schritte

Ein weiteres Kriterium, das sich aus dem ersten ergibt und unbedingt Beachtung finden muss, besteht in der weitgehenden Störungsfreiheit, die der Ort bieten sollte. So stellten sich für Gruppendiskussionen mit Jugendlichen Jugendzentren, obwohl die Jugendlichen sich dort wohlfühlten und sehr ungezwungen und frei verhielten, insofern oft als schlechte Wahl heraus, als die anderen anwesenden Jugendlichen es kaum aushielten, dass in einem Raum etwas stattfand, zu dem sie keinen Zugang hatten. Es wurde draußen gelärmt wie sonst selten. Die Namen der Beteiligten wurden gerufen, an den Türen gerüttelt und vor Glastüren die phantasiereichsten Kasperreien aufgeführt. Im Sommer, wenn es die Witterung zuließ, wichen die Feldforscher aus diesem Grund in Parks aus. Diese öffentlichen Plätze waren den Jugendlichen ebenfalls vertraut. Sie hielten sich dort während der freundlichen Jahreszeit selbst viel auf (vgl. u.a. Nohl 2001). Dies galt z.B. auch für den öffentlichen Bereich einer Gaststätte, in der Loos (1998) seine Erhebungen mit Anhängern rechtsextremer Parteien durchführte. Diese verkehrten dort regelmäßig und trafen zu wiederkehrenden Feiern, wie z.B. Weihnachten dort zusammen. Das Nebenzimmer der Gaststätte bot auch die nötige Ruhe, zumal dort auch politische Sitzungen unter Ausschluss der Öffentlichkeit stattfanden.

Sollen die Erhebungen in der **Wohnung der Befragten** stattfinden, gilt es genau zu explorieren, ob und wie lange für ein ungestörtes Gespräch Platz und Zeit gegeben sind. Beispielsweise können das Telefon, anwesende Kinder oder andere Personen ein Interview bedeutend erschweren. Anwesende Dritte können dazu führen, dass Tabus nicht zur Sprache gebracht und Geheimnisse nicht Thema werden können. Erhebungen im Umfeld der Befragten geben jedoch eine gute Gelegenheit, viel über deren Lebensumstände zu erfahren. Bei einer Untersuchung über Zeitarbeit (Brose/Wohlrab-Sahr/Corsten 1993) gab es etwa in der Wohnung eines Befragten für einen Gast keine Sitzgelegenheit. Das ganze Zimmer war übersät mit Entwürfen für eine Erfindung, die zunehmend vom Leben des Befragten Besitz ergriffen hatte. Ein Interview in einem fremden Umfeld hätte diese Situation niemals in der gleichen plastischen Weise symbolisch zum Ausdruck gebracht. Auch bei Familiengesprächen (Hildenbrand 1983: 50) bietet es sich an, mit der Wohnung auch das Setting zur Kenntnis zu nehmen, in dem die Familie lebt. Oft erschließt sich darüber schon etwas von einer grundlegenden Struktur. In ihrer eigenen Umgebung sind Befragte außerdem meist entspannt. Sie sind in der Rolle der Gastgeber und können die Situation auf diese Weise aktiv mit gestalten.

Öffentliche Institutionen bieten sich an, wenn das Handeln innerhalb der Institution explizit (auch) Gegenstand der Erhebung ist. In einer sehr breit angelegten Studie über das gesellschaftliche und politische Bewusstsein von Arbeitern (Kudera/Mangold/Ruff 1979) wurden die Interviews innerhalb der Betriebe durchgeführt. Auch die Interviews, die Linguisten mit Patienten im Rahmen eines Forschungsprojektes zur Kommunikation zwischen Arzt und Patient durchführten, fanden innerhalb der Klinik statt. Hier war vor allem die Vergleichbarkeit der Gespräche der Linguisten mit den Patienten mit denjenigen zwischen Patienten und Ärzten interessant (Lalouschek/Menz 2002; Lalouschek 1995). Diese beruhte u.a. darauf, dass beide Formen im selben Kontext stattfanden. Patienten erleben den Kontext Krankenhaus als einen quasi öffentlichen Bereich[40], d.h. auch, dass dort eben nur über das gesprochen wird, was öffentlich werden darf. Trotz dieser gemeinsamen Kontextbedingungen zeigte sich, dass die Patienten in den Interviews mit den Linguisten andere sprachliche Formen

---

[40] Versuche, ein Gespräch aufzunehmen, wurden in diesem Kontext durchweg positiv beantwortet und nicht als besondere Veränderung der Situation wahrgenommen.

verwendeten und auffälligerweise mehr Krankheitsgeschichten und Details ihrer Krankheiten erzählten als in den Gesprächen mit den Ärzten (Lalouschek/Menz 2002).

Wenn aber dieses oft sehr strategische Handeln der Untersuchten gegenüber Institutionen nicht das zentrale Erkenntnisinteresse der Untersuchung ausmacht, kann die Wahl einer Institution als Erhebungsort Gespräche sehr einschränken und behindern. So stellte Riemann ebenfalls für den Kontext der Klinik fest, dass es ungünstig war, dort biographische Interviews mit (ehemaligen) psychiatrischen Patienten durchzuführen, „zu einem *Zeitpunkt*, an dem sie häufig nicht genügend Distanz hatten, und an einem *Ort* (...), an dem nicht glaubwürdig Vertrauen zugesichert werden kann, an dem der vom Stationsalltag diktierte zeitliche Ablauf wenig Möglichkeiten zur autonomen Zeitverwendung lässt, kaum Rückzugsmöglichkeiten vorhanden sind, Selbstdarstellungsmöglichkeiten und thematisches Potential starken Restriktionen unterliegen" (Riemann 1987: 39; Hervorh. im Orig.).

Gerade an den letzten beiden Beispielen zeigt sich, wie wichtig es ist, den Kontext zu beachten, d.h. die Wahl des Kontextes für die Erhebungen systematisch zu reflektieren, die Kontextbedingungen zu dokumentieren (vgl. auch Kap. 3.1 und 3.2.1) sowie den Kontext bei der Analyse der Daten zu berücksichtigen. Wenn man bei den ersten Erhebungen noch nicht den optimalen Ort gewählt hat, kann und sollte man im Laufe der weiteren Erhebungen nach besseren Möglichkeiten suchen.

Das institutionelle Umfeld der Interviewer bietet sich als Erhebungsort in Fällen an, in denen weder im privaten Bereich der Interviewpartnerinnen offene Gespräche möglich sind, noch der öffentliche Bereich als einer in Frage kommt, mit dem sich die Interviewpartnerinnen identifizieren können. So halten sich z.B. türkische Mädchen der 2. Generation nur in sehr begrenztem Maße im öffentlichen Bereich auf, der Zugang zum familiären Bereich ist aber für Außenstehende äußerst schwierig, und die Offenheit der Mädchen im Gespräch innerhalb dieser Sphäre stark eingeschränkt (Bohnsack/Loos/Przyborski 2002). Für diese Interviews bot der neutralere Ort der Räumlichkeiten der Universität einen angemessenen Rahmen.

Inwieweit die Forscherin den Interviewpartnern Zugang zum **eigenen privaten Bereich** gewähren will, sollten sich andere Orte als ungeeignet herausstellen, muss vor dem Hintergrund der Gegebenheiten und Persönlichkeit der Forscherin und der Struktur des Feldes beurteilt werden.

Auch der Frage der Gestaltung der Rahmenbedingungen für die Erhebung sollte man einige Aufmerksamkeit widmen. So hat sich in vielen Fällen das Bereitstellen eines Getränks, manchmal auch von Knabbereien – abgestimmt auf die Untersuchungsgruppe – als Beitrag zu einer angenehmen Atmosphäre erwiesen. Die Interviewpartner sollen den Eindruck gewinnen, dass man ihnen zugewandt ist, was sich durch solche kleine Gesten gut signalisieren lässt. In jedem Fall ist es wichtig, dass die Interviewer genügend Zeit für die Erhebung mitbringen. Manche Erhebungen geraten sehr lange. Es ist den Interviewten gegenüber sehr unhöflich, wenn die Interviewer von sich aus das Gespräch abbrechen. Zudem sollte man für die Möglichkeit einer Nachbesprechung der Erhebung Zeit einkalkulieren. Von daher empfiehlt es sich, im günstigsten Fall ein Open End einzuplanen.

Ort und Rahmenbedingungen dürfen bis zu einem gewissen Grad variieren. Zu Beginn der Erhebung kann man durchaus experimentierfreudig sein und die günstigsten Varianten ausfindig machen.

3.3 Allgemeine Prinzipien und forschungspraktische Schritte

> **Auswahlkriterien für den Erhebungsort:**
> Wo ist das ergiebigste Material zu erwarten? Das heißt auch: Wo werden sich die Interviewpartner am wohlsten fühlen? Wo lässt sich eine für Interviewer und Interviewte angenehme Atmosphäre herstellen? Wo sind weitgehende Störungsfreiheit und eine gute Akustik für die Aufnahme gegeben?
> Mögliche Erhebungsorte und damit verbundene Vor- und Nachteile:
> - Innerhalb des privaten Umfeldes der Untersuchten; Vorteile: gute Beobachtungsmöglichkeit, die Untersuchten sind meist entspannt, als Gastgeber haben sie die Möglichkeit zur Gestaltung der Erhebungssituation. Nachteile: Störungen durch andere Personen sind möglich.
> - Innerhalb einer Institution, die den Zugang zu den Interviewpartnern ermöglicht hat und/oder einen mehr oder weniger wichtigen Kontext der Untersuchung darstellt; möglicher Vor- und Nachteil: Die Untersuchten verhalten sich im Interview, wie sie sich auch im Alltag in dieser Institution verhalten – in einer ganz bestimmten Weise strategisch. Es gilt zu entscheiden, ob das der Untersuchung eher zu- oder abträglich ist.
> - Innerhalb der Institution, in der die Forscher beschäftigt sind (z.B. im Büro des Forschers oder in einem Seminarraum); Vorteil: Wenn andere Kontexte schwierig sind, bietet sich dieser Ort als „neutrale" Ausweichmöglichkeit an; Nachteil: Es fehlt bisweilen die Entspanntheit eines privaten Settings.
> - Im öffentlichen Raum: Hier ist besonders auf Störungsfreiheit, Vertrautheit der Interviewpartner mit dem Ort und auf die Akustik zu achten. Vor- und Nachteile sind damit verbunden.
> - Im privaten Umfeld des Forschers: Die Wahl dieses Ortes hängt stark vom Umgang der Forscher mit Privatheit und von den Merkmalen der Untersuchungspersonen ab.

3.3.5 Technische Geräte

Dem Gelingen einer Erhebung kann es abträglich sein, wenn die Interviewer zu sehr mit der Handhabung der technischen Geräte beschäftigt sind. Zur Routine gehört von daher die Überprüfung dieser Geräte, bevor man mit den Interviewpartnerinnen zusammentrifft.

Die Aufnahmegeräte selbst werden je nach Erhebungsform und Erkenntnisinteresse gewählt. Einzelinterviews lassen sich passabel mit Monorekordern aufnehmen. Für Gruppendiskussionen reicht dies nicht. Hier ist zumindest ein Stereogerät erforderlich. Je besser die Stimmen auf der Aufnahme zu hören sind, desto leichter fällt die Transkription des Materials. Wichtig sind also gute Mikrofone. Es nützt das modernste Gerät nichts, wenn die Nebengeräusche lauter sind als das gesprochene Wort.

Allein aus technischen Gründen ist es sinnvoll, möglichst früh im Forschungsprozess erste Transkripte von den Aufnahmen anzufertigen. Das beugt bösen Überraschungen bei der Auswertung der Tonträger vor.

Auch hier gilt: Vielleicht hat man bei der ersten Aufnahme noch nicht die günstigste Variante gefunden. So zeigte sich bei der Erhebung von Gruppendiskussionen mit Kindern aus der jüngsten Zeit, dass ein Aufnahmegerät dafür nicht ausreichend war. Die Kinder waren sehr daran interessiert, wie sich das Gesagte und Gesungene anhörte. Ging man auf dieses Interesse ein, gelang es gut, die Diskussion fortzuführen. Dafür waren allerdings zwei Geräte erforderlich. (vgl. Nentwig-Gesemann 2001 und Kap. 3.4.3)

> Ein selbstverständlicher, geübter Umgang mit technischen Geräten ist Voraussetzung dafür, sich ganz auf die Erhebungssituation konzentrieren zu können. Eine möglichst rasche Transkription erster Passagen und Textstellen erspart böse Überraschungen hinsichtlich der akustischen Brauchbarkeit des Materials.

3.3.6 Erhebungssituation: Kommunikation in der Rolle der Interviewerin oder Gruppendiskussionsleiterin

Die nun folgenden Ausführungen beziehen sich auf Erhebungssituationen, in denen sich die Forscherin in der Rolle der Interviewerin befindet – im Gegensatz zur teilnehmenden Beobachtung, zu „authentischen" Gesprächen sowie selbstverständlich zu medialen Inhalten und Dokumenten. Alle diese Erhebungstechniken zielen – trotz einer durch den Forscher induzierten Gesprächssituation – darauf ab, Erfahrungs- und Orientierungsbestände von Interviewpartnern ausgehend von **deren** Relevanzgesichtspunkten zu rekonstruieren. In der Interview- bzw. Erhebungssituation macht man sich hierfür die alltagssprachlichen Kompetenzen der Interviewpartner zunutze, also jenes Vermögen mit Sprache umzugehen, das den Interviewpartnern selbstverständlich ist, sowie ihre inhaltliche Kompetenz (ihre Erfahrungen etc.). Ziel ist es u.a., selbstläufige Passagen zu evozieren, also Gesprächsabschnitte, die allein von den interviewten Personen selbst bestritten werden.

a. Vor dem Eingangsstimulus: Joining
Zu Beginn einer Aufnahme erweist sich in vielen Fällen eine Smalltalk-Phase als sinnvoll. (vgl. Schütze 1978[2]; Loos/Schäffer 2001) Im Jargon der systemischen Familientherapie könnte man hier von „Joining" sprechen. Es geht darum, in der Situation anzukommen und mit seiner momentanen Befindlichkeit wahrgenommen zu werden. Dabei handelt es sich um so einfache Dinge wie bspw.: Hat man den Weg oder einen Parkplatz gefunden? Konnten die Kinder für eine ausreichend lange Zeit anderswo untergebracht werden? Aus welchen Gründen ist eine der Personen, die bei der Erhebung dabei sein sollte, verhindert? Es kann auch noch einmal geklärt werden, welchen Zeithorizont die Interviewpartner zur Verfügung haben.

Ist diese Phase abgeschlossen, sollte so früh wie möglich das Gerät eingeschaltet werden. An dieser Stelle ist es wichtig, nochmals die Bereitschaft zur Aufzeichnung des Interviews zu prüfen. Gegebenenfalls kann man erklären, warum es sinnvoll ist, schon jetzt mit der Aufnahme zu beginnen: Es ist hilfreich, auch die eigenen Ausführungen zu Beginn des Interviews aufgezeichnet zu haben. Zudem verliert sich die Scheu, vor dem Gerät zu sprechen, meist in den ersten Minuten. Diese ersten Gewöhnungs-Minuten fallen dann nicht in den Beginn des eigentlichen Interviews. Tatsächlich ist es für die Auswertung wesentlich, zumindest die Einstiegsfrage aufgezeichnet zu haben. Je mehr von der Eingangsphase für die Auswertung zur Verfügung steht, desto besser (vgl. Kap. 5).

Vor der eigentlichen Eingangsfrage oder dem Erzählstimulus ist es wichtig, die Vertraulichkeit bei der Behandlung der Daten noch einmal anzusprechen. Es kann darauf hingewiesen werden, dass Eigennamen, Ortsangaben usw. maskiert werden. Manchen Interviewpartnern wird das nicht wichtig sein, für andere kann es Voraussetzung für die Bereitschaft zu offener Auskunft sein. Eine Übersicht über den Erhebungsablauf schafft Orientierung und Sicherheit für die Interviewten, die sich dann besser dem Redefluss überlassen können. Auch eine alltagssprachliche Einführung der Interviewten in das spezifische Interviewformat ist hilfreich.

3.3 Allgemeine Prinzipien und forschungspraktische Schritte

Beispielsweise hat es sich bewährt, darauf aufmerksam zu machen, dass die Interviewten möglichst viel von sich aus sagen und erzählen sollen. Zwar wisse man, dass es eine ungewöhnliche Situation sei, wenn jemand so lange schweigend zuhört, die meisten würden sich aber schnell daran gewöhnen. Es kann u.U. auch von Vorteil sein, noch einmal klarzustellen, dass die ganz persönliche Sichtweise der Untersuchten in ihrem Gesamtzusammenhang von Interesse ist. So war Riemann (1987) gerade nicht an Krankengeschichten, sondern an den jeweiligen gesamten Lebensgeschichten interessiert. In der Untersuchung von Konversion interessierte ebenfalls nicht die losgelöste Konversionserzählung, sondern die Darstellung des gesamten Lebens (vgl. Wohlrab-Sahr 1999). Ein Hinweis darauf, dass man sich genügend Zeit genommen habe und sich die Interviewpartner bei ihren Darstellungen auch Zeit lassen könnten, kann ebenfalls die Ausführlichkeit von Darstellungen unterstützen.

b. Eingangsfrage bzw. Erzählstimulus

Die **Eingangsfrage** bzw. der **Erzählstimulus**, die nun die Darstellung der Interviewten auslösen, sollte nach Möglichkeit bei allen Interviews gleich gehalten werden. Dies erleichtert eine erste Vergleichbarkeit des Materials deutlich (vgl. Kap. 6). Ganz verschiedene Arten, seine Lebensgeschichte zu beginnen, kann man bei genügender Ähnlichkeit der Eingangsfrage dann zunächst als Unterschiede zwischen den Personen interpretieren (und nicht als Resultat einer divergierende Erhebungssituation). So zeigte es sich, dass eine bestimmte Gruppe Jugendlicher über die Phase des Lebens, bevor die eigene Erinnerung einsetzt, kaum etwas erzählte, eine andere jedoch durchaus mit der Geburt und dem Kleinkindalter begann (vgl. Bohnsack et al. 1995: 201ff. und 285-307). Man hätte das nicht als Unterschied interpretieren können, wenn manche Interviewer nach dem „an was Sie sich erinnern", andere dagegen nach dem „ganzen Leben" gefragt hätten. Denn an die eigene Geburt kann sich wohl kaum jemand erinnern, wohl aber kann darüber in Familien erzählt werden.

Nicht immer wird der Eingangsstimulus schon beim ersten Interview optimal gewählt sein. In jedem Fall ist es fruchtbar, bei den ersten Erhebungen ein wenig zu experimentieren und auszuloten, welcher Eingangsstimulus sich gut bewährt. Dazu ist allerdings die systematische Reflexion des Materials, das erhoben wurde, notwendig – am besten auf der Grundlage erster Transkriptionen.

Die Eingangsfrage sollte frei, d.h. aus dem Gedächtnis und unverkrampft gesprochen werden. Nur so bekommt der Hinweis, man sei an einer persönlichen Darstellung interessiert, Plausibilität. Eine abgelesene Frage wirkt immer unpersönlich. Ein auf diese Weise angesprochener Interviewpartner wird möglicherweise davon ausgehen, dass er Datenträger Nr. X ist, dessen Reaktion auf eine vorgefertigte Frage aufgezeichnet wird. Oder er wird die Interviewerin als unerfahren oder gar inkompetent einschätzen.

Der Eingangsstimulus muss so angelegt sein, dass die Interviewpartner oder Gesprächsteilnehmer eine **abgeschlossene, in Form und Inhalt selbst gestaltete Darstellung** produzieren können – meist eine Erzählung und/oder Beschreibung (vgl. Kap. 3.4.1 bis 3.4.7). Erzählungen erfolgen auf die Bitte hin, etwas zu „erzählen", auf Fragen nach einem Ablauf, einer Chronologie von Ereignissen sowie auf Fragereihungen, die auf den gleichen Inhalt abzielen, ihn aber von unterschiedlichen Seiten her aufrollen (vgl. Sacks 1995: 561ff.; Bergmann 1981: 133ff). Zum Beispiel: „Wie war das so beim Übergang von der Schule zum Beruf? Was habt ihr da so für Erfahrungen gemacht?"

Grob gesagt, eignen sich für Eingangsstimuli Aufforderungen und Bitten zu erzählen und/oder zu beschreiben, Fragen nach dem Was (geschehen, vorgefallen, abgelaufen ist bzw.

erfahren wurde) und nach dem Wie (sich etwas ereignet hat, vollzogen hat, passiert ist). Die Fragen müssen nicht druckreif sein, vielmehr dürfen ein Suchprozess (nach den richtigen Worten) und damit ein Interesse an Aufklärung durch die Interviewpartner in ihnen zum Ausdruck kommen. In gewisser Weise sollten sie sogar bewusst „demonstrativ vage" formuliert sein (vgl. Bohnsack 1999: 214). Eine derartige Vagheit kann auch auf einem sehr hohen sprachlichen Niveau Ausdruck finden und hat nichts mit einem beliebigen Aneinanderreihen von Fragen und Aufforderungen zu tun. „Vage" bedeutet auch keinesfalls widersprüchlich.

Die Vagheit als Element der Gestaltung des Eingangsstimulus dient dazu, dem Prinzip der methodischen Fremdheit gegenüber dem Forschungsfeld Ausdruck zu verleihen (vgl. Kap. 2.2). Die Annäherung an das Feld und die Interviewpartner erfolgt aus der Perspektive des interessierten Fremden, der vorsichtig seine Fragen formuliert, weil er die Antworten noch nicht kennt und aus diesem Grund auch nicht punktgenau fragen kann. Das heißt nicht, dass man sein Forschungsvorhaben nicht selbstbewusst vertritt. Vielmehr geht es darum, der Kompetenz der Interviewpartner bei den fraglichen Themenstellungen und ihrer Erfahrung Respekt und Anerkennung zu zollen. Nicht der Forscher präsentiert sich als Experte für die Themen und Gebiete, nach denen er fragt, vielmehr räumt er diesen Status den interviewten Personen ein. Forscherinnen sind in dieser Situation Expertinnen für die Art der Erhebung, für die Gestaltung der Situation, also für die Gewinnung von brauchbarem Forschungsmaterial, nicht aber zum Beispiel für das Leben des Herrn X, das Leben überhaupt oder die Erfahrungen in einem bestimmten Stadtviertel.

Zudem kann die Eingangsfragestellung den erneuten Hinweis enthalten, dass man nun erst einmal zuhören wird und erst, wenn der Interviewpartner selbst zu einem Abschluss kommt, Fragen zum besseren Verständnis stellen möchte. Dieses Gesprächsformat entspricht nicht unbedingt der alltäglichen Praxis der Interviewten und ist überdies eher nicht das, was man sich von einem Interview oder von einer Befragung erwartet oder was man aus den Medien kennt. Es macht also Sinn, die Gesprächspartner (noch einmal) auf diese neue, vielleicht unerwartete Situation vorzubereiten und einzustimmen.[41]

Nun gilt es, dem Befragten aufmerksam zuzuhören und auf seine je persönliche Weise den Redefluss durch „mhm", Nicken, Lachen, Blickkontakt und dergleichen zu unterstützen.

Ist den Interviewten nicht klar, was sie tun sollen, gilt es, die Form der Erhebung noch einmal zu klären und dann die Eingangsfrage zu wiederholen.

Unterbrechen sollte man die Interviewten nur dann, wenn sie die Eingangsfrage und/oder den Modus der Erhebung falsch verstanden haben, wenn z.B. statt einer Lebensgeschichte doch eine Konversionsgeschichte erzählt wird, die ihren Ausgang bereits im Erwachsenenalter nimmt oder wenn anstelle einer Erzählung eine theoretische Erörterung über die höhere Qualität des derzeitigen Lebens gegenüber dem früheren erfolgt. Andernfalls gilt es, sich so lange mit Fragen und Kommentaren zurückzuhalten, bis der Diskurs bzw. die Darstellung zum Erliegen kommt bzw. von den Interviewten beendet wird. Dies wird u.U. gerade bei der ersten Erhebung schwer fallen, in der Regel gewinnt man jedoch zunehmend Übung in diesem

---

[41] Schütze (1978²: 32f.) schlägt in diesem Zusammenhang folgende Formulierung vor: „Wir möchten, dass uns Ihr eigener Erfahrungszusammenhang klar wird. Deshalb werden wir Sie nur dann unterbrechen, wenn wir etwas nicht verstanden haben. Allerdings würden wir uns freuen, wenn wir anschließend mit ihnen die Fragen, die uns während ihrer Erzählung in den Sinn gekommen sind, diskutieren könnten. Wir werden deshalb hin und wieder ein Stichwort notieren." (Die Anrede kann durch „du" oder „ihr" ersetzt werden, der Stil muss an die Untersuchungsgruppe angepasst werden – dennoch enthält dieser Vorschlag alle wesentlichen Punkte.)

Gesprächsverhalten. Riemann hält dazu fest: „Hin und wieder machte ich kurze erzählbegleitende Kommentare, aber mit zunehmender Interviewerpraxis nur noch dann, wenn sie mir in der jeweiligen Situation wirklich notwendig erschienen. Wie sehr durch Interviewerkommentare (…) Interpretationsschwierigkeiten in der Analyse geschaffen werden können, wird an einigen Stellen (im Interpretationsteil, d.V.) (...) erkennbar." (Riemann 1987: 47)

Es kommt immer wieder vor, dass Interviewpartner direkt oder indirekt fragen, ob die Interviewer mit der Darstellung einverstanden sind. In diesem Fall sollte man seine Gesprächspartner unterstützen und ermuntern. Das Gleiche gilt für den Fall, dass die Interviewten Unsicherheit darüber erkennen lassen, ob ein Zusammenhang zur Fragestellung „passt" oder eine Perspektive zum Thema „dazugehört". In der Regel gilt hier: Alles, was für den Interviewten Relevanz hat und sich im weitesten Sinne im Rahmen des gewünschten Formats bewegt, ist willkommen.[42] In der Interviewsituation sollte man sich hüten, schon alles verstehen oder gar schon einzuordnen und bewerten zu wollen. Die Relevanz und Bedeutung der Darstellungen lässt sich meist erst auf der Grundlage einer sorgfältigen Textinterpretation entschlüsseln.

Merkt man, dass eine Sache (emotional) schwierig darzustellen ist, empfiehlt es sich zu signalisieren, dass man Zeit hat, dass nicht alles gesagt werden muss und dass man auch später noch einmal darauf zurückkommen kann. Oft fällt es nach ein bis zwei Stunden Gespräch leichter, über bestimmte Dinge zu sprechen. Wichtig ist es jedoch, nie eine Verhörsituation aufkommen zu lassen. Die Interviewten entscheiden, was sie preisgeben wollen und wie Relevanzen gesetzt werden.

c. Immanente Nachfragen:
Fragen, die sich unmittelbar auf das bisher Gesagte beziehen

Hört der Redefluss des Interviewpartners auf und hat der Interviewer den Eindruck gewonnen, dass die Darstellung noch nicht beendet ist, ermuntert er den Interviewpartner, seine Darstellung fortzusetzen, weiterzuerzählen. Unter Umständen können auch Hilfen gegeben werden, indem auf das zuvor Gesagte hingewiesen und um weitere Ausführung gebeten wird.

Der nächste Schritt erfolgt, wenn die Interviewpartner ihre Gesamtdarstellung mit einem so genannten Abschlussmarkierer (vgl. Kap. 3.1; 5.2) beenden, wie „das war's", „mehr habe ich nicht zu erzählen" oder „stellen Sie jetzt doch mal eine Frage". Auch wenn der Diskurs zum Erliegen kommt, d.h. wenn sich aus dem Prozess kein neues Thema mehr ergibt und es zu einer Pause von mehreren Sekunden kommt (vgl. Sacks/Schegloff/Jefferson 1974), ist der Interviewer an der Reihe. Insbesondere ungeübte Interviewer sollten dabei ihre eigene „Peinlichkeitsgrenze" durchaus etwas verschieben, um den Interviewpartnern die Möglichkeit zu geben, doch noch das Wort zu ergreifen und von sich aus den Faden weiterzuspinnen. Ist dies nicht der Fall, werden nun immanente Nachfragen gestellt. Dies sind Fragen, die auf Themen abzielen, die bereits von den Interviewten zum Gegenstand gemacht wurden. Das heißt, es werden noch keine neuen Themen eingeführt.

Zudem gilt bei (fast) allen hier vorgestellten Verfahren die Regel, zuerst weitere Erzählungen und Beschreibungen zu evozieren, bevor man etwa nach Begründungen und Meinungen

---

[42] Dies gilt nur dann nicht, wenn das Thema oder der gewünschte Darstellungsmodus grob verfehlt werden, wenn z.B. in einem Experteninterview mit einem Personalchef im Rahmen einer Studie zu Personalentscheidungen statt beruflicher Erfahrungen und Reflexionen ausschließlich Erzählungen aus dem familiären Umfeld gebracht werden. Vorsicht ist dagegen geboten, wenn auch Erfahrungen aus der Familie zum Thema werden. Hier bieten sich meist spannende Vergleichshorizonte mit Prozessen in der Arbeitswelt.

fragt, in der Art, wie wir dies im Zusammenhang mit der Eingangsfrage schon erläutert haben. Folgende Nachfragen bzw. Aufforderungen oder Bitten sind in dieser Phase geeignet:

Aufforderungen oder Bitten um:

1. Detaillierung (z.B. „Ihr habt vorher auch das Thema Jungs diskutiert. Könnt ihr mehr darüber erzählen?")
2. Füllen von Leerstellen (in Chronologien) (z.B. „Von der Geburt ihres Kindes kamen Sie dann gleich zu Ihrem Berufseinstieg. Da liegt ja einige Zeit dazwischen. Wie ging es denn weiter, nachdem Ihre Tochter geboren wurde?")
3. Vervollständigen von Abbrüchen (z.B. „Als es zum Zusammentreffen mit der Gruppe aus dem RE-Bezirk kam, habt ihr gar nicht weitererzählt. Was passierte denn, nachdem ihr Euch auf dem Parklatz getroffen habt? Wie ging es denn weiter an diesem Abend?")
4. Genauere Ausführungen von Bezügen und Verweisen (z.B. „Sie kamen immer wieder auf **die** Geschäfte Ihres Partners zu sprechen. Das schien für Sie Bedeutung zu haben. Könnten Sie davon vielleicht noch etwas erzählen?")
5. Genauere Ausführungen von Unverständlichem (z.B. „Ich glaube, ihr habt da auch über ein Projekt erzählt. Das habe ich nicht so ganz verstanden. Worum ging es da? Was habt ihr da gemacht?")[43]

Schütze (1978[2]: 35ff.) nennt dieses Interviewerverhalten „Rückgriff-Fragestrategie". Es kommt dabei folgende implizite Gesprächsregel zur Geltung: Themen, die in einem nicht autoritär strukturierten Gespräch schon einmal genannt oder erwähnt wurden, verlieren ihren etwaigen Tabucharakter. Sie dürfen von allen Gesprächsteilnehmerinnen angesprochen werden. Hier liegt eine methodologische Begründung für den Vorzug immanenter gegenüber exmanenten (s.u.) Nachfragen. „Denn" – so führt Schütze aus – „während das Ausweichen vor immanenten Fragen oder gar die Ablehnung dieser bedeutet, hinter das gemeinsam – und zudem gerade durch Leistung des Informanten erzeugte – Diskussionsuniversum zurückfallen zu wollen, wird bei exmanenten Fragen vom Forscher zunächst nur versucht, die Grenzen des Diskussionsuniversums zu erweitern, und der Informant braucht auf diesen Versuch nicht unbedingt einzugehen." (Schütze 1978[2]: 38) Das heißt, die Chancen, zu relevanter Information zu kommen, sind mittels immanenter Nachfragen wesentlich höher als mittels exmanenter. Zudem lässt sich von exmanenten Fragen nur schwer wieder zu immanenten wechseln. Vor diesem Hintergrund kann man „die Devise" formulieren, „exmanente möglichst weitgehend durch immanente Fragen zu ersetzen" (ebd.: 34).

d. Exmanente Nachfragen:
Fragen, die sich nicht oder nur entfernt auf das bisher Gesagte beziehen

Haben die Interviewerinnen den Eindruck gewonnen, dass alle immanenten Nachfragen ausgeschöpft sind, folgen exmanente Nachfragen. Diese beziehen sich nun nicht mehr auf das unmittelbar Gesagte, sondern in der Regel auf das spezifische Erkenntnisinteresse der Forscherin.

Teil der Vorbereitung auf das Interview bzw. die Erhebung ist die Formulierung dieser Nachfragen. Man sollte sie aber, wie zuvor erläutert, nur dann stellen, wenn man die fraglichen Bereiche nicht durch immanente Nachfragen erschließen konnte.

---

[43] Hüten sollte man sich vor Formulierungen wie: „Sie haben etwas falsch/unzulänglich/unverständlich/schlecht dargestellt."

Am besten wäre es, diese Nachfragen beim Interview im Kopf zu haben, um entsprechend dem Verlauf des Interviews in der Phase der immanenten Nachfragen darauf Bezug nehmen zu können. Man kann sich aber auch einen kleinen Notizzettel zurechtlegen, um in der Interviewsituation kurz nachzusehen, ob man auch alle wichtigen Bereiche angesprochen hat. In jedem Fall werden die Fragen dem Prozess des Interviews angepasst. Darüber hinaus gilt für diese Fragen dasselbe wie für die Eingangsfrage. Durch vorgelesene Fragen fühlt man sich kaum persönlich angesprochen. Dies verringert die Bereitschaft, seine persönliche Sichtweise darzulegen.

Vielleicht erstaunt die Empfehlung, man solle sich Formulierungen für die Nachfragen überlegen, wenn diese doch der Interviewsituation angepasst werden sollen. Die Auseinandersetzung mit einer Formulierung macht dem Forscher allerdings deutlich, worauf genau die Frage abzielt. Bei der Überlegung der Formulierung antizipiert man schließlich das Antwortverhalten der Informanten. Hat man in dieser Hinsicht Klarheit gewonnen, fällt das Finden einer Formulierung in der Erhebungssituation leichter.

Auch die exmanenten Fragen sollten zunächst wiederum auf Erzählungen und Beschreibungen zugeschnitten sein. Erst im allerletzten Teil der Erhebung empfiehlt es sich, Fragen nach Begründungen, Meinungen oder Einschätzungen zu stellen. Die Empfehlung, erst zu diesem Zeitpunkt „Warum"-Fragen zu stellen, ist darin begründet, dass es wesentlich schwerer fällt, von einem theoretischen Diskurs, also von Erklärungen, Begründungen und (Selbst-)Einschätzungen wieder in einen erzählenden und beschreibenden Diskurs, also in die Darstellung von Erfahrungen und Erlebnissen zu wechseln, als umgekehrt. Zudem finden sich in Erzählungen und Beschreibungen meist auch theoretische Einlassungen. Die Erfahrung zeigt, dass am Ende zumeist genügend theoretische Passagen vorliegen, man hingegen auf der Ebene von Erzählungen und Beschreibungen oft gern mehr Material für die Interpretation hätte (vgl. auch Schütze 1978[2]: 30ff.).

Am Ende können nun auch Widersprüchlichkeiten und Auffälligkeiten explizit angesprochen werden, sowie Kernkonflikte oder andere das Erkenntnisinteresse strukturierende Fragen und Problemstellungen zur Sprache kommen. Fragen auf dieser Ebene können das Gegenüber zu kalkulierten Darstellungen mit Legitimationsfunktion veranlassen, die dem Schutz vor einer Öffentlichkeit dienen, die trotz aller Zusicherung von Diskretion in der Interviewsituation präsent ist (vgl. Schütze 1978[2]: 9f.). Ebenso können sie dem Schutz der eigenen Person dienen, da anderenfalls unter Umständen Handlungs- und Entscheidungsgewohnheiten geändert werden müssten.

Mit allen hier genannten Fragen riskiert man insofern die Zurückweisung der angesprochenen Themen oder stark kalkulierte oder strategische Darstellungen. Von dieser Ebene wieder zu längeren, durch die Interviewten selbst strukturierten, zusammenhängenden Beiträgen zu kommen, ist oft schwer. Aus diesem Grund sei nochmals die (Faust-)Regel unterstrichen, diese Art Fragen erst am Ende von Erhebungssituationen zu stellen.

e. Abrunden und Bedanken

Das Beenden der Gesprächssituation sollten die Interviewer übernehmen, wenn es der Gesprächspartner nicht selbst tut. Oft ist die Situation für die Interviewten neu. Wenn der Interviewer sich um Rahmen und Klima des Gesprächs kümmert, gibt das den Interviewpartnern Sicherheit – auch noch in dieser Phase.

Ist für beide Seiten geklärt, dass das Interview abgeschlossen ist, kann das Gerät für die Aufzeichnung ausgeschaltet werden. Die nun folgende Off-the-Record-Situation kann nun noch manches Interessante und Aufschlussreiche für die Erhebung zutage fördern. Es können sich Diskrepanzen zur quasi öffentlichen Gesprächssituation vor dem Aufnahmegerät ergeben. Beispielsweise können Sachverhalte entindexikalisiert, d.h. bestimmte Namen oder Orte explizit benannt oder auch kleine, das Verständnis vertiefende Erzählungen nachgeliefert werden. Für diese Dinge kann man durch das Signalisieren weiteren Interesses oder durch die eine oder andere kleine Bezugnahme Raum schaffen. Oft stellt sich aber auch heraus, dass trotz der Bemerkung, man könne dieses oder jenes vor dem Tonband nicht sagen, darüber auch in der informellen Phase nach Ausschalten des Gerätes kaum etwas gesagt wird. Ein wenig kann man durch das Beobachten dieser letzten Phase einschätzen, in welchem Maß sich die Interviewten strategisch verhalten haben.

Die Forscherin befindet sich nun auch wiederum verstärkt in der Rolle der Feldforscherin, der Beobachterin. Diese Beobachtungen verdienen eine systematische Dokumentation in Form von Beobachtungsprotokollen (Kap. 3.2), wie dies im Übrigen für die gesamte Interviewsituation gilt. (Dort, wo das gesprochene Wort aufgenommen wurde, gilt die Beobachtung selbstverständlich eher dem nonverbalen Bereich. In der Anfangs- und Endphase liegt das Augenmerk auf der gesamten Interaktion.) Ergeben sich noch aufschlussreiche Ausführungen seitens der Interviewpartner, kann man erwägen, das Aufnahmegerät noch einmal einzuschalten. Wichtig dabei ist es, abzuschätzen, ob man nicht durch das Einschalten die nicht öffentliche, quasi private Situation zerstört. Das Einschalten des Gerätes sollte – auch hier – im Einvernehmen mit dem Interviewpartner erfolgen.

Hat der Forscher nun den Eindruck gewonnen, dass das Ziel des Gespräches erreicht wurde, trägt es zu einem guten Klima bei, dies den Interviewpartnern auch mitzuteilen. Diese Rückmeldung ist ein Teil dessen, was man den Personen, die sich für die Erhebung zur Verfügung gestellt haben – für ihre Bereitschaft zur Auskunft, sich zu öffnen und ihre Zeit zur Verfügung zu stellen – „geben" oder „zurückgeben" kann. Ein Grund, sich auf eine Erhebung einzulassen, ist oft, etwas für die Wissenschaft oder den Forscher tun zu wollen, kooperativ und hilfreich sein zu wollen. Das heißt, man liegt meistens richtig, wenn man davon ausgeht, dass den Interviewpartnern an einem gelungenen Gespräch gelegen ist und sie von daher eine Rückmeldung darüber freut und bestärkt. Auch wenn nur ein Teilziel erreicht wurde, sollte man dies als positives Ergebnis rückmelden. Es bietet sich dann an zu sagen, dass es bisher so gut gelaufen sei, dass man bei weiterführenden Fragen gern noch einmal auf den Gesprächspartner oder die Gruppe zukommen würde. Auch wenn man das Gefühl hat, „alles im Kasten" zu haben, sollte man die Bereitschaft für eine eventuelle Nacherhebung klären. Oft ergeben sich im Zuge der ersten Auswertungen neue Fragestellungen oder man erkennt erst bei der Interpretation, dass zu dem einen oder anderen Bereich doch noch mehr Material von Vorteil wäre.

Schließlich ist es wichtig, sich bei den Interviewpartnerinnen zu bedanken. Hierbei kann man erwähnen, dass wichtige und wertvolle Schritte der Untersuchung mit dem Gespräch erreicht wurden, man mit seiner wissenschaftlichen Arbeit weitergekommen ist und/oder dass man das Gespräch persönlich interessant, beeindruckend oder bewegend fand. In jedem Fall sollte man eine Formulierung finden, die den Interviewten zu verstehen gibt, dass sie ihre Sache gut gemacht haben. Auch die Mühe und die Zeitinvestition der Interviewpartner kann man in diesem Zusammenhang ansprechen. Meist sind das Interesse und der Dank das Einzige, was

3.3 Allgemeine Prinzipien und forschungspraktische Schritte

Interviewpartner als Gegenleistung für ihre Bereitschaft, an einer Erhebung teilzunehmen, erhalten.

1. Beim Zusammentreffen für eine Erhebung sollte nach einer **Smalltalk-Phase** das Aufnahmegerät möglichst bald eingeschaltet werden, in jedem Fall bevor man die Eingangsfrage/Erzählaufforderung stellt. Hinweise auf Anonymisierung und Vertraulichkeit sowie auf das Interesse an der persönlichen Sichtweise der Untersuchten sind zu diesem Zeitpunkt konstruktiv. Auch das Einverständnis zur Aufzeichnung des Interviews kann noch einmal sichergestellt werden. Bewährt haben sich auch das Ansprechen der ungewohnten Interviewsituation, in der die Befragten über längere Zeit alleine (miteinander) sprechen, sowie die Aufforderung, sich Zeit zu lassen.
2. Der **Eingangsstimulus** muss so angelegt sein, dass die Interviewpartner eine abgeschlossene, in Form und Inhalt selbst gestaltete („selbstläufige") Darstellung produzieren können. Das kann eine Erzählung und/oder Beschreibung sein, was durch die Bitte zu „erzählen" und durch Fragen nach dem Was und Wie (von Geschehnissen oder Abläufen) initiiert werden kann. In vorsichtigen, „demonstrativ vagen" Formulierungen drückt sich die Anerkennung der Expertise der Interviewten hinsichtlich ihrer Lebens- und Erfahrungswelt aus. Punktgenaue oder gar vorgelesene Fragen können als Mangel an echtem Interesse oder an der Realisierung eines kommunikativen Forschungsvorhabens interpretiert werden. In der gleichen Weise formulierte Eingangsfragen erleichtern die Vergleichbarkeit des Materials. Am Ende des Eingangsstimulus kann der Hinweis stehen, dass der Interviewer nun zunächst zuhören und erst, wenn der Informant seine Darstellung zum Abschluss gebracht hat, weitere Fragen stellen wird.
Während des Interviews ist das aufmerksame, aktive Zuhören die beste Unterstützung für den Redefluss und die Selbstläufigkeit der Darstellung. Unterbrechungen kommen nur dann in Frage, wenn der Eingangsstimulus komplett missverstanden wurde. In diesem Fall wird man versuchen, sich noch einmal verständlich zu machen. Auch wenn es schwer fällt: Fragen und Kommentare folgen in der Regel erst in den späteren Teilen des Interviews. Äußert der Interviewpartner Unsicherheiten über die Adäquatheit seiner (bisherigen) Vorgehensweise für das Forschungsvorhaben, sollte man ihn ermuntern und unterstützen. Prinzipiell können die Interviewten nichts falsch machen, wenn sie ihre eigene Perspektive entwickeln und sich im weitesten Sinne im Rahmen des gewünschten Formats bewegen.
3. Dem Prinzip der **Herstellung von Selbstläufigkeit** und damit auch des **Vorrangs des Relevanzsystems der Interviewten** gegenüber jenem der Interviewerinnen wird folgende Vorgehensweise gerecht: Nachfragen werden erst nach einem deutlichen Abschluss der Darstellung des/der Interviewten („Abschlussmarkierer" oder Erliegen des Diskurses) gestellt. Ermunterungen zur Fortführung der Darstellung haben Vorrang gegenüber expliziten immanenten Fragen und diese wiederum gegenüber exmanenten Fragen (s.u.). **Immanente Fragen** zielen ausschließlich auf Themen, die bereits von den Interviewten zum Gegenstand gemacht wurden.
4. Am Ende der Erhebung können neben **exmanenten Fragen,** die dem Erkenntnisinteresse genüge tun, auch das Aufzeigen von Widersprüchlichkeiten in der Darstellung, der Verweis auf andere oder eigene Meinungen, ja sogar provokante Fragestellungen stehen, die auf die Theoretisierungsleistungen der Befragten abstellen.

> 5. Zu **Dank und Gegenleistung** des Interviewers an die Interviewten zählt in erster Linie ein positives Feedback an die Informanten, den persönlichen und wissenschaftlichen Nutzen des Gesprächs betreffend. Auch für das Aufwenden von Zeit und Konzentration gebührt Dank. Die Phase nach dem Abschalten des Gerätes verdient wieder verstärkt systematische Beobachtung.

3.3.7 Spezielle Probleme und Verhalten während der Erhebung

An dieser Stelle wollen wir die Frage der Gegenleistung noch einmal aufgreifen. In einigen Untersuchungen zeigten die Informanten großes Interesse daran, Kopien des Interviews zu bekommen. In den seltensten Fällen spricht etwas dagegen, eine Kopie der Tonträger des eigenen Interviews an die Interviewten weiterzugeben. Mehr Vorsicht ist bei der Weitergabe von Transkripten geboten, auch wenn es sich hier um eine wortgetreue Abschrift des Gesagten handelt (vgl. Kap. 3.5). Bei Jugendlichen haben wir z.B. die Erfahrung gemacht, dass es aufgrund der Lektüre ihrer eigenen Diskussion zu heftigen Auseinandersetzungen kam. Man darf hier den Effekt der Überführung des gesprochenen, flüchtigen Wortes in Geschriebenes nicht unterschätzen. So klingt eine Beschimpfung im Fluss der Ereignisse vielleicht spielerisch und herausfordernd, liest man sie aber – losgelöst vom Kontext – so kann sie den Charakter einer groben Beleidigung gewinnen. Auch die Verschriftlichung abgebrochener Sätze, die in der mündlichen Sprache etwas ganz Normales sind, wirkt oft irritierend, so dass bei den Probanden im Nachhinein der Eindruck entstehen kann, sie seien nicht in der Lage gewesen, „ordentlich" oder „flüssig" zu sprechen.

Abstand sollte man davon nehmen, den Interviewten die Auswertung zu präsentieren oder sie gar in die Interpretation ihres eigenen Materials einzubeziehen. Die Perspektive, unter der sich der Sozialforscher das Material ansieht, unterscheidet sich von der persönlichen Perspektive der Untersuchten.[44] Es werden andere Fragen an die Texte gestellt und es wird auf verschiedenen Ebenen nach Antworten gesucht. Zudem wendet die Forscherin sehr viel Zeit für die Interpretation auf, ohne in die Handlungszwänge verstrickt zu sein, denen ihre Untersuchungspersonen unterliegen. Das kann Einblicke erlauben, die für diejenigen, die in die Handlungszusammenhänge eingebunden sind, weder zugänglich noch erträglich, und vielleicht noch nicht einmal sinnvoll wären. Erkenntnisse, die man bei einer Interpretation gewinnt, können für die Informanten emotional sehr belastend sein. Aus diesem Grund empfiehlt es sich u.E. nicht, dies als Gegenleistung anzubieten.

Selbstverständlich kann und soll man nicht verhindern, dass die Informanten eines Tages die Publikation, die aus der Forschung hervorgeht, in einer Buchhandlung sehen. In der Regel ist aber dann schon wieder einige Zeit vergangen und die Darstellung in einen größeren Zusammenhang eingebunden. Das erleichtert es, die Sache mit Abstand zu betrachten. Hier sind uns jedenfalls noch keine Schwierigkeiten bekannt geworden.

---

[44] Es gibt jedoch einige Ansätze qualitativer Sozialforschung, in denen diese Perspektivendifferenz explizit außer Kraft gesetzt werden soll, wie bspw. bei der „Kollektiven Erinnerungsarbeit" (Haug 1983), der Aktionsforschung (vgl. u.a. Clark 1972; Rapoport 1972; Schneider 1980; als Überblick: Horn 1979 und Heinze 2001 79ff.), bestimmten Ansätzen in der Frauen- und Geschlechterforschung (z.B. Mies 1978, vgl. dazu Wohlrab-Sahr 1993b) und der Gemeindepsychologie (u.a. Keupp/Zaumseil 1978). Diese Ansätze sind stärker politisch motiviert und auf unmittelbare Veränderung ausgerichtet.

Ebenfalls in den Bereich der Gestaltung des emotionalen Kontakts gehört die Frage, inwieweit man sich auf eine engere Beziehung zu den Befragten einlässt. In manchen ethnographischen und auch ethnologischen Studien wird über derartige Situationen berichtet. Nur wenn man wirklich für eine Beziehung (z.B. Freundschaft) bereit ist, die über die Erhebungssituation hinausgeht, sollte man Signale in diese Richtung aufnehmen. Andernfalls kann man Hoffnungen zerstören, Wut und Ärger auslösen und sich in Auseinandersetzungen verstricken, die vielleicht gerade in die Phase des Abschlusses eines Projekts fallen und viel Zeit kosten. Aus einem weiteren Grund empfehlen wir, private Beziehungen nicht einzugehen oder sie auf die Zeit nach Beendigung eines Forschungsvorhabens zu verschieben: Die Interpretation von Material einer lieb gewonnenen (oder anders emotional nahen) Person fällt oft schwer oder gerät zu vorsichtig, ja verzerrt manchmal sogar in eine für einen selbst oder andere vielleicht opportune Richtung.

Zumindest in der Zeit nach dem Interview aber sollte man für die Interviewpartner zur Verfügung stellen, um mögliche Verunsicherungen klären zu können oder die Gelegenheit zu geben – wenn die Interviewpartner sehr aufgewühlt oder euphorisiert sind – wieder „umzuschalten" und in den gewohnten Ablauf zurückzukehren. Wird der Wunsch nach einer Beratung, einem Coaching oder Ähnlichem deutlich, kann die Forscherin dies in keinem Fall selbst übernehmen. Man muss hier an andere Stellen weiter verweisen, wobei man die Kontaktaufnahme durchaus unterstützen und begleiten kann.

Auch die Beziehungsgestaltung während des Interviews wollen wir noch einmal beleuchten. Wichtig ist es, „bei" den Interviewpartnerinnen „zu bleiben", d.h. seine Aufmerksamkeit auf die Interviewpartnerinnen und ihre Darstellung zu richten. Es schlägt sich sofort in der Körpersprache und auch in (para)sprachlichen Signalen nieder, wenn man mit den Gedanken abschweift. So verändert sich der Blickkontakt oder auch unterstützendes Nicken und erzählbegleitendes „Mhm". Jenseits des Aspekts, dass das Material darunter leiden könnte, wenn der Interviewer während des Interviews nicht in Beziehung bleibt, ist man seinen Informanten diese Aufmerksamkeit auch schuldig. Auch dies ist Teil dessen, was die Forscher ihren Auskunftspersonen „zurückgeben".

Vorsichtig sollte man hingegen mit „zu schnellem Verstehen" sein. In jeder Kommunikation wird versucht, eine gemeinsame Verständigungsbasis herzustellen, ohne die Kommunikation nicht möglich ist (vgl. Schütze 1978[2]). Dies geschieht in der Regel nicht explizit, sondern durch Anspielungen und das stillschweigende Voraussetzen von gemeinsamem Wissen. Es kann in einem Interview oder in einer Diskussion selbstverständlich nicht alles bis ins kleinste Detail ausgeführt werden, d.h. die Interviewten müssen ökonomisch vorgehen und somit auch immer wieder gemeinsames Wissen voraussetzen. Derartige Abkürzungen sind aber nur mit der impliziten Einwilligung der Zuhörer möglich, da sonst die Gefahr besteht, dass eine Darstellung nicht sachlich-logisch konsistent ist. Das heißt, es wird immer wieder kleine Aufforderungen geben, z.B. ein bestätigendes „Mhm" zu äußern, wenn die Interviewten gemeinsames Wissen voraussetzen und bestimmte Detaillierungen unterlassen wollen. Da es sich aber gerade hier um besonders relevantes Material handeln kann, sollte man sich auf derartige Zustimmungsappelle nicht zu schnell einlassen, sondern auf eben dieser indirekten, diffusen Ebene – also nicht unbedingt durch direkte Fragen – Missverstehen bzw. den Wunsch nach weiterer Aufklärung deutlich werden lassen, beispielsweise durch ein fragendes „Aha?". Riskant ist es, wenn man bestimmte institutionelle Rahmenbedingungen teilt oder geteilt hat und diese vielleicht sogar Gegenstand der Untersuchung sind. Hier kann essentielles Material verborgen bleiben, wenn man „zu schnell versteht".

Besonders groß ist dieses Problem bei Interviews mit Freunden und Bekannten, da es hier eine auf ständiger Voraussetzung gemeinsamen Wissens beruhende Interaktionspraxis miteinander gibt. Diese Interaktionsroutinen können im Interview kaum durchbrochen werden. Vieles wird von daher gar nicht erst explizit gemacht. Dieses (handlungspraktische) Wissen ist dann nicht als empirisches Material verfügbar und somit für die empirische Untersuchung nicht vorhanden.

An Stellen der Darstellung, die man nicht so genau versteht, die einem aber interessant für die Forschungsfrage erscheinen, oder auch bei Abbrüchen kann man sich durchaus kleine Notizen machen. Diese sollten aber so sparsam wie möglich eingesetzt werden und nur, wenn man zuvor angekündigt hat, sich Notizen zu machen, um später auf diese Punkte eingehen zu können. Andernfalls fühlen sich die Interviewpartner eher einer Verhörsituation ausgesetzt.

Die Interview- bzw. Erhebungssituation ist manchmal entspannter und lockerer, wenn sie von zwei Interviewern bestritten wird. Wichtig ist es selbstverständlich, den zweiten Interviewer möglichst frühzeitig einzuführen, d.h. möglichst schon in der Informationsphase bei der Vorstellung der Art und Weise der Erhebung. Zwei Interviewerinnen können einander ergänzen und in der Verteilung der Aufmerksamkeit entlasten. So erspart man sich bisweilen den Notizblock oder kann ihn unauffälliger handhaben. Kleine Unterschiede in der Perspektive der Betrachtung können zudem interessante Aspekte zutage bringen.

Bei der Auswahl von „Co-Interviewern" bzw. „Co-Diskussionsleiterinnen" ist zu beachten, inwieweit diese in die Methode und in das Forschungsvorhaben eingearbeitet sind. Je mehr dies der Fall ist, desto weniger Absprache wird notwendig sein, bevor man gemeinsam ins Feld geht. Wie die Reflexion der Erhebungs- und Feldarbeit in diesem Kapitel vielleicht zeigt, gewinnt man mit zunehmender Einarbeitung in eine Methode und in einen Forschungsgegenstand – gerade wenn dies theoretisch und praktisch erfolgt – auch zunehmende Fähigkeiten und Fertigkeiten für die konstruktive Gestaltung der Feld- und Erhebungsarbeit. Das bedeutet aber auch, dass gerade die Möglichkeit, einen erfahrenen (Feld-)Forscher oder eine geübte Interviewerin zu begleiten, eine gute Gelegenheit für das Erlernen praktischer methodischer Kompetenzen ist. Ein zweiter Aspekt, den es zu beachten gilt, ist die gegenseitige Bekanntheit: Inwieweit kann ich die Reaktionen meines Partners abschätzen, wo kann ich mich auf ihn verlassen, mit seinen Interventionen umgehen? Je mehr Erfahrungen man miteinander und besonders auch in Erhebungssituationen hat, desto eher wird man zu einem „eingespielten Team". Vor der ersten gemeinsamen Erhebung sollte man sich über den Ablauf und die Rollenverteilung bei den einzelnen Schritten austauschen.

Auch die Frage nach der Geschlechterverteilung in der Interviewsituation lässt sich durch ein interviewendes Paar elegant lösen. Fürchtet man z.B., dass das Geschlecht der Interviewer Einfluss auf die Darstellung haben könnte, und ist die Untersuchung solcher Effekte nicht Gegenstand der Forschung, empfiehlt sich ein gemischtes Paar.

Die Reflexion des Geschlechterverhältnisses gehört in jedem Fall zum grundlegenden Handwerkszeug eines Forschers. Die Interviewsituation selbst kann z.B. missverstanden bzw. je unterschiedlich interpretiert werden: In einem bestimmten, u.a. durch Migration gekennzeichneten Milien, in dem ein Forschungsprojekt angesiedelt war, bedeutete allein mit dem Mann in einem Raum zu sein bereits die Verwischung der Grenzen zwischen „innerer" und „äußerer" Sphäre. Aus diesem Grund konnte diese Situation geradezu als Aufforderung zur sexuellen Kontaktaufnahme interpretiert werden. Sobald die ersten Ansätze dieses Sinnzusammenhangs im Forschungsprojekt zutage traten, wurde die Feldarbeit in diesem Milieu zu zweit durchgeführt, möglichst von einem gemischt-geschlechtliches Paar.

Im Falle einer Forschung über die Familiengeschichten ostdeutscher Familien (Wohlrab-Sahr 2006) war es essentiell, dass zu den Interviewern auch ein Ostdeutscher gehörte. Angesichts anhaltender Ost-West-Dichotomien wäre einem rein westdeutschen Interviewerteam vermutlich nicht das nötige Vertrauen entgegengebracht worden. Anderseits zwang die Anwesenheit eines westdeutschen Forschers die Befragten dazu, bestimmte Dinge zu explizieren, die sie in einem rein ostdeutschen Umfeld vermutlich lediglich angedeutet hätten. Sie hinderte aber andererseits nicht daran, sich gegenüber dem ostdeutschen Interviewer ausgiebig über arrogante Wessis auszulassen und den anwesenden westdeutschen Interviewer davon großzügig auszunehmen. Auch hier war eine von der Herkunft her gemischte Interviewergruppe also von großem Vorteil.

Allerdings kann es gerade bei narrativen Interviews ein Nachteil sein, wenn die Dyade zwischen Interviewtem und Interviewer, die besondere Nähe und Offenheit ermöglicht, durch eine weitere anwesende Person aufgebrochen wird. Man sollte diese Frage daher auch nach dem Gegenstand der Forschung entscheiden.

> Aufmerksamkeit gegenüber den Informanten ist nicht nur ein Gebot der Höflichkeit und Teil einer kommunikativen Forschungshaltung, sondern auch Voraussetzung für die Generierung ergiebigen Materials. Vorsicht ist hinsichtlich „zu schnellen Verstehens" geboten: Es ermöglicht Abkürzungs- und Ökonomisierungsstrategien, die im Alltag notwendig sind, bei der Erhebung aber zu einem Absinken des Detaillierungsniveaus oder gar zum Ausklammern wichtiger Erfahrungsbereiche führen können.
> Werden Notizen gemacht, ist darauf zu achten, keine Verhörsituation aufkommen zu lassen; sie sollten anfangs eingeführt und ihr Zweck kurz erläutert werden.
> Erhebungen zu zweit bieten bisweilen Vorteile: z.B. gegenseitige Entlastung durch Aufmerksamkeitsverteilung, Bereicherung durch unterschiedliche Perspektiven, Neutralisierung von Geschlechterdynamiken oder anderen Differenzen. Ist man als Team noch nicht eingespielt, sollte man sich vor der Erhebung über Rollen und Aufgabenverteilung klar werden. Bei narrativen Interviews kann allerdings eine dyadische Situation größere Nähe und Offenheit ermöglichen.
> Die Reflexion des Geschlechterverhältnisses oder der Zusammensetzung der Gruppe, die beim Interview aufeinander trifft, im Hinblick auf regionale Herkunft und andere Merkmale, ist auch im Zusammenhang mit der Erhebungssituation grundlegend.
> Nach der Erhebung Zeit für die Interviewten und ihre Fragen zu haben und ihrem Bedürfnis nach einem Ausklang des Gesprächs nachzukommen, dokumentiert eine respektvolle Haltung und stellt eine konstruktive Gegenleistung dar. Die Aufnahme einer näheren Beziehung zu Untersuchungsteilnehmern kann den Fortgang des Forschungsprozesses dagegen beeinträchtigen. Mit der Aushändigung von Kopien der Tonträger an die jeweiligen Gesprächspartner wurden gute Erfahrungen gemacht. Das Einbeziehen in die Interpretation oder auch die unmittelbare Konfrontation der Gesprächspartnerinnen mit der Auswertung wird bei den hier vorgestellten Methoden nicht empfohlen.

3.4 Spezielle Formen des Interviews und der Erhebung

Je nach Forschungsinteresse und Forschungsgegenstand werden unterschiedliche Formen der Erhebung geeignet sein. Die begründete Auswahl des Erhebungsinstruments sowie dessen sachkundige Handhabung bei der Erhebung sind Voraussetzungen gelungener Forschung. Ob man sich für individuelle oder kollektive Erhebungsformen entscheidet, welche Dimensionen einer Person bei der Befragung zur Sprache kommen sollen und in welcher Weise die Interviewführung jeweils gestaltet wird, sind Fragen, die es zu beachten gilt und die wir im Folgenden für die einzelnen Erhebungsverfahren behandeln. Nur wenn die Erhebung kompetent und gegenstandsadäquat durchgeführt wurde, bekommt man Material, das man sinnvoll auswerten kann.

3.4.1 Narrative Interviews

Das narrative Interview gehört mittlerweile wohl zu den prominentesten und zu den grundlagentheoretisch fundiertesten Erhebungsverfahren im Bereich der qualitativen Sozialforschung. Wohl nicht zuletzt deshalb hat es eine ganze Reihe von Kritiken auf sich gezogen, die teils praktisch-methodisch (Witzel 1982), teils grundlagentheoretisch (Bude 1985; Nassehi 1994) motiviert waren. Wenngleich das Verfahren des narrativen Interviews in der empirischen Forschung oft angewandt wird, wird sein Einsatz doch nicht immer angemessen reflektiert. Und man stößt immer wieder auf problematische Annahmen, die oft darauf beruhen, dass nur unzulänglich verstanden wurde, was das narrative Interview ist und wofür es als Erhebungsinstrument geeignet ist.

a. Erhebungsverfahren und Untersuchungsgegenstand

Wo in den Sozialwissenschaften – vorwiegend in der Soziologie und in den Erziehungswissenschaften – mit narrativen Verfahren gearbeitet wird, beziehen sich diese in aller Regel auf Fritz Schütze und das von ihm methodisch ausgearbeitete und methodologisch begründete Verfahren des narrativen Interviews (Schütze 1976; 1978^2; 1981; 1982; 1983; 1984; 1987; 1989 u.a.m.).[45]

Der theoretische Hintergrund, vor dem Schütze sein Verfahren entwickelte, ist der Symbolische Interaktionismus, für den als klassische Autoren Mead und in seiner Tradition Cicourel, Garfinkel und Goffman stehen. Deren Ansätze wurden in den 1970er Jahren von der „Arbeitsgruppe Bielefelder Soziologen" aufgegriffen und in die deutsche Methodendiskussion eingebracht.

Grundlegend für diesen theoretischen Kontext ist die Annahme, dass Gesellschaft von Individuen in symbolischen Interaktionen hervorgebracht und verändert wird. Jede dieser symbolischen Interaktionen ist als Kommunikationsprozess organisiert, der den Beteiligten ständig Leistungen des Verstehens und der Verständigung abverlangt.

Aus dieser Theorieperspektive resultierte ein starkes grundlagentheoretisches Interesse an den konstitutiven Regeln, die das Alltagsleben bestimmen, an den Basisregeln der Kommunikation[46], deren Wirksamkeit als konstitutive Voraussetzung von Gesellschaft angesehen wurde. Für Schützes Arbeiten ist eine solche grundlagentheoretische Orientierung immer maßgeblich gewesen, auch dort, wo er sich mit ausgesprochen praxisnahen Feldern – wie etwa der Sozialarbeit – befasst hat.

---

[45] Einen exzellenten Überblick über das Verfahren und dessen grundlagentheoretische Fundierung gibt Maindok (1996).

[46] Die „Basisregeln der Kommunikation" können als Synonym für die „alltäglichen Standards der Kommunikation" gelten (vgl. Kap. 2).

3.4 Spezielle Formen des Interviews und der Erhebung

Schütze geht von drei Basisregeln der Kommunikation und Interaktion aus: der **Reziprozitätskonstitution** (Herstellung interaktiver Reziprozität), der **Einheitskonstitution** (Konstituierung sozialer Einheiten und Selbstidentitäten) sowie der **Handlungsfigurkonstitution** (innere Ordnung von Aktivitätsstadien). Zu letzterer gehört, dass Handlungsfiguren zielgerichtet sind und eine zeitlich-kausale Binnenabfolge aufweisen.

Methodisch zog Schütze – wie auch die anderen Mitglieder der AG Bielefelder Soziologen – aus dieser interaktionstheoretischen Fundierung die Konsequenz, dass soziologische Forschung selbst sich kommunikativer Verfahren bedienen muss. Das heißt, dass die Forschung Raum für das lassen soll, was natürlicherweise an Prozeduren der Verständigung praktiziert wird. Die soziologische Methode muss sich an die dem Forschungsprozess vorgängigen Regeln der alltagsweltlichen Kommunikation anpassen (vgl. dazu auch Kap. 2). Mit welcher Art der Erhebung und des Interviews dies geschieht, ist damit noch nicht gesagt, in jedem Fall gilt jedoch, dass die Prozeduren der Verständigung nicht abgeschnitten werden dürfen und der unausweichlich soziale Charakter von Interviews systematisch in Rechnung zu stellen ist.

Im Anschluss an diese Überlegungen entwickelte Schütze das narrative Interview. Dabei ging es ihm nicht um ein Instrument zur Erhebung beliebiger sozialer Daten, sondern um eines, das Wissen über die elementaren Strukturen der Verständigung erheben sollte.

Konkret entwickelte Schütze das narrative Interview im Rahmen sog. Interaktionsfeldstudien, in denen kollektive Veränderungen der Ortsgesellschaft durch Gemeindezusammenlegung untersucht wurden (Schütze 1978[2]). Es ging also zu Beginn noch nicht um die Analyse gesamter Biographien, wie die beliebte Gleichsetzung von narrativem Interview und biographischem Interview suggeriert, sondern es ging um einen Prozess ortsgesellschaftlicher Veränderung und um das Handeln von Kommunalpolitikern in diesem Prozess (s. dazu Kap. 5.2).

Warum aber wurde dafür das Instrument des narrativen Interviews entwickelt?

Der Option für das narrative, also auf autobiographischer Erzählung basierende Interview lag die empirisch fundierte Überlegung zugrunde, dass die Erzählung – und zwar die nicht vorbereitete **Stegreiferzählung** – am ehesten die Orientierungsstrukturen des faktischen Handelns reproduziere. Dahinter versteckt sich die berühmte, aber auch berüchtigte „Homologiethese", die These einer Homologie von Erzählkonstitution und Erfahrungskonstitution, die später von verschiedenen Seiten kritisiert, aber auch verteidigt wurde (Bude 1985; Nassehi 1994; Maindok 1996; Wohlrab-Sahr 1999; Nassehi/Saake 2002).

Schütze geht davon aus, dass man es bei der Erzählung von selbst erlebten Geschichten mit demjenigen Schema der Sachverhaltsdarstellung zu tun hat, das der Reproduktion der **kognitiven Aufbereitung des erlebten Ereignisablaufs** am nächsten kommt. Die Struktur der Erfahrung – so die These – reproduziert sich in der Struktur der Erzählung, während andere Formen der Sachverhaltsdarstellung – wie das Beschreiben oder das Argumentieren – in größerer Distanz zu dieser Erfahrung stehen.

Gleichzeitig ist dafür aber ein aufmerksamer Zuhörer nötig, der den entsprechenden Sachverhalt noch nicht kennt. Auf ihn hin wird die Geschichte erzählt, und aufgrund seiner Anwesenheit entfalten sich die Steuerungsmechanismen (vgl. Maindok 1996: 130), die Schütze in Zusammenarbeit mit dem Linguisten Kallmeyer herausgearbeitet und als **Zugzwänge des Erzählens** bezeichnet hat: der **Detaillierungszwang**, der **Gestaltschließungszwang** und der **Relevanzfestlegungs- und Kondensierungszwang** (Kallmeyer/Schütze 1977: 162). Diese Zugzwänge des Erzählens kennen wir aus unserem Alltagsleben: Wir erzählen einen Zusammenhang und merken dabei, dass das Gegenüber uns nicht folgen kann, weil sie oder er über bestimmte Hintergrundinformationen des gerade Erzählten nicht verfügt. Zum Beispiel: Wenn ich erzähle, dass es mir in einer bestimmten Phase meines Lebens nicht gut ging, bin ich in gewisser Weise genötigt, zu erklären, womit dies zusammenhing: mit dem Tod meiner Mutter oder mit der Trennung, die ich damals durchlitt (Detaillierungszwang). Die Detaillierung, die ich hier vornehme, kommt in gewisser Weise einer möglichen Frage meines Gegenübers zuvor, oft wird sie auch sprachlich entsprechend eingeleitet: „Ach ja, dazu muss ich noch sagen, dass kurz vorher das und das passiert war …"

Darüber hinaus will eine Geschichte auch zu Ende gebracht werden. Die Geschichte hat einen bestimmten Ablauf: einen Beginn, einen Höhepunkt, vielleicht eine komplizierte, den Verlauf verzögernde Entwicklung und schließlich ein Ende (vgl. Sacks 1995 [1964-1972]: 222-260; Labov 1980; Quasthoff 1980). Auch im Alltag reagieren wir oft gereizt darauf, wenn wir dabei gestört werden, die beabsichtigte Erzählung zu Ende zu bringen, und wir knüpfen – auch nach Störungen – wieder an den gesponnenen Faden an: „Lass mich doch zu Ende erzählen!", „Ja, und wie es dann weiterging …", „Und was ich noch erzählen wollte …" sind bekannte Korrekturversuche nach Erzählabbrüchen in der Alltagskommunikation. Schütze bezeichnet das Prinzip, das diesen Reparaturversuchen zugrunde liegt, als **Gestaltschließungszwang**: Wenn ein Erzähler seine Geschichte ungestört zu Ende erzählen kann, schließt er damit eine „Gestalt".

Gleichzeitig haben wir aber bei der Erzählung nicht beliebig viel Zeit. Die Erzählung darf nicht so lange dauern wie der Sachverhalt, auf den sie Bezug nimmt. Und es ist uns nicht jedes Detail der Geschichte gleich wichtig. Daher müssen und wollen wir aus dem Stoff unserer Erfahrung eine Auswahl treffen. Erst diese Auswahl gibt der Geschichte ihre besondere – und damit gleichzeitig unsere – Gestalt. Durch unsere Art, Relevanzen festzulegen und Sachverhalte zu verdichten (**Relevanzfestlegungs- und Kondensierungszwang**), wird die Geschichte zu einer, der man folgen kann und die dem Zuhörer eine bestimmte, nämlich unsere Botschaft vermittelt.

In diesem Prozess muss eine bestimmte Abfolge hergestellt und es müssen Verknüpfungen zwischen Ereignissen geschaffen werden, es müssen kognitive Figuren aufgebaut und zum Abschluss gebracht werden und es müssen Einzelaussagen und Situationen im Hinblick auf die Gesamtaussage der Geschichte fortlaufend gewichtet und bewertet werden. Mit diesen „Zugzwängen der Erzählung" schließt Schütze an die auf der grundlagentheoretischen Ebene herausgearbeiteten Basisregeln der Kommunikation an und überträgt sie auf die Ebene des Erzählens.

Schütze bezeichnet diese Zugzwänge des Erzählens selbst als eine **kognitive Figur** neben anderen kognitiven Figuren des Erzählens: Zu einer Geschichte gehört die Einführung von Ereignisträgern und die Isolierung von Ereignisketten, die Definition abgrenzbarer Situationen und sozialräumlicher Schauplätze und die Herauslösung thematischer Geschichten aus der Vielfalt der Ereignisse (Schütze 1977: 180). Als „thematische Geschichten" haben Erzählungen immer eine bestimmte Tönung: Es sind „lustige" oder „ernste" Geschichten, Heldengeschichten oder traurige Geschichten, d.h. es wird über die Darstellung von Ereignisverkettungen gleichzeitig eine bestimmte „Moral von der Geschichte" zum Ausdruck gebracht.

In den Zugzwängen des Erzählens und den anderen kognitiven Figuren drückt sich eine Ordnung aus, der der Kommunikationsverlauf folgt, die aber interaktiv hergestellt werden muss. Damit nun diese kommunikative Ordnung hergestellt werden kann, bedarf es eines Instruments, das in optimaler Weise eine Erzählung generiert und deren Selbstläufigkeit sicherstellt. Dieses Instrument ist in Schützes Augen das narrative Interview.

Darin ist aber gleichzeitig eine Einschränkung enthalten. Das narrative Interview ist nur dort das geeignete Erhebungsinstrument, wo tatsächlich selbst erlebte – also autobiographische – Geschichten erzählt werden können. Schütze selbst führt dazu Folgendes aus: „Es ist nur dann anwendbar, wenn eine Geschichte erzählt werden kann, d.h. wenn die soziale Erscheinung (zumindest partiell) erlebten Prozesscharakter hat und wenn dieser Prozesscharakter dem Informanten auch vor Augen steht. Damit sind in der Regel soziale Abläufe ausgeschlossen, die gewöhnlich unterhalb der tagtäglichen Aufmerksamkeitsschwelle liegen. Zum Beispiel kann mit Hilfe des narrativen Interviews kaum ermittelt werden, was die Routinen beruflichen Handelns oder was sublime Störungen eines Interaktionsablaufs sind." (Schütze 1987: 243)

Dieses autobiographische Erzählen bedeutet nicht notwendig das Erzählen des ganzen Lebens, es kann sich auf alle Prozesse beziehen, an denen der Erzähler als Handelnder oder als Beobachter selbst beteiligt war. Das bedeutet gleichzeitig, dass narrative Interviews nicht – wie oft fälschlich unterstellt wird – „ganz offen" sind und „kein Thema" haben.[47] Der weiteste thematische Rahmen ist sicher das Erzählen der eigenen Lebensgeschichte. Allerdings kann der Rahmen auch sehr viel enger gesteckt sein, wie das Projekt über die Gemeindezusammenlegung zeigt, in dessen Rahmen das Erhebungsinstrument entwickelt wurde. Entscheidend ist, dass der zu erforschende Gegenstand eine Prozessstruktur hat, die der Erzähler aus seiner persönlichen Perspektive rekonstruieren kann: Auch eine Betriebsstilllegung hat beispielsweise eine Prozessstruktur, angefangen bei den ersten Anzeichen einer Krise, den sich verbreitenden Gerüchten, sich langsam verdichtenden Informationen, über Proteste, Verhandlungen und die damit verbundenen Hoffnungen und Enttäuschungen bis hin zur faktischen Stilllegung und den Konsequenzen, die diese für den Erzähler hatte. Erzählen lassen sich nur **Prozesse**, nicht Zustände, Haltungen, Ansichten, Theorien. Es ist ausgesprochen wichtig, sich das deutlich vor Augen zu führen und nicht in ein alltagssprachliches, unsauberes Verständnis des „Erzählens" zu verfallen, im Sinne von: „Erzähl doch mal, was du davon hältst."

Insofern ist das narrative Interview dort **nicht geeignet**, wo man Dinge **beschreiben** oder über sie **abstrakt oder hypothetisch reflektieren**, sie z.B. beurteilen oder einschätzen soll. Man kann sich die Geschichte einer Gemeindezusammenlegung, einer Liebesbeziehung, eines beruflichen Werdegangs oder einer chronischen Krankheit erzählen lassen. Das Ernährungs- oder Gesundheitsverhalten einer Person aber lässt sich nicht erzählen, sondern nur beschreiben, auch wenn in diese Beschreibung vielleicht an der einen oder anderen Stelle kleinere Erzählepisoden eingeflochten sein mögen. Eine solche Darstellung kann daher als Ganzes keine Geschichtengestalt haben, es sei denn, die Person ist von einer Fleischesserin zur Vegetarierin geworden und hat daher die Geschichte einer Wandlung zu erzählen.

In der Regel, aber nicht notwendigerweise wird eine solche Geschichte **einen Erzähler** haben. Allerdings können auch ein Paar oder eine Gruppe – etwa eine Familie oder zwei Freundinnen – eine kollektive Geschichte erzählen. Eine solche kollektive Geschichte wird

---

[47] Aus dieser vermeintlichen diffusen Offenheit wird dann bisweilen gefolgert, dass narrative Interviews für thematische Interessen nicht geeignet seien und daher für die Erhebung nur „themenzentrierte" oder gar „Leitfadeninterviews" in Frage kämen. Nun mag man sich mit guten Gründen gegen das narrative Interview als Erhebungsinstrument entscheiden: Die Begründung dafür müsste aber dahin gehen, dass einem a) nicht an der Erhebung von Prozessstrukturen gelegen ist oder b) dass das, was einen interessiert, nicht über Erzählungen zu erheben ist, weil ihm keine Prozessstruktur zugrunde liegt.

aber einen etwas anderen Charakter haben als individuelle Geschichten. Es werden dabei in der Regel Dinge im Vordergrund stehen, die gerade für das kollektive Erleben eine besondere Bedeutung haben, oder auch solche, bei denen diese Kollektivität auf eine ernste Probe gestellt wurde. Wenn in einem Forschungsvorhaben Paare oder Familien interviewt werden sollen, muss man sich vorher klar machen, ob sie im Hinblick auf das, was in der Forschung von Interesse ist, tatsächlich eine hinreichend identifizierbare „gemeinsame" Geschichte haben, die als solche erzählt werden kann. Solche Interviews werden sicherlich nicht genau die Struktur des narrativen Interviews wiederspiegeln. Daher behandeln wir sie in Kaptitel 3.4.2 gesondert.

> Narrative Interviews sind als Erhebungsverfahren nur dort geeignet, wo selbst erlebte Prozesse erzählt werden können. Es wird angenommen, dass das Erzählen diejenige Form der Darstellung ist, die – im Vergleich zum Beschreiben oder Argumentieren – der kognitiven Aufbereitung der Erfahrung am meisten entspricht. Die Interviewten sollen sich in Zugzwänge des Erzählens – den Detaillierungszwang, den Kondensierungs- und Relevanzfestlegungszwang sowie den Gestaltschließungszwang – verwickeln, in denen sich die oben genannten Basisregeln der Kommunikation ausdrücken.

b. Zur Auswahl der Interviewpartner

Im Prinzip kann man davon ausgehen, dass erwachsene Personen aus verschiedensten Kulturen in ihrem Alltagsleben bei bestimmten Anlässen – die kulturell allerdings stark variieren – autobiographische Erzählungen generieren (s.u.). Sie verfügen daher grundsätzlich über eine Erzählkompetenz, die man sich beim narrativen Interview zunutze machen kann. Allerdings gibt es bestimmte Einschränkungen:

Lebensalter

Der Hinweis auf die Erzählkompetenz Erwachsener deutet bereits an, dass Erzählkompetenzen im Laufe des Heranwachsens entwickelt werden. Lässt man sich etwa von Jugendlichen deren „Leben" erzählen, wird man in der Regel kleinere Episoden geschildert bekommen, ohne dass sich diese tatsächlich schon zur Gestalt einer „Lebensgeschichte" zusammenfügen.[48] Zeitlich begrenzte Prozesse hingegen können von den Jugendlichen durchaus erzählt werden, etwa wie es war, als sie aus der Schule kamen und sich eine Lehrstelle suchten und schließlich zu arbeiten begannen. Lebensgeschichtliche Interviews im umfassenden Sinne des „Erzähl mir die Geschichte deines Lebens" wird man daher sinnvollerweise erst mit etwas älteren Jugendlichen oder mit Erwachsenen führen. Allerdings wird dies von Fall zu Fall variieren, so dass man diesen Hinweis nicht als absolute Grenze verstehen sollte. Aus bestimmten Forschungszusammenhängen wird berichtet, dass bereits mit 15-jährigen Jugendlichen erfolgreich narrative Interviews geführt wurden.

Kulturrelativität

Erfahrungen mit dem Versuch, narrative Interviews in Südostasien durchzuführen (Matthes 1985), haben einerseits gezeigt, dass dies durchaus möglich ist und es sich insofern um ein Erhebungsinstrument handelt, welches in unterschiedlichen Kulturen anwendbar ist. Gleichzeitig wurden aber charakteristische Differenzen der zutage geförderten Erzählungen im Vergleich zu narrativen Interviews in westlichen Ländern deutlich. Dabei sind die relevanten Unter-

---

[48] Zur Entwicklung des biographischen Gedächtnisses und zur Entstehung von Erzählkompetenzen aus entwicklungspsychologischer Perspektive s. Nelson 1993; Welzer/Markowitsch 2001.

schiede des generierten Erzählmaterials letztlich auf Unterschiede der Basisregeln der Kommunikation zurückzuführen. So stieß Matthes bei seiner Forschung in Asien etwa darauf, dass die „Einheitskonstitution" durchaus nicht – wie man in westlichen Gesellschaften in der Regel annehmen kann – über die Person eines individuellen Erzählers oder Handelnden erfolgt, sondern etwa nach genealogischen Gesichtspunkten organisiert ist (ebd.: 315). Er betont darüber hinaus, wie wichtig es sei, die „kulturelle Basisregel des ‚Gesichtwahrens'" (ebd.: 320, vgl. auch Goffman 1955) in diesen Gesellschaften zu berücksichtigen. Andernfalls riskiere man, dass Interviews – um das Gegenüber nicht zu beschämen – zwar nicht verweigert werden, dass gleichzeitig aber – um das eigene Gesicht zu wahren – die entscheidenden Informationen gerade nicht preisgegeben werden. Matthes plädiert daher dafür, die Bereitschaft zu Interviews in solchen Kontexten immer über Mittlerpersonen zu erfragen und damit der gewünschten Zielperson die Chance zu geben, im Falle einer Absage „ihr Gesicht zu wahren" (ebd.: 321). Bereits diese Rücksichtnahme signalisiere dem gewünschten Interviewpartner, dass der Interviewer in der Lage sei, sich auf die Basisregel des Gesichtwahrens einzustellen, und rücke diesen damit an die Sphäre der Vertrautheit auf Seiten des gewünschten Erzählers heran. Außerdem plädiert Matthes dafür, die Erzählsituation erkennbar uninstrumentell zu handhaben und in „social meetings" vor und nach der Erzählung einzubetten, die gleichzeitig als praktische Einübung in das, was der Interviewer herausfinden wolle, angesehen werden könnten und möglicherweise aufschlussreicher seien als die Erzähltexte selbst.

Einschränkung des Stegreifcharakters

Eine weitere Einschränkung der Verwendbarkeit des narrativen Interviews besteht darin, dass man – vielleicht ohne dies vorher zu antizipieren – auf Personen stößt, die aufgrund bestimmter Umstände zu geradezu „professionellen Erzählern" geworden sind. Das Problem für eine an Stegreiferzählungen interessierte Sozialforschung ist, dass auch im Alltag Geschichten nicht nur einfach erzählt, sondern in zunehmendem Maße auch systematisch generiert werden: In Psychotherapien, Selbsthilfegruppen, religiösen Gruppen u.Ä.m. werden Personen dazu angehalten, ihr Leben zu erzählen und es – zum Teil gemeinsam mit anderen – zu reflektieren. Aus solchen Kontexten heraus entstehen dann bisweilen auch schriftliche biographische Zeugnisse, die explizite biographische Theorien (z.B. über den Zusammenhang von Biographie und Krankheit) enthalten und verbreiten. Wenn man mit Personen aus solchen Kontexten narrative Interviews durchführt, wird man in der Regel keine Stegreiferzählungen zutage fördern, sondern lebensgeschichtliche Erzählungen, die in ähnlicher Form schon mehrfach erzählt wurden und vielfach theoretisch überformt sind. Diese theoretische Überformung produziert zum Teil eigene Stilmittel, wie sie etwa am Beispiel von Konversionserzählungen herausgearbeitet wurden (Snow/Machalek 1983; 1984; Luckmann 1986; Ulmer 1988). Wenn man auf solche – in die Nähe kommunikativer Gattungen geratende – Stilisierungen stößt, muss man diese zwingend bei der Auswertung berücksichtigen, um nicht folgenschweren Verwechslungen zu erliegen (siehe dazu Kapitel 5.2). Im Extremfall ist bei lebensgeschichtlichen Interviews mit solchen Probanden die narrative Darstellung selbst erheblich eingeschränkt, so dass dies ein anderes Interviewerverhalten erfordert als im narrativen Interview an sich vorgesehen. Wir werden darauf unten noch genauer eingehen.

Die Einschränkung des Stegreifcharakters im narrativen Interview kann aber noch eine andere Ursache haben: nämlich die, dass einem die Person, die man interviewt, zu vertraut ist, dass man mit ihr zu viele lebensweltliche Selbstverständlichkeiten teilt, die dann während des Interviews nicht mehr ausgeführt werden. Es kommt also hier das zum Tragen, was wir oben unter dem Stichwort „Indexikalität" (vgl. Kap. 2 und 3.3) ausgeführt haben: die abkürzende

Sprechweise, die in der Alltagskommunikation unumgänglich ist, im Interview aber zu einer sehr stark verkürzten Darstellungsweise führt. Das bedeutet, dass zwar persönlich bekannte Personen als Mittelspersonen bei der Interviewanbahnung fungieren können, dass diese aber selbst nicht als Interviewpartner geeignet sind.

> Narrative Interviews unterliegen gewissen Einschränkungen im Hinblick auf das Lebensalter, auf kulturelle Rahmenbedingungen und bestimmte Kontexte, in denen sich aufgrund der Verbreitung bestimmter Erzählschemata Stegreiferzählungen nur in eingeschränkter Weise entfalten. Darauf ist bei der Erhebung Rücksicht zu nehmen.

c. Ablaufschema

Das folgende **Ablaufschema** ist für das narrative Interview wesentlich:

Das Interview beginnt mit einem **Vorgespräch**, in dem sich nicht nur die Interviewpartnerinnen miteinander bekannt machen und die Fragestellung der Forschung und Fragen der Anonymität zu besprechen sind, sondern in dem auch das Forschungsinstrument eingeführt werden muss. Narrative Interviews entsprechen so wenig den gängigen Erwartungen an ein Interview, dass man dieses Instrument vorher erklären sollte. Es reicht dabei zu sagen, dass man sich im ersten Teil des Interviews zurückhalten und erst später Fragen stellen wird, und dass es vorrangig darum geht, dass der Interviewpartner seine Geschichte erzählt. Auch kann es sinnvoll sein zu sagen, dass es sich nicht um ein Interview handelt, wie man es aus dem Fernsehen kennt, in dem ständig Fragen und Antworten einander abwechseln, sondern dass es vor allem darum geht, dass der Interviewpartner möglichst ausführlich seine Erfahrungen erzählt. Die Zurückhaltung der Interviewerin während der Eingangserzählung ist dann vorbereitet und wirkt weniger irritierend.

Das eigentliche Interview beginnt dann mit einer allgemein gehaltenen Frage – einem **Erzählstimulus** – nach dem Ablauf von Geschehnissen, die der Erzähler erlebt hat bzw. in die er involviert war. Ein solcher Stimulus könnte etwa lauten:

„Ich möchte Sie bitten, mir zu erzählen, wie es dazu kam, dass Sie ein Medizinstudium begonnen haben, welche Erfahrungen Sie dabei gemacht haben und wie es schließlich dazu kam, dass Sie sich für die Homöopathie entschieden haben. Erzählen Sie dabei ruhig ausführlich alle Ereignisse, die dazugehören. Fangen Sie dort an zu erzählen, wo die Geschichte Ihrer Meinung nach beginnt, und erzählen Sie, bis Sie in der Gegenwart angekommen sind.

An diesen Erzählstimulus schließt sich die **narrative Eingangserzählung** des Interviewten an. Die Interviewerin bleibt in dieser Phase möglichst strikt in der Rolle der aufmerksamen Zuhörerin. Sie dokumentiert und signalisiert ihr Interesse (durch Nicken, Aufmerksamkeitsmarkierer wie „hm" oder „aha" sowie andere kurze Bekundungen der eigenen Aufmerksamkeit), soll aber auf Auswahl und Gestaltung der Darstellungsgegenstände nur dann einwirken, wenn eine Erzählung nicht zustande kommt. Das heißt, der Interviewte soll Raum bekommen, um seine Perspektive – seine Erfahrungen und seine heutige Perspektive darauf – authentisch zu entfalten. Die Interviewerin wartet ab, bis diese Eingangserzählung erkennbar zu einem Ende kommt und der Erzähler dies entsprechend signalisiert. Dies geschieht häufig in Form einer Erzählkoda, also einer abschließenden Formulierung, wie etwa „Ja, das war's eigentlich" oder „Ja, und in diesem Beruf bin ich bis heute", und einer Redeübergabe an den Interviewer, wie etwa „Vielleicht können Sie jetzt ein paar Fragen stellen". Nach diesen Abschlussformulierungen ist die Interviewerin an der Reihe.

3.4 Spezielle Formen des Interviews und der Erhebung

Allerdings kann es – wie oben bereits angedeutet – Personen geben, bei denen es aus unterschiedlichen Gründen nicht zu einer solchen biographischen Eingangserzählung kommt. So kann es etwa bei Interviews mit religiösen Konvertiten (oder anderen stark weltanschaulich gebundenen Personen) vorkommen, dass diese schnell auf die Ebene der Argumentation wechseln und der Interviewerin erklären wollen, was es mit ihrem Glauben oder ihrer Überzeugung auf sich hat und warum diese anderen Überzeugungen überlegen sind. Sollten solche theoretischen Erörterungen „uferlos" werden und die Interviewpartner nicht mehr zum biographischen Erzählen zurückkehren, müsste die Interviewerin hier korrigierend eingreifen. Etwa so: „Vielleicht können wir etwas später noch einmal genauer auf Ihre Überzeugungen zu sprechen kommen? Vielleicht erzählen Sie zunächst einmal die Geschichte Ihres Lebens." Oder es kann sein, dass der Interviewpartner überhaupt keine Erfahrung damit hat, aus seinem Leben zu erzählen und daher weite Phasen nur ganz kursorisch behandelt. Etwa mit dem Hinweis darauf, während seiner Kindheit und Schulzeit sei „alles ganz normal" verlaufen. In einem solchen Fall kann es angebracht sein, zum einen noch einmal deutlich zu machen, dass man trotzdem daran interessiert ist, Näheres zu hören, und außerdem ein paar Hilfestellungen zu geben. Etwa so: „Auch wenn Ihnen diese Phase als nichts Besonderes vorkommt, würde es mich doch interessieren, darüber ein bisschen mehr zu erfahren: Wie sind Sie denn aufgewachsen, woran können Sie sich da erinnern? Wie war das mit Ihren Eltern und Geschwistern und anderen wichtigen Personen? Erzählen Sie mir von der Gegend, in der Sie aufgewachsen sind, und von der Schule, in die Sie gingen. Von ihren Freunden usw."

An diese erste Phase schließt sich ein **Nachfrageteil** an, in dem es darum geht, weitere narrative Sequenzen hervorzulocken, wobei die **Nachfragen** zunächst **immanent** an das anschließen sollen, was bereits angedeutet ist. Schütze spricht hier von sog. „Erzählzapfen". So etwa, wenn ein Befragter seine Heirat nennt, aber nicht erzählt, wie die Frau, die er geheiratet hat, in sein Leben gekommen ist. Oder wenn angedeutet wird, dass zu einer bestimmten Zeit „alles drunter und drüber ging", aber nicht erzählt wird, was damals genau passiert ist. Bei manchen dieser Andeutungen wird man unproblematisch nachfragen können. Oft wird bei bekundetem Interesse sehr bereitwillig die dazugehörige Geschichte erzählt. In anderen Fällen – etwa bei krisenhaften Erfahrungen – wird man vorsichtiger nachfragen müssen. Man wird deutlich machen müssen, dass man durchaus interessiert wäre, dazu Näheres zu hören, sofern der Interviewpartner dazu bereit ist. Etwa mit der Formulierung: „Sie haben vorhin erwähnt, dass Sie sich damals haben scheiden lassen. Wären Sie bereit, dazu noch etwas mehr zu erzählen?"

Zu diesen immanenten Nachfragen gehören darüber hinaus aber auch Bereiche, die in der Eingangserzählung ausgeklammert wurden, aber in den geschilderten Zusammenhang gehören. Etwa kann in einer biographischen Erzählung ein Erzähler, der Vater dreier Kinder ist, seine Eheschließung und die Geburt dieser Kinder aus der Erzählung völlig ausklammern. Oder eine Interviewpartnerin erzählt ausführlich ab ihrem Studium, ohne dass die Schulzeit und die Zeit im Elternhaus erwähnt werden. In diesem Fall muss die Interviewerin versuchen, weitere Narrationen zu den Bereichen hervorzulocken, die bisher noch ausgeklammert blieben. Etwa auf diese Weise: „Sie sind jetzt direkt mit dem Studium eingestiegen. Könnten Sie vielleicht noch etwas zu der Zeit davor – also im Elternhaus und während der Schulzeit – erzählen?" Oder: „Sie haben jetzt schon einiges aus Ihrem Berufsleben erzählt. Aber Sie sind ja auch verheiratet und haben Kinder. Können Sie noch ein bisschen über diese private Seite Ihres Lebens erzählen? Vielleicht wie Sie Ihre Frau kennengelernt haben und wie das dann weiterging?"

An diese zweite Phase des Interviews schließt sich eine dritte an, in der nun **exmanente Fragen** bzw. Fragen, die auf Theoretisierung und Beschreibung abstellen, zum Zuge kommen. Beispielsweise können die Interviewpartnerinnen nun explizit aufgefordert werden, ihre Theorien über die geschilderten Zusammenhänge darzulegen und aus heutiger Sicht Bilanz zu ziehen. Es können aber auch bestimmte thematische Fragen, die für die Forschung relevant sind, gestellt werden, die nicht immanent auf das bereits Erzählte bezogen sind. Gerade diese letzte Phase des narrativen Interviews lässt also Raum für forschungsspezifische Themen. So wurden etwa im Rahmen einer Forschung, die sich für biographische Zeitstrukturen interessierte, am Ende des Interviews den Probanden verschiedene „Lebensbilder" bzw. Metaphern für das Leben vorgelegt – etwa: „Das Leben ist ein Hausbau", „Das Leben ist ein langer, ruhiger Fluss" etc. – die sie – sofern sie ihnen passend erscheinen – kommentieren und auf sich beziehen sollten (Brose/Wohlrab-Sahr/Corsten 1993).

> Das narrative Interview folgt einem bestimmten Ablaufschema, bei dem der Generierung einer narrativen Eingangserzählung die wichtigste Rolle zukommt. Immanente und exmanente Nachfragen sind dem nachgeordnet, haben aber im narrativen Interview ihren legitimen Ort. Dadurch finden auch thematische Forschungsinteressen ihren Platz im Rahmen des Interviews.

d. Prinzipien der Durchführung

Damit das narrative Interview zustande kommt und sich die Zugzwänge des Erzählens tatsächlich entfalten können, ist es wichtig, eine **vertrauensvolle Atmosphäre** zwischen Interviewer und Interviewtem herzustellen. Je umfassender der autobiographische Gehalt des Interviews wird – besonders ausgeprägt bei einem Interview, in dem es um das ganze Leben der befragten Person geht –, umso wichtiger ist es, dass man zu der Person, der man von sich erzählt, tatsächlich Vertrauen haben kann. Daher kommt dem Vorgespräch eine wichtige Funktion zu.

Während des Interviews besteht dann die vorrangige **Aufgabe des Interviewers** darin, eine thematische Erzählung in Gang zu setzen und sie in Gang zu halten. Er soll also nur dann korrigierend eingreifen, wenn eine Erzählung nicht zustande kommt bzw. wenn sie versiegt. Dies erfordert auf Seiten des Interviewers eine gewisse Disziplin, denn oft ist man bereits bei kurzen Gesprächspausen geneigt, das Wort zu ergreifen, um die Pause zu überbrücken.

Erst wenn der Interviewte von sich aus mit seiner Erzählung zum Abschluss gekommen ist und auch immanente Nachfragen abgearbeitet sind, dürfen darüber hinausgehende Interessen des Interviewers verfolgt werden.

Das Einhalten der Abfolge dieser Phasen ist eine wichtige Voraussetzung für das Gelingen des narrativen Interviews, insbesondere ein Abgleiten in einen Frage-Antwort-Stil würde es als solches zunichte machen. Insofern sollte man sich bei dieser Interviewform vor allem während der Eingangserzählung kurze **Notizen** machen und Zusammenhänge, die einem nicht klar geworden sind, in den späteren Phasen nachfragen. Der Versuch, jede Unklarheit sofort aufzuklären, würde den Erzählduktus stören. Gerade in der Aufregung des Anfängers neigt man dazu, alle Unklarheiten schnell beseitigen zu wollen. Allerdings haben wir in unserer Forschungspraxis auch schon Situationen erlebt, in der Nachfragen gestellt werden mussten, damit die Interviewerin der Darstellung inhaltlich folgen konnte. Ein Interviewer, der Aufmerksamkeit signalisiert, obwohl er nicht versteht, wovon die Rede ist, ist ebenso wenig förderlich wie einer, der ständig nachfragt. Oft sind solche kurzen Interventionen nicht

3.4 Spezielle Formen des Interviews und der Erhebung

wirklich störend, und die Interviewpartner nehmen danach ihren Erzählfaden wieder auf. Wenn nicht, kann man sie vorsichtig dahin zurückführen, etwa im Sinne von: „Ich hatte Sie unterbrochen. Sie waren gerade dabei zu erzählen, wie Sie damals ..." Dennoch sollte man versuchen, solche Interventionen tatsächlich nur dann vorzunehmen, wenn man andernfalls nicht mehr in der Lage wäre, dem Interview inhaltlich zu folgen.

> Die Aufgabe des Interviewers besteht vor allem darin, eine narrative Erzählung in Gang zu setzen und in Gang zu halten. Dies erfordert die Herstellung einer Vertrauenssituation, aber auch das Einhalten einer gewissen Disziplin und hohe Aufmerksamkeit während des Interviews.

3.4.2 Gruppendiskussionen

Erhebungen von Gesprächen in gruppenförmigen Settings haben in den letzten Jahren sowohl im deutschen als auch im angelsächsischen Sprachraum stark an Bedeutung gewonnen.[49] Zur Analyse des so gewonnenen Materials werden unterschiedlichste Verfahren angewandt, von denen manche an die Forschungslogik standardisierter Verfahren anknüpfen, andere an jene rekonstruktiver oder anderer qualitativer Verfahren (vgl. Bohnsack/Schäffer 2001; Lamnek 1998). Je nachdem, ob die „Gruppe" methodologisch gefasst wird oder nicht, unterscheiden sich auch die methodisch-technischen Überlegungen zur Erhebung, also zur Initiierung und Leitung von Gruppendiskussionen. (Zu Diskussionen und Gesprächen, die ohne Zutun einer Forscherin ablaufen und für wissenschaftliche Zwecke aufgezeichnet werden sollen, siehe Kap. 3.4.8).

Um eine kleine Orientierungshilfe in den unterschiedlichen qualitativen Zugängen zu geben, in denen gruppenförmige Settings bei der Erhebung zur Anwendung kommen, werden zunächst verbreitete Zugänge und die Kritik daran skizziert. Danach wird genauer auf die Erhebungsprinzipien des **Gruppendiskussionsverfahrens** eingegangen. Dieses bestimmt seinen Gegenstand – also das, was mit dem Verfahren untersucht wird – am genauesten und ist methodologisch und forschungspraktisch am weitesten entwickelt.[50] Die Durchführungsprinzipien resultieren aus dieser Bestimmung des Gegenstandes und aus der methodologischen Rekonstruktion des Verfahrens und ermöglichen die rekonstruktive Auswertung des Materials.

a. Erhebungsverfahren, Untersuchungsgegenstand und Anwendungsbereiche

In der Tradition der Marktforschung steht die **Gruppenbefragung**, die häufig auch mit dem Terminus „Gruppendiskussion" bezeichnet wird. Im angelsächsischen Raum ist mit dieser

---

[49] Vgl. z.B. methodisch orientierte Publikationen im Bereich qualitativer Methoden: Bohnsack/Schäffer 2001; Heinzel 2001; Kromrey 1986; Lamnek 1995b und 2005; Liebig/Nentwig-Gesemann 2002; Loos/Schäffer 2001; Morgan 1998; Bohnsack/Przyborski 2006 u. 2007.

[50] Mangold merkt an: „Obwohl das Gruppendiskussionsverfahren allmählich zu einem Standardverfahren der so genannten Markt- und Meinungsforschung sich entwickelt, das Methoden der Einzelbefragung ergänzt oder gar ersetzt, sind die methodologischen und theoretischen Implikationen der verschiedenen Ansätze, (…) bisher noch nicht umfassend und systematisch untersucht worden." (Mangold 1960: 13f.) Fast 40 Jahre später konstatiert Lamnek (1998: 5): „die Tatsache, dass die Gruppendiskussion an (…) Bedeutung bei gleichzeitiger mangelnder methodologischer und methodischer Absicherung zugenommen hat". Es scheint, als wäre bis dahin nicht an der methodisch-methodologischen Absicherung des Verfahrens gearbeitet worden. Mittlerweile dokumentiert sich jedoch die intensive methodologische und methodische Auseinandersetzung in dieser Zeit und in der Gegenwart auch in Monographien (vgl. Loos/Schäffer 2001 und Lamnek 2005) sowie in zahlreichen methodischen Aufsätzen (u.a. Liebig/Nentwig-Gesemann 2002, Bohnsack 2003a, Bohnsack/Przyborski 2006 u. 2007) und einschlägigen Sammelbänden (Bohnsack/Przyborski/Schäffer 2006)

Tradition der Begriff „Focus Group"[51] verbunden. Gemeinsam ist diesen Vorgehensweisen, dass die einzelnen Äußerungen während der Gruppendiskussion auf die jeweiligen individuellen Sprecher bezogen werden. Das einzelne Individuum ist Angelpunkt der Untersuchung. Untersuchungsgegenstand sind Meinungen und Einstellungen, wie sie während der Diskussion – mehr oder weniger – wörtlich genannt werden. Das Gruppensetting dient dabei in erster Linie der Ökonomisierung der Erhebungssituation.[52] Das Gespräch untereinander, die Interaktion ist also in keiner Dimension Gegenstand der Analyse und daher auch nicht der Erhebung. Damit einher geht auch, dass dem Prinzip der Initiierung von Selbstläufigkeit, wie wir es in Kapitel 3.3 dargelegt haben, nicht Rechnung getragen wird, vielmehr werden einzelne Fragen der Interviewerinnen von einzelnen Teilnehmern individuell nacheinander beantwortet. Das Problem der „Schweiger" (vgl. z.B. Lamnek 1998: 150ff.) findet hingegen starke Beachtung, da in diesem Fall die Meinung eines Individuums fehlt.

Egal ob das so gewonnene Material einer quantitativen oder qualitativen Analyse zugeführt wird, hat die so angewandte Gruppendiskussion mit methodischen Problemen zu kämpfen: Bei wiederholten Zusammenkünften ändern sich sowohl die Themen, die von einzelnen Personen angesprochen werden, als auch der gesamte Verlauf der Diskussion. Das heißt, das Verfahren ist, bleibt man im Rahmen eines „Ein-Personen-Paradigmas", weder reliabel[53] noch valide.[54]

Im Vorfeld von quantitativen Erhebungen – einem weiteren Einsatzbereich neben der Ressourcen schonenden Befragung – werden „qualitative" Gruppendiskussionen als heuristisches Instrument eingesetzt. Hier sind die genannten Probleme irrelevant (vgl. Merton 1987). Die Diskussionen dienen zur Generierung von Ideen und Hypothesen, nicht aber zu deren Überprüfung bzw. empirischer Fundierung. In beiden Bereichen werden weder die Zusammensetzung der Gruppe noch der Gesprächsverlauf, also die Interaktion, nach methodologischen Gesichtspunkten reflektiert. Diese beiden Aspekte finden daher auch keinen Eingang in Überlegungen zur Erhebung. Wie wir sehen werden, sind sie jedoch für die folgenden Herangehensweisen von zentraler Bedeutung.

In der Tradition des Center for Contemporary Cultural Studies in Birmingham steht die „group discussion", die im Bereich der Analyse jugendlicher Stile (bspw. Willis 1977) und der **Mediennutzungs- und Rezeptionsanalyse** zur Anwendung kam. Vor allem in ihrer methodologischen Reflexion durch Morley (1996) wurden zwei wichtige Bedeutungen des Verfahrens herausgearbeitet, die auch konstitutiv für die Erhebung sind: Nicht das individuelle Verhalten, sondern Interaktionen in ihrem sozialen Kontext sind Gegenstand der Untersuchung. Die Diskussionsgruppen werden dementsprechend als Repräsentanten von makrosozialen Einheiten („Klassen") angesehen. Für die Erhebung heißt das, dass die Interaktion Berücksichtigung findet und die Gruppen zumindest nach demographischen Daten homolog zusammengesetzt werden.

---

[51] Ursprünglich geht der Begriff auf Studien von Merton, Fiske und Kendall (1956) zur Erforschung von Zuschauerreaktionen zurück. Vgl. Kap. 3.4.7

[52] Vgl. u.a. Sweeny/Perry 2003 zu den jüngsten Entwicklungen in diesem Bereich: Gruppendiskussionen werden via Internet geführt.

[53] Vgl. u.a. Lunt und Livingstone 1996.

[54] Zu Reliabilität und Validität vgl. Kap. 2.

3.4 Spezielle Formen des Interviews und der Erhebung

Auch Liebes und Katz (1993) setzen „group discussions" bzw. „focus groups"[55] in Rezeptionsstudien ein. Auch hier repräsentieren die Gruppen makrosoziale Einheiten, in diesem Fall unterschiedliche, vorab klar definierte kulturelle Zusammenhänge. Es werden Amerikaner mit Japanern und unterschiedlichen, in Israel ansässigen ethnischen Gruppen verglichen.[56] Auch bei Liebes und Katz wird das interaktive Moment in der Gruppendiskussion berücksichtigt. Bei der Interpretation werden auch Elemente der formalen Gestaltung des Gesprächs mitbedacht. Entsprechend fanden derartige Überlegungen auch Eingang in die Konzeption der Erhebung. Zu Beginn der Diskussion versuchen die Forscher Selbstläufigkeit zu evozieren. Dennoch bleibt eine systematische, theoretische Bearbeitung von Kollektivität und deren Implikationen für die Erhebungssituation aus.

Im deutschen Sprachraum ist der Ausgangspunkt des Gruppendiskussionsverfahrens bei empirischen Arbeiten des Frankfurter Instituts für Sozialforschung in den 1950er Jahren zu suchen. Thematisch ging es hier um die Erforschung „der ‚öffentlichen deutschen Meinung' (…), das, was auf dem Gebiet der politischen Ideologie in der Luft liegt" (Pollock 1955: 34), methodisch wandte man sich gegen eine Konzeption der öffentlichen Meinung als „Summenphänomen" (ebd.: 20ff.) und gegen entfremdete Laborbedingungen bei sozialwissenschaftlichen Untersuchungen. Die öffentliche Meinung sollte also nicht als Summe der abfragbaren Meinungen von je einzelnen Individuen konzipiert werden, und die Gesprächssituationen sollten der alltäglichen Kommunikation näher kommen. Von den Ausgangsideen her betrachtet waren Gegenstand und Verfahren hier kollektiv, also die Einzelindividuen transzendierend konzipiert. Bei der Auswertung der Gruppendiskussion rückte man aber von dieser Perspektive wieder ab. Hier kam die Psychoanalyse, die ihren Ausgang bei individuellen psychischen Dynamiken nimmt, als zentrales theoretisches Konzept ins Spiel: Die Redebeiträge wurden wieder voneinander getrennt und in ihrem Bezug zu den **Einzelindividuen**, deren Abwehrmechanismen und Rationalisierungen analysiert.

Als Vertreter der Frankfurter Schule beschäftigt sich Werner Mangold (1960) in „Gegenstand und Methode des Gruppendiskussionsverfahrens" eingehend mit diesem Problem. Er kommt zu dem Schluss, dass dem Verfahren für die „Untersuchung individueller Bewusstseins- und Verhaltensphänomene (…) erhebliche Grenzen gesetzt sind" (ebd.: 28).[57] Zugleich entdeckte Mangold in Gruppen, die „soziologisch oder ideologisch einigermaßen homogen" (v. Hagen 1954: 57, zitiert nach Mangold 1960) sind, „Integrationsphänomene" (Mangold 1960: 39) auf der Ebene der Beziehung der einzelnen Gesprächsbeiträge zueinander. Diese Beobachtung führte zu seinem Konzept der „Gruppenmeinung" (ebd.), das für ihn zum Schlüssel für die Analyse von Gruppendiskussionen wurde.

Damit wird der Gegenstand der Erhebung nun konsequent **kollektiv** konzipiert, als „Gruppenmeinung", die nicht „Summe von Einzelmeinungen, sondern das Produkt kollektiver Interaktionen" (ebd.: 49) ist. Zudem ist der zu erforschende Gegenstand nicht die konkrete,

---

[55] Die beiden Begriffe werden bei diesen Autoren synonym verwendet.

[56] Sie räumen ein, dass man auch andere soziale Dimensionen wie Bildung, Geschlecht oder Alter hätte heranziehen können und begründen ihre Entscheidung folgendermaßen: "Our preference for ethnicity, however, stems from the desire to observe the process of exporting meaning to other cultures." (Liebes/Katz 1993: 22)

[57] Diese Einschränkungen liegen vor allem in den Gütekriterien Reliabilität und Validität begründet, denn die Zusammensetzung der Gruppe, ihre „Struktur" (Mangold 1960: 28) beeinflusst, wie sich die Einzelnen verhalten und äußern und somit auch das Gesamtergebnis. „Je nach Zusammensetzung der Diskussionsgruppe kommen (…) anders gerichtete Beeinflussungsversuche und Kontrollen ins Spiel; je nach ihrer Position in einer Diskussionsgruppe bestimmter sozialer Struktur sind darüber hinaus die einzelnen Teilnehmer verschieden betroffen." (Ebd.)

aktuelle Gruppe und ihre Interaktion, sondern diese Gruppe **repräsentiert** vielmehr den zu erforschenden Gegenstand: Denn die Gruppenmeinung darf „nicht als Produkt der Versuchsanordnung, nicht als Endresultat eines aktuellen Prozesses gegenseitiger (…) Beeinflussung in der Diskussionssituation selbst verstanden werden", sondern hat sich „in der Realität unter den Mitgliedern des betreffenden Kollektivs bereits ausgebildet" (Mangold 1967: 216). Das „Kollektiv" wird somit losgelöst von der konkreten Gruppe gefasst. Sowohl in bestehenden „informellen Gruppen" als auch bei „Vertretern sozialer Großgruppen", etwa einer Berufsgruppe, „waren die Gesprächspartner an (…) Gruppenmeinungen orientiert" (ebd.). Die Frage, ob die Kollektivität nun normativen äußeren Zwängen geschuldet ist, die in Gruppen wirksam werden – also sich verselbständigenden „faits sociaux im Sinne Durkheims", wie Horkheimer und Adorno (ebd.: 7) im Vorwort zu Mangolds Dissertation anmerken – oder ob sie im Individuum verankert ist und gerade dann wirksam wird, wenn die oben angedeuteten Gemeinsamkeiten „angesprochen" sind, ist als immer wiederkehrendes Spannungsverhältnis in Mangolds Arbeit zu beobachten. Für die Erhebung lässt sich an dieser Stelle festhalten: Die Zusammensetzung der Gruppe und die Interaktion werden als konstitutive Momente in die Methodologie des Verfahrens, der Erhebung und der Auswertung einbezogen.

In den 1970er Jahren fand die Gruppendiskussion besonders bei Vertreterinnen des „interaktionistischen" Paradigmas Anwendung und Kritik. Diese beachteten zwar die Interaktion der Gesprächsteilnehmerinnen, d.h. „den Prozesscharakter von Interaktionen und Gesprächen", reduzierten ihn aber „auf den Aspekt des lokalen und situativen Aushandelns, also auf denjenigen der **Emergenz** von Bedeutungen" (Bohnsack 2000: 371, Hervorh. im Orig.). Ist aber der Gegenstand, auf den die Analyse abzielt, allein prozess- und damit situationsabhängig, lassen sich die Ergebnisse nicht generalisieren und bleiben auf eben die aktuelle Situation beschränkt. Entsprechend wurden die auf diese Weise erzielten Ergebnisse (nur) direkt in der erwachsenenpädagogischen Arbeit mit den jeweiligen konkreten Gruppen angewandt, und die Ergebnisse von Gruppendiskussionen als weder reliabel noch valide kritisiert (Nießen 1977; Volmerg 1977).[58] Diese Kritik haftet dem Verfahren bis heute hartnäckig an.

In den 1980er Jahren knüpfte Bohnsack an die Ergebnisse Mangolds an. Er entwickelte das Gruppendiskussionsverfahren zunächst in Zusammenarbeit mit Mangold zu einem Instrument, das seinen Gegenstand kennt und die gegenwärtigen Standards qualitativer Methoden (vgl. Kap. 2) erfüllt. Dies gelang im Zusammenhang mit der Ausarbeitung der dokumentarischen Methode (vgl. Kap. 5.3) auf der Grundlage der Arbeiten von Mannheim (u.a. 1964, 1980; vgl. dazu Bohnsack 1989: 12ff., 1997, 2001a, 2003a) und neuerer Methoden der Textinterpretation (Schütze 1978[2]; Przyborski 2004).

Mannheim hat ein grundlagentheoretisches Konzept von Kollektivität entwickelt, das vom Individuum ebenso wie von der **konkreten** Gruppe abgelöst ist: das des „konjunktiven Erfahrungsraums". Dieser Erfahrungsraum verbindet diejenigen, die an den in ihm gegebenen Wissens- und Bedeutungsstrukturen teilhaben. Zugleich ist diese Kollektivität aber keine dem Einzelnen externe, ihn von außen zwingende oder einschränkende, sondern eine, die Interaktion und alltägliche Praxis ermöglicht und Gemeinsamkeit stiftet. Auf der Ebene des Gesprächs zeigt sich dies im „Einander-Verstehen im Medium des Selbstverständlichen" (Gurwitsch 1976: 178).

---

[58] Das Verfahren wurde in dieser Tradition methodisch nicht weiterentwickelt (zu einem ausführlicheren Rückblick vgl. Loos /Schäffer 2001).

3.4 Spezielle Formen des Interviews und der Erhebung

Das funktioniert nicht nur bei Gesprächspartnern, die einander kennen, sondern – wie sich in Mangolds (1960) Analysen von Gruppendiskussionen empirisch gezeigt hat – auch bei anderen sozialen Einheiten, z.B. bei Vertretern einer Berufsgruppe. Jeder von uns hat an vielen unterschiedlichen Erfahrungsräumen teil. So lassen sich z.B. geschlechts-, bildungsmilieu-, und generationstypische Erfahrungsräume voneinander unterscheiden. „Die (konkrete, die Verf.) Gruppe ist somit nicht der soziale Ort der Genese und Emergenz, sondern derjenige der Artikulation und Repräsentation (…) kollektiver Erlebnisschichtung." (Bohnsack 2000: 378)

Für die Bestimmung des Gegenstandes heißt das nun, dass in Gruppendiskussionen kollektive Wissensbestände und kollektive Strukturen – die sich auf der Basis von existenziellen, erlebnismäßigen Gemeinsamkeiten in konjunktiven Erfahrungsräumen bereits gebildet haben – zur Artikulation kommen. Dieses Wissen bezeichnet Bohnsack mit „kollektiven Orientierungen" (Bohnsack 1989: 2000). Es ist ein „in der gelebten Praxis angeeignete(s) und diese Praxis zugleich orientierendes Wissen" (Bohnsack 2001a: 331).[59] Realgruppen lassen sich somit als „Epi-Phänomene" (Bohnsack 2000: 378) unterschiedlicher Erfahrungsräume und der darin eingelagerten Wissensbestände begreifen: Sie dienen dem Forscher in ihrer je spezifischen Konkretion als Mittel, um Zugang zu diesen Wissensbeständen zu bekommen. Es ist in dieser Analyseeinstellung aber nicht die konkrete Gruppe selbst, auf die sich das eigentliche Untersuchungsinteresse richtet. Der Gegenstand ist vielmehr der konkreten Gruppe, ihren einzelnen Individuen und der Situation, in der die Gruppe kommuniziert, übergeordnet. Er erschöpft sich aber auch nicht in vom Forscher zur Gänze vordefinierten Einheiten, wie etwa sozialen Schichten. Der Gegenstand ist durch gemeinsame Erfahrungen strukturiert und damit davon abhängig, welche Erfahrungen den Gruppendiskussionsteilnehmern tatsächlich gemeinsam sind. Daraus ergeben sich klare Konsequenzen für die Auswahl der Teilnehmer und Teilnehmerinnen (s.u.). Kollektive Orientierungen bzw. kollektives Wissen lassen sich nur auf der Basis der wechselseitigen Bezugnahmen der Teilnehmerinnen analysieren. Dazu muss eine gewisse Selbstläufigkeit der Diskussion gegeben sein; die Teilnehmerinnen müssen zumindest phasenweise ohne Eingriffe der Forscher miteinander sprechen können. Hierin liegt eine der methodologischen Begründungen für die bei Gruppendiskussionen anzustrebende Selbstläufigkeit (vgl. Przyborski 2004: 31 ff. und 55 ff.; Bohnsack/Przyborski 2006 u. 2007).

Eine weitere methodologische Begründung für die Selbstläufigkeit liegt im Ablauf, in der Dramaturgie des Diskurses. Die Teilnehmerinnen müssen quasi erst herausfinden, ob und wo gemeinsame Erfahrungen gegeben sind. Das geschieht in Form eines meist eher vorsichtigen Abtastens,[60] bis sich das Gespräch dann phasenweise lebendig bis hitzig gestaltet. Ein Gespräch, eine Diskussion kann sich nur dann auf „Erlebniszentren" einpendeln, wenn die Feldforscher ein Gespräch der Diskussionsteilnehmer untereinander ermöglichen. Gerade in diesen Höhepunkten der Diskussion kann „der Fokus kollektiver Orientierungen gefunden werden" (Bohnsack 2000: 379). Diese metaphorisch oft sehr aufgeladenen und in der Form der Interaktivität auffälligen Passagen von Gruppendiskussionen werden von Bohnsack „Fokussierungsmetaphern" (Bohnsack 2003a: 67) genannt. Da hier kollektive Orientierungen besonders gut zum Ausdruck kommen, bilden diese Passagen Schlüsselstellen bei der Auswertung.

---

[59] Wie oben schon erwähnt, liegt es in der Selbstverständlichkeit dieses Wissens, dass es nicht als begrifflich-theoretisch gefasstes, sondern als „atheoretisches" vorliegt. Die Aufgabe einer dokumentarischen Interpretation ist es nun u.a., dieses Wissen auf den Begriff zu bringen (vgl. Kap. 5.3).

[60] Vgl. zu diesem Prozess des Abtastens in Alltagsgesprächen Gumperz/Cook-Gumperz 1981: 436ff. und Erickson/Schultz 1982.

In stark von der Interviewerin gesteuerten Gruppendiskussionen kommt es erst gar nicht zu derartigen Fokussierungen.

> Der Gegenstand von Gruppendiskussionen sind **kollektive Orientierungen** und Wissensbestände. Diese entstehen nicht erst im Diskurs, sondern werden durch diesen **repräsentiert**. Den Zugang zu ihnen ermöglicht die Analyse **selbstläufiger Passagen** in Gruppendiskussionen (und ihr Verhältnis zu den Passagen, die durch die Interviewenden stärker strukturiert sind).

Wo liegen nun die Möglichkeiten und Grenzen des Verfahrens im Hinblick auf zu bearbeitende Erkenntnisinteressen? Thematisch gibt es keine Einschränkungen. Auch wenn unsere Argumentation deutlich gemacht hat, dass die konkrete Gruppe nicht der Forschungsgegenstand ist, wird das Gruppendiskussionsverfahren auch als eine Methode eingesetzt, die für konkrete handlungspraktische Felder Relevanz hat. In den letzten Jahren wurde das Verfahren neben dem klassischen Feld der **Marktforschung** (u.a. Bohnsack/Przyborski 2007) erfolgreich in der **Evaluationsforschung** und im Zuge dessen auch in der Organisationsberatung und -forschung eingesetzt (vgl. Bohnsack/Nentwig-Gesemann 2005). In diesem Umfeld stehen beispielsweise auch Bemühungen zur **Organisationskulturforschung** (u.a. Liebig 2001).

Zu den klassischen sozialwissenschaftlichen Einsatzgebieten zählen die **Generations-, Milieu-** (u.a. Bohnsack 1989, Schäffer 1996, Nohl 1996) und **Geschlechterforschung** (u.a. Meuser 1998, Behnke 1997), die **interkulturelle Forschung** (Weller 2003, Schittenhelm 2005, Nohl 2001) und **Jugendforschung** (Bohnsack et al. 1995, Asbrand 2005). Gerade durch den Praxisbezug bereichert das Gruppendiskussionsverfahren auch die gegenwärtige Medienforschung. Dabei richtet sich das Augenmerk auf **Medienpraxiskulturen** (vgl. Schäffer 2003; Fritzsche 2001) und **Rezeptionsforschung** (u.a. Michel 2001 und 2006).[61]

Die Grenzen des Verfahrens lassen sich wie folgt umreißen: Auch wenn in Gruppendiskussionen individuelle Meinungen formuliert werden und durchaus Bruchstücke biographischer Erzählungen vorkommen können, eignet sich das Verfahren nicht zur Bearbeitung von Fragen, bei denen Individuen die zu untersuchende Einheit darstellen. Biographische Elemente werden oft stellvertretend für die ganze Gruppe oder in Relation und im Kontrast zu Erzählelementen anderer Teilnehmerinnen eingebracht. Meinungen tauchen in Kohärenz mit dem Geschehen der Diskussion und nicht im Zusammenhang mit kohärentem individuellen Handeln auf. Das heißt, überall dort, wo individuelles Handeln, individuelle Biographien, Entscheidungsprozesse oder Haltungen Untersuchungsgegenstand sind, ist das Gruppendiskussionsverfahren für die Erhebung ungeeignet. Die Erhebung in der Gruppe lässt die Untersuchten sich als Teil kollektiver Zusammenhänge artikulieren. Individuelles kann nicht in seiner Eigengesetzlichkeit untersucht werden, sondern nur in Relation zum kollektiven Geschehen.

Man kann sich z.B. fragen, ob stilistische Präferenzen – seien es musikalische (zu Musikgruppen siehe Schäffer 1996) oder modische – eher individuell oder in kollektiven Zusammenhängen gebildet werden. Musikalische Karrieren nehmen ihren Ausgang häufig in Bands, also in Gruppen. Dennoch sind viele der „ganz Großen" individuelle Künstler. In der Jugendphase, in der in der Regel musikalische Vorlieben ausgebildet werden, entspringt die

---

[61] Weitere Einsatzgebiete und Forschungsfelder des Gruppendiskussionsverfahrens finden sich in Bohnsack/Przyborski/Schäffer 2006.

Begeisterung für eine bestimmte (etwa populäre) Musik oft aus dem gemeinsamen Erleben mit Gleichaltrigen. In späteren Lebensphasen mögen eher individuelle Begegnungen mit Musik zur stilistischen Weiterentwicklung beitragen. In früheren Lebensphasen sind es oft die Eltern oder andere erwachsene Vorbilder, die das Interesse für bestimmte (vielleicht klassische) Musik wecken und dieses fördern. Je nach Wahl der Erhebungsform wird entweder der individuelle oder der kollektive Zusammenhang stärker hervortreten. Das heißt, die Wahl des Erhebungsinstruments beeinflusst hier das Ergebnis, sie konstituiert den Gegenstand. Dies sollte vorab reflektiert werden.

Ebenso verhält es sich mit der Handlungspraxis. Das Reden über die Handlungspraxis fokussiert einen anderen Aspekt des Handelns als die (Beobachtung der) Handlungspraxis selbst. Zwar ist auch das Reden in seinem Vollzug eine Handlungspraxis, und es ist gerade dieser performative Aspekt, dem beim Gruppendiskussionsverfahren Rechnung getragen wird. Dennoch ist das Reden selbst in der Regel ja nicht **der** – oder zumindest nicht der einzige – Untersuchungsgegenstand. In der jugendsoziologischen Forschung, auf die wir hier Bezug nehmen, lässt sich das „Miteinander-Reden" in Mädchengruppen immer wieder als zentrale gemeinsame Handlungspraxis rekonstruieren; in Jungengruppen war dies im Vergleich dazu wesentlich seltener der Fall. Zwar erfahren wir im Gespräch eine Menge über die fokussierten Handlungspraxen, wie das Musikmachen, das Fußballspielen oder Tanzen, aber wir erfahren eben andere Aspekte als bei der Beobachtung dieser Praxis selbst. So fehlen oft gerade von denjenigen Aspekten, die für die Betreffenden ganz selbstverständlich sind, Erzählungen und Beschreibungen. Im Sinne einer Methodentriangulation können daher Beobachtungsdaten Gruppendiskussionen in fruchtbarer Weise ergänzen.

Auch für die Erhebung von Prozessen bzw. Prozessstrukturen über einen längeren Zeitraum (Jahre) hinweg ist das Gruppendiskussionsverfahren nicht gut geeignet. Gruppen können zwar auf frühere Phasen zurückblicken, längere Entwicklungen werden aber kaum selbstläufig erzählt. Hier hat das narrative Interview ein unvergleichbar größeres Potential (vgl. Kap. 3.4.1). Ist man auch an derartigen Prozessstrukturen interessiert, empfiehlt sich von daher eine Triangulation mit dem narrativen Interview.

> Das Gruppendiskussionsverfahren fokussiert kollektive Orientierungen, Wissensbestände und Werthaltungen. Seine Einsatzbereiche erstrecken sich von der interkulturellen Forschung, der Jugend-, Generations-, Milieu- und Geschlechterforschung über die Organisations- und Evaluationsforschung und Organisationsberatung bis hin zur Medien- und Kommunikationsforschung.
> Es stößt an seine Grenzen, wenn es um individuelle Orientierungen und spezifische Aspekte der Handlungspraxis sowie um langfristige Prozessstrukturen geht.

b. Zur Auswahl und Zusammenstellung der Gruppen

Die Zusammensetzung der Gruppe strukturiert die Ergebnisse der Untersuchung mit. Dort wo die Teilnehmerinnen gemeinsame Erfahrungen haben, wo sich Homologien in der Erlebnisaufschichtung finden, werden sich Zentren der Diskussion ergeben. Für diese Bereiche lassen sich kollektive Orientierungen herausarbeiten.

Umgekehrt lässt sich formulieren, dass nur dort, wo überhaupt Gemeinsamkeiten der Erfahrung gegeben sind, ein lebendiges Gespräch im Sinne einer konjunktiven Verständigung entsteht. Nur in solchen Diskussionen werden kollektive Orientierungen in einer für die Analyse zugänglichen Dichte repräsentiert.[62] Das heißt, eine ergiebige Diskussion kommt in einer Gruppe zustande, deren Mitglieder über hinreichend ähnliche Erfahrungen und existenzielle Hintergründe verfügen, von denen also anzunehmen ist, dass sie ein ähnliches Weltbild haben. Aus diesen Überlegungen ergeben sich zwei mögliche Wege, die Teilnehmerinnen für Gruppendiskussionen auszuwählen.

Bestehende, reale Gruppen

Egal, ob man sich für die Orientierungen Jugendlicher oder für diejenigen von Entscheidungsträgern in Industrieunternehmen interessiert: Es ist in keinem Fall zielführend, Gruppen von Personen mit sehr unterschiedlichen Interessen oder aus sehr heterogenen Berufsfeldern zu bilden. Oft wird angenommen, dass gerade unter solchen Umständen viel debattiert würde und die Diskussion von daher ergiebig sei. Die empirischen Ergebnisse weisen allerdings in eine andere Richtung. Die Diskutanten haben sich in derartigen Gruppen oft recht wenig zu sagen. So berichten Loos und Schäffer von ihren Erfahrungen in der Jugendforschung, „dass in Gruppen von Jugendlichen, die in wohlmeinender Absicht von Mitarbeitern eines Jugendzentrums für uns zusammengestellt wurden und die hinsichtlich des Bildungs- und Sozialmilieus sehr gemischt waren, keine selbstläufige Diskussion zustande kam. Die Lebenswirklichkeit eines Lehrlings, der gerade seine ersten frustrierenden Arbeitserfahrungen macht, ist einfach zu verschieden von der eines Gymnasiasten, der sich im gleichen Alter (…) überlegt, ob er nach dem Abitur ein soziales Jahr ableistet oder doch lieber vor dem Studium einen Auslandsaufenthalt einschiebt." (Loos/Schäffer 2001: 44) Gleiches gilt für Gruppen, die vielleicht in ähnlich wohlmeinender Absicht von einer Kontaktperson in einem Unternehmen, das eine Untersuchung unterstützt, zusammengesetzt wurden.

Bei real bereits bestehenden Gruppen hingegen kann man davon ausgehen, dass sie durch existenzielle Gemeinsamkeiten zusammengehalten werden bzw. sich aus diesem Grund konstituiert haben. In der Empirie schlägt sich dies in der Lebendigkeit und Selbstläufigkeit der Diskussion nieder. Hier stellt sich meist fast von selbst ein Gespräch ein. Was man zuvor nicht wissen kann, ist, welche Gemeinsamkeiten nun der jeweiligen Gruppe zugrunde liegen. Aus diesem Grund bietet sich diese Vorgehensweise an, wenn man sich für ein Phänomen/einen Zusammenhang interessiert, das/der als mehr oder weniger alltäglich bereits gefasst ist und auch aus der Perspektive des Alltagsbewusstseins Element von Gruppenbildung ist, wie es z.B. bei Hooligans (Bohnsack u.a. 1995; Wild 1996), Freundinnen, Clubmitgliedern, Musikgruppen (Schäffer 1996), Fans (Fritzsche 2001) u.a.m. der Fall ist. Auf diese Weise kann man auch vorgehen, wenn sich das Erkenntnisinteresse auf sehr weit gefasste Zusammenhänge bezieht, wie auf Männer und ihre Orientierungen im Zusammenhang mit dem Geschlechterverhältnis (Meuser 1998; Loos 1999; Behnke 1997), auf Freundinnen (Breitenbach 2000), auf Jugend (Bohnsack 1989) oder auf den Umgang mit medientechnischen Geräten, wie z.B. Computer, Telefon oder Fernsehapparat (Schäffer 2001 und 2003). Auf der Grundlage der Gruppendiskussionen lässt sich nun herausarbeiten, welche Orientierungen und Wissensbestände diese sozialen Zusammenhänge kennzeichnen. Oft wird über einen solchen Zugang auch nachvollziehbar, welche Funktion sie haben. Durch die komparative Analyse mit angrenzenden Gruppen, Zusammenhängen oder Phänomenen lassen sich auch die unterschiedlichen Erfahrungsräume, die konstitutiv für soziale Zusammenhänge (im Sinne konjunktiver

---

62 Liegen derartige Gemeinsamkeiten nicht vor, zeigt sich dies auch formal an der wechselseitigen Bezugnahme. Man kann dann aber meist nur feststellen, dass der Diskurs durch miteinander nicht kompatible Orientierungen strukturiert ist, kann diese aber nicht vollständig rekonstruieren (vgl. Przyborski 2004: 216ff.).

3.4 Spezielle Formen des Interviews und der Erhebung

Erfahrungsräume) sind, voneinander lösen und man kann zu der je spezifischen Überlagerung von Erfahrungsräumen vordringen, die bestimmte Gruppen konstituieren.

Zudem lassen sich auf der Grundlage von Erhebungen mit Realgruppen Kristallisationskerne und Grenzen neuer bzw. im Entstehen befindlicher Milieus identifizieren. In einer in vielen Dimensionen (räumlich, sozialräumlich, bildungsmilieutypisch etc.) mobilen Gesellschaft ist diese Leistung des Verfahrens nicht zu unterschätzen.

> Realgruppen verfügen in der Regel über eine gemeinsame Erfahrungsbasis und versprechen daher ergiebiges Material aufgrund der zu erwartenden Selbstläufigkeit und interaktiven Dichte der Kommunikation. Ihnen ist bei der Zusammensetzung von Diskussionsgruppen der Vorzug zu geben. Von der Auswahlstrategie, „möglichst unterschiedliche Teilnehmer und Teilnehmerinnen" an einen Tisch zu bringen, ist dagegen abzuraten.

Vom Forscher zusammengestellte Gruppen

Wir haben bereits darauf hingewiesen, dass eine gemeinsame Erfahrungsbasis nicht voraussetzt, dass diese Erfahrungen von den anwesenden Personen auch tatsächlich gemeinsam gemacht wurden. Anders ausgedrückt: Ausschlaggebend ist die Strukturidentität der Erfahrungen, ihre Homologie, nicht aber, dass diejenigen, die durch derartige Erfahrungen miteinander verbunden sind, einander tatsächlich kennen oder diese Erfahrungen an einem identischen Ort zu einem identischen Zeitpunkt gemacht haben.

Wenn man nun sehr genau weiß, welche gemeinsamen Erfahrungen ausschlaggebend für das Erkenntnisinteresse sind, ist es durchaus empfehlenswert, Personen zu einer Gruppendiskussion zusammenzusetzen, denen diese Erfahrungen gemeinsam sind, die sich aber vorher nicht kannten. Das können Gemeinsamkeiten der Sozialisationsgeschichte, der Berufsausübung, Erfahrungen mit bestimmten Erkrankungen und dergleichen sein. Gelingt die Auswahl der Teilnehmerinnen dahingehend, dass Gemeinsamkeiten in dem erwarteten Bereich gegeben sind, dann werden sich die zentralen Passagen des Diskurses auch darauf bezogen ergeben.

> Vom Forscher zusammengestellte Gruppen empfehlen sich dann, wenn man sich für bestimmte existenzielle Gemeinsamkeiten interessiert. Personen mit diesen Gemeinsamkeiten können auch dann zu einer Gruppendiskussion zusammengesetzt werden, wenn sie einander nicht kennen.

c. Prinzipien der Durchführung von Gruppendiskussionen[63]

Das Gruppendiskussionsverfahren ist dadurch gekennzeichnet, dass man es „genauer betrachtet – mit zwei ineinander verschränkten Diskursen zu tun" hat (Bohnsack 2003: 207). Es ist dies erstens der Diskurs der Forscherinnen mit den Untersuchten und zweitens der Diskurs der Untersuchten, also der Gruppendiskussionsteilnehmer, untereinander. Gerade die Relation der beiden Diskurse stellt ein wesentliches Element bei der Auswertung von Gruppendiskussionen dar (vgl. Kap. 5.3). Eine Voraussetzung dafür ist nun ein selbstläufiger, durch die Untersuchten selbst strukturierter Diskurs. (Der Diskurs zwischen Forschern und Untersuchten ergibt sich im Vergleich dazu fast von alleine.) Die Hauptaufgabe bei der

---

[63] Dieses Kapitel baut auf dem Kapitel 3.3 auf. Bei der Lektüre des Buches als Unterstützung für die konkrete Forschungspraxis ist zu bedenken, dass für die Planung oder Durchführung einer konkreten Erhebung beide Kapitel zu berücksichtigen sind.

Durchführung einer Gruppendiskussion besteht mithin darin, das Gespräch zwischen den Teilnehmerinnen in Gang zu bringen. Die Forscherin steht vor der schwierigen Aufgabe, ein Gespräch zu initiieren, ohne es nachhaltig zu strukturieren. Dabei kann man sich Erkenntnisse aus der Konversationsanalyse (u.a. Sacks/Schegloff/Jefferson 1974 und Sacks 1995 [1964-1972]) zunutze machen. Hier wurden jene – impliziten, im Alltag also nicht bewussten – Regeln bzw. Regelmäßigkeiten herausgearbeitet, die Gespräche am Laufen halten und ihren organisierten Ablauf ermöglichen. Die folgenden „reflexiven Prinzipien der Initiierung und Leitung von Gruppendiskussionen" (Bohnsack 2003a: 207) wurden in dichter Auseinandersetzung mit der Konversationsanalyse und der Rekonstruktion der Durchführung von Gruppendiskussionen – nicht zuletzt in ihrem Lichte – erarbeitet:

Interventionen immer an die ganze Gruppe

Eines der mächtigsten Mittel einer Sprecherin in einem Gespräch, einer Konversation, ist ihre Möglichkeit, den nächsten Sprecher zu wählen, beispielsweise mit den Worten „Was meinst du dazu?", gepaart mit Augenkontakt zu einem bestimmten Gesprächsteilnehmer. Dieser hat dann das Recht und die Pflicht, als Nächster zu sprechen. Bei moderierten Diskussionen, wie wir sie aus dem Fernsehen oder z.B. im Anschluss an Vorträge kennen, trägt **eine** Person die Verantwortung für die Verteilung des Rederechts und strukturiert damit das Gespräch nachhaltig. Diese Form des Moderierens läuft aber der Initiierung und Aufrechterhaltung einer selbstläufigen Gruppendiskussion zuwider.

Ein wesentliches Prinzip, um nicht in das bekannte „Sprachaustauschsystem" der moderierten Diskussion zu geraten, um also der mehr oder weniger bewussten Erwartung vorzubeugen, die Diskussionsleitung würde die Funktion der Zuweisung des Rederechts übernehmen, ist das Ansprechen der gesamten Gruppe. Bei der Umsetzung dieses Prinzips ist darauf zu achten, dass es nicht nur darum geht, verbal, sondern auch auf der Ebene des Blickkontakts und der Gestik **die gesamte Gruppe** zu **adressieren**. Als Leiter einer Gruppendiskussion spricht man also immer alle an: „Ihr habt zuvor gesagt ..." oder „Sie sind alle ...". Neben dem Effekt, dass das Rederecht damit nicht von der Diskussionsleitung verteilt wird, erleichtert es das Finden existentieller Gemeinsamkeiten.

Ein **Eingangsstimulus einer Gruppendiskussion**, bei der die Gruppe[64] von sich aus schon ins Gespräch gekommen ist, lautet beispielsweise: „Also ich sag, ich sag trotzdem mal unsere Frage, die wir am Anfang stellen, können wer dann mal gucken, können wer auch über was anderes reden, wenn ihr die net wollt, und zwar: ich weiß net, ob das so passt, also was uns immer interessiert ist, so wie das (.) damals war, wie ihr aus der Schule rausgekommen (.) seid, quasi ins Arbeitsleben oder so (2) übergegangen seid. Was ihr da so für Erfahrungen gemacht habt."

Weitgehender Verzicht auf die Teilnehmerrolle, Zurückhaltung im Gespräch

Eine weitere Möglichkeit, in die Organisation eines Gesprächs einzugreifen, besteht darin, die Sprecherrolle zu erlangen, indem man nach der Beendigung des Redebeitrags einer anderen Teilnehmerin zu sprechen beginnt. Wenn von einer aktuellen Sprecherin niemand als nächster Sprecher gewählt wird, hat jede Gesprächsteilnehmerin das Recht, die Sprecherrolle einzunehmen. Zwischen den einzelnen Redebeiträgen kann es zu kurzen Lücken oder Pausen kommen. Als Leiterin einer Gruppendiskussion sollte man aber erst dann das Rederecht ergreifen, wenn das Gespräch zwischen den Teilnehmern gänzlich zum Erliegen gekommen

---

[64] Die Gruppe hatte den Codenamen „Sand" und wird u.a. in Przyborski 2004: 184ff ausführlich dargestellt.

3.4 Spezielle Formen des Interviews und der Erhebung

ist, also besonders lange niemand etwas sagt und man den Eindruck gewinnt, dass „jetzt wirklich nichts mehr kommt". Man verzichtet also darauf, die Teilnehmerinnenrolle einzunehmen.

Durch diese **Zurückhaltung im Gespräch** stellt man zum einen die Bedingungen der Möglichkeit für Selbstläufigkeit des Diskurses her. Die Teilnehmer bemerken, dass auch auf dieser Ebene kein Eingriff in die Verteilung der Redebeiträge erfolgt und beziehen sich eher aufeinander als auf den Diskussionsleiter. Zum anderen gibt es den Teilnehmerinnen die Gelegenheit, ja es verpflichtet sie geradezu dazu, Themen selbst abzuschließen. Die Art und Weise, wie Themen von einer Gruppe abgeschlossen werden, ist ein wesentliches Element der Auswertung von Gruppendiskussionen (vgl. Kap. 5.3).

Werfen wir einen Blick auf ein Beispiel,[65] um besser zu verstehen, warum es wichtig ist, dass die Teilnehmer den Diskurs selbst steuern und Themen selbst abschließen: In einer Passage zum Thema „Heiraten" diskutieren zwei junge Männer türkischer Herkunft hitzig (und antithetisch, vgl. Kap. 5.4) über die Frage, ob man traditionell heiraten sollte oder doch „nach der eigenen (persönlich-individuellen) Art". Die Interviewer mischen sich nicht ein, auch nicht, als es schließlich zu einer Pause von drei Sekunden kommt. Danach geht der Diskurs selbst gesteuert weiter, und es kommt zu einer – überraschenden – Beendigung des höchst kontrovers diskutierten Themas. Bahri beschreibt eine Szene am Brunnen, wo die jungen Frauen seines Heimatdorfes in der Morgensonne standen und auf sein Erscheinen warteten. Ahmet reagiert mit: „Ja, war so? (1) @Wie schön weißte da hätteste en Film gedreht." Nahezu im selben Moment rekurriert Bahri noch mal auf seine Beschreibung der Szene am Brunnen: „@Ah: es standen viele jaa ey@" Und Bahri schließt an: „Es standen viele ja." Daraufhin bestätigt Bahri: „Türkische Filme sind so @(.)@." Ahmet unterstreicht dies mit: „Echt. (2) th=th=th=th." Es folgt eine weitere Pause von 8 Sekunden. Erst dann zeigt sich ein Interviewer beeindruckt: „Phuuu." Ahmet beschließt das Thema dann endgültig mit: „@(.)@ war witzig ja." In dieser zentralen Konklusion kommt es zu der für die Interpretation bedeutsamen Metaphorik des Heimatfilmes. In dieser Metaphorik dokumentiert sich eine deutliche Entfremdung der Untersuchten von ihrer Herkunftskultur, die sich auch in anderen Passagen dieser Gruppendiskussion bestätigen lässt.

Hätte sich der Interviewer schon vor der drei Sekunden langen Pause eingemischt, wäre es u.U. nicht zu einem selbst gestalteten Abschluss des Themas gekommen. Die Interpreten wären dann vielleicht der Sichtweise verhaftet geblieben, die beiden hätten ganz unterschiedliche Positionen, wie man aus dem hitzigen Diskurs zuvor hätte schließen können. Dagegen haben sie nur engagiert am selben Strang gezogen, den sie zuvor auch noch nicht zum Ausdruck bringen konnten. Ihre Sichtweise konnten sie befriedend erst im Bild des Heimatfilms – bezogen auf die zuvor beschriebenen und von den beiden sehr unterschiedlich bewerteten Szenen – fassen.

Themenvorschläge ohne themenbezogenen Orientierungsrahmen

Die Behandlung eines Themas steht immer in einem Orientierungsrahmen. Dieser Orientierungsrahmen kann mehr oder weniger unmittelbar mit dem Thema verknüpft sein. So kann das Thema „Boulevardblatt" in den Rahmen der Abgrenzung von einer Schwiegermutter und deren Milieu eingebettet sein, für welches das Boulevardblatt metaphorisch steht. Es kann sich aber an diesem Thema auch die Orientierung eines strategischen Umgangs mit der Me-

---

[65] Das Beispiel stammt wieder aus der Gruppe Sand, vgl. Przyborski 2004: 184ff.

dienöffentlichkeit dokumentieren. Die Diskussionsleiterin hat nun die Aufgabe, Themen aufzuwerfen, **ohne** sie bereits in einen Orientierungsrahmen zu stellen, der mit dem Thema verknüpft ist. Idealerweise werden alle Themen lediglich mit dem allgemeinen Orientierungsrahmen aufgeworfen, dass man daran interessiert ist, welche Erfahrungen und Orientierungen **die Gruppe** im Zusammenhang mit dem jeweiligen Thema hat. Man fragt also z.B. nicht: „Familie ist doch eine schöne Sache, oder?", sondern eher: „Welche Erfahrungen habt ihr denn mit eurer Familie gemacht, wie ist es denn so mit Familie?"

Demonstrative Vagheit, methodisch reflektierte Fremdheit

Unterstützt wird die Dokumentation des Interesses an den Relevanzsetzungen und Erfahrungen einer Gruppe mit einem Thema dadurch, dass Themen demonstrativ vage initiiert werden, Fragen eher vorsichtig und nicht vollkommen bestimmt gestellt werden. Positiv formuliert könnte man sagen: Themen werden ausgelotet, Fragen eröffnen ein Feld. Mit dieser Form der Bezugnahme macht man deutlich, dass die Untersuchten als Expertinnen für ihre Belange betrachtet werden. Die Forscherin zollt der Lebenswelt und den Erfahrungen der Untersuchten Respekt, nähert sich ihnen im Sinne einer methodisch reflektierten Fremdheit.

Fragen sollten freilich nicht ungeschickt, holprig oder stotternd formuliert werden, um Vagheit zu demonstrieren. Erfolg versprechender sind offene Fragen, Fragereihungen, bei welchen zwei Fragen in Richtung eines Themas gestellt werden, zum Beispiel: „Wie ist es denn so mit Jungs? Was habt ihr denn für Erfahrungen mit Jungen?", und unvollständige Sätze, die zum Weitersprechen einladen, zum Beispiel: „Zuvor habt ihr so über die Familie (1) geredet, ihr habt so ...".

Anstoßen detailreicher Darstellungen

Fragereihungen sind ein erprobtes Mittel, um detaillierte Darstellungen anzustoßen.[66] Detailreiche Erzählungen und Beschreibungen ermöglichen den Zugang zur (Rekonstruktion der) Handlungspraxis, welche wiederum ein ganz wesentliches Element der Auswertung darstellt (vgl. Kap. 5.3). Auch mit expliziten Aufforderungen zu erzählen oder zu beschreiben oder mit Fragen nach dem Erleben erreicht man derartige Darstellungen.

Bei der Leitung von Gruppendiskussionen sind folgende Prinzipien zu beachten:
1. Die Interventionen richten sich immer an die ganze Gruppe, das gilt für die Formulierung von Fragen und Themenstellungen ebenso wie für das Blickverhalten.
2. Weitgehende Zurückhaltung des Interviewers und der Verzicht auf die Teilnehmerrolle sind Bedingungen dafür, dass ein selbstläufiger Diskurs zustande kommt und Themen von der Gruppe abgeschlossen werden können.
3. Themeninitiierungen sollten keine Orientierungen enthalten, die mit dem gestellten Thema verbunden sind. Es sollte sich lediglich das Interesse an der Entfaltung des Themas durch die Teilnehmerinnen dokumentieren.
4. Demonstrative Vagheit, d.h. vorsichtige Frageformulierungen machen deutlich, dass man dem zu erforschenden Phänomen gegenüber in einer Fremdheitsrelation steht.
5. Themeninitiierungen und Fragen sollten so formuliert sein, dass sie detaillierte Erzählungen und Beschreibungen evozieren.

---

[66] Vgl. Sacks 1995 [1964-1972]: 561ff.; Bohnsack 2003a: 209; Przyborski 2004: 81ff.

3.4 Spezielle Formen des Interviews und der Erhebung

d. Konkrete Anregungen für die Durchführung

Für den Beginn einer Diskussion wie auch für die **Eingangsfrage** gilt es ein Thema (im Rahmen des Erkenntnisinteresses) zu wählen, mit welchem möglichst **alle Diskussionsteilnehmerinnen Erfahrung** haben. Nur so haben alle die Möglichkeit, auch wirklich an der Diskussion teilzunehmen und mithin einen kollektiven Zusammenhang zu entfalten. Dann verfolgt man das Gespräch so aufmerksam wie möglich, ohne jedoch in die Rolle eines Gesprächsteilnehmers zu wechseln. Wenn man aufmerksam zuhört, vermittelt man der Gruppe quasi automatisch mimisch, gestisch und auch auf der Ebene von minimalen Hörersignalen („mhm") Aufmerksamkeit. Dies unterstützt in der Regel die Selbstläufigkeit. Auf diese eher **ungewohnte Situation** – der Diskussionsleiter leitet die Diskussion nicht im üblichen Sinn – kann bzw. sollte man die Gruppe im Vorfeld **aufmerksam machen**, indem man etwa sagt: „Es kann euch seltsam vorkommen, aber ich werde mich aus dem Gespräch eher raushalten. Alles, was ihr sagt, ist interessant für mich. Ihr könnt auch die Themen selbst wählen, sie so besprechen, wie sie eben gerade kommen."

Zu Beginn mag die Diskussion manchmal nicht gleich **in Gang** kommen. Zum einen müssen die Teilnehmerinnen einander erst abtasten; sie müssen herausfinden, wo sie Gemeinsamkeiten haben. Zum anderen müssen sie den ungewohnten Stil der Erhebung erst ausloten. In dieser Phase können **ermunternde Blicke und Äußerungen** hilfreich sein, in dem Sinne, dass die Kommunikation der Gruppe dem entspricht, was man beabsichtigt hat. Erliegt das Gespräch nach einer kurzen Weile, empfehlen sich immanente Nachfragen. Damit bleibt man im Relevanzrahmen der Gruppe und bestätigt sie darin, dass sie es richtig machen.

Ist das Gespräch erst einmal in Gang gekommen, ist schon beinahe alles gewonnen. Sobald man zwischen 30 und 60 Minuten überwiegend selbstläufiges Gespräch „im Kasten" hat, kann man (fast) nichts mehr falsch machen. Im Sinne der Prinzipien aus Kapitel 3.4 folgen nun immanente und dann exmanente Nachfragen. Dies ist nun auch der Teil, in dem (weitere) Fragen gestellt werden sollen, die im Zusammenhang mit dem spezifischen Erkenntnisinteresse stehen. Bohnsack (2003a: 210) empfiehlt am Ende noch eine „direktive Phase", in welcher Widersprüche und Auffälligkeiten des Gesprächs aufgerollt werden können. Erfahrungen aus der Forschungspraxis zeigen, dass bei gelungenen Diskussionen am Ende alle – einschließlich der Diskussionsleiterin – ziemlich erschöpft sind.

Wie geht man damit um, wenn jemand sich überhaupt nicht aktiv an der Gruppendiskussion beteiligt? – Die Frage nach dem Umgang mit **Schweigern** wird von Lernenden häufig gestellt und vor allem in der angloamerikanischen, aber auch der deutschen Literatur (u.a. Lamnek 1998) eingehend behandelt. Das Problem kann aber – nach allem, was bisher erläutert wurde – nicht dadurch gelöst werden, dass man die Schweiger dazu bringt, doch etwas zu sagen. Das würde dem Prinzip, in die Verteilung der Redebeiträge **nicht** einzugreifen, grundlegend widersprechen. Man gäbe damit der Gruppe die Botschaft, dass man doch ein Moderator im üblichen Sinn ist und die Teilnahme der Beteiligten am Gespräch steuert. Das heißt, es gilt auch dieses Problem im Hinblick auf die grundlagentheoretische Einbettung zu lösen.

Wenn nur eine Person schweigt, lässt sich dies in zweierlei Richtung interpretieren: Entweder geht sie so vollständig in den Beiträgen der anderen auf, dass es sich erübrigt, selbst etwas zu sagen. Oder ihre Orientierungen unterscheiden sich von denen der anderen (so sehr), dass sie gar keinen Anknüpfungspunkt findet oder sich dem (Macht-)Kampf unterschiedlicher Orientierungssysteme bzw. Weltanschauungen nicht stellt. In beiden Fällen stört das Schweigen der Person den empirischen Zugang zu den kollektiven Orientierungen, die das

Gespräch der anderen Teilnehmer beinhaltet, nicht. Das Schweigen hat in diesem Fall für die Erhebung keine Konsequenzen.

Wenn mehrere Teilnehmer schweigen oder nur ganz wenig sagen, ist das meist ein Hinweis darauf, dass sie einen anderen kollektiven Zusammenhang repräsentieren. In diesem Fall empfiehlt es sich, mit ihnen eine eigenständige Erhebung durchzuführen. Bemerkt man bei mehreren Diskussionen innerhalb eines Forschungsvorhabens Schweiger, kann dies ein Hinweis auf ein strukturelles, forschungsrelevantes Problem sein – z.B. im Hinblick auf die Auswahl der Teilnehmerinnen. Plakativ lässt sich dies mit folgendem Beispiel illustrieren: Bei einer organisationssoziologischen Untersuchung werden Gruppendiskussionen mit den Zugehörigen von Organisationseinheiten geführt, die tatsächlich durch viele praktische Arbeitsvorgänge miteinander verbunden sind. Trotz lebendiger Diskussionen beteiligen sich einige Teilnehmer nicht am Gespräch. Die Frage, die sich die Forscherin nun stellen sollte, muss lauten: Was verbindet diejenigen, die nichts sagen, miteinander? Sind es immer die Frauen? Oder lassen sie sich einer bestimmten Hierarchieebene zuordnen? Oder sitzen diese Schweiger vielleicht nicht im selben Gebäude mit den anderen? Solche Überlegungen können wertvolle Hinweise für das Erkenntnisinteresse zutage fördern und dazu führen, dass weitere Diskussionen erhoben werden, bei denen die Teilnehmer nach einem anderen Prinzip ausgewählt werden als zuvor.

Werden **mediale Inhalte** als Ausgang für eine Gruppendiskussion eingesetzt, hat es sich bewährt, die Teilnehmerinnen **zunächst** zu bitten, das Rezipierte **nachzuerzählen** bzw. zu rekonstruieren. Im Alltag gehen wir in der Regel davon aus, dass wir, wenn wir z.B. einen Fernsehfilm sehen, alle dasselbe gesehen haben, und es sich von daher erübrigt, sich zuerst darüber zu verständigen, was man überhaupt gesehen hat. Diese Vorannahme ist für die Forschung aber eher hinderlich, denn „was" die verschiedenen Personen tatsächlich gesehen haben, ist für die Sozialforscherin gerade von Interesse. Die Rekonstruktion des Gesehenen gleitet in der Regel in ein reflexives Gespräch über den Medieninhalt über. Fragen zum Alltag der Medienrezeption sollten dabei nicht vergessen werden. Bei Bildern als Ausgangsbasis bittet man die Teilnehmer zu erläutern, was auf dem Bild zu sehen ist (vgl. Michel 2006).

Für die Ausgangsfrage und die Nachfragen empfiehlt es sich, eine **Liste** anzulegen, die man sich auf dem Weg zur Diskussion kurz vor Augen halten kann. Während der Diskussion sollte man die Liste eher nicht verwenden. Wenn man es dennoch – möglichst nicht gleich am Anfang – tut, sollte man die Verwendung kommentieren, z.B.: „Jetzt schau' ich mal nach, ob wir auf alle für uns wichtigen Bereiche zu sprechen gekommen sind." In dieser Liste kann man **Fragemodelle** notieren – z.B.: „Wie ist es so mit Mädchen (Jungs)?" – und welche **Komponenten des Erkenntnisinteresses** damit abgedeckt werden sollen – wie z.B. „Ausloten der Geschlechtsrollenbeziehung und der Beziehung zu Sexualität bzw. allgemein: der Geschlechtstypik". Die Fragemodelle können weniger erfahrene Interviewer in Phasen der Verlegenheit „retten", weil man dann doch noch „etwas parat hat". Die Komponenten ermöglichen einen Überblick über die wesentlichen Bereiche des Erkenntnisinteresses und leiten in erster Linie die immanenten Nachfragen an, für die Fragemodelle nicht notwendig sind. Finden sich für bestimmte Komponenten gar keine Anknüpfungspunkte, lässt sich wiederum auf die Fragemodelle zurückgreifen.

> Mit dem Thema der Eingangsfrage sollen alle Teilnehmer Erfahrung haben. Ermunternde Äußerungen und Blicke sowie der Hinweis auf die eher ungewohnte Interview- bzw. Leitungssituation können das In-Gang-Kommen der Selbstläufigkeit fördern. Schweiger werden nicht direkt angesprochen. Das Problem muss im Einklang mit grundlagentheoretischen Überlegungen auf der Ebene des Gesamtprojekts gelöst werden.
> Bei medialen Inhalten als Ausgangsbasis für eine Diskussion empfiehlt es sich, diese Inhalte zuerst von der Gruppe wiedergeben zu lassen.
> Eine Liste mit Fragemodellen und den entsprechenden Komponenten des Erkenntnisinteresses hilft bei der Durchführung der Diskussion.

3.4.3 Gruppendiskussionen und Interviews mit Kindern

Erhebungen mit Kindern in gruppenförmigen Settings wurden bisher weitaus seltener eingesetzt als andere empirische Erhebungsformen mit Kindern (vgl. Heinzel 2000: 22ff.; Richter 1997) und auch viel seltener als mit Jugendlichen und Erwachsenen. Erst in der jüngsten Zeit findet das Verfahren zunehmend Verwendung, und einige Forscherinnen widmen sich intensiv einer systematischen Rekonstruktion des Gruppendiskussionsverfahrens mit Kindern (vgl. Heinzel 2000: 117ff.; Nentwig-Gesemann 2002 und 2006).

Dem Verfahren wird großes Potential für die empirische Forschung mit Kindern attestiert, nicht zuletzt, weil das hierarchische Gefälle zwischen Kindern und Erwachsenen durch die zahlenmäßige Überlegenheit der Kinder bei Gruppendiskussionen abgemildert wird. Dies erweitert die Perspektive auf die ganz eigene soziale Welt der Kinder, wie sie nicht durch Erwachsene strukturiert ist. Neben der ethnographischen und videogestützten Beobachtung (vgl. Wagner-Willi 2001) leistet damit das Verfahren der Gruppendiskussion einen Beitrag für eine Fokussierung auf die Konstruktion(sleistung)en der Kinder und damit auch einen Beitrag zu einer rekonstruktiven Kindheitsforschung. Die Peergroup und die Erfahrungsräume der Kinder und – so würden wir ergänzen – die sich darin vollziehenden Sozialisationsprozesse rücken gegenüber einer Orientierung an (zukünftigen) Entwicklungszielen mit oft mehr oder weniger explizit normativem Charakter in den Vordergrund (vgl. Oswald 2000).

Der größte Teil methodisch-methodologischer Reflexion im Bereich gruppenförmiger Erhebungen mit Kindern nimmt Bezug auf das Gruppendiskussionsverfahren, wie wir es im letzten Kapitel beschrieben haben. Auf dieses Verfahren werden wir uns in der Folge auch schwerpunktmäßig beziehen. Der folgende Text setzt mithin die Lektüre des vorangegangenen Kapitels voraus.

a. Erhebungsverfahren, Untersuchungsgegenstand und Anwendungsbereiche

Auch Gruppendiskussionen mit Kindern entfalten ihr Potential dort, wo es um Kollektives geht. Der große Unterschied zu Diskussionen mit Jugendlichen und Erwachsenen liegt in der überwiegend performativen Präsentation von implizitem, handlungsleitendem Wissen. Das heißt, Kinder erzählen und beschreiben ihre Handlungspraxen und Erlebnisse weniger, als dass sie diese vor- bzw. aufführen. Dieses Verhalten wird von erwachsenen Forscherinnen oft als ein Aussteigen aus der Diskussion oder als ein Abgleiten in die Interaktionsform des Spielens erlebt. Auf der Ebene der methodischen Überlegungen zu Verfahren und Gegenstand wurde auf zwei etwas unterschiedliche Weisen damit umgegangen. Wenig zielführend ist es, dieses Phänomen theoretisch lediglich als defizitär oder als unausgereifte Entwicklung zu fassen. Viel eher geht es darum, den Ausdrucksformen der Kinder ihren Platz im Verfahren einzuräumen – bei der theoretischen Rekonstruktion des Forschungsgegenstandes ebenso wie bei der methodisch-technischen Konzeption des Verfahrens.

Heinzel (1997 und 2000) nutzt für ihre Erhebungen mit Kindern institutionalisierte Gesprächssituationen. Das sind regelmäßig wiederkehrende Situationen, bei welchen die Kinder moderiert werden (durch direkte Vergabe des Rederechts oder z.B. durch ein Spielzeug, das reihum geht) und in ganz bestimmte – z.T. explizit niedergelegte – Gesprächsregeln eingeübt werden. Im konkreten Beispiel von Heinzel sind es „Kreisgespräche" in Grundschulen, die „zu Gruppendiskussionen werden durch die Anwesenheit einer Forscherin oder eines Forschers" (Heinzel 2000: 128). In diesem Kontext bleiben die Kinder beim sprachlichen Ausdruck.

Was hier immer mit untersucht wird, sind die je spezifischen Gesprächsregeln und Rituale der Schule, d.h. die Institution und ihre Kultur sind bei derartig erhobenem Material gegenstandsbestimmend. Die stärkere Verpflichtung auf den Gesprächscharakter geht auf Kosten einer Selbstläufigkeit, die primär von den Untersuchten getragen wird, und wirkt sich damit auf den Gegenstand aus, den man untersucht. In jedem Fall sinnvoll ist diese Vorgehensweise in sprachdidaktischen und erziehungswissenschaftlichen Studien, in denen Lernprozesse (innerhalb von Institutionen) untersucht werden (vgl. z.B Hausendorf/Quasthoff 1996).

Wenn es eher um die psychologische Erforschung von Entwicklungsprozessen im sozialen Kontext geht (vgl. Billmann-Mahecha 2005), wird die Beachtung des Forschungsprinzips der Selbstläufigkeit bedeutend wichtiger.

Der zweite Weg, das Spannungsverhältnis sprachlicher und nicht sprachlicher Interaktion bei Kindern in den Griff zu bekommen und Selbstläufigkeit zu ermöglichen, liegt im systematischen Einbeziehen szenisch-performativer Darstellungsformen. Der Ansatz des „videogestützten Gruppendiskussionsverfahrens für eine rekonstruktive Kindheitsforschung" (Nentwig-Gesemann 2006) beschreitet diesen Weg. Durch die Videographie sind in der Erhebungssituation die Bedingungen dafür geschaffen, dass die Kinder sich so äußern können, wie es für sie jeweils angemessen ist. Sie müssen vom Forscher nicht ständig auf das Medium Sprache verpflichtet werden. Die Bedeutung der körperlich-szenischen Performanz in der Erhebungssituation illustriert Nentwig-Gesemann anhand einer Forschungserfahrung: Sie eröffnete eine Gruppendiskussion unter vier Mädchen und zwei Jungen im Alter zwischen fünf und neun Jahren mit folgender Erzählaufforderung:

„Also, (.) von allen Seiten sehen und hören wir als Erwachsene Pokémon und Digimon. Wir interessieren uns dafür, was Kinder so mit den Pokémons überhaupt machen, (.) vielleicht erzählt ihr einfach mal wie das ist, wenn ihr hier in der Kita oder sonst (.) wenn ihr zusammen seid (.)." (Nentwig-Gesemann 2002: 48)

Die Kinder reagierten spontan und erfreut mit dem Angebot, es der Interviewerin sofort zu „zeigen". Die Interviewerin blieb bei ihrer Bitte zu erzählen, also sprachlich auszudrücken, was gemacht wird. Ein Junge betonte, sonst immer alles zu wissen, wenn aber so eine Frage käme, wisse er nie, was er sagen solle. Die anderen sagten schließlich, dass sie „tauschen oder spielen", womit für sie die Erzählaufforderung beantwortet erschien.

Lässt man die Kinder in der Erhebungssituation spielen, entwickelt sich meist eine starke Selbstläufigkeit. Es kommt zu einer Dramaturgie, die von den Kindern selbst bestimmt ist. Dabei finden sich Höhepunkte sprachlicher ebenso wie solche szenisch-körperlicher Performanz, also sog. „Fokussierungsmetaphern" (siehe Bohnsack 2003c), bei denen das Gespräch einen hohen Grad an interaktiver und metaphorischer Dichte erreicht, ebenso wie „Fokussierungsakte" (vgl. Nentwig-Gesemann 2002), d.h. Handlungspassagen, die interaktiv besonders dicht sind.

Wenn sich das Erkenntnisinteresse auf Abstimmungs-, Verständigungs- und Gemeinschaftsbildungsprozesse oder auf spezifische Handlungspraxen bei Kindern richtet, empfiehlt es sich, das Verfahren der videogestützten Gruppendiskussion anzuwenden. Kindergemeinschaften konstituieren und bewähren sich im Medium des Spielens ebenso, wie sie darin zerbrechen. Das reichhaltige handlungspraktische Wissen, über das Kinder verfügen, ist für sie selbst in weiten Bereichen einer Versprachlichung nicht zugänglich. In den szenischen Aufführungen des Spiels artikulieren sich kollektive habitualisierte (also nicht intendierte) Stile und Wissensbestände. Das heißt, auf der Grundlage derart selbstläufigen Materials lassen sich gemeinsame (und unterschiedliche) Erfahrungsaufschichtungen der Kinder im Sinne konjunktiver Erfahrungsräume herausarbeiten. In der komparativen Analyse wird die Soziogenese dieser kollektiven Habitusformen deutlich, ob sie beispielsweise Erfahrungen in bestimmten Institutionen oder geschlechtstypischen, generationstypischen oder (familien-)milieutypischen Erfahrungen entspringen. Ein weiterer Untersuchungsgegenstand ist die Struktur von Handlungspraxen, etwa von Spielpraxen oder Medienpraxiskulturen. So unterscheidet Nentwig-Gesemann (2006) auf der Grundlage unterschiedlicher Varianten des Pokémon-Spiels, die sie auf der Grundlage von videogestützten Gruppendiskussionen ermittelt hat, drei Formen des Spielens: 1. Spielen im Rahmen eines kommunikativ-generalisierten Regelwerks (d.h. Spiele, bei welchen die Regeln auf den Begriff gebracht wurden), 2. Spielen in einem habitualisiert-aktionistischen Rahmen, 3. Spielen in einem aktionistischen Rahmen. Diese Spielformen werden schließlich in ihrer Bedeutung für Prozesse der Gemeinschaftsbildung beleuchtet. Für die Untersuchung von Medienpraxiskulturen bei Kindern eignet sich die videogestützte Gruppendiskussion mit einem entsprechenden medialen Stimulus. Die Rekonstruktion des medialen Inhalts in der Gruppendiskussion erfolgt in der Regel auch durch körperlich-szenische Darstellungsformen.

> Der größeren Bedeutung von **körperlich-szenischer Performanz** in Gruppendiskussionen von Kindern (vor allem auf der Ebene des Spielens) wird auf zwei Weisen begegnet: 1. Man nutzt **institutionalisierte Gesprächssituationen**, in welchen die Kinder stark auf den Gesprächscharakter der Interaktion verpflichtet sind. 2. Man arbeitet mit **videogestützten Gruppendiskussionen**. Beim zuerst genannten Zugang wird die Institution sehr stark mit untersucht. Für sprachdidaktische und erziehungswissenschaftliche Forschungsinteressen mag dies durchaus ein Vorteil sein. Interessiert man sich stärker für eine „Soziologie der Kindheit", für Gemeinschaftsbildungsprozesse, kollektive Habitusformen, die Struktur von kollektiven Handlungspraxen oder für entwicklungspsychologische Fragestellungen, ist man mit videogestützten Gruppendiskussionen besser beraten.

b. Zur Auswahl der Kinder und Zusammensetzung der Kindergruppen

Im Gegensatz zu Gruppendiskussionen mit Erwachsenen empfiehlt es sich bei Kindern in **keinem** Fall, die Gruppen künstlich zusammenzusetzen. Wenn die Kinder einander nicht kennen, bleibt es dem Zufall überlassen, ob sich eine selbstläufige Interaktion zwischen ihnen ergibt oder nicht. Wir können bei Erwachsenen intuitiv oder durch sozialwissenschaftliche Schulung eher einschätzen, ob es eine gemeinsame Erfahrungsbasis gibt, aufgrund derer sich auch unbekannte Personen miteinander verständigen können. Zudem haben

Erwachsene längere Ausdauer (durch den Kooperationsdruck, der durch die Zustimmung an der Teilnahme entsteht) bei interaktiven Suchbewegungen, die zur gemeinsamen Erlebnisschichtung führen (können). Je jünger die Kinder sind, desto instabiler ist ihre Kooperationsbereitschaft in fremden Kontexten, sei es bei fremden Forschern oder unbekannten anderen Kindern. Von daher müssen vor der Erhebung **Realgruppen** ermittelt werden.

Das macht das zu Beginn dieses Buches mit dem Motto „Qualitative Forschung ist Feldforschung" bezeichnete Prinzip bei der Erforschung der Lebenswelten von Kindern besonders bedeutsam: Hier dient es zuallererst dem Aufbau einer vertrauensvollen Forschungsbeziehung. Auch in einer zweiten Hinsicht ist die intensive Auseinandersetzung mit dem „Feld" bei Kindern wichtig: Vorsicht geboten ist gegenüber der Einschätzung Dritter – seien es Eltern oder Lehrer –, ob es sich bei einer Ansammlung von Kindern um eine Realgruppe handelt. Bei Erziehungspersonen können die unterschiedlichsten Beweggründe dazu führen, Kinder als Gruppen zu sehen oder zusammenzustellen, seien es Freundschaften mit anderen Eltern, der Wunsch, besonders gut geförderte oder begabte Kinder zu präsentieren, usw. Man kommt daher nicht umhin, sich selbst durch teilnehmende Beobachtung im Vorfeld der Erhebung ein Bild zu verschaffen.

Das biologische **Alter** der Kinder ist für das Gelingen einer Gruppendiskussion wesentlich unerheblicher als ihr soziales, d.h. der konkrete Entwicklungsstand, den sie (in bestimmten Bereichen) erreicht haben. Große Entwicklungsunterschiede können nur durch Erfahrungen miteinander, d.h. durch stabile Beziehungen, wettgemacht werden. Um dies zu ermitteln, führt wiederum kaum ein Weg an der intensiven Feldforschung vorbei.

> Für die Auswahl der Kinder bzw. Kindergruppen ist ein intensiver Feldkontakt besonders wichtig: Es müssen **Realgruppen** gefunden werden, da es sich gerade bei Kindern nicht empfiehlt, mit zu Forschungszwecken zusammengesetzten Gruppen zu arbeiten. Auch auf Empfehlungen Dritter sollte man sich nicht ohne Weiteres verlassen. Dem Vertrauen unter den Untersuchten und zu den Forschern kommt für den Erfolg der Forschung große Bedeutung zu. Das **soziale Alter** der Teilnehmer und Teilnehmerinnen sollte weitgehend **homogen** oder die **Beziehungen** untereinander **stabil sein**, was ein weiteres Argument für Realgruppen ist. Der Untersuchungsgegenstand ändert sich je nachdem, ob man die Erhebung innerhalb von **Institutionen oder Familien** durchführt.

c. Prinzipien und konkrete Anregungen für die Durchführung

Die Prinzipien für die Durchführung von Gruppendiskussionen sind auch bei Gruppendiskussionen mit Kindern gültig. Ihre Umsetzung bedarf jedoch einer gewissen Modifikation. Sie besteht insbesondere in einer **systematischen Erweiterung** um das Element der **performativen Darstellung von Handlungspraxis** bzw. Spielpraxis. Es gilt immer zu bedenken, dass es hier nicht nur um das Gespräch, sondern auch um die Durch- bzw. Aufführung konkreter Spiel- und Handlungspraxen geht. Wie diese systematische Erweiterung der Durchführungsprinzipien und das Verhältnis von erwachsenen Forscherinnen gegenüber den Untersuchten im Kindesalter die konkrete Anwendung des Verfahrens strukturiert, wird im Folgenden erläutert.

Im vorangegangenen Kapitel haben wir dargelegt, dass das Gruppendiskussionsverfahren durch eine Verschränkung zweier Diskurse gekennzeichnet ist: 1. des Diskurses der Forscherinnen mit den Untersuchten, 2. des Diskurses der Untersuchten, also der Gruppendiskussionsteilnehmer untereinander. Im Fall von Gruppendiskussionen mit Kindern handelt es sich dem-

3.4 Spezielle Formen des Interviews und der Erhebung

nach um eine **Verschränkung eines kindlichen Diskurses mit einem Diskurs zwischen Kindern und Erwachsenen**.[67] Das Spezifische am Diskurs der Kinder lässt sich gerade durch die Relation der beiden Diskurse herausarbeiten. Die Voraussetzung dafür ist ein **selbstläufiger**, durch die untersuchten Kinder selbst strukturierter **Diskurs**, denn der Diskurs zwischen den erwachsenen Forschern und den untersuchten Kindern kommt in der Erhebungssituation ohnehin zustande.

Wiederum ist es die Hauptaufgabe bei der Durchführung, das Gespräch und die Interaktion zwischen den Kindern in Gang zu bringen. Bei Kindern mag es noch schwieriger sein, ein Gespräch und Interaktionen zu initiieren, ohne diese nachhaltig zu strukturieren. Es hat sich bei dieser Aufgabe als hilfreich erwiesen, sich die **doppelte Fremdheit gegenüber Kindern** deutlich vor Augen zu halten. Zum einen ist man ihren **Erfahrungen** und Handlungspraxen weitgehend fremd. Zum anderen sind wir den **Darstellungsformen** der Kinder fremd (geworden). Die rekonstruktiven Gattungen der Erzählung und Beschreibung von Erfahrungen und Handlungsvollzügen sind den Kindern – je jünger sie sind umso – weniger vertraut. Wiederkehrende Handlungsvollzüge, insbesondere gemeinsame Spiele, können vollzogen und gezeigt, aber oft noch nicht beschrieben werden.

In Gruppen von Erwachsenen beginnt man am besten mit Fragen oder Erzählaufforderungen, die sich auf etwas beziehen, mit dem alle Teilnehmer und Teilnehmerinnen gleichermaßen Erfahrung haben. Interessiert man sich für eine bestimmte Handlungspraxis von Kindern, empfiehlt es sich, mit einer **Aufforderung zu beginnen, diese Praxis zu zeigen** oder vorzuführen. Ein Beispiel gibt Nentwig-Gesemann (2002: 50): „Passt auf, wir (2) sehen und hören also immer, wenn Kinder über Pokémons reden und diese (.) Hefte dabei haben, und diese vielen Karten, und wir Erwachsene verstehen das ja nicht so richtig was ihr da macht. ... Deswegen wolln=wa euch erstmal zugucken; wenn ihr das mit den Karten macht, was ihr sonst auch macht. ...." Die Kinder reagierten unmittelbar. Nachdem sie ihre Spielpraxis als „kämpfen" gekennzeichnet hatten, verständigten sie sich kurz über die eine oder andere Modalität des Spiels und packten ihre Karten aus, um unverzüglich mit dem Spiel zu beginnen. Längere diskursive Phasen folgten später in der Gruppendiskussion. Die Kinder wurden hier als Sachkundige angesprochen und nicht auf die für Erwachsene übliche diskursive Praxis verpflichtet.

Die Erfahrung mit Kindergruppen zeigt, dass es leichter ist, **zunächst** in solche **Praxisformen** einzusteigen. Das kann bei Gruppendiskussionen im Zusammenhang mit Medienrezeptionsanalysen heißen, dass man die Kinder zunächst bittet, das Gesehene selbst oder mit Puppen nachzuspielen, und erst **dann** zu rekonstruktiven **Diskursformen** übergeht, etwa zum Nacherzählen oder zur Reflexion des Gesehenen z.B. im Vergleich mit anderen medialen Produkten (vgl. Granzner 2005).

Beobachterinnen sind beim Spiel gewohnter Bestandteil. In der Regel handelt es sich dabei zwar eher um Kinder, doch sind interessierte erwachsene Beobachter meist sehr willkommen.

> Die Prinzipien der Durchführung von Gruppendiskussionen, wie sie im entsprechenden Kapitel beschrieben wurden, sind auch für Gruppendiskussionen mit Kindern gültig. Diese Prinzipien erfahren eine Erweiterungens:

---

[67] Die Unterschiede dieser beiden Kommunikationsformen wurden in zahlreichen empirischen Untersuchungen herausgearbeitet (vgl. u.a. Grimm 1995; Hausendorf/Quasthoff 1996; Karmiloff/Karmiloff-Smith 2001).

> Die **Darstellungsformen der Kinder** unterscheiden sich von jenen der Erwachsenen und bringen damit erwachsene Forscher gegenüber untersuchten Kindern in eine Position der **doppelten Fremdheit**, die es zu berücksichtigen gilt. Für die Initiierung von Selbstläufigkeit ist es von daher essentiell, den Kindern die Möglichkeit zu geben, ihre Praxisformen auch zu zeigen bzw. aufzuführen, also Raum für **performative Darstellungen** zu geben, denn sie sind es oft nicht – wie viele Erwachsene – gewöhnt, diese zu beschreiben oder zu erzählen. Erst diese Selbstläufigkeit ermöglicht es, den kindlichen Diskurs in seiner Relation und seinen Unterschieden zum erwachsenen Diskurs zu begreifen und zu untersuchen.

d. Beispiele aus Gruppendiskussionen mit Kindern

Die Beispiele stammen aus einem Materialkorpus, der für eine Diplomarbeit mit dem Titel „Wie verstehen Kinder das Kinderfernsehen? Eine empirische Untersuchung an Kindern im Vor- und Volksschulalter" (Granzner 2005) erhoben wurde. Die Kinder, mit denen hier Gruppendiskussionen geführt wurden, hatten ein paar Minuten eines Fernsehspiels aus dem Kinderprogramm mit einer Puppe (einer Gans) und einem Schauspieler (einem Hausmeister namens Herr Mitterhuber) sowie einer „Stimme aus dem Off" gesehen. In der Regel begannen die Diskussionen mit folgendem Eingangsstimulus:

```
1    Y:    Jetzt sagt einmal was ihr da gesehen habt, (.) was war da los? (2)
2    Am:   Na
3    Bf:    ⌊Ahm (.) also die Mimi hat sich irgendwie ausgeschlossen gefühlt weil sie
4          nichts bestimmen durfte
5    Cf:                        ⌊Der hat ihr (.)
6    Am:                                    ⌊Der Herr Mitterhuber
7    Cf:    ihr immer gesagt das darfst du nicht essen du musst das essen
```

Der Eingangsstimulus ist durch eine Erzählaufforderung und einer Reformulierung dieser Aufforderung in Form einer Frage gekennzeichnet (vgl. dazu „Fragereihungen" Kap. 3.3.6.b und 3.4.2.c). Die Kinder aus der Gruppe „Wasser" (zwei Jungen und zwei Mädchen im Alter von neun Jahren, die einander aus der Schule kennen), beginnen gleich mit einer selbstläufigen, detaillierten Beschreibung des Gesehenen. Hier gibt es letztlich keinen prinzipiellen Unterschied zu einer Gruppendiskussion oder einer fokussierten Erhebung mit einer Gruppe Erwachsener.

Nach dem Abschluss der selbstläufigen Darstellung evozierte die Interviewerin noch einige immanente Nachfragen, in den meisten der geführten Gruppendiskussionen auch noch eine performative Darstellungsform. Im folgenden Beispiel greifen die Kinder diese unmittelbar auf:

```
456   Y:    Schaut ich hab da drei Puppen (.) die schauen leider schon ein bisserl
457         mitgenommen aus eine Mimi einen Herrn Mitterhuber und
458         noch einen Gast (.) und wenn ihr das nachspielen würdet,
459   Am:                                                      ⌊O.k
460   Bf:   ich will die Mimi
461   Am:         ⌊Ich bin die Mimi trarumstrara Mimi is da (3)
462   Dm:   Ich find die sind eh urschön
```

Fragen nach Erzählungen und Beschreibungen sind in Gruppen von Erwachsenen bewährt und erprobt. Aufforderungen zu performativen Darstellungsformen kamen dagegen bei Er-

3.4 Spezielle Formen des Interviews und der Erhebung

wachsenen bisher kaum zur Anwendung. Dass diese bei Gruppendiskussionen mit Kindern hier systematisch zum Einsatz kommen, ist bereits Ergebnis einer reflexiven methodologischen Weiterentwicklung. Performative Darstellungsformen erwiesen sich in Gruppendiskussionen mit Kindern als beliebt und ergiebig, von daher wurde die Möglichkeit geschaffen, diesen Raum zur Entfaltung dieser Darstellungsformen zu geben.

Im Folgenden zeigt sich, dass sich (erst) dann ein selbstläufiger Diskurs ergibt, als die Interviewerin bereit ist, auf die Relevanzsetzungen der untersuchten Kinder einzugehen, die jedenfalls mit dem dargebotenen Fernsehspiel nicht getroffen wurden. Das fällt bei Kindern vielen Forschern erfahrungsgemäß oft schwerer, weil man Angst hat, dass sie nur „Blödsinn" reden. Insofern gilt es hier, sich die doppelte Fremdheit gegenüber Kindern zu vergegenwärtigen und ihnen und ihren Darstellungsformen zu vertrauen. Zudem formuliert die Interviewerin konsequent Fragen in Richtung des Formats Erzählung. Bei der Kindergruppe „Star Wars", die nun als Beispiel dient, handelt es sich um zwei Mädchen und drei Jungen zwischen drei und vier Jahren, die einander aus dem Kindergarten kennen. Zunächst weigern sich die Kinder, das Gesehene nachzuerzählen. Schließlich es kommt zu folgendem Gespräch:

```
45    Bm:    Wir können=s dir nicht erzählen
46    Am:           L Weil=s zu fad war
(...)
53    Am:    ok (.) also es war fad und es gibt vie:l krassere Sendungen
54    Ef:                                         L @(.)@
55    Am:                                              L Zum zweiten Mal
56    Df:                                                  L @(.)@
57    Ef:                                                         L @(.)@
58    Y:     Na dann erzählts von denen (2)
59    Am:    Äh:m dass die soviel gequatscht haben (.) dass die obergscheit sind
60    alle:                                              L @(2)@
61    Am:                                                    L @ Quatsch
62           quatsch @ so macht die die is so obergscheit
63    Df:                     L Ja genau die macht @ bäh bäh bäh @ (2)
64    Cm:    die macht so (.) grüss Gott pft
```

Interessant ist, dass die Kinder schließlich doch genauer auf das Gesehene eingehen, als die Interviewerin dem Wunsch der Kinder, davon zu „reden, dass es bessere Filme gibt" (13), „viel coolere Sendungen" (37), nachgibt. Die Kinder wenden sich eine Weile dem eben gesehenen Fernsehspiel zu und kommen dann selbstläufig zu anderen Sendungen, die sie dazu in Beziehung setzen. Das Diskursformat besteht aus einer Mischung von Elementen des Nachspielens, des Weiterspielens (zum Teil spielen die Kinder in diesen Szenen – als die, die sie sind – mit) und des Nacherzählens. Hier zeigt sich, dass der Diskurs dann selbstläufig wird, wenn sich sowohl die Darstellungs*formen* der Kinder als auch ihre Relevanzsetzungen entfalten können.

3.4.4 Paar- und Familieninterviews, Familiengespräche

Das Erhebungsinstrument des Paar- oder Familieninterviews[68] wird in der Sozialforschung weitaus weniger häufig verwendet als Einzel- oder Gruppeninterviews. Auch methodische Überlegungen zu diesen Erhebungsverfahren sind bisher rar gesät. Dennoch haben beide Erhebungsverfahren für bestimmte Fragestellungen gegenüber Einzelinterviews deutliche Vorzüge. Allerdings ist es ratsam, sich vor ihrer Verwendung die Vor- und Nachteile, die man sich damit einhandelt, klar zu machen und – sofern es sich anbietet – auch die Kombination mit anderen Erhebungsformen ins Auge zu fassen.

a. Erhebungsverfahren und Untersuchungsgegenstand

Ähnlich wie das Gruppendiskussionsverfahren (vgl. Kap. 3.4.2) sind **Paar- und Familieninterviews** sowie zu Forschungszwecken arrangierte **Familiengespräche** kollektive Erhebungsverfahren. Damit verbindet sich eine Reihe von Vor- und Nachteilen, die es abzuwägen gilt.

Zum Einsatz gekommen sind diese Erhebungsformen bisher dort, wo auch die Fragestellung der Untersuchung auf den Alltag bzw. die Geschichte von Paaren oder Familien abstellt. Allerdings ist auch hier der Hinweis wichtig, dass das Interview keinesfalls die einzige Möglichkeit darstellt, sich dem Alltag von Paaren oder Familien zu nähern. So hat etwa Keppler (1994) den Weg beschritten, Familienkommunikation am Beispiel von Tischgesprächen zu untersuchen, die in Familien beim gemeinsamen Essen geführt werden. Dabei vereinbarte sie mit den Familien, dass diese während der Mahlzeiten ein Tonbandgerät mitlaufen ließen. Die Analyse bezieht sich hier also auf weitgehend „natürliches" Material.[69]

Oevermann et al. (1979) schlugen im Rahmen einer Untersuchung zur Familiensozialisation einen anderen Weg ein: Sie nahmen an Alltagsaktivitäten der Familie – insbesondere wiederum am gemeinsamen Essen – teil, während ein Tonband mitlief. Auch hier sind es also – durch die Anwesenheit von Forschern zwar nicht unbeeinflusste, aber doch nicht durch ein Interview strukturierte – familiale Alltagssituationen, die aufgezeichnet werden und dann Gegenstand der Analyse sind.

Und natürlich kann man familiale oder Paarwirklichkeiten auch untersuchen, indem man die Personen, die Teil der Familie oder des Paares sind, einzeln befragt (Rosenthal 1997; Swidler 2001).

Dort, wo Interviews mit Paaren oder Familien durchgeführt wurden (Gather 1996; Hildenbrand 1999; Wohlrab-Sahr 2005; 2006; Karstein et al. 2006; Wohlrab-Sahr/Schaumburg/Karstein 2005), zeigte sich allerdings ein großer Vorteil dieser kollektiven Verfahren. Im Unterschied zu Einzelinterviews, in denen Personen **über** ihr Leben in einer **Familie** oder mit dem Partner sprechen, **kommunizieren** diese Personen im Paar- oder Familieninterview gleichzeitig **als** Paar oder als **Familie**. Indem damit die Ebene der Performanz sehr deutlich zutage tritt, bekommt man mit dem Familien- oder Paarinterview in gewisser Hinsicht validere Daten als in einem Einzelinterview. In anderer Hinsicht allerdings ist die Validität der Daten eingeschränkt: Es werden im Paar- oder Familieninterview bestimmte konfliktreiche Sachverhalte mit großer Wahrscheinlichkeit nicht in derselben Offenheit angesprochen wie im Einzelinterview. Grundlagentheoretisch hängt das damit zusammen, dass die „Einheitskonstitution" (vgl. Kap. 3.4.1) hier eine andere ist als etwa im narrativen Interview. Während

---

[68] Zum besseren Verständnis dieses Kapitels empfiehlt sich die Lektüre der Kapitel 3.4.1 und 3.4.6.
[69] Vgl. zu dieser Methode auch das Kap. 3.4.8.

3.4 Spezielle Formen des Interviews und der Erhebung

im narrativen Interview die Person anhand ihrer Lebensgeschichte oder eines Ausschnitts daraus erzählerisch ihre persönliche Identität entwickelt, präsentieren sich die Befragten während des Familien- oder Paarinterviews nicht nur als Einzelne, sondern entwickeln – als primordialen Rahmen – ihre kollektive Identität als Paar oder als Familie. Sie müssen also gegenüber der Interviewerin, die für sie eine Art Öffentlichkeit repräsentiert, ein Mindestmaß von Einheit etablieren und dokumentieren. Negativ ausgedrückt: Sie müssen eine gewisse Präsentationsfassade errichten und werden daher in der Regel versuchen, allzu große Differenzen – solche, die Brüche in der kollektiven Identität dokumentieren oder verursachen könnten – „unter dem Teppich" zu lassen. Insofern muss man bei der Analyse solcher Interviews berücksichtigen, dass in ihnen vermutlich nicht alles zur Sprache gekommen ist, was für die Forschungsfrage von Interesse sein könnte. Es wird daher bei bestimmten Fragestellungen zu überlegen sein, ob man diese Erhebungsform mit Einzelinterviews kombiniert. Dort, wo wir das in unserer eigenen Forschungspraxis[70] getan haben, treten in äußerst aufschlussreicher Weise die unterschiedlichen Perspektiven von einzelbiographischer und familienbiographischer Darstellung zutage.[71]

Mit demselben Sachverhalt, der im Hinblick auf bestimmte Fragen Nachteile mit sich bringt, sind aber auch unschätzbare Vorteile verbunden: Denn es zeichnet ja nicht nur die Interviewsituation, sondern auch den Alltag von Familien und Paaren aus, dass sie Einheit herstellen und Differenzen überbrücken müssen. Insofern spielt sich beim Paar- oder Familieninterview etwas Ähnliches ab wie auch im Alltag: Differenzen brechen auf, werden zum Teil offen verhandelt, häufig aber auch unterdrückt, überbrückt und eingeebnet. Der Interviewer kann daher seine Aufmerksamkeit darauf richten, **wie** diese Spannung von Verschiedenheit und Kohärenz in der Familie oder bei dem Paar gelöst wird. Insofern kommt es im Interview wesentlich darauf an, eine Situation hervorzubringen, in der das Paar oder die Familie relativ selbstläufig miteinander kommunizieren, und dabei sehr genau darauf zu achten, wo Differenzen aufkommen und wie sie verhandelt werden. Diese Differenzen werden im Vergleich zu „natürlichen Situationen" meist schwächer ausfallen und sie werden schneller harmonisiert werden. Aber die Erfahrungen mit diesem Erhebungsinstrument sprechen dafür, dass sie dennoch erkennbar bleiben und gerade in ihrer Art der Behandlung zu aufschlussreichen Ergebnissen führen (s. dazu Wohlrab-Sahr 2005 und 2006).

Eingesetzt wurden Paarinterviews bisher in Forschungszusammenhängen, in denen Fragen des Geschlechterverhältnisses im Zentrum standen: etwa bei der Untersuchung von Machtstrukturen und Arbeitsteilung bei Paaren im Übergang in den Ruhestand (Gather 1996) oder von Geldarrangements (Wimbauer 2003) und Vereinbarkeitsmanagements bei Doppelkarrie-

---

[70] Im Rahmen des DFG-Forschungsprojektes „Generationenwandel als religiöser und weltanschaulicher Wandel: Das Beispiel Ostdeutschlands", das von 2003 bis 2006 unter der Leitung von Monika Wohlrab-Sahr an der Universität Leipzig durchgeführt wurde, wurden Familiengespräche, Einzelinterviews und Gruppendiskussionen erhoben.

[71] So kommt etwa die in einem Familiengespräch im Kontext der Schilderung diverser kreativer Aktivitäten der Familie erzählte Geschichte, wie die Mutter für ihre Tochter eine Brieffreundin „erfunden", und an Stelle dieser fiktiven Freundin Briefe an die Tochter geschrieben hat, im Einzelinterview mit der Tochter als Beispiel eines massiven Vertrauensbruches zur Sprache. Aber auch in Familieninterviews selber werden in den unterschiedlichen Erzählsträngen solche Perspektivendifferenzen deutlich. So beginnt etwa in einem Interview eine Tochter davon zu erzählen, dass sich für sie mit der Wende viele neue Möglichkeiten ergeben hätten, um diese Erzählung dann aber – im Blick auf die Mutter – unvermittelt abzubrechen und mit dieser in eine kollektive Erzählung (mit wechselseitigen Bestätigungen und Satzvollendungen) über den mit der Wende verlorenen Gemeinschaftsverlust einzustimmen (s. Wohlrab-Sahr 2006).

repaaren (Behnke/Meuser 2003). Familieninterviews wurden vor allem dort eingesetzt, wo das Forschungsinteresse auf Familienkommunikation und auf Generationenverhältnisse in der Familie zielte. Hildenbrand (1983; 1991; 1999) führte Familieninterviews im Rahmen von Untersuchungen zur Entstehung von Schizophrenie und im weiteren Kontext der Untersuchung von Ablöseprozessen Jugendlicher aus ihren Familien (Hildenbrand 1983; Hildenbrand 1984) sowie der Beförderung oder Blockierung solcher Ablöseprozesse durch die älteren Generationen (Hildenbrand et al. 1992). Da im Kontext der Schizophrenieforschung der Familienkommunikation ohnehin ein besonderes Augenmerk galt, waren hier Familieninterviews, in denen solche Kommunikation tatsächlich stattfand, das am besten geeignete Instrument. Im Rahmen einer Untersuchung zum religiös-weltanschaulichen Wandel in Ostdeutschland (Wohlrab-Sahr 2005; 2006; Wohlrab-Sahr/Karstein/Schaumburg 2005; Karstein et al. 2006) kamen ebenfalls Familieninterviews zum Einsatz: Das gemeinsame Erzählen der Familiengeschichte wurde mit Interviewteilen kombiniert, in denen die Familie zur Diskussion bestimmter Fragen aufgefordert wurde.

In all diesen Fällen handelt es sich im Kern um eine erweiterte Form des biographischen Interviews, im Sinne eines **familienbiographischen oder paarbiographischen Interviews**.

Bei Welzer/Moller/Tschugnall (2002) kamen – in einer Untersuchung, in der es um die Rolle von Nationalsozialismus und Holocaust im Familiengedächtnis ging – Familiengespräche nach dem Vorbild von **Gruppendiskussionen** zum Einsatz, auf deren Grundlage Welzer (2002) eine Theorie des kommunikativen Gedächtnisses entwickelte. Auch in diesen Familiengesprächen sind gerade diejenigen Passagen interessant, in denen vor allem von Seiten jüngerer Familienmitglieder mit Hilfe verschiedener kommunikativer Mechanismen die Differenzen gegenüber dem Erleben und Handeln der älteren Generation minimiert werden. Allerdings regt der gemeinsame Austausch über die Familiengeschichte die Erinnerung – das kommunikative Gedächtnis – auch an. Bei der oben erwähnten Befragung ostdeutscher Familien kam es immer wieder vor, dass die jüngeren Familienmitglieder selber zu Interviewern der Eltern und Großeltern wurden und damit Informationen zutage förderten und Erläuterungen provozierten, die ansonsten nicht zur Sprache gekommen wären.

> Biographisch orientierte Paar- und Familieninterviews und nach dem Vorbild von Gruppendiskussionen organisierte Familiengespräche sind vor allem dort geeignete Erhebungsinstrumente, wo sich das Forschungsinteresse auf Geschlechter- und (Familien-) Generationenverhältnisse richtet. Sie haben gegenüber Einzelinterviews den Vorteil, dass die Paare und Familien nicht nur über ihre Wirklichkeit sprechen, sondern in der gemeinsamen Kommunikation diese Wirklichkeit auch vor Augen führen. Da Paare und Familien sich in der Interviewsituation – wie auch sonst – als Einheit konstituieren und präsentieren müssen, ist damit zu rechnen, dass sie gegenüber den Interviewern Präsentationsfassaden errichten und Konflikte nur andeuten. Gerade in den Glättungsversuchen werden jedoch die Einheit stiftenden Leistungen der Familie in ihrer jeweiligen Besonderheit erkennbar.

b. Zur Auswahl der Interviewpartner

Die schwierigste Aufgabe, die sich bei dieser Interviewform stellt, ist es, Paare und Familien zu finden, die zu einem gemeinsamen Interview tatsächlich bereit sind. Dieser Sachverhalt klingt banal: Denn natürlich braucht man Paare oder Familien, um entsprechende Interviews führen zu können. Damit kann sich aber in der Konsequenz eine folgenreiche Selektivität in der Zusammensetzung des Samples verbinden. Es könnte beispielsweise sein, dass es bestimmte Paare oder Familien sind – etwa solche mit spezifischen Konflikten – die sich nicht zu einem gemeinsamen Interview bereit erklären, während „harmonischen" Familien das Interview so willkommen ist wie ein gemeinsamer Diaabend. Auch mag es für getrennt lebende oder „Pendler"-Paare sehr viel aufwändiger sein, einen gemeinsamen Interviewtermin zu finden, so dass die Zusagen für ein Interview hier zögerlicher erfolgen als bei solchen, die einen gemeinsamen Haushalt führen. Solche Selektivitäten müssen bei der Zusammensetzung des Samples und bei der weiteren Konzipierung der Forschung unbedingt berücksichtigt werden. Andernfalls könnte es passieren, dass Generationenkonflikte in der Forschung schon deshalb unterbelichtet bleiben, weil die betreffenden jungen Erwachsenen sich nicht mit ihren Eltern „an einen Tisch setzen" wollen. Wenn man bei der Rekrutierung von Interviewpartnern oder nach den ersten Interviews den Eindruck bekommt, dass man mit dieser Erhebungsform nur einen bestimmten Ausschnitt des Phänomens in den Blick bekommt, sollte man hier gegensteuern. In der erwähnten Forschung zum religiös-weltanschaulichen Wandel in Ostdeutschland wurde daraus die Konsequenz gezogen, zusätzliche Einzelinterviews mit Personen zu führen, die zu keinem gemeinsamen Interview mit ihrer Familie bereit waren oder deren Familie in den Westen gezogen war. Wenn dies aufgrund des Forschungsdesigns ausgeschlossen ist, etwa weil man sich ausschließlich für die Kommunikation in Drei-Generationen-Familien interessiert, sollte man diese potentielle Selektivität zumindest reflektieren.[72]

Wenn im Interview der Alltag und die Kommunikation von Paaren, Familien und Generationen Thema sein sollen, ist es natürlich wünschenswert, dass die relevanten Akteure beim Interview möglichst auch vollständig anwesend sind. Beim Paarinterview ist das ohnehin selbstevident, beim Familieninterview dagegen nicht in derselben Weise. Stellt sich hier doch die Frage, wer dazugehört, in komplexerer Weise. Bei der Untersuchung, die Hildenbrand und seine Kollegen mit Bauernfamilien durchführten, erlebten die Forscher manche Überraschung. Dazu Hildenbrand:

„Das Familiengespräch findet bei der Familie zu Hause statt. Es sollen möglichst alle zum Haushalt gehörenden Personen anwesend sein. Hier kann man seine Überraschungen erleben: Manche Familienmitglieder fehlen, weil sie vom Gespräch nicht informiert wurden, weil sie bewusst ausgeschlossen wurden oder weil sie nicht kommen wollten. Manchmal erscheinen auch Personen, die man nicht erwartet hätte. Wie auch immer: Betrachten Sie die Zusammensetzung der Personen, auf die Sie zum Zeitpunkt des vereinbarten Gesprächstermins treffen, als Ausdruck dieser Familienwelt, der zu interpretieren ist, und nicht als Störfaktor. (…) Familie ist eben nicht das, was im Familienstammbuch eingetragen ist oder was zeitströmungsspezifisch für Familie gehalten wird. Familie ist ein Milieu, dessen Grenzen fallspezifisch sind." (Hildenbrand 1999: 29)

Bei der bereits erwähnten Forschung über ostdeutsche Familien sollte mindestens ein Repräsentant aus jeder Generation beim Interview anwesend sein, möglichst aber die Kinder, beide Eltern und – sofern sie noch lebten – ein Großelternpaar.[73] Aber auch dies war nicht immer

---

[72] In die Untersuchung von Welzer/Moller/Tschugnall et al. (2002) wurden Familien mit „Verweigerern" nicht einbezogen.

[73] Bereits darin steckt eine Komplikation, denn es gehören ja zwei Großelternpaare zur Familie. Meist leben diese nicht im Haushalt der Eltern, so dass die Großeltern zum Gespräch eingeladen werden. Hier wird eine Entscheidung getroffen, die die Forscherinnen nicht steuern können.

zu realisieren. In einem Fall übermittelte die Tochter, nachdem das Interview schon vereinbart war, den Forschern, dass ihre Mutter keinesfalls gemeinsam mit der Großmutter ein Interview führen wolle. Schließlich wurde mit der Großmutter ein Einzelinterview geführt und das Familiengespräch auf zwei Generationen beschränkt. In einem anderen Fall nahmen die Großmutter, beide Elternteile sowie einer der beiden Söhne und dessen Freundin am Interview teil. Der Großvater verweigerte die Teilnahme mit den Worten, er habe den Interviewern „nüscht zu sagen". Auch bei anderen Familiengesprächen waren es mehrfach vor allem die Frauen aus drei Generationen, die an den Gesprächen teilnahmen. Es wird bei der Auswertung zu berücksichtigen sein, inwiefern gerade die Männer der mittleren und älteren Generation ein eher problematisches Verhältnis zu den Entwicklungen seit der Wende haben und daher die Kommunikation über diese Zusammenhänge eher verweigern als die Frauen.

Festzuhalten ist, dass sich Forschungsdesigns in der Realität nicht immer in Reinform durchsetzen lassen. Wenn man gegenüber einer Familie ein Setting durchsetzt (z.B. die Anwesenheit der Großmutter), das diese partout nicht haben will, riskiert man, die Grundlage für das Gelingen des Interviews zu zerstören. Dort, wo man „abweichende" Fälle von vornherein ausfiltert, geht man die Gefahr ein, dass dadurch eine nicht gewünschte Selektivität bei der Datenerhebung zustande kommt. Wie auch immer man sich entscheidet: Die „Störfaktoren" bei der Auswahl von Paaren und Familien für Interviews sind aufschlussreich im Hinblick auf den Gegenstand und müssen daraufhin reflektiert werden.

> Bei Familieninterviews und Familiengesprächen ist der Kreis derer, die daran teilnehmen, nicht so einfach festzulegen wie beim Paarinterview. Die Tatsache, dass bestimmte Personen teilnehmen und andere fernbleiben oder ferngehalten werden, ist als potentiell forschungsrelevantes Datum zu interpretieren. Auch muss reflektiert werden, ob die Bereitschaft oder Nicht-Bereitschaft zur Teilnahme an einem Paar- oder Familieninterview etwas mit der „Harmonie" oder Konflikthaftigkeit des entsprechenden sozialen Settings zu tun hat. Wenn dies so ist, ist dieser Umstand im Hinblick auf die Forschungsergebnisse zu reflektieren oder es ist durch den zusätzlichen Einsatz weiterer Erhebungsinstrumente gegenzusteuern.

c. Ablaufschema

Im Vergleich zu Einzelinterviews, bei denen die Interviewerin nach einem Eingangsstimulus relativ schnell die Rede an die befragte Person übergibt, gestalten sich die Abläufe bei Paar- und Familieninterviews komplexer. Die folgenden Ausführungen haben daher weniger den Charakter fester Regeln als den von Hinweisen und Hilfestellungen.

Interviewregie: Wer macht den Anfang?

Es gibt für Paar- oder Familieninterviews sowie für Familiengespräche kein bestimmtes Ablaufmuster. Bei den von Welzer, Moller und Tschugnall (2002) geführten Familiengesprächen stand am Anfang als „Fokus" ein Zusammenschnitt von Dokumentarfilmen, der allerdings lediglich die Funktion hatte, den Rahmen der Diskussion – die Auseinandersetzung mit Nationalsozialismus und Krieg – noch einmal zu verdeutlichen. Ansonsten lief das Gespräch nach dem Vorbild der Gruppendiskussion (vgl. dazu Kap. 3.4.2) weitgehend selbstläufig ab. Bei den Forschungen, in denen ein familienbiographisches Interview geführt wurde, wurde mehrfach ein Eingangsstimulus verwendet, der – vergleichbar dem narrativen Interview – auf das Erzählen der Geschichte der Familie (Wohlrab-Sahr 2005) oder des Paares (Gather 1996: 88;

3.4 Spezielle Formen des Interviews und der Erhebung

253) oder von Geschichten aus dem Leben der Familie (Hildenbrand 1999) abstellt. Bei Ersterem muss man sich vergegenwärtigen, dass es nicht die eine Geschichte des Paares oder der Familie gibt, sondern mehrere Versionen davon, verschiedenes Wissen über unterschiedliche Phasen dieser Geschichte, aber auch kollektiv geteilte Wissensbestände in Geschichtenform. Entsprechend gibt es auch nicht wie beim narrativen Interview einen Erzähler, der gleichsam als „Kollektiverzähler" die Aufgabe der Rekonstruktion der gemeinsamen Geschichte übernimmt. Dieses Problem muss man bei der „Regieanweisung" für das Interview lösen. Gather (1996) hat in ihrer Studie dem Paar die Aufgabe der Entscheidung zugespielt, wer mit der Erzählung seiner eigenen Lebensgeschichte und der Geschichte der Ehe beginnt, und sie hat den Aushandlungsprozess des Paares über diesen Beginn mit in die Interpretation einbezogen. Die Regieanweisung lautet bei ihr folgendermaßen:

„Ich denke mir das so, dass Sie beide zuerst einzeln, d.h. nacheinander über sich erzählen. Anschließend stelle ich dann Fragen an Sie beide. Sie können sich selbst aussuchen, wer anfangen möchte zu erzählen." (Gather 1996: 253)

Mit diesem „Trick" löste sie nicht nur das Problem, wer mit dem Erzählen beginnen sollte, sondern sie gewann gleichzeitig aufschlussreiches Material über die Kommunikation des Paares. So war etwa bei einem Paar festzustellen, dass in dieser ersten Aushandlungsphase die Ehefrau dem Mann die Aufgabe zuwies, doch zu beginnen. Dieses Muster der Zuweisung der aktiven Rolle an den Ehemann durch die Ehefrau reproduzierte sich auch in der Schilderung der gemeinsamen Paargeschichte: Der Mann übernahm zwar die Rolle der Repräsentation des Paares nach außen, diese Rolle wurde ihm aber von der Ehefrau in ausgesprochen bestimmter Weise zugeteilt. Das zeigt, dass gerade die Kommunikation in Paar- oder Familieninterviews sehr aufschlussreich sein kann, wenn es der Interviewerin gelingt, die Anwesenden in eine alltagsnahe Interaktion zu verstricken.

Bei der oben erwähnten Forschung zum religiös-weltanschaulichen Wandel in Ostdeutschland schlugen die Interviewer vor, dass einer der Großelternteile mit dem Erzählen der Familiengeschichte beginnen solle und die anderen Anwesenden sich dort einschalten sollten, wo sie selbst an der Familiengeschichte bereits beteiligt waren oder wo sie etwas darüber wüssten.

Erzählstimulus

In den hier bisher genannten Forschungen, die durch ein Interesse an der Paar- oder Familiengeschichte gekennzeichnet sind, ist der Erzählstimulus häufig am Stimulus des narrativen Interviews ausgerichtet. So wurde in der Untersuchung von Wimbauer (2003: 151) nach der Vorstellung der Thematik des Interviews an das Paar die Bitte gerichtet, „dass Sie uns mal erzählen, wie sind Sie denn eigentlich so zu 'nem Paar geworden".

Während sich die Geschichte der Paarwerdung noch vergleichsweise leicht „gemeinsam" erzählen lässt, auch wenn einer dabei den Anfang machen muss, wird es komplizierter, wenn – insbesondere bei älteren Befragten – die Geschichte der Ehe mit in den Blick genommen werden soll. Gather hat dies mit folgendem Stimulus versucht:

„Vielleicht können Sie damit anfangen, dass Sie erzählen, wann und wo Sie geboren sind, zur Schule gegangen sind, gearbeitet haben und ob Sie die Erwerbstätigkeit unterbrochen haben? Bis zum Zeitpunkt des Ruhestandes.

Und zu Ihrer Ehe: Wann und wie haben Sie sich kennen gelernt und geheiratet? Haben Sie Kinder bekommen? Haben Sie schon Enkelkinder und wie ist es heute?" (Gather 1996: 253)[74]

In diesem relativ detaillierten Stimulus, der bereits gezielt auf das Verhältnis von Beruf und Familie abstellt, werden – anders als bei Wimbauer – gewissermaßen zwei Lebensgeschichten hintereinander abgefragt, wobei der zweite Teil dann den Partner involviert. Im Prinzip ist auch hier ein narrativer Duktus beibehalten, indem beide Male bereits im Erzählstimulus ein Bogen geschlagen wird vom Anfang bis heute, von der Geburt bis zum Ruhestand und vom Kennenlernen des Paares bis heute. Der Stimulus entspricht der Fragestellung der Untersuchung, ist aber in seinen Vorgaben u.E. zu spezifisch und riskiert damit, dass in der Eingangserzählung in knapper Berichtform die Teilfragen des Stimulus abgearbeitet werden.

Interessant ist allerdings, dass es bei der ersten Reaktion des Paares nicht selten bereits zu einer aufschlussreichen Rollenverteilung kommt, etwa – wie in dem oben genannten Fall – in dem Sinne, dass die Frau den Mann auffordert, zuerst seine Lebensgeschichte zu erzählen, aber gleichzeitig ankündigt, dass sie dann später den Part übernehmen wolle, etwas zur Ehegeschichte und zur Rollenteilung zu sagen, denn: „dann wird's etwas kürzer" (ebd.: 97).

Was sich bei zwei anwesenden Interviewpartnern noch durch ein „Nacheinander" lösen lässt, wird bei einem Familieninterview mit drei Generationen bereits ziemlich unübersichtlich. Insofern wurde in der erwähnten Forschung über den religiös-weltanschaulichen Wandel in Ostdeutschland wiederum „einfach" nach der Familiengeschichte gefragt und dabei vorgeschlagen, dass die ältesten Familienmitglieder mit der Erzählung beginnen.[75] Damit wird die Aufgabe des Nach- oder Miteinander der Präsentation an die Familie delegiert: Zum Teil ergibt sich bereits früh eine gemeinsame Darstellung, insofern die nachwachsenden Generationen aktiv in die Erzählung der Älteren eingreifen; zum Teil weist der Großvater zu, wer als Nächstes seine Geschichte erzählen soll, oder es ergibt sich von alleine eine sukzessive Form der Darstellung, bei der allerdings die Jüngeren bereits auf das rekurrieren, was die Eltern und Großeltern schon erzählt haben. Generell entsteht aber im Rahmen dieser Interviewform eine gewisse „Alterslastigkeit" der Darstellung, die in der erwähnten Studie zum Teil durch nachträgliche Einzelinterviews mit den jüngsten Familienmitgliedern ausgeglichen wurde. Der entsprechende Erzählstimulus – hier etwas ausführlicher mit der kurzen Einführung in das Thema der Forschung und der Begründung von Familieninterviews – lautete:

„Wir arbeiten in einer Gruppe von Sozialwissenschaftlern an einem Forschungsprojekt, das von der Deutschen Forschungsgemeinschaft finanziert wird. Dabei geht es um die Entwicklungen und den Wandel in Ostdeutschland in den letzten drei Generationen und um die Frage, wie Familien damit umgegangen sind. In Ostdeutschland sind ja in diesem Zeitraum so massive Änderungen passiert wie kaum sonst irgendwo. Uns interessieren die persönlichen,

---

[74] Dieser Stimulus ist relativ umfangreich, insofern er den Befragten in gewisser Weise vorbuchstabiert, was die Interviewerin bei der biographischen Erzählung erwartet. Im Sinne einer Erzählgenerierung problematisch ist die Weiterführung des Stimulus: „Und vielleicht auch noch, wie Sie am Anfang Ihrer Ehe die Arbeiten, die so zuhause anfallen, aufgeteilt haben. Gab es Bereiche, für die der Mann zuständig war, und Bereiche, in denen die Frau die Verantwortung trug?" (Gather 1996: 253). Dies ist definitiv keine Erzählaufforderung mehr, sondern stellt auf zu beschreibende Sachverhalte ab. Es wäre daher sinnvoller gewesen, diese Frage im späteren Nachfrageteil des Interviews zu platzieren.

[75] Bei manchen Interviews wurde die Entscheidung der Familie zugespielt. Dabei zeigte sich, dass – wenn die Großeltern noch leben – es fast immer diese sind, die zu erzählen beginnen bzw. von den jüngeren Familienmitgliedern dazu aufgefordert werden. Die Chronologie der Ereignisse setzt sich hier um in die Zuweisung von Sprecherrollen.

privaten Verhältnisse und alltägliche Dinge genauso wie die politischen Prozesse sowie die Veränderungen im Bereich von Religion und Kirche. Wie wurde der Wandel erlebt? Welche Entscheidungen wurden getroffen? Worüber wurde in der Familie gestritten und worin war man sich einig? Welche Hoffnungen gab es, welche wurden erfüllt oder enttäuscht? Und so weiter.

Man kann sich diesen Prozessen auf verschiedene Weise nähern. Wir haben uns für Familiengespräche entschieden, weil wir dachten, dass Familien der Ort sind, an dem diese Ereignisse verarbeitet werden. Daher sind wir auf Ihre Mitarbeit wesentlich angewiesen.

Generell sind wir daran interessiert, dass Sie miteinander ins Gespräch kommen und werden uns daher selbst eher zurückhalten, damit Sie Ihrem Faden folgen können. Uns interessieren hier auch Dinge, die Ihnen auf den ersten Blick vielleicht unbedeutend erscheinen mögen.

Nun möchten wir Sie zunächst bitten, Ihre Familiengeschichte zu erzählen. Vielleicht fängt die älteste Generation an und die anderen setzen an den Stellen ein, zu denen Sie selbst Erinnerungen haben."[76]

In der Studie von Hildenbrand wird – allerdings mit weniger beteiligten Gesprächspartnerinnen – dieses Problem anders gelöst. Hier wird das familiengeschichtliche Gespräch als Erhebungsinstrument genannt, an das sich dann der Stimulus anschließt:

„I: das fängt dann halt an mit (.) wo Sie halt anfangen wollen (.) ob Sie bei der Heirat beginnen wollen oder am be (k) besser noch früher

((murmeln))

I: und eh (–) das gibt uns dann einen besseren Hintergrund zu verstehen wie Sie heute leben (.) ja (,) wollen wer mal (?)" (Hildenbrand 1999: 47)

Eine andere, im selben Forschungskontext praktizierte Variante war der Einstieg, nach „Geschichten aus der Familie" zu fragen und die Familie auf diesem Weg in die auch im Alltag übliche Praxis familiengeschichtlichen Erzählens zu verwickeln. Begründet war dies u.a. durch die Überlegung, dass Geschichten, die im Familienzusammenhang immer wieder erzählt werden, zu dem Gerüst gehören, „an dem sich Familien in aktuellen Deutungs- und Entscheidungssituationen orientieren" (ebd.: 28).

Immanente und exmanente Nachfragen

Der weitere Fortgang dieser Familien- oder Paarinterviews orientiert sich – in den beiden hier vorgestellten Varianten – entweder an der Strukturvorgabe der Gruppendiskussion oder an der des narrativen Interviews. Dazu gehört im ersten Fall die Aufgabe des Interviewers, das Familiengespräch „am Laufen" zu halten. Beim familiengeschichtlichen Interview gehören dazu zunächst immanente Nachfragen, die an erzählte Phasen der Familien- oder Paargeschichte anschließen und weitere narrative Sequenzen oder Kommunikation der Familie bzw. des Paares über diese Etappen hervorlocken.

Exmanente Nachfragen können im Anschluss daran Themen einbringen, die für das Forschungsinteresse von spezifischer Bedeutung sind. Hier kann aber auch gezielt das Genre des Erzählens verlassen werden und es können Diskussionen – also auf einem argumentativen Darstellungsmodus basierende Kommunikationen – zwischen den Anwesenden angestoßen werden. In dem genannten Projekt zum religiös-weltanschaulichen Wandel in Ostdeutsch-

---

[76] Der Stimulus stammt aus dem oben erwähnten DFG-Projekt „Religiöser und weltanschaulicher Wandel als Generationenwandel".

land gehörten dazu etwa die Stimuli: „Was glauben Sie, passiert nach dem Tod?" (Wohlrab-Sahr/Karstein/Schaumburg 2005) und „Was wäre Ihrer Meinung nach eine gute Gesellschaft?"

> Der Ablauf von Paar- und Familieninterviews sowie Familiengesprächen orientiert sich weitgehend an den Strukturvorgaben des narrativen Interviews oder der Gruppendiskussion. Das Aushandeln der Frage, wer beim Erzählen den Anfang macht, kann bereits aufschlussreiche Informationen über das Paar oder die Familie liefern.

d. Prinzipen der Durchführung

Das familiengeschichtliche Interview noch stärker als das Paarinterview, aber auch das weniger stark strukturierte Familiengespräch haben eine deutlich andere Dynamik als das narrative Interview oder die Gruppendiskussion. Zwar wird es auch hier längere selbstläufige Passagen geben, dennoch entfalten sich „Zugzwänge des Erzählens" nicht in derselben ausgeprägten Weise wie beim Einzelinterview. Auch die Phasen des Familiengesprächs sind nicht in der „klassischen" Weise zu unterteilen wie beim narrativen Interview. Erzählpassagen wechseln sich ab mit Gesprächs- und Diskussionspassagen, an denen mehrere Familienmitglieder beteiligt sind. Dies hat auch Konsequenzen für die Rolle der Interviewerin. Zwar sollte sie auch hier nicht in die Rolle einer „Gesprächsmoderatorin" kommen, insgesamt aber wird sie sich stärker in das Gespräch einschalten. Zum einen wird sie zum Sachwalter einer gewissen Chronologie der Familiengeschichte werden, d.h. sie wird narrative Nachfragen zu Phasen stellen, die in der familiengeschichtlichen Darstellung bisher unterbelichtet waren bzw. ganz ausgeblendet blieben. Zum anderen wird sie aber auch Personen ins Gespräch ziehen, die bisher wenig zu Wort kamen oder deren Redebeiträge untergehen. Der Interviewer provoziert also im Familiengespräch oder im familienbiographischen Interview bisweilen auch Kommunikation zwischen den Beteiligten, er darf hier – anders als im Gruppendiskussionsverfahren (Kap. 3.4.6) – auch Einzelne ansprechen.

Das hängt auch damit zusammen, dass die Familie oder das Paar hier als solche interessieren und nicht lediglich als „Epiphänomene" den Zugang zur Untersuchung von Milieus oder Ähnlichem ermöglichen. Allerdings zielen solche Interventionen des Interviewers nicht allein darauf, im Rahmen des Familiengesprächs detailliertere Informationen zu den Werdegängen einzelner Personen zu bekommen, sondern vor allem darauf, detailliertere Schilderungen zu erhalten, auf die sich dann die Familienkommunikation als Ganze wieder beziehen kann. Dennoch hat die Selbstläufigkeit des Gesprächs gegenüber solchen Interventionen auch hier Vorrang. Eine konsequent passive Großmutter wird auch die Intervention des Interviewers nicht ins Zentrum des Gesprächs bringen. Insofern geht es hier eher um leichte Unterstützungen, in keinem Fall aber um eine massive Lenkung des Gesprächs.

Auch die Familienmitglieder können und sollen durchaus ermuntert werden, sich zu verschiedenen Etappen der Geschichte wechselseitig zu befragen und damit selbst zu „Interviewern" zu werden. Viele Sachverhalte und Perspektiven kommen auf diese Weise sehr viel unverkrampfter zur Sprache, als wenn sie von den Interviewerinnen eingeführt worden wären. Kinder können beispielsweise ihre Eltern im Osten Deutschlands viel einfacher fragen: „Seid ihr denn wirklich nie gefragt worden, ob ihr in die Partei eintretet?", als dies für die Interviewer möglich wäre. Und wenn erst während des Interviews den beteiligten Kindern klar wird, dass man – obwohl man dies immer gedacht hat – bei den ersten Demonstrationen der Wendezeit nicht dabei war und sie diese Überraschung entsprechend kommentieren, ist dies auch für die Interviewer äußerst aufschlussreich.

> Die Rolle der Interviewer im Familien- oder Paarinterview oder im Familiengespräch ist eine andere als die beim narrativen Interview oder bei der Gruppendiskussion. Ihre Rolle besteht zum einen darin, durch narrative Nachfragen Lücken in der Chronologie der Ereignisse zu schließen, aber auch darin, eher passive Gesprächsteilnehmer in das Gespräch zu integrieren oder unbeachtete Gesprächsbeiträge in die Kommunikation einzuspeisen. Die Selbstläufigkeit des Gesprächs hat allerdings gegenüber solchen Interventionen Vorrang. Die Gesprächsteilnehmer sind zu ermuntern, auch wechselseitig die Interviewerrolle einzunehmen.

3.4.5 Experteninterviews

Dem Experteninterview wurde in methodischer Hinsicht lange Zeit keine besondere Aufmerksamkeit zuteil. Zwar wurden in vielen Untersuchungen Expertengespräche ganz selbstverständlich zur Erhebung verwendet, ebenso selbstverständlich war es aber, sich dabei nicht weiter mit methodischen Fragen aufzuhalten. Das Expertengespräch schien – oft in der explorativen Phase einer Erhebung – „einfach nur Information" zu liefern, über deren Zustandekommen und Auswertung man nicht weiter nachzudenken brauchte. Dies änderte sich im deutschen Sprachraum erst mit einem wegweisenden Artikel von Meuser und Nagel (2005[2]), der eine fruchtbare Diskussion ausgelöst und wichtige Anstöße gegeben hat. Ein bereits in zweiter Auflage erschienener Sammelband dokumentiert nicht nur diese Diskussion, sondern versammelt auch wesentliche Probleme von Experteninterviews sowie verschiedene Positionen zur Methode (Bogner/Littig/Menz 2005[2]).

Jedem, der einmal ein Experteninterview geführt hat, wird sehr schnell klar, dass dieses Erhebungsverfahren gegenüber anderen Interviews einige Besonderheiten aufweist. Dies hängt essentiell mit dem Status und der gesellschaftlichen Funktion von „Experten", mit der daraus resultierenden spezifischen Beziehung zwischen dem Interviewer und dem Experten sowie mit den Besonderheiten des „Expertenwissens" (vgl. Hitzler/Honer/Maeder 1994) zusammen.

a. Erhebungsverfahren und Untersuchungsgegenstand

Was ist überhaupt ein „Experte" oder eine „Expertin" und wie lässt sich „Expertenwissen" für die Forschung nutzbar machen?

Zunächst einmal ist deutlich, dass der Begriff des „Experten" unmittelbar mit einer besonderen Art des Wissens verbunden ist. „Experte" wird man dadurch, dass man über ein Sonderwissen verfügt, das andere nicht teilen, bzw. – konstruktivistisch formuliert – dadurch, dass einem solch ein Sonderwissen von anderen zugeschrieben wird und man es selbst für sich in Anspruch nimmt.

In der Methodenliteratur zur qualitativen Forschung ist bisweilen die These vertreten worden, jeder sei in bestimmter Hinsicht „Experte", zumindest Experte seines eigenen Lebens. Damit wird einerseits deutlich gemacht, dass das Expertenwissen ein „Binnenwissen" ist, das im Interview zur Sprache gebracht werden muss, und andererseits, dass der Expertenbegriff ein relationaler Begriff ist: Expertin ist man nicht an sich, sondern im Hinblick auf ein bestimmtes Wissensgebiet.

Ein so weit gefasster Expertenbegriff verliert allerdings seine Trennschärfe. Es würde dann keinen Sinn mehr machen, Expertenwissen von anderen Formen des Wissens zu unterscheiden, denn jedes lebensweltlich verankerte Wissen, das einen spezifischen Einblick in bestimmte Zusammenhänge offenbart, wäre dann immer schon Expertenwissen. Erst recht ließe sich damit keine eigene Erhebungsform begründen, denn ein Experteninterview wäre dann schlicht gleichzusetzen mit einem „qualitativen" Interview, in dem ein Interviewpartner seine spezifische Binnensicht entfaltet. Diese weite Begriffsverwendung macht zwar zu Recht darauf aufmerksam, dass es auch beim Experteninterview darum geht, dass die Interviewpartnerin ihre Binnensicht entwickeln kann. Allerdings reicht dies zur Bestimmung noch nicht aus. Deshalb werden wir auf diesen weiten Expertenbegriff im Folgenden nicht mehr zurückgreifen.

Stattdessen halten wir es für sinnvoll, den Begriff der Expertin nur für solche Personen zu verwenden, die – soziologisch gesprochen – über ein spezifisches Rollenwissen verfügen, solches zugeschrieben bekommen und diese besondere Kompetenz für sich selbst in Anspruch nehmen. Das verbindet sich in modernen Gesellschaften häufig mit Berufsrollen, zunehmend aber auch mit Formen eines spezialisierten außerberuflichen Engagements, so dass Experteninterviews in der Regel in Studien zum Einsatz kommen, in denen derart spezialisiertes Wissen von Interesse ist.

Berücksichtigt man aber den Gesichtspunkt, dass unterschiedliche Wissensbereiche nicht einfach objektiv bestehen, sondern dass mit dem Sonderwissen gleichzeitig Deutungsmacht zugewiesen und in Anspruch genommen wird, kommt Expertenwissen noch einmal anders in den Blick, und es erschließen sich damit potentiell auch andere Phänomenbereiche.

Diese beiden Zugänge zum Expertenwissen – das Expertenwissen einerseits als spezialisiertes Wissen zu betrachten, und andererseits die mit dem Expertenstatus verbundene Deutungsmacht zu reflektieren – wurden in der Literatur zum Teil als miteinander konkurrierend behandelt (vgl. Bogner/Menz 2005: 40f.). Wenn man den damit verbundenen Theoriestreit[77] zwischen wissenssoziologischen und konstruktivistischen Zugängen einmal beiseite lässt, wird deutlich, dass es bei den beiden Perspektiven zum Teil um unterschiedliche Arten von Expertinnen, in jedem Fall aber um unterschiedliche Zugänge zum Expertenwissen geht, die jeweils andere Interviewstrategien erfordern. Dabei kann es sich durchaus auch um verschiedene Interviewstrategien innerhalb ein- und desselben Interviews handeln, die den Experten nacheinander auf zweierlei Weise adressieren.

Einmal geht es um spezialisierte Formen des Wissens über institutionalisierte Zusammenhänge, Abläufe und Mechanismen: in Organisationen, in Netzwerken, in der Politik, der Verwaltung etc. Meuser und Nagel (2005) haben im Hinblick darauf vom „Betriebswissen" der Experten gesprochen. Der Experte fungiert in dieser Perspektive vor allem als Zugangsmedium zur Organisation und als deren Repräsentant (vgl. ebd.: 74). Er weiß, „wie der Laden läuft" und welche Regeln dabei gelten, auch dort, wo diese Regeln nicht formalisiert sind (und zu formalisierten Regeln möglicherweise sogar im Widerspruch stehen). Das Ex-

---

[77] Schütz (1972) hat in einem klassischen Aufsatz typologisch den Experten vom Laien und vom „gut informierten Bürger" unterschieden. Diese Unterscheidung haben wissenssoziologisch orientierte Autoren aufgegriffen (Sprondel 1979); daran anschließend wurde das Expertenwissen entsprechend als eine Form des „Sonderwissens" behandelt. Davon setzen sich Ansätze ab, die den Experten über seine Deutungsmacht definieren (Bogner/Menz 2005).

3.4 Spezielle Formen des Interviews und der Erhebung

pertengespräch soll hier einen Zugang zu diesem Wissen liefern, insbesondere dort, wo dieses Wissen nicht kodifiziert, sondern in betriebliche Praktiken eingelagert ist.

Das andere Mal geht es um eine bestimmte Form der Inanspruchnahme, Behauptung und Zuweisung von Deutungsmacht, etwa – aber nicht nur – bei „Experten", die eine öffentliche Rolle als „Sachverständige" einnehmen. Experten bestimmen in hohem Maße das Bild, das wir von bestimmten Sachverhalten haben, unsere Einschätzung von Risiken und Sicherheiten, Entwicklungen und Trends, Relevanzen und Irrelevanzen. Das Expertengespräch soll in diesem Fall einen Zugang zu eben diesen Deutungen eröffnen.

Ersteres kann sich mit Letzterem natürlich auch verbinden: Eine Personalmanagerin kann einerseits ihr Wissen über die Abläufe bei der Personalauswahl und die dabei zur Geltung kommenden Mechanismen und Kriterien darlegen und in dieser Darlegung gleichzeitig Deutungsmacht beanspruchen darüber, über welche Kompetenzen ein „geeigneter" Arbeitnehmer heute verfügen muss. Deutungsmacht kommt daher nicht allein in öffentlichen Auseinandersetzungen und Diskursarenen zum Ausdruck – etwa wenn „Experten" zur Gefährdung der Öffentlichkeit durch Straßenprostitution befragt werden –, sondern verkörpert sich in institutionellen Prozeduren, etwa der Personalauswahl oder der Verwaltung der Prostitution durch Polizei und Ordnungsamt. Der Experte kommt in dieser Perspektive als Akteur in den Blick, der Deutungsmacht für sich in Anspruch nimmt und an der Etablierung und Durchsetzung von Deutungen aktiv beteiligt ist.[78]

Es hängt von der jeweiligen Fragestellung des Forschungsvorhabens ab, was dabei letztlich im Zentrum steht oder ob die beiden Perspektiven miteinander verschränkt werden sollen. Man tut jedoch gut daran, sich diese verschiedenen Ebenen vorab klar zu machen und sein methodisches Instrumentarium darauf abzustellen.

Im Anschluss an Meuser und Nagel (2005) lässt sich noch eine dritte Form der wissenschaftlichen Bezugnahme auf Expertenwissen unterscheiden: Dabei interessiert das Expertenwissen als „Kontextwissen" im Rahmen einer primär auf andere Personengruppen und Sachverhalte abstellenden Untersuchung. So können Gefängnispsychologen als Experten Kontextwissen im Rahmen einer Untersuchung über Resozialisationschancen liefern, bei der die primäre Erhebung darin besteht, ehemalige Häftlinge in verschiedenen Phasen nach ihrer Entlassung zu befragen. Expertenwissen als Kontextwissen liefert also Zusatzinformation für eine Untersuchung, bei der die Experten nicht die eigentliche Zielgruppe darstellen. Auch im Vorfeld der Untersuchung, wenn es noch darum geht, das Feld abzustecken und den Forschungsgegenstand sowie den Untersuchungsbereich genauer zu definieren, können solche Interviews von großem Nutzen sein. Es gelten für sie generell die Regeln des Leitfadeninterviews (vgl. Kap. 3.4.6), so dass wir sie im Rahmen dieses Kapitels nicht weiter behandeln werden.

> Experten sind Personen, die über ein spezifisches Rollenwissen verfügen, solches zugeschrieben bekommen und eine darauf basierende besondere Kompetenz für sich selbst in Anspruch nehmen. Daher können Experteninterviews drei verschiedene Formen des Expertenwissens bereitstellen:

---

[78] In dem, was Meuser und Nagel als „Betriebswissen" bezeichnen, sind beide Perspektiven implizit enthalten, ohne jedoch analytisch unterschieden zu werden. Auch ihnen geht es um die Rekonstruktion der in einer Organisation zur Anwendung kommenden Deutungsmuster, die Deutungsmacht der befragten Akteure wird dabei jedoch nicht eigens reflektiert.

> (a) Betriebswissen über Abläufe, Regeln und Mechanismen in institutionalisierten Zusammenhängen, deren Repräsentanten die Experten sind; (b) Deutungswissen, in dem die Deutungsmacht der Experten als Akteure in einer bestimmten Diskursarena zum Ausdruck kommt; und schließlich (c) Kontextwissen über andere im Zentrum der Untersuchung stehende Bereiche. Diese verschiedenen Perspektiven können sich in einer Untersuchung verschränken, sind jedoch analytisch zu unterscheiden. Die Interviewführung muss ihnen je gesondert Rechnung tragen.

b. Zur Auswahl der Interviewpartner

Die Auswahl der Interviewpartner wird durch die Entscheidung, welches Expertenwissen Gegenstand der Untersuchung ist, strukturiert. Die zentrale Schwierigkeit bei der Befragung von Expertinnen besteht darin, diejenigen Personen zu finden, denen tatsächlich ein entsprechender Expertenstatus zukommt, die also über das gesuchte „Betriebswissen" oder „Deutungswissen" verfügen. Dies ist manchmal schwieriger zu realisieren, als man zu Beginn meint, und manches Gespräch wird damit enden, dass man feststellt, nicht mit der richtigen Person gesprochen zu haben. Insofern muss zu Beginn und auch während der Untersuchung immer wieder sondiert werden, welche Person mit den institutionellen Mechanismen des fraglichen Bereichs vertraut ist und darüber entsprechend Auskunft geben kann.

Eine Gefahr dabei ist – etwa in einem Forschungsprojekt, in dem es um Personalauswahl geht –, dass die Interviewpartnerin in der Organisationshierarchie „zu hoch" angesiedelt ist, und es im Gespräch dann primär um die allgemeine Unternehmensphilosophie und um abstrakte Prinzipien der Personalauswahl geht, nicht aber um die konkreten Prozeduren und Wissensbestände, die bei der konkreten, alltäglichen Auswahl von Bewerbern zur Anwendung kommen. Wenn man das während des Interviews bemerkt, sollte man seinen Gesprächspartner am Ende des Gesprächs danach fragen, wer in der Organisation mit den konkreten Abläufen der Personalauswahl zu tun hat.

> Bei der Auswahl von Interviewpartnern für Expertengespräche, bei denen das Betriebswissen oder Deutungswissen von Experten im Mittelpunkt steht, kommt es entscheidend darauf an, dass man diejenigen Gesprächspartner findet, die tatsächlich über das gewünschte Wissen verfügen. Hier ist ein ständiges Nachsondieren im Verlauf der Forschung nötig.

c. Ablaufschema

In der Regel werden Expertengespräche von vornherein als „Leitfadeninterviews" konzipiert. Der Leitfaden wird dabei meist als eine Reihe von Sachfragen verstanden, die aus dem Forschungsinteresse abgeleitet sind und vom Interviewpartner beantwortet werden sollen. Die Vorbereitung der Interviewerin bezieht sich dann in der Regel darauf, sich die für die Untersuchung wesentlichen Fragen zu überlegen und diese in eine angemessene thematische Reihung zu bringen. Das, was hier vorgeschlagen wird, weicht von dieser üblichen Praxis ab, indem es die allgemeinen Prinzipien der Gesprächsführung bei qualitativen Interviews (vgl. Kap. 3.3) zur Geltung bringt, aber gleichzeitig versucht, den spezifischen thematischen Interessen bei Expertengesprächen Rechnung zu tragen. Das hier vorgeschlagene Ablaufschema lässt sich daher als eine Art Metaleitfaden des Expertengesprächs betrachten, der dem Anliegen Rechnung trägt, dass möglichst viel von der gewünschten Information durch den Interviewpartner selbstläufig präsentiert wird, und der außerdem das besondere Beziehungsgefüge des Expertengesprächs berücksichtigt.

3.4 Spezielle Formen des Interviews und der Erhebung

Vorgespräch

Bei der Durchführung des Interviews ist dem Expertenstatus des Gegenübers Rechnung zu tragen. Dies hat auch Konsequenzen für den Ablauf. Man wird hier bereits im Vorgespräch, in dem das eigene Forschungsinteresse erläutert wird, das Gegenüber als Expertin ansprechen und ein Interesse an ihrer spezifischen Kompetenz signalisieren. Dabei wird man selbst – wenngleich auf anderem Gebiet – ebenfalls eine Expertenrolle einnehmen müssen. Man ist also im Verhältnis zum Gegenüber **gleich und ungleich**: Gleich ist man insofern, als sich hier zwei fachlich kompetente und spezialisierte Personen gegenübersitzen; ungleich ist man, insofern man das spezifische Wissensgebiet des Anderen nicht kennt. Dennoch wird man gut daran tun, sich im Vorgespräch als Experte oder Expertin **auf dem eigenen Gebiet** zu präsentieren und dem Gegenüber einen gewissen Einblick in die fachliche Thematik zu geben, gleichzeitig aber den Bedarf an den **besonderen Einsichten** der Expertin deutlich zu machen. In der gelungenen Mischung von Kompetenz und Wissensbedarf bei der eigenen Präsentation besteht die eigentliche Aufgabe des Vorgesprächs. Dem Gegenüber einen Einblick in die fachliche Thematik zu geben und es damit als Expertin anzusprechen, bedeutet freilich nicht, die Überlegungen preiszugeben, die das Betriebs- oder Deutungswissen der Expertin selbst betreffen. Man sollte sich in jedem Fall davor hüten, darauf bezogene Theorien oder Vermutungen im Vorgespräch zu äußern. Das Expertengespräch würde sich dann potentiell zu einer Fachsimpelei über Theorien entwickeln, nicht jedoch zu einem Interview, in dem die Expertin animiert wird, ihr Betriebs- oder Deutungswissen preiszugeben.

Deutlich machen sollte man in diesem Vorgespräch aber auch, dass es in dem Gespräch nicht primär um allgemeine Rahmendaten der Organisation oder um abstrakte Prinzipien der Unternehmensphilosophie geht, also das, worüber man sich auch über Broschüren und Ähnliches informieren kann bzw. sich am besten auch bereits informiert hat. Es muss in dieser Phase klar werden, dass es um das Wissen des Gegenübers über bestimmte Abläufe geht, die mit den formulierten Prinzipien in der Regel nicht völlig identisch sind. Es geht hier essentiell darum, den Experten zu motivieren, die Forscherin an einem besonderen Wissensfundus partizipieren zu lassen, der mit schriftlich dokumentiertem Wissen nicht identisch ist. Man sollte dem Experten ruhig klar machen, dass man sich dieser Differenz bewusst ist und damit seine Bereitschaft stimulieren, dem **in dieser Hinsicht** unkundigen Forscher auf die Spur zu helfen.

Weiter ist es gerade beim Expertengespräch wesentlich, die Rahmenbedingungen des Gesprächs zu klären. Dazu gehört neben der immer notwendigen Zusicherung von Anonymität zentral die Klärung des zeitlichen Rahmens. Expertengespräche finden erfahrungsgemäß häufig am Arbeitsplatz des Betreffenden statt und sind zeitlich mehr oder weniger streng limitiert. Auf diese Vorgaben muss sich die Interviewerin einstellen, damit nicht der Fall eintritt, dass die Zeit zu Ende ist, ehe man bei den wesentlichen Bereichen angelangt ist.

Selbstpräsentation des Experten

Um den Expertenstatus des Gegenübers angemessen zu würdigen, bietet es sich an, ihm in einem ersten Teil des Interviews Gelegenheit zu geben, sich selbst in seiner Funktion vorzustellen. Dies bezieht sich auf die Position, die er in der Organisation einnimmt, und auf den Aufgabenbereich, in den er involviert ist. Es kann auch um einen groben Überblick über einen Sachverhalt gehen, für dessen Gestaltung oder Beurteilung der Experte zuständig ist. Dieser Interviewteil sollte möglichst nicht zu ausführlich geraten. Wenn man glaubt, genug zu wissen, sollte man das Gespräch auf den nächsten Punkt lenken, da ja primär das Betriebs- oder Deutungswissen interessiert und man sich über die Person des Experten notfalls auch anderweitig informieren kann.

Stimulierung einer selbstläufigen Sachverhaltsdarstellung

Ähnlich wie bei anderen Interviewformen ist es auch beim Experteninterview sinnvoll, den eigentlich interessierenden Themenbereich mit einer offenen Frage einzuleiten, die der Expertin die Möglichkeit gibt, einen Sachverhalt selbst strukturiert darzustellen.[79] Dabei wird es in den meisten Fällen nicht wie beim narrativen Interview um die Stimulierung einer Eingangs**erzählung** gehen können, da es sich um wiederkehrende Abläufe handelt, bei deren Darstellung in der Regel auf den Modus der **Beschreibung** rekurriert wird. Ein solcher Stimulus könnte im Rahmen einer Untersuchung über Personalauswahl etwa lauten: „Ich möchten Sie bitten, mir aus Ihrer praktischen Erfahrung einmal zu schildern, wie die Personalauswahl bei Ihnen genau vor sich geht. Dabei interessieren mich nicht nur die allgemeinen Prinzipien, sondern der tatsächliche Ablauf, wie er sich in der Praxis vollzieht. Wie geht das bei Ihnen vor sich?"

Wie bei den meisten anderen Erhebungsformen gilt auch hier die Regel, dass man den Interviewpartner seine Darstellung zunächst einmal zu Ende bringen lässt, ehe die Interviewerin erneut mit einer Frage zum Zuge kommt (dazu auch Kap. 3.3).

Aufforderung zur beispielhaften und ergänzenden Detaillierung (immanente Nachfragen)

Wenn dieser erste Darstellungsteil nicht den gewünschten Detaillierungsgrad annimmt oder die Detaillierungen sich nur auf bestimmte Bereiche beschränken, während andere unanschaulich bleiben, sollte man den Interviewpartner im Hinblick auf die interessierenden Sachverhalte um Detaillierung bitten bzw. ihn auffordern, auch auf Bereiche näher einzugehen, die er bislang nur gestreift hat. Man kann ihn zum Beispiel bitten, einmal ein konkretes Beispiel zu erzählen, einen typischen oder untypischen Fall zu schildern oder auch eine Situation, in der es zu Schwierigkeiten – etwa bei der Beurteilung eines Bewerbers – kam, und zu erzählen, wie und mit welchem Ergebnis diese Schwierigkeiten gelöst wurden.

Ziel dieser beiden Phasen der selbstläufigen Sachverhaltsdarstellung und beispielhaften sowie ergänzenden Detaillierung ist es, möglichst viel Information über die interessierenden Abläufe zu bekommen, ohne diese gezielt durch Einzelfragen erheben zu müssen. Die gewünschte Information soll nach Möglichkeit im Zusammenhang mit und in ihrer „Einbettung" in konkrete Vorgänge zutage gefördert werden, da nur so der praktische Charakter des „Betriebswissens" und seiner Genese, aber auch die konkrete Einbettung des Deutungswissens einer Expertin in einen bestimmten Erfahrungszusammenhang erkennbar werden.

Aufforderung zur spezifischen Sachverhaltsdarstellung (exmanente Nachfragen)

Bei jedem Expertengespräch wird es spezifische Forschungsinteressen geben, die die Forscherin in jedem Fall abfragen will. Optimalerweise hat sich ein Teil dieser Fragen während der ersten beiden Interviewphasen bereits von selbst beantwortet. Dort, wo dies nicht der Fall ist, sollten diese Fragen im Anschluss an die zweite Interviewphase gestellt werden. Sofern es sich nicht um reine Informationsfragen handelt, sondern um Fragen, die auf das Betriebs- oder Deutungswissen der Expertin zielen, sollten sie so formuliert sein, dass sie tatsächlich auf dieses Wissen abstellen. Dabei kann es hilfreich sein, der Expertin die Frage als **Problem** zu präsentieren. Im Falle der Personalauswahl etwa als Problem des Umgangs mit Selbstdarstellungstechniken und Präsentationsfassaden. Eine entsprechende Frage könnte etwa lauten:

---

[79] Sollte der Fall eintreten, dass der Experte ohne Stimulus in der gewünschten Weise auf diesen Phänomenbereich zu sprechen kommt, kann man sich hier auf immanente Nachfragen beschränken. In der Regel wird man diese Darstellung aber durch einen entsprechenden Stimulus in Gang setzen.

„Nun sind ja viele Bewerber vermutlich durch Lektüre und entsprechende Kurse auf Bewerbungssituationen entsprechend vorbereitet. Wie macht sich das denn bei Ihnen bemerkbar und wie gehen Sie damit um?" Die Grundregel ist auch hier, dass man möglichst nicht in ein stereotypes Frage-Antwort-Schema abgleiten sollte, sondern den Interviewpartner möglichst dazu stimulieren sollte, etwas von seinem Erfahrungswissen preiszugeben und – darin eingebettet – seine Deutungen zu präsentieren. Sofern dieses Frageinteresse aus zeitlichen Gründen etwa mit reinen Informationsfragen – etwa nach Betriebsgröße, Zusammensetzung der Belegschaft nach Alter, Geschlecht und ethnischer Abstammung – kollidiert, lässt sich Letzteres möglicherweise abkoppeln. Solche Fragen kann ggf. auch eine andere Person beantworten, die nicht in gleicher Weise in die Strukturen involviert ist, die vorrangig von Interesse sind. Sofern Sie befürchten, aus Zeitgründen nicht beides leisten zu können, sollten Sie das Problem im Vorgespräch kurz ansprechen. Vermutlich findet sich dafür eine praktische Lösung. So können Sie beispielsweise ein Blatt mit bestimmten Detailfragen vorbereiten, die dann vom Büro des Gesprächspartners aus beantwortet werden. Damit haben Sie das Gespräch frei für anderes.

Aufforderung zu Theoretisierung/Generierung von Deutungswissen

Insbesondere dann, wenn Sie am Deutungswissen einer Expertin interessiert sind, ist hier nun Gelegenheit, solche Deutungen zu provozieren. Es werden aber im Verlauf des Gesprächs schon eine ganze Reihe von Deutungen angefallen sein, und zwar an Stellen, an denen sie an die Erfahrungen des Gesprächspartners in seinem Tätigkeitsfeld anschließen und dort vielleicht auch handlungspraktische Relevanz haben. Dennoch soll es nun in diesem letzten Teil des Interviews noch einmal darum gehen, dass der Interviewpartner von seinen Erfahrungen abhebt, Einschätzungen vornimmt und Schlüsse zieht, Diagnosen wagt und Prognosen entwickelt, verallgemeinert und theoretisiert.

Man sollte diesen Teil auch entsprechend einleiten. Etwa so: „Wir haben nun schon eine ganze Zeit über Ihre spezifischen Erfahrungen bei der Auswahl von Personal gesprochen. Ich würde nun gern abschließend noch einmal auf eine etwas abstraktere Ebene wechseln und Sie nach einigen eher generellen Einschätzungen fragen. Was würden Sie denn sagen: Welche allgemeinen Probleme stellen sich heute für einen Betrieb wie Ihren bei der Rekrutierung von Personal?" Oder noch allgemeiner: „Welchen Typus des Arbeitnehmers braucht denn ein Betrieb wie der Ihre?"

Wenn man sich für Verbindungen zwischen allgemeinen gesellschaftlichen Debatten und der Deutungsmacht der Expertin interessiert, bietet es sich an, hier explizit auf diese Ebene anzuspielen. Etwa mit der Frage: „Es wird ja in der Öffentlichkeit häufig über die mangelnde Flexibilität von Arbeitnehmern geklagt. Wie stellt sich das denn aus Ihrer Sicht dar?" An dieser Stelle kann es durchaus ratsam sein, zu einer stärker diskursiven, unter Umständen auch vorsichtig provozierenden Gesprächsführung überzugehen (vgl. Ullrich 1999).

Generell halten wir es für sinnvoll, diese Fragen bei der späteren Auswertung vor dem Hintergrund der stärker selbstläufig entstandenen Gesprächsteile zu interpretieren. Das heißt, hier geht es nicht primär um das Abfragen von Meinungen, sondern es geht um die spezifische Einbindung, gewissermaßen den Sitz im Leben dessen, was als Deutungsmacht in der öffentlichen Auseinandersetzung erscheint. Dieses Interesse schließt freilich den möglichen Befund nicht aus, dass manche Experten dort, wo sie generelle Aussagen treffen, gerade keinen Bezug zu ihrem Betriebswissen herstellen, sondern abstrakt-ideologisch sprechen. Ein solcher Befund wäre dann gesondert zu erklären.

> Für ein Expertengespräch, das Betriebswissen und Deutungswissen generieren soll, schlagen wir ein bestimmtes Ablaufmuster vor, das folgende Phasen beinhaltet: 1. Vorgespräch; 2. Gelegenheit zur Selbstpräsentation des Experten; 3. Stimulierung einer selbstläufigen Sachverhaltsdarstellung; 4. Aufforderung zur beispielhaften und ergänzenden Detaillierung; 5. Aufforderung zur spezifischen Sachverhaltsdarstellung; sowie 6. Aufforderung zur Theoretisierung.

d. Prinzipien der Durchführung

Wesentlich für das Gelingen des Expertengesprächs ist es einerseits, mit der Expertin auf gleicher Augenhöhe zu kommunizieren. Dazu gehört zunächst, sich möglichst genau darüber zu informieren, welche Position der Gesprächspartner bekleidet, um ihn nicht zu Sachverhalten zu befragen, für die er kein Experte ist. Ein Lapsus zu Beginn des Interviews und generell ein schlecht vorbereiteter, fachlich inkompetent wirkender und unsicherer Auftritt kann ein solches Gespräch schnell zunichtemachen und beim Gegenüber den Eindruck entstehen lassen, seine Zeit zu vergeuden. Andererseits geht es aber darum, dem Experten klar zu machen, dass man an einer bestimmten Art des Erfahrungswissens interessiert ist, die man gerade nicht in Büchern nachlesen kann und die auch nicht identisch ist mit der öffentlichen Selbstpräsentation von Unternehmen und Organisationen. Insofern geht es darum, sich als fachlich kompetent, aber gleichzeitig im Hinblick auf dieses spezielle Erfahrungswissen informationsbedürftig darzustellen.

Wir schlagen vor, das Expertengespräch in modifizierter Weise (siehe oben) am Ablaufschema des narrativen Interviews auszurichten, wobei allerdings die diskursiven Anteile im Expertengespräch notwendig höher sind. Besonders gilt dies dort, wo neben dem Betriebswissen der Expertin auch deren Deutungswissen von Interesse ist.

> Es kommt beim Expertengespräch darauf an, mit dem Gegenüber auf gleicher Augenhöhe, also fachlich kompetent zu kommunizieren und gleichzeitig den eigenen Informationsbedarf an dem spezifischen Erfahrungswissen des Experten deutlich zu machen. Es geht außerdem darum, den Experten dafür zu gewinnen, Erfahrungswissen – im Sinne des Betriebswissens – zu explizieren, das nicht identisch ist mit den Selbstdarstellungen und Unternehmensphilosophien von Unternehmen, Organisationen und Verbänden.

3.4.6 Offene Leitfadeninterviews

Das Leitfadeninterview gehört – als teilstandardisiertes Interview – an sich nicht zu den „klassischen" Erhebungsinstrumenten der qualitativen Sozialforschung. Dennoch wird es erfahrungsgemäß bei Abschlussarbeiten und in der Forschung häufig verwendet. Nicht zuletzt aus diesem Grund wollen wir es hier behandeln. Es sollen zunächst einige Vorurteile gegenüber anderen Erhebungsformen ausgeräumt werden, die oft erst zur Entscheidung für ein Leitfadeninterview (das scheinbar die Vorteile von qualitativer und quantitativer Forschung vereint) führen. Darüber hinaus geht es aber darum, die Prinzipien interpretativer Forschung bei diesem Erhebungsinstrument so zur Anwendung zu bringen, dass auch das „Leitfadeninterview" im Sinne eines qualitativen Erhebungsinstruments gebraucht werden kann.

a. Erhebungsverfahren und Untersuchungsgegenstand

Die Entscheidung für Leitfadeninterviews erfolgt – gerade bei unerfahrenen Forschern – oft in der Annahme, die „klassischen" qualitativen Interviewformen seien gänzlich unstrukturiert („bloßes offenes Erzählen", „offene Diskussion") und thematisch so unbestimmt („ganze Lebensgeschichte"), dass eine Forschung, die ein bestimmtes inhaltliches Interesse verfolgt, ohne ein Leitfadeninterview gar nicht auskommen könne.

Wir haben bei der Behandlung der verschiedenen Erhebungsformen immer wieder deutlich gemacht, dass es sich hier insofern um ein Missverständnis handelt, als dabei Selbstläufigkeit und Unstrukturiertheit verwechselt werden. Auch das narrative Interview ist ganz und gar nicht unstrukturiert, sondern verfährt nach einem bestimmten, streng zu befolgenden Ablaufschema, und es ist oft auch thematisch in spezifischer Hinsicht eingegrenzt. Auch die Gruppendiskussion verläuft nach klaren Durchführungsprinzipien und kann zweifellos – je nach Erkenntnisinteresse – ein thematisches Ziel verfolgen. Doch sind diese thematischen Interessen einem Prinzip verpflichtet: Sie sollen nämlich mit Hilfe von empirischem Material befriedigt werden, das sich – im Hinblick auf eine bestimmte Fragestellung – primär an den inhaltlichen Relevanzstrukturen und kommunikativen Ordnungsmustern der Befragten orientiert anstatt an den vorab vorgenommenen Ordnungen und Strukturierungen der Forscherinnen. Die thematischen Interessen müssen im Zuge der Aufdeckung dieser Relevanzstrukturen und Ordnungsmuster der Befragten möglicherweise nachjustiert werden.

Wenn also das Leitfadeninterview als qualitatives Instrument verwendet werden soll, muss es diesen Kriterien entsprechen. Das heißt umgekehrt, dass ein Interview, das sich an einer festen Reihenfolge vorgegebener Fragen orientiert, die auf die subjektiven Relevanzstrukturen der Befragten nicht eingeht, diese vielmehr immer wieder abschneidet und dem vorab vorgenommenen Ordnungsraster unterwirft, im Rahmen dieses Lehrbuches allenfalls im Hinblick auf die Behandlung von Interviewer-Fehlern etwas zu suchen hat. Wie in einer Bürokratie steht hier der Leitfaden als Ordnungsmuster im Vordergrund, während der Interviewte und seine Präferenzen dem nachgeordnet sind. Im Rahmen der Methodendiskussion zur qualitativen Sozialforschung ist dies daher zu Recht als „Leitfadenbürokratie" (Hopf 1978: 101ff.) bezeichnet worden.

Zweifellos gibt es Forschungsvorhaben, die bestimmte, relativ klar eingegrenzte Fragestellungen verfolgen, für deren Bearbeitung die Verwendung von Leitfadeninterviews durchaus sinnvoll sein kann. Ein Beispiel dafür war das bereits dargestellte „Expertengespräch" (Kap. 3.4.5). Andere Beispiele sind Fragestellungen, die sich auf bestimmte berufliche und alltägliche Praktiken beziehen, deren Darstellung primär über den Modus der Beschreibung und Argumentation zu erfassen ist und bei denen es darauf ankommt, dass bestimmte Bereiche in jedem Fall detailliert behandelt werden. Beispiele dafür wären etwa eine Forschung über den Umgang von Paaren mit Geld (Wimbauer 2003), bei denen die Interviewerin sowohl an allgemeineren Perspektiven in Bezug auf die Sache als auch an der detaillierten Beschreibung von Regelungen und Prozeduren interessiert ist: Was gilt als „Geld"? Wie geht das Paar mit Ausgaben und finanziellen Engpässen um? Wie werden Einkommensdifferenzen gehandhabt? Wird über Geld gestritten? Welche Konten gibt es? etc. Ein anderes Beispiel wären Untersuchungen zum Umgang mit Interkulturalität bei Paaren (z.B. Wie und wo hat das Paar sich kennengelernt? Wie ist es zum Paar geworden? Was spielte dabei eine Rolle? Wie hat sich die Einbindung in die jeweiligen Freundeskreise und Familien entwickelt? In welcher Sprache verständigt sich das Paar, wie haben sich die entsprechenden Konventionen herausgebildet? Worüber wird gestritten? Wie werden Auseinandersetzungen beendet, wie wird Gemeinsamkeit hergestellt? Welche Tabus gibt es? Wie stellen sich die beiden ihre gemeinsame/jeweilige Zukunft vor?). Aber auch Forschungen zum Umgang mit befristeter Beschäftigung, zur Organisation alltäglicher und beruflicher Arbeit und Ähnliches mehr wurden mit Hilfe offener Leitfadeninterviews durchgeführt. Auf solche und ähnliche Forschungskontexte sind die folgenden Ausführungen bezogen. Dabei werden aufmerksame Leserinnen einiges von dem wiederfinden, was bereits an anderer Stelle behandelt wurde.

> Das offene Leitfadeninterview ist in solchen Forschungskontexten angebracht, in denen eine relativ eng begrenzte Fragestellung verfolgt wird. Dabei stehen oft beschreibende und argumentierende Darstellungsmodi im Vordergrund. Dennoch gilt es auch bei dieser Interviewform, die allgemeinen Prinzipien der Gesprächsführung der interpretativen Sozialforschung zur Anwendung zu bringen.

b. Zur Auswahl der Interviewpartnerinnen

Da das Leitfadeninterview sich nicht auf bestimmte Personengruppen bezieht, auf der Interviewtenseite keine besonderen Kompetenzen (z.B. altersspezifische Fähigkeiten zur biographischen Narration wie beim narrativen Interview oder einen Expertenstatus wie beim Experteninterview) voraussetzt und nicht an das Vorhandensein gemeinsamer Perspektiven gebunden ist (wie das Gruppendiskussionsverfahren), gelten hier keine besonderen Regeln bei der Auswahl von Interviewpartnern. Diese orientiert sich lediglich an den allgemeinen Kriterien des „Theoretical Sampling" (vgl. Kap. 4) bzw. – damit unmittelbar verbunden – am Erkenntnisinteresse der Untersuchung.

> Die Auswahl der Interviewpartner beim offenen Leitfadeninterview orientiert sich an den allgemeinen Kriterien des „Theoretical Sampling".

c. Ablaufschema: Vom Allgemeinen zum Spezifischen

Auch wenn das offene Leitfadeninterview stärker inhaltlich vorstrukturiert ist als andere qualitative Erhebungsformen, gilt es auch hier, die Prinzipien der Gesprächsführung zu berücksichtigen, wie wir sie oben entwickelt haben. Dabei kann man sich an folgender Faustregel orientieren: Das Gespräch sollte sich vom Allgemeinen zum Spezifischen (vgl. Merton et al. 1956) bewegen und bei der Perspektive des Interviewten seinen Ausgangspunkt nehmen. Die spezifischen Forschungsfragen der Interviewerin sollten, wo möglich, daran anschließen.

Das Leitfadeninterview setzt in der Regel eine vergleichsweise eng umgrenzte Forschungsfrage voraus. Entsprechend spezifisch werden häufig im Rahmen eines solchen Interviews die Fragen gestellt. Der Effekt ist oft, dass die Antworten relativ kurz ausfallen und sich von einer schriftlichen Befragung mit offenen Fragen kaum unterscheiden. Gegen diese Versuchung einer allzu spezifischen Vorgabe bereits zu Beginn des Interviews gilt es, systematisch anzugehen: An den Anfang des Interviews ist daher eine möglichst offene, unter Umständen narrative Eingangsfrage zu stellen. In Abwandlung des von Merton et al. (1956) im Hinblick auf eine derart ausgerichtete Interviewstrategie formulierten Kriteriums der „Reichweite" (ebd.: 41ff.) sprechen wir vom **Kriterium der Offenheit**: Das heißt, die Anfangsfrage sollte so gestellt sein, dass sie den Interviewpartner in die Lage versetzt, den zur Diskussion stehenden Sachverhalt aus seiner Sicht zu umreißen bzw. – wo es sich anbietet – die Vorgeschichte dieses Sachverhalts zu erzählen. Dem Interviewer wird so optimalerweise zu Beginn eine verdichtete Problemsicht präsentiert, die bereits mehrere Problemdimensionen enthält, die sich im weiteren Verlauf des Interviews – im Sinne zunehmender Spezifität (Merton et al. 1956: 66f.; Hopf 1978: 99ff.) – entfalten lassen. Die Interviewerin kann bei ihren anschließenden Fragen auf diese erste Darstellung des Interviewpartners Bezug nehmen und gerät nicht so leicht in Gefahr, einen starren Leitfaden an den Relevanzstrukturen des Interviewten vorbei „abzuarbeiten".

Diese erste Frage kann narrativ orientiert sein, etwa in einem Forschungsprojekt, in dem es um die Konfliktbewältigung in bikulturellen Partnerschaften geht: „Erzählen Sie uns doch zunächst einmal, wie Sie sich kennengelernt haben und wie Sie schließlich ein Paar geworden sind."

Oder in einer Forschung zum Mobbing in Betrieben: „Erzählen Sie uns doch zunächst einmal, wie es dazu kam, dass Sie an ihrer derzeitigen Stelle zu arbeiten angefangen haben, und wie sich Ihre Arbeitssituation seitdem entwickelt hat."

Die Eingangsfrage kann aber auch auf eine Beschreibung abstellen, etwa in einem Forschungsprojekt, in dem es um die Arbeitssituation in der Zeitarbeit ging (Brose/Wohlrab-Sahr/Corsten 1993): „Beschreiben Sie zunächst einmal, wie ein Arbeitstag für Sie als Zeitarbeiterin aussieht."

An die Ausführungen, die durch solche relativ offenen Stimuli generiert wurden, können dann spezifischere Nachfragen anschließen, die an dem ansetzen sollen, was in der ersten Darstellung bereits angedeutet, aber noch nicht genauer ausgeführt wurde. Merton et al. (1956) und – im Anschluss daran – Hopf (1978) sprechen hier vom **Kriterium der Spezifität**. Dabei geht es nicht um die isolierte Erfassung bestimmter Sachverhalte, sondern darum, die spezifische Bedeutung bestimmter Details auszuleuchten, um so die „signifikanten Konfigurationen" (Merton et al. 1956: 67) der interessierenden Sachverhalte bestimmen zu können.

Wichtig ist hier, dass die Abfolge von offener Frage am Anfang (Kriterium: Offenheit) und spezifischeren Nachfragen (Kriterium: Spezifität) eingehalten wird. Denn nur so kann gewährleistet werden, dass die Spezifizierung nicht an den Erfahrungen und Relevanzstrukturen des Befragten vorbei erfolgt. Die Interviewerin sollte hier auch bereit sein, sich vom Interviewpartner überraschen zu lassen und die Reichweite der eigenen Forschungsfrage ggf. zu korrigieren.

Das generelle Prinzip dabei ist, dass Fragen gestellt werden sollten, auf die hin Sachverhalte in ihrer situativen Einbettung, in ihrem sozialen, institutionellen und persönlichen Kontext sowie im Hinblick auf ihre subjektive (bzw. auch institutionelle) Relevanz geschildert werden.[80] Die Interviewerin erhält so Informationen über die Bedingungen des Zustandekommens und über die Bedeutung bestimmter Phänomene und bekommt Hinweise auf weitere für ihr Thema relevante Aspekte. In Abwandlung einer Terminologie, die Merton et al. (1956) in einem Forschungskontext entwickelten, in dem sie mit „fokussierten Interviews" arbeiteten, sprechen wir hier von den **Kriterien der Kontextualität und der Relevanz**.

Der Übergang zu neuen Fragekomplexen sollte erst erfolgen, wenn das, was die Eingangsdarstellung an Informationsangeboten bereithält, tatsächlich ausgeleuchtet ist.

Auch hier bietet es sich an, den Beginn eines neuen Themenkomplexes mit einer relativ offenen Frage einzuleiten, an die dann wiederum spezifische Nachfragen anschließen. So könnte sich im Fall der Forschung zum Mobbing in Betrieben die Frage anschließen: „Sie

---

[80] Merton et al. (1956) sprechen hier vom Kriterium der „Tiefe" und des „personalen Kontexts". Vgl. dazu auch Hopf (1978).

haben bereits angedeutet, dass Ihre Arbeitssituation sehr belastend für Sie geworden ist. Erzählen Sie doch einmal genauer, wie es zu dieser Situation kam und wie sie für Sie aussieht."

Im Rahmen des Projekts zur Zeitarbeit könnte sich etwa die Frage anschließen: „Beschreiben Sie doch einmal Ihren letzten Arbeitseinsatz von Anfang bis Ende."

Wie auch beim narrativen Interview bietet es sich an, am Ende des Interviews Fragen zu stellen, die auf die explizite Bewertung von Sachverhalten, auf die Gesamteinschätzung der eigenen Situation, auf subjektive Theorien und Ähnliches abstellen. Hier ist ggf. auch der Ort, den Interviewpartnern kontroverse Positionen vorzulegen und sie zu Stellungnahmen zu provozieren. Dabei können unterschiedliche Anreize – Bilder, Metaphern, Zitate etc. – verwendet werden, um solche Stellungnahmen hervorzulocken.

Das Ablaufschema des offenen Leitfadeninterviews bewegt sich vom Allgemeinen zum Spezifischen. Am Anfang empfiehlt sich ein – auf Narration oder Beschreibung abstellender – Stimulus, der den Interviewten in die Lage versetzt, seine Perspektive auf das interessierende Phänomen zu entfalten bzw. dessen Vorgeschichte zu erzählen. Die späteren – thematisch geordneten – Fragekomplexe sollten soweit wie möglich daran anschließen bzw. – wenn die Eingangsdarstellung angemessen ausgeleuchtet wurde – ihrerseits mit einer offenen Frage eingeleitet werden. Diese Vorgehensweise ermöglicht, dass Sachverhalte in ihrer situativen Einbettung und in ihrem sozialen, personalen und institutionellen Kontext in den Blick kommen. Am Ende des offenen Leitfadeninterviews können auf Evaluation und kontroverse Erörterung zielende Fragen stehen. Kriterien einer solchen Interviewführung sind: Offenheit, Spezifität, Kontextualität und Relevanz.

---

d. Prinzipien der Durchführung

Wenn man sich für die Durchführung von Leitfadeninterviews entschieden hat, sollte man einen solchen Leitfaden auch vorbereiten, gleichzeitig aber darauf eingestellt sein, während des Gesprächs damit flexibel umzugehen.

Gerade für unerfahrene Forscher ist es sinnvoll, einen Leitfaden schriftlich festzuhalten. Dabei formuliert man Fragen, deren Reihung einen systematischen Aufbau aufweist und die geeignet sind, beim Gegenüber tatsächlich eine relativ freie, selbstläufige Darstellung in Gang zu setzen. Es ist ratsam, einen solchen Leitfaden vor der eigentlichen Erhebung zu testen und in Forschungswerkstätten oder Projektgruppen zu besprechen.

Ein Leitfaden soll systematisch aufgebaut sein. Im Anschluss an den Eingangsstimulus und die darauf bezogenen Nachfragen sollten jeweils inhaltliche Themenbereiche abgehandelt werden, die nach Möglichkeit wiederum jeweils mit einer relativ offenen Frage eingeleitet werden. Das Prinzip dabei ist immer, dass der Interviewpartner möglichst von alleine die den Forscher interessierenden Fragen abhandelt, so dass dieser mit seinen spezifizierenden Nachfragen an der Vorgabe des Interviewpartners ansetzen kann.

Allerdings bleibt die sachliche Ordnung, die sich die Interviewerin vorab erarbeitet hat, der Darstellungslogik des Interviewpartners nachgeordnet: Der Leitfaden dient dem Interview und nicht das Interview dem Leitfaden! Wenn Bereiche von den Interviewten selbst bereits hinreichend behandelt wurden, brauchen sie nicht noch einmal angesprochen zu werden, nur weil der Leitfaden sie an späterer Stelle vorsieht. Wenn sich an eine Gesprächssequenz eine Frage sinnvoll anschließt, die ursprünglich erst später vorgesehen war, sollte man diese Frage vorziehen. Wenn Problemzusammenhänge angesprochen werden, die im Leitfaden ursprünglich

3.4 Spezielle Formen des Interviews und der Erhebung

gar nicht vorgesehen waren, für den Interviewten aber von offensichtlicher Relevanz sind, sollte man darauf eingehen und ggf. das Themenspektrum erweitern.

Das Ignorieren von Aussagen, die für die Befragten wichtig sind, das allzu rasche Abhandeln solcher unerwarteter Informationen und selbst die Ankündigung, einen Sachverhalt, der für den Interviewpartner hohe Relevanz hat, später zu behandeln, ohne dies dann angemessen zu tun, werden mit hoher Wahrscheinlichkeit als Blockade der Gesprächsbereitschaft und des Informationsflusses wirken. Hopf (1978) hat in ihrer Reflexion des Interviewerverhaltens bei der Befragung von Schulräten verschiedene solcher Interviewerfehler beschrieben und sie als Effekte einer „Leitfadenbürokratie" behandelt. Dabei sitzt der Interviewer, der sich rigide an seinem Leitfaden orientiert, häufig einem Trugschluss auf: Ein Leitfadeninterview, in dem allen Befragten dieselben Fragen in exakt der gleichen Reihenfolge gestellt werden, suggeriert Vergleichbarkeit und damit eine Nähe zu standardisierten Verfahren. Letztlich riskiert man aber mit einem derartigen Interviewerverhalten, dass Interviews mit relativ geringem Informationsgehalt zustande kommen, die weder den Kriterien standardisierter noch denen qualitativer Sozialforschung entsprechen. Sie sind schwer zu interpretieren, weil die Relevanzstrukturen der Befragten aufgrund von Interviewerinterventionen nicht entfaltet werden konnten. Und sie sind überdies inhaltlich unterbestimmt, so dass oft gar nicht deutlich wird, wofür eine bestimmte Aussage eigentlich ein Beleg ist. Im schlimmsten Fall ist solch ein Interview also weder für qualitative noch für quantifizierende Auswertungsinteressen brauchbar.

Wichtiger als das Einhalten der Reihenfolge von Fragen ist es, dass alle interessierenden Sachverhalte angesprochen werden, und zwar in einer für den Interviewten angenehmen, gesprächsfördernden Weise. Vermeiden Sie es daher, einen Gesprächsfaden mit einer völlig quer liegenden Frage rabiat zu durchschneiden. Versuchen Sie, an bereits Gesagtes anzuschließen bzw. – wo das nicht möglich ist – leiten Sie zu einem neuen thematischen Block über. Etwa: „Wir haben jetzt länger darüber gesprochen, wie Sie sich kennengelernt haben und ein Paar geworden sind, und darüber, was Sie miteinander verbindet. Aber zum Alltag von Partnerschaften gehören auch Konflikte ..." Oder: „Sie haben jetzt ausführlich Ihre Einsätze in verschiedenen Firmen geschildert. Gab es auch schon Situationen, in denen Sie länger auf einen Einsatz warten mussten? Wie ist das genau abgelaufen?" Die Fragen sollten generell möglichst frei und umgangssprachlich formuliert und nicht vom Blatt abgelesen werden. Dabei geht es immer darum, den Gesprächscharakter zu bewahren. Ein offenes Leitfadeninterview ist keine mündliche Erhebung per Fragebogen!

Wie sich später in den Kapiteln zur Auswertung zeigen wird, geht es beim offenen Leitfadeninterview in dem hier vorgestellten Sinne nicht allein darum, verschiedene Antworten auf dieselbe Frage zu vergleichen – die man später vielleicht sogar aus dem Gesprächskontext „herausschneiden" und nebeneinanderlegen kann, was offenbar eine beliebte Praxis ist –, sondern es geht darum, bestimmte Sachverhalte und Problemsichten in ihrem situativen Kontext und ihrem Sinnzusammenhang zu verstehen bzw. zu rekonstruieren. So ist es beispielsweise weniger interessant zu erfahren, ob in bikulturellen Partnerschaften bestimmte Geschlechterstereotype (etwa des virilen kubanischen Mannes oder der besonders femininen und mütterlichen italienischen Frau) zur Geltung kommen, sondern vielmehr, vor welchem Hintergrund diese Stereotype für die Befragten Bedeutung erlangen, welche Kontrasthorizonte dabei zur Geltung kommen und an welchen Stellen sie brüchig werden. Um aber eine solche Auswertung zu ermöglichen, braucht man Interviewmaterial, in dem solche Zusammenhänge erkennbar werden.

Als qualitatives Erhebungsinstrument hat das Leitfadeninterview daher nur als flexibel gehandhabtes Instrument einen Ort. Nur auf eine solche Art und Weise zustande gekommene Interviewtexte lassen sich anschließend tatsächlich interpretieren und nicht allein oberflächlich klassifizieren.

Hopf (1978) hat die Probleme, die bei der „Leitfadenbürokratie" entstehen, kommunikationstheoretisch vor dem Hintergrund der für das qualitative Interview charakteristischen Spannung zwischen Spontaneität und Restriktivität erklärt: „(E)s soll einer ‚natürlichen' Gesprächssituation möglichst nahe kommen, ohne zugleich auch die Regeln der Alltagskommunikation zu übernehmen; das heißt, die Rollentrennung von Frager und Befragtem bleibt im Prinzip erhalten und damit auch der steuernde Einfluss des Interviewers." (Ebd.: 114) Die Beschränkung von Spontaneität gilt dabei für den Befragten ebenso wie für den Interviewer selbst. Im Hinblick auf den Befragten besteht sie darin, dass dessen Informationsbereitschaft durch die Fragetechniken des Interviewers in bestimmte – mehr oder weniger breite – Kanäle gelenkt wird. Im Hinblick auf den Interviewer besteht sie darin, dass dieser sein spontanes Bedürfnis, sich selbst nach den Regeln der Alltagskommunikation zu richten – indem er mitredet, von sich erzählt, Deutungen anbietet, zusammenfasst etc. – weitgehend unterdrücken muss. Insofern – so Hopf – bleibt das qualitative Interview ein „Pseudogespräch", da der Interviewer bestimmte Regeln der Alltagskommunikation nicht berücksichtigen kann: etwa die Norm der Reziprozität oder die Tabuisierung des Ausfragens (ebd.: 107). Dies bringt eine systematische Verunsicherung des Interviewers mit sich, aus der typische Interviewerfehler resultieren: Die „Leitfadenbürokratie" ist ein mögliches Resultat, das dieses Dilemma zugunsten der Restriktivität auflöst. Diese Gefahr zu reflektieren, kann dazu beitragen, derartige Interviewerfehler zu vermeiden.

Das Grunddilemma der Verwendung von Leitfadeninterviews besteht oft darin, dass versucht wird, sich den Regeln des Alltags anzunähern, ohne diese Regeln erfasst und expliziert zu haben. Unter diesen Umständen ist der Interviewer auch nicht in der Lage, sie systematisch zu beachten. Andere Verfahren versuchen, die Regeln oder Standards der alltäglichen Kommunikation für die Erhebungssituation zu nutzen. Eine Erhebungssituation wird allerdings aus der Perspektive der Untersuchten stets etwas Außeralltägliches sein, wie weit auch immer sich ein Verfahren an die Alltagskommunikation anzunähern versucht. Das Wissen um dieses Dilemma erleichtert jedoch den Balanceakt, den jedes Interview darstellt und kann auch dazu beitragen, aus Leitfadeninterviews brauchbare Instrumente für die rekonstruktive Sozialforschung zu machen.

Es ist sinnvoll, für das Leitfadeninterview einen Leitfaden vorzubereiten, der sich an einer kommunikativen und systematischen Ordnung orientiert. Er sollte sich von offenen zu spezifischen Fragen bewegen und nach thematischen Blöcken geordnet sein, die jeweils mit relativ allgemeinen Fragen eröffnet werden. Allerdings muss diese Ordnung in der Praxis der Relevanzstruktur des Interviewten nachgeordnet werden. Daher dient der Leitfaden primär als Orientierungshilfe für den Interviewer und ist während des Gesprächs flexibel zu handhaben. Ziel ist es, Raum für die Darstellung von Sachverhalten und Positionen in ihrem situativen Kontext, ihrem Entstehungszusammenhang und ihrer Einbettung in die Relevanzstruktur des Befragten zu geben. Nur so entstehen Interviewtexte, die sich interpretieren und nicht allein klassifizieren lassen.

3.4 Spezielle Formen des Interviews und der Erhebung 145

> Das Grunddilemma qualitativer Interviews, dass sie sich der Alltagskommunikation annähern wollen, ohne deren Regeln völlig zu übernehmen, bleibt freilich bestehen und darf nicht durch eine „Leitfadenbürokratie" (Hopf) einseitig aufgelöst werden.

3.4.7 Fokussierte Interviews/Fokusgruppeninterviews

Das Fokusgruppeninterview weist einige Parallelen, aber auch signifikante Unterschiede im Vergleich zum Gruppendiskussionsverfahren auf, das wir oben behandelt haben (Kap. 3.1.2). Vereinzelt ist dort bereits auf Differenzen hingewiesen worden. Da es sich beim Fokusgruppeninterview aber um einen mittlerweile „klassischen" Ansatz qualitativer Erhebung handelt, der – vor allem im Bereich der Medienwissenschaften und in der Marktforschung – relativ breite Verwendung findet, und da das fokussierte Interview auch einige Elemente enthält, die sich in Einzelinterviews nutzen lassen, wollen wir es hier gesondert behandeln.

a. Erhebungsverfahren und Untersuchungsgegenstand

Der Terminus „Fokusgruppeninterviews" wird in der Sozialforschung in sehr unterschiedlichem Sinne gebraucht. In den Vereinigten Staaten wird er im Rahmen der qualitativen Sozialforschung zum Teil synonym für jene Erhebungsform verwendet, die wir in diesem Buch als „Gruppendiskussion" behandelt haben (vgl. Morgan 1997 [1988]; 2001; Liebes/Katz 1993). Da dabei – wenn auch ohne die entsprechende grundlagentheoretische Reflexion – ein ganz ähnliches Verständnis von Erhebungsform und Interviewerverhalten zum Tragen kommt, werden wir auf diesen Typus hier nicht weiter gehen. Erwähnt werden soll nur, dass diese Form des „Focus Group Interviews" in einem großen Spektrum von Anwendungsbereichen, u.a. im Rahmen der Gesundheitsforschung, Verwendung findet und darüber hinaus – gerade im Kontrast zur Surveyforschung – oft den Zweck erfüllt, die Lebenssituation und Orientierungen sozialer Minderheiten näher zu erkunden.

Daneben fanden und finden **Fokusgruppeninterviews** häufig im Rahmen der **Marktforschung** Anwendung und waren lange Zeit mit diesem Forschungskontext und den dort herrschenden restriktiven Erhebungsbedingungen so stark verbunden, dass sie für sozialwissenschaftliche Forschung oft schon aus diesem Grunde uninteressant schienen.

> Der Begriff des Fokusgruppeninterviews wird manchmal synonym für die Bezeichnung „Gruppendiskussion" verwendet. Zum Teil bezieht er sich auch auf abkürzende und direktive Erhebungen im Kontext der Marktforschung, die den Kriterien qualitativer Sozialforschung meist nicht gerecht werden.

Insbesondere das stark steuernde Interviewerverhalten im Rahmen der Marktforschung, das von den Auftraggebern offenbar häufig als Nachweis einer adäquaten Erfüllung der von ihnen finanzierten Aufgabe angesehen und zum Teil über Einwegspiegel während der Durchführung auch kontrolliert wurde (vgl. Morgan 1998), vertiefte den Graben zwischen der Interviewerhebung für wissenschaftliche Zwecke und den Fokusinterviews, wie sie im Rahmen der Marktforschung geführt wurden. Neuere Beispiele (Vitouch/Przyborski/Städtler-Przyborski 2003; Hampl et al. 2006; Bohnsack/Przyborski 2007) zeigen allerdings, dass auch in kommerzieller Forschung durchaus andere Zugänge denkbar sind, gerade weil diese interessantere und tiefgründigere Ergebnisse zutage fördern.

Um das Fokusgruppeninterview als Erhebungsform klar genug von der oben dargestellten Gruppendiskussion abzugrenzen, konzentrieren wir uns im Folgenden auf das ursprüngliche Modell des fokussierten Interviews („Focused Interview"), wie es von Robert K. Merton und seinen Mitarbeiterinnen (Merton/Fiske/Kendall 1956; Merton/Kendall 1979) im Anschluss an ein von Paul Lazarsfeld und anderen in den 1940er Jahren am Bureau of Applied Social Research der Columbia University in New York entwickeltes Erhebungsverfahren detailliert ausgearbeitet wurde.[81] In den an diesem Institut durchgeführten Forschungen (Lazarsfeld/Merton 1943; Lazarsfeld/Kendall 1948; Merton/Fiske/Kendall 1956) ging es um die sozialen und psychologischen Wirkungen von Massenkommunikationsmitteln, insbesondere der Propaganda während des Zweiten Weltkrieges. Es handelte sich also um eine frühe Form der **Rezeptionsforschung**. Aus der Kritik an einer ersten Gruppendiskussion, die von Lazarsfeld sehr **direktiv moderiert** worden war, entwickelten Merton, Kendall und Fiske eine frühe Form des qualitativen, non-direktiven Interviews (Merton 1990; Merton/Fiske/Kendall 1956).

Anschlüsse an diese Erhebungsform und Kritik daran wurden bereits in Kapitel 3.4.2 ausgeführt, weshalb wir uns im Folgenden primär auf den Sachverhalt der **Fokussierung** beziehen, der diese Interviewform charakterisiert. Diese ist nicht per se an die Form des Gruppeninterviews gebunden, so dass die folgenden Ausführungen auch Anregungen für Einzelinterviews geben können. Als Beispiel für ein fokussiertes Einzelinterview kann etwa das Verfahren des **Dilemmainterviews** gelten, das im Rahmen der Moralforschung im Anschluss an die Untersuchungen Lawrence Kohlbergs zum Einsatz kam (z.B. Colby/Kohlberg 1987; Reinshagen/Eckensberger/Eckensberger 1976; Keller 1990; Nunner-Winkler/Niekele/Wohlrab 2006).

Das Gruppeninterview als spezielle Form des fokussierten Interviews wird von Merton et al. (1956: 135ff.) gesondert behandelt, wir werden darauf weiter unten näher eingehen. Da diesem jedoch ein deutlich anderes Verständnis von Gruppensituationen und ihrer Bedeutung für das Interview zugrunde liegt, als dies bei dem in Kapitel 3.4.2 dargestellten Gruppendiskussionsverfahren der Fall ist, empfehlen wir, sich mit beiden Kapiteln vergleichend zu befassen.

Zentral für das fokussierte Interview ist, dass alle befragten Personen eine konkrete soziale Situation erlebt haben, auf deren Ausleuchtung – insbesondere was das Erleben und Empfinden und die persönliche Wahrnehmung und Einschätzung dieser Situation angeht – sich das Interview bezieht. Dies bildet den **Fokus** des Interviews. Merton, Fiske und Kendall, die diesen Interviewtyp entwickelt haben, charakterisieren das fokussierte Interview folgendermaßen:

"First of all, the persons interviewed are known to have been involved in a particular situation: they have seen a film, heard a radio program, read a pamphlet, article or book, taken part in a psychological experiment or in an uncontrolled, but observed, social situation (for example, a political rally, a ritual or a riot)." (Merton/Fiske/Kendall 1956: 3)

Werden in diesem Rahmen Gruppeninterviews geführt, hat dies vor allem den Zweck, dass durch die Interaktion in der Gruppe ein möglichst breites Spektrum an Wahrnehmungen der betreffenden Situation zutage tritt und dass durch die wechselseitige Anregung der Gesprächsteilnehmerinnen – durch das „share and compare" (Morgan 1997: 20) – auch Erinnerungen aktiviert werden, die im Einzelinterview vergessen worden wären. Das heißt, es geht primär darum, durch die Interaktionssituation **beim Einzelnen** mehr an Erinnerung und insgesamt

---

[81] Wir empfehlen im diesem Zusammenhang das detaillierte „Manual" zum fokussierten Interview (Merton et al. 1956), das auf eine ganze Reihe von Einzelproblemen der Interviewführung eingeht.

3.4 Spezielle Formen des Interviews und der Erhebung

vielfältigere Reaktionen auf den Stimulus zutage zu fördern, als dies beim Einzelinterview der Fall wäre. Die Gruppe ist hier nicht als solche von Interesse, sondern liefert lediglich einen günstigen **Rahmen** für das Erinnern des Erlebten und das Elaborieren individueller Situationsdefinitionen.

Fokussierte Erhebungen finden ein breites Anwendungsfeld in der Medienforschung, sei diese eher grundlagentheoretisch oder stärker marktanalytisch orientiert. Nicht zuletzt durch den wachsenden Einfluss der Cultural Studies (vgl. u.a. Hall 1982 und 2002 [1973]; Willis 1991; Charlton 1997), aber auch durch die Theorieangebote von McLuhan (1995) und Latour (u.a. 1998 und 2000) werden Ansätze, die an kausalen Wirkungen interessiert sind, zunehmend durch solche in Frage gestellt, die das Verhältnis von Mensch und Medien im Sinne einer gemeinsamen Konstitution begreifen (u.a. Schäffer 2001: 43f., Slunecko 2008: 142ff.). Für die empirische Forschung rückt damit zunehmend „das Handeln mit Medien" (Przyborski 2008) in den Vordergrund (Fritzsche 2001; Schäffer 2003; Michel 2001 und 2006).

Fokussierte Erhebungen werden im Kontext von sehr unterschiedlichen theoretischen Konzepten eingesetzt. Bei der Planung einer derartigen Erhebung ist es unerlässlich, sich über diese Einbettung klar zu werden, da sie mitunter auch Einfluss auf die Gestaltung der Erhebung hat. Die mehrfache Einbindung dieser Vorgehensweise dokumentiert sich in diesem Band auch im Kapitel zum Gruppendiskussionsverfahren. Je nachdem, für welche Erhebungsform man sich entscheidet – für das fokussierte Interview, die Gruppendiskussion oder auch die Form der Narration (ein Film kann z.B. nach**erzählt** werden) –, empfiehlt sich die Lektüre der entsprechenden Kapitel.

Gemeinsam ist allen Ansätzen, dass die Strategien der Interviewführung darauf zielen, das spezifische Erleben und die persönliche Wahrnehmung der entsprechenden Situation bzw. des Stimulus möglichst genau und tiefgründig auszuloten. Dies stellt den Fokus des Interviews dar. Insofern greift der Interviewer hier unter Umständen stärker in das Interview ein als bei anderen Interviewformen, jedoch in der Regel nur dann, wenn die Interviewpartner den Fokus verlassen und sich in allgemeinen Aussagen zum Thema ergehen. Es ist dann die Aufgabe des Interviewers, sie wieder zum Fokus zurückzuführen. Allerdings ist dies nicht als Freibrief zur „peinlichen Befragung" zu verstehen. Es geht vielmehr darum, die Interviewpartnerinnen durch sanfte Korrekturen und – soweit wie möglich – immanente Fragen (vgl. Kap. 3.3.6) wieder dahin zu bringen, dass sie möglichst detailliert schildern, wie sie selber die Stimulussituation erlebt haben, damit die Forscherin z.B. versteht, warum Befragte eine Situation besonders wichtig fanden, eine andere dagegen gar nicht zur Kenntnis nahmen, und wie es kommt, dass eine bestimmte Szene so und nicht anders interpretiert wird. Es gelten hierbei im Prinzip dieselben Regeln, die wir bereits als allgemeine Prinzipien offener Interviewführung behandelt haben. Gleichwohl kommen einige zusätzliche Gesichtspunkte ins Spiel.

Wir verwenden die Bezeichnung „fokussiertes Interview" im Anschluss an Merton, Fiske und Kendall für ein Interviewverfahren, vor dessen Beginn eine von allen Befragten erlebte Stimulussituation (Film, Radiosendung, gelesener Text, erlebtes Ereignis, Experiment) steht. Das Interview ist darauf fokussiert, auszuleuchten, wie diese Situation subjektiv empfunden wurde und was davon wie wahrgenommen wurde. Die Aufgabe des Interviewers besteht darin, diesen Fokus zu gewährleisten.

b. Zur Auswahl der Interviewpartner

Wenn fokussierte Erhebungen als Gruppeninterviews durchgeführt werden, werden diese Gruppen nach denselben Kriterien zusammengesetzt, wie sie für Gruppendiskussionen bereits dargestellt wurden. Auch wenn es um die Frage der Rezeption bestimmter, z.B. medialer Ereignisse geht, sollte man Gruppen relativ homogen zusammensetzen, so dass sich die Teilnehmerinnen nicht durch Status-, Milieu- oder Altersdifferenzen wechselseitig in ihrer Redebereitschaft blockieren oder „befremden". Merton, Fiske und Kendall (1956: 138) betonen in diesem Zusammenhang **Bildungshomogenität** als zentrales Kriterium. Letztlich geht es bei der Zusammensetzung der Gruppen aber immer darum, eine Situation zu schaffen, in der sich die Teilnehmer ohne Hemmung äußern können. Denn solche Hemmungen bei bestimmten Teilnehmern setzen in der Regel Korrekturversuche des Interviewers in Gang, die potentiell den natürlichen Verlauf des Gesprächs außer Kraft setzen, das Gruppeninterview in ein mühsames Frage-Antwort-Schema abgleiten lassen und damit den ursprünglichen Vorteil dieser Interviewform zunichte machen. Dazu Merton, Fiske und Kendall:

"Facility and ease of expression is the unspoken, but nevertheless controlling, criterion of 'status' in these temporary interview groups since their members tend to appraise themselves and others by the criterion of one activity which is the occasion for the group. As we have remarked, the less-educated, who are usually, though not inevitably, less facile of speech, tend to lapse into silence. Their silence, in turn, leads the interviewer to devote himself to the task of 'drawing them out'. The spontaneity of report, essential to the interview, dwindles and is replaced by reluctant and labored answers to questions. Not infrequently, the initially articulate members of the group take on the role of listeners to the exchange between the interviewer and the less articulate members. In the end, one of the chief advantages of the group interview – the interaction between members which activates otherwise forgotten recollections of experience – is wholly dissipated." (Merton/Fiske/Kendall 1956: 139)

Merton, Fiske und Kendall schlagen eine Gruppengröße von zehn bis zwölf Teilnehmerinnen vor, die im Kreis zusammensitzen, so dass auch räumlich die Voraussetzung für eine interaktive Situation gegeben ist. Diese Gruppengröße ist dem spezifischen Interesse des Fokusinterviews bei den genannten Autoren geschuldet, nämlich eine interaktive Situation zu erzeugen, an der zu partizipieren alle die Chance haben (um sich wechselseitig im Hervorbringen ihrer Perspektiven zu fördern), und die Gruppe gleichzeitig nicht zu klein werden zu lassen, so dass eine Vielfalt von Perspektiven gewährleistet ist. Morgan (1997 [1988]: 43) optiert für eine Gruppengröße zwischen sechs und zehn Personen. Dies entspricht eher der Größenordnung, die auch beim Gruppendiskussionsverfahren zu empfehlen ist.

Im Kontext ihrer Entwicklung, der Medienforschung, wurden fokussierte Interviews nicht mit „natürlichen" Gruppen erhoben. Gleichwohl ist die Arbeit mit natürlichen Gruppen bei bestimmten Themen sinnvoll (vgl. Michel 2006 und Schäffer 2003). Ob man ihnen gegenüber speziell für den Zweck der Forschung zusammengesetzten Gruppen den Vorzug gibt, richtet sich nach dem konkreten Erkenntnisinteresse. Ersteres bietet sich z.B. dann an, wenn das Interview bestimmte Ereignisse aus der Lebenswelt der Befragten zum Thema hat. Darüber hinaus sollte man bei der Auswahl und Zusammensetzung mehrerer Gruppen für die Forschung die Kriterien des „Theoretical Sampling" (siehe Kap. 4) berücksichtigen.

3.4 Spezielle Formen des Interviews und der Erhebung

> Bei der Zusammensetzung von Gruppen für fokussierte Interviews ist es wichtig, diese – im Hinblick auf den Status, insbesondere aber im Hinblick auf den Bildungshintergrund – möglichst homogen zusammenzusetzen. Das dahinter stehende Kriterium ist das der Gewährleistung einer unproblematischen und unverkrampften Interviewsituation. Bei der Auswahl und Zusammenstellung mehrerer Gruppen sollte man sich am Prinzip des „Theoretical Sampling" orientieren.

c. Ablaufschema

Das fokussierte Interview orientiert sich an folgendem Ablaufschema:

Konkret erlebte Situation als Anfangsstimulus

Zu Beginn des fokussierten Interviews steht eine konkrete Situation, die alle Interviewpartner erlebt haben. In der Regel wird es sich dabei um einen Stimulus handeln, den die Interviewerin setzt, zum Beispiel um einen Film(-ausschnitt), einen Auszug aus einer Radiosendung, einen Zeitungsartikel, einen Text, der ein moralisches Dilemma artikuliert (beim Dilemmainterview), einen kurzen literarischen Text oder Ähnliches. Es kann sich aber auch um eine noch nicht lange zurückliegende reale Situation handeln, die alle Befragten erlebt haben, zum Beispiel eine Naturkatastrophe, eine Familienfeier, ein Ritual, einen Aufstand etc.

Merton, Fiske und Kendall (1956; s. auch Merton/Kendall 1979 [1946]) betonen, dass diese Situation vor dem Interview von den Forschern im Hinblick auf ihre bedeutsamen Elemente, Muster und die Gesamtstruktur (Merton/Fiske/Kendall 1956: 3f.; Merton/Kendall 1979: 171) im Sinne einer „content or situational analysis" (Merton/Fiske/Kendall 1956: 3) interpretiert worden sein muss, so dass die Forscher bereits zu bestimmten Hypothesen über die Bedeutungen und Wirkungen der Situation gelangt sind. Auf dieser Grundlage wird ein Leitfaden für das Interview erarbeitet, in den die wesentlichen Hypothesen Eingang finden, die im Zuge der weiteren Forschung überprüft werden, um dann entsprechend neue Hypothesen zu generieren. Diese Formulierungen machen deutlich, dass das fokussierte Interview forschungslogisch seinen Ausgang bei standardisierten Verfahren nimmt – insbesondere was den Aspekt der Hypothesenbildung und -überprüfung angeht. Dennoch steht im Kern des Verfahrens ein „qualitatives" Interesse: „Eigentliches Ziel des Interviews sind die subjektiven Erfahrungen der Personen, die sich in der vorweg analysierten Situation befinden" (Merton/Kendall 1979: 171): „their definitions of the situation" (Merton/Fiske/Kendall 1956: 3).

Die Frage der Hypothesenbildung vor Beginn der Erhebung wird in unterschiedlichen qualitativen Verfahren verschieden bewertet. So würde bei einer fokussierten Erhebung, die stärker auf den methodologischen Grundlagen des Gruppendiskussionsverfahrens und der dokumentarischen Methode bzw. der Narrationsanalyse basiert, die Hypothesenbildung ex ante zugunsten der theoriegenerierenden Auswertungsstrategien der entsprechenden Verfahren entfallen. Bestimmte Entsprechungen finden sich jedoch zu den Verfahren der objektiven Hermeneutik (Kap. 5.2) und der Grounded Theory (Kap. 5.1). Beim Verfahren der objektiven Hermeneutik ist der Analyse von Interviews oder Interaktionssequenzen häufig die Analyse „objektiver Daten" (biographischer Daten, Familienkonstellationen, räumlicher Konstellationen) vorgeschaltet, bei der heuristische Hypothesen[82] für die weitere Interpretation des Materials generiert werden. Dabei wird etwa eine Hypothese zu dem strukturellen Problem

---

[82] Man beachte die Differenz zur Bildung nomologischer Hypothesen im Kontext standardisierter Verfahren! (vgl. Kap. 2.)

entwickelt, das sich für die befragten Personen in einer bestimmten Situation stellt, und angesichts dessen verschiedene Umgangsformen – mit spezifischen Konsequenzen – denkbar sind. Hier würde also durchaus die Ausgangssituation selbst im Hinblick auf ihre innere Logik interpretiert, um dann in einem weiteren Schritt die spezifische Situationsdefinition der befragten Person(en) zu untersuchen. Auch zum Verfahren der Grounded Theory gehört von Beginn an die Entwicklung vorläufiger Konzepte und heuristischer Hypothesen, die sich auf sich abzeichnende Zusammenhänge beziehen.

Übergang von unstrukturierten Fragen zu halbstrukturierten Fragen

Beim fokussierten Interview geht es im Wesentlichen darum, im Detail zu rekonstruieren, wie die Befragten die Stimulussituation erlebt haben. Dabei sollen sie durch eine offene Eingangsfrage die Möglichkeit bekommen, sich auf jeden Aspekt der Stimulussituation zu beziehen. Merton und Kendall (1979) schlagen im Anschluss an einen gezeigten Film etwa folgende Fragen vor: „Was beeindruckte Sie an diesem Film am meisten? oder Was fiel Ihnen an diesem Film besonders auf?" (Ebd.: 180). An diesem Typus von Fragen, den sie auch für den Fortgang des Interviews für durchaus produktiv halten, wird der qualitative Zugang dieses Instruments deutlich: Die Interviewte hat gewissermaßen ein „leeres Blatt" vor sich, das sie zu füllen beginnt. Sie – und nicht der Interviewer – bestimmt die Schwerpunkte, die sie für wichtig hält.

Aus einer gesprächsanalytischen Perspektive könnte man gegen den klassischen Vorschlag von Merton, Fiske und Kendall einwenden, dass zur Beantwortung der hier vorgeschlagenen Frage der Stimulus schon recht komplex theoretisch verarbeitet werden muss: Man muss sich quasi den gesamten Stimulus vor Augen führen und sich selbst und den anderen gegenüber Rechenschaft darüber ablegen, was daran „besonders" war. Wenn man etwas als „beeindruckend" oder „besonders" kennzeichnet, muss man – in der Alltagskommunikation – auch eine Erklärung für diese Besonderheit bereitstellen, etwa: „… weil der Film, …". Dies führt möglicherweise dazu, dass zwar eine Reflexion über den Film oder den Stimulus zutage gefördert wird, der Prozess des Erlebens oder Wahrnehmens aber dahinter zurücktritt. Vor diesem Hintergrund sind alternative Vorschläge für Eingangsfragen gemacht worden, etwa: „Was geht euch so durch den Kopf, wenn ihr das (den Film oder das Bild) so seht?" (Vgl. Michel 2006), oder: „Könnten Sie bitte einfach mal nacherzählen, was Sie gesehen haben?" (Vgl. Przyborski 2008).

Im Fortgang des Interviews können zur detaillierten Ausleuchtung der Wirkung bzw. Wahrnehmung oder Verarbeitung bestimmter Sachverhalte spezifischere Nachfragen notwendig werden, etwa wie die folgende: „Was empfanden Sie bei dem Teil, in dem Joes Entlassung aus der Armee als Psychoneurotiker geschildert wird?" (Merton/Kendall 1979: 181), oder: „Was haben Sie Neues aus diesem Flugblatt erfahren, das Sie ja vorher nicht kannten?" (Ebd). Von der Verwendung strukturierter Fragen wird auch bei dieser Interviewform abgeraten. Auch wenn die Autoren darauf hinweisen, dass vor der Durchführung in jedem Fall ein Leitfaden zu konzipieren ist, gilt auch hier die Regel, diesen durch möglichst offene Gesprächsstimuli weitgehend überflüssig zu machen bzw. ihn so flexibel zu handhaben, dass der Interviewte davon kaum etwas merkt (vgl. Merton/Fiske/Kendall 1956: 53).

Übergang von überleitenden zu mutierenden („mutational") Fragen

Auch beim fokussierten Interview gilt die Grundregel, dass bei einem optimalen Interviewverlauf die Befragte selbst zu einem neuen Thema überleitet. Aber auch bei geübten Interviewerinnen wird das nicht immer der Fall sein. Daher stellt sich an bestimmten Stellen des

3.4 Spezielle Formen des Interviews und der Erhebung 151

Interviews – wenn ein Sachverhalt erschöpfend behandelt ist, ein Thema für den Befragten offenkundig nicht ergiebig oder so heikel ist, dass seine Vertiefung zum gegebenen Zeitpunkt zu schweren atmosphärischen Störungen führen würde (Merton/Kendall 1979: 193) – die Frage des Übergangs zu einem neuen Thema. Merton und Kendall (1979) empfehlen hier – sofern dies möglich ist – eine überleitende Frage, die in irgendeiner Form an das bisher Gesagte anknüpft: „Wenn Sie gerade von Kain sprachen...." (ebd.: 194). Dies kann als „zurückführender Übergang" initiiert werden, mit dessen Hilfe Themen, die noch nicht hinreichend ausgeschöpft wurden oder an einer anderen Stelle aus bestimmten Gründen fallen gelassen werden mussten, wieder aufgegriffen werden können: „Das bringt die Sprache auf etwas, das Sie vorher über diese Szene erwähnten ..." (ebd.), oder: „Sie sprachen eben über die Szenen mit den ausgebombten Schulhäusern, und Sie schienen sich darüber noch mehr Gedanken zu machen. Was empfanden Sie, als Sie das sahen?" (Ebd.: 195).

Am Ende des Interviews besteht noch die Möglichkeit, Sachverhalte, die thematisch relevant sind, sich aber nicht mit überleitenden Fragen anschließen lassen, über mutierende Fragen einzubringen (Merton/Fiske/Kendall 1956: 60ff.). Dies entspricht weitgehend dem, was bisher als „exmanente Fragen" bezeichnet wurde (vgl. Kap. 3.2, 3.3.6 und 3.4.1). Merton und seine Koautorinnen machen jedoch sehr deutlich, dass dies ein Notbehelf ist. Andere Frageformen sind hier eindeutig vorzuziehen. In jedem Fall ist darauf zu achten, dass nicht am Schluss noch eine ganze Reihe unverbundener Fragen „abgehakt" werden, die aus dem Interview letztlich eine mündliche Fragebogenerhebung werden lassen. Schon bei der Entwicklung des Leitfadens (siehe Kap. 3.4.6) sollte also sehr genau darauf geachtet werden, dass die Themenblöcke durch entsprechend offene Fragen eingeleitet werden, so dass sich im günstigsten Falle eine ganze Reihe von Nachfragen erübrigt, weil die Interviewten von selbst auf die Sachverhalte zu sprechen kommen.

> Der Ablauf des fokussierten Interviews beginnt mit der Stimulussituation. Diese wird dann zunächst über unstrukturierte Fragen erschlossen, an die sich später weitere unstrukturierte oder halbstrukturierte Fragen anschließen. Strukturierte Fragen wie bei einem Fragebogen sind zu vermeiden. Die Übergänge sollten – sofern sie nicht von den Interviewten selbst vorgenommen werden – durch überleitende Fragen hergestellt werden. Nur am Ende des Interviews sind – wenn sich thematische Übergänge nicht anders herstellen lassen – mutierende Fragen, die neue Themen einbringen, erlaubt.

d. Prinzipien der Durchführung

Merton, Fiske und Kendall nennen für das fokussierte Interview vier Kriterien, aus denen sich entsprechende Prinzipien der Durchführung ableiten. Wir wollen im Anschluss daran ein fünftes behandeln, das sich aus der Besonderheit des Fokus**gruppen**interviews ergibt:

Das Kriterium der Nicht-Beeinflussung („Non-Direction")

Dieses Kriterium macht deutlich, dass **der Befragte** sich vorrangig über die Dinge äußern soll, die **ihm** wichtig erscheinen, und nicht umgekehrt über Dinge, die **dem Interviewer** wichtig sind (Merton/Fiske/Kendall 1956: 12ff.). Dieses Kriterium kommt vor allem in der Präferenz für unstrukturierte oder halbstrukturierte Fragen zum Ausdruck. Insbesondere – das gilt für alle Interviewformen – ist darauf zu achten, dass es nicht zu einer Situation kommt, in der der Interviewer seinen Bezugsrahmen gegenüber den Befragten durchsetzt, also etwa anfängt, selbst mitzudiskutieren, Positionen der Befragten infrage stellt, sie auf logische Inkonsistenzen aufmerksam macht und Ähnliches mehr. Die Unbefangenheit der

Interviewpartner würde dadurch entscheidend beeinträchtigt und das Interview in seinem Wert erheblich gemindert.

Ein solches Dominantwerden des Bezugsrahmens der Interviewerin kann auch eine Reaktion auf Versuche der Interviewten sein, die Interviewerin aus ihrer Beobachterrolle herauszulocken und ihre Position zu erkunden bzw. – in Situationen eigener Unsicherheit – sich bei dieser über die „Richtigkeit" bestimmter Sachverhalte abzusichern. Merton und Kendall empfehlen in solchen Fällen, die Frage mit einer Gegenfrage zu beantworten bzw. den Inhalt der Frage als Stichwort für die weitere Erörterung zu benutzen, z.B.:

„Proband Nr. 5: Dachten die Deutschen, das Mädchen würde mit ihnen zusammenarbeiten?

Interviewer: Sie meinen, es wurde nicht klar, ob sie mit den Deutschen zusammenarbeitete oder nicht?

Proband Nr. 5: Ja richtig. Sie erinnern sich als…

(Statt die Frage des Informanten zu beantworten, wodurch es schwierig geworden wäre festzustellen, in welcher Weise der Informant diesen Teil des Films strukturierte, geht der Interviewer auf die implizite Bedeutung der Frage ein: „Sie meinen, es war nicht klar…?" Dies verschafft dem Informanten die Gelegenheit, die Stellen im Film anzugeben, die ihm unklar geblieben sind.)" (Merton/Kendall 1979: 194)

Das Kriterium der Spezifität

Dieses Kriterium stellt darauf ab, dass es im Interview nicht – wie vielleicht in einem Experiment – primär darum geht, festzustellen, was die befragte Person von der Ausgangssituation im Gedächtnis behalten hat, sondern dass es darum geht, welche Bedeutung sie einzelnen Aspekten der Gesamtsituation zumisst. Was genau war es, das bei einem Film ein bestimmtes Gefühl hervorgerufen hat? Wie kam der Eindruck von Angst, Traurigkeit etc. zustande? (Vgl. Merton/Fiske/Kendall 1956: 65ff.)

Merton und seine Kolleginnen empfehlen hier als Hilfsmittel das Verfahren der „retrospektiven Introspektion" („Retrospection") (Merton/Kendall 1979: 187; Merton/Fiske/Kendall 1956: 21ff.) – also die Vergegenwärtigung der Stimulussituation und dessen, was man in dieser Situation empfunden hat. Man kann zu diesem Zweck z.B. einzelne Ausschnitte aus einer Sendung noch einmal vorspielen, Fotos mit einzelnen Filmszenen noch einmal zeigen etc. Jedoch sollte dies nicht zu häufig geschehen, um nicht immer wieder den Gesprächsfluss zu unterbrechen. Aber auch die Aufforderung, sich gedanklich in die Situation zurückzuversetzen, kann hilfreich sein: „Wenn Sie mal zurückdenken, was war Ihre Reaktion bei diesem Teil des Films?" (Merton/Kendall 1979: 189)

Insbesondere an Stellen, an denen die Interviewpartner beginnen, sehr allgemein und ohne Bezug auf ihr eigenes Erleben des Filmes zu argumentieren, sollte die Interviewerin sie wieder zur Stimulussituation zurückführen, etwa durch die Frage: „Gab es in dem Film irgendetwas, das bei Ihnen diesen Eindruck entstehen ließ?" (Ebd.)

Das Kriterium „Erfassung eines breiten Spektrums" („Range")

An dieser Stelle löst sich das fokussierte Interview deutlich von den Engführungen primär hypothesenprüfender Verfahren. Denn es geht bei diesem Kriterium darum sicherzustellen, dass die Interviewpartner genügend Spielraum hatten, die für sie relevanten Perspektiven – insbesondere dort, wo sie vom Interviewer **nicht** antizipiert wurden – darzulegen und auszuloten. Gerade deshalb ist der Leitfaden nur als der Sache – und der Vergleichbarkeit – dienliches Hilfsmittel, niemals aber als enges Korsett zu sehen. Und es gilt die Regel: **„Es sollte nie ein**

3.4 Spezielle Formen des Interviews und der Erhebung

Thema angeschnitten werden, wenn man sich nicht entschlossen dafür einsetzen will, dass es einigermaßen ausführlich behandelt wird." (Ebd.: 197; Hervorh. im Orig.; vgl. auch Merton/Fiske/Kendall 1956: 41ff.)

Das Kriterium der Tiefgründigkeit („Depth")

Dieses Kriterium stellt darauf ab, dass der Interviewer versuchen sollte, „ein Höchstmaß an **selbstenthüllenden Kommentaren des Informanten darüber, wie er das Stimulusmaterial erfahren hat**, zu erhalten." (Ebd.: 197, Hervorh. im Orig.; vgl. auch Merton/Fiske/Kendall 1956: 96ff.) Es geht in diesem Zusammenhang um die Herausarbeitung des persönlichen und sozialen Bezugsrahmens des Befragten, aus dem heraus erst deutlich wird, welche Verbindung zwischen dem Stimulusmaterial (z.B. einer Filmszene) und einer bestimmten Reaktion darauf besteht. Ähnlich wie bei der im Rahmen des narrativen Interviews verwendeten Unterscheidung zwischen relativ erlebnisferner Beschreibung oder Argumentation und erlebnisnäherer Erzählung wird beim fokussierten Interview zwischen verschiedenen „Niveaus" der Tiefgründigkeit unterschieden. Die Aufgabe des Interviewers besteht darin auszuloten, auf welchem Niveau der Tiefgründigkeit sich ein Befragter in seiner Darstellung bewegt, und dieses Niveau ggfs. entsprechend zu erhöhen. Darauf zielen Frageformulierungen, die nicht primär die Aufzählung erinnerter Sachverhalte, sondern die Gefühle, die beim Sehen oder Hören dieser Sachverhalte aufkamen („Was empfanden Sie als ..."; Merton/Kendall 1984: 199), fokussieren, aber auch Fragen, die versuchen, den persönlichen und sozialen Bezugsrahmen des Befragten auszuloten: „Wie kommt es, dass Sie sich beim Betrachten dieser Szene den Briten näher fühlen?" (Ebd.: 198).

Das Verfahren des fokussierten Interviews ist ein sehr frühes qualitatives Erhebungsverfahren, das aus dem Bemühen heraus entwickelt wurde, die „falsch gestellte Alternative" (ebd.: 201) zwischen qualitativen und quantitativen Erhebungsformen zu überwinden. Die Texte von Merton und anderen dokumentieren viele historisch interessante Entwicklungen – etwa die Rezeption der Gesprächspsychotherapie von Carl Rogers –, sind aber weit darüber hinaus von Interesse: So manche Ausführung in den mittlerweile „klassischen" Texten findet man in neueren Texten zu qualitativen Erhebungsverfahren in anderer Form wieder. In den Erläuterungen zu dem Verfahren wurde deutlich, dass es sich forschungslogisch nicht in erster Linie um ein kollektives Erhebungsverfahren handelt. Vieles, was bei Merton, Fiske und Kendall ausgeführt ist, lässt sich daher problemlos auf Einzelinterviews anwenden. Das fokussierte Interview stellt hier gewissermaßen ein Grundmuster bereit. Auch das, was wir an anderer Stelle unter dem Stichwort „Leitfadeninterview" behandelt haben, entspricht weitgehend diesem Typus.

Nutzbarmachung und Kontrolle der Gruppendynamik im Hinblick auf den Fokus

Ein Gesichtspunkt, in dem sich das Fokusgruppeninterview vom oben beschriebenen Gruppendiskussionsverfahren (Kap. 3.4.2) unterscheidet, ist das stärkere Eingreifen des Interviewers in die Dynamik, die sich während des Gesprächs innerhalb der Gruppe entfaltet. Die wesentlichen Gesichtspunkte, die dabei eine Rolle spielen, sind die Bezogenheit des Gruppengesprächs auf den Fokus, der mit dem Anfangsstimulus definiert ist, sowie das Gewinnen möglichst vielfältiger und tiefgründiger Äußerungen zu diesem Fokus. Die Gruppenkonstellation interessiert hier also nicht als Kristallisationspunkt für grundlegendere habituelle Muster, daher interessiert auch nicht jede Form der Kommunikation, die in der Interaktion entsteht. Manches ist im Hinblick auf den Fokus schlicht irrelevant: "This problem of irrelevancies generated by interaction among members of the group is particularly acute in the focused interview which aims to search out responses to a designated stimulus situation rather than the enduring sentiments and opinions of interviewees." (Merton/Fiske/Kendall 1956: 148)

In einer Situation, in der etwa in der Gruppe eine Auseinandersetzung über bestimmte grundlegende Haltungen aufbricht, die nicht auf die Fokussituation bezogen sind, würde der Interviewer nach den von Merton und seinen Kolleginnen formulierten Regeln vorsichtig eingreifen und die Diskutanten auf den Fokus zurückführen. Im Rahmen einer Gruppendiskussion nach Maßgabe der von Bohnsack vorgeschlagenen Leitlinien (Kap. 3.4.2) dagegen wären gerade solche Stellen von größtem Interesse, da sich in ihnen möglicherweise grundlegende Haltungen und Spannungen der Gruppe (bzw. des Milieus, für das die Gruppe steht) manifestieren. Bei Bohnsack steht die Gruppe als „Epiphänomen" gerade für eine ihr zugrunde liegende soziale Strukturiertheit, und die Gruppendiskussion dient der Aufdeckung dieser Strukturiertheit. Beim Fokusgruppeninterview dagegen dient die Gruppe als Hilfsmittel für die Artikulation persönlicher, auf den Stimulus bezogener „Situationsdefinitionen", deren Hintergrund nur insofern von Interesse ist, als man wissen will, wie die spezifische Wahrnehmung persönlich fundiert ist.[83] Insofern ist auch die Interaktion in der Gruppe immer im Hinblick darauf relevant, wie sie die Spezifität, Reichweite und Tiefgründigkeit persönlicher Darlegungen fördert oder blockiert.

Wichtig ist in diesem Zusammenhang etwa die Beobachtung, dass vorangehende Äußerungen in einer Gruppe Standards setzen für spätere Äußerungen (vgl. Merton/Fiske/Kendall 1956: 141ff.). Wenn also von einigen Sprecherinnen erst einmal ein bestimmtes Maß an persönlicher Offenheit unter Beweis gestellt wurde, erleichtert es dies auch den nachfolgenden Sprecherinnen, sich offen zu äußern. Die Rolle des Interviewers besteht in solchen Situationen darin, sein Interesse an dieser Art von Äußerungen zu zeigen, ohne den Interviewten im erreichten Niveau „vorauszueilen", indem er sie etwa zu persönlichen Äußerungen drängt. Merton, Fiske und Kendall empfehlen hier zum Beispiel, die anderen Teilnehmer entsprechend zu adressieren: "That's an interesting point. Did any of the rest of you experience anything like that?" (Ebd.: 145)

Weiter empfehlen die Autoren, dass der Interviewer sein Interesse an der Vielfalt und Heterogenität von Wahrnehmungen zeigt, so dass eine Gruppenatmosphäre entsteht, „in which there are no 'correct' or 'incorrect' answers, but only self-exploratory reports of personal response" (ebd.: 146).

Dennoch bringt die Gruppensituation aus dieser Perspektive nicht nur Vorteile, sondern auch Nachteile mit sich. Es können sich z.B. „Führer" im Gespräch herausbilden, an denen sich die anderen inhaltlich orientieren bzw. angesichts deren Dominanz sie die eigenen Perspektiven zurückhalten. Auch die Orientierung an normativen Regeln eines adäquaten Verhaltens in Gruppen (etwa im Hinblick auf die Gleichverteilung der Redebeiträge) kann dazu führen, dass Personen sich mit bestimmten Äußerungen zurückhalten. Merton, Fiske und Kendall empfehlen hier die Kontrolle allzu gesprächiger Interviewpartner dadurch, dass die anderen **kollektiv** angesprochen und zur Teilnahme eingeladen werden, wobei gleichzeitig die Möglichkeit divergierender Haltungen angesprochen werden kann, z.B. mit: "How about the rest of you on that? Did any of you get some other ideas? Would all of you agree on that, or would some of you disagree? Did it give any of you some different impressions?" (Ebd.: 157f.) Das heißt, es geht nicht darum, die „Gesprächigen" persönlich zu entmutigen oder die Schweiger einzeln

---

[83] Zu einer theoretischen und forschungspraktischen Synthese der – zunächst widersprüchlichen Positionen – vgl. Michel 2006 und 2007.

zum Reden aufzufordern, sondern darum, durch die Adressierung der gesamten Gruppe deutlich zu machen, dass ein Interesse daran besteht, von möglichst vielen – auch Konträres – zu erfahren. Um einem möglicherweise auftretenden „leader effect" entgegenzusteuern, kann die Interviewerin bspw. Gesichtspunkte, die von eher zurückhaltenden Teilnehmern angesprochen wurden, noch einmal aufgreifen. Dies kann zumindest zeitweise andere Rollenverteilungen in Gang setzen, ohne freilich eine wirkliche Gleichverteilung von Redebeiträgen bewirken zu können.

> Die Interviewführung beim fokussierten Interview orientiert sich an den Kriterien der Nicht-Beeinflussung, der Spezifität, der Erfassung eines breiten Spektrums und der Tiefgründigkeit des Interviews. Immer steht das persönliche Erleben der Stimulussituation in seinen verschiedenen Facetten im Zentrum, wobei auch der Hintergrund des persönlichen und sozialen Bezugsrahmens des Befragten mit ausgeleuchtet wird, vor dem eine bestimmte Reaktion auf den Stimulus erst erklärt werden kann. Von daher liegt der Anwendungsbereich des fokussierten Interviews nicht allein im Bereich von Gruppeninterviews, sondern auch in Formen des Einzelinterviews, z.B. dem Dilemmainterview. Im Fokusgruppeninterview gilt es, dominante Sprecher dadurch zu kontrollieren, dass die anderen als Gesamtheit angesprochen werden, ihre – auch konträren – Perspektiven zu äußern. Die Dynamik in der Gruppe versucht der Interviewer so weit zu steuern, dass der Bezug auf den Fokus erhalten bleibt und möglichst viele und diverse Situationsdefinitionen zur Sprache kommen.

3.4.8 Authentische Gespräche

Bei authentischen Gesprächen handelt es sich um „natürliches" Material. Das Ziel ist es hierbei, die Interaktion der Untersuchten weitgehend so, wie sie im Alltag stattfindet, aufzuzeichnen. Auch bei der teilnehmenden Beobachtung sucht man einen direkten Zugang zur Interaktion der Erforschten ohne gezielte Aufforderungen oder Instruktionen durch die Forscherinnen (vgl. Kap. 3.1). Die Unterschiede zwischen beidem liegen in der Datensicherung und der Rolle der Feldforscherin: 1. Während bei der teilnehmenden Beobachtung zur Datensicherung meist Beobachtungsprotokolle (vgl. Kap. 3.2) zum Einsatz kommen, sind es bei authentischen Gesprächen Transkripte von Tonaufzeichnungen (vgl. Kap. 3.5). In begründeten Fällen kann man für beide Erhebungsverfahren auch Videoaufzeichnungen und deren Analyse (vgl. Kap. 5.5) einsetzen.[84] 2. Während der eigentlichen Erhebung von authentischen Gesprächen ist der Feldforscher in der Regel nicht anwesend, ganz im Gegensatz zur **teilnehmenden** Beobachtung. Dies führt zu anderen Schwerpunkten und Problemstellungen bei der Erhebung.

Der Ursprung der Nutzung authentischer Gespräche als Erhebungsform liegt zwar durchaus in der sozialwissenschaftlich-soziologischen Forschung, dennoch wurde sie viele Jahre vor allem in der Sprachwissenschaft angewandt. Heute findet sie sich zunehmend auch wieder in Untersuchungen sozialwissenschaftlicher Fächer, insbesondere in Kombination mit anderen Erhebungsformen, wie Interviews oder auch Bildinterpretationen.

---

[84] Die videogestützte teilnehmende Beobachtung zählt zu den jüngeren Entwicklungen der empirischen Sozialforschung. Dem Verhältnis von Bild und Text bzw. der Überführung von bildlich Gegebenem in einen Text muss bei dieser Erhebungsmethode besondere Aufmerksamkeit geschenkt werden. (Vgl. Wagner-Willi 2001)

Die Erhebung authentischer Gespräche mag zunächst trivial erscheinen, da man ja lediglich die Untersuchten um ihr Einverständnis bitten und ein Aufnahmegerät an der entsprechenden Stelle platzieren muss. Auf der anderen Seite könnte man aber einwenden, dass solche Gespräche nie authentisch sein können, weil die kommunizierenden Personen sich durch ein derartiges Gerät immer gestört fühlen. Beide Sichtweisen treffen die Forschungspraxis u.E. nicht ganz. In der Folge erläutern wir, wie man zu ergiebigem Material kommt, was es bei der Erhebung vorzubereiten und zu bedenken gibt und beleuchten auch Lösungsmöglichkeiten für das Problem der Verfälschung des Materials. Zunächst werden wir die Entwicklung dieser Erhebungstechnik und die Forschungsgegenstände, für die sie in Frage kommt, behandeln.

a. Erhebungsverfahren und Untersuchungsgegenstand

Die Möglichkeit, Gespräche aufzunehmen, hat in der empirischen Sozialforschung einen starken Schub der Methodenentwicklung ausgelöst. Im Rahmen der von der Ethnomethodologie (vgl. Kap. 2) inspirierten Methode der **Konversationsanalyse** wurden bereits Anfang der 1960er Jahre systematisch Gespräche zu Zwecken der Sozialforschung aufgenommen (vgl. Sacks 1995 [1964-1972]). Die gesprächstheoretischen Grundlagen, die hier unter anderem von Sacks, Schegloff und Jefferson (1974) sowie von Labov (1980) gelegt wurden, sind wesentlich für alle in diesem Band vorgestellten textbasierten Methoden.

Heute wird mit authentischen Gesprächen nicht nur dort gearbeitet, wo die **direkte Kommunikation** in ihrer allgemeinen Form und Struktur interessiert – wie es bei der klassischen Konversationsanalyse der Fall ist –, sondern auch dort, wo bestimmte inhaltliche Felder und Problemzusammenhänge von Interesse sind. Am häufigsten werden sie jedoch immer noch im Bereich der Soziolinguistik, der angewandten Linguistik und in Untersuchungen im Überschneidungsbereich von Sozialwissenschaften und Linguistik angewandt. Eine typische Forschungsfrage, die innerhalb eines größeren Projektes bearbeitet wurde, lautet beispielsweise: Welche Kommunikationsformen sind entscheidend für die Herstellung und Aufrechterhaltung sozialen Zusammenhalts unter städtischen Lebensbedingungen (siehe Kallmeyer 1994 und 1995 sowie Schwitalla 1995)? Für dieses Forschungsprojekt wurden Unterhaltungen in verschiedenen Stadtteilen Mannheims innerhalb unterschiedlicher Milieus erhoben. Es interessierten hier also die **formalen Merkmale von Gesprächen** hinsichtlich einer speziellen **sozialen Funktion:** des Zusammenhalts in Gemeinschaften. Ähnlich gelagert ist die Untersuchung von Keppler (1994), welche die kommunikativen Prozeduren bei Tischgesprächen in ihrer konstitutiven Funktion für Familien erforschte. Dabei beleuchtete sie u.a. den **Diskurs über Medien und dessen Funktionen**.

In anderen Studien werden die Textsorten bzw. **kommunikativen Gattungen** (vgl. Günthner/Knoblauch 1997), die man genauer untersuchen möchte, bereits vorab bestimmt. So hat sich Bergmann (1987) in einer mittlerweile als klassisch zu bezeichnenden Studie für Klatschgespräche im Sinne einer „Sozialform der diskreten Indiskretion" interessiert.

Als Beispiel für ein **bestimmtes Feld** kann das ärztliche Gespräch oder allgemeiner die medizinische Kommunikation gelten. Dazu gehören unter anderem die direkte Kommunikation zwischen Ärztinnen und Patienten (u.a. Lalouschek 1995) ebenso wie **Diskurse in den Medien**, etwa Gespräche, die in Gesundheitssendungen geführt werden (siehe Lalouschek 2005). Die Kritik an der westlichen Schulmedizin wird oft an der – direkten – Kommunikation des ärztlichen Personals mit ihren Patienten festgemacht. Gerade diese Arzt-Patienten-Gespräche werden dann als Wurzel des Übels einer allzu reduktionistischen Behandlung der Patienten angesehen. Studierende wollen diese Problematik häufig auf dem Weg von Interviews mit

Patienten über die von ihnen erlebten Gespräche untersuchen. Wenn es aber um den Umgang von Ärzten mit ihren Patienten, z.B. in Anamnesegesprächen oder bei der Visite, geht, empfiehlt es sich, eben diese authentischen Gespräche zu untersuchen.

> Ursprünglich aus der Soziologie kommend (Konversationsanalyse), hat die Arbeit mit authentischen Gesprächen ihren Weg über die Linguistik genommen und ist erst in der jüngeren Zeit in weiteren sozialwissenschaftlichen Fächern angekommen. Ihr Gegenstand ist die direkte – von Interventionen durch Forscherinnen unbeeinflusste – sprachliche Kommunikation der Untersuchten miteinander. Neben den formalen Merkmalen der Kommunikation, z.B. der Art und Weise des Sprecherwechsels, werden mit diesem Verfahren auch die sozialen Funktionen formaler Strukturen untersucht. Dazu gehört die Untersuchung bestimmter kommunikativer Gattungen, aber auch von Formen, Funktionen und Problemen der direkten Kommunikation in bestimmten Feldern wie der Medizin oder in Familien.

b. Zur Auswahl der Interviewpartner und -situationen

Jenseits der Bereitschaft der Untersuchten gibt es prinzipiell keine Einschränkung für die Nutzung authentischer Gespräche als Erhebungsmethode. Lediglich dort, wo die Interaktion weniger auf dem Gespräch, sondern eher auf Formen nichtverbaler Kommunikation beruht, was bei Kindern und Jugendlichen etwas häufiger der Fall ist als bei Erwachsenen, sollte man die Methode der videogestützten teilnehmenden Beobachtung vorziehen.

Wichtig ist hingegen, dass die erhobenen Gespräche miteinander vergleichbar bleiben. Dabei gilt es zu überlegen, was das Gemeinsame an dem Material ist, das man aufnimmt. Gespräche von Freundinnen, die miteinander eine Shoppingtour machen, unterscheiden sich von jenen, bei denen sie sich an einem angenehmen Ort zusammensetzen, um miteinander zu reden. Interessiert man sich für Unterschiede und Gemeinsamkeiten von Gesprächen hinsichtlich dieser Kontextvariationen, dann liegt man bei einem Vergleich unterschiedlicher „Freundinnengespräche" richtig. Will man aber Gespräche unter Freundinnen mit jenen unter Freunden vergleichen, sollte man den Kontext möglichst konstant halten. Hier sind wir aber bereits mitten in den Überlegungen zum Sampling, das in Kapitel 4 behandelt wird.

> Überall dort, wo der Schwerpunkt auf der verbalen Interaktion liegt, kann mit aufgezeichneten authentischen Gesprächen gearbeitet werden. Vorsicht ist insbesondere bei Kindern (und Jugendlichen) geboten, da sich hier der Übergang vom Gespräch in eine Interaktion, die ihren Schwerpunkt auf der mimisch-körperlichen Ebene hat, oft sehr abrupt vollzieht. Wichtig ist auch, die Vergleichbarkeit der Aufnahmen zu bedenken.

c. Ablaufschema und Prinzipien der Durchführung

Bei der Erhebung authentischer Gespräche tritt die Forscherin nicht – wie bei den bisher besprochenen Verfahren – in der Rolle der Gesprächsanimateurin auf. Ihre wichtigste Aufgabe besteht vielmehr darin, das Aufnahmegerät möglichst gut im zu untersuchenden sozialen Feld zu implementieren. Dies beinhaltet zum einen die Information aller aufzuzeichnenden Personen, zum anderen heißt es, Sorge dafür zu tragen, dass die Aufzeichnung nicht als störend erlebt wird. Zwei unterschiedliche Wege haben sich im Dienste dieser Ziele etabliert:

In **institutionalisierten Kontexten**, in denen regelmäßig untersuchungsrelevante Gespräche stattfinden, kümmert sich der Forscher selbst – ebenfalls regelmäßig – um die Aufnahme. Zuvor muss die Bereitschaft aller betroffenen Personen geklärt werden, in einer Ambulanz beispielsweise aller Angestellten des Krankenhauses, die in der Ambulanz zu tun haben. Zudem müssen sie mit den Modalitäten der Aufzeichnung vertraut gemacht werden: Wann wird aufgenommen? Wer kümmert sich darum? Wo steht das Gerät? Der anfänglichen Verunsicherung und erhöhten Selbstaufmerksamkeit durch die Erhebung weicht erfahrungsgemäß eine Gewöhnung, die tägliche Routine gewinnt wieder die Oberhand (vgl. Lalouschek/Menz 1998).

Wenn die Personen, deren Gespräche man aufnehmen möchte, auch eine **informelle Gruppe** bilden, wie es bei Freunden oder Familien der Fall ist, bittet man eine oder mehrere Personen, die Aufnahmen selbst in die Hand zu nehmen. Die wichtigste Aufgabe dabei ist es, einen verlässlichen, kooperativen Partner zu finden. Keppler (1994) hat diese Technik in ihrer Studie über Tischgespräche in Familien angewandt und ist damit zu sehr ergiebigem Material gekommen. Auch Coates (1996 a und b; 2003) hat in ihren Untersuchungen von Freundinnen- und Freundesgruppen schließlich diesen Weg gewählt. So konnte sie bei Vorträgen zu ihrem Thema „Freundinnengruppen" neue, freiwillige Probandinnen gewinnen. Der Vorteil ist, dass die Gespräche ohne die Anwesenheit einer fremden Person stattfinden. Dennoch repräsentiert natürlich jede Aufzeichnung eine gewisse Öffentlichkeit. Um den Gesprächen ihre Intimität zurückzugeben, sollte man die Untersuchten darauf hinweisen, dass sie selbstverständlich Gesprächspassagen, die nicht in die Untersuchung eingehen sollen, wieder löschen können. Die prinzipielle Exklusivität und damit der intime Rahmen sind auf diese Weise wieder hergestellt. Die Forschungserfahrung zeigt, dass von dieser Option kaum Gebrauch gemacht wird. Sollte dies aber dennoch der Fall sein, wäre das zustande gekommene Material natürlich im Hinblick auf solche Zensurmaßnahmen zu interpretieren.

Vielfach wird – vor allem in Lehrveranstaltungen – der Einwand laut, dass Gespräche durch die virtuelle Anwesenheit der Forscher bzw. einer anonymen Öffentlichkeit, die durch das Aufnahmegerät repräsentiert werden, dennoch verfälscht sind. Aus forschungspraktischer Perspektive lässt sich der Einwand der strategischen Selbstpräsentation bzw. der systematischen Ausblendung bestimmter Lebensbereiche allerdings entkräften. Eine Passage aus einem „Freundinnengespräch", wie sie in der Studie von Coates (1996a) erhoben wurden, macht deutlich, wie die Freundinnen die Tatsache, dass ihr Gespräch aufgezeichnet wird, zunehmend vergessen:

    Becky: is it recording Hannah?

    Hannah: yes/

    Claire: bloody hell

    Becky: oh no

    (Coates 1996a: 7)

Obwohl die Frauen die Möglichkeit hatten, der Forscherin dieses Material vorzuenthalten, weil es u.U. peinliche oder kompromittierende Stellen enthält, haben sie davon keinen Gebrauch gemacht. Dass es sich hier um kein singuläres Phänomen handelt, dokumentieren folgende Beobachtungen von Coates (1996a: 7): „In fact, it's clear that participants in this research frequently forgot that the tape-recorder was on; this was demonstrated by comments such as *you do forget that's on actually, don't you?* and *ooh I'd forgotten that was on* (both coming at moments when a move to a different room focused attention on the tape-recorder) (...)."

Damit die Aufnahme vergessen werden kann, muss sie allerdings zu einer gewissen Routine werden, sie darf keine totale Ausnahmesituation darstellen. Dazu ist es sowohl in institutionellen Kontexten wie auch bei informellen Gruppen notwendig, dass die einzelnen Aufnahmen

3.4 Spezielle Formen des Interviews und der Erhebung

nicht allzu kurz sind und mit einer gewissen Regelmäßigkeit stattfinden. Das führt meist dazu, dass man wesentlich mehr Material hat, als man im Einzelnen auswerten kann. Es erhöhen sich damit aber die Möglichkeiten für die Auswahl von Material und folglich für eine systematische komparative Analyse.

Die Forscherin selbst tritt bei dieser Form der Erhebung also kaum auf. Nicht selten werden wir von Seiten Studierender mit der Idee konfrontiert, dass man sich ja auch selbst in einer Freundesgruppe oder an seinem Arbeitsplatz in Interaktion mit Kolleginnen aufnehmen könnte. Diese Ökonomisierungsstrategie brächte jedoch aufgrund der **Doppelrolle**, in der man dann agierte, mehr Probleme als Arbeitsersparnis mit sich. Als Untersuchende bleibt man in der Regel während der Aufnahme befangen, schüttelt die Beobachterinnenperspektive nicht ab und gibt sich von daher nicht dem alltäglichen Vollzug der jeweiligen Gesprächssituation hin. Noch größer werden die Probleme bei der Interpretation des „selbst produzierten" Materials, da man dazu tendiert zu glauben, die eigenen Intentionen und auch die der anderen zu kennen. Dies **verhindert** oft die gründliche Anwendung von Methoden der **Textinterpretation** (vgl. Kap. 5).

Oft stellt sich auch die Frage, ob wirklich alle Personen, die aufgenommen werden, um ihr **Einverständnis** gebeten werden müssen. In der Regel wird man sich aus forschungsethischen Gründen dafür entscheiden. So wurden bei der erwähnten Ambulanzstudie auch alle Patienten um ihr Einverständnis gebeten, das Material bei einer Untersuchung verwenden zu dürfen (vgl. Lalouschek/Menz 2002). Manchmal allerdings zerstört man das Phänomen, das man untersuchen will, wenn man offen erhebt. Ein Beispiel dafür sind Klatschgespräche. Despektierliche Diskurse über nicht anwesende Dritte entstehen erst gar nicht, wenn die Exklusivität des Gesprächs in Frage steht. Die Einverständniserklärungen können allerdings auch nachträglich eingeholt werden, wie dies in der Untersuchung von Bergmann praktiziert wurde: „Es mag eine forschungsethisch zweifelhafte Entscheidung sein, Klatschgespräche heimlich zu belauschen und aufzuzeichnen. Doch die darin eingeschlossene Problematik lässt sich durch verschiedenen Maßnahmen (z.B. die nachträgliche Aufklärung und Bitte um Zustimmung, die Maskierung der Personen und Umstände in allen Transkripten) auf ein vertretbares Minimum reduzieren." (Bergmann 1987: 55)

Zwei Wege bieten sich für die Erhebung authentischer Gespräche an: 1. Der Forscher führt selbst regelmäßig die Aufnahmen durch. Es kommt damit zu einer Gewöhnung, und die Routinen des Alltags gewinnen allmählich wieder die Oberhand. 2. Die Untersuchten zeichnen sich selbst auf. Die Intimität der Situation wird dadurch gefördert, dass man die Untersuchten darauf aufmerksam macht, dass sie gegebenenfalls alles, was nicht in die Untersuchung eingehen soll, wieder löschen können. Die durch solche „Zensuren" zustande kommende Selektivität wäre allerdings bei der Interpretation zu berücksichtigen.

Von der Selbstuntersuchung, also der Doppelrolle als Forscherin und Teilnehmerin der Aufzeichnung, ist wegen der unvermeidlichen Befangenheit während der Aufnahme und bei der anschließenden Interpretation abzuraten.

Die aufgenommenen Personen müssen um ihr Einverständnis zur Aufnahme gebeten werden. Falls man sich damit seinen Untersuchungsgegenstand zerstören würde, muss man ggfs. auf andere Formen der Erhebung – z.B. die teilnehmende Beobachtung mit detaillierten Beobachtungsprotokollen – zurückgreifen. Bisweilen haben Forscher auch nachträglich das Einverständnis für eine heimlich vorgenommene Aufzeichnung eingeholt.

3.5 Datensicherung: Transkription

Die Art und Weise, **wie** mit Ton- und Filmdokumenten – egal, ob diese bewusst zu Forschungszwecken erstellt wurden oder nicht – gearbeitet wird, entscheidet, ob es sich bei dieser Arbeit um **empirische** Forschung handelt. Die Transkription bildet dabei eine Schlüsselstelle. Warum das so ist – also das methodologisch-wissenschaftstheoretische Argument – skizzieren wir, bevor wir auf die konkreten – nunmehr methodologisch begründeten – Prinzipien der Transkription und deren technische Umsetzung eingehen:[85] Die Arbeit mit Transkripten – so werden wir zeigen – ist eine konsequente Lösung eines der zentralen Probleme empirischer Sozialforschung. Dies begründet auch, warum „transkribieren" nicht schlicht „aufschreiben" heißt, und wozu sich die Mühe des Transkribierens lohnt.

Das Produkt der Wissenschaft ist Wissen in Form von Theorien, die **schriftlich** niedergelegt werden müssen, also in Form von Texten und Formeln, bisweilen ergänzt oder illustriert durch graphische Modelle oder auch Produkte bildgebender Verfahren. In den nichtempirischen Wissenschaften dienen Erfahrungen außerhalb der wissenschaftlichen Welt in Form von Beobachtung oder Bildern eher als Illustrationen oder (nachträgliche) Belege für theoretische Argumente. In den empirischen Wissenschaften gelten Theorien **nur** dann, wenn die Erfahrungen, auf welchen sie beruhen, für andere nachvollziehbar, d.h. überprüfbar sind.

Damit ist folgendes Problem aufgeworfen[86]: Alle Beobachtungen – auf unserem Gebiet sind das Beobachtungen der sozialen Welt – müssen **auf solche Weise** schriftlich niedergelegt werden, dass von anderen prinzipiell wieder in diese verschriftlichen Beobachtungen übergeführt werden kann.[87] Quantitative Verfahren müssen entsprechend genau definieren, auf welche Beobachtung eine zu messende Merkmalsausprägung (z.B. hohe Ängstlichkeit) abstellt. Noch relativ einfach erscheint diese Definition, wenn es sich um einen bestimmten Wert in einem Test handelt. Dann lautet die Definition z.B. wie viele der entsprechenden Fragen mit „ja" und wie viele mit „nein" beantwortet wurden.[88] Schwieriger verhält es sich mit Merkmalen, die den Alltag beschreiben, wie etwa die Häufigkeit von Nachbarschaftskontakten. Ist ein regelmäßiges, freundliches Kopfnicken im Vorbeigehen schon/noch ein Nachbarschaftskontakt? Die Sätze, die einzelne Beobachtungen in Text überführen, nennt man **Protokollsätze**. Sie bilden die empirische Grundlage für den weiteren Forschungsprozess und machen ihn intersubjektiv überprüfbar. Ein Protokollsatz ist mithin bereits eine Definition auf der Basis einer großen Fülle vorab geleisteter Interpretationen. (Zum Beispiel: Was ist ein Nachbarschaftskontakt? Was unterscheidet Kopfnicken von einem verbalen Gruß? Ist Kopfnicken ein Gruß? usw.) In der standardisierten Forschung liegt jedem Zahlenwert ein derartiger

---

[85] Es gibt eine Fülle technischer Lösungen zur Umsetzung von Grundprinzipien der Transkription in Form vieler Transkriptionssysteme. Eine umfassende Darstellung würde die vorliegende Publikation unnötig belasten. Wir stellen exemplarisch vier Systeme dar, davon zwei so, dass die Leserinnen in die Lage versetzt werden, eigenständig mit ihnen zu arbeiten. Hinsichtlich der anderen Transkriptionssysteme verweisen wir auf entsprechende Quellen.

[86] Vgl. zu diesem Problem auch Bohnsack 2003a: 13f.

[87] Dieses Ideal ist nur näherungsweise erreichbar. Bei der Transformation von Sinneseindrücken in die Modalität des Textes handelt es sich nie um eine eindeutige Entsprechung, sondern diese Transformation geht immer mit einer Interpretation dieser Eindrücke einher.

[88] Bei Tests stellt sich natürlich immer die Frage, in welcher Form durch den Test ein Konstrukt wie Ängstlichkeit überhaupt erfahrbar gemacht wird. Diese Diskussion haben wir an anderer Stelle aufgenommen (vgl. Kap. 2). Festzuhalten bleibt, dass eine Menge Vorinterpretation notwendig ist, um das Antwortverhalten auf bestimmte Fragen mit einer emotionalen Disposition in Verbindung zu bringen.

3.5 Datensicherung: Transkription

Protokoll- oder Beobachtungssatz zugrunde. Die Kontrolle dieser Interpretationen ist sehr schwierig und daher auch eine schwacher Stelle quantitativer empirischer Forschung – ein Dilemma, mit dem in guten Untersuchungen sorgfältig umgegangen wird.

In der rekonstruktiven Sozialforschung löst nun die Transkription das Problem der Protokoll- bzw. Beobachtungssätze: Sie überführt die Dokumente der sozialen Welt in abdruckbare Text- und Bildsequenzen, auditive Wahrnehmungen in schriftliche Texte und bewegte Bilder in eine Abfolge von Standbildern.

Die Interpretationsleistungen der Forscherinnen sind dabei ungleich geringer als bei Beschreibungen dessen, was bei quantitativen Vorgehensweisen gemessen wird (Bsp.: Nachbarschaftskontakte, s.o.).

Arbeitet man, wie bei den in diesem Band vorgestellten rekonstruktiven Methoden, mit Ton-, Bild- oder Filmdokumenten, dann liegen empirische, **reproduzierbare** und damit überprüfbare Ausgangsdaten vor, die zunächst noch nicht durch das Nadelöhr wissenschaftlicher Interpretation bzw. Definition gegangen sind. Der Bezug, den die Interpretationen (d.h. der Weg zur Theoriebildung) zu ihren Ausgangsdaten haben, muss allerdings systematisch dargestellt werden, damit er intersubjektiv überprüfbar bleibt. Dies zieht die beiden folgenden Anforderungen an den Umgang mit Bild- und Tondokumenten nach sich:

1. Man muss auf die Beobachtungen systematisch zugreifen können, um die Interpretationen eindeutig auf die einzelnen Text- (bzw. Ton-) und/oder Bildausschnitte zurückführen zu können.
2. Die Transformation der Beobachtungen in Texte (also die Beobachtungssätze, auf welchen die Theorien fußen) muss nachvollziehbar gezeigt werden.

Das heißt, wir müssen unsere Ton-, Bild- und Filmdokumente in eine schriftliche Form überführen. Als Bezeichnung für diesen Vorgang hat sich in der Sozialwissenschaft der Terminus „Transkription" eingebürgert.

Das Prinzip unseres Alphabets suggeriert ein eindeutiges Abbild des akustischen sprachlichen Ereignisses in der Schrift. Spätestens, wenn man sich Lautschriften ansieht, die Nichtmuttersprachlern einen Zugang zu unserer gesprochenen Sprache geben wollen, erkennt man, dass diese Vorstellung irreführend ist. Wenn wir also das akustische Ereignis der gesprochenen Sprache in Schrift überführen, vollziehen wir bereits eine Interpretation. Wir bleiben dabei im primären Medium Sprache, verändern aber den Träger der Sprache. Der Anteil an vorab geleisteter Interpretation ist umso geringer, je mehr es gelingt, das akustische Ereignis zu notieren. Das heißt, wir haben es mit Ausgangsdaten zu tun, die noch relativ frei von Interpretationen der Forscher sind. Der Bezug von Ausgangsdaten, also Protokollen in Form von Transkripten, Interpretationen und Theorien, kann systematisch gezeigt und damit nachvollziehbar gemacht werden. Das Problem der Beobachtungssätze stellt sich also lediglich auf der Ebene des **Verhältnisses von gesprochener zu schriftlicher Sprache**. Dieses Verhältnis wird uns bei den Prinzipien der Transkription von gesprochener Sprache beschäftigen.

Bilder haben den Vorteil, dass man sie weitgehend so, wie sie sind, auf einer Buch- oder Bildschirmseite niederlegen kann. Auch die Wahrnehmung des Bildes muss aber in (schriftliche) Sprache überführt werden, was man dann nicht mehr „transkribieren", sondern „interpretieren" nennt, weil hier das primäre Medium gewechselt wird. Die Möglichkeit, Bilder innerhalb von Publikationen zu reproduzieren, eröffnet die Chance, ihnen auf dem Weg der (kontrollierbaren) Interpretation der Bildlichkeit mehr Versprachlichbares abzugewinnen, als wenn es sich nur um ein flüchtiges Ereignis handeln würde. Das machen sich Filmtranskripte zunutze. Sie enthalten die bildliche Seite des Films ebenso wie die auditiv textliche.

Während die **Anonymisierung** der untersuchten Personen bei quantitativen Untersuchungen lediglich ein technisches Problem darstellt, erweist sie sich in der rekonstruktiven Forschung – insbesondere auf der Ebene von Transkripten – als prinzipielles Problem: Die Interpretationen wollen ja gerade nicht von vornherein von raum-zeitlichen Gegebenheiten abstrahieren. Persönliche Daten enthalten eine Fülle solcher Informationen. Dennoch müssen alle Daten und Merkmale, die Rückschlüsse auf konkrete Personen erlauben, anonymisiert werden – spätestens, wenn ein Transkript einen engen Forschungszusammenhang verlässt. Das gilt auch für die Arbeit mit nicht veröffentlichten Fotos sowie mit Film- und Videomaterial. Das kann große Einschränkungen für die Präsentation von Forschungsergebnissen mit sich bringen. Diese Regel gilt selbstverständlich nicht für Personen des öffentlichen Lebens und Personen, die in historischen Dokumenten vorkommen, sofern es sich bei dem benutzten Bildmaterial um öffentlich zugängliche Quellen handelt.

In der rekonstruktiven Sozialforschung löst die Transkription das Problem der Protokoll- bzw. Beobachtungssätze. Sie überführt die Dokumente der sozialen Welt in abdruckbare Text- und Bildsequenzen: auditive Wahrnehmungen in schriftliche Texte und bewegte Bilder in eine Abfolge von Standbildern.

Die Interpretationsleistungen der Forscherinnen sind dabei ungleich geringer als bei den Beschreibungen dessen, was bei quantitativen Vorgehensweisen gemessen wird (Bsp.: Nachbarschaftskontakte).

Systematische Transkriptionen erlauben es, die Transformation der Beobachtungen in Texte nachvollziehbar zu machen und die Interpretationen eindeutig auf entsprechende Textstellen zurückführen zu können, was wesentlich zur intersubjektiven Überprüfbarkeit beiträgt.

Sofern es sich nicht um historische Dokumente oder Dokumente des öffentlichen Lebens handelt, müssen alle Formen von Transkripten ebenso wie nicht veröffentlichte Bilder anonymisiert werden.

3.5.1 Prinzipien der Transkription gesprochener Sprache

Die gesprochene Sprache unterscheidet sich deutlich von ihrer schriftlichen Form. Wir sprechen beispielsweise nur selten in ganzen Sätzen. Niemand hat dabei den Eindruck, Fehler zu machen, wie es bei schriftlichen Texten der Fall wäre.[89] Das heißt, die gesprochene Sprache folgt **anderen formalen Regeln** als die geschriebene. Zudem kommt es häufig vor, dass zwei oder mehrere Personen **gleichzeitig** sprechen, sei es, dass sie einander unterstützen oder dass sie sich wechselseitig unterbrechen. Nicht nur die Synchronizität, sondern auch die Geschwindigkeit, die Lautstärke und andere **nonverbale Phänomene** wie Intonation und Modulation sowie dialektale Färbungen und Varianten kennzeichnen die gesprochene Sprache und sind Träger von Bedeutungen. Wir haben bereits argumentiert, dass ein Transkript umso besser ist, je genauer es das akustische sprachliche Ereignis abbilden kann. Dies ist mit unserer herkömmlichen Orthographie nicht möglich. Transkribieren bedeutet

---

[89] Das zeigt auch das Beispiel in Kap. 2.

also keines Falls „abschreiben". Noch weniger heißt es, die gesprochene Sprache zu „bereinigen", in ganze Sätze zu bringen, abgebrochene Äußerungen zu ergänzen oder Wiederholungen zu streichen.

Aus forschungsökonomischen Gründen muss man jedoch auch entscheiden, welche Phänomene in die Transkription einfließen sollen und wie differenziert man Unterschiede, z.B. der Lautstärke, notieren möchte. Es gilt gut zu überlegen, welche Informationen notwendig sind und auf welche man verzichten kann bzw. welche Verzerrungen man in Kauf nehmen will. Diese Entscheidungen können prinzipiell nur im konkreten Forschungszusammenhang getroffen werden. Es lassen sich aber für die in diesem Band beschriebenen Erhebungsmethoden einige Richtlinien formulieren, die den Einstieg ins Transkribieren erleichtern. Mit zunehmender Forschungserfahrung wird die Forscherin selbst das Bedürfnis entwickeln, die Transkriptionen an ihr Forschungsinteresse anzupassen. Das betrifft z.B. die Frage, wie gründlich dialektale Färbungen transkribiert werden sollen.

Zur prinzipiellen Lösung der Frage, wie detailliert transkribiert werden soll, schließen wir uns dem Vorschlag von Deppermann an:

„Das Transkript soll so beschaffen sein, dass es dem Leser erlaubt, die Fundierung und die Validität der Ergebnisse einzuschätzen; es muss also auch solche Aspekte enthalten, die geeignet wären, die Analyse zu widerlegen (...) Aus diesen Überlegungen ergibt sich eine allgemeine Regel des Auflösungsniveaus: Das Auflösungsniveau des Transkripts muss mindestens eine Abbildungs- bzw. Beschreibungsebene detaillierter sein als das Auflösungsniveau, auf dem der Untersuchungsgegenstand definiert ist. Nur so ist gewährleistet, dass mit dem Transkript untersucht werden kann, wie die Phänomene im Gespräch konstituiert werden (anstatt ihre Existenz im Transkript schon vorauszusetzen)." (Deppermann 2001: 47)

Das heißt, wenn z.B. das Phänomen „code-switching" – z.B. der Wechsel von einer Sprache in die andere oder vom Hochdeutschen in einen Dialekt – untersucht oder die Argumentation darauf aufgebaut werden soll, sind auch Rhythmus und Sprachmelodie im Transkript festzuhalten; wird mit der Wortwahl, mit Versprechern, zeitgleichem Sprechen und Wiederholungen von Äußerungen oder Sinneinheiten argumentiert, genügt es nicht, nur diese festzuhalten, sondern es müssen zusätzlich z.B. auch die dialektale Färbung und die Betonung mitnotiert werden.

Transkripte haben auch für die **Auswertung** eine zentrale Funktion, denn sie ermöglichen es, Gespräche „unter die Lupe" zu nehmen (als „Zeitlupe" und „Zoom" zugleich) und ihre „Komplexität ‚in Ruhe' zu untersuchen" (Lalouschek/Menz 2002: 10). Man kann Sequenzen miteinander vergleichen, prüfen, ob sich Wiederholungen zeigen, und Gleichzeitigkeiten, die bei flüchtiger Wahrnehmung unverständlich bleiben, in ihrer Bedeutung entschlüsseln.

Transkribieren ist eine **zeitaufwändige** Arbeit. Pro Transkriptminute muss man – je nach Komplexität der Ausgangsdaten und der Transkription – mit zwanzig bis sechzig Transkriptionsminuten rechnen. Transkripte sind also im wahrsten Sinne des Wortes eine kostbare Arbeitsgrundlage.

Es wäre sowohl für die Erstellung wie auch für die Lektüre von Transkripten sehr unpraktisch, die technische Umsetzung der Transformation von gesprochener in verschriftlichte Sprache jedes Mal neu zu erfinden. Auf der Grundlage unterschiedlicher Ausgangsdaten und Forschungsinteressen haben sich unterschiedliche Transkriptionssysteme entwickelt, die die Konventionen dieser Transformation festhalten. Zur Beurteilung der **Qualität von Transkriptionssystemen** lassen sich die folgenden **Gütekriterien** nennen:

1. Seine Praktikabilität: Wie leicht (oder schwer) lässt sich die Transkription handlungspraktisch, d.h. auch technisch, umsetzen?
2. Seine Ausbaufähigkeit und Flexibilität gegenüber den Gesprächsdaten: Lassen sich gegebenenfalls alle akustischen – und auch visuellen – Eindrücke notieren?
3. Seine Erlernbarkeit: Wie schnell ist man in das System eingearbeitet? Kann man es sich autodidaktisch aneignen oder braucht man eine Anleitung von jemandem, der Erfahrung mit dem System hat? (Hierzu gehört auch die Frage, wie gut das System beschrieben, wie gut es dokumentiert ist.)
4. Seine Lesbarkeit: Wie schnell bzw. wie intuitiv kann man sich in das System einlesen, d.h. die Transkripte lesend erfassen? (Wie gut und zugleich sparsam lässt sich das System erklären?)

In der Folge gehen wir auf zwei konkrete Transkriptionssysteme für die gesprochene Sprache ein: TiQ und HIAT bzw. EXMARaLDA. Sie stehen als Beispiele für zwei gängige unterschiedliche Lösungen. TiQ verfährt ähnlich, wie es bei Theaterstücken der Fall ist. HIAT bzw. EXMARaLDA verdeutlicht die Partitur- oder Flächenschreibweise, bei der die Sprecherinnen wie die einzelnen Instrumente in einer Partitur notiert werden. TiQ stellen wir so dar, dass man es sich im Selbststudium unmittelbar aneignen kann. EXMARaLDA beschreiben wir – nicht zuletzt, weil es sehr komplex ist – nur in seinen Grundzügen.

Transkriptionssysteme für die Verschriftlichung gesprochener Sprache müssen auch jenen lautlichen Phänomenen gerecht werden, die in der Orthographie nicht vorgesehen sind, wie z.B. gleichzeitiges Sprechen oder parasprachliche Phänomene wie Lachen und dialektale Färbungen. Die Ausdifferenzierung der Verschriftlichung hinsichtlich dieser lautlichen Phänomene richtet sich prinzipiell nach dem Erkenntnisinteresse. Dabei gilt folgendes Forschungsprinzip: Die Auflösung bzw. Detaillierung des Transkripts muss höher sein als sie durch den Untersuchungsgegenstand bzw. das Erkenntnisinteresse definiert ist. Transkriptionssysteme können nach folgenden Gütekriterien bewertet werden: Praktikabilität, Ausbaufähigkeit, Erlernbarkeit, Lesbarkeit.

3.5.2 TiQ – ein Transkriptionssystem zur Erfassung von Gesprächen für eine rekonstruktive Auswertung

TiQ steht für „Talk in Qualitative Social Research" und ist im Rahmen der Arbeit mit Gruppendiskussionen und der Entwicklung der dokumentarischen Methode entstanden (vgl. u.a. Bohnsack 1989). Es ist in einer großen Zahl rekonstruktiver Arbeiten als Richtlinie zur Transkription zur Anwendung gekommen. 1998 wurde es von Przyborski systematisiert und revidiert (vgl. Bohnsack 2003a: 285). Seinen Namen erhielt es erst jüngst (2006) im Zug der Entwicklung seiner Weiterführung MoViQ („Movies and Videos in Qualitative Social Research"; s.u.).[90]

---

[90] Mehr Informationen zu TiQ und MoViQ finden sich auf der Website: www.moviscript.at.vu

3.5 Datensicherung: Transkription

Den Möglichkeiten für die Feinheit der Transkription sind mit TiQ gegenüber anderen Transkriptionssystemen[91] deutliche Grenzen gesetzt. Das macht allerdings seine Dokumentation sowie Lehr- und Lernbarkeit sehr ökonomisch. TiQ ist nicht für primär sprachwissenschaftliche Forschungsinteressen geeignet, für die meisten anderen Erkenntnisinteressen, die mit rekonstruktiven Methoden bedient werden können, hat es sich jedoch sehr gut bewährt. Es lässt sich mit jedem Textverarbeitungsprogramm anwenden und hat keine elektronische Grundlage.

Wie fertigt man ein Transkript mit TiQ an? Wir wenden uns nun dem Aufbau und den konkreten Konventionen der Transkription mit TiQ zu.

Ein Transkript beginnt mit einem Transkriptionskopf. Dieser sollte zumindest folgende Informationen enthalten:

1. Projektbezeichnung
2. Name oder Kennzahl der Sequenz, Passage bzw. Textstelle
3. Name bzw. Bezeichnung des Falles
4. Datum der Aufnahme
5. Timecode, der angibt, wo sich die Textstelle auf dem Tonträger befindet
6. Dauer der Passage
7. Name der Transkribentin
8. Name des Korrekturlesers

Der Transkriptionskopf kann in etwa so aussehen:

Transkript: Projekt: Teleshopping

> Passage: Eingangspassage
> Gruppe: Ast
> Datum: 3.4.2006
> Timecode: 43:59 bis 58:25
> Dauer: 8 min 26 sek
> Transkription: Karin Tetik
> Korrektur: Stefan Bauer

Eine Transkriptsequenz mit TiQ sieht wie unten dargestellt aus. Die Konventionen werden unmittelbar danach aufgelistet. Es diskutieren in der transkribierten Passage drei junge Türkinnen, die in Deutschland leben. Durchgeführt wurde die Diskussion von Aglaja Przyborski.

1 Cf: Also ich hab=n <u>Realschulabschluss</u> mit zwei Komma <u>sechs</u> (.)
2 Y1:   └mhm
3 Cf: e:h Durch- <u>Durchschnitt</u> (.) und eh also ich hab keine Ausbildung

---

[91] Prinzipien und Konventionen von TiQ sind vergleichbar mit jenen, wie sie seit Beginn der sozialwissenschaftlichen Arbeit mit Gesprächen zur Anwendung kamen (vgl. u.a. Sacks 1995[1964-1972]). Von daher sind sie auch vergleichbar mit GAT (Gesprächsanalytisches Transkriptionssystem), das einen „Versuch der Vereinheitlichung" (Selting et al.1998: 92) von Konventionen darstellt, die oft nur für einzelne Projekte entwickelt wurden. Die Gemeinsamkeiten betreffen die Notation von Überlappungen sowie eine Fülle von Konventionen für die Niederschrift parasprachlicher Phänomene. Der Unterschied liegt in der Ausbaubarkeit, was GAT deutlich komplexer werden ließ als TiQ.

4 (6)
5 Y1: mhm
6 Af: ⌊Darf ich jetzt was sagen?
7 Y1: ⌊Ja klar @(.)@
8 Af: ⌊Ach so (.) ne und zwa:r is=det jetzt so mit den
9 Ausbildungsplätzen

Zeichenerläuterung:

⌊	Das „Häkchen" markiert den Beginn einer Überlappung bzw. den direkten Anschluss beim Sprecherwechsel.
(.)	Kurzes Absetzen, Zeiteinheiten bis knapp unter einer Sekunde
(3)	Anzahl der Sekunden, die eine Pause dauert. Ab 4 Sekunden Pause erfolgt die Notation in einer Extrazeile. Auf diese Weise wird beim Lesen des Transkripts das Schweigen allen an der Interaktion Beteiligten zugeordnet (dem Interviewer und den Interviewten gleichermaßen oder etwa der ganzen Gesprächsgruppe), was bei längeren Pausen meist dem Eindruck des Gehörten entspricht. Ein technischer Vorteil liegt darin, dass Verschiebungen durch Korrekturen nur bis zu diesen Pausen Veränderungen bei den Häkchen nach sich ziehen.
nein	Betonung
Nein	Laut in Relation zur üblichen Lautstärke der Sprecherin/des Sprechers
°nee°	Sehr leise in Relation zur üblichen Lautstärke der Sprecherin/des Sprechers
.	Stark sinkende Intonation
;	Schwach sinkende Intonation
?	Deutliche Frageintonation
,	Schwach steigende Intonation
brau-	Abbruch eines Wortes. So wird deutlich, dass man hier nicht einfach etwas vergessen hat.
oh=nee nei:n	Zwei oder mehr Worte, die wie eines gesprochen werden (Wortverschleifung)
ja:::	Dehnung von Lauten. Die Häufigkeit der Doppelpunkte entspricht der Länge der Dehnung.
(doch)	Unsicherheit bei der Transkription und schwer verständliche Äußerungen
( )	Unverständliche Äußerungen. Die Länge der Klammer entspricht etwa der Dauer der unverständlichen Äußerungen.
((hustet))	Kommentar bzw. Anmerkungen zu parasprachlichen, nichtverbalen oder gesprächsexternen Ereignissen. Soweit das möglich ist, entspricht die Länge der Klammer etwa der Dauer des lautlichen Phänomens.
@nein@	Lachend gesprochene Äußerungen
@(.)@	Kurzes Auflachen
@(3)@	Längeres Lachen mit Anzahl der Sekunden in Klammern

3.5 Datensicherung: Transkription

//mhm//   Hörersignale, „mhm" der Interviewerin werden ohne Häkchen im Text des Interviewten notiert, vor allem, wenn sie in einer minimalen Pause, die ein derartiges Hörerinnensignal geradezu erfordert, erfolgen.

Groß- und Kleinschreibung

Nach Satzzeichen wird klein weiter geschrieben, um deutlich zu machen, dass Satzzeichen die Intonation anzeigen und nicht grammatikalisch gesetzt werden. Hauptwörter werden groß geschrieben. Beim Neuansetzen eines Sprechers oder einer Sprecherin, d.h. unmittelbar nach dem „Häkchen", wird das erste Wort mit Großbuchstaben begonnen.

Zeilennummerierung

Zum Auffinden und Zitieren von Transkriptstellen müssen durchlaufende Zeilennummerierungen verwendet werden. Bei Zitaten aus einer Passage geben die Zeilennummern Aufschluss darüber, wo das Zitat in den Verlauf der Passage einzuordnen ist.

Maskierung

Allen Personen, die an einer Erhebung teilnehmen, wird (zumindest) ein Buchstabe zugewiesen. Um deutlich zu machen, dass es sich dabei um eine Maskierung handelt, kann man alphabetisch mit „A" beginnen. Diesem Buchstaben wird je nach Geschlecht ein „f" (für feminin) oder ein „m" (für maskulin) hinzugefügt. Der Buchstabe bleibt bei allen Erhebungen (z.B. Beobachtungsprotokollen) bestehen, an denen die Person beteiligt ist. Die Zuteilung von erdachten Namen, beginnend mit den zugeordneten Buchstaben, erleichtert die Lesbarkeit von Interpretationen und Ergebnisdarstellungen. Kann eine Äußerung keinem/keiner Gesprächsteilnehmer/in eindeutig zugeordnet werden, wird dies mit einem Fragezeichen (?) an Stelle des Buchstabens notiert. Wenn das Geschlecht zuordenbar ist, kann dem Fragezeichen der entsprechende Buchstabe für das Geschlecht folgen (?m). Die Interviewer/innen erhalten die Maskierung Y1 und Y2 etc. Namen, die von Teilnehmern oder Teilnehmerinnen genannt werden, werden durch erdachte Namen ersetzt. Bei allen Namen wird versucht, den kulturellen Kontext, aus dem ein Name stammt, beizubehalten, bspw. kann Mehmet zu Kamil oder Nadine zu Juliette werden.

Ortsangaben und Jahreszahlen werden im Regelfall ebenfalls – sanft – maskiert, es sei denn, dass der historische Sachbezug eine genaue Orts- oder Zeitangabe erfordert, wie z.B. im Fall der Nikolaikirche in Leipzig, die natürlich, wenn es um die Ereignisse im Herbst 1989 geht, nicht zur „Martinskirche" werden darf.

3.5.3   HIAT auf der Basis von EXMARaLDA: Ein hoch ausdifferenziertes Transkriptionssystem

HIAT steht für „halbinterpretative Arbeitstranskription" und bezeichnet die Konventionen eines hoch ausdifferenzierten Transkriptionssystems. Im Namen wird deutlich, dass eine Transkription – wie differenziert auch immer sie sein mag – immer bereits eine Interpretation des Hörbaren darstellt, wie auch, dass sich eine Transkription immer noch weiter verfeinern lässt. EXMARaLDA steht für „Extensible Markup Language for Discourse Annotation" und ist die Bezeichnung der Software, die das Transkribieren mit den Konventionen von HIAT unterstützt.

Ein großer Unterschied zu TiQ ist hier die Flächen- oder Partiturschreibweise, wie sie im folgenden Beispiel deutlich wird. Die Notation erfolgt ähnlich einer Partitur für Instrumente:

Die „Fläche" symbolisiert den Ablauf der Zeit. Alles, was in dieser Zeit hörbar ist (oder auch gesehen werden kann), kann in der Fläche notiert werden. Je mehr Personen gleichzeitig sprechen und je mehr Zusatzinformationen notiert werden, wie Intonation oder auch Körpersprache, desto breiter wird die Fläche.

Abb. 2:   Partiturschreibweise der Transkription nach EXMARaLDA

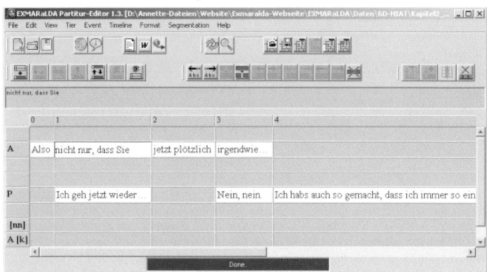

In diesem Beispiel sprechen A und P in der ersten Fläche gleichzeitig, anschließend spricht nur noch P.

Da EXMARaLDA nicht nur das Transkribieren mit HIAT unterstützt, sondern auch umfassend und didaktisch durchdacht in die spezielle Technik des Transkribierens einführt, sei an dieser Stelle nur auf den entsprechenden Link verwiesen, unter dem man alles (kostenfrei) findet: www1.uni-hamburg.de/exmaralda

3.5.4 Prinzipien und Techniken der Transkription von Filmen

Filme können als Kulturprodukte (z.B. Film- und Fernsehforschung) zum **Gegenstand** sozialwissenschaftlicher Analyse werden oder als eigens für die Forschung erstellte Dokumente ein **Instrument** sozialwissenschaftlicher Forschung sein. Im Gegensatz zu Bildern lassen sich Filme in ihrer eigentlichen Form als bewegte Bilder (mit gesprochener Sprache und/oder Musik) nicht abdrucken und auch nur begrenzt verlangsamt rezipieren. Geht man davon aus, dass der Film von seinen Bildern lebt (siehe Panofsky 1999: 23f., vgl. auch Müller 2003: 46f.), werden diese zur zentralen Größe für die empirische Arbeit mit Filmen. Diese methodologische Überlegung wurde von Przyborski und Hampl erstmals in ein Transkriptionssystem überführt.[92] Dieses System, das wir im nächsten Kapitel darstellen, basiert auf einer systematischen Erfassung von Bild und Ton. Andere Transkriptionssysteme wie EXMARaLDA erlauben es zwar, Bilder einzubinden, erfassen diese aber nicht systematisch.

---

[92]   Eine Publikation ist in Arbeit.

3.5 Datensicherung: Transkription

Ein Transkriptionssystem für Filme hat – ebenso wie Systeme für gesprochene Sprache – einerseits die Funktion, das empirische Material in einer Weise aufzubereiten, dass die Interpretationen auf das Ausgangsmaterial eindeutig zurückgeführt und damit – zumindest prinzipiell – intersubjektiv überprüft werden können. Andererseits hat es für die Auswertung die Funktion einer „Lupe ", mit der das Ausgangsmaterial betrachtet werden kann.

Filme als künstlerische oder kommerzielle Kulturprodukte entstehen in einer hochkomplexen Teamarbeit. Bei einem Transkript geht es nun aber nicht darum, diesen Produktionsprozess quasi in umgekehrter Richtung zu verfolgen und den Film in den Kategorien des Produktionsprozesses zu beschreiben. Vielmehr geht es wie bei allen unseren Ausgangsdaten darum, die Auswertung möglichst frei von Vorabinterpretationen zu halten.

Für den Aspekt der gesprochenen Sprache und anderer akustischer Ereignisse gelten dieselben Prinzipien, wie sie in Kapitel 3.5.1 ausgeführt wurden. Für den Aspekt der Bilder gilt es in erster Linie, die Frage zu lösen, wie **viele Bilder pro Zeiteinheit** in das Transkript aufgenommen werden sollen und welche Bildgröße man wählt. Ähnlich wie bei der gesprochenen Sprache gilt auch hier: Je feiner das Transkript ist, desto genauer ist es, wobei dieser Genauigkeit durch forschungsökonomische Überlegungen Grenzen gesetzt sind. Diese Frage ist daher in Auseinandersetzung mit dem Erkenntnisinteresse zu klären.

Auf das Zusammenspiel von Ton und Bild ist genauestens zu achten. Im Transkript müssen die akustischen Ereignisse eindeutig den visuellen zugeordnet werden können. Die Darstellung der technischen Lösung dieses Problems zeigen wir im folgenden Kapitel. Dies kann als zusätzliches **Gütekriterium** für Video- und Filmtranskriptionssysteme gelten. Darüber hinaus gelten dieselben Gütekriterien wie für Gesprächstranskriptionssysteme.

> Filme können sowohl Gegenstand als auch Instrument empirischer Sozialforschung sein. Entsprechend methodologischer Überlegungen hat man sich grundlegend an der Bildlichkeit des Materials zu orientieren. Das erfordert ein Transkriptionssystem, das die Bilder in systematischer, möglichst nicht vorab interpretierter Weise erfasst. Das Transkript muss – wie ein Gesprächstranskript – eindeutig auf das Ausgangsmaterial zurückgeführt werden können und hat wie dieses die Funktion der „wissenschaftlichen Lupe". Die Genauigkeit des Transkripts steigt mit der Häufigkeit der Einzelbilder pro Zeiteinheit. Die Forschungsökonomie setzt hier jedoch Grenzen. Das Erkenntnisinteresse bestimmt das Ausmaß an Feinheit bzw. Genauigkeit der Transkription. Im Transkript müssen die akustischen Phänomene eindeutig den visuellen zugeordnet werden können.

3.5.5 MoViQ: Ein Transkriptionssystem zur Erfassung von Filmen für eine rekonstruktive Auswertung

MoViQ steht für „Movies and Videos in Qualitative Social Research" und ist im Rahmen der dokumentarischen Filminterpretation (Kap. 5.6) von Przyborski und Hampl (s.o.) entwickelt worden. Es baut auf der langjährigen Erfahrung mit Gesprächstranskripten und einer intensiven Auseinandersetzung mit Bildinterpretation auf.

Obwohl das System aufgrund seiner Anlehnung an eine Partiturschreibweise eine sehr feine Ausdifferenzierung erlaubt (Notation oder Bemerkungen zu Intonation des Gesprochenen in einer Extrazeile der Fläche, Notation von Musik und Geräuschen), ist es nahezu ebenso einfach und damit ökonomisch gehalten wie TiQ.

MoViQ lässt sich mit den meisten gängigen Textverarbeitungsprogrammen und im Prinzip auch ohne zusätzliche Software anwenden. Die Einzelbildselektion ist ohne Zusatzprogramm allerdings sehr zeitaufwändig.[93]

Wie sieht ein Transkript mit MoViQ aus? Wir wenden uns nun dem Aufbau und den konkreten Konventionen von MoViQ zu.

Auch für ein Filmtranskript ist ein Transkriptionskopf sinnvoll und notwendig. Dieser unterscheidet sich kaum von jenem für Gesprächstranskripte. Er kann in etwa so aussehen:

Transkript - Projekt: „Istanbul Total"

Passage (oder Sequenz): (siehe unten: Sequenz aus der) Eingangspassage Film (oder Video): Istanbul Total Datum: 7.4.2006 Timecode: 0:04:19 bis 0:04:43 Dauer: 24 sek Transkription: Stefan Hampl Korrektur: Aglaja Przyborski

Eine Transkriptsequenz mit MoViQ sieht wie unten dargestellt aus. Die Konventionen werden unmittelbar danach aufgelistet. Es handelt sich um einen Ausschnitt aus der Sendung „Istanbul Total" des Senders Pro 7, die im Mai 2004 ausgestrahlt wurde.

Abb. 3:   Filmtranskription nach MoViQ

TC: 0:04:19   0:04:20   0:04:21   0:04:22   0:04:23

Am: Sooo ihr wart ja äh schon auch hier äh ein paar Tage unterwegs und habt ein bisschen gedreht. Gülçan du sprichst ja die Sprache perfekt
Bf:
Musik:
Geräusch:

TC: 0:04:24   0:04:25   0:04:26   0:04:27   0:04:28

Am: Du bist aber in Deutschland geboren oder?
Bf: Ja ich versuchs immer wieder   Ja ich bin in Lübeck geboren aber ähm
Musik:
Geräusch:

---

[93] Eine Unterstützung für die Bildselektion für Word finden Sie kostenfrei auf der oben genannten Homepage.

3.5 Datensicherung: Transkription

TC: 0:04:29   0:04:30   0:04:31   0:04:32   0:04:33

Am: Ach ok
Bf: äh Türkisch verlernt man ja nicht mein ich konnte bis ich fünf war überhaupt kein Deutsch (.)   und äh wir ham zuhause nur Türkisch gesprochen
Musik:
Geräusch:

TC: 0:04:34   0:04:35   0:04:36   0:04:37   0:04:38

Am: Wo kommen deine Eltern her aus welchem Teil der Türkei
Bf: und ähm im Kindergarten hab ich dann Deutsch gelernt so   Die kommen also genau
Musik:
Geräusch:

TC: 0:04:39   0:04:40   0:04:41   0:04:42   0:04:43

Am: Hier aus?
Bf: hier wo wir gerade sind   Die sind hier aufgewachsen und ich kenn das alles hier auch die Straßen weil als ich mit meinen Eltern
Musik:
Geräusch:

Zeilen pro Fläche: Ein Filmtranskript benötigt **mindestens 5 Zeilen**, jeweils eine für: 1. den Timecode (TC), 2. die Bilder, 3. für gesprochene Sprache (Am), 4. für Geräusche (Geräusch) und 5. für Musik (Musik). Wenn diese Zeilen leer bleiben, bekommt man bei der Lektüre des Transkripts die Information, dass auf dieser Ebene nichts passiert. Wenn mehrere Sprecher und Sprecherinnen auftreten, erhöht sich die Anzahl der Zeilen entsprechend. Ebenso wie für alle anderen Informationen, die man notieren möchte, wie Sprachmelodie, Sprechrhythmus oder andere akustische Eindrücke.

Verhältnis von Akustischem und Visuellem: Eine genaue Wiedergabe der **Synchronizität von Bildern und Texten** auf der Ebene des Transkripts erreicht man durch den Grad der **Dehnung bzw. Verschmälerung der Schrift**. Als Nebeneffekt zeigt diese Technik die Unterschiede in der Sprechgeschwindigkeit.

Musik und Geräusche müssen wie auch bei der teilnehmenden Beobachtung **beschrieben** werden. Um die **Abstimmung der Zeitabläufe** mit den Bildern zu gewährleisten, werden die entsprechenden **Zeilen** in unterschiedlichen Grautönen oder Farben **markiert**, wenn man mit der Technik der Dehnung und Verschmälerung der Schrift nicht auskommt.

Bilder pro Zeiteinheit: Für dieses Transkript wurde ein Bild pro Sekunde gewählt. Manche Erkenntnisinteressen, die z.B. Gesten (wie Umarmungen) zum Gegenstand haben, werden eine feinere Auflösung verlangen, etwas ein Bild pro halbe Sekunde. Bei weniger als einem Bild pro 1,5 Sekunden wird es schwierig, die Schrift anzupassen.

Die **Konventionen für gesprochene Sprache** stimmen mit jenen von TiQ überein (s.o.). Es entfällt lediglich das Symbol des „Häkchens".

In der Kommunikationswissenschaft und in angrenzenden Fächern finden sich weitere Formen des „Filmprotokolls" (vgl. u.a. Müller 2003 und Korte 1999). Der Standardisierung sowie der methodologischen Begründung der Techniken wird hier – auch in praktischen Einführungen – weniger Aufmerksamkeit geschenkt. Die Varianten reichen von Einstellungsprotokollen über Storyboardtechniken bis hin zur „Audio-Video-Analyse, bei der die Bildelemente den Hörelementen in einer Texttabelle gegenübergestellt werden" (Müller 2003: 50).

Wie bei allen methodischen Entscheidungen ist auch die Frage nach der Variante des Filmprotokolls bzw. des Filmtranskripts entsprechend dem Erkenntnisinteresse zu treffen. Wichtig ist jedoch, methodologische Überlegungen anzustellen und diese – wenn dies nicht an anderer Stelle bereits geschehen ist – zu explizieren.

> MoViQ ist ein Verfahren zur Transkription von Filmen, das auf den gängigen Konventionen für Gesprächstranskripte in Kombination mit einer systematischen und exakt auf Gespräche und alle anderen akustischen Phänomene abgestimmten Einzelbilderfassung beruht.

4 Sampling

Obwohl dem Sampling – also der Auswahl der Untersuchungseinheiten für eine Untersuchung – bereits in den ersten Veröffentlichungen zur Grounded Theory eine zentrale Rolle zugemessen wurde (vgl. Kap. 5.1),[94] wurde diesem Thema in den Methodenbüchern zu qualitativen Methoden lange Zeit nur wenig Aufmerksamkeit geschenkt. Es scheint noch immer ein hartnäckiges Missverständnis bei Befürwortern wie auch bei Kritikern qualitativer Methoden zu sein, dass diese Frage dort keine besondere Rolle zu spielen brauche bzw. spielen könne, weil es ohnehin nur um Einzelfälle, subjektive Sichtweisen und Ähnliches gehe.

Im Zusammenhang mit der Frage nach der Verallgemeinerbarkeit der Befunde qualitativer Studien und nach den Gütekriterien qualitativer Forschung rückt nun allerdings auch das Problem des Samplings zunehmend in den Vordergrund (Kelle/Kluge 1999; Gobo 2004; Rosenthal 2005).

4.1 Sampling und Repräsentativität: Wofür stehen die ausgewählten Fälle?

Wir wollen Fragen des Samplings einerseits und das Problem und die unterschiedlichen Formen der Verallgemeinerung in der qualitativen Forschung andererseits hier in zwei verschiedenen Kapiteln (vgl. auch Kap. 6) behandeln. Es wird jedoch von Anfang an deutlich werden, dass beides eng zusammengehört und sich wechselseitig bedingt. Bereits bei der Auswahl der Fälle (und der Bestimmung dessen, was ein „Fall" ist) werden Vorentscheidungen darüber getroffen, in welche Richtung die Ergebnisse einer Untersuchung verallgemeinert werden können. Und die Möglichkeiten der Verallgemeinerung der Ergebnisse am Ende einer Untersuchung hängen entscheidend davon ab, wie die Untersuchungseinheiten bestimmt wurden und wie das Sample zusammengesetzt wurde.

Nur selten wird man in der Lage sein, alle Fälle bzw. Einheiten, die in einen bestimmten Sachverhalt involviert sind, in die Untersuchung einzubeziehen. In der Regel muss man also eine Auswahl treffen. Wenn aber der ausgewählte Fall nicht nur für sich selbst stehen, sondern etwas „repräsentieren" soll, stellt sich die Frage nach der adäquaten Fallauswahl mit großer Dringlichkeit. Es wäre eine allzu bequeme Rückzugsposition, wenn qualitative Sozialforscherinnen Fragen nach der Reichweite ihrer Aussagen einfach damit beantworteten, sie

---

[94] Im „Handbuch qualitative Sozialforschung" (Flick et al. 1995) wird das Sampling im Kapitel zu den „Stationen des qualitativen Forschungsprozesses" (Flick 1995) gar nicht eigens behandelt, das zweibändige Werk „Qualitative Sozialforschung" (Lamnek 1995b: 177f.) widmet ihm lediglich einen kurzen Abschnitt. Zu den hier behandelten Fragen des Samplings, der Repräsentativität und der Verallgemeinerung vgl. auch Gobo (2004).

verbänden mit ihrer Untersuchung keinen Anspruch auf Repräsentativität.[95] Der Einzelfall – so faszinierend er auch sein mag – wird erst dadurch für die Sozialwissenschaften interessant, dass er **für etwas** steht, d.h. etwas repräsentiert. Damit ist man noch nicht gleich bei mathematisch-statistisch begründeten Stichprobentechniken – der Grundlage für das Repräsentativitätsargument in den quantitativen Methoden – angelangt, aber dennoch wird die Frage der Repräsentativität bzw. Repräsentanz nicht hinfällig.

Andererseits dient das Leitprinzip der Wahrscheinlichkeitsauswahl, das in standardisierten Verfahren zur Anwendung kommt und das im Grunde als Einziges den Schluss von der ausgewählten Stichprobe auf die Population zulässt (vgl. Diekmann 2004 [1995]: 330), oft allzu schnell dazu, rekonstruktiver Forschung jede Möglichkeit der Verallgemeinerung ihrer Ergebnisse abzusprechen (vgl. Gobo 2004: 439). In besonders polemischen Varianten der innerwissenschaftlichen Abgrenzung, denen man bisweilen im Universitätsalltag begegnet, wird dann im Extremfall bloße „Lyrik" der „harten Wissenschaft" gegenübergestellt. Da dieses Buch dem Anspruch verpflichtet ist, einer solchen Polemik, aber auch der bequemen Rückzugsneigung manches qualitativen Forschers das Wasser abzugraben, haben für uns Fragen des Samplings und der Generalisierung qualitativer Befunde einen hohen Stellenwert.

> Fragen des Samplings sind in qualitativen Untersuchungen entscheidend. Fälle stehen nicht für sich, sondern repräsentieren etwas – z.B. eine Generation, ein Milieu, ein Strukturproblem u.Ä.m. Daher entscheidet das Sampling mit darüber, ob die Befunde qualitativer Studien verallgemeinert werden können, auch wenn es dabei um andere Techniken des Samplings geht, als dies bei Zufalls- oder Quotenstichprobentechniken, die auf statistischen Überlegungen beruhen und das Argument der Repräsentativität in der quantitativen Sozialforschung legitimieren, der Fall ist.

4.2   Was bedeutet Sampling?

Der Begriff des Sampling beschreibt in der empirischen Sozialforschung die Auswahl einer Untergruppe von Fällen, d.h. von Personen, Gruppen, Interaktionen oder Ereignissen, die an bestimmten Orten und zu bestimmten Zeiten untersucht werden sollen und die für eine bestimmte Population, Grundgesamtheit oder einen bestimmten (kollektiven oder allgemeineren) Sachverhalt stehen.[96] Davon zu unterscheiden ist die besondere Prozedur, nach der diese Fälle ausgewählt werden (z.B. Zufallsauswahl, Schneeballsystem, Theoretical Sampling u.Ä.m.). Gesondert zu behandeln sind die Prinzipien, nach denen die mit Hilfe bestimmter Techniken des Samplings gewonnenen Ergebnisse verallgemeinert werden können.

Zunächst scheint es wichtig, sich klarzumachen, dass wir auch im Alltagsleben immer wieder „Sampling" praktizieren: Wir probieren einen Schluck Wein, um die Qualität der ganzen Flasche zu prüfen, wir hören kurz in eine CD hinein, ehe wir sie kaufen, und werden im Examen

---

[95] Zum Begriff der Repräsentativität und dessen unscharfer Bedeutung bzw. Legitimationsfunktion vgl. Kap. 2 in diesem Band sowie Diekmann 2004 [1995]: 368f.

[96] Schatzman/Strauss (1973: 38ff.) sprechen diesbezüglich vom „selective sampling" und unterscheiden dabei die Dimensionen Zeit, Ort, Personen und Ereignisse. Diese Dimensionierung ist sicherlich sinnvoll, die Bezeichnung als „selective sampling" aber insofern irreführend, als es ein „non-selective sampling" der Sache nach nicht geben kann.

oder bei einem Bewerbungsgespräch mit wenigen Fragen auf das hin geprüft, was wir können. Von einem Ausschnitt wird dabei – in einer Heuristik der Repräsentativität (Gobo 2004: 437; Kahnemann/Tversky 1972) – auf die Beschaffenheit des Ganzen geschlossen. Allerdings zeigen diese Beispiele bereits, dass es sich dabei um ganz unterschiedliche Samples handelt.

Im Bereich der Wissenschaften kamen Methoden des Sampling zunächst in der Biologie zur Anwendung. Hier leuchtet das Verfahren der Untersuchung von Stichproben – aufgrund der Homogenität der untersuchten Stoffe – unmittelbar ein. Die Biologin kann ohne Probleme von der untersuchten Wasserprobe oder Zellkultur auf das Gewässer oder die Schleimhaut, deren Zustand sie interessiert, schließen.

In den Sozialwissenschaften verhält sich das in verschiedener Hinsicht anders. Der Schluss von der Probe aufs Ganze ist hier insofern schwieriger, als wir es nicht mit einer homogenen Masse zu tun haben. Je nachdem, welche „Probe" man nimmt, wird man zu einem anderen Resultat kommen.

Zur Idee des Sampling kam es in den Sozialwissenschaften gewissermaßen aus einer Not heraus: Man kann in der Regel nicht die ganze Population und nicht jede Ausprägung eines Sachverhalts untersuchen, die einen interessieren. Dies hat mit Kosten und Zeit zu tun, aber auch damit, dass es immer Personen geben wird, die sich weigern, sich an einer Untersuchung zu beteiligen. Dadurch kann – auch bei einer fast „vollständigen" Befragung – das Ergebnis erheblich verzerrt sein, so dass es im Endeffekt exakter sein kann, nur eine kleine Stichprobe zu befragen.[97]

In der quantitativen Forschung versucht man diesem Problem entgegenzutreten, indem man „repräsentative Samples" bildet. Wie in einer Miniaturform sollen in ihnen – der Idealvorstellung nach – die Eigenschaften der gesamten Population „normalverteilt" enthalten sein. Damit dies gewährleistet ist, so das Argument, muss ein solches Sample auf einer Zufallsauswahl basieren. Man könnte beispielsweise ohne Probleme eine Zufallsauswahl aus allen polizeilich gemeldeten Personen einer Stadt treffen. Bedingung für ein solches Vorgehen ist allerdings, dass die gesamte Population bekannt ist. Gerade das ist in vielen Untersuchungen jedoch nicht möglich. Wir kennen die gesamte Population in vielen Fällen nicht, wenn wir eine Untersuchung durchführen.

Auch ist die Bereitschaft, sich an einer Befragung überhaupt zu beteiligen bzw. alle gestellten Fragen zu beantworten, sehr unterschiedlich verteilt. Die Antwortverweigerungen können in manchen Bevölkerungsgruppen sehr hoch sein, so dass die Antwortverteilung kein Abbild der Grundgesamtheit mehr darstellt. Zwar haben Statistiker hier Strategien entwickelt, über Formen des Gewichtens der Antworten der unterrepräsentierten Bevölkerungsgruppen einen Ausgleich zu schaffen, aber auch dies schafft neue Probleme. Ohne diese hier näher zu beleuchten, zeigt sich doch bereits, dass auch in standardisierten Erhebungen Zufallsauswahlen oft nicht realisiert werden können.

Insofern haben standardisierte und qualitative Studien bei der Auswahl von Fällen gemeinsame, aber auch unterschiedliche Probleme und Anliegen. Ein gemeinsames Anliegen ist in der Regel, dass beide von den erhobenen Fällen abstrahieren und allgemeinere, d.h. theoretische bzw. für Theoriebildung relevante Aussagen treffen wollen. Ein wesentlicher Unterschied ist, dass es standardisierten Verfahren immer auch um die statistische Verteilung der

---

[97] Die Verwendung der Wahrscheinlichkeitsstichprobe in der empirischen Sozialforschung geht auf Paul Lazarsfeld zurück.

gefundenen Merkmalskombinationen geht. In qualitativen Verfahren ist Letzteres ausgeschlossen. Die verschiedenen Ausprägungen eines Problems allerdings, das wissenschaftlich erforscht werden soll, sind auch für die qualitative Forscherin von Interesse. Deshalb sind Verfahren des Sampling für sie von großer Bedeutung.

> Das Problem des Sampling als solches, die Prozeduren des Sampling und die Frage der Verallgemeinerbarkeit gewonnener Ergebnisse sind zu unterscheiden. Standardisierte und qualitative Verfahren haben eine Gemeinsamkeit darin, dass sie über Prozeduren des Sampling die Grundlage für die Generalisierbarkeit ihrer Ergebnisse legen. Fragen der statistischen Verteilung können in qualitativen Studien nicht behandelt werden. Stattdessen geht es darum, die Strukturiertheit des Phänomens und das Spektrum seiner Ausprägungen zu erfassen.

4.3 Samplingeinheiten und Beobachtungseinheiten

Nicht immer sind die Einheiten, aus denen sich das Sample zusammensetzt, identisch mit den Beobachtungseinheiten. So setzt sich etwa in Untersuchungen, die sich mit Kontinuität und Wandel in ostdeutschen Familien (Alheit/Bast-Haider/Drauschke 2004) oder mit dem Umgang deutscher Familien mit der nationalsozialistischen Vergangenheit (Rosenthal 1997) befassen, das Sample aus Familien zusammen. Damit ist aber noch nicht die Frage beantwortet, wie die Beobachtungseinheiten zu bestimmen sind. Man kann Familien gemeinsam befragen (Samplingeinheit und Beobachtungseinheit fallen dann zusammen), man kann Familienmitglieder einzeln oder ein Familienmitglied stellvertretend für die Familie befragen, man kann „Tandems" (Alheit/Bast-Haider/Drauschke 2004) aus zwei Generationen bilden, die dann einzeln befragt werden, und vieles andere mehr. Ohne dies hier im Einzelnen diskutieren zu können, sollte doch genau überlegt werden, in welchem Verhältnis diese Beobachtungseinheiten zu den Samplingeinheiten stehen. Was etwa bedeutet es, wenn ich mich für eine kollektive Größe (wie die Familie) interessiere, die Beobachtungseinheit aber individuell auswähle? Gibt es Beobachtungseinheiten, die dem Interesse an kollektiven Prozessen besser entsprechen würden? Und wie genau wären diese dann zu bestimmen? Notwendig als Familieninterview? Oder vielleicht als Beobachtung von Interaktionsprozessen, z.B. der gemeinsamen Mahlzeiten der Familie (Oevermann et al. 1979; Keppler 1994)? Oder können Familienfotos für die Familie stehen? Nicht immer sind es also „ganze" Personen oder kollektive Einheiten, die man in Form eines Einzel- oder Gruppeninterviews zu beobachten sucht, es können auch Sequenzen aus natürlichen sozialen Interaktionen, bestimmte Ereignisse oder Dokumente sein, die als Beobachtungseinheiten dienen (vgl. Strauss/Corbin 1990: 177).

> Samplingeinheiten und Beobachtungseinheiten sind nicht immer identisch. Allerdings ist zu prüfen, ob die Beobachtungseinheit das, was an der Samplingeinheit von Interesse ist, adäquat erfasst. Dies gilt insbesondere dort, wo kollektive Prozesse oder soziale Interaktion im Mittelpunkt des Interesses stehen.

4.4 Formen des Sampling in qualitativen Untersuchungen

In qualitativen Untersuchungen kommen unterschiedliche Formen des Sampling zur Anwendung, deren Bedingungen und Konsequenzen, Vorteile und Nachteile man reflektieren sollte.

4.4.1 Theoretical Sampling

Das Verfahren des Theoretical Sampling stammt ursprünglich von Glaser und Strauss (1967) und wurde im Rahmen von deren gemeinsamer Untersuchung über die Interaktion mit Sterbenden (Glaser/Strauss 1974 [1968]) entwickelt. In engem Zusammenhang damit steht auch die Entwicklung des Verfahrens der „Grounded Theory" (Glaser/Strauss 1967; vgl. Kap. 5.1). Das Prinzip des Theoretical Samplings wurde später von Schatzman und Strauss (1973), Strauss (1991 [1987]), Glaser (1978) sowie Strauss und Corbin (1990; 2006) weiterentwickelt (vgl. auch Kelle/Kluge 1999: 44ff.).

Der Grundgedanke dabei ist, dass ein Sample nicht – wie es häufig der Fall ist – gleich zu Beginn der Untersuchung festgelegt wird, sondern nach den theoretischen Gesichtspunkten, die sich im Verlauf der empirischen Analyse herauskristallisieren, erst nach und nach zusammengestellt wird. Diesem Konzept zufolge wechseln sich die Auswahl erster Fälle aufgrund einer relativ offenen sozialwissenschaftlichen Fragestellung, Interpretation, erste Hypothesenbildung, erneute Fallauswahl und fortschreitende Theorieentwicklung ab: „Das Theoretical Sampling ist ein Verfahren, ‚bei dem sich der Forscher auf einer analytischen Basis entscheidet, welche Daten als nächstes zu erheben sind und wo er diese finden kann.' ‚Die grundlegende Frage beim Theoretical Sampling lautet: *Welchen Gruppen oder Untergruppen von Populationen, Ereignissen, Handlungen* (um voneinander abweichende Dimensionen, Strategien usw. zu finden)' wendet man sich bei der Datenerhebung *als nächstes zu*. Und *welche* theoretische Absicht steckt dahinter? ‚Demzufolge wird dieser Prozess der Datenerhebung durch die sich entwickelnde Theorie *kontrolliert*.'" (Strauss 1991: 70; Hervorh. und Zitate im Original)

Die ersten Fälle werden noch nicht auf der Grundlage einer spezifischen gegenstandsbezogenen sozialwissenschaftlichen Theorie, sondern auf der Grundlage einer ersten vorläufigen Problemdefinition getroffen. Erst nach und nach werden theoretische Kategorien entwickelt, die dann die Auswahl der nächsten Untersuchungseinheiten leiten.

Dabei folgt die Auswahl dem Prinzip der Minimierung und Maximierung von Unterschieden. Bei der Untersuchung zur Interaktion mit Sterbenden etwa wurden zu Beginn verschiedene medizinische Einrichtungen (Frühgeborenenstationen, neurochirurgische Stationen) untersucht, in denen das **Bewusstsein** der Patienten **über** ihren **bevorstehenden Tod** nur minimal oder gar nicht ausgeprägt war, in einem zweiten Schritt wurden Stationen ausgesucht, die im Hinblick auf das Bewusstsein des nahenden Todes dazu einen maximalen Unterschied aufwiesen (Intensivstationen). In einem weiteren Schritt wurde das Merkmal der Bewusstheit des nahenden Todes konstant gehalten, und es wurde das Merkmal der **Dauer des Sterbeprozesses** variiert, indem Intensivstationen mit Krebsstationen verglichen wurden. Dabei werden gewissermaßen Intensität und Extensität verknüpft: Während die **minimale Kontrastierung** die Tauglichkeit entwickelter Hypothesen und Theorien genauer prüft, geht es bei der **maximalen Kontrastierung** darum, die Varianz im Untersuchungsfeld auszuloten, bis man letztlich auf keine neuen Erkenntnisse, d.h. auf keine „theoretisch relevanten Ähnlichkeiten und

Unterschiede" (Kelle/Kluge 1999: 46) mehr stößt. Anselm Strauss spricht hier von „theoretischer Sättigung" (Strauss 1991 [1987]: 21; 23; 26; 35).

Unterschieden wurden im Zuge der Forschung über „Awareness of Dying" vier Bewusstheitskontexte: geschlossene Bewusstheit, Argwohn, wechselseitige Täuschung und offene Bewusstheit. Im Vergleich dieser verschiedenen Kontexte wurde eine Theorie über den Einfluss der Bewusstheit auf den Umgang mit Sterbenden formuliert. So zeigte sich, dass das medizinische Personal dort, wo es über den Aufklärungszustand des Patienten im Hinblick auf seinen Zustand im Ungewissen war, dazu tendierte, den Kontakt mit den Patienten auf das Notwendigste zu beschränken, was wiederum bei den Patienten zu Stress und Unsicherheit führte.

Gobo (2004: 446) hat eingewandt, dass in den ersten Fassungen, die zum Konzept des Theoretical Sampling vorgelegt wurden, Fragen der Repräsentativität des Samples nicht behandelt worden seien. Das oben skizzierte Vorgehen macht allerdings deutlich, warum dies so ist. Die Auswahl der Fälle ist bei Glaser und Strauss streng am Interesse an Theorieentwicklung ausgerichtet. Insofern repräsentieren die Fälle nicht in erster Linie „das Medizinsystem", sondern sie repräsentieren Grundmuster der Interaktion mit Sterbenden im klinischen Kontext. Im Hinblick auf dieses theoretische Interesse muss ein weites Spektrum medizinischer Einrichtungen betrachtet werden. Freilich nicht primär im Hinblick auf formale Organisationsmerkmale wie Größe, Ausstattung, Lage etc., sondern im Hinblick auf die zu erwartende Varianz in der Interaktion mit Sterbenden. Die Zusammensetzung ist also nur insofern von Bedeutung, als daraus theoretisch relevante Kategorien im Hinblick auf die Forschungsfrage gewonnen werden. Die Fälle werden nicht mit dem Anspruch ausgewählt, repräsentativ für „den Medizinbetrieb" zu sein, sie repräsentieren aber sehr wohl die Strukturmuster der Interaktion mit Sterbenden in diesem Betrieb.

> Beim Theoretical Sampling werden die zu untersuchenden Fälle nicht gleich zu Beginn der Forschung festgelegt, sondern sukzessive im Wechsel von Erhebung, Entwicklung theoretischer Kategorien und weiterer Erhebung ausgesucht. Dabei werden in einem Prozess der Minimierung und Maximierung von Unterschieden die gewonnenen theoretischen Kategorien überprüft und elaboriert sowie die Varianz des Feldes ausgelotet, bis allmählich eine theoretische Sättigung erreicht ist. Die Fallauswahl ist hier also streng auf die Theoriebildung bezogen.

4.4.2 Sampling nach bestimmten, vorab festgelegten Kriterien

Während das Theoretical Sampling eine klassische Samplingmethode für rein qualitative Untersuchungsdesigns darstellt, bietet sich ein anderes Verfahren für Untersuchungen an, in denen standardisierte und nichtstandardisierte Erhebungen verknüpft werden. Eine Möglichkeit der Verknüpfung besteht etwa darin, dass man an eine standardisierte Erhebung eine qualitative Untersuchung anschließt, die bestimmte Zusammenhänge, die in der standardisierten Erhebung zutage traten, im Hinblick auf die ihnen zugrunde liegenden Mechanismen genauer untersucht. Dies kann etwa bedeuten, dass man ungewöhnliche Konstellationen, die in der standardisierten Erhebung aufgefallen sind, aber nicht näher interpretiert werden konnten, nun durch gezielte Fallauswahl näher untersucht. Es kann auch bedeuten, dass statistisch nachweisbare Zusammenhänge – etwa zwischen Lebensstil und religiöser Bindung – in qualitativen Untersuchungen in ihrer lebensweltlichen Einbettung und im Hinblick auf die dabei

4.4 Formen des Sampling in qualitativen Untersuchungen

wirkenden Zuordnungen und Abgrenzungen genauer erforscht werden. Dies wurde etwa in der 4. Kirchenmitgliedschaftsuntersuchung der EKD (Friedrich/Huber/Steinacker 2006) derart umgesetzt, dass für die „Lebensstilcluster", die in der standardisierten Erhebung ermittelt wurden, in Realgruppen potentielle lebensweltliche Entsprechungen gesucht wurden, mit denen Gruppendiskussionen durchgeführt wurden.

In vergleichbarer Weise wurden in einer Untersuchung zu „Jugend und Demokratie in Sachsen-Anhalt" (vgl. u.a. Krüger/Pfaff 2006) zunächst mit Hilfe standardisierter Instrumente Schulen mit hohen bzw. niedrigen Anteilen von Schülern mit fremdenfeindlichen und rechten jugendkulturellen Einstellungen sowie mit negativen bzw. positiven Werten im Hinblick auf „schulklimatische Faktoren" (Krüger/Pfaff 2006: 61) identifiziert. In den beiden nach Maßgabe dieser statistischen Indikatoren „extremsten" Schulen wurden anschließend Gruppendiskussionen durchgeführt, um die (kollektiven) Orientierungen von Schülern und Lehrerinnen an diesen Schulen herauszuarbeiten und darüber die den fremdenfeindlichen Einstellungen zugrunde liegenden Strukturen zu erschließen.

Im Rahmen eines Marktforschungsprojekts, das im Auftrag der „Lotterien Österreich" durchgeführt wurde (Hampl et al. 2006; Bohnsack/Przyborski 2007), wurden zunächst Lotteriekunden nach den statistisch verfügbaren Daten (Alter, Geschlecht, Spieldauer, Höhe des Einsatzes, Spielstil usw.) geclustert.[98] Anschließend wurden auf dieser Grundlage nach Maßgabe der größten bzw. interessantesten Cluster Gruppen für Gruppendiskussionen gebildet, um die dem Spielverhalten zugrunde liegenden Orientierungen herauszuarbeiten. Dazu gehörten etwa Personen im Alter von mindestens 35 Jahren, die seit über zehn Jahren ohne Unterbrechung mit einem Mindesteinsatz von 100 € monatlich spielten, oder solche Personen, die zehn Monate lang mit einem Mindesteinsatz von 100 € gespielt hatten, danach aber aufhörten.

Das qualitative Sampling orientierte sich hier also an den statistischen Ausgangswerten. Allerdings ist bei einem solchen Verfahren zu berücksichtigen, dass man es einmal mit realen, lebensweltlichen Gruppen, das andere Mal aber mit einem Gebilde aufgrund statistischen ermittelten Ähnlichkeiten zu tun hat. Das heißt, dass das eine nicht einfach die Realisierung des anderen, sondern allenfalls eine Annäherung darstellt. Auch ist zu berücksichtigen, dass es im standardisierten und im qualitativen Erhebungsteil um Unterschiedliches geht: einmal z.B. um einen statistisch ermittelten Zusammenhang zwischen Lebensstilpräferenzen, sozialstrukturellen Indikatoren und religiöser Bindung, das andere Mal aber um die kollektiv eingebetteten Mechanismen der Bindung und Abstoßung und deren kommunikative Realisierung.

Insgesamt aber steht diese Form des Sampling für ein Vorgehen, bei dem auf der Grundlage vorhandener Forschungsergebnisse und nach bestimmten Kriterien gezielt eine Untersuchungsgruppe zusammengestellt wird.

In diesen Zusammenhang gehört auch das Verfahren „qualitativer Stichprobenpläne" (Kelle/Kluge 1999: 46ff.), bei dem nach bestimmten sozialstatistischen Kriterien vor der Untersuchung Größe und Merkmale der Stichprobe festgelegt werden. Auch das „Quota Sampling" ist hier zu nennen, das in einer ethnographischen Studie über Jugendgangs zum Einsatz kam. Das

---

[98] Bei der Clusteranalyse geht es darum, eine Menge von Objekten (z.B. befragte Personen) so in Gruppen einzuteilen, dass die Objekte, die derselben Gruppe zugeordnet wurden, einander möglichst ähnlich sind, während sie sich von den Objekten der anderen Cluster deutlich unterscheiden. Dabei muss vor der Clusteranalyse festgelegt werden, wie diese Ähnlichkeit der Objekte im Hinblick auf die Forschungsfrage sinnvoll bestimmt werden kann. Clusteranalysen kommen unter anderem in der Marktforschung, in der Mitgliederforschung (vgl. Friedrich/Huber/Steinacker 2006) und in der Lebensstilforschung zum Einsatz.

Sample wurde hier nach den Kriterien ethnischer Zugehörigkeit, des Alters und der Gruppengröße zusammengestellt. Es ist offenkundig, dass bei den genannten Verfahren das Kriterium der Repräsentativität des Samples eine wichtige Rolle spielt. Man weiß etwas über die ethnischen, sozialstrukturellen oder kulturellen Verteilungen in einem Feld und setzt nach diesen Kriterien ein Sample für eine qualitative Untersuchung zusammen.

Bei diesem Übergang von einer quantitativen zu einer qualitativen Untersuchungseinheit erfolgt dann häufig aber auch ein Übergang von einem hypothesenprüfenden zu einem theoriegenerierenden Verfahren. Das heißt, der qualitative Untersuchungsteil klärt nicht nur „dunkle" Stellen der standardisierten Befragung weiter auf, sondern erschließt Zusammenhänge, die sich nur mit offenen Erhebungsverfahren ermitteln lassen. Diese könnten dann in Anschlussuntersuchungen auch im Hinblick auf statistische Zusammenhänge und Fragen der Verteilung weiter untersucht werden usf.

> Ein Sampling nach bestimmten, vorab festgelegten Kriterien erfolgt z.B., wenn vorliegende Befunde aus standardisierten Erhebungen in einer qualitativen Untersuchung im Hinblick auf die ihnen zugrunde liegenden Mechanismen näher erforscht werden sollen. Dabei wird das Wissen über die Verteilung sozialstruktureller und kultureller Merkmale in einer bestimmten Population für die Zusammensetzung des Samples genutzt. Das Kriterium der Repräsentativität im Hinblick auf die Strukturelemente der jeweiligen Population (wenn auch nicht im Hinblick auf die Verteilung dieser Strukturelemente) bildet also bei der Zusammensetzung des Samples den Ausgangspunkt. Gleichwohl ist mit dem Übergang vom standardisierten zum qualitativen Vorgehen in der Regel auch ein Wechsel vom hypothesenprüfenden zum theoriegenerierenden Verfahren verbunden.

4.4.3 Snowball-Sampling

Während die beiden genannten Samplingverfahren an Fragen der Theorieentwicklung oder der Repräsentanz einer bestimmten Population ausgerichtet sind, orientiert sich das Schneeballverfahren an den Beziehungen, die im Feld vorhanden sind: Interviewpartner empfehlen andere Personen im Feld, mit denen sie in Kontakt stehen. Dieses Verfahren ist äußerst hilfreich, wenn man sich in einem unbekannten Feld einen ersten Zugang verschaffen will oder wenn es darum geht zu erfahren, wer die relevanten Akteure sind, die zum Feld gehören. Zudem öffnen Empfehlungen oft Türen, die ohne sie verschlossen blieben. Allerdings muss man sich über die Nebeneffekte dieser Art des Sampling im Klaren sein. Zum einen bewegt man sich damit meist im Kontext bestimmter Netzwerke: Der Schneeball wird in der Regel nur zu demjenigen „geworfen", den die Person, die die Empfehlung ausspricht, kennt (vgl. Gabler 1992). Auch ist nicht auszuschließen, dass die entsprechenden Personen sich kurzschließen, sich über das Interview wechselseitig informieren und damit die Erzählbereitschaft und -richtung beeinflussen. Insofern ist dieses Verfahren hilfreich für eine erste Erschließung des Feldes, es ist aber in keinem Fall ausreichend. Es kann die theoretische Bestimmung der Reichweite und Grenzen des Forschungsfeldes und die dementsprechende Zusammensetzung des Samples ergänzen, sie aber nicht ersetzen. Mindestens müsste man versuchen, ein solches Schneeballverfahren über verschiedene Zugänge in Gang zu bringen, und diese Zugänge müssten letztlich wieder nach bestimmten Kriterien bestimmt werden. Der Verweis auf ein Schneeballverfahren ersetzt mit Sicherheit nicht die Angabe von Kriterien für die Zusammensetzung des Samples.

Gleichwohl kann das Schneeballverfahren äußerst hilfreich sein. Oft erfährt man nur so, wer im Feld eine Rolle spielt. Nicht alle Personen werden dieselben Ansprechpartnerinnen nennen, so dass sich das Feld sukzessive erweitert, und die wiederholte Nennung von Ansprechpartnern erlaubt Hinweise auf deren Relevanz im Feld. Außerdem spricht nichts dagegen, auf den Prozess der Nennung weiterer Interviewpartner dadurch einzuwirken, dass man einerseits nach Personen fragt, mit denen die Interviewten in engem Kontakt stehen, andererseits aber auch nach solchen, die ihnen zwar persönlich (oder institutionell) fernstehen, von denen sie aber meinen, dass man mit ihnen sprechen sollte.

Insofern kann bereits mit dem Snowball-Sampling ein erster Schritt der Kontrastierung beginnen (vgl. Kap. 5.1), indem die Befragten (z.B. jugendliche Bandmitglieder) nicht nur auf Personen verweisen, die zu ihrem unmittelbaren Kontext (und Musikstil) gehören, sondern – vielleicht erst nach Nachfragen – auch auf solche, die zu einer „ganz anderen Kategorie" (etwa zu den stilistisch unauffälligen Jugendlichen) zählen und damit eine interessante erste Kontrastfolie bilden. In diesem Zusammenhang wird bisweilen auch vom „Empirical Sampling" gesprochen, da sich aus dem empirischen Feld selbst direkte Hinweise auf Vergleichsfälle ergeben.

> Das Schneeballverfahren hilft dabei, das Feld zu erschließen und die relevanten Personen eines Feldes ausfindig zu machen. Es birgt jedoch die Gefahr, bestimmten Netzwerkstrukturen verhaftet zu bleiben und das Feld aus deren Perspektive zu erfassen. Wenn es gelingt, dieser Gefahr gegenzusteuern, kann es jedoch einen fruchtbaren Zugang zur inneren Strukturierung des Feldes und zu den Kontrasten im Feld bieten.

4.5 Zur Kombinierbarkeit von Samplingverfahren

Die drei Verfahren, die oben vorgestellt wurden – das Theoretical Sampling, das Sampling nach vorab festgelegten Kriterien und das Snowball-Sampling –, schließen einander in der praktischen Forschungsarbeit keinesfalls aus, sondern können sich gut ergänzen. So kann das Snowball-Sampling am Anfang eines Forschungsprozesses stehen, dann aber dem Verfahren des Theoretical Sampling weichen. Es kann aber auch, gerade weil es einen ersten Einblick in die Horizonte und Gegenhorizonte des Feldes bietet, das Theoretical Sampling im engeren Sinne bereits vorbereiten. Das Theoretical Sampling wiederum kann mit einer Fallauswahl aufgrund vorab definierter Kriterien – etwa des Alters, des Geschlechts oder der Religionszugehörigkeit – durchaus kombiniert werden, zum Beispiel kann das Sampling damit beginnen, ehe die im Feld festgestellten Kontraste selbst die weitere Auswahl steuern. Insgesamt wird bei solchen Auswahlprozessen die Perspektive der Theoriegenerierung in der Regel im Vordergrund stehen.

> Die verschiedenen Samplingverfahren sind durchaus zu kombinieren, indem sie z.B. in verschiedenen Phasen des Forschungsprozesses zum Einsatz kommen. Sie können einander wechselseitig vorbereiten und ergänzen.

4.6 Wann hat man genügend Fälle?

Es hat sich bei Untersuchungen unterschiedlicher Größenordnung eingebürgert, dass bei der Beantragung einer Forschungsfinanzierung oder beim Schreiben eines Exposés die Zahl der zu erhebenden Fälle angegeben wird. Manchmal scheint es, dass eine Arbeit als umso solider angesehen wird, je mehr Fälle erhoben werden. Nun gibt es sicherlich – je nach Gegenstandsbereich, methodischem Ansatz und Reichweite der angestrebten Theorie – gewisse Erfahrungswerte, was die entsprechenden Größenordnungen angeht. Vor allem aber gibt es Erfahrungswerte darüber, wie lange es dauert, um etwa ein narratives Interview oder eine Gruppendiskussion zu erheben und auszuwerten, und wie viel finanzierte Forschungszeit man entsprechend beantragen muss. Dennoch scheinen Anträge und Exposés bisweilen von einer Magie der Zahlen durchdrungen, die vermeintlich für sich selbst sprechen. Wenn man das Verfahren des Theoretical Sampling ernst nimmt, ist jedoch nicht die Zahl ausschlaggebend für die adäquate Erfassung eines Gegenstandsbereiches, sondern die „theoretische Sättigung" (Strauss 1991 [1987]: 21) bei der Materialerhebung und -auswertung. Es kommt also darauf an, ob man die relevanten Differenzen im Feld auch tatsächlich im erhobenen Material abgebildet hat. Das ist natürlich im Vorhinein oft schwer zu bestimmen. Manche Kontrastdimensionen wird man antizipieren können und sich dann systematisch auf die Suche nach Fällen machen, auf andere wird man eher überraschend stoßen. Die systematische Suche nach den Bedingungen, die spezifische Fallkonturen zustande bringen, wird aber gleichzeitig helfen, auch anders geartete Fälle zu finden. Dafür ist natürlich eine bestimmte Fallzahl (mindestens zwei) nötig, um überhaupt Kontraste in den Blick zu bekommen.[99] Wie groß die erhobene Fallzahl letztlich sein muss, ist je nach Feld und je nach Typus der Forschungsarbeit verschieden zu beantworten. Für eine studentische Abschlussarbeit, für die sechs Monate Bearbeitungszeit zur Verfügung stehen, werden vermutlich sechs bis sieben Gruppendiskussionen oder biographische Interviews ausreichen, mehr ist in der begrenzten Zeit in der Regel nicht zu leisten. In einem Forschungsprojekt kann man eine größere Zahl von Fällen erheben. Will man verschiedene Milieus, Regionen oder Generationen untersuchen – und legt man damit eine wesentliche Kontrastdimension bereits bei der Auswahl zugrunde –, braucht man entsprechend mehr Fälle, um auch die Kontraste innerhalb einer Generation oder eines Milieus hinreichend auszuleuchten. Die Prinzipien, die die forschungspraktischen Schritte hier strukturieren, diskutieren wir in Kapitel 6. Die Angabe einer Zahl zu Beginn der Untersuchung hat also nur sehr vorläufigen Charakter und kann allenfalls einen Hinweis darauf geben, ob die Antragsteller ihre Möglichkeiten über- oder unterschätzen. Es wäre zu wünschen, dass auch Gutachter die Entwicklung eines plausiblen Kontrastdesigns bei der Bewertung eines Antrags in den Vordergrund stellten.

> Die Zahl der zu erhebenden Fälle ist vom Gegenstandsbereich und vom Typus der Untersuchung abhängig. Wesentlicher als eine konkrete Fallzahl ist die Frage der „theoretischen Sättigung", die über die Abfolge von Erhebung, Theoriebildung und neuer Erhebung erreicht wird. Dabei ist die systematische Suche nach Kontrasten und ihnen zugrunde liegenden Bedingungen entscheidend. Das Sample sollte also groß genug sein, um entsprechend kontrastierende Fälle zu finden.

---

[99] Man kann Kontraste allerdings auch auf der Grundlage von Kontextwissen, Gedankenexperimenten oder von Kontrasthorizonten, die im Fall selbst aufscheinen, ins Spiel bringen. Beispiele dafür finden sich in der Grounded Theory (Kap. 5.1), in der objektiven Hermeneutik (Kap. 5.3) und in der dokumentarischen Methode (Kap. 5.4).

5 Auswertung

Wir werden im Folgenden vier verschiedene Auswertungsverfahren vorstellen, die in der gegenwärtigen empirischen Sozialforschung eine wichtige Rolle spielen: die Methodologie der Grounded Theory, das Verfahren der Narrationsanalyse, die objektive Hermeneutik und die dokumentarische Methode. Wie bei jeder Auswahl bleiben dabei bestimmte Verfahren unberücksichtigt. Ein Anspruch auf Vollständigkeit hätte den Umfang dieser Einführung gesprengt und zwangsläufig leserunfreundliche Redundanzen produziert. Manche der derzeit prominenten Verfahren, wie das der „**qualitativen Inhaltsanalyse**", entsprechen nicht den Kriterien, die wir bei den rekonstruktiven Verfahren im Rahmen dieses Lehrbuches für maßgeblich halten. Die qualitative Inhaltsanalyse[100] klassifiziert u.E. eher als dass sie Sinnstrukturen rekonstruiert, sie ist nicht in der Lage bzw. nicht darauf angelegt, implizite Bedeutungen, wie sie in der **Art und Weise** einer Formulierung oder einer Interaktionssequenz zum Ausdruck kommen können, zu erfassen. Das heißt nicht, dass sie dort, wo es primär um inhaltliche Klassifikation geht, nicht hilfreich ist. Die **Diskursanalyse** (vgl. Keller 2003; Jäger 2004; Keller et al. 2005; Diaz-Bone 2002; 2005; 2006; u.a.m.) – oft im Anschluss an Foucault verwendet – wäre, gerade wegen ihrer derzeitigen Popularität, einer genaueren Behandlung durchaus wert gewesen. Allerdings werden mit dem Label Diskursanalyse derzeit so viele verschiedene Vorgehensweisen belegt, die im Hinblick auf ihr **methodisches Prozedere** oft nicht besonders gut ausgearbeitet sind[101], dass eine Behandlung dieser Verfahren unsere Kapazitäten im Rahmen dieses Lehrbuches überstiegen hätte. Gleichwohl muss darauf hingewiesen werden, dass hier derzeit Bemühungen um Methodologisierung (insbesondere: Diaz-Bone 2005) und – als Folge daraus – Tendenzen der Differenzierung zwischen verschiedenen Varianten der Diskursanalyse im Gang sind, die sich mit dem in diesem Buch vertretenen Anliegen durchaus treffen. Andere Verfahren – wie die **Konversationsanalyse** (vgl. Have 1999) oder die **Gattungsanalyse** – sind relativ stark auf Fragen der Linguistik konzentriert. Sie sind mit allen von uns ausgewählten Verfahren vereinbar, dienen ihnen oft als zentrale Werkzeuge bzw. haben sie mehr oder weniger stark beeinflusst. Von daher meinen wir, ihre Nichtbehandlung in diesem Lehrbuch verantworten zu können. Wir hoffen aber, dass die Verfahren, die wir im Folgenden vorstellen, auch Handwerkszeug an die Hand geben, um Daten auszuwerten, die bisweilen inhaltsanalytisch, diskursanalytisch oder konversationsanalytisch behandelt werden.

Allerdings liegen der hier vorgenommenen Auswahl nicht nur solche Ausschlusskriterien zugrunde. Die vier ausgesuchten Verfahren decken ein bestimmtes Spektrum ab und behandeln in ihrer Gesamtheit die wesentlichen Probleme, die u.E. im Zusammenhang mit qualitativen Methoden der Auswertung zu berücksichtigen sind. Auch wenn sie die Schwerpunkte unterschiedlich legen und ihre Repräsentanten zum Teil gegeneinander polemisieren, schließen sie sich u.E. wechselseitig nicht aus bzw. können einander zum Teil ergänzen.

---

[100] Siehe dazu z.B. Mayring 2002; Gläser/Laudel 2006.
[101] In gewisser Weise entspräche es der Foucault'schen Perspektive, sich einer solchen methodischen Disziplinierung zu verweigern. In methodischer Hinsicht wäre dies allerdings wenig hilfreich.

Die Forschungslogik des ständigen Vergleichens und des Theoretical Sampling, die der Grounded Theory zugrunde liegt, kann z.B. auch für jemanden hilfreich sein, der sich bei der Interpretation auf das Verfahren der objektiven Hermeneutik oder jenes der dokumentarischen Methode stützt.

Gleichzeitig bilden die Verfahren in gewisser Weise verschiedene Pole eines Spektrums. Während die dokumentarische Methode ihren Ausgang bei **kollektiven Sinnstrukturen nimmt** und bei ihren Daten vor allem (wenn auch nicht nur) **kollektive Prozesse** fokussiert, liegt der Narrationsanalyse eine **Handlungstheorie** zugrunde und werden folglich **biographische Prozesse** des Handelns und Erleidens rekonstruiert. Objektive Hermeneutik und Grounded Theory beginnen beide mit der sequentiellen Analyse von Texten. Während aber die objektive Hermeneutik die innere Motiviertheit von Texten im Detail über die **Spannung von subjektiv gemeintem und latentem Sinn** rekonstruiert, ist für die Grounded Theory ein **Kodierverfahren** charakteristisch, über das sie sukzessive theoretische Zusammenhänge erschließt.

Bei der Darstellung der vier Konzepte geht es uns nicht darum, die Schulenbildung im Bereich der qualitativen Methoden voranzutreiben, sondern wir wollen vor allem ein Grundverständnis für das Vorgehen und die Probleme bei der rekonstruktiven Analyse empirischer Daten vermitteln. Vermutlich werden viele Leserinnen und Leser dieses Buches sich aufgrund einer gewissen Vorliebe für das eine oder andere Verfahren entscheiden. Wir hoffen, dass dies nach der Lektüre dieser Kapitel in reflektierterer Weise und weniger vorurteilsbehaftet erfolgt als davor. Wir wollen Kriterien für die Auswahl an die Hand geben, aber auch Möglichkeiten der Kombination von Verfahren eröffnen.

Obwohl wir selbst in unserer eigenen Forschung vorrangig zwei der hier vorgestellten Methoden (die dokumentarische Methode und die objektive Hermeneutik) praktizieren, haben wir in den folgenden Kapiteln z.T. auch damit experimentiert, unser eigenes empirisches Material exemplarisch mit Hilfe anderer Verfahren auszuwerten. Mancher Methodenpurist wird an diesen Versuchen vielleicht Anstoß nehmen. Bei dem, was wir im Folgenden vorstellen, geht es jedoch nicht vorrangig um eine möglichst detaillierte Exegese der jeweiligen Ansätze sowie der Varianten, die aus ihnen hervorgegangen sind, sondern darum, ihre wesentlichen, d.h. unhintergehbaren Prinzipien deutlich zu machen, die gemachten Prämissen und deren Konsequenzen zu diskutieren, und in die praktische Anwendung der Verfahren einzuführen. Dies zwingt natürlich zur Fokussierung und Einschränkung.

5.1 Grounded-Theory-Methodologie

Die Methodologie der Grounded Theory ist das – in ihren Grundzügen – am frühesten entwickelte (Glaser/Strauss 1965a; 1967; Glaser 1965) der hier vorgestellten Verfahren. Aber auch in systematischer Hinsicht kommt den Erfindern der „Grounded Theory" – Barney Glaser und Anselm Strauss – eine Pionierrolle zu. Durch ihre paradigmatische Positionierung gegenüber einer abstrakten, sich gegenüber der Empirie immunisierenden soziologischen Theorie einerseits und einer an den Naturwissenschaften orientierten standardisierten Methodologie andererseits haben sie den Weg für diejenigen geebnet, die später im Bereich der „qualitativen Methoden" eigene Zugänge entwickelt haben. Viele der anderen Verfahren wurden von der „Grounded Theory" angeregt, zahlreiche Wissenschaftler, die heute im Bereich der qualitativen Methoden eine Rolle spielen, haben mit Anselm Strauss kooperiert und von ihm

5.1 Grounded-Theory-Methodologie

gelernt. In Deutschland gilt dies insbesondere für Fritz Schütze und seine Kollegen, die in Auseinandersetzung mit der Grounded Theory, dem Symbolischen Interaktionismus und der Chicago School of Sociology ihr Verfahren der Narrationsanalyse (s. Kap. 5.2) entwickelt haben. Schütze und Riemann etwa werden von Strauss explizit zu denjenigen gezählt, die die Tradition der Chicago School fortgeschrieben und durch ihre Form der Biographieanalyse in fruchtbarer Weise weiterentwickelt haben (Strauss 1991b [1990]: 22).

Die Methodologie der Grounded Theory gehört zu denjenigen Verfahren, bei denen der Forschungsprozess als Ganzes vielleicht am umfassendsten reflektiert und am genauesten beschrieben und dokumentiert ist, angefangen bei der Formulierung der Forschungsfrage und der ersten Erhebung von Daten bis hin zum Schreiben des Forschungsberichtes (Strauss 1991a [1987]). Insofern wird manches von dem, was im Folgenden expliziert wird, im Zusammenhang mit anderen Verfahren in leicht veränderter Form wieder auftauchen.

Die Grounded Theory wurde im Laufe der Zeit verschiedentlich weiterentwickelt (Strauss 1991a [1987]; Strauss/Corbin 1990; 1996; 1997; Corbin/Strauss 1990) und in Teilen revidiert (z.B. Strauss 1991 gegenüber Glaser/Strauss 1967). Es bildeten sich – begleitet von z.T. vehementen Abgrenzungen – verschiedene Schulen und Varianten heraus (Glaser 1992; 1998 vs. Strauss/Corbin 1990; 1997; aber auch: Charmaz 2000; 2006 vs. Glaser 2002 u.a.m.), und es kam zu gewissen technischen Standardisierungen des Verfahrens (Strauss/Corbin 1990; 1996), an denen wiederum von anderen Repräsentanten massive Kritik geäußert wurde (vgl. zur Entwicklung insgesamt Strübing 2004; Mey/Mruck 2007). Schließlich wurden auf die Methodologie der Grounded Theory und das ihr eigene Kodierparadigma hin (s.u.) verschiedene Formen von Computersoftware entwickelt, die die Auswertung unterstützen und erleichtern sollen: z.B. ATLAS/ti oder MAXQda (Kelle 2004). Auch wenn dies nicht den Intentionen der Erfinder dieser Programme entsprach und eher auf die Ungeübtheit im Umgang mit den Programmen als auf deren Anlage selbst zurückzuführen ist, resultierten daraus bisweilen weitere „technische" Verkürzungen des Ansatzes, die die Anwendung zum Teil in die Nähe inhaltsanalytischer Verfahren brachten. Auch in der Lehre und in der Forschungsberatung wird man immer wieder damit konfrontiert, dass das Verfahren der Grounded Theory gerade für ungeübte Forscher attraktiv erscheint, weil sie es für einfach erlernbar und handhabbar halten, ohne dabei jedoch den komplexen Interpretationsvorgang, der der Methodologie der Grounded Theory zugrunde liegt, im Blick zu haben. Das Ergebnis ist dann oft eher ein „Klassifizieren" und „Sortieren" als die genaue und präzise dokumentierte Interpretation und Analyse.

Da man Verfahren aber nicht aufgrund ihrer bisweilen „schwachen" Anwendung bewerten kann, gehört die Grounded Theory zweifellos zu den Methoden, die im Rahmen eines Lehrbuchs, das sich mit rekonstruktiven Verfahren befasst, zu behandeln sind.

5.1.1 Entstehungshintergrund des Verfahrens

Das Verfahren der **Grounded Theory** wurde von Anselm Strauss und Barney Glaser in einer Zeit entwickelt, in der die Sozialwissenschaften in den USA vor allem von zwei Paradigmen dominiert wurden: einer „Grand Theory"[102] (Mills 1959) (repräsentiert etwa durch Talcott Parsons) auf der einen Seite, d.h. einer abstrakten soziologischen Theorie, deren Schwergewicht eindeutig auf der formalen Systematik, nicht aber auf der Anbindung an die Empirie oder gar auf der Genese aus der Empirie lag; und immer weiter entwickelten standardisierten Methoden auf der anderen Seite, die wiederum mit den theoretischen Perspektiven der „Grand Theory" nur wenig zu tun hatten (Dey 2004).

Obwohl – insbesondere aus dem Umfeld der Chicago School und des dort verankerten „symbolischen Interaktionismus" – verschiedentlich Kritik an dieser Spaltung von Theorie und empirischer Forschung geäußert wurde (Blumer 1954)[103] und Robert Merton (1949) mit seiner „Theorie mittlerer Reichweite" einen Vorschlag zur Überwindung dieser Spaltung unterbreitet hatte, war der Graben zu der Zeit, als Glaser und Strauss soziologisch zu arbeiten begannen, nach wie vor tief. Zwar wurden die standardisierten Verfahren als theorietestende Verfahren immer weiter entwickelt, die Repräsentanten der „Grand Theory" aber zeigten sich davon wenig beeindruckt. Umgekehrt waren deren theoretische Höhen für diejenigen, die empirisch forschten, oft so weit entfernt von den eigenen Untersuchungsgegenständen und Fragestellungen, dass diese Art der Theorie vielen für die empirische Forschung irrelevant erschien.

Es war diese Ausgangslage, vor deren Hintergrund die beiden Autoren begannen, zunächst in einem gemeinsamen Artikel und schließlich in einem Buch (Glaser/Strauss 1965b; 1967) ihre Methodologie einer „Grounded Theory" darzulegen: "Our book", so leiten sie die Publikation ein, "is directed toward improving social scientists' capacities for generating theory that *will* be relevant to their research. (...) We argue (...) for grounding theory in social research itself – for generating it from the data." (Glaser/Strauss 1967: VIIf.; Hervorh. im Original)

Das Grundanliegen der Methodologie der Grounded Theory ist also von Anfang an auf die enge Verschränkung von empirischer Forschung und Theoriebildung gerichtet: Empirische Forschung zielt darauf, Theorie zu generieren, und Theorie wiederum wird nicht „von oben her" entfaltet, sondern soll in eben dieser Forschung begründet sein. Gleichzeitig setzten sich

---

[102] Der Begriff „Grand Theory" wurde Ende der 1950er Jahre – in polemischer Absicht – von C. Wright Mills geprägt. Skinner fasst dessen Anliegen, das durchaus Gemeinsamkeiten mit dem der Grounded Theory hat, treffend zusammen: "Writing almost exactly twenty-five years ago about the state of the human sciences in the English-speaking world, the American sociologist C. Wright Mills isolated and castigated two major theoretical traditions which he saw as inimical to the effective development of what he described (...) as *The Sociological Imagination*. The first was the tendency – one that he associated in particular with the philosophies of Comte and Marx, Spencer and Weber – to manipulate the evidence of history in such a way as to manufacture 'a trans-historical strait-jacket' (C. Wright Mills 1959: 22). But the other and even larger impediment to the progress of the human sciences he labelled Grand Theory, by which he meant the belief that the primary goal of the social disciplines should be that of seeking to construct 'a systematic theory of "the nature of man and society"' (ibid.:23)." (Skinner 1994 [1985]: 3; Hervorh. und Zitate im Orig.)

[103] Der Beitrag von Herbert Blumer „What is wrong with social theory?" aus dem Jahr 1954 hat zuerst die Trennung zwischen soziologischer Theorie und empirischer Welt kritisiert und für die Entwicklung von „sensitizing concepts" (im Unterschied zu „definite concepts") plädiert (ebd.: 7ff.), die über Kontraste gebildet und im Lauf der Forschung verändert und angepasst werden: "We have to accept, develop and use the distinctive expression in order to detect and study the common" (ebd.: 8). In diesem Text ist bereits einiges von dem skizziert, was im Rahmen der Grounded Theory später in ein methodisches Verfahren übersetzt wurde.

5.1 Grounded-Theory-Methodologie

die Autoren selbstbewusst von der damals etablierten (und auch heute bisweilen noch propagierten) Arbeitsteilung zwischen quantitativen und qualitativen Methoden ab, der zufolge den qualitativen Studien die Aufgabe zukam, explorative Zulieferdienste für die standardisierten Verfahren zu leisten, da nur diese in der Lage seien, Hypothesen rigoros zu „testen". Dagegen setzten Glaser und Strauss ihr Anliegen des Entdeckens (discovery) „substantieller Theorie": „We contend that qualitative research – quite apart from its usefulness as a prelude to quantitative research – should be scrutinized for its usefulness in the discovery of substantive theory. By the discovery of substantive theory we mean the formulation of concepts and their interrelation into a set of hypotheses for a given substantive area – such as patient care, gang behaviour, or education – based in research in the area. (...) (We) shall regard *qualitative research* – whether utilizing observation, intensive interviews, or any type of document – *as a strategy concerned, with the discovery of substantive theory*, not with feeding quantitative researches." (Glaser/Strauss 1965a: 5; Hervorh. im Original) Während Glaser/Strauss zunächst noch von „Substantive Theory" sprachen, ist bereits im Buch von „Grounded Theory" die Rede. In dieser Wortwahl kommt zum einen das Anliegen der Fundierung von Theorie in den Daten zum Ausdruck, zum anderen wird deutlich gemacht, dass die Grounded Theory sowohl „gegenstandsbezogene" („substantive") als auch „formale" Theorie umfassen kann. Die Bezeichnung „Grounded Theory" hat sich seitdem durchgesetzt. Nachdem diverse Versuche, sie ins Deutsche zu übersetzen, nicht besonders zufriedenstellend ausgefallen sind, gibt es mittlerweile einen weitgehenden Konsens darüber, die englische Bezeichnung auch in deutschen Publikationen beizubehalten. Mey und Mruck (2007) weisen allerdings zu Recht darauf hin, dass mit „Grounded Theory" rein logisch nur das erwünschte Resultat, nicht aber die Methodologie und Methode, mittels derer man zu diesem Resultat gelangt, bezeichnet ist, weshalb korrekterweise von der *Grounded-Theory-Methodologie* die Rede sein müsste.[104]

Aus den gemeinsamen Anfängen und wechselseitigen Bezugnahmen gingen zwei Hauptrichtungen hervor, von denen die eine heute von Glaser, die andere von Strauss – in den späteren Publikationen stets in Zusammenarbeit mit Juliet Corbin – repräsentiert wird. Beide Ansätze sind sehr einflussreich, Glaser hat sogar ein eigenes Grounded Theory Institute (www.groundedtheory.org) gegründet, um die Methode zu verbreiten und weiterzuentwickeln. Wir werden uns im Folgenden neben dem ersten, gemeinsamen Buch von Glaser und Strauss (1967) aufgrund der u.E. größeren Plausibilität der methodologischen Begründung weitgehend auf jene Richtung konzentrieren, die von Strauss sowie später von Strauss und Corbin repräsentiert wird. Allerdings werden wir auch auf zahlreiche Parallelen zur Weiterführung des ursprünglichen Ansatzes durch Glaser[105] sowie an Stellen, an denen sich das aus inhaltlichen Gründen anbietet, auch auf Differenzen zwischen beiden Ansätzen und auf die Kritik zu sprechen kommen, wie sie insbesondere von Glaser an den späten, gemeinsam von Strauss und Corbin verfassten Lehrbüchern geäußert wurde. Vor allem an „Basics of Qualitative Research" (Strauss/Corbin 1990; dt. 1996) hat Glaser vehemente Kritik angemeldet und

---

[104] In den Publikationen der einschlägigen Autoren und Autorinnen allerdings wechseln die Bezeichnungen „Grounded Theory" und „Grounded Theory Methodology" ab. Auch in diesem Buch werden wir der Einfachheit halber beide Begriffe synonym verwenden.

[105] Es wäre u.E. übertrieben, die Varianten der Grounded Theory, wie sie von Glaser auf der einen Seite sowie von Strauss/Corbin auf der anderen Seite vertreten werden, als zwei verschiedene Ansätze zu behandeln.

bald darauf eine „Korrektur" („a cogent clear correction to the many wrong ideas in Basics of Qualitative Research") in Form einer Gegenpublikation vorgelegt (Glaser 1992).[106]

Dem Anliegen der engen Verschränkung von empirischer Forschung und Theoriebildung entspricht es, dass die Methodologie der Grounded Theory nicht „im Lehnstuhl" entwickelt wurde, sondern aus der Forschungspraxis selbst hervorgegangen ist. Im Fall von Strauss ist diese wiederum verankert in der Forschungstradition der Chicago School.

Bereits an den biographischen Daten von Strauss sieht man, dass er einer anderen Generation angehört als die Autoren, die wir später behandeln werden. 1916 geboren, studierte Strauss an der University of Chicago unter anderem bei Herbert Blumer, dem letzten Mitarbeiter George Herbert Meads, und bei Everett Hughes – beide wichtige Repräsentanten des symbolischen Interaktionismus und der im amerikanischen Pragmatismus gründenden Chicago School of Sociology. 1945 promovierte Strauss an der University of Chicago und arbeitete danach in verschiedenen Projekten mit.[107] Das bekannteste davon, das sich mit der studentischen Kultur an medizinischen Hochschulen befasste, wurde unter dem Titel „Boys in White" (Becker et al. 1961) veröffentlicht. Ende der 1950er Jahre führte Strauss sein erstes eigenes Projekt über psychiatrische Einrichtungen und deren Ideologien durch (Strauss et al. 1964). Als Forschungsdirektor eines Instituts für psychosomatische und psychiatrische Forschung und Ausbildung in Chicago und – seit 1960 – als Professor im Department für Sozial- und Verhaltenswissenschaften an der University of California in San Francisco war er dann lange Zeit mit medizinsoziologischen Forschungen befasst. Darin spielten Fragen der Professionalisierung eine wichtige Rolle, aber auch der Umgang des medizinischen Personals und der Pflegekräfte mit chronisch kranken und todkranken Menschen bis hin zur Bewältigung von Sterbeprozessen (Glaser/Strauss 1965b; 1967; 1968).

Diese Forschungen zum Umgang mit chronisch Kranken und Sterbenden führte Strauss gemeinsam mit Glaser durch, und in diesem Zusammenhang entwickelten die beiden auch die Methodologie der Grounded Theory.

Glaser hat einen deutlich anderen soziologischen Hintergrund. Am Department für Soziologie und angewandte Sozialforschung der Columbia University in New York ausgebildet, das von Paul Lazarsfeld gegründet worden war, war er vor allem mit Mertons Theorie mittlerer Reichweite und mit der quantifizierenden Sozialforschung groß geworden, der sich Lazarsfeld zunehmend zugewandt hatte. In welchem Maße diese Unterschiede in der soziologischen Sozialisation etwas mit den methodischen Differenzen zwischen den beiden Autoren zu tun haben, die seit den 1990er Jahren deutlich wurden (vgl. Strübing 2004), ist an dieser Stelle nicht von Belang. Glaser und Strauss trafen sich jedoch in den 1960er Jahren in der Kritik an der Soziologie ihrer Zeit mit der für sie charakteristischen Kluft zwischen Theorie und Empirie und ihrer Bevorzugung quantitativer, theorietestender Methoden. Es war ihr

---

[106] Die Differenzen beziehen sich offenbar vor allem auf jene Publikationen, die Strauss gemeinsam mit Corbin verfasst hat. Stilisiert wird die Differenz von Seiten Glasers anhand des Begriffs der „Emergence" theoretischer Konzepte, die er dem methodischen Erzwingen („Forcing") dieser Konzepte gegenüberstellt (Glaser 1992). Kelle (2007 [2005]) zeigt, dass in diesem vermeintlichen Gegensatz die Grundspannung ausgedrückt ist, die die Grounded Theory von Anfang an auszeichnete. Diese Spannung lässt sich zuspitzen auf die empirizistische Vorstellung einerseits, Theorie würde aufgrund genauer Beobachtung aus den Daten „emergieren", und dem Wissen darum andererseits, dass man sich diesen Daten bereits in theoretisch inspirierter Weise nähert, auch wenn diese Theorie lediglich aus relativ offenen „sensitizing concepts" besteht wie bei Glaser (1978), oder eher grundlagentheoretischer – insbesondere handlungstheoretischer – Art ist wie bei Strauss.

[107] Vgl. dazu Hildenbrand 1991.

5.1 Grounded-Theory-Methodologie

gemeinsames Anliegen, diese Kluft zu überwinden und für die Anerkennung der qualitativen Methoden als tatsächlich theoriegenerierende und diese Theorie durch entsprechende Prozeduren auch überprüfende Verfahren zu kämpfen (vgl. Glaser/Strauss 1967: VIIf.). Darin kommt ihnen zweifellos eine Pionierrolle zu, von der unzählig viele andere profitiert haben.

> Die Methodologie der Grounded Theory wurde von Barney Glaser und Anselm Strauss entwickelt, um den Graben zwischen formaler Theorie und empirischer Forschung, der die Soziologie in den USA der 1950er und 1960er Jahre charakterisierte, zu überwinden: Theorie sollte aus den Daten generiert, nicht bereits in Form fertiger Konzepte an diese herangetragen werden. Darüber hinaus kämpften sie für ein Verständnis der qualitativen Methoden als eigenständige, theoriegenerierende und diese Theorie im Verlauf der Forschung auch überprüfende Verfahren, anstatt sie auf explorative Vorarbeiten für quantitative Studien zu beschränken. In beiderlei Hinsicht kommt Glaser und Strauss eine Pionierrolle zu.

5.1.2 Bevorzugte und mögliche Erhebungsinstrumente

Die Methodologie der Grounded Theory ist nicht auf bestimmte Erhebungsformen spezialisiert oder gar beschränkt. Nach dem Motto „All is data" (Glaser 2007 [2004]: 57) beziehen die Verfasser ihr Verfahren stattdessen ausdrücklich auf eine Vielfalt an Erhebungsformen: „Aus völlig unterschiedlichen Materialien (Interviews, Transkriptionen von Gruppengesprächen, Gerichtsverhandlungen, Feldbeobachtungen, anderen Dokumenten wie Tagebüchern und Briefen, Fragebögen, Statistiken usw.) werden in der Sozialforschung unentbehrliche Daten." (Strauss 1991a [1987]: 25) Der Schwerpunkt liegt hier also eindeutig nicht auf der Form der Erhebung, sondern auf dem Prozess des Sampling und der Theoriebildung, die parallel organisiert sind. Wesentlich dabei ist, dass von Anfang an erste Hypothesen[108] am Material entwickelt werden und darauf basierend neues Material erhoben wird, das dazu dient, die entstehende Theorie zu überprüfen und weiterzuentwickeln. Für dieses – auf dem ständigen Vergleich basierende – Vorgehen (vgl. dazu Kap. 4) kommen im Prinzip ganz unterschiedliche Datenquellen in Frage. Glaser (2007 [2004]: 53) präferiert Beobachtungsprotokolle eindeutig gegenüber Interviews und verweist darauf, dass – sofern Interviews geführt werden sollen – sich die ideale Interviewform im Verlauf der Arbeit an der Theorie herauskristallisieren werde. Der methodische Aufwand ist hier also von der Erhebung klar in Richtung einer durch Daten gesättigten Theorieentwicklung verschoben worden, ganz im Unterschied zu manch anderen Verfahren, mit denen wir uns hier befassen.

> Im Rahmen der Methodologie der Grounded Theory wurden keine besonderen Erhebungsformen entwickelt. Wesentlich dafür ist vielmehr der ineinander verwobene Prozess von Sampling und Theoriegenerierung nach dem Prinzip des Theoretical Sampling. Als Materialien kommen Interviews, Gruppendiskussionen, Beobachtungen, Dokumente, Statistiken u.a.m. in Frage. Zum Teil werden Beobachtungsprotokolle explizit präferiert.

---

[108] Mit diesem Begriff sind hier und im weiteren Verlauf des Kapitels immer heuristische (und nicht statistische) Hypothesen gemeint. Vgl. dazu auch Kap. 2.5.2.

5.1.3 Theoretische Einordnung

Die Erfinder des Verfahrens der „Grounded Theory" haben keinen allzu großen Aufwand betrieben, um dieses Verfahren theoretisch herzuleiten und erkenntnistheoretisch zu begründen. Das unterscheidet sie, wie wir in den folgenden Kapiteln sehen werden, von der Narrationsanalyse, der objektiven Hermeneutik und der dokumentarischen Methode.

Wichtig – wenn auch im Kern irreführend – war die Bezeichnung des eigenen Ansatzes als „induktiv" im Unterschied zum deduktiv-nomologischen Ansatz der standardisierten Verfahren. Strauss verstand die Grounded Theory im Nachhinein überdies als methodische Umsetzung des handlungstheoretischen Modells des Pragmatismus.

a. Induktion versus Deduktion?

Der methodologischen Positionierung der Grounded Theory haftete – wie von Strübing (2004: 49ff.) klar herausgearbeitet – die für die Entstehungssituation charakteristische Frontstellung gegenüber einem nomologisch-deduktiven Forschungsmodell, das auf das Testen und Verifizieren von Theorie ausgerichtet ist, lange Zeit an (vgl. Glaser/Strauss 1967: 26ff.). Die Vertreter der Grounded Theory präsentierten ihren Zugang in Abgrenzung davon als „induktiv".

Mit dieser Begriffswahl und der damit einhergehenden Betonung von „discovery" war die Suggestion verbunden, die Theorie bzw. die Konzepte würden aus den Daten selbst „emergieren", man bräuchte also die Theorie nur zu „entdecken", ohne dass dabei das theoretische Vorwissen der Forscher eine Rolle spielte. Diese Suggestion findet man auch in den neueren Texten von Glaser, in denen bisweilen der Eindruck erweckt wird, als formierten sich die Daten, wenn man nur geduldig genug sei, gleichsam „von selbst" zu theoretischen Konzepten: "Thus the analyst must pace himself, exercise patience and accept nothing until something happens, as it surely does." (Glaser 2007 [2004]: 63)[109]

In der zweifellos methodenpolitisch zu verstehenden Polemik gegenüber dem Testen von Theorie und in ihrer fehlenden Hochachtung gegenüber einer abstrakten „Grand Theory", die der empirischen Forschung die Konzepte lieferte, gingen Glaser und Strauss in ihrem ersten Entwurf einer „Grounded Theory" sogar so weit vorzuschlagen, die theoretische und gegenstandsbezogene Literatur zum Forschungsbereich zunächst gänzlich zu ignorieren, um aus den Phänomenen selbst „passende" und „adäquate" Konzepte zu generieren. Man solle sich davon verabschieden, „runde Daten" in „quadratische" – also vorgefertigte – Kategorien pressen zu wollen: "In short, our focus on the emergence of categories solves the problem of fit, relevance, forcing, and richness. An effective strategy is, at first, literally to ignore the literature of theory and fact on the area under study, in order to assure that the emergence of categories will not be contaminated by concepts more suited to different areas. Similarities and convergences with the literature can be established after the analytic core of categories has emerged." (Glaser/Strauss 1965b: 37)

Strauss und Corbin (1994: 277) haben später den polemischen Hintergrund dieser Äußerung und die daraus in der Forschungspraxis resultierenden Missverständnisse explizit eingeräumt und von einer Überspitzung des „induktiven Aspekts" in dieser frühen Formulierung der

---

[109] Diese Art der Beschreibung kann man allenfalls im bildlichen Sinne verwenden, insofern es im Verlauf des Interpretationsprozesses zweifellos Momente gibt, in denen sich der Forscherin „schlagartig" ein Zusammenhang auftut, den sie so vorher nicht gesehen hat. Diese „schubweise" Entwicklung von Theorie, mit der sich auch das Konzept der Abduktion (s. Fußnote 110) befasst, „emergiert" aber nicht voraussetzungslos aus den Daten, sondern ist – um mit Dewey zu sprechen – Resultat des ständigen „Präparierens" dieser Daten durch den Interpreten und insofern die Frucht harter Arbeit.

Grounded Theory gesprochen. Glaser allerdings hat daran ausdrücklich festgehalten. Strauss (1991 [1987]) hat im Zusammenhang mit der Rolle, die das Kontextwissen als Fundus für anzustellende Vergleiche und für die Anwendung des Theoretical Sampling insgesamt hat, später auch die Kenntnis von Fachliteratur ausdrücklich positiv hervorgehoben (ebd.: 36f.), während Glaser nach wie vor dazu rät, dieses Wissen auszuklammern (vgl. Glaser 2007 [2004]: 58).

Der Begriff der Induktion, der oft fälschlicherweise pauschal für die qualitative Sozialforschung als solche in Anspruch genommen wird, ist in mehrfacher Hinsicht missverständlich. Der Begriff zielt grundsätzlich auf das Problem, wie man von verstreuten Einzeldaten zu Verallgemeinerungen kommt. Dabei ist zu beachten, dass er gerade auch in den standardisierten Verfahren Verwendung findet, etwa wenn von „statistischer Induktion" die Rede ist: Gemeint ist damit der Schluss von der gewählten Stichprobe auf die Grundgesamtheit. „Induktion" ist also ganz und gar nicht naturwüchsig mit der qualitativen Forschung verbunden.

Ihren Ursprung hat die Gegenüberstellung von Deduktion und Induktion in der aristotelischen Logik und der sie bestimmenden Kosmologie. Die beiden Begriffe bezogen sich dort auf die Differenz zwischen dem unwandelbaren Sein, das unveränderlich und für alle Zeiten existiert, auf der einen Seite, und dem wandelbaren, bruchstückhaften und unvollständigen Sein auf der anderen Seite. Streng wissenschaftliche Erkenntnis bestand nach dieser Vorstellung in einer klassifikatorischen Ordnung fester Arten, und sich verändernde (also empirische) Dinge konnten der wissenschaftlichen Erkenntnis nur zugänglich gemacht werden, indem sie in diese Klassifikation eingeordnet wurden – als Spezifisches einer umfassenderen, allgemeinen Art. In dieser Perspektive war das „Empirische" und „Praktische" als Unvollständiges und Mangelhaftes immer schon abgewertet gegenüber dem „Theoretischen", das in der Lage war, das Sein in seiner Endgültigkeit und Vollständigkeit zu erfassen. In gewisser Weise trägt auch die Hochachtung vor der theoretischen Konsistenz der „Grand Theory" noch Züge dieser aristotelischen Logik, und der Lobpreis des „Induktivismus" durch die Erfinder der Grounded Theory ist ein Versuch, hier eine radikale Umwertung vorzunehmen, freilich unweigerlich begleitet vom Schatten dessen, wogegen er sich wendet.

Die Lektüre der Schriften des pragmatistischen Philosophen John Dewey (2002 [1938]), für Glaser und Strauss einer der wichtigen Theoretiker, hätte dazu beitragen können, diese Polarisierung von Induktion und Deduktion zu überwinden. Hatte Dewey sie doch bereits als zwei Formen der Schlussfolgerung aufgefasst, die letztlich „als kooperative Phasen derselben zugrunde liegenden Operationen gesehen werden" müssten (ebd.: 492). Dewey machte deutlich, dass es eine reine Induktion aus dem Material heraus nicht geben kann: Induktive Verfahren, so sein Einwand, „präparieren" das reale Material so, „dass es im Hinblick auf eine gefolgerte Verallgemeinerung überzeugende Beweiskraft besitzt" (ebd.: 497). In dieser Perspektive ist es also das Zusammenspiel von Induktion und Deduktion[110] in einem Prozess,

---

[110] In neueren Debatten wurde gerade für die qualitativen Verfahren auf das Prinzip der „Abduktion" Bezug genommen, das auf einen weiteren pragmatistischen Philosophen, Charles Sanders Peirce, zurückgeht (Peirce 1997: 241–256; Turrisi 1997: 94f.; Reichertz 2003), mit dem auch Dewey sich auseinandersetzt. Peirce verstand Abduktion, Deduktion und Induktion als drei Phasen in einem Forschungsprozess, der seiner Ansicht nach mit der Abduktion beginnt: einer ersten Hypothese – im Sinne eines „educated guess" – über das, was in einem Untersuchungsfeld der Fall ist. Die Abduktion macht das – letztlich nicht zurückzuweisende – Wahrnehmungsurteil der Logik zugänglich, indem sie einen Vorschlag formuliert, dessen Wahrheit infragegestellt und das u.U. auch zurückgewiesen werden kann.

das zu neuen Erkenntnissen führt.[111]

Wenn man die Arbeiten von Glaser und Strauss genauer ansieht, wird man darin genau dieses Zusammenspiel erkennen. Es geht dort nicht allein um die „Induktion" von Konzepten (Verallgemeinerungen) aus Daten, sondern vielmehr um eine kontinuierliche Abfolge induktiver und deduktiver Schritte, insofern sich Datenerhebung und Hypothesengenerierung (induktiv), neue, theoriegeleitete Datenerhebung aufgrund dieser Hypothesen (deduktiv) und entsprechende Prüfung sowie Elaborierung der theoretischen Konzepte usw. abwechseln. Induktion und Deduktion gehören also gleichermaßen zum Forschungsprozess. Kelle hat daher aus gutem Grund vom „induktivistischen Selbstmissverständnis" (Kelle 1994: 341) der Grounded Theory gesprochen. Aus empirischen Phänomenen kann nur dann Theorie „emergieren", ja diese natürlichen Phänomene können überhaupt erst zu „Daten" werden, wenn man sie konzeptionell „aufschließt", d.h. wenn man sich ihnen mit bestimmten Fragen nähert und sie entsprechend aufbereitet. Allerdings können diese „generativen Fragen" (Strauss 1991a [1987]: 44) allzu spezifisch werden, so dass nur noch bestimmte Eigenschaften der Phänomene in den Blick kommen.

Insgesamt aber kann die Grounded-Theory-Methodologie als Versuch verstanden werden, das Aufschließen empirischer Phänomene in nachvollziehbarer und der Eigenart dieser Phänomene gerecht werdender Weise zu organisieren. Die polemische Perspektive einer im ersten Schritt gänzlich „theoriefreien" Analyse ist dabei zunehmend zurückgenommen worden.[112]

b. Handlungstheoretische Fundierung

Auch wenn Deweys Schriften von Glaser und Strauss nur partiell oder mit großer zeitlicher Verzögerung rezipiert wurden, ist doch – insbesondere bei Strauss – die theoretische Herkunft vom und die Bezugnahme auf den amerikanischen Pragmatismus und die soziologische Chicago School unverkennbar (Strauss 1991b [1990]; Corbin/Strauss 1990: 419). Allerdings wurden diese Bezüge zum Teil erst nachträglich elaboriert. So zeichnet Strauss (1991b [1990]) eine handlungstheoretische Linie vom Pragmatismus Deweys und Meads über die Chicago School, wie sie etwa von Blumer und Hughes repräsentiert wird, bis hin zu seinen eigenen Arbeiten. Dabei erscheint die Grounded Theory als methodische Konsequenz aus den Implikationen des pragmatistischen Handlungsmodells: "Grounded Theory is – I can see

---

[111] Deweys Buch über Logik (Dewey 2002 [1938]) wurde aber – anders als seine Schrift über „Human Nature and Conduct" (Dewey 1922) – als Theoriegrundlage für die Grounded Theory zunächst nicht weiter reflektiert. Strauss führt dies später zumindest teilweise darauf zurück, dass es für das, was in seiner eigenen Forschung und in derjenigen seiner Kolleginnen und Kollegen tatsächlich vor sich ging, letztlich nicht relevant gewesen sei. Stattdessen deutet er vorsichtig an, dass die Ausformulierung eines „set of formally stated procedures for the efficient development of Grounded Theory" (Strauss 1991b [1990]: 24f.) ein Äquivalent zu Deweys „Logik" sein könnte.

[112] Gleichwohl sollte beachtet werden, dass auch in dem oben zitierten Aufsatz (Glaser/Strauss 1965b: 37) davon die Rede ist, die theoretische und gegenstandsbezogene Literatur sei **forschungsstrategisch zunächst** zu ignorieren. Was darin in einer frühen, wenn auch offenkundig missverständlichen Weise formuliert wird, ist der Versuch, ein Verfahren zu generieren, das Neues zu entdecken in der Lage ist und empirische Phänomene nicht einfach unter vorab konstruierte Konzepte subsumiert. Die Vorstellung eines theoretisch gänzlich „leeren Kopfes", dem sich die Phänomene in ihrer eigenen Struktur schlicht einprägen, und eines Betrachters, vor dessen Auge Konzepte ohne weitere theoretische Zutaten schlicht „emergieren", wäre erkenntnistheoretisch zweifellos naiv. Durch eine solche Naivität ist auch die frühe Fassung der Grounded Theory sicherlich nicht charakterisiert, wenngleich die produktive Rolle, die Fachliteratur für den eigenen Denkprozess spielen kann, zu diesem Zeitpunkt eindeutig vernachlässigt wurde. Strauss (1991a [1987]: 36) hat das später explizit korrigiert.

5.1 Grounded-Theory-Methodologie

now – an attempt by Barney Glaser and me (1967) to develop the methodological implications of this sociological action scheme." (Strauss 1991b [1990]: 22)

Aus diesen theoretischen Bezügen leiten Corbin und Strauss (1990) für die Grounded Theory vor allem zwei Prinzipien ab: Das erste Prinzip besteht in der Betonung der Veränderbarkeit der Phänomene (change), die untersucht werden, sowie der Notwendigkeit, dem durch eine prozessuale Methode gerecht zu werden, über die solche Veränderungen in den Blick kommen können. Das zweite Prinzip ist ein handlungstheoretisches und wendet sich gegen deterministische Vorstellungen ebenso wie gegen einen strikten Nondeterminismus: "Rather, actors are seen as having, though not always utilizing, the means of controlling their destinies by their responses to conditions. They are able to make choices according to perceived options." (Corbin/Strauss 1990: 419) Damit kommen Akteure in einer prozesshaften Perspektive in den Blick: Mit in die Betrachtung einbezogen werden die Bedingungen, unter denen sie handeln, die Optionen, die sich ihnen eröffnen (oder die ausgeblendet bleiben), die Entscheidungen, die sie unter diesen Bedingungen treffen und die Konsequenzen, die aus diesen Entscheidungen resultieren.

> Aus der Frontstellung gegenüber dem theorietestenden Ansatz der standardisierten Verfahren resultiert in den frühen Schriften zur Grounded Theory eine Betonung des eigenen Ansatzes als „induktiv". Allerdings wird dies der Forschungslogik insofern nicht gerecht, als dafür eine Abfolge von Induktion und Deduktion charakteristisch ist, wie sie bereits Dewey als zwei Phasen eines jeden Forschungsprozesses herausgestellt hatte. Auch ist der Begriff der „Induktion" nicht auf qualitative Formen der Verallgemeinerung beschränkt, sondern wird auch für statistische Induktion verwendet.
>
> Die theoretischen Grundlagen der Grounded Theory wurden von den Verfassern nicht im Detail entfaltet. Bezug genommen wird auf die Traditionen des amerikanischen philosophischen Pragmatismus und des symbolischen Interaktionismus. Wesentlich dafür ist die Betonung der Wandelbarkeit (change) sozialer Phänomene, der mit einer prozessualen Methode Rechnung getragen wird; sowie eine Akteursorientierung, die jenseits von Determinismus und Nondeterminismus die Entscheidungen und Optionen von Akteuren, deren Bedingungen und Konsequenzen in den Blick nimmt. Strauss begreift die Grounded Theory als methodische Konsequenz aus den Implikationen des pragmatistischen Handlungsmodells.

5.1.4 Theoretische Grundprinzipien und methodische Umsetzung

Unsere Behandlung der Grundprinzipien, die bei der Grounded-Theory-Methodologie gelten, orientiert sich im Wesentlichen an der Darstellung bei Glaser/Strauss (1967), Corbin/Strauss (1990) und Strauss (1991a [1987]), andere Texte werden ergänzend und – wo nötig – differenzierend herangezogen. Es kommt uns im Folgenden vor allem darauf an, die wesentlichen Grundprinzipien zu erläutern und sie von Nachgeordnetem zu unterscheiden, sowie das Vorgehen anhand von Beispielen deutlich zu machen. Das Lehrbuch von Strauss (1991a [1987]), auf das wir uns an manchen Stellen beziehen, scheint uns vor allem deshalb hilfreich, weil es noch nicht derart rezepthaft zugespitzt (man könnte auch sagen: verkürzt) ist wie manche späteren Publikationen (z.B. Strauss/Corbin 1996 [1990]). Das macht es bei den Rezipienten zum Teil weniger beliebt, hat aber u.E. den Vorteil, dass es durch die vielen Beispiele aus der Lehr- und Forschungspraxis einen sehr guten Einblick in den Prozess der Datenanalyse gibt, gerade auch in denjenigen Phasen, in denen dieser Prozess noch stärker tastenden Charakter hat und sich nahe am Text bewegt.

a. Grundprinzipien

Die in den verschiedenen Texten von Autoren der Grounded Theory genannten Grundprinzipien lassen sich zu fünf Prinzipien verdichten: 1. dem Theoretischen Sampling und – darauf basierend – dem ständigen Wechselprozess von Datenerhebung und Auswertung; 2. dem theorieorientierten Kodieren und – darauf basierend – der Verknüpfung und theoretischen Integration von Konzepten und Kategorien; 3. der Orientierung am permanenten Vergleich; 4. dem Schreiben theoretischer Memos, das den gesamten Forschungsprozess begleitet, sowie 5. der den Forschungsprozess strukturierenden und die Theorieentwicklung vorantreibenden Relationierung von Erhebung, Kodieren und Memoschreiben. Diese fünf Grundprinzipien machen die Essenz der Grounded Theory aus und finden sich bei Glaser/Strauss ebenso wie bei Strauss, Strauss/Corbin sowie in den Arbeiten von Glaser. Es sind die unverzichtbaren „Essentials", ohne die eine Forschung nicht als Forschung im Sinne der Grounded Theory bezeichnet werden kann. Alle weiteren Prinzipien sind dem nachgeordnet:

- *Wechselprozess von Datenerhebung und Auswertung und Theoretisches Sampling*

Gerade unerfahrene oder unter strengen zeitlichen Restriktionen arbeitende Forscherinnen tendieren häufig dazu, erst einmal so viel Material wie möglich zu erheben, um es dann „in Ruhe" und „am Stück" auswerten zu können. Ein solches Vorgehen widerspricht den Prinzipien der Grounded Theory in hohem Maße. Hier geht es darum, bereits bei den ersten erhobenen oder gesammelten Daten – seien es Interviews, Beobachtungen, Dokumente oder anderes – mit der Analyse zu beginnen. Diese erste Analyse steuert die Richtung der weiteren Erhebungen. Das heißt, dass gerade bei den ersten Daten „expansiv" ausgewertet wird: Alles, was von Relevanz sein könnte, wird bei der Analyse berücksichtigt. Im Verlauf der weiteren Analyse ergeben sich dann Zuspitzungen, und manches, was am Anfang noch berücksichtigt wurde, wird sich als irrelevant erweisen. Das heißt, dass auch die in diesen ersten Schritten entwickelten Konzepte vorläufiger Art sind. Erst wenn sie sich im Laufe weiterer Erhebung wiederholen und ihre Relevanz für das zu untersuchende Problem unter Beweis stellen, werden sie Bestandteil der sich entwickelnden Theorie.

Das Sampling im Rahmen der Methodologie der Grounded Theory ist streng auf die Arbeit der Theoriegenerierung bezogen. Das heißt, dass das Sampling sich nicht an einer bestimmten Auswahl von Personen oder Gruppen orientiert, wie dies in der qualitativen Sozialforschung häufig der Fall ist. Das Sampling ist vielmehr – wie alles andere in der Grounded Theory – an der Entwicklung von Konzepten und Kategorien orientiert. Das bedeutet, dass lediglich der erste Zugang ins Feld, der von einem bestimmten Erkenntnisinteresse geleitet ist, sich an den „klassischen" Untersuchungseinheiten wie Personen, Organisationen, Gruppen etc. orientiert und diese aufgrund vorläufiger Überlegungen über den Untersuchungsgegenstand auswählt. Nachdem aber bei der ersten Analyse von Interviews oder Beobachtungsprotokollen bereits vorläufige Konzepte entwickelt wurden, orientiert sich auch der Fortgang des Sampling an der Weiterentwicklung, Prüfung und Ergänzung dieser Konzepte. Streng genommen werden dann also nicht mehr Personen „gesampelt", sondern es wird nach Situationen, Ereignissen bzw. Schilderungen gesucht, die zur Fortentwicklung und „Sättigung" der Theorie beitragen. Eine Etappe der Theoriegenerierung – etwa die Entwicklung eines Konzeptes oder einer Kategorie – gilt dann als gesättigt, wenn sich bei der weiteren Suche im Material nichts Neues mehr ergibt, das zur Ergänzung oder Veränderung des Konzeptes beitragen würde (vgl. Glaser/Strauss

5.1 Grounded-Theory-Methodologie

1967: 61f.). Man geht dann zu anderen Konzepten oder neuen Stufen der Theoriegenerierung über, auf denen wiederum der Zustand der „theoretischen Sättigung" erreicht werden muss (ebd.: 111ff.). Strübing weist zu Recht darauf hin, dass das Prinzip der „theoretischen Sättigung" unmittelbar mit dem Anliegen der Grounded Theory verbunden ist, „representativeness of concepts" (Corbin/Strauss 1990: 421; Strübing 2004: 33) zu erreichen, nicht aber statistische Repräsentativität. Sobald also ein Konzept in seinen Eigenschaften, Bedingungen und Folgen vollständig erfasst wird, kann die weitere Suche nach seinem Auftreten eingestellt werden und die Forschung sich anderen Aufgaben zuwenden.

> Wesentlich für die Grounded Theory ist der ständige Wechselprozess von Datenerhebung und Auswertung. Die am Anfang entwickelten Konzepte sind vorläufiger Art. Das theoretisch fundierte Sampling orientiert sich an der Weiterentwicklung und Kontrastierung von Konzepten, bis deren theoretische Sättigung erreicht ist. Dieses theoretische Interesse steuert die Auswahl bei der weiteren Erhebung.

- *Theorieorientiertes Kodieren*

Der Prozess der Theorieentwicklung beginnt am Anfang der Forschung und setzt sich bis zum Ende fort. Glaser polemisiert vor diesem Hintergrund erbittert gegen Formen der „Qualitative Data Analysis", die das Label der Grounded Theory benutzen, aber de facto nicht auf eine integrierte Theorie, sondern auf Deskription ausgerichtet seien (vgl. Glaser 2007 [2004]: 49). Ähnliches könnte man sicherlich auch für die Inhaltsanalyse sagen. Das heißt nicht, dass in bestimmten Forschungskontexten eine deskriptive Haltung nicht angemessen sein kann. Es handelt sich dann aber nicht um Grounded Theory!

Der Grundgedanke, dass die Auswertung und Theoriegenerierung bei den ersten erhobenen Daten beginnt, setzt sich darin fort, dass es von Anfang an darum geht, Rohdaten in Konzepte zu überführen. Die Daten sprechen also nicht für sich, sondern sie müssen – um mit Dewey zu sprechen – „präpariert" werden: Das, was in einem bestimmten Vorgang oder in einer bestimmten Äußerung zum Ausdruck gebracht wird, muss zu einem Konzept verdichtet werden. Strauss bezeichnet diese Folgerung von Indikatoren auf Konzepte als „Konzept-Indikator-Modell" (Strauss 1991a [1987]: 54). Beim Fortgang der Analyse wird man auf ähnliche Phänomene stoßen, die unter demselben Konzept gefasst werden können. Im Verlauf der Forschung kommen neue Konzepte hinzu, und die Konzepte werden im Zuge der Weiterentwicklung der Theorie abstrakter. Die Entwicklung von Konzepten wird bei Glaser, Strauss und Corbin als „Kodieren" bezeichnet, die Entwicklung erster, noch vorläufiger Konzepte als „offenes Kodieren" (s.u.).

Aus Konzepten, die sich auf dasselbe Phänomen beziehen, werden schließlich Kategorien entwickelt. Kategorien sind höherwertige, abstraktere Konzepte und bilden die Ecksteine der sich herausbildenden Theorie. Allerdings entstehen diese höherwertigen Konzepte nicht aus der bloßen Umbenennung von Konzepten und auch nicht aus dem bloßen Zusammenfassen von Konzepten unter einer neuen Rubrik. Kategorien sind Resultat von Interpretation! Sie erfassen bereits Zusammenhänge zwischen Konzepten und bewegen sich insofern noch weiter in Richtung Theoriebildung. Es geht also nicht einfach darum, passende Begriffe zu finden, sondern diese Begriffe müssen für einen Sinnzusammenhang stehen, der mehr beinhaltet als die ihm zugrunde liegenden Konzepte. Corbin und Strauss erläutern den Übergang vom Konzept zur Kategorie folgendermaßen: "To achieve that status (…) the more abstract concept must be developed in terms of its properties and dimensions, the conditions which give rise to it, the action/interaction by which it is expressed, and the consequences that result." (Corbin/Strauss 1990: 420)

Ein Konzept wird also nur dann zur Kategorie, wenn das Phänomen, auf das es verweist, im Hinblick auf seine Bedingungen und Folgen, seinen (aktiven und interaktiven) Ausdruck[113] sowie auf die ihm zugrunde liegenden Eigenschaften (sowie deren Dimensionen) entfaltet wurde. Der Kodiervorgang, mit dessen Hilfe Konzepte in ihrem Zusammenhang genauer bestimmt und einige Konzepte in Kategorien überführt werden, wird als „axiales Kodieren" bezeichnet (Strauss 1991a [1987]: 63; 91; 101-106; Corbin/Strauss 1990: 423) (s.u.). Im Fortgang der Analyse werden dann Kategorien miteinander verknüpft und zur Grundlage einer Theorie.

Es sollte allerdings auch berücksichtigt werden, dass es sich bei diesen Hinweisen zur Entfaltung von Kategorien um eine Art Checkliste handelt, die eine Hilfestellung für die Interpretation sein soll, d.h. sie soll dabei helfen zu verstehen, was den Sinnzusammenhang, für den eine Kategorie steht, konstituiert. Es handelt sich nicht um „Schubladen", die zwangsläufig immer alle zu füllen sind. Vor allem von Strauss wird ganz in diesem Sinne argumentiert: „(…) Faustregeln (…) sollten als Verfahrenshilfen, die sich in unseren Forschungen als nützlich erwiesen haben, betrachtet werden. Studieren Sie diese Faustregeln, wenden Sie sie an, aber modifizieren Sie sie entsprechend den Erfordernissen Ihrer Forschungsarbeit. Denn schließlich werden Methoden entwickelt und den sich verändernden Arbeitskontexten angepasst." (Strauss 1991a [1987]: 33; Hervorh. im Original) Dass allerdings Konzepte und Kategorien entwickelt und zu einer Theorie integriert werden müssen, ist von dieser Einschränkung nicht tangiert!

Die Arbeit des Kodierens kann aber auch dazu führen, dass die Forscherin feststellt, dass sie noch nicht über hinreichend Daten verfügt und deshalb zusätzliche Daten erheben muss. Dies verweist auf die weiter unten behandelte Relationierung von Erhebung, Kodierung und dem Schreiben theoretischer Memos.

Während in dem gemeinsamen Buch von Glaser und Strauss (1967) die „discovery" von Theorie im Mittelpunkt stand, womit man sich explizit von der damals dominanten Haltung des Theorietestens absetzte, die – so die Überzeugung – das Entdecken von Theorie und damit von Neuem nur verstellte und blockierte, sprechen Strauss und Corbin (1990: 422) explizit auch von der Verifikation von Hypothesen im Verlauf des Forschungsprozesses.

Dies ist gegenüber dem früheren Buch sicher keine grundlegend andere Weichenstellung, jedoch sehr wohl eine neue Akzentuierung. Dass man der Verifikation zunächst keine große Bedeutung beimaß, lag nicht daran, das die im Entstehen befindliche Theorie nicht kritisch überprüft werden sollte, sondern daran, dass diese Überprüfung durch die Institutionalisierung des permanenten Vergleichens (was ja nichts anderes ist als eine Prüfstrategie) ohnehin immer ein Grundelement der Grounded Theory war.

Das von Corbin und Strauss in den neueren Texten nun explizit genannte Prinzip der Verifikation von Theorie (oder Theorieelementen) mag manchen vielleicht an das theorieprüfende Vorgehen der standardisierten Verfahren erinnern. Dennoch handelt es sich dabei um etwas anderes. Es werden nicht vorab entwickelte Hypothesen empirisch getestet, sondern die im

---

[113] Bei Strauss (1991a [1987]: 57) ist an dieser Stelle die Rede vom Kodieren nach „der Interaktion zwischen den Akteuren" sowie „den Strategien und Taktiken".

Verlauf der Forschung generierten Hypothesen auf ihre Robustheit hin überprüft.[114] Wenn man davon ausgeht, dass qualitative Forschung dazu da ist, Theorie zu generieren, dann muss sich diese entstehende Theorie im Verlauf der Forschung natürlich auch beweisen: Das heißt, sie muss – soweit es geht – für richtig befunden oder wieder verabschiedet, verifiziert oder falsifiziert werden. Corbin und Strauss verdeutlichen Theoriegenerierung dabei über das Feststellen von Beziehungen zwischen Kategorien. Die Hypothese bezieht sich also auf einen bestimmten Zusammenhang zwischen verschiedenen Phänomen (und entsprechend: zwischen verschiedenen Konzepten), und dieser angenommene Zusammenhang kann sich als falsch oder richtig herausstellen.

Über Corbin und Strauss hinausgehend, schlagen wir vor, drei verschiedene Ebenen der Verifikation von Theorie zu unterscheiden: a) die Verifikation einer Hypothese am Einzelfall bzw. an der empirischen Konstellation selbst, d.h. der Nachweis, dass ein Zusammenhang sich bei diesem Fall/dieser Konstellation nicht nur zufällig an einer Stelle bzw. einmal zeigt, sondern für den Fall/die Konstellation als solche(n) typisch ist; b) die Verifikation einer Hypothese an anderen Fällen/anderen Konstellationen, d.h. der Nachweis, dass ein Zusammenhang nicht nur für einen Einzelfall/eine einzelne Konstellation gilt, sondern bei einer Reihe von Fällen/Konstellationen in strukturell gleicher Art wieder auftaucht; sowie c) die Verifikation einer Hypothese ex negativo, d.h. anhand von systematisch anders gelagerten Fällen/Konstellationen, die aber in einem bestimmten, klar benennbaren Zusammenhang, z.B. in einem antithetischen Verhältnis oder in einem Spiegelverhältnis zur Ausgangshypothese stehen. Wir werden dies weiter unten an einem Beispiel verdeutlichen.

Betont wird von Corbin und Strauss auch, dass die entstehende Theorie Prozesshaftigkeit integrieren müsse. Bereits oben wurde darauf hingewiesen, dass – in Übereinstimmung mit dem symbolischen Interaktionismus – die Berücksichtigung von Handlung (action) und Veränderbarkeit (change) wesentliche Gesichtspunkte bei der Theoriegenerierung im Rahmen der Grounded Theory sind. Das wird hier noch einmal explizit zum Ausdruck gebracht. Corbin/Strauss (1990: 421f.) unterscheiden dabei zwei Gesichtspunkte: einmal die Verlaufsförmigkeit bzw. Prozessstruktur von Phänomenen, das andere Mal die handlungsförmigen/interaktiven „Antworten" auf sich verändernde Umstände. Die erste Perspektive – das Interesse für die Verlaufsformen (trajectory) der untersuchten Phänomene – kam etwa in der Untersuchung von Krankheitsverläufen oder Sterbeprozessen zur Anwendung, wie auch bei der Analyse des Managements von Prozessen in Organisationen (z.B. Projektarbeit) und der Prozessförmigkeit von Berufen (Strauss 1991[115]). Fritz Schütze (vgl. Kap. 5.2) hat diese Perspektive etwa seiner Analyse von Prozessstrukturen des Lebenslaufs zugrunde gelegt. Die zweite Perspektive (die mit der ersten oft verbunden ist) zeigt sich etwa dort, wo in den Blick kommt, wie sich das Handeln bzw. die Interaktion von Personen in Auseinandersetzung mit den vorherrschenden Bedingungen verändert, wie etwa bei der Untersuchung von Personen, die aufgrund einer Krankheit oder eines Unfalls behindert sind und versuchen, zu einer befriedigenden Form des Lebens zurückzufinden (Strauss/Corbin 1991 [1990]). Warum gelingt dies manchen und anderen nicht?

---

[114] Das Prinzip der Robustheit wird bei Strauss (1991a [1987]: 170f.) in Form eines theoretischen Memos (s.o.), verfasst von E.M Gerson, eingeführt. Bei Corbin und Strauss (1990) wird es unter Verweis auf Wimsatt (1981) wieder aufgegriffen.

[115] Die Aufsatzsammlung „Creating Sociological Awareness" (Strauss 1991b) enthält eine Reihe von Arbeiten, die Strauss bereits früher allein oder in Koautorschaft mit anderen Autorinnen und Autoren veröffentlicht hat.

Die Analyse nach den Regeln der „Grounded Theory" beschränkt sich des Weiteren nicht auf isolierte Fälle, sondern verlangt, dass die Bedingungen, unter denen die Fälle agieren, in die Interpretation mit einbezogen werden. Strauss spricht in diesem Zusammenhang von den „strukturellen und interaktiven Bedingungen" (Strauss 1991 [1987]: 118ff.), die es zu berücksichtigen gilt, Corbin und Strauss verwenden im Hinblick auf Ersteres den Begriff der „konditionellen Matrix" (Corbin/Strauss 1990: 422). Dabei geht es ausdrücklich darum, diese strukturellen Bedingungen nicht nur als Hintergrund zu erwähnen, sondern sie in den Prozess der Theoriegenerierung tatsächlich mit einzubeziehen: "It is the researcher's responsibility to show specific linkages between conditions, action, and consequences." (Ebd.: 423)

> In der Grounded Theory geht es von Anfang an darum, Rohdaten in Konzepte zu überführen. Dieser Vorgang wird als „Kodieren" bezeichnet.
> Kategorien sind höherwertige, abstraktere Konzepte und bilden die Ecksteine der sich herausbildenden Theorie. Sie erfassen Zusammenhänge zwischen dem, was in Konzepten kodiert wurde, und bewegen sich weiter in Richtung Theoriebildung. Kategorien beinhalten mehr als die ihnen zugrunde liegenden Konzepte. Die darin erfassten Sinnzusammenhänge lassen sich im Hinblick auf ihre Bedingungen und Konsequenzen, ihren aktiven und interaktiven Ausdruck in verschiedenen Kontexten, ihre Eigenschaften und deren Dimensionen entfalten.
> Schlüsselkategorien sind die für die Theoriebildung zentralen Konzepte, die einen Großteil der gefundenen Konzepte integrieren.
> Im Zuge des Kodierens kann sich aber auch herausstellen, dass die vorhandenen Daten nicht ausreichen und zusätzliche Daten erhoben werden müssen.
> Da es bei der Grounded Theory darum geht, Theorie zu generieren, muss diese Theorie (und ihre Vorstufen in Form von Hypothesen) ihre Robustheit im Verlauf des Forschungsprozesses unter Beweis stellen. Im Grunde verweist bereits die Maxime des ständigen Vergleichens darauf, dass Konzepte immer wieder überprüft werden müssen. Die Überprüfung einer Hypothese geschieht zunächst auf der Ebene des Falles, und in einem zweiten Schritt im Vergleich verschiedener Fälle.
> Eine Hypothese kann – so unsere Weiterführung der Grounded Theory – dadurch verifiziert werden, dass sich der in ihr formulierte Zusammenhang an verschiedenen Stellen desselben Falles und schließlich an unterschiedlichen Fällen nachweisen lässt, aber auch dadurch, dass in anders gelagerten Fällen darauf abgrenzend Bezug genommen wird und sich darin ex negativo die Realität des behaupteten Zusammenhanges beweist. Dieser Nachweis bezieht sich ausschließlich auf Struktur und Funktionsweise eines Sinnzusammenhangs, nicht auf dessen Verbreitung.
> In Übereinstimmung mit dem Symbolischen Interaktionismus sind die Berücksichtigung von Handlung (action) und Veränderbarkeit (change) wesentliche Gesichtspunkte bei der Theoriegenerierung im Rahmen der Grounded Theory. Dies kann bedeuten, a) die Verlaufsförmigkeit bzw. Prozessstruktur von Phänomen in den Blick zu nehmen oder b) die handlungsförmigen/interaktiven „Antworten" auf sich verändernde Umstände bei der Analyse vorrangig zu berücksichtigen.
> Zu den Regeln der Grounded Theory gehört es außerdem, die strukturellen Bedingungen eines Falles mit in die Interpretation einzubeziehen. Strauss und Corbin sprechen hier von der „konditionellen Matrix", in die empirische Phänomene eingespannt sind.

5.1 Grounded-Theory-Methodologie

- *Ständiges Vergleichen*

Grundlegendes Prinzip dieser fortschreitenden Analyse ist der ständige Vergleich. Das heißt, jedes Ereignis oder Phänomen, das in den Blick genommen wird (z.B. der Parteieintritt), wird ständig mit anderen Phänomenen auf Ähnlichkeiten und Unterschiede hin verglichen. Dasselbe wiederholt sich auf der Ebene der gefundenen Konzepte. Dabei kann man diese Vergleiche in sehr unterschiedliche Richtungen vornehmen, um die gefundenen Konzepte zu erweitern, aber auch, um sie in ihrer inneren Strukturiertheit zu präzisieren.

Wir wollen dies am Beispiel des Eintritts in die SED zur Zeit der DDR verdeutlichen: Viele Bürger Ostdeutschlands, die in staatsnahen Bereichen beschäftigt waren – sei es als Lehrer in Schulen oder bei der Volkspolizei –, sind in die SED eingetreten, in manchen Bereichen war dieser Parteieintritt auch eine Zugangsbedingung. In unseren Forschungen (Karstein et al. 2006) wurde im Zusammenhang mit den Erzählungen über diese Parteieintritte oft der gleichzeitige oder in unmittelbarer zeitlicher Nähe vollzogene Kirchenaustritt erwähnt. Dabei wird meist insinuiert, dass Mitgliedschaft in beiden Organisationen nicht miteinander kompatibel gewesen seien, ja, dass die Mitgliedschaft in der Partei ein bestimmtes „Bekenntnis" voraussetzte, das sich mit dem Bekenntnis zur Kirche nicht vertragen habe.

Nun kann man sich den verschiedenen Logiken des Parteieintritts (anhand von vorliegendem Material, aber auch aufgrund von Kontextwissen) dadurch nähern, dass man ihn mit dem Erwerb anderer Mitgliedschaften in der DDR vergleicht (z.B. „Deutsch-sowjetische Freundschaft", „Junge Pioniere", „FdJ", aber auch: evangelische bzw. katholische Kirche oder Sportverein) und auf Ähnlichkeiten und Unterschiede des institutionellen Settings hin befragt; man kann ihn mit der Parteimitgliedschaft in demokratischen Gesellschaften vergleichen und darüber die Spezifik von Parteimitgliedschaften in Diktaturen ausleuchten; und man kann die Mitgliedschaft in der Sozialistischen Einheitspartei mit der Teilnahme am staatlichen Ritual der Jugendweihe vergleichen, dem sich große Teile der Bevölkerung unterzogen, andere aber verweigerten, um die besondere Form der Loyalität gegenüber dem Staat zu erfassen, der sich mit der Parteimitgliedschaft verbindet. All diese Vergleiche dienen dazu, die Gemeinsamkeiten zwischen diesen verschiedenen Formen der Zugehörigkeit und Teilnahme zu erkunden, aber auch das Spezifische an der vorliegenden Konstellation und ihren Bedingungen und Konsequenzen zu erfassen. Welche Konsequenzen haben diese verschiedenen Formen der Mitgliedschaft oder anderer Arten der Beteiligung an staatlichen Institutionen, welche Signale werden damit gesetzt, welches Maß an innerer Zustimmung setzen sie voraus, inwieweit lassen sie sich strategisch handhaben oder gehen sie mit Loyalitätsverpflichtungen einher? Kann eine bestimmte Mitgliedschaft eingegangen werden, um eine andere zu vermeiden, oder verstärken sie sich wechselseitig? Man kann den Parteieintritt aber auch hinsichtlich der im empirischen Material mit ihm verbundenen Eigenschaften (z.B. Loyalitätserwartung, Bekenntniszwang) zu anderen Formen der Zugehörigkeitserklärung ins Verhältnis setzen (z.B. zu einer Eheschließung). Durch diese Vergleiche kommen verschiedene Typen der Mitgliedschaft und Zugehörigkeit (exklusive und nicht exklusive, umfassende und begrenzte usw.) in den Blick, und die generierten Konzepte lassen sich präziser fassen. Glaser und Strauss sprechen in diesem Zusammenhang von der „simultaneous maximization or minimization of both the differences and the similarities of data that bear on the categories being studied." (Glaser/Strauss 1967: 55) Die Logik des Vergleichs substituiert im Grunde diejenige der Verifikation und Falsifikation von Theorie, auch wenn in den neueren Texten von Strauss und Corbin durchaus wieder von Verifikation die Rede ist. Die

Strategie des minimalen und maximalen Vergleichens haben alle anderen Verfahren, mit denen wir uns in diesem Kapitel befassen werden, übernommen.

Gleichzeitig eröffnet diese Vergleichsperspektive die Suche nach divergenten Formen im Untersuchungsfeld. Wenn es diese Konzeption des exklusiven Mitgliedschaftsverhältnisses, das die Kirchenmitgliedschaft ausschließt, bei den staatsnahen Befragten gibt, ist zu erwarten, dass man Ähnliches auch bei den Kirchentreuen findet. Wie gestaltet es sich dort? Und wie verhält es sich mit denen, deren Alltag durch Kompromisse und Uneindeutigkeiten charakterisiert war? Wo wird man sie am ehesten antreffen? Drücken sich solche Kompromisse in einem Nebeneinander von Partei- und Kirchenmitgliedschaft aus oder eher in anderen, „weicheren" Formen der Zugehörigkeit usw.? Der ständige Vergleich präzisiert also die gefundenen Konzepte und steckt gleichzeitig das empirische Feld ab, indem ausgehend von ersten Befunden nach Ähnlichem und nach ganz anders Geartetem gesucht wird.

Bei der beschriebenen Form der Analyse wird man allmählich auf grundlegende Muster stoßen. Das Prinzip des ständigen Vergleichens setzt aber voraus, auch nach Variationen dieses Musters und nach den Voraussetzungen für diese Variationen zu suchen. Im oben beschriebenen Fall etwa könnte dies heißen: Unter welchen Umständen war es auch für Personen in staatsnahen Positionen möglich (oder opportun), gleichzeitig Mitglied in Kirche und Partei zu sein? Um welche Kontexte handelte es sich dabei? Welche Konsequenzen hatte es für ihre Karrieren? Welche Folgen ergaben sich daraus für ihre Definition dieser beiden Mitgliedschaften? Welches gesellschaftliche Inklusionsverhältnis ging damit einher?

Zur Entwicklung dieser Vergleichshorizonte ist die Arbeit in Interpretationsgruppen förderlich, wenn nicht unabdinglich: Es wird in einer Gruppe immer leichter sein, eingefahrene Interpretationen zu hinterfragen und Hypothesen auf ihre „Robustheit" hin abzuklopfen.

Die Grounded Theory ist durch die Haltung des ständigen Vergleichens charakterisiert. Ohne Vergleich ist keine Theorieentwicklung möglich! Daher besteht die Analyse von Anfang an wesentlich im Vergleich der gefundenen Phänomene und entwickelten Konzepte mit anderen, ähnlich oder divergent gelagerten Phänomenen und Konzepten. Diese Haltung des Vergleichens trägt dazu bei, die gefundenen Konzepte und Kategorien zu präzisieren und zu elaborieren, aber auch das Feld im Hinblick auf die in ihm vorhandene Varietät auszuloten. Dazu gehört es auch, systematisch nach Varianten von bereits identifizierten Mustern zu suchen.

Der permanente und systematische Vergleich dient demselben Zweck wie der Versuch der Verifikation oder Falsifikation von Theorie, nämlich die Robustheit von Hypothesen (Konzepten) zu überprüfen.

Diese Arbeit des Vergleichens wird durch Interpretationsgruppen stark erleichtert.

- ***Schreiben theoretischer Memos***

Während einige Elemente des Forschungsprozesses – etwa die Formen der Erhebung oder der Beobachtung – sich in der Grounded Theory nicht von anderen qualitativen Ansätzen unterscheiden, ist – neben dem Theoretical Sampling – das Schreiben von „Memos" ein zentrales und originäres Element dieses Ansatzes. Von Anfang an wird der Forschungsprozess in der Grounded Theory vom Schreiben von Memos begleitet (Strauss 1991a [1987]: 151-199). Ebenso wenig wie es eine große zeitliche Distanz zwischen Erhebungs- und Auswertungsphasen gibt, gibt es eine solche zwischen Auswertung und Verschriftlichung. Hypothesen- und

5.1 Grounded-Theory-Methodologie

Theoriegenerierung und Schreiben von Memos gehen Hand in Hand. Der Hinweis, dass sehr früh im Forschungsprozess erste Verschriftlichungen vorzunehmen sind, die unterschiedlichen Umfang und Charakter haben können, ist für das Schreiben von Qualifikationsarbeiten ebenso relevant wie für Forschungsprojekte. Im Verlauf von Forschungen geht viel an theoretischem Wissen, das im Ansatz bereits zu einem frühen Zeitpunkt vorhanden war, verloren oder muss später mühsam wieder rekonstruiert werden, weil es nicht von Anfang an schriftlich festgehalten wurde! In den Memos wird der Forschungsprozess einerseits begleitet und reflektiert, in ihnen dokumentiert sich aber auch der Prozess der Theoriegenerierung. Memos können z.B. dem entsprechen, was wir im Zusammenhang mit dem Schreiben von Beobachtungsprotokollen als „theoretische Notizen", aber auch als „methodische Notizen" bezeichnet haben (vgl. Kap. 3.2), die von den Beobachtungen selbst klar zu unterscheiden sind.

Strauss (1991a [1987]: 172f.) wie auch Glaser (2007 [2004]: 63) betonen, dass das Memoschreiben von der Niederschrift von Beobachtungsprotokollen und vom Kodieren in jedem Fall zu trennen ist. Auf diese Weise wird nicht etwas, das Interpretation und theoretische Abstraktion der Forscherin ist, mit den Daten vermengt. Im Memo formuliert die Forscherin ihre ersten oder schon fortgeschrittenen theoretischen Einsichten; Memos werden geschrieben, um den Theoriebildungsprozess auf unterschiedlichen Stufen voranzutreiben. Man schreibt sie etwa über Konzepte und Kategorien, mit denen die theoretische Verdichtung beginnt und anhand derer sie fortschreitet. Dabei sollten die Interpreten sich zwingen, die Memos so abzufassen, dass diese bereits „in Konzepten" sprechen, nicht mehr über die konkreten Akteure. Wenn man etwa – um das oben genannte Forschungsbeispiel aufzugreifen – im Material häufig darauf stößt, dass beide Ehepartner oder gar alle Mitglieder einer Familie in die SED eintreten, bietet es sich an, darüber ein theoretisches Memo zu verfassen. Diese hätte dann aber das Konzept der „ideologischen Kohärenz der primären Bezugsgruppe" zum Gegenstand, nicht die empirische Tatsache, dass Herr und Frau F. sowie alle ihre Söhne in die Partei eingetreten sind. Auf diese Weise zwingt man sich, theoretisch zu denken, und löst sich von der unmittelbaren Anschaulichkeit der geschilderten Episoden. Nur so schafft man den Schritt von der bloßen Paraphrase zur sozialwissenschaftlichen Interpretation.

Das Schreiben von Memos kann zur Veränderung vorher entwickelter Konzepte führen und u.U. sogar die Erhebung neuer Daten notwendig machen, wenn bei der Theorieentwicklung Lücken ersichtlich werden.

Die Memos, die im Verlauf des Forschungsprozesses abgefasst werden, sind elementarer Bestandteil der sich entwickelnden Theorie und werden im Zuge der Integration der Theorie jeweils neu zueinander ins Verhältnis gesetzt. Die Autoren der Grounded Theory sprechen hier etwas technisch vom „Sortieren" der Memos. Aber auch diese Verbildlichung hat Grenzen. Insbesondere bei Glaser (1978: 116ff. und 2007 [2004]: 64f.) bekommt man bisweilen den Eindruck, als müsse man verschiedene Kärtchen nur lange hin- und herschieben, bis alles an der richtigen Stelle landet. De facto geht es um das allmähliche Verstehen theoretischer Zusammenhänge, die sich noch nicht von Anfang an in derselben Weise dargestellt haben. Dennoch ist es sicherlich ein wichtiger Hinweis, sich alte theoretische Notizen (oder Memos) auch später noch einmal vorzunehmen. So geht nichts von dem, was bereits einmal in vorläufiger Weise formuliert wurde, verloren. Wir wollen im Folgenden beispielhaft zeigen, wie ein solches theoretisches Memo aussehen kann.

Exkurs: Theoretisches Memo zu „Ideologische Kohärenz der primären Bezugsgruppe"
Bei der Analyse der Familiengespräche fällt auf, dass dort, wo die Parteimitgliedschaft einen grundsätzlichen, bekenntnishaften (also nicht pragmatischen) Charakter hat, dies oft auch

damit einhergeht, dass mehrere (z.B. beide Ehepartner) oder z.T. sogar alle Familienmitglieder Parteimitglieder sind. Die ideologische Kohärenz der Bezugsgruppe stützt – so wäre die Hypothese – die Orientierung innerhalb der sozialistischen Gesellschaft, das Ausschalten alternativer Denkhorizonte wiederum stärkt die Kohäsion der Bezugsgruppe. Das würde bedeuten, dass die primäre Bezugsgruppe in diesem Fall zu einer Art Keimzelle der ideologischen Gesinnung wird. Vergleichbar wäre dies mit Familien, in denen eine bekenntnishafte Religiosität gepflegt wird, die ebenfalls keine Konkurrenz im unmittelbaren Nahbereich duldet. Die ideologische Kohärenz schafft jedenfalls ein Framing (Goffman), das den Zusammenhalt der Bezugsgruppe stützt und sichert, während umgekehrt die Bezugsgruppe die Alternativlosigkeit der ideologischen Gesinnung absichert. Ideologisches Ausscheren hat nicht nur einen Konflikt im familiären Nahbereich zur Folge, sondern gerät in die Nähe des Verrats, der dann gleichzeitig ein ideologischer und persönlicher wäre.

Diese Beschreibung wäre allerdings vor dem Hintergrund von Studien zu Referenzgruppen (z.B. Shibutani 1955) zu prüfen, insbesondere darauf hin, ob nicht die Neigung zu ideologischer Kohärenz einem weit verbreiteten, „normalen" Prozess der Herstellung von Homogenität in den primären Bezugsgruppen entspricht. Eine Differenz allerdings besteht vermutlich doch dahingehend, dass in den hier zur Diskussion stehenden Fällen nicht nur eine ähnliche politische oder religiöse Einstellung herrscht, sondern dem durch den Parteieintritt explizit Nachdruck verliehen wird. Es geht also nicht um die bloße Ähnlichkeit der Einstellungen, sondern wohl eher um eine Gesinnung, die praktische Konsequenzen im Sinne eines öffentlichen Bekenntnisses geradezu herausfordert (vgl. Weber: Gesinnungsethik). Ein Vergleich drängt sich hier auf zu a) einer Familie von Funktionären sowie zu b) einer religiösen Gruppe.

Im Hinblick auf die Situation eines massiven politischen Wandels, wie er sich in der DDR vollzogen hat, stellt sich die Frage, inwiefern dieser auch die ideologische Kohärenz der Bezugsgruppe tangiert, zumal deren Bekenntnis im Zuge des Umbruchs gesellschaftlich in die Minderheitenposition geraten, wenn nicht obsolet geworden ist. Vorstellbar wären folgende Szenarien:

a) Die Bezugsgruppe vollzieht kollektiv einen Wechsel zum neuen Framing. Es könnte dann die normative Funktion der Bezugsgruppe aufrechterhalten bleiben, die Gruppe könnte sich gemeinsam als „Lernende" definieren und hätte keine Probleme, den Übergang in die neue Gesellschaft zu vollziehen.

b) Es kommt zum Konflikt zwischen den Generationen (oder auch zwischen Mann und Frau), weil die ältere Generation (der/die eine Partner/-in) der früheren Orientierung verhaftet bleibt, während die jüngere (der/die andere Partner/-in) einen Wechsel vollzieht. Die Folge wäre ein massiver Konflikt mit der Konsequenz, dass die Bezugsgruppe sich entweder öffnet oder auseinanderbricht.

c) Die Bezugsgruppe schließt sich kollektiv nach außen ab und verharrt gemeinsam in der alten Orientierung. Dies entspräche dem Modell der Sektenbildung.

d) Die Bezugsgruppe trägt von ihrer alten Gesinnung diejenigen Aspekte weiter, die sich problemlos in die neue Gesellschaft transferieren lassen. Als Möglichkeiten bieten sich ein abstraktes Anschließen an sozialistische Haltungen, die Wahl einer linken Partei sowie ein Weitertragen der säkularistischen Haltung an.

Im Interviewmaterial finden sich Beispiele für all diese Entwicklungen.

5.1 Grounded-Theory-Methodologie

> Das Schreiben von Memos gehört zu den wesentlichen Prinzipien der Grounded Theory. Es beginnt bereits bei der ersten Entwicklung von Konzepten und begleitet den gesamten Forschungsprozess. Wesentlich ist es, beim Schreiben von Memos nicht auf das Verhalten von Akteuren, sondern bereits auf Konzepte zu rekurrieren. Memos können dazu führen, dass entwickelte Konzepte noch einmal verändert werden, und sie können neue Datenerhebungen notwendig machen, wenn Lücken in der theoretischen Integration erkennbar werden.

- *Relationierung von Datenerhebung, Kodieren und Memoschreiben im gesamten Forschungsprozess*

Das letzte der hier zu nennenden Prinzipien integriert die vier vorher genannten: Die Grounded Theory geht nicht von einem linearen Forschungsprozess aus, sondern davon, dass die verschiedenen Arbeitsschritte sich wechselseitig beeinflussen und stimulieren und immer wieder Rückgriffe auf vorherige Schritte und Revisionen angestoßen werden. Datenerhebung, Kodieren und Memoschreiben sind eng aufeinander bezogen. Aus ersten Daten werden vorläufige Kodes generiert, die die Erhebung neuer Daten anstoßen. Die Ausarbeitung von Theorieelementen in theoretischen Memos kann zur Revision früher formulierter Konzepte führen und ebenfalls neue Erhebungen nötig machen.

Diesen Prozess verdeutlicht das folgende Schema:

Abb. 4: Forschungsphasen in der Grounded Theory (nach Strauss 1991: 46)

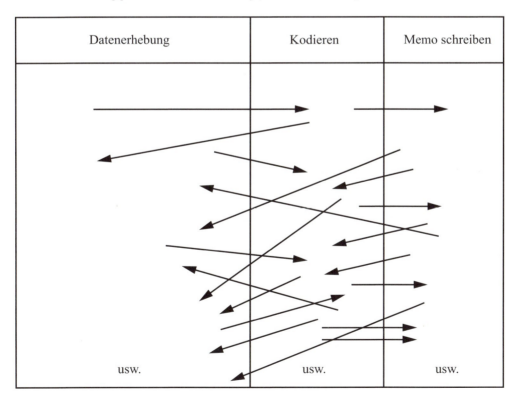

> Der Forschungsprozess der Grounded Theory ist nicht linear organisiert. Datenerhebung, Kodieren und das Schreiben theoretischer Memos begleiten den gesamten Forschungsprozess und stehen in enger Relation zueinander. Dadurch werden immer wieder Rückgriffe auf Daten und frühere Kodes und ggfs. auch neue Erhebungen angestoßen.

b. Das „Kodierparadigma"

Der für die Grounded Theory zentrale Arbeitsschritt ist das Kodieren. Kodieren bezeichnet die Überführung empirischer Daten in Konzepte und Kategorien (= höherwertige Konzepte), aus denen schließlich eine Theorie entwickelt wird. Aus Konzepten können Kategorien entwickelt werden, aber nicht jedes Konzept eignet sich dafür. Kodieren bedeutet, „dass man über Kategorien und deren Zusammenhänge Fragen stellt und vorläufige Antworten (Hypothesen) darauf gibt. Ein Kode ist ein Ergebnis dieser Analyse." (Strauss 1991a [1987]: 48f.)[116]

Wesentlich ist beim Kodieren, dass es nicht einfach um eine Benennung geht, sondern bereits um einen Zusammenhang, nicht um Paraphrase, sondern um ein theoretisches Konzept (vgl. ebd.: 59). Strauss schlägt dabei ein (ausformuliertes oder implizites) „Kodierparadigma" vor, bei dem „Daten nach der Relevanz für die Phänomene, auf die durch eine gegebene Kategorie verwiesen wird, kodiert werden, und zwar:

nach den Bedingungen der Interaktion zwischen den Akteuren

den Strategien und Taktiken

den Konsequenzen." (Ebd.: 57)

Es werden im Rahmen der Grounded Theory drei Formen des Kodierens unterschieden: offenes, axiales und selektives Kodieren.

Das **offene Kodieren** bezeichnet den ersten, noch nicht theoretisch eingeschränkten Schritt bei der Entwicklung von Konzepten. Das offene Kodieren beruht auf einer extensiven („Zeile für Zeile oder sogar Wort für Wort"; ebd.: 58) Analyse des empirischen Materials, seien es Interviewtranskripte, Beobachtungsprotokolle oder Ähnliches. Ziel dieses Arbeitsschrittes ist es, erste, noch vorläufige Konzepte zu entwickeln, an die sich eine Fülle neuer Fragen und neuer vorläufiger Antworten anschließen. Dieser Arbeitsschritt entspricht dem, was in anderen Verfahren als „Sequenzanalyse" bezeichnet wird. Nach Strauss kommt ihm die Funktion zu, die Forschungsarbeit zu eröffnen. Die Interpretationsarbeit hat zu diesem Zeitpunkt noch starken Versuchscharakter, umso wichtiger ist es, sich offen zu halten für konkurrierende Möglichkeiten der Interpretation und für spätere Revisionen. Die Forscherin beginnt beim offenen Kodieren, sich von den Daten zu lösen und in Konzepten zu denken. Nur so ist ein wissenschaftlicher Zugang möglich. Strauss spricht diesbezüglich auch vom „Aufbrechen" der Daten. Wenn etwa in den Interviews, auf die wir weiter unten genauer eingehen werden, erzählt wird, dass die Söhne der Familie im Zusammenhang mit ihrer Ausbildung als Leistungssportler in der Kinder- und Jugendsportschule der DDR in die Partei eingetreten sind, und andere Interviewpartner berichten, dass der Parteieintritt mit der Aufnahme einer Tätigkeit in einer staatlichen Behörde zusammenfiel (z.B. Polizei, Staatssicherheit, aber auch

---

[116] Strauss verwendet die Begriffe „Kategorie" und Konzept nicht immer trennscharf. Um Verwirrung zu vermeiden, ist es sinnvoll, für das Resultat erster, vorläufiger oder relativ einfach Zusammenhänge erfassender Kodierungen den Begriff des „Konzeptes" zu verwenden, während als „Kategorien" höherwertige Konzepte bezeichnet werden. Nicht jedes Konzept, das im Kodiervorgang generiert wurde, wird demnach zur Kategorie. Kode ist eine Sammelbezeichnung für Konzepte und Kategorien.

Schule), lässt sich dies als „institutionelles Prozessieren des Parteieintritts" kodieren. Dabei fällt auf, dass in vielen Fällen gleichzeitig der Kirchenaustritt erwartet und dies entsprechend deutlich signalisiert wurde, was sich als „institutionelles Prozessieren des Kirchenaustritts" kodieren lässt. Wir werden dieses Beispiel weiter unten genauer beleuchten.

Das **axiale Kodieren** setzt an dem Punkt ein, an dem eine bestimmte Kategorie intensiver analysiert wird: Die Analyse dreht sich an dieser Stelle gleichsam um die „Achse" dieser Kategorie. Es werden hier z.B. die Beziehungen zwischen dieser Kategorie und anderen Kategorien bzw. ihren Subkategorien ausgelotet. Das axiale Kodieren kommt zu einem späteren Zeitpunkt ins Spiel als das offene Kodieren, ersetzt dieses jedoch nie vollständig, da parallel zur genaueren Ausarbeitung einer Kategorie auch neue Konzepte generiert werden müssen, wobei zunächst wieder offen kodiert wird. Beim axialen Kodieren kristallisiert sich allmählich eine Schlüsselkategorie heraus. Ein Beispiel für axiales Kodieren wäre im oben genannten Fall das Kodieren in Bezug auf die Kategorie des „Mitgliedschaftskonflikts", auf die sich viele andere Kodes beziehen lassen, z.B. das aufeinander bezogene „institutionelle Prozessieren von Parteieintritt und Kirchenaustritt", die „ideologische Unvereinbarkeit der Mitgliedschaften", die „Bekenntnishaftigkeit der Mitgliedschaft" etc. (s.u.).

Der dritte Analyseschritt ist das **selektive Kodieren**. Beim selektiven Kodieren wird „systematisch und konzentriert nach der **Schlüsselkategorie** kodiert" (ebd.). Sowohl der Kodierprozess selbst als auch das daraus resultierende Theoretical Sampling werden auf die Schlüsselkategorie hin ausgerichtet. Der Kodierprozess wird nun auf Phänomene und Konzepte begrenzt, die einen hinreichend signifikanten Bezug zur Schlüsselkategorie aufweisen, d.h. die im spezifischen Sinne für die Theoriegenerierung von Belang sind. Auch die Fragen nach den Bedingungen, Konsequenzen, der Aktion und Interaktion usw., die den Kodierprozess stets begleiten, erfolgen hier in Bezug auf die Schlüsselkategorie. Die Analysearbeit wird hier systematischer, stärker auf theoretische Integration ausgerichtet und damit sehr viel selektiver. Es kommt nun nicht mehr alles gleichermaßen in den Blick, sondern der Fokus liegt auf dem, was sich als Kern der Theorie herauszuschälen beginnt. Auch die theoretischen Memos werden darauf fokussiert. Im oben genannten Beispiel hat sich der „Mitgliedschaftskonflikt" und – darüber hinausgehend – der „Konflikt" als Schlüsselkategorie erwiesen. Es fanden sich neben dem Mitgliedschaftskonflikt, aber mit ihm eng verbunden, weitere zentrale Konflikte, die sich zu einer Konflikttheorie des Säkularisierungsprozesses integrieren ließen (s.u.).

Tab. 3: Formen des Kodierens (nach Strauss und Corbin)

1. offenes Kodieren	2. Axiales Kodieren	3. Selektives Kodieren
• Erstes, theoretisch noch nicht eingeschränktes Kodieren	• Dient der genaueren Ausarbeitung von Kategorien (und Subkategorien) sowie von deren Beziehung zu anderen Kategorien. Das Kodieren dreht sich hier „um die Achse" einer Kategorie.	• Erfolgt, wenn eine Schlüsselkategorie gefunden ist.
• Dient der Generierung von Konzepten		• Beschreibt den Vorgang des Kodierens auf diese Schlüsselkategorie hin
• Erfolgt aufgrund einer extensiven, sequentiellen Analyse	• Kann dazu führen, dass vorläufige Konzepte im Hinblick auf die auszuarbeitende Kategorie reformuliert werden müssen	• Erfasst nur diejenigen Konzepte und Kategorien, die für die Schlüsselkategorie relevant sind
• Geschieht zu Beginn der Analyse, aber auch immer dann, wenn neue Konzepte entwickelt werden sollen		• Führt dazu, dass Konzepte und Kategorien im Hinblick auf die Schlüsselkategorie rekodiert werden müssen
• Dient ersten und neuen Schritten der Theoretisierung	• Zielt auf die Herausarbeitung einer Schlüsselkategorie, die die meisten anderen Kategorien integrieren kann	
	• Dient der Herausarbeitung des Kerns der Theorie	• Dient der Integration der Theorie

5.1.5 Schritte der Auswertung

Für den Gesamtverlauf der Forschung nach Maßgabe der Grounded Theory nennt Strauss (1991a [1987]: 44ff.) mehrere Schritte, die zum Teil einen chronologischen Ablauf beschreiben, zum Teil aber (vor allem 4, 6 und 7) den gesamten Forschungsprozess begleiten und mit anderen Forschungsphasen verschränkt sind. Wir nennen diese Schritte hier nur kurz, um sie dann anhand eines Beispiels aus unserer eigenen Forschung zu verdeutlichen.

Die von Strauss aufgeführten Arbeitsschritte sind:

1. *Stellen generativer Fragen* im Zuge des Nachdenkens über die Forschungsfrage und der Untersuchung ersten Datenmaterials
2. *Herstellung vorläufiger Zusammenhänge durch Kodierung*
3. *Verifizieren der Theorie* durch Überprüfung der vorläufigen Zusammenhänge
4. *Verknüpfung von Kodierung und Datenerhebung* (Theoretical Sampling)
5. *Integration der Theorie (*Herausarbeitung der Schlüsselkategorie*)*
6. *Ausbau der Theorie mit Hilfe von Theoriememos*
7. *Berücksichtigung des temporalen und relationalen Aspekts „der Triade der analytischen Operation*, nämlich Daten erheben, Kodieren, Memo schreiben" (ebd.: 46)
8. *Füllen von Lücken in der theoretischen Integration beim Schreiben des Forschungsberichtes*

Wir veranschaulichen das Instrumentarium der Grounded Theory im Folgenden anhand der Interpretation empirischen Materials aus dem bereits mehrfach erwähnten Leipziger Forschungsprojekt zum Säkularisierungsprozess in der DDR. Dass dabei der Forschungsprozess der Grounded Theory nur näherungsweise vorgeführt werden kann, versteht sich von selbst. Insbesondere die zirkulären Teilprozesse – etwa wenn ein Kodiervorgang neue Erhebungen nötig macht oder das Schreiben eines Memos zur Neukodierung vorher entwickelter Kodes führt – müssen dabei ausgespart bleiben.

a. Stellen generativer Fragen und erste Erhebungen

Das Forschungsprojekt hatte zum Ziel, die subjektive Seite des Säkularisierungsprozesses in der DDR aufzuhellen, verbunden mit der Frage, warum der repressiv von oben durchgesetzte Säkularismus, der zu einem massiven und rapiden Rückgang der Kirchenmitgliedschaft geführt hatte und in hohem Maße von explizitem Atheismus begleitet war, so langfristig erfolgreich war und nicht mit dem Systemwechsel erodierte (Karstein et al. 2006; Wohlrab-Sahr 2005). Unsere erste Vermutung war, dass dieser Erfolg nicht allein das Ergebnis der Sozialisation der nachfolgenden Generationen war, sondern dass der „erzwungene" Säkularisierungsprozess eine Entsprechung auf der subjektiven Ebene gefunden hatte, die genauer zu untersuchen wäre. Die generativen Fragen dieser ersten Forschungsphase waren: Was entsprach der Auseinandersetzung zwischen Staat und Kirche auf der Ebene der Subjekte? Wie erlebten sie die offiziellen Maßnahmen bzw. wie partizipierten sie daran, und welche Konsequenzen hatten die Prozesse für sie auf der lebensweltlichen Ebene? Der Anspruch des Projektes war, etwas zur Erklärung des Erfolgs der SED beizutragen, indem man die Seite der Subjekte eigens untersuchte und sie damit nicht als bloße „Opfer" der repressiven Maßnahmen des Staates betrachtete. Diese ersten – von der Forschungsliteratur angeregten – Fragen führten zu vorläufigen Entscheidungen im Hinblick auf die Kontraste, die es bei der Erhebung des ersten empirischen Materials zu berücksichtigen galt. Gesucht wurde zunächst nach Kirchenmitgliedern und Konfessionslosen; nach Personen, die dem Staat der DDR nahegestanden hatten, und nach solchen, die ihm gegenüber kritisch eingestellt waren; sowie nach Familien, deren konfessionelle und/oder ideologische Bindung über mehrere Generationen konstant geblieben war, und nach solchen, bei denen sich in der Generationenfolge Brüche abzeichneten.

b. Kodieren

• *Offenes Kodieren*

Wir wollen im Folgenden exemplarisch den Schritt des offenen Kodierens verdeutlichen: Im Laufe der Untersuchung stießen die Forscher/-innen des Projektes im Zusammenhang mit der Schilderung der Umstände, unter denen es zu Parteieintritten kam, immer wieder auf ähnliche Aussagen, die in der folgenden Tabelle zu Indikatoren gebündelt werden, aus denen dann – abstraktere – Konzepte generiert werden. Wir illustrieren damit den Prozess des offenen Kodierens. Wir haben an dieser Stelle bewusst zwischen Interviewtext und „Indikator" unterschieden, da der Auswahlprozess, der aus einer Textstelle einen „Indikator" – d.h. einen Anhaltspunkt für die Generierung eines Konzeptes – werden lässt, ja bereits Teil der Interpretation ist. Daher haben wir in der nachstehenden Tabelle für die Indikatoren eine den ausgewählten Interviewtext verdichtende, paraphrasierende Formulierung gewählt. Das in der dritten Spalte ausgewiesene Konzept ist von dieser Ebene der Paraphrase bereits deutlich unterschieden und wurde von uns bewusst theoretisierend formuliert (z.B. „institutionelles Prozessieren des Parteieintritts"). An dieser Stelle setzen wir uns von der Art der Ausführung (nicht dem formalen Prozedere) bei Corbin und Strauss (1990) ab. Die Konzepte, die von ihnen als Beispiele verwendet werden, sind u.E. im Hinblick auf ihre Theoretisierungsleistung nicht immer überzeugend (Beispiele: „self-medicating", „resting", „watching one's diet"), d.h. sie kommen – entgegen ihrem expliziten Anspruch – über eine zusammenfassende Paraphrase bisweilen nicht hinaus. Es liegt wohl auch daran, dass sich an der Grounded Theory die Geister scheiden.[117] Wenn wir hier also über die Anwendung bei Corbin und Strauss an manchen Stellen mit Absicht hinausgehen, liegt das daran, dass wir das Verfahren als einen Vorschlag, den Forschungsprozess zu organisieren und die Arbeit der Theoriegenese in nachvollziehbaren Schritten zu verobjektivieren, für ausgesprochen hilfreich halten. Nicht immer überzeugend allerdings erscheinen uns im Vergleich dazu die Theoretisierungsleistungen in den Arbeiten der Erfinder selbst. Aber es sollte nichts dagegen sprechen, Ansätze produktiv weiterzuentwickeln.[118]

---

[117] Besonders harsch fällt das Urteil Ulrich Oevermanns (2001: 66) aus, der dem Kodierprozess der Grounded Theory den Vorwurf „verdoppelnde(r) Paraphrase" macht. Die Kodierung taste generell „an der Oberfläche der Ausdrucksgestalten" herum.

[118] Wir sind uns bewusst, dass dieser Anspruch manchem Anhänger der Grounded-Theory-Methodologie vermessen erscheinen wird.

Tab. 4: Offenes Kodieren nach der Grounded Theory (vom Text zum Konzept)

Interviewausschnitt	Indikatoren	Konzept
Familie 17:		
V: Na Parteieintritte, also de Kinder sind schon, die drei Großen durch 'n Leistungssport./M: hmm/ Erst an der DHfK[119] auf der KJS[120] gewesen, dann Leistungssport betrieben.	Parteieintritt im Zusammenhang mit Sportförderung	Institutionelles Prozessieren des Parteieintritts
Äh ham an für sich den Weg selber gefunden, also es hat, es hat keener gesagt denen: „Tritt ein." (...).	„den Weg selber gefunden"	Beanspruchte Freiwilligkeit der ideologischen Entscheidung
Ja und wir beide, äh also meine drei Großen sind alle dreie in die SED eingetreten durch 'n Leistungssport, weil se bei Dynamo, beziehungsweise weil se bei der DHfK waren, aber ich kann euch, war ja auch in der äh in der Jugendkommission in der KJS „Ernst Thälmann",	Parteieintritt aller Söhne	Ideologische Kohärenz der primären Bezugsgruppe
ich kann auch nich' saachen, dass den jemand gezwungen hätte, dort einzutreten. Aber irgendwann musstes dich ja bekennen.	Irgendwann musste dich bekennen	Notwendigkeit des Bekenntnisses
Also wir hatten ooch kirchliche Kinder in der KJS. Natürlich äh war's schwerer, 's is' klar.	Nachteile für kirchliche Kinder	Konsequenzen ausbleibender Bekenntnisse
Äh 's wär dasselbe, als wenn de, wie ich vorhin gesagt habe, nach 'n Westen guckst und erzählst am nächsten Tach nur Westreklame un' willst dann, dass de vielleicht dort noch 'ne große Förderung kriechst.	Vergleich von Kirchenmitgliedschaft und Westorientierung	Totalität des Bekenntnisses und Legitimität des Bekenntniszwangs
Ja das is ge/ jeder Staat liebt erstma seine eigne Krämerware	Staat bevorzugt eigene Produkte	Legitimität der Ungleichbehandlung
und und und und ja, du kannst Meinung wohl sagen zu andern Problemen, aber jeder möchte ooch, dass du dann off dem Boden Deutschland stehst und nich'in der Türkei.	Meinung legitim im Rahmen eines Bekenntnisses zum Staat.	Notwendigkeit des Bekenntnisses und Einschränkung der Meinungsfreiheit
Frau, du bist ooch in den Jahren eingetreten	Zeitliche Korrespondenz der Parteieintritte der Partner/-innen	Ideologische Kohärenz der primären Bezugsgruppe
Familie 7:		
V: Wie gesagt, als das Gespräch mit mir gestellt/geführt wurde zwecks Einstellung bin ich hingegangen zum staatlichen Notariat und hab mir mein Zettelchen geholt dass ich nicht Mitglied der Kirche bin. Nu damit war die Sache erledigt. (…)	Organisierung des Kirchenaustritts vor Einstellungsgespräch in Behörde	Institutionelles Prozessieren des Kirchenaustritts
I: War das bei Ihrer Einstellung, (...) also weil Sie sagten, Sie haben sich da einen Zettel geholt./V: ja/ Das ist erwartet worden?		

---

[119] Deutsche Hochschule für Körperkultur und Sport
[120] Kinder- und Jugendsportschule

5.1 Grounded-Theory-Methodologie

V:	Ja ja, das, das is', is' klar. Das is' nun mal 'n Geheimdienst, der für 'n sozialistischen Staat arbeitet, der kann nich' irgendwo in 'ner Kirche sein. Das, das passte nun rein ideologisch nicht zusammen.	Ideologische Unvereinbarkeit von Geheimdiensttätigkeit und Kirchenmitgliedschaft	Ideologische Unvereinbarkeit
I:	Is' darüber gesprochen worden oder haben Sie das sozusagen schon/	Kirchenaustritt als Bedingung für staatsnahe Tätigkeit	Institutionelles Prozessieren des Kirchenaustritts
V:	Nee. Das, das is' vorher klar, dass man dann aus der Kirche austritt. Sonst kann man dort nicht. Weil ja auch alle Mitarbeiter Mitglieder der SED sein mussten. Das war generell klar. (...)	Unvereinbarkeit von Kirchen- und Parteimitgliedschaft	Unvereinbarkeit der Mitgliedschaften
M:	Das war bei mir auch so,	Parallele Entscheidung der Ehefrau für Parteieintritt	Ideologische Kohärenz der primären Bezugsgruppe
	ich weiß nicht, ich hatt' ja da auch nicht, ich, ich war noch während, noch noch während meiner Lehrzeit. Ich, ich sag' ja, ich hab' zu dem Staat gestanden, ich hatte da keine, keine Dings, ich fand das: ‚Und warum nicht eigentlich?'	Parteieintritt weil „zum Staat gestanden"	Parteieintritt als Bekenntnis

- ***Axiales Kodieren***

Die beim ersten Kodiervorgang herausgearbeiteten Konzepte lassen sich zu zwei höherwertigen **Kategorien** gruppieren. In dem genannten Projekt lauteten zwei dieser Kategorien „Mitgliedschaft als Bekenntnis" und „Mitgliedschaftskonflikt". Diese Kategorien werden nun zum Gegenstand des axialen Kodierens. Damit loten wir sowohl das Verhältnis der Konzepte zu den Kategorien als auch das Verhältnis der Kategorien zueinander aus. Beide Kategorien sind offenbar eng miteinander verbunden. Während die erste Kategorie auf das Binnenverhältnis und die Form der Integration zielt, zielt die zweite auf das Außenverhältnis.

Tab. 5: Axiales Kodieren nach der Grounded Theory (von Konzepten zu Kategorien)

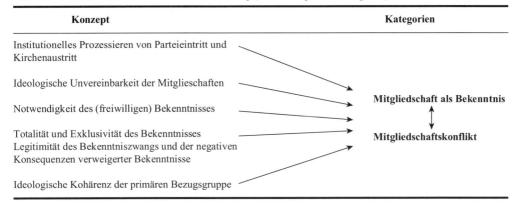

Den beiden Kategorien lassen sich die vorher generierten Konzepte zuordnen. Dabei lassen sich gleichzeitig die Fragen nach den Bedingungen und Konsequenzen der Handlungen und Interaktionen sowie den entsprechenden Kontexten, in denen sich die den Kategorien zugrunde liegenden Phänomene manifestieren, nach ihren Eigenschaften und deren Dimensionen beantworten. Es wird deutlich, dass diese Form der Mitgliedschaft und die daraus resultierende Unvereinbarkeit verschiedener Mitgliedschaften einerseits institutionell prozessiert werden, insofern in staatsnahen Einrichtungen (Geheimdienst, Polizei, Sportförderung, Schulen etc.) entweder generell oder für bestimmte Positionen die Parteimitgliedschaft (und damit oft gleichzeitig der Kirchenaustritt) erwartet werden (**Bedingungen + Interaktion in Interaktionskontext I**), und diese Erwartung etwa bei der Einstellung („hab' mir mein Zettelchen geholt") unmissverständlich signalisiert wird (**Interaktion in Interaktionskontext I**). Deutlich wird auch, dass es bei dem darin zum Ausdruck kommenden Mitgliedschaftskonflikt nicht allein um formale Zugehörigkeit, sondern ebenso um ein subjektives Bekenntnis geht (**Eigenschaften**). Dieses Bekenntnis ist umfassend (Treue zur Partei und zum Staat) und gegenüber anderen Bekenntnissen exklusiv (keine Kirchenmitgliedschaft, keine Westorientierung) (**Dimensionen**). Es wird als freiwillig *und* notwendig gleichermaßen dargestellt (**Dimensionen**), damit erscheinen gleichzeitig die Bekenntnisforderung und die Benachteiligung derer, die das Bekenntnis verweigern, als legitim (**Konsequenzen**). Gestützt werden der Mitgliedschaftskonflikt und das damit verbundene Mitgliedschaftsverständnis durch die ideologische Kohärenz der primären Bezugsgruppe, durch die ideologischer Pluralismus zusätzlich ausgeschlossen wird (**Aktion im Interaktionskontext II**).

In einer Übersicht lässt sich dies folgendermaßen darstellen:

Tab. 6: Ebenen der Kategorienbildung (Grounded Theory)

Bedingungen	Institutionelles Prozessieren des Mitgliedschaftskonflikts, institutionalisierte Erwartung exklusiver Mitgliedschaft
Interaktionskontexte	• Einstellung in staatsnahe Einrichtungen • primäre Bezugsgruppen
Aktion/Interaktion	• Antizipatorisches Lösen der Kirchenmitgliedschaft • Parteieintritt beim Eintritt in Organisation • Signalisieren der Erwartung des Kirchenaustritts von Seiten der Organisation • Benachteiligung von Kirchenmitgliedern durch Organisationen • Kohärente ideologische Entscheidungen in der primären Bezugsgruppe
Eigenschaften	Mitgliedschaft als a) formale Zugehörigkeit b) subjektives Bekenntnis
Dimensionen von b)	1) exklusiv (vs. inklusiv) 2) umfassend (vs. partiell) 3) freiwillig (vs. erzwungen) 4) notwendig (vs. kontingent)
Konsequenzen	• Legitimität der Bekenntniserwartung • Legitimität der Ungleichbehandlung von Bekennern und Bekenntnisverweigerern

Erkennbar wird im Interviewmaterial auch die konditionelle Matrix, in die die untersuchten Phänomene eingespannt sind. Dazu gehört z.B. der sich in einer bestimmten Phase der DDR zuspitzende Konflikt zwischen Staat und Kirche, die Positionierung der beteiligten institutionellen Akteure in diesem Konflikt (und die daraus resultierenden Konsequenzen für die Mitglieder) sowie die unterschiedlichen Weisen der Positionierung durch die evangelische und die katholische Kirche. Das heißt, es muss in die Interpretation mit einbezogen werden, dass Personen, die in der DDR lebten, bereits mit einem strukturellen Konflikt konfrontiert waren, zu dem sie sich verhalten mussten. Eine „bekenntnishafte" Haltung ist insofern nicht allein

5.1 Grounded-Theory-Methodologie

Folge einer individuellen Entscheidung (oder einer Familientradition), sondern wird durch die äußeren Umstände in gewisser Weise nahegelegt. Auch ein Verhalten, das gar nicht bekenntnishaft intendiert war – etwa der Konsum von Westfernsehen (s.o.) –, ist unweigerlich mit dieser Möglichkeit der Interpretation konfrontiert („Irgendwann musste dich ja bekennen"). Die bisher präsentierten Interviewzitate machen deutlich, dass diese konditionelle Matrix auch im Material selbst aufscheint. Sie muss jedoch durch weitere Quellen vervollständigt werden.

- *Entdecken einer Schlüsselkategorie*

Die Kategorie des Mitgliedschaftskonfliktes wurde im Verlauf der Forschung durch weitere Kategorien der Konflikthaftigkeit ergänzt. Neben der Kategorie des Mitgliedschaftskonfliktes wurden zwei weitere Kategorien – der Konflikt der Weltdeutungen und der Konflikt der ethischen Handlungsregulierung – herausgearbeitet. Insgesamt ist die Kategorie des Konflikts – mit den drei genannten Subkategorien – eine Schlüsselkategorie dieser Forschung, die in eine Konflikttheorie des Säkularisierungsprozesses einmündet.

c. Überprüfung der Theorie

Wenn wir etwa – um das oben verwendete Beispiel aufzugreifen – für das Leben in der DDR (in besonderer Zuspitzung für bestimmte Akteursgruppen) einen Zusammenhang zwischen einem Mitgliedschaftskonflikt (bezogen auf die Mitgliedschaften in Kirche und Partei) und einem bekenntnishaften Verständnis von Mitgliedschaft behaupten, formulieren wir damit eine Hypothese, deren Robustheit sich im Laufe der Forschung beweisen muss. Vorstellbar wäre ja ebenso gut, dass der Kirchenaustritt anlässlich des Parteieintritts zwar einer institutionellen Erwartung entspricht, aber durchaus nicht mit einem bekenntnishaften Mitgliedschaftsverständnis verbunden ist. Der Kirchenaustritt bei dieser Gelegenheit könnte sowohl eine längst obsolet gewordene Mitgliedschaft beenden und der Parteieintritt eine bloße äußere Anpassungsleistung sein, mit der die Personen sich gewisse Vorteile verschaffen oder Nachteile vermeiden. Es würde dann zwar eine Mitgliedschaft durch eine andere substituiert, ohne dass es sich dabei jedoch auf der subjektiven Ebene um einander ausschließende Loyalitäten handelte. Hier wird bereits deutlich, dass die Überprüfung der Theorie auf dem Prinzip des ständigen Vergleichs basiert.

Über die Ausführungen bei Corbin und Strauss hinausgehend, schlagen wir vor, beim Prozess der Überprüfung einer Hypothese verschiedene Ebenen zu unterscheiden: In einem ersten Schritt bezieht sich die Verifikation auf den Fall/die Konstellation[121], an dem/der sie entwickelt wurde, d.h. es muss gezeigt werden, dass der Zusammenhang von einander ausschließenden Mitgliedschaften und damit verbundener bekenntnishafter Loyalität nicht nur an einer Stelle zufällig – gleichsam in der Hitze des Gesprächs – geäußert wurde, der Fall sich aber ansonsten in dieser Hinsicht durch großen Pragmatismus auszeichnet. Das durch den Zusammenhang von exklusiver Loyalität und Mitgliedschaftskonflikt charakterisierte Binnen- und Außenverhältnis (s.o.) muss also für den Fall insgesamt charakteristisch sein.[122]

---

[121] Der „Fall" kann allerdings in verschiedenen Forschungskontexten unterschiedlich definiert werden. Für den medizinsoziologischen Zusammenhang von Glaser/Strauss wäre ein „Fall" vermutlich eher ein bestimmter medizinischer Kontext (z.B. Frühgeborenenstation), für den ein bestimmter Zusammenhang herausgearbeitet wird, der dann zunächst innerhalb des gewählten Falles auf seine Robustheit hin zu überprüfen wäre.

[122] Im Rahmen der objektiven Hermeneutik wird dies als Fallstrukturreproduktion charakterisiert. Vgl. dazu Kap. 5.3.

Das Vergleichsprinzip wird hier somit auf den Fall selbst – d.h. auf verschiedene Stellen des Materials, das zu einem Fall vorliegt – angewandt.

Wenn die Hypothese nun am Fall verifiziert ist, stellt sich die Frage nach ihrer Gültigkeit über den Fall hinaus. Dies muss (und kann) zweifellos nicht bedeuten, dass der entsprechende Zusammenhang zwingend für eine Mehrheit oder gar für alle in der DDR Sozialisierten zu gelten hat. Er muss jedoch eine bestimmte Konstellation in ihrem inneren – d.h. strukturellen und prozessualen – Zusammenhang so erfassen, dass dieser Zusammenhang sich unabhängig von konkreten Personen abstrakt formulieren lässt. Dazu gehört zunächst das Aufzeigen des inneren Zusammenhanges in einer abstrakt formulierten, d.h. von der spezifischen Sprache des Falles gelösten Weise. Anschließend bedarf es des Nachweises, dass dieser Zusammenhang nicht nur für den einen Fall gilt, sondern ihm auch über den Fall hinaus Geltung zukommt. Sei es, dass sich andere empirische Fälle finden, für die derselbe Zusammenhang zutrifft, sei es, dass ihm als Element der objektiven Realität nachweisbar Bedeutung auch für diejenigen Akteure zukommt, die selbst einem anderen Muster folgen.

Zur Verifikation der genannten Hypothese kann daher auch beitragen, dass sich andere, kontrastierende Muster nachweisen lassen, die in einem konkret angebbaren Bezug zu dem Muster stehen, auf das sich die Hypothese bezieht. Hier wollen wir bezogen auf das oben skizzierte empirische Feld zwei Beispiele nennen: ein „spiegelbildliches" und ein „polar entgegengesetztes" Muster. Für das „spiegelbildliche" Muster etwa sind die Verweigerung des Parteieintritts und die Aufrechterhaltung der Kirchenmitgliedschaft sowie ein klares Bekenntnis zur Kirche charakteristisch. Polar entgegengesetzt wäre etwa ein Muster, das sich gegenüber Bekenntniszumutungen explizit verweigert und für das bei der Frage der Mitgliedschaft Kompromisse charakteristisch sind (z.B. „unauffällige" Kirchenmitgliedschaft, keine SED-Mitgliedschaft, aber Mitgliedschaft in anderen Verbänden oder einer Blockpartei). Man hätte es hier also mit einem Muster zu tun, das unabhängig vom zuerst genannten „Bekenntnismuster" nachgewiesen wurde. Es erweitert das typologische Feld und verifiziert gleichzeitig – insofern es eine dezidierte Abgrenzung gegenüber der „bekenntnishaften" Form der Mitgliedschaft enthält – die ursprüngliche, darauf bezogene Hypothese.[123] Beispiele dafür finden sich in den nachstehenden, längeren Interviewausschnitten. Die Spalten zeigen wieder die ursprünglichen Textpassagen, deren paraphrasierende Verdichtung zu Indikatoren sowie die daraus generierten Konzepte, wobei explizit die dabei implizit mitschwingenden oder explizit benannten Kontrastkonzepte ausgewiesen werden. Auch hier kommt also wieder das Prinzip des Vergleichens zur Anwendung.

---

[123] Wesentlich ist dabei jedoch, dass sich diese „Verifikation" auf die Art und Funktionsweise des rekonstruierten Musters und auf den Nachweis dessen sozialer Bedeutsamkeit über den Fall hinaus bezieht. Sie kann nicht im Nachweis des Verbreitungsgrades dieses Musters bestehen. Dazu bedürfte es standardisierter Verfahren.

5.1 Grounded-Theory-Methodologie

Tab. 7: Kontraste auf der Ebene von Konzepten (Grounded Theory)

Textstelle	Indikatoren	Konzept und Kontrastkonzept
Familie 1: Einbindung in Gemeinde (1)		
V: Mu/ muss das <u>Alt</u>gedächtnis kommen. {alle lachen} Des des hervorkramen. (.) Ja. Also sagn wa so (.) wir warn immer (.) in einer Gemeinde irgendwie (.) eingebunden. Sowohl in Leipzig als auch äh (.) hier in Berlin in unserer ja (.) Kinderzeit. Aber nie so <u>ganz</u> schwerpunktmäßig. (.)	Gemeindeeinbindung „nie so ganz schwerpunktmäßig"	Bindung (relativ vs. absolut)
Ja also so dass man gleich bis zum Kirchenvorstand /I1: hmh/ oder <u>irgendwie</u> so was das /I2: hmh/ war nie <u>nie</u> mein Ding.	„gleich bis zum Kirchenvorstand"	Ämterübernahme (contra/pro)
Es gab Jugendgruppen des werden sie natürlich auch wissen also also jedenfalls in also in der ka/ katholischen Kirche spielte sich das immer in diesem internen Raum ein. (.)	Jugendarbeit in der kath. Kirche im „internen Raum"	„Internes" vs. „öffentliches" Engagement
Und die <u>war</u> da auch nicht ganz, in meinen Augen nich' ganz so anfällig wie die evangelische Kirche mit der Jungen Gemeinde	Geringere Anfälligkeit der kath. Kirche	Risiko vs. Schutz (ev. vs. kath.)
das war ja immer so n rotes Tuch für die für die DDR gewesen.	Junge Gemeinde als „rotes Tuch"	Provokation vs. Zurückhaltung (ev. vs. kath.)
„Politische Sachen" (2)		
V: (…) Aber was man also doch an Erfahrungen da hatte war <u>eigent</u>lich (.) dass ich aus meiner Haltung nie großen äh (2) ja großes Verschweigen gemacht hatte. Ich war also nie so dass ich jetzt mit der Kirchenfahne vorneweg lief (.) aber wennirgendwas war oder so oder wenn es mal zu Auseinandersetzungen gab (.) /I1: hmh/ oder so	Kein Verschweigen der eigenen Position, „nicht mit der Kirchenfahne vorneweg"	Moderate Positionierung
das war damals ja ich mein FDJ kam (.) das kam gar nicht in Frage dadurch dass ich 61 ich bin dreiundvierzig geboren. einundsechzig war ich achtzehn gewesen das (.) als ich dann hier wieder in die Oberschule kam das war (.) /I1: hmh/ witzlos.	FDJ-Eintritt erübrigt sich aufgrund des Alters	Privilegierung durch Generationenlagerung
I2: Der Zug abgefahren.		
V: └ Da da trat auch da trat auch keiner an a/an mich ran mehr. /I1: hmh/ (.) Vielleicht später im <u>Berufs</u>leben dass dann solch/solche Sachen hochkamen wie (.) irgendwelche gesellschaftlichen Organisationen oder so da sagte ich „nö (.) könnt ihr machen was ihr wollt".	Unempfänglichkeit gegenüber Anwerbeversuchen für Organisationen	Distanz gegenüber Anwerbeversuchen
Vielleicht weil ich auch nicht <u>den</u> Ehrgeiz hatte irgendwelche großen Leitungspositionen dann /I1: hmh/ damals zu kriegen (.)/I1: hmh/. So dass man das/ damit war n/ wurde man das war dann da/ damit erledigt. /I1: hmh/ (1) <u>Jo</u> (3) *Zweiundsiebzich haben wir geheiratet.* (3)	Kein Ehrgeiz zu Leitungspositionen	Verzicht auf beruflichen Aufstieg
Parteieintritt (3)		
T: Warte mal ganz kurz ich wollte Dich noch fragen (.) äh haben sie dich denn mal gefragt (…) äha (.)we/ wegen Partei (.) oder Stasi oder so was?		
V: Nö (.)	Nichtaufforderung zum Parteieintritt als Zeichen mangelnder Bedeutung	(Nicht-)Anwerbung als Anerkennung (Missachtung)
T: Nee? Einfach nicht		
V: └Nee		
T: Ignoriert /M: {lacht}/		
V: Enttäuschend was? Enttäuschend		
T: └so unwichtig warst du {lacht}		

V:	Also sag/ sagen wir mal so ich nehm mal an dass also zu meiner KSG-Zeit (.) dass ich da stasimäßig schon auch so aufgetaucht bin, dass sie sich danach erspart haben mich danach auch zu fragen. /M: Mhm/	Hypothese: Zurechnung zur Kirche führt zu ausbleibendem Anwerbeversuch	Anerkennung durch Zuordnung zur Gegenseite
T:	Wieso weil sie wussten sowieso nicht		
V:	⌐dass ich sowieso da irgendwo verloren war.		
T:	Ach so.		
?:	*Verlorene Seele.*		
T:	Mhm (3) Hm. (.) Aber is doch eigentlich intr/		Kritische Entnormalisierung
S:	Hm?	Irritation wegen ausbleibendem Anwerbeversuch	
T:	Aber is doch interessant dass ihr nie gefragt wurdet ob ihr nicht in die Partei eintreten wollt. Ich dachte dass da alle gefragt wurden.		
V:	Tja, also sagen wa also das hat sich (.) wahrscheinlich bin ich irgendwann mal gefragt worden aber das habe ich dann so lächelnd (.) beantwortet dass es also nie wieder gemacht als/	Hypothese über mögliche ironische Abweisung eines Anwerbeversuchs	
T:	⌐Hm. (1)		
M:	Na ja aber es war ja auch		
S:	⌐Wie das weißt Du nicht mehr (.) ob du gefragt worden bist oder nicht?	Hinterfragen der Hypothese	
V:	Ne ja das war jetzt n/ nicht so dass es mal ein großes Ding gewesen wär *oder so was*.	Relativierung der Bedeutung von Anwerbeversuchen	(Relativierung der) Bedeutsamkeit von Anwerbeversuchen
S:	⌐Achso. Das war so in der Mensa nebenbei oder sowas?		
V:	So Gespräche. Das warn zum Beispiel s/ ging's dann darum, dass (.) die andere große Organisation war immer die Freundschaft mit der Sowjetunion gewesen. /I1: mhm/ Das berühmte ( )	Einführen einer Alternativmitgliedschaft	Alternativmitgliedschaft
S:	⌐(Wenn du bis heut) kein Russisch kannst hatte sich das auch erledigt {alle lachen laut}	Ironisches Abweisen der Möglichkeit der Alternativmitgliedschaft	
V:	⌐das berühmte (.) Mal sehen wer besser /M: DSF/ von uns kann ja? (.) Das war sodieses DSF. /I1: mhm/ Ja. (.) Und wir waren damals natürlich Bauakademie gehörte es sich dass man ein sozialistisches Kollektiv hat /I1: mhm/ und dass man (.) eigentlich auch alle im DSF ist. /I1: mhm/ Und	Mitgliedschaft in der DSF als Normalfall	Normalisierung der (Alternativ) mitgliedschaft
S:	⌐Was hieß das dann?	Hinterfragen der Bedeutung der Mitgliedschaft	
V:	‚Deutsch-Sowjetische Freundschaft'	literalistische Antwort	
S:	⌐Ja aber ( )	Hinterfragen der Bedeutung	
T:	⌐Ja aber was hieß das genau		
V:	Na dass du im Monat 80 Pfenning bezahlt hast irgendwo.	konkretistische Antwort	

5.1 Grounded-Theory-Methodologie

T:	ᴸAchso aber das habt ihr doch gemacht oder nicht?	Hinterfragen der Praxis	
V:	#Ja# aber das haben wir dann gegen ne Gehaltserhöhung rausgehandelt {lacht}	Normalisierung über Tauschgeschäft	Mitgliedschaft als Tausch
S:	Um 80 Pfennig? {alle lachen}	Ironisierung des Tauschgeschäfts	strategische Mitgliedschaft
V:	Die, nicht das war mehr. (.) Ja also (.) dass war eigentlich so was dann ja. /I1: mhm/		
T:	Was (.) dann hast du freiwillig eingezahlt ohne da drin zu sein oder was?	Hinterfragen der Praxis	
V:	Nee dass man das (.) sozusagen (.) Mein Leiter wollte gerne dass es hundert Prozent DSF ist weil er dann wieder besser nach oben aussieht. (.) Ja	Normalisierung als strategische Anpassung	
T:	ᴸAber Du bist eingetreten?	Hinterfragen der Praxis	
V:	Und ich sagte ihm also (.)		
S:	ᴸDas ist so wie dies( )		
V:	ᴸIch will eigentlich nicht, was soll der Quatsch? /T: Hm/ Ich mach weder das eine noch das andere (.) aber ich sitze schon ganz schön lange auf einer ziemlich niedrigen Gehaltsstufe.	Normalisierung als pragmatische Anpassung und Tauschgeschäft	Normalisierung gegenüber Anfragen
T:	Ach so verstehe.		
V:	So.		
T:	Ach das ist ja interessant /M: {lacht}/ Käuflich	Ironisierung des Tauschgeschäfts als Käuflichkeit	Kontrastfolie: Tausch als Käuflichkeit
V:	Käuflich ( ). /{Familie lacht}/ Ja.		

Wir haben relativ lange Passagen aus dem Interviewmaterial zitiert, um deutlich zu machen, wie komplex das Material beschaffen ist, in dem sich bestimmte Sachverhalte kommunikativ herauskristallisieren, aus denen sich schließlich Konzepte und Kategorien entwickeln lassen. Ohne dass wir darauf hier ausführlich eingehen können, zeigt sich in den präsentierten Ausschnitten auch, dass man größere Textausschnitte interpretieren muss, um Aussagen richtig einordnen zu können. Die erste Selbstpräsentation des Vaters, er sei gegen Anwerbungsversuche „für Organisationen" unanfällig gewesen („irgendwelche gesellschaftlichen Organisationen oder so da sagte ich ‚nö (.) könnt ihr machen was ihr wollt'"), weil er nicht an Leitungspositionen interessiert gewesen sei, relativiert sich in dem Gespräch mit den Kindern deutlich. Zwar ist der Vater nicht in die Partei eingetreten, in eine andere staatliche Organisation – die DSF – aber durchaus. Dadurch wird erst die für diesen Fall charakteristische Sinnstruktur deutlich. Die Eltern, die in diesem Familieninterview mit den Fragen ihrer Kinder konfrontiert sind, repräsentieren ein Inklusionsverhältnis und eine Form der Mitgliedschaft, die dem oben skizzierten (und seiner „Spiegelung" bei den Kirchenmitgliedern) diametral entgegenstehen.

In den Interviewausschnitten zeigt sich zum einen deutlich die Abgrenzung gegenüber einer exklusiven, demonstrativen und öffentlichen (d.h. „bekenntnishaften") Form des (kirchlichen) Engagements („ganz schwerpunktmäßig", „gleich bis zum Kirchenvorstand", „rotes Tuch"; „mit der Kirchenfahne vorneweg"); zum anderen kommt in dem Gespräch zwischen den Eltern und ihren Kindern eine Mitgliedschaft (des Vaters) in einem staatlichen Verband („Deutsch-sowjetische Freundschaft") ans Licht, mittels derer offenbar in diesem Fall die Parteimitgliedschaft vermieden wurde und die selbst nicht als Form des Bekenntnisses, sondern als pragmatisches Zugeständnis und als „Tauschgeschäft" aufgefasst wird.[124] Die Kontrastfolie einer bekenntnishaften Haltung, die sich gegenüber Anfechtungen behauptet und für Tauschgeschäfte unempfänglich ist, wird jedoch in den Anfragen der Kinder erkennbar, die hier zu kritischen Interviewern des Vaters werden und dabei dessen Normalisierungsversuche hinterfragen, indem sie die Norm der Nichtkäuflichkeit – also des bekenntnishaften Sichverweigerns gegenüber Tauschgeschäften – ins Spiel bringen.

In dem Interview werden also gegenüber der bekenntnishaften, auf exklusiver Loyalität basierenden Mitgliedschaft ein weiterer Typus der Mitgliedschaft und eine damit verbundene Form gesellschaftlicher Inklusion eingeführt, die in expliziter Konkurrenz zum ersten Typus stehen. Der neue Typus des Mitgliedschaftsverständnisses erweitert damit das Spektrum der Formen, bestätigt aber gleichzeitig ex negativo die erste, oben skizzierte Form.

Zu Kategorien verdichtet, ließe sich dieses Verhältnis folgendermaßen darstellen:

Tab. 8: Theoriegenerierung über Kontrastierung von Kategorien (Grounded Theory)

	Mitgliedschaft exklusiv	Mitgliedschaft inklusiv
Inklusionsverhältnis bekenntnishaft	Typus 1a: exklusives Bekenntnis zur Partei (Übernahme von Positionen, Kirchenaustritt) Typus 1b: exklusives Bekenntnis zur Kirche (öffentliches Engagement, Übernahme von Ämtern, Verweigerung der Parteimitgliedschaft)	
Inklusionsverhältnis pragmatisch-reserviert		Typus 2: „pragmatische" Mitgliedschaft („unauffällige" Kirchenmitgliedschaft, keine öffentlichen Ämter, pragmatische Mitgliedschaft in parteinaher Organisation, Abgrenzung von u.U. provokativem öffentlichem Bekenntnis („nicht mit der Kirchenfahne vorne weg"; „keine Helden"; kein „rotes Tuch")

---

[124] Offensichtlich war die Information, dass der Vater Mitglied in der Vereinigung „Deutsch-sowjetische Freundschaft" war, den Kindern bis dahin nicht bekannt und wird in dem Gespräch erst allmählich zutage gefördert. Gleichzeitig wird deutlich, dass das pragmatische Mitgliedschaftsverständnis des Vaters („Tauschgeschäft") vor dem Hintergrund verschiedener Kontrastfolien interpretiert wird: a) der Möglichkeit eines zurückgewiesenen Anwerbeversuchs für die Partei (in dem sich gleichzeitig eine bestimmte Form der Anerkennung ausdrückt); und b) eines „bekenntnishaften" Zurückweisens von „Käuflichkeit", wie das pragmatische Arrangement von Eintritt in die DSF und gleichzeitiger Gehaltserhöhung ironisch kommentiert wird. Diese Kontrastfolien werden in dem Interview auch an verschiedenen anderen Stellen erkennbar: als deutlich wird, dass die Familie nicht – wie von den Kindern offenbar immer vermutet – an den Montagsdemonstrationen beteiligt war; und als die Frage, ob man sich für möglicherweise vorhandene Stasiakten interessiere, mit dem Verweis darauf verneint wird, dass die größte Enttäuschung darin liegen könnte, dass es „da nichts gebe". Die Selbstbeschreibung, die die Eltern für sich vornehmen, kulminiert in dem Satz: „Wir waren keine Helden", der gleichzeitig den Typus des „Helden" als Kontrastfolie zur eigenen, immer an den möglichen Folgen orientierten und Kompromisse suchenden Haltung enthält.

d. Theoretische Integration

Die oben genannte Kategorie des Konflikts, die sich in den Formen des Mitgliedschaftskonflikts, des Konflikts der Weltdeutungen und der ethischen Handlungsorientierung manifestiert, wurde zur Schlüsselkategorie einer **Konflikttheorie des Säkularisierungsprozesses**, die einen Großteil der relevanten Konzepte integriert.

Allerdings erfordern das oben herausgearbeitete Mitgliedschaftsverständnis und das ihm inhärente Integrationsmuster (freiwillig, notwendig, umfassend, exklusiv) die systematische Suche nach anderen, weniger exklusiven und damit auch weniger „totalen" Zugehörigkeitsverhältnissen. Auch diese Perspektive lässt sich zu einer Theorie erweitern, nämlich zu einer **Theorie der Inklusionsverhältnisse im Rahmen diktatorischer Gesellschaften** (d.h. der Art der Integration von Individuen in diese Gesellschaften). Beide theoretische Perspektiven wurden im Rahmen des Projektes verfolgt und beschreiben in ihrer Verknüpfung das Binnen- und Außenverhältnis der Zugehörigkeit in einer diktatorischen Gesellschaft.

5.2 Narrationsanalyse

Die Narrationsanalyse ist ein Verfahren, das explizit erzähltheoretisch fundiert ist. Über die Verhältnisbestimmung verschiedener Formen der Sachverhaltsdarstellung einerseits und dargestelltem Prozess andererseits werden verschiedene Sinnebenen unterschieden. Die Interpretation besteht darin zu zeigen, wie beides aufeinander bezogen ist.

5.2.1 Entstehungshintergrund des Verfahrens

Die Diskussion um qualitative Erhebungs- und Auswertungsverfahren ist im deutschen Sprachraum eng mit der „Arbeitsgruppe Bielefelder Soziologen" verbunden. Diese Gruppe, der zunächst Joachim Matthes, Werner Meinefeld, Fritz Schütze, Werner Springer und Ansgar Weymann angehörten und zu der später auch Ralf Bohnsack stieß, führte die Methodendiskussion aus dem Umfeld des symbolischen Interaktionismus, der Ethnomethodologie und der Wissenssoziologie, die in den USA bereits seit längerem auf der Tagesordnung stand[125] und auch forschungspraktisch umgesetzt wurde,[126] in den deutschen Sprachraum ein. Dazu gehörten Übersetzungen wichtiger englischsprachiger Texte, aber auch die Weiterführung dieser Ansätze in Richtung einer Theorie des methodisch kontrollierten Fremdverstehens (Arbeitsgruppe Bielefelder Soziologen 1973 a und b; 1976) sowie schließlich die Ausarbeitung darauf bezogener Erhebungs- und Auswertungsverfahren. Solche Verfahren wurden seit den 1960er Jahren vor allem in der soziolinguistischen Forschung erprobt[127] und zunehmend auch in den anderen Sozialwissenschaften rezipiert. Förderlich dafür war die Weiterentwicklung der Tonbandtechnik, die eine exakte und zudem relativ unaufdringliche Aufzeichnung während der Feldforschung erlaubte und so eine genaue Transkription und darauf basierende avancierte Auswertungsverfahren überhaupt erst möglich machte.

---

[125] Vermittelt wurde dies allerdings auch über europäische Emigranten, von denen einige an der New Yorker „New School of Social Research" eine neue wissenschaftliche Heimat gefunden hatten. Einflussreich wurde hier vor allem Alfred Schütz, dessen Werk in Deutschland erst mit großer Verzögerung rezipiert wurde.

[126] Sie verband sich dort mit Namen wie Thomas P. Wilson, Herbert Blumer, Aaron Cicourel, Harold Garfinkel und Anselm Strauss.

[127] Zu nennen sind hier vor allem die Arbeiten von William Labov (1963; 1964; 1966; 1968; 1971 u.a.m.). Wichtige Aufsätze in deutscher Übersetzung sind enthalten in Labov (1980); sowie neben anderen soziolinguistischen Texten in Badura/Gloy (1972).

Wesentliche Beiträge aus der Arbeitsgruppe Bielefelder Soziologen stammen von Fritz Schütze. Im Anschluss an amerikanische Interaktionsfeldstudien (Schatzman/Strauss 1955; Barton 1969) und soziolinguistische Arbeiten (Labov 1980) entwickelte Schütze schließlich das narrative Interview (Kap. 3.4.1) und ein darauf bezogenes Auswertungsverfahren. Während er selbst – je nach Anwendungsbereich – von Biographieanalyse oder Interaktionsanalyse spricht, hat sich in der Literatur für das von ihm entwickelte Auswertungsverfahren die Bezeichnung Narrationsanalyse eingebürgert (Fischer-Rosenthal/Rosenthal 1997). Schütze hat sein textanalytisches Verfahren – in abgewandelter Form – neben der Analyse von Biographien und Interaktionen verschiedentlich auch auf andere Textgattungen angewandt (s.u.).

Der konkrete Kontext, in dem das narrative Interview und die Narrationsanalyse als Auswertungsverfahren entstanden sind, war zunächst kein biographieanalytischer. Entwickelt wurden die Verfahren im Rahmen einer Interaktionsfeldstudie, genauer: eines Projektes zur Erforschung kommunaler Machtstrukturen (Schütze 1976; 1978). Interviewt wurden damals Politiker, die in den Prozess einer Gemeindezusammenlegung involviert waren.

Die Forscher in diesem Projekt verbanden dabei ein inhaltliches Interesse mit dem Interesse an der Methodenentwicklung: Man wollte mit dem narrativen Interview einerseits die strategische Darstellung von Politikern, wie sie für viele journalistische Interviews typisch ist, unterlaufen, indem man die Befragten in die Zugzwänge einer Stegreiferzählung verwickelte (s. Kap. 3.4.1). Gleichzeitig wollte man mit Hilfe eines Kreuzvergleichs verschiedener narrativer Darstellungen derselben Ereigniskonstellation (vgl. Schütze 1978: 2) Zusammenhänge zwischen dem jeweiligen Darstellungsmodus und der praktischen Involvierung in die Ereignisse aufzeigen.[128] Typischerweise führte etwa der Versuch, die eigene Interessenverwicklung zu verschleiern, bei den Informanten schlagartig zum Absinken des Grades narrativer Detaillierung. Wenn man nun Interviews mit anderen Beteiligten führt, aus deren expliziter Darstellung eben diese Interessenverwicklung hervorgeht, lässt sich durch diesen Kreuzvergleich der Zusammenhang von Darstellungsmodus und praktischer Involvierung belegen. Insofern ist der von Schütze behauptete Zusammenhang von Erzählung und Erfahrung, der in der Diskussion um die Narrationsanalyse häufig kritisiert wurde (z. B. Nassehi 1994), keine theoretische Annahme, sondern Ergebnis umfangreicher empirischer Analysen. Die Ausarbeitung der Methode und die inhaltliche Beschäftigung mit einem bestimmten Interaktionsfeld gingen in dieser ersten Studie zu kommunalen Machtstrukturen Hand in Hand.

> Die Narrationsanalyse wurde im Rahmen eines Projektes zur Erforschung kommunaler Machtstrukturen entwickelt. Durch den Kreuzvergleich verschiedener Darstellungen desselben Ereigniszusammenhangs konnten die Forscher zeigen, dass ein Zusammenhang zwischen der praktischen Involvierung in einen Sachverhalt und der Art der Darstellung dieses Sachverhalts besteht.

---

[128] Mit Hilfe der neurowissenschaftlichen Gedächtnisforschung (Markowitsch 2000; 2002; 2003; Welzer/Markowitsch 2001) lässt sich die Bedeutung des autobiographischen Gedächtnisses auch interdisziplinär begründen: also eines Gedächtnisses, das für die Integration und Kohäsion der persönlichen Identität von immenser Bedeutung ist; das in sozialen Zusammenhängen angeeignet wird; das stark mit Emotionen verbunden ist und gerade dadurch auf lange zurückliegende Episoden rekurrieren kann; und das – als unmittelbar mit der betreffenden Person verbundener Bereich des Gedächtnisses – andere Gehirnregionen tangiert, als dies bei der Erinnerung von für die Person „neutralen" Sachverhalten oder Wissensgebieten der Fall ist. Obwohl die Auseinandersetzung mit der neurowissenschaftlichen Gedächtnisforschung für Schütze – zumindest in dokumentierter Form – offenbar keine Rolle spielte, ließe sich auch von daher die Akzentuierung autobiographischen Erzählens gegenüber dem Beschreiben und Argumentieren begründen.

5.2.2 Bevorzugte und mögliche Erhebungsinstrumente

Da das textanalytische Verfahren, das wir hier als Narrationsanalyse bezeichnen, im Zuge der Auswertung narrativer Interviews entwickelt wurde, ist es für diese Datenbasis zweifellos in besonderer Weise geeignet. Allerdings hat Schütze wesentliche Schritte des Verfahrens auch auf andere Textgattungen angewandt. Beispiele dafür sind etwa eine Analyse der Zeitungsberichterstattung zu studentischen Anliegen, die Analyse von Beratungsgesprächen in der Sozialarbeit (Schütze 1993)[129], die Analyse strategischer Interaktion vor Gericht (Schütze 1978) und anderes mehr. Da das Verfahren aber ursprünglich am narrativen Interview entwickelt wurde und dafür auch die am besten dokumentierten Auswertungen vorliegen (Schütze 1991), werden wir uns im Folgenden auf die Auswertung solchen Materials beschränken.[130]

Da der Fokus bei der Auswertung von Interviews auf dem narrativen Aufbau des Erzählten und auf dem Verhältnis unterschiedlicher Formen der Sachverhaltsdarstellung liegt, bedarf es auch eines entsprechend geführten Interviews. Mindestvoraussetzung dafür ist, dass in einem Interview längere narrative Passagen vorhanden sind, in denen sich ein Erzählaufbau – von der Eröffnung bis zum Abschluss der Erzählung – ungestört, d.h. im Wesentlichen nicht von Interviewerinterventionen beeinflusst, vollziehen konnte.[131]

Schütze selbst wies bereits in den ersten Veröffentlichungen (1978: 2f.) auf unterschiedliche Anwendungsbereiche des narrativen Interviews hin. Er nennt als mögliche Gegenstandsbereiche, in denen es als Erhebungsinstrument eingesetzt werden kann: Interaktionsfeldstudien, narrative Experteninterviews, Interviews zu Statuspassagen (z.B. Ausbildungs- und Berufskarrieren) sowie biographische Interviews. Wesentlich dabei ist, dass den Interviews Themen mit narrativer Generierungskraft zugrunde liegen und dass der Interviewer die Regeln der Interviewführung berücksichtigt. Es muss sich eine längere, in sich geschlossene narrative Darstellung entwickeln können, in der ein sozialer Prozess „kontinuierlich" zum Ausdruck gebracht wird. Nur auf solche Datentexte ist das Analyseverfahren bezogen:

„Nur Datentexte, die kontinuierlich soziale Prozesse darstellen bzw. zum Ausdruck bringen, lassen eine ‚symptomatische' Datenanalyse zu, die zunächst einmal vom formalen textuellen Erscheinungsbild der Daten ausgeht und hierbei eine vollständige Beschreibung der Abfolge dieser vornimmt." (Schütze 1983: 286)

Bei dieser Datenanalyse geht es also nicht nur um den manifesten Gehalt von Erzählungen, sondern auch um ihren „symptomatischen und stilistischen Darstellungsduktus" (Schütze 1987: 16), insofern im sprachlichen Ausdruck nicht allein die bewusste Darstellung einer Ereignisabfolge vermittelt wird, sondern er gleichzeitig zum *Symptom* der spezifischen praktischen Involviertheit des Erzählers in diesen Ereigniszusammenhang wird.

---

[129] Schütze bezieht sich dabei ausdrücklich auf die „dokumentarische Methode der Interpretation" (Schütze 1993: 199), woran man sieht, dass die hier verhandelten Methoden gegeneinander nicht völlig trennscharf sind.

[130] Beispiele aus der Literatur, an denen man das narrationsanalytische Verfahren gut nachvollziehen kann, finden sich in: Schütze (1987; 1991); Hermanns et al. (1984: 121ff.); Rosenthal (2005: 173ff.); Küsters (2006: 70ff.). Zur allgemeinen Einführung in das Verfahren s. Schütze (1987); Fischer-Rosenthal/ Rosenthal (1997); Küsters (2006).

[131] In der Regel bedarf es von Seiten des Interviewers eine gewisse Übung, damit man sich nicht zu solchen Interventionen hinreißen lässt. Allerdings zeigt sich auch, dass kleinere Interventionen – etwa kurze Nachfragen – meist keine großen Schäden anrichten, da die Befragten nach der Beantwortung der Frage häufig wieder zu ihrer Geschichte zurückkehren.

> Die Narrationsanalyse setzt Interviews voraus, in denen sich eine längere, in sich geschlossene narrative Darstellung entwickeln konnte, in der ein sozialer Prozess kontinuierlich, d.h. ohne Interviewerintervention, zum Ausdruck gebracht wird. Nur ein solcher Interviewtext lässt eine Auswertung zu, die sich nicht nur auf den manifesten Inhalt bezieht, sondern die Daten auch in ihrem Stil und ihrer „Symptomatik" im Hinblick auf die praktische Verwicklung des Erzählers interpretiert.

5.2.3 Theoretische Einordnung

Wie aus den verschiedenen Veröffentlichungen der „Arbeitsgruppe Bielefelder Soziologen" (1973a und b; 1976) und Fritz Schützes (1976a und b; 1978; 1983; 1987a; 1987b; Kallmeyer/Schütze 1978) hervorgeht, ist das Verfahren der Narrationsanalyse in Auseinandersetzung mit grundlagentheoretischen Arbeiten aus dem Bereich der Wissenssoziologie und des symbolischen Interaktionismus entwickelt worden. Als wesentlich für diese Ansätze bezeichnet Schütze die Herausarbeitung

- „des konstitutiven Beitrags von Sprache zur Erzeugung, Aufrechterhaltung und Veränderung der gesellschaftlichen Realität", etwa der „kommunikative(n), interaktive(n) Formung sozialer Handlungen durch das sprachliche Symbolsystem",
- der „kodifizierte(n) Dinghaftigkeit der sozialen Realität kraft sprachlicher Klassifikation",
- der „Speicherung des Alltagswissens in Typisierungen durch das implizite Wörterbuch der alltäglichen Umgangssprache" sowie
- der „Herrschafts-, Unterdrückungs- und Ausblendungsfunktion", aber auch der „Protestwirkung" sprachlicher Formulierungen und Kodes (Schütze 1987b: 413f.).

Wichtiger Bezugspunkt etwa für die gesellschaftliche Rolle der Sprache ist für Schütze (1975) die Theorie George Herbert Meads. Mead hat gezeigt, wie erst mit Hilfe von Sprache – über den Gebrauch von Gesten hinaus – wechselseitige Perspektivenübernahme möglich wird, auf deren Grundlage dann interaktive Reziprozität, aber auch Identität entstehen kann. Alfred Schütz hat mit seiner Theorie des Alltagswissensbestandes und dessen sprachlicher Manifestationen (z.B. in Form von Typisierungen) gezeigt, wie es zur Ausbildung von Handlungsentwürfen, aber auch zur wechselseitigen und situationsunabhängigen Verständigung zwischen Akteuren kommen kann. Aus diesem Fundus grundlagentheoretischer Arbeiten speisten sich in den USA seit den 1960er Jahren, in Deutschland vor allem seit den 1970er Jahren eine Reihe von Arbeiten, die empirisch genauer untersuchten, wie Sprache zum Aufbau sozialer Ordnung beiträgt. Dazu gehörten unter anderem die ethnomethodologische Konversationsanalyse (Sacks 1995 [1964-72]; Garfinkel 2004 [1967]), die untersuchte, mit welchen Mechanismen – etwa der Regelung von Redebeiträgen und Redeübergaben oder der stillschweigenden Vervollständigung der Kommunikation des Gegenübers – kommunikative Ordnung hergestellt und aufrechterhalten wird. Dazu gehörten weiter die unter dem Label „kognitive Soziologie" bekannt gewordenen Arbeiten Aaron Cicourels (1970 [1964]; vgl. auch Witzel/Mey 2004), der sich methodologisch und empirisch mit Alltagshandeln – etwa mit Routinen oder alltäglichen Entscheidungen – auseinandergesetzt hat. Zu nennen sind ferner verschiedene Arbeiten, die unter dem Label des symbolischen Interaktionismus versammelt sind und in denen explizit versucht wurde, einen gegenüber den standardisierten Verfahren eigenständigen methodologischen Standort zu formulieren (Blumer 1986 [1969]). Vor diesem Hintergrund entstand schließlich auch die Narrationsanalyse, in deren Ausarbeitung außerdem Kenntnisse aus der

5.2 Narrationsanalyse

linguistischen Erzählanalyse (Labov/Waletzky 1973; Labov 1980) einflossen, zum Teil kam es auch zu direkten Kooperationen mit Soziolinguisten (Kallmeyer/Schütze 1978).

Dabei richtete Schütze – ähnlich wie die Ethnomethodologen – sein Augenmerk auf die Ordnungsprozeduren, die in interaktiven Situationen wirksam sind. Ihn interessierten vor allem die Mechanismen der Konstitution von Handlungsschemata und von Kommunikationsschemata der Sachverhaltsdarstellung, wie Erzählen, Argumentieren und Beschreiben (Schütze 1987: 161).

Gleichwohl geht es ihm – wie sich im Folgenden zeigen wird – nicht allein um Ordnungen des Sprechens, sondern stets auch um deren Relation zur gelebten und erfahrenen Praxis. Im Zentrum steht bei Schütze immer die sinnhafte Orientierung von Akteuren, während sich konversationsanalytische Studien vor allem für die Herausarbeitung der formalen Strukturen von Interaktionsabläufen (etwa Prozeduren der Redeübergabe) interessieren. Akteure treten hier zugunsten einer Analyse der Autopoiese des Gesprächs bzw. der Interaktion zurück.[132] In aller Regel kommen diese Studien dann auch ohne einen Subjektbegriff aus. Obwohl Schütze von der Ethnomethodologie in formaler Hinsicht einiges übernommen hat, steht er ihr in dieser Hinsicht doch diametral entgegen. Ihm geht es immer um das Handeln und Erleiden von Subjekten.

> Das Verfahren der Narrationsanalyse entstand im Anschluss an Arbeiten aus dem Bereich der Wissenssoziologie und des symbolischen Interaktionismus. Von Interesse sind dabei vor allem die Ordnungsprozeduren, die in interaktiven Situationen wirksam sind: die Mechanismen der Konstitution von Handlungsschemata und von Kommunikationsschemata der Sachverhaltsdarstellung, wie Erzählen, Argumentieren und Beschreiben. Bei Schütze ist dies jedoch – anders als im Rahmen der ethnomethodologischen Konversationsanalyse – immer mit der Rekonstruktion der sinnhaften Orientierung von Subjekten verbunden.

5.2.4 Theoretische Grundprinzipien und methodische Umsetzung

a. Erzähltheoretische Fundierung der Narrationsanalyse

Narratives Interview und Erzählanalyse gründen in einer – empirisch fundierten (s.o.) – Erzähltheorie, die gleichzeitig eine Theorie des Verhältnisses von Erzählung und praktischer Erfahrung ist. Dazu Schütze:

„Erzählungen eigenerlebter Erfahrungen sind diejenigen vom soziologisch interessierenden faktischen Handeln und Erleiden abgehobenen sprachlichen Texte, die diesem am nächsten stehen und die Orientierungsstrukturen des faktischen Handelns und Erleidens[133] auch unter der Perspektive der Erfahrungsrekapitulation in beträchtlichem Maße rekonstruieren: d.h. insbesondere seine Zeit-, Orts- und Motivationsbezüge, seine elementaren und höherstufigen Orientierungskategorien, seine Aktivitäts- und Reaktionsbedingungen, seine Planungsstrategien, seine grundlegenden Standpunkt- und Basispositionen und seine Planungs- und Realisierungskapazitäten." (Schütze 1987: 14)

---

[132] Vgl. u.a. Streeck (1983).

[133] Hier geht es um die aktiven und passiven Seiten des Handelns, um das, was man „bewirkt", und das, was einem „widerfährt". Das Zentrum der Zurechnung dessen, was geschehen ist und erzählt wird, ist dabei jeweils anders lokalisiert.

Diese Aussage klingt aus heutiger Perspektive überraschend antikonstruktivistisch: Es ist das **„faktische"** Handeln und Erleiden, das Soziologinnen primär interessiert, nicht deren **Darstellung**! Da sie sich diesem faktischen Handeln und Erleiden aber nicht unmittelbar nähern können, brauchen sie ein Instrument, das diesem Handeln in seiner Strukturiertheit möglichst nahekommt. Es ist diese angenommene **Homologie** von Erzählung und Erfahrung, aufgrund derer das narrative Interview darauf abstellt, die Erzählung als primäres kommunikatives Handlungsschema in Gang zu setzen, so dass es sich in seinen formalen Schritten entfaltet. Zu diesen formalen Schritten gehören seine **Ankündigung** gegenüber dem Interaktionspartner (I: „Ich möchte Sie bitten, mir zu erzählen, wie es dazu gekommen ist, dass Sie Politikerin geworden sind"), seine **Aushandlung** zwischen den Interaktionsbeteiligten (B: „Oh, da müsste ich weit ausholen, aber das würde vermutlich zu weit gehen." I: „Erzählen Sie ruhig alles, was Ihnen wichtig erscheint. Ich bin wirklich an der ganzen Geschichte interessiert, an allem, was Ihrer Ansicht nach dabei eine Rolle spielt."), seine **Ratifizierung** (B: „Also gut, da muss ich im Grunde bei meinen Großeltern anfangen"), die anschließende **Durchführung des Schemakerns „Erzählung"** (B: „Das war nämlich folgendermaßen ...") und schließlich die **Ergebnissicherung** (B: „Ja, und in der Bundestagsfraktion der GRÜNEN arbeite ich bis heute. Und wenn wir, was ich hoffe, bei der nächsten Wahl gut abschneiden, wird das wohl auch noch eine Weile weitergehen."). Nur wenn sich dieses Schema entfalten kann, kommen auch die entsprechenden Zugzwänge des Erzählens zum Tragen, die dazu führen, dass sprachliche Texte zustande kommen, in denen die Orientierungsstrukturen des faktischen Handelns und Erleidens rekapituliert werden.

Wir können an dieser Stelle nicht alle Einwände, die gegen die „Homologiethese" vorgebracht wurden (Bude 1985; Nassehi 1994; Nassehi/Saake 2002 etc.), im Einzelnen diskutieren. Zweifellos wäre es kurzschlüssig zu meinen, das narrative Interview würde das, was faktisch passiert ist, einfach nur abbilden oder vollständig rekapitulieren. Jede Erzählung spart viele Dinge aus, jede Erzählerin vergisst im Lauf der Zeit bestimmte Ereignisse und Zusammenhänge, auch wenn diese früher vielleicht einmal wichtig waren (vgl. Hahn 1988). Im Prozess der Erinnerung schiebt sich manches in den Vordergrund, das in der Zeit, aus der berichtet wird, noch nicht dieselbe Relevanz hatte. Diese grundlegenden Probleme retrospektiver Erinnerung betreffen jedes Erhebungsverfahren, und damit auch das narrative Interview. Sie betreffen es aber weniger stark, weil die Zugzwänge des Erzählens (s. Kap. 3.4.1) hier auf die (relative) Vervollständigung von Zusammenhängen hinwirken und weil unplausible Anschlüsse für den Zuhörer als solche erkennbar werden.

Darüber hinaus ist aber zu sagen, dass auch Schütze nicht einfach eine Korrespondenz von Tatsache und Erzählung, sondern von **Orientierungsstrukturen** des faktischen Handelns und Erleidens einerseits und denen der **Erfahrungsrekapitulation** andererseits annimmt. Nicht Tatsachen und Darstellungen stehen sich gegenüber, sondern Orientierungsstrukturen und Strukturen der Darstellung (vgl. Wohlrab-Sahr 1999). Es wäre ein interessantes, bisher in der Forschung aber leider kaum eingelöstes Unterfangen, narrative Interviews über dieselben biographischen Zusammenhänge im Abstand von mehreren Jahren zu wiederholen, um zu sehen, in welchem Maße sich – trotz des Verblassens biographischer Details – die in der Erzählung dokumentierten Orientierungsstrukturen ähneln.[134]

---

[134] Auch in der dokumentarischen Methode hat das Format „Erzählung" für die Rekonstruktion von Erfahrungswissen zentrale Bedeutung (vgl. Kap. 5.4).

5.2 Narrationsanalyse

Im Kapitel über das narrative Interview (Kap. 3.4.1) wurden einige der erzähltheoretischen Annahmen, die dieser Interviewform zugrunde liegen, bereits erläutert, so dass dies hier nicht im Einzelnen wiederholt zu werden braucht. Wesentlich für die Narrationsanalyse ist jedoch, dass mit dem narrativen Interview ein Teilbereich sozialer Realität in den Blick kommt, der aus **prozessualen Erscheinungen** besteht, die in dreierlei Hinsicht näher bestimmt werden können:

(a) durch ihre **subjektive Perspektive**: Es handelt sich um individuelles und kollektives Handeln und Erleiden/Erleben aus der Sicht derer, die handeln oder denen etwas widerfährt. Diese Perspektive unterscheidet Schützes Ansatz deutlich von der ethnomethodologischen Konversationsanalyse und ihrem Interesse an formalen Mechanismen und „Ethnomethoden" (Bergmann 1994);

(b) durch ihre **Langfristigkeit**: Das Handeln und Erleiden hat „den Charakter langfristiger sozialer Prozesse, die in der Regel über einzelne Gesprächssituationen, Begegnungen, Interaktionsepisoden hinausgehen und im Kern aus ‚autohistorischen' bzw. autobiographischen, beziehungsgeschichtlichen und/oder kollektiv-historischen Abläufen bestehen" Schütze 1987: 14);

(c) durch ihre **doppelte Aspekthaftigkeit**: Die Prozesse weisen einen Außenaspekt und einen Innenaspekt auf; es geht bei ihnen sowohl um den äußeren Ablauf von Ereignissen als auch um die damit verbundene Veränderung von Zuständen individueller und kollektiver Identitäten (vgl. ebd.: 14f.).

So wie das Erhebungsverfahren des narrativen Interviews darauf ausgerichtet ist, dass die Befragten solche Prozesse rekapitulieren, zielt das Auswertungsverfahren der Narrationsanalyse darauf, die Prozesshaftigkeit, die in dieser Erfahrungsrekapitulation zum Ausdruck kommt, wissenschaftlich zu *rekonstruieren*. Es geht also im Wesentlichen um das Herausarbeiten von *Prozessstrukturen*, die im Interviewtext teils explizit, teils aber auch nur implizit – Schütze nennt das „symptomatisch" – zum Ausdruck kommen, sowie um die Art und Weise, wie die Person in ihren eigenen Deutungen auf diese Prozessstrukturen Bezug nimmt.

Insofern findet sich auch in diesem Ansatz die Unterscheidung zweier Ebenen, die für die meisten in diesem Lehrbuch behandelten Verfahren grundlegend sind.[135] Neben dem expliziten Bezug auf Prozessstrukturen in Form subjektiver Theorien sind Verweise auf diese Prozesse auch eingelagert in die sprachliche Verfasstheit von Erzählungen, in implizite Hinweise auf beginnende und sich fortsetzende Entwicklungen, auf nachwirkende Erfahrungen, unaufgelöste Verstrickungen und nachhaltige emotionale Involviertheit. Der Erzähltext in seiner sprachlichen Gestalt wird in dieser Perspektive zum symptomatischen Ausdruck der ihm zugrunde liegenden Prozesse. Entsprechend geht es bei der Interpretation darum, anhand des sprachlichen Ausdrucks diese spezifische Prozesshaftigkeit zu rekonstruieren. Die Konzentration auf die narrativen Teile des Interviewtexts ist daher eine Konsequenz des Interesses an der Prozesshaftigkeit sozialer Realität. Selbstverständlich sind auch Beschreibungen und Argumentationen für deren Verständnis von großer Relevanz und bei der Auswertung keinesfalls zu vernachlässigen. Letztere interessieren jedoch im Rahmen der Narrationsanalyse primär in ihrer *Bezogenheit* auf die narrativen Passagen.

---

[135] Noch nicht explizit reflektiert wird die Differenz dieser beiden Ebenen in der Grounded Theory.

> Der Narrationsanalyse liegt eine Erzähltheorie zugrunde, der zufolge Erzählungen eigenerlebter Erfahrungen diejenigen sprachlichen Texte sind, die den Orientierungsstrukturen des faktischen Handelns und Erleidens am nächsten kommen. In Erzähltexten kommen prozessuale Erscheinungen in den Blick, die durch ihre subjektive Perspektive, ihre Langfristigkeit und ihre doppelte Aspekthaftigkeit (Außen- und Innenaspekt) charakterisiert sind. Aus diesem Grund stellt die Auswertung die narrativen Teile des Interviews ins Zentrum und interpretiert subjektive Theorien in ihrer Bezogenheit auf die Erzählung.

b. Formale Strukturen von Erzählungen, Argumentationen und Beschreibungen

Erzählungen, Argumentationen und Beschreibungen zeichnen sich durch bestimmte formale Strukturen aus.

Woran erkennt man Erzählungen?

- **Temporale Verknüpfung**

Der Soziolinguist William Labov hat in einer Reihe von Forschungsprojekten untersucht, wie sich Erfahrungen in der Syntax von Erzählungen niederschlagen. Dafür wurden Techniken entwickelt, die in dieselbe Richtung weisen, in die Schütze mit seinem narrativen Interview gegangen ist. Auch in den Befragungen von Labov ging es darum, die Grenzen der bis dahin praktizierten Interviewformen zu überschreiten, indem Erzählungen persönlicher Erfahrungen stimuliert wurden, „in denen der Erzähler tief in die Ereignisse seiner Vergangenheit hineingezogen wird, die er wiedererzählt oder sogar wiedererlebt" (Labov 1980: 287). In diesen Interviews, die mit Jugendlichen in South Central Harlem geführt wurden, ging es z.B. um „lebensgefährliche Situationen", die die Befragten erlebt hatten, sowie um Schlägereien mit einer Person, die stärker war als der Befragte selbst. Dabei wurde mit einer Eingangsfrage zunächst geprüft, ob die Frage für die Interviewten überhaupt Relevanz besitzt: „Waren Sie (warst du) jemals in einer Situation, wo Sie (du) in ernster Gefahr waren (warst), getötet zu werden, wo Sie sich sagten (wo du dir sagtest): ‚Jetzt ist es aus'?" (Labov 1980: 287) Wenn diese Frage mit Ja beantwortet wurde, fragten die Interviewer nach einer kurzen Pause: „Was geschah?" Daran schlossen sich dann Erzählungen an, die auf ihre formalen Strukturen hin untersucht wurden.

Grundlegend wird Erzählung bei Labov verstanden als „Methode, zurückliegende Erfahrung verbal dadurch zusammenzufassen, daß eine Folge von Teilsätzen (clauses) eine Folge von Ereignissen zum Ausdruck bringt, die, wie wir annehmen, tatsächlich vorgefallen sind" (ebd.: 293). Der Kern einer Erzählung besteht aus einer Folge von temporal geordneten Teilsätzen. In der Minimalform kann eine Erzählung etwa folgendermaßen aussehen:

„a   Ich kenne einen Jungen, der Harry heißt.
b   Ein anderer Junge warf ihm eine Flasche direkt an den Kopf
c   und er musste sieben Stiche bekommen." (Ebd.: 294)[136]

Zwischen den narrativen Teilsätzen[137] b und c gibt es eine temporale Verknüpfung, in der eine bestimmte zeitliche Abfolge zum Ausdruck kommt. Daher können diese Teilsätze in ihrer Abfolge auch nicht verändert werden, ohne den ursprünglichen Sinn zu verändern.

---

[136] Der erste Satz ist in diesem Fall ein „freier Teilsatz", da er keiner temporalen Einschränkung unterliegt, die anderen beiden sind narrative Teilsätze, die temporal miteinander verknüpft sind, d.h. sie sind in ihrer Reihenfolge nicht umkehrbar.

5.2 Narrationsanalyse

An dieser temporalen Verknüpfung sind Erzählungen etwa von Beschreibungen zu unterscheiden. In dem Projekt Labovs fing etwa einer der Befragten an, auf die Frage nach einer lebensgefährlichen Situation zu schildern, in welche Situationen sich eine Gruppe Jugendlicher **immer wieder** gebracht hat, indem die Jugendlichen von einem hohen Bahnübergang ins Wasser sprangen:

„a Na ja, wir springen immer von einem Bahnübergang
b und der Bahnübergang ist ursprünglich sechs oder sieben Stockwerke hoch.
c Weißt du, wir gingen dort schwimmen…
d Wir tauchten von dort, weißt du.
e Und oh-uh, Mensch! Man steigt hinauf und steht da
f und man fühlt sich so, als ob man sterben wird und so, weißt du.
g Mehrmals habe ich fast…
  habe ich gedacht, ich würde ertrinken, weißt du." (Ebd.: 294)

Hier wird kein bestimmter Vorfall, kein **singuläres Ereignis** geschildert, bei dem das eine aus dem anderen bzw. auf das andere folgt, sondern es wird zusammenfassend und in generalisierender Weise von einer Reihe **typischer Ereignisse**, deren möglichen Konsequenzen und den damit verbundenen Gefühlen berichtet. Es handelt sich hierbei nicht um eine Erzählung, sondern um eine Beschreibung (s.u.).

Das Kommunikationsschema der Erzählung zeichnet sich durch bestimmte kognitive Figuren aus, die es von anderen Formen der Sachverhaltsdarstellung unterscheiden. Zu Erzählungen gehören konstitutiv: „Biographie- und Ereignisträger nebst der zwischen ihnen bestehenden bzw. sich verändernden sozialen Beziehung; Ereignis- und Erfahrungsverkettung; Situationen, Lebensmilieus und soziale Welten als Bedingungs- und Orientierungsrahmen sozialer Prozesse"; sowie bei Erzählungen, die sich auf die gesamte Lebensgeschichte beziehen, „die Gesamtgestalt der Lebensgeschichte" (Schütze 1984: 81).

> Erzählungen bestehen im Kern aus einer Abfolge temporal geordneter Teilsätze. Deren Abfolge kann nicht verändert werden, ohne den Sinnzusammenhang der geschilderten Ereignisverkettung zu verändern. Zu ihnen gehören konstitutiv bestimmte kognitive Figuren: Biographie- und Ereignisträger und die zwischen ihnen bestehenden Beziehungen; eine Ereignis- und Erfahrungsverkettung; Situationen, Milieus und soziale Welten als Bedingungs- und Orientierungsrahmen sowie – im Falle umfassender lebensgeschichtlicher Erzählungen – die Gesamtgestalt der Lebensgeschichte.

- **Struktureller Aufbau der Erzählung**

Aus den Geschichten, die im Rahmen der von Labov durchgeführten Forschung gesammelt worden waren, wurden die strukturellen Merkmale der Erzählung herausgearbeitet, wobei die zentralen Teile der Erzählung jeweils auf eine bestimmte Frage antworten, während die Koda, mit der Erzählungen abgeschlossen werden, die Spanne zwischen dem Zeitpunkt des Endes der Erzählung selbst und der Gegenwart überbrückt.

---

[137] Bei solchen narrativen Teilsätzen handelt es sich um unabhängige Teilsätze (independent clauses), nicht um Nebensätze (subordinate clauses).

Die typische Abfolge sieht folgendermaßen aus:

a. Abstrakt: Worum handelt es sich? Warum wird die Geschichte erzählt?
b. Orientierung: Wer, wann, was, wo?
c. Handlungskomplikation: Was passierte dann?
d. Evaluation: Was soll das Ganze?
e. Resultat: Wie ging es aus?
f. Koda: Brückenschlag zur Gegenwart (Labov 1980: 296 und 302).

Abb. 5:   Struktureller Aufbau der Erzählung (nach Labov 1980: 302)

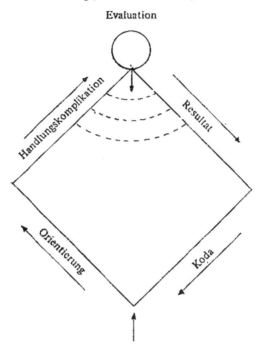

Abstrakt

Erzählungen beginnen oft damit, dass der Erzähler in einem **Abstrakt** die ganze Geschichte zusammenfasst. Labov nennt folgendes Beispiel aus Larrys Erzählung über eine Schlägerei:

„a   Und dann, vor drei Wochen, kam es zu einer Schlägerei zwischen mir und diesem anderen Kerl da draußen.
b   Er wurde sauer,
     weil ich ihm keine Zigarette geben wollte.
c   Ist das nicht blöd?" (Labov 1980: 297)

Orientierung

In der **Orientierung** werden Ort und Zeit, die beteiligten Personen und deren Aktivitäten oder die Situation als solche charakterisiert. Dabei handelt es sich nicht immer um einen abgeschlossenen Abschnitt. Elemente der Orientierung können bereits im Abstrakt, aber auch an späteren Stellen der Erzählung auftreten. In der oben zitierten Geschichte werden z.B. die

5.2 Narrationsanalyse

Akteure, die Situation und die Zeit bereits im Abstrakt eingeführt. Die Geschichte wird dann mit folgender Orientierung fortgesetzt:

„d   Ja, weißt du, ich saß auf dem Gehsteig, und so,
       rauchte eine Zigarette, weißt du.
e   Ich war high, und so." (Ebd.: 289)

Nach dieser Einführung kennt man die Situation, und die Erzählung der Ereignisabfolge kann beginnen.

Handlungskomplikation

Vor dem Hintergrund der Situationsschilderung setzt die **Handlungskomplikation** und mit ihr die eigentliche Erzählung ein. In Larrys Fall handelt es sich um die Geschichte einer Schlägerei, die sich daraus ergibt, dass er sich weigert, einem anderen Jugendlichen seine letzte Zigarette zu geben. Dies führt zu einem Wortwechsel, der andere fängt an, Larry zu schubsen, wodurch sich dieser derart provoziert fühlt, dass er so lange auf den anderen einprügelt und eintritt – in seinen eigenen Worten: ihn fast totprügelt – bis ein Lehrer ihn zurückhält.

Evaluation

Mit **Evaluation** sind diejenigen Mittel gemeint, die die Erzählerin benutzt, um den Kernpunkt der Erzählung, deren Pointe – die Moral von der Geschichte – zum Ausdruck zu bringen. Die Evaluation ist daher in der Regel kein völlig abgeschlossener Teil der Erzählung, es finden sich in der Geschichte gleichsam „Evaluationswellen" (s.o.) (ebd.: 302), die die Erzählung durchdringen. Allerdings gibt es in vielen Erzählungen eine Konzentration der Evaluation in einem Abschnitt der Handlungskomplikation, der dadurch zu erkennen ist, dass der Handlungsablauf vor seiner Auflösung gleichsam „angehalten" wird. Bei der oben bereits erwähnten Erzählung, die davon handelt, wie es von der Auseinandersetzung um eine Zigarette zu einer Schlägerei kommt, suspendiert Larry den Handlungsablauf an der Stelle, wo er erzählt, dass der andere begonnen habe, ihn zu schubsen. Er wendet sich an dieser Stelle mit einer Frage – dabei Unschuld vorschützend – an den Zuhörer:

„ff   Und warum hat er das getan?
gg Jedesmal fängt einer mit so einem Scheiß an,
      warum tun sie das?" (Ebd.: 290; 316)

Am Ende der Geschichte wiederholt sich dies, indem Larry erneut dem Zuhörer eine Bewertung abverlangt:

„qq Und weißt du was?
      Schließlich gab ich diesem Kerl die Zigarette,
      nach all dem, was passiert war.
      Ist das nicht blöd?" (Ebd.: 290; 317)

Während Abstrakt, Orientierung und Handlungskomplikation vor allem referentielle Funktionen haben (Worum geht es? Wo, wann und mit welchen Beteiligten hat das Ganze stattgefunden? Wie ist es abgelaufen?), kommt hier nun eine evaluative Funktion ins Spiel: Was ist der Sinn des Ganzen, was die Pointe der Geschichte, welche Botschaft will der Erzähler vermitteln? Im Falle Larrys geht es dabei offensichtlich darum, deutlich zu machen, dass er selbst gleichsam wider Willen in die Schlägerei hineingezogen wurde, daran also letztlich keine Schuld trägt und – wie der Schluss zeigt – letztlich ein „guter Kerl" ist.

Resultat oder Auflösung

Nach der Evaluation, die den Kern und den Höhepunkt der Erzählung markiert, wird das **Resultat**, der Ausgang der Geschichte erzählt. Im Fall der Geschichte Larrys geht es darum, wie sich aus der Provokation die Schlägerei entwickelt, bis sie schließlich vom Lehrer beendet wird.

Koda

Die **Koda**, die man nicht in allen Erzählungen findet, überbrückt die Zeit vom Ende des Erzählten zur Gegenwart der Gesprächssituation. Manchmal wird hier ein expliziter Bogen geschlagen, indem deutlich gemacht wird, in welchem Verhältnis der Erzähler heute zu den erzählten Ereignissen steht oder wie sich das geschilderte Ereignis in andere Erfahrungen einordnet. Manchmal wird auch nur unterstrichen, dass das Ende der Erzählung erreicht ist und dem Befragten nun nichts mehr einfällt. Damit verbunden ist eine explizite oder implizite Redeübergabe an den Interviewer, etwa folgendermaßen: „Ja das wär's eigentlich. Vielleicht können Sie jetzt ein paar Fragen stellen." Im narrativen Interview markiert die Koda das Ende der Eingangserzählung. Bei längeren Erzählungen – etwa in einem lebensgeschichtlichen Interview –, die nicht auf ein bestimmtes Ereignis begrenzt sind, können sich Kodas an verschiedenen Stellen befinden, an denen bestimmte Abschnitte der Lebensgeschichte zum Abschluss gebracht werden, an die sich nun etwas Neues anschließt.

Erzählungen zeichnen sich durch einen typischen strukturellen Aufbau aus. Er besteht aus Abstrakt, Orientierung, Handlungskomplikation, Evaluation, Resultat und Koda. Die Abschnitte haben teils referentielle, teils evaluative Funktionen. Die Koda schlägt den Bogen zur Gegenwart der Erzählsituation.

Woran erkennt man Argumentationen und Evaluationen?

Mit dem Sachverhaltsdarstellungsmodus der Argumentation werden in der Narrationsanalyse „bewertende und theoretisch-reflektierende Stellungnahmen" (Schütze 1978: 126) bezeichnet, die von narrativen Formen der Darstellung deutlich abgehoben sind. Sie lassen sich an ihrem Aussagemodus, anhand bestimmter formaler Merkmale und anhand ihres Zeitbezugs deutlich erkennen.

- **Aussagemodus**

Der Aussagemodus solcher Textformen ist argumentativ und/oder bewertend, Stellung nehmend. Es geht um „Vermutung, Behauptung, Erklärung, Rechtfertigung, Einschätzung, Vergleichung, Deutung, Beurteilung, Bewertung, Anklage, Bilanzierung usw." (ebd.). Bei der Geschichte Larrys wurden bereits Beispiele für bewertende Passagen – auf dem Höhepunkt und am Ende der Geschichte – genannt.

- **Formale Merkmale**

Evaluative und argumentative Darstellungsaktivitäten sind auch durch formale Merkmale von den erzählenden Passagen abgesetzt. Bisweilen wird der Zuhörer direkt angesprochen, wie es in der Erzählung Larrys der Fall ist. In manchen Fällen werden sie durch Operatoren der Stellungnahme explizit eingeleitet, wie etwa: „Man muss sich folgendes klarmachen …", „Wenn ich heute darüber nachdenke …" usw. (Schütze 1978: 127). Am Ende der argumentativen Passage erfolgt dann eine Rückleitung zum Erzählteil, mit der deutlich gemacht wird, dass nun die Geschichte weitergeführt wird. Beispiele für solche Floskeln der Rückbindung wäre etwa: „Ja und dann ...", „ja und jetzt". Bisweilen werden die argumentativen Passagen auch explizit abgeschlossen, etwa mit folgender Bemerkung: „Das nur zum Hintergrund, damit du die Sache einordnen kannst."

Im Unterschied zur Erzählung wird in den argumentativen und bewertenden Textsorten kein bestimmtes Ereignis in seiner zeitlichen und kausalen Entwicklung geschildert (d.h. sie lassen sich innerhalb des Textes verschieben, ohne dass der Sinn sofort verändert wird). Es werden stattdessen a) Hintergründe erläutert; b) Behauptungen aufgestellt, die über eine spezifische Situation hinaus Bedeutung beanspruchen; c) Personen und Situationen nach allgemeinen Merkmalen charakterisiert und eingeschätzt; sowie d) Ereigniszusammenhänge reflektiert und bilanziert.

Dabei finden sich in argumentativen Textsorten häufig „allsatzartige" Aussagen „mit allgemeinen Prädikaten in behauptender und/oder begründender Funktion" (ebd.: 129). In bewertenden Textsorten enthalten solche Quasi-Allsätze zusätzlich bewertende Prädikate (z.B. „unglaublich gastfreundlich", „das war wirklich skandalös, was da ablief" etc.). Häufig finden sich in solchen Texten auch Einschätzungsformeln („natürlich", „ist ja ganz klar", „für uns sehr ungewohnt", „aus meiner Sicht" etc.).

- **Zeitbezug**

Argumentative und bewertende Textpassagen sind schließlich auch dadurch zu erkennen, dass der Zeitbezug des Textes sich verändert. Während der Zeitbezug der Erzählung durch eine Vergangenheitsorientierung gekennzeichnet ist – nämlich die Vergangenheit des Ereigniszusammenhanges, der erzählt wird –, sind theoretische und bewertende Textpassagen am Gegenwartsstandpunkt der Erzählerin orientiert. Die argumentativen und bewertenden Sätze beanspruchen über die Grenzen der erzählten Episode hinaus Geltung. Bezugspunkte sind hier also die aktuelle Kommunikationssituation und das gegenwärtige Orientierungssystem der Erzählerin.

Argumentationen sind durch einen bestimmten Aussagemodus, durch formale Merkmale und durch einen Zeitbezug, der am Gegenwartsstandpunkt des Erzählers orientiert ist, zu erkennen. Häufig sind die Übergänge zu argumentativen Passagen auch explizit eingeleitet, wie auch die Rückführung zur Erzählung entsprechend markiert ist.

Woran erkennt man Beschreibungen?

Beschreibungen tauchen als Einschübe in Erzählungen häufig in Form von Hintergrundkonstruktionen auf. Auch ihnen fehlt – wie den Argumentationen – die temporale und kausale Struktur von Erzählungen. Mit ihnen werden allgemeine Sachverhalte und wiederkehrende Abläufe erläutert: die Vorbereitungen, die für eine weite Reise zu treffen waren, die Funktionsweise eines parlamentarischen Ausschusses, die verbreitete Korruption in einem Land, der Aufbau des Koran oder der tägliche Ablauf bestimmter Arbeitsvollzüge. Es geht hier um Sachverhalte, die entweder unabhängig von konkreten Ereignissen existieren oder deren Reichweite über ein konkretes Ereignis hinausgeht; um wiederkehrende, routinisierte Abläufe; sowie um typische Charakteristika von Personen, Situationen, Milieus, Gesellschaften etc.

Ein Beispiel für solch einen wiederkehrenden Ablauf war die oben zitierte Darstellung „gefährlicher Situationen" aus der Studie von Labov, in der nicht ein singuläres Ereignis erzählt, sondern die ritualisierte Praxis der Jugendlichen, vom Bahnübergang ins Wasser zu springen, sowie die damit verbundenen Gefühle geschildert wurden.

Beschreibungen können dieselben kognitiven Figuren enthalten wie Erzählungen, etwa Personen und soziale Situationen. Allerdings treten diese nicht – wie in Erzählungen – als Handlungs- und Ereignisträger auf, die eine Entwicklung durchlaufen. Sie fungieren vielmehr als **Träger für Eigenschaften und soziale Beziehungen**, die an ihnen exemplarisch verdeutlicht werden (Kallmeyer/Schütze 1977: 201ff.). Solche „abstrahierenden Beschreibungen" formulieren „die wesentlichen Merkmale von sozialen Ereignis- und Erlebnisrahmen" (Schütze 1978: 160), mit denen der Erzähler konfrontiert ist, also die abstrakten Merkmale der Situation, des Milieus oder des sozialen Bedingungsgefüges, in dem sich eine bestimmte Geschichte ereignet hat. Ein Beispiel für eine solche „abstrahierende Beschreibung" ist folgender Ausschnitt aus dem Interview mit einer Zeitarbeiterin:

„Und meine Schwestern sind ganz anders geworden. Die sind so geworden, wie meine Eltern sich das vorgestellt haben. Die haben geheiratet, haben 'n Haus gebaut, haben Kinder und sitzen jetzt in ihrem Häuschen, in ihrem kleinen Nestchen, alle in der Umgebung, und leben halt ihr Leben und sind und werden mit Sicherheit Hausmütterchen, die irgendwann in die Breite gehen und eben ihr Leben so leben, wie sie's für richtig halten." (Wohlrab-Sahr 1993: 182)

In diesem Text wird nicht die **Geschichte** der Schwestern erzählt, sondern diese dienen lediglich zur Charakterisierung eines Typus, von dem, wie der Fortgang der Darstellung zeigt, die Interviewte sich selbst abgrenzt. Die abstrahierende Beschreibung geht über in einen Vergleich zum Zwecke der Evaluation:

„Ich kann nicht beurteilen, ob's wirklich das is', was sie sich gewünscht haben und ob sie wirklich so glücklich sind, wie sie, wie sie das gewollt haben. Aber (.) ich bin mit Sicherheit (.) die Ausnahme in unserer Familie und hab' mich nie mit dem zufrieden gegeben, was man mir geboten hat. Und deswegen hab' ich auch gewisse Probleme mit meiner Familie jetzt, was so (.). Gespräche anbetrifft, weil wir ganz andere.. eh.. Ziele haben und auch kaum Gemeinsamkeiten. Über was soll ich mich mit meinen Schwestern unterhalten? Von (.) Kindererziehung versteh ich absolut nichts, weil ich keine habe, und.. was Hauspflege anbe\ geht, da hab' ich auch kein großes Interesse, ich hab' mit meinem kleinen Haushalt genug. Und das wird mir schon manchmal zuviel. Und das (.) hab' ich auch keine Lust zu, das interessiert mich auch gar nich', für mich is' das reine Zeitverschwendung. Und wenn ich das Geld hätte oder in Zukunft habe, dann wird es sicherlich das erste sein, was ich hab', 'ne Putzfrau oder 'ne Haushaltshilfe, weil (.) für mich is' des halt 'n Muss, weil es eben sein muss. Und (.) meine eltern, meine älteren Schwestern eben, die haben halt Spaß daran, ihre Häuschen (.) zu pflegen und zu hegen, und das is', dann gehen halt die Interessen aus'nander. Das is' schon sehr ungewöhnlich, dass grade ich so anders geworden bin." (Ebd.: 182f.)

Kallmeyer und Schütze sprechen davon, dass in der Beschreibung der Vorgangscharakter der dargestellten Ereignisse gleichsam „eingefroren" (Kallmeyer/Schütze 1977: 201) ist. Dies wird in der oben zitierten Passage sehr deutlich. Die Schwestern sind nicht Träger einer Entwicklung, sondern sie dienen zur Illustration eines Habitus. Die Passage erfüllt insgesamt die Funktion der Abgrenzung vom Rest der Familie und der Betonung des Ausnahmecharakters der eigenen Entwicklung.

5.2.5 Schritte der Auswertung und Interpretationsbeispiel

Schütze (1983: 286ff.) gliedert sein Verfahren in sechs Auswertungsschritte:

1. Interpretationsschritt: Formale Textanalyse

Narrative Interviews enthalten zahlreiche nichtnarrative Elemente, auch wenn deren Klammer die narrative Struktur ist. Die Interviewten schieben in ihre Erzählungen längere beschreibende oder argumentative Passagen ein: Die Erzählung über die eigene Konversion zum Islam beispielsweise kann unterbrochen sein durch eine längere Argumentation über die Vorzüge des Islams gegenüber dem Christentum; in die Erzählung einer Berufsbiographie kann eine ausführliche Beschreibung der Arbeitsabläufe in einem Betrieb eingeschoben sein. Solche „großflächig abgehobenen Textstücke (…) die nicht explizit indexikal formuliert sind", d.h. „nicht auf die eigene Erfahrungsperspektive des Informanten rekurrieren, auf keine festen Akteure referieren, keine speziellen Zeiträume angeben und das Geschehen nicht in Situationen verankern, die von den übrigen Ereignissen der Ereigniskette jeweils abgehoben sind" (Schütze 1978: 54), werden im Interpretationsschritt der formalen Textanalyse aus dem Erzähltext zunächst herausgenommen. Sie interessieren erst an späterer Stelle. Schütze geht davon aus, dass es sich bei solchen Textpassagen primär um Formen sekundärer Legitimation handelt. Sie werden später vor dem Hintergrund des analysierten Erzähltextes wieder interessant, zunächst gilt es aber, **diesen** im Detail zu interpretieren.

In der Regel sind solche Passagen als argumentative oder beschreibende Einschübe gut zu erkennen: Der Erzähler schließt häufig am Ende eines solchen Einschubs relativ nahtlos an die unterbrochene Erzählung an (z.B.: „… und dann nahm ich diese Stelle in dem Atomkraftwerk an." – Einschub zu den allgemeinen Auseinandersetzungen um Atomkraftwerke in der Bundesrepublik in den 1980er Jahren – „Ja, also ich fing da an, und dann …").

Dabei ist allerdings zu bedenken, dass Bewertungen und Beschreibungen auch **in den Erzählduktus eingebettet** sein können, und – wie die oben genannten Beispiele zeigen – es in der Regel auch sind. „Diese Stücke weisen einen explizit indexikalen Erzählrahmen auf und repräsentieren allgemeinere, z.T. theoretische Orientierungsbestände des Erzählers, die unmittelbar handlungsrelevant sind." (Ebd.) Solche in den Erzählrahmen eingebetteten allgemeinen Wissensbestände dürfen **keinesfalls** aus dem Erzähltext eliminiert werden. In ihnen geht es etwa darum, Handlungen zu plausibilisieren („Die Situation war damals eben so. Man hatte keine Wahl.") oder die „Moral" einer Geschichte zu formulieren („Aber.. ich bin mit Sicherheit… die Ausnahme in unserer Familie und hab' mich nie mit dem zufrieden gegeben, was man mir geboten hat."). Der oben anhand der Studien Labovs dargestellte strukturelle Aufbau von Erzählungen macht sehr deutlich, dass die Evaluation ein zentrales Element von Erzählungen ist. Man würde also die Erzählung geradezu zerstören, würde man dieses Element bei der formalen Textanalyse eliminieren.

Sinn dieses Auswertungsschrittes ist es, sich die formale Gestalt der Gesamt**erzählung** mitsamt der in sie eingebetteten und auf sie bezogenen argumentativen und beschreibenden Passagen vor Augen zu führen. Der in dieser Weise von Einschüben „bereinigte" Erzähltext wird im Anschluss auf seine formalen Textabschnitte hin segmentiert. Das heißt, man nimmt nun nach formalen und inhaltlichen Gesichtspunkten eine Gliederung des Textes vor. Dabei wird bei der Durchsicht relativ schnell erkennbar, dass die einzelnen Segmente sich sowohl inhaltlich charakterisieren lassen als auch formal voneinander abgehoben sind. Wichtige Indizien für die Abgrenzung von Segmenten sind sog. „Rahmenschaltelemente" („Und dann ...", „ja und schon damals ...", „nachdem ich nun ...", „als ich damals ...", „es war nun aber so: ..." etc.) oder andere formale Markierungen („eh.."), Pausen, eine merklich veränderte Intonation, deutliche Veränderungen im Grad der narrativen Detaillierung, aber auch Themenwechsel und Wechsel im dominanten Schema der Sachverhaltsdarstellung. In der Regel verbinden sich formale Markierungen mit inhaltlichen Veränderungen.

In ihrer Analyse des biographischen Interviews mit einer Chefärztin im Rahmen einer Diplomarbeit im Fach Psychologie kam Birgit Kothe (1982) zu folgender Segmentierung[138]:

„(Segment-Nummer) / Lokalisierung im Text / (Kurzbeschreibung)

(2)   1:30–1:41   (Abstract)[139]
(3)   1:41–2:23   (Kindheit)
(4)   2:23–2:52   (Krieg und Flucht)
(5)   2:52–3:08   (Adoleszenz, Ergebnissicherung von (4))
(6)   3:08–3:36   (argumentativer Kommentar mit Belegerzählungen zu (4))
(7)   3:36–3:55   (Ausdifferenzierung des biographischen Handlungsschemas, ,Chirurgin-Werden')
(8)   3:55–4:17   (Auftauchen von Widerständen, legitimierende Hintergrundkonstruktion zur Person des Vaters)
(9)   4:18–4:44   (Zwischenphase in der Bank, Bewältigung der Widerstände)
(10) 4:44–5:10   (Studium)
(11) 5:10–5:50   (berufliche Karriere bis zum Jetztzeitpunkt)
(12) 5:52–6:24   (narrative Darstellung der privaten Lebenslinie)
(13) 6:25–7:47   (Argumentation zum Topos ,Kinderwunsch' in (12))
(14) 7:49–8:18   (Focussierung auf das eigene Erleben in der Vergangenheit und zum Jetztzeitpunkt, Evaluation zu (12))
(15) 8:18–8:50   (Alter)
(16) 8:50–8:56   (Coda)." (Kothe 1982: 50f.)

Die hier vorgestellte Segmentierung verdeutlicht den oben skizzierten Aufbau von Erzählungen. Auch die hier analysierte lebensgeschichtliche Erzählung wird von Einleitungs- und Abschlusssegmenten gerahmt. Der **Abstract** oder auch die Erzählpräambel (Labov/Fenshel 1977: 105; Labov 1980: 296; Schütze 1991: 208) – hier Segment 2 – kündigt das Folgende zusammenfassend an. In ihr stellt die Erzählerin fest, wie sie die Lebensgeschichte, die sie nun erzählen wird, verstanden wissen will. Die **Koda** – hier Segment 16 – markiert das Ende der Erzählung und überbrückt gleichzeitig den Abstand zwischen dem Zeitpunkt dieses Erzähl-Endes und der Gegenwart der Erzählsituation. Die **Evaluation** (hier Segment 14) bringt den Kernpunkt der Erzählung – gleichsam die „Moral von der Geschichte" – auf den Punkt (vgl. Labov 1980: 296-308).

Wie man an der oben angeführten Segmentierung erkennen kann, gibt bereits diese erste, grobe Struktur der Erzählung Aufschluss über deren Grunddynamik: In diesem Fall über die Rahmung der Biographie (Krieg und Flucht), das sich herausbildende zentrale biographische

---

[138] Auf die Fußnoten, die im Originaltext enthalten sind, haben wir hier verzichtet. Kleinere Schreibfehler haben wir stillschweigend korrigiert.
[139] Das Segment 1 besteht aus dem Erzählstimulus.

Handlungsschema („Chefärztin werden"), das Auftauchen von Widerständen und deren Überwindung bei der Durchsetzung dieses Handlungsschemas, die Charakterisierung von für diesen Prozess wesentlichen Akteuren (hier der Vater), sowie die Probleme, die mit der erfolgreichen Durchsetzung des Handlungsschemas verbunden sind (Kinderwunsch).

Auf der Grundlage dieser Segmentierung kann nun der nächste Interpretationsschritt durchgeführt werden.

Es wird in den Publikationen, in denen narrationsanalytische Auswertungen erkennbar werden, nicht deutlich, wie narrative Segmente aus dem ersten (immanenten) Nachfrageteil des Interviews in die Auswertung integriert werden. Da dieser Nachfrageteil ja explizit darauf zielt, dort, wo sich in der Haupterzählung „Erzählzapfen" finden – also mögliche Geschichten angedeutet, aber nicht ausgeführt sind –, oder an Stellen mangelnder Detaillierung aus der Haupterzählung noch einmal nachzufassen und zusätzliche Narrationen zu generieren, müssen diese in die Auswertung an irgendeiner Stelle mit einbezogen werden. Wir schlagen hier vor, diese Passagen bei der Auswertung *neben* der entsprechenden Anschlussstelle in der Eingangserzählung abzudrucken und in einem zweiten Interpretationsgang darauf einzugehen. In der formalen Textanalyse könnte das in etwa so dokumentiert werden[140]:

Segment 13 ‖	Segment 25
Argumentation zum Topos „Kinderwunsch" ‖	Erzählung zum biographischen Umgang mit dem Kinderwunsch in der ersten Ehe

> Die formale Textanalyse bereinigt den Interviewtext in einem ersten Schritt von großflächigen, nicht narrativen Einschüben (Beschreibungen, Argumentationen), die nicht indexikal (d.h. mit Bezug auf Personen und Situationen, mit Orts- und Zeitbezügen) formuliert sind. Anschließend wird der Text nach inhaltlichen und formalen Gesichtspunkten in Segmente unterteilt.

2. Interpretationsschritt: Strukturelle inhaltliche Beschreibung

In diesem Interpretationsschritt (vgl. Schütze 1983: 286) werden die einzelnen Erzählsegmente genauer analysiert, und es wird die Funktion der Segmente für die gesamte Erzählung bestimmt. Dabei ist das Verhältnis von inhaltlicher und formaler Darstellung von besonderem Interesse. Neben dem „Was" kommt hier das „Wie" der Darstellung in den Blick. Insgesamt zielt nach Fritz Schütze die strukturelle inhaltliche Beschreibung auf die Herausarbeitung der verschiedenen **Prozessstrukturen des Lebensablaufs**, „festgefügte institutionell bestimmte Lebensstationen; Höhepunktsituation; Ereignisverstrickungen, die erlitten werden; dramatische Wendepunkte oder allmähliche Wandlungen; sowie geplante und durchgeführte biographische Handlungsabläufe" (Schütze 1983: 286).

Hermanns et al. (1984: 141-145) nennen vier Ziele dieses Auswertungsschrittes:

(a) die Bestimmung der unterschiedlichen **Schemata der Sachverhaltsdarstellung**, d.h. der erklärenden und beschreibenden Passagen, die in die Erzählung eingelagert sind, deren Verhältnis und Funktion. Wichtig ist hier auch das Herausarbeiten von **Stellen mangelnder Plausibilisierung**, etwa wenn in einer Erzählung ein biografischer Kommentar abgegeben wird, für den es keine Geschichte gibt, die ihn plausibilisieren würde.

---

[140] Dieses Beispiel entstammt nicht der Arbeit von Kothe, sondern wurde von uns zum Zwecke der Veranschaulichung erfunden.

(b) das Herausarbeiten von **Erzählketten**[141], deren Auftauchen und Verschwinden, sowie von für den Erzähler wichtigen **thematischen Kreisen**;

(c) die Rekonstruktion eines **Entwicklungspfades**, der Ausgangsbedingungen, der Höhe- und Tiefpunkte, des Auftretens von Wendepunkten, entscheidenden Situationen, Verzweigungen, allmählichen Veränderungen etc. Von Interesse sind hier auch **formale Binnenindikatoren**, die auf den inneren Zusammenhang der Erzählstücke verweisen. Dazu gehören etwa „Verknüpfungselemente zwischen einzelnen Ereignisdarstellungen (,dann', ,um zu', ,weil', ,dagegen' usw.), (...) Markierer des Zeitflusses (,noch', ,schon', ,bereits', ,schon damals', ,plötzlich' usw.) und (...) Markierer mangelnder Plausibilisierung und notwendiger Zusatzdetaillierung (Verzögerungspausen, plötzliches Absinken des Narrativitätsgrades, Selbstkorrektur mit anschließendem Einbettungsrahmen zur Hintergrunddarstellung)" (Schütze 1983: 286). Bei der Berücksichtigung dieser formalen Indikatoren wird zum Beispiel erkennbar, wo ein Rahmenschaltelement auf größere Zusammenhänge verweist, wo sich also ein Prozess anzubahnen beginnt, der von umfassenderer Bedeutung für die Gesamtgeschichte ist.

Dabei ist auch auf das Verhältnis von Erzählung und Argumentation zu achten. So können z.B. argumentativ Kontinuitäten (oder auch Diskontinuitäten) behauptet werden („Ich hatte schon immer eine künstlerische Ader"), die zur erzählerischen Darstellung in Widerspruch stehen;

(d) das Herausarbeiten **analytischer Kategorien** zur Charakterisierung der dargestellten Prozesse und Strukturen. Hier geht es um Abstraktionen der Darstellung des Geschehens. In dem oben zitierten Beispiel der abstrahierenden Beschreibung aus dem Interview mit der Zeitarbeiterin wäre eine geeignete analytische Kategorie etwa die des „Distinktionsbemühens".

Die strukturelle inhaltliche Beschreibung zielt auf die Herausarbeitung der verschiedenen Prozessstrukturen des Lebensablaufs. Dazu werden die einzelnen Segmente genauer im Hinblick auf das Verhältnis von Form und Inhalt untersucht. Es werden die Schemata der Sachverhaltsdarstellung in den Segmenten in ihrem Verhältnis zueinander und in ihrer Funktion bestimmt; Erzählketten und thematische Kreise herausgearbeitet; der Entwicklungspfad, der in der Erzählung zum Ausdruck kommt, rekonstruiert; sowie schließlich analytische Kategorien zur Charakterisierung der dargestellten Prozesse und Strukturen herausgearbeitet.

Interpretationsbeispiel: Strukturelle inhaltliche Beschreibung

Zur Veranschaulichung wird hier die (am Ende leicht gekürzte) Beschreibung eines Segments aus der bereits erwähnten Interviewanalyse von Kothe vorgestellt. Es handelt sich um

---

[141] In Erzählungen gibt es mehrere Erzählketten, d.h. chronologisch oder entwicklungslogisch miteinander verknüpfte Episoden, von denen sich die eine z.B. auf eine lange geplante und schließlich realisierte Reise und die andere auf die Krise der Ehe der Erzählerin bezieht. Diese Erzählketten können in bestimmten Passagen der Erzählung verschwinden und an anderer Stelle wieder auftauchen. Thematische Kreise sind dagegen größere thematische Zusammenhänge, in die solche Erzählketten eingeordnet sein können, z.B. der thematische Kreis des „Glücks in der Fremde" oder des „verfehlten Lebens".

das 7. Segment, das oben bereits als „Ausdifferenzierung des biographischen Handlungsschemas ‚Chirurgin-Werden'" charakterisiert wurde:[142]

„Das 7. Segment ist vom vorangehenden sehr deutlich durch Abschlußintonation und Rahmenschaltung mit vorheriger kurzer Pause abgegrenzt (‚…zu machen (.) .. dann Abitur (') … /m/…', 3:36).

Die Rahmenschaltung indiziert, dass sich die Erzählerin nun auch thematisch einem neuen Focus zuwendet: nachdem sie vergleichsweise ausführlich die Kindheit und Jugend geschildert hat, und dabei der berufsbiographische Aspekt ihrer Darstellungen ein Stück weit in den Hintergrund getreten war, steht nun die Ausdifferenzierung des biographischen Handlungsschemas ‚Chirurgie zu machen' thematisch im Mittelpunkt der Segmente (7), (8) und (9). Lebenszeitlich gesehen handelt es sich um die Phase nach Abschluß der Schulausbildung (Abitur) bis zum Beginn des Medizinstudiums.

Die Funktion des 7. Segmentes besteht darin, retrospektiv zu rekonstruieren und mir als Zuhörerin vor Augen zu führen, welche spezifische Bedeutung mit der Phantasie, Chirurgin zu werden, schon damals verknüpft war. Aus diesem Grund enthält dieser Gesprächsabschnitt, in dem das Erzählschema wieder aufgegriffen wird, auch eine Reihe von Beschreibungen. Formal auffällig ist hier, dass sich diese Beschreibungen auf einen als <u>exklusiv</u> markierten Träger, nämlich Frau Dr. H. selbst, beziehen und darüber hinaus auch bewertenden Charakter haben:

‚…ich habe nie Medizin studieren wollen, um Ärztin (–) .. als Frau sollte man immer Kinderärztin werden (–) .. zu werden, sondern ich wollte immer.. .. Chirurgie machen (.) nich (') für mich war die ……. Aktion (') .. am /eh/ am Menschen (–) am, am … kranken Menschen … wichtig und nicht dieses Den(k) Nachdenken darüber, was viel(k) welche Tablette vielleicht helfen könnte (.)' (3:43–3:52).

Nach der erzählerischen Einführung des Berufswunsches ‚Medizin' muß die nachfolgende Differenzierung (‚Chirurgie'), die ja nicht ohne weiteres plausibel ist, erläutert werden. Interessant ist nun hier, dass die Beschreibung der Motivkonstellation mit einer Diskrepanzmarkierung beginnt, mit der sich Frau Dr. Hermelin mit ihrer Studien- und Berufswahl von möglichen anderen, mit dem Medizinstudium verknüpften Identitätsentwürfen abgrenzt. Die exklusive Beschreibung der einzelnen Facetten des angestrebten Berufsbildes weist darauf hin, dass es Frau Dr. H. in erster Linie darauf ankommt, mögliche ‚Normalformtypisierungen' (Cicourel) außer Kraft zu setzen, die bei der in ihrer Erzählung auftauchenden ‚sozialen Kategorie' (Sacks) einer Abiturientin mit dem Studienwunsch Medizin aktualisiert worden sein könnten und unter die sie nicht fälschlicherweise subsumiert werden möchte. Syntaktisch lässt sich diese Intention an der in den Satz eingeschobenen Hintergrundinformation (‚als Frau sollte man…..'), sowie am Wechsel der Satzsubjekte (ich/man/ich, vgl. hierzu

---

[142] Der Interviewtext, der hier der Einfachheit halber ohne die Aufmerksamkeitsmarkierer der Interviewerin wiedergegeben wird, lautet: „dann Abitur (') .. /m/ wiederum Begeisterung für .. Medizin inzwischen in .. verbaler .. Er(k)Anerkennung dessen, was da .. möglich <u>wäre</u> (') – der Wunsch Medizin zu studieren (–) und <u>immer</u> eigentlich der Wunsch, <u>Chirurgie</u> zu machen (.) das ist also hervorstechend (') ich habe nie Medizin studieren wollen, um Ärztin (–) als Frau sollte man immer Kinderärztin (–) zu werden, sondern ich wollte immer .. Chirurgie machen (.) nicht (') für mich war die … <u>Aktion</u> (') .. am /eh/ am Menschen, am, am … kranken Menschen wichtig und nicht dieses Denk(k) Nachdenken darüber, was viel (k) welche Tablette vielleicht helfen könnte (.) also … naturwissenschaftlich .. vorgezogen war sicherlich alles was ich gemacht hab' (.)" (Kothe 1982, Anhang: 3, Interview Dr. H.)

3:43/3:44/3:45), in der der Kontrast zwischen Erzählerperspektive einerseits (=ich) sowie der gesellschaftlich geteilten Typisierung (=man) andererseits deutlich wird, ablesen.

Schließlich ist in diesem Gesprächsabschnitt noch auffällig, daß sich die dichotome Beschreibungsstruktur vorangegangener Segmente wiederholt (…)" (Kothe 1982: 55f.)[143]

3. Interpretationsschritt: analytische Abstraktion

Im Auswertungsschritt der analytischen Abstraktion löst sich die Interpretation wieder von den Details der in den Segmenten dargestellten einzelnen Lebens- und Erzählabschnitte und setzt die anhand dieser Abschnitte getroffenen Strukturaussagen systematisch zueinander in Beziehung. Insgesamt zielt dieser Auswertungsschritt auf die Herausarbeitung der „biographischen Gesamtformung", der „lebensgeschichtliche(n) Abfolge der erfahrungsdominanten Prozeßstrukturen in den einzelnen Lebensabschnitten bis hin zur gegenwärtig dominanten Prozeßstruktur" (Schütze 1983: 286).

Schütze hat in seinen empirischen Fallanalysen bisher folgende Prozessstrukturen herausgearbeitet:

(a) die **Verlaufskurve**, eine Verlaufsform, die vom Handlungsträger vor allem als Form des Erleidens, des Überwältigtwerdens und des Verlusts von Handlungskontrolle erfahren wird (s. z.B. Schütze 1983: 288-292); prinzipiell unterscheidet Schütze hier „Fallkurven" – also negative Verläufe – und Steigkurven, die positiv verlaufen, aber dennoch weniger durch die Verfolgung von Handlungsplänen als durch institutionelle oder durch andere, vom Subjekt nicht mehr aktiv steuerbare Mechanismen prozessiert werden;[144]

(b) das **biographische Handlungsschema**,[145] bei dem die Entwicklung und Verfolgung von Handlungsplänen maßgeblich ist;

(c) das **institutionelle Ablaufmuster der Lebensgeschichte**, bei dem der Erfahrungsablauf an organisatorischen Erwartungsfahrplänen orientiert ist; sowie

(d) den **Wandlungsprozess**, bei dem sich lebensgeschichtliche Ereignisse nicht als Realisierung von Plänen, sondern für den Biographieträger überraschend entwickeln, gleichwohl aber ihren Ursprung in dessen „Innenwelt" haben (Schütze 1981: 103-113; 1984: 92-97; 1991: 214-220).

Für die von Schütze vorgelegten Biographieanalysen ist die Herausarbeitung dieser Prozessstrukturen, die sich im biographischen Verlauf abwechseln können – aus einer Verlaufskurve kann ein Wandlungsprozess werden, aus einem institutionellen Ablaufmuster eine Verlaufskurve etc. – maßgeblich. Dem Verständnis Schützes nach geht es bei diesen Prozessstruktu-

---

[143] In der Arbeit werden im Anschluss daran Beispiele für diese dichotome Beschreibungsstruktur aufgelistet, die sich u.a. in der Dichotomie Chirurgie vs. Kinderärztin, Nachdenken vs. Handeln manifestiert. Die Beschreibung des Segments bei Kothe endet mit der Reflexion über eine Stelle „mangelnder Plausibilisierung" (Kothe 1982: 60).

[144] Insbesondere die Untersuchung der Biographien von „Arbeitssüchtigen" (Seliger 2005) zeigt, wie hier das Prozessiertwerden durch positive Verläufe, wie expandierende Unternehmen oder anspruchsvolle Projekte, sowie durch die Eröffnung von Chancen und die Zuschreibung von Kompetenzen ebenso zu einer verlaufskurvenhaften Dynamik führen kann, die mit dem Verlust von Steuerungsmöglichkeit einhergeht und potenziell im Zusammenbruch endet.

[145] Im Hintergrund der Kontrastierung von Verlaufskurve und biographischem Handlungsschema steht die in der Phänomenologie von Schütz (1982 [1970]: 78ff.) getroffene Unterscheidung von Weil-Motiven und Um-zu-Motiven.

ren des Lebensablaufs aber nie allein um äußere Verläufe, sondern immer um die Art der **Haltung** gegenüber lebensgeschichtlichen Erlebnissen.[146]

Im oben charakterisierten Fall der Chefärztin bestände die Herausarbeitung der biographischen Gesamtformung darin, die Herausbildung und Durchsetzung des biographischen Handlungsschemas „Chefärztin-Werden", den Hintergrund, vor dem es entsteht und die Widerstände, gegen die es aufgebaut wird, die Auseinandersetzung mit kontrastierenden (und drohenden) Möglichkeiten sowie die mit diesem Handlungsschema verbundenen Ausblendungen und Engführungen herauszuarbeiten.

> Die analytische Abstraktion arbeitet die biographische Gesamtformung der Erzählung – als Abfolge der erfahrungsdominanten Prozessstrukturen in den einzelnen Lebensabschnitten bis hin zur gegenwärtig dominanten Prozessstruktur – heraus.

4. Interpretationsschritt: Wissensanalyse

Nachdem in den ersten drei Interpretationsschritten vor allem der Ereignisablauf und die grundlegende biographische Erfahrungsaufschichtung rekonstruiert wurden, kommen nun im nächsten Schritt, der Wissensanalyse, die eigenen Theorien des Interviewten über sein Leben und über relevante, ihn betreffende Zusammenhänge explizit in den Blick. Der primär interessierende Modus der Sachverhaltsdarstellung ist hier die **Argumentation** und die Art und Weise, wie diese auf die Erzählung lebensgeschichtlicher Ereignisse bezogen ist. Es geht hier darum, das, was in den Erzählpassagen des Interviews sowie im abschließenden argumentativen Teil an „Eigentheorie" des Erzählers zu seiner Lebensgeschichte und zu seiner Identität enthalten ist, deutlich zu machen und auf seine Funktion hin zu befragen. Wie verhält sich diese subjektive Theorie – so wäre die Frage – zu dem, was man aus den erzählenden Teilen des Interviews über den Ereignisablauf, die Erfahrungsaufschichtung und den Wechsel zwischen den dominanten Prozessstrukturen des Lebensablaufs erfahren hat? Was zeigt sich in dieser Eigentheorie an Orientierung, an Verarbeitung und Deutung, welche Selbstdefinition und Legitimation wird darin erkennbar, oder welche Form der Ausblendung und Verdrängung (Schütze 1983: 286f.)?

Im oben präsentierten Fallbeispiel geht es dabei insbesondere um die argumentative Selbstpräsentation der Erzählerin, die legitimatorische Abstützung des biographischen Handlungsschemas „Chirurgin-Werden", die dichotome Gegenüberstellung dieses Berufsziels im Vergleich mit anderen, negativ bewerteten Möglichkeiten, die mit einer typisierenden Polarisierung von Männlichkeit und Weiblichkeit einhergeht, sowie um die argumentative Auseinandersetzung mit den Kosten der Realisierung des biographischen Handlungsschemas, insbesondere der Kinderlosigkeit der Erzählerin.

---

[146] Andere Autoren und Autorinnen haben sich von der Orientierung auf diese vier grundlegenden Prozessstrukturen des Lebenslaufs stärker gelöst. Dazu gehören Rosenthals und Völters Arbeiten über Familienbiographien und die transgenerationale Verarbeitung traumatischer Erfahrungen (Rosenthal 1994; 1997; 1999; Völter 2003). Eine kritische Auseinandersetzung mit Schützes Konzept der Prozessstruktur des Lebensablaufs stellt Gerhardts (1986) Arbeit über „Patientenkarrieren" dar. Als exemplarische Studien, in denen Schützes Ansatz zur Anwendung kam, sind die Studien über die Berufsverläufe von Ingenieuren von Hermanns, Tkocz und Winkler (1984) sowie Riemanns (1987) Untersuchung über Psychiatriepatienten zu nennen. Im Anschluss an Schütze hat Rosenthal (1995; 2005) ein eigenes Auswertungsverfahren entwickelt, das sich am Verhältnis von erzählter und erlebter Lebensgeschichte orientiert.

> In der Wissensanalyse kommen die eigenen Theorien der Interviewten explizit in den Blick. Von Interesse ist hier, in welcher Weise diese Theorien auf die erzählten lebensgeschichtlichen Prozesse bezogen sind und welche Funktion sie im Hinblick darauf erfüllen.

5. Interpretationsschritt: Kontrastive Vergleiche unterschiedlicher Interviewtexte

Dieser Interpretationsschritt löst sich nun von der Einzelfallanalyse und nimmt kontrastive Vergleiche zwischen unterschiedlichen Interviewtexten vor (Schütze 1983: 287). Dabei orientiert sich Schütze am Prinzip des minimalen und maximalen Vergleichs, wie wir es im Zusammenhang mit dem „Theoretical Sampling" (s. Kap. 4) und der Grounded Theory (s. Kap. 5.1) bereits behandelt haben.

Die Auswahl von Vergleichsfällen hängt ausschließlich von dem Erkenntnisinteresse der jeweiligen Studie ab. Das Interesse kann stärker grundlagentheoretisch oder stärker an inhaltlichen Fragen ausgerichtet sein. Zum Beispiel könnte die Grunddynamik verlaufskurvenhafter Prozesse im Mittelpunkt stehen. Dann ginge es darum, entsprechende biographische Interviews zu vergleichen, die eine derartige Prozessstruktur aufweisen, und diese auf ihre formalen Ablaufmuster und ihre äußeren und inneren Voraussetzungen hin zu untersuchen. Es kann aber zum Beispiel auch um die inhaltliche Frage gehen, welche Bedingungen in Arbeitszusammenhängen etwa dazu führen, dass sich aus einer starken Arbeitsmotivation eine Form der Verlaufskurve entwickelt, bei der die Kontrolle über das eigene Arbeitspensum zunehmend verloren geht, bis sich schließlich eine problematische Form der „Arbeitssucht" entwickelt, und unter welchen Voraussetzungen eine solche Entwicklung eher vermieden wird. Zu diesem Zweck wäre es sinnvoll, Interviews mit verschiedenen Personen, die über lange Zeit ein weit überdurchschnittliches Arbeitspensum bewältigen und bei denen sich dabei unterschiedliche Dynamiken entwickeln, miteinander zu vergleichen (s. dazu Seliger 2005).

Dabei schlägt Schütze vor, zunächst der Strategie des minimalen Vergleichs zu folgen, d.h. Vergleichsinterviews auszusuchen, die im Hinblick auf ein im ersten Fall relevant erscheinendes Phänomen Parallelen aufweisen. Wenn sich etwa bei dem Interview mit einer „arbeitssüchtigen" Person zeigt, dass die Zurechnung einer Kompetenz von Seiten eines Vorgesetzten, über die die betreffende Person in formaler Hinsicht und aufgrund fehlender Erfahrung noch nicht verfügt, und die damit verbundene Dynamik von Anerkennung und Überforderung eine wesentliche Rolle spielten, wäre es eine mögliche Strategie für einen minimalen Vergleich, nun ein zweites Interview heranzuziehen, in dem sich ebenfalls eine solche Form der Verbindung von Anerkennung und Kompetenzüberschätzung zeigt. Das Ziel des minimalen Vergleiches ist es generell, einen Befund aus einem ersten Interview abstrakter zu formulieren, indem man es von den konkreten Inhalten des ersten Falles löst und als strukturellen Zusammenhang herausarbeitet.

Bei der daran anschließenden Strategie des maximalen Vergleichs muss natürlich der inhaltliche Zusammenhang mit der Forschungsfrage gewahrt bleiben. „Der maximale theoretische Vergleich von Interviewtexten hat die Funktion, die in Rede stehenden theoretischen Kategorien mit gegensätzlichen Kategorien zu konfrontieren, so alternative Strukturen biographisch-sozialer Prozesse in ihrer unterschiedlichen lebensgeschichtlichen Wirksamkeit herauszuarbeiten und mögliche Elementarkategorien zu entwickeln, die selbst den miteinander konfrontierten Alternativprozessen noch gemeinsam sind." (Schütze 1983: 288; vgl. dazu auch Kap. 5.1)

Beim Thema Arbeitssucht wären hier etwa Interviews mit Personen heranzuziehen, a) denen im Betrieb Gelegenheit gegeben wurde, sich in die entsprechenden Gebiete unter fachlicher Beratung einzuarbeiten; oder b) die über entsprechende Vorerfahrung verfügten bzw. – wo dies nicht der Fall war – die c) durch erfahrene Kollegen supervidiert wurden und bei denen es nicht zu dieser spezifischen Verquickung von Anerkennung und Überforderung gekommen ist. Eine andere maximale Vergleichsstrategie bestünde darin, die Interviews nach Maßgabe des jeweiligen Umgangs der Befragten mit Grenzziehungen zu vergleichen. Da „Arbeitssucht" wesentlich mit einer Entgrenzung der Arbeit zu tun hat, wären zum Vergleich Interviews heranzuziehen, in denen sich auch bei Personen mit hohem Arbeitspensum deutliche Grenzziehungen finden lassen, und entsprechend die Voraussetzungen dafür zu untersuchen. Eine weitere Variante eines „maximalen Vergleichs" wären Personen, die bewusst die Grenzen zwischen Beruf und Privatheit aufgeben, um sich ganz einer Sache widmen zu können.

In der oben bereits ausführlich vorgestellten Diplomarbeit über Karrierefrauen (Kothe 1982) erfolgte die Kontrastierung sowohl nach unterschiedlichen Berufsfeldern mit divergierenden Anforderungsprofilen (Klinik/Universität), aber auch nach dem jeweiligen biographischen Umgang der befragten Frauen mit dem Thema „Kinderwunsch", das für Frauen in hohen Positionen häufig ein kritisches Thema ist, da sich für sie Geburten und Kindererziehung nach wie vor schwer in Karriereabläufe integrieren lassen.

> Der kontrastive Vergleich orientiert sich am Fallvergleich im Rahmen eines Theoretical Sampling. Der minimale Kontrast dient bei diesem Vergleich dazu, fallspezifische Befunde abstrakter zu formulieren, der maximale Kontrast dient der Herausarbeitung alternativer Strukturen und der Entwicklung gemeinsamer Elementarkategorien.

6. Interpretationsschritt: Konstruktion eines theoretischen Modells

Auch die Konstruktion theoretischer Modelle hängt unmittelbar mit dem spezifischen Erkenntnisinteresse der jeweiligen Forschung zusammen. Insgesamt kann man jedoch sagen, dass die Forschungen, die aus dem Arbeitszusammenhang von Schütze und anderer am Verfahren der Narrationsanalyse orientierter Forscher und Forscherinnen hervorgegangen sind, sehr oft auf die Herausarbeitung von Prozessmodellen abzielen, seien es (a) solche „spezifischer Arten von Lebensabläufen, ihrer Phasen, Bedingungen und Problembereiche" oder (b) solche „einzelner grundlegender Phasen und Bausteine von Lebensabläufen generell oder der Konstitutionsbedingungen und des Aufbaus der biographischen Gesamtformung insgesamt" (Schütze 1983: 288). Die theoretischen Modelle der ersten Art richten sich dabei auf besondere Personengruppen und deren spezifische biographische und soziale Bedingungen (z.B. Karrierefrauen, Sozialhilfeempfänger, Sterbende), die des zweiten Typus sind eher grundlagentheoretisch orientiert, auch wenn sie dieses Interesse anhand spezifischer Gruppen verfolgen. So lassen sich etwa anhand der Lebensgeschichten chronisch Kranker (Fischer 1982) grundlegende Strukturen des Verhältnisses von Alltagszeit und Lebenszeit oder anhand von Adoptivfamilien (Hoffmann-Riem 1989) grundlegende Prozesse des Aufbaus familialer Wirklichkeit untersuchen. Gerade solche grundlagentheoretischen Arbeiten sind dabei in theoretischer Hinsicht oft wissenssoziologisch inspiriert.

> Die Konstruktion theoretischer Modelle richtet sich in der Narrationsanalyse häufig auf die Herausarbeitung allgemeiner Prozessstrukturen. Dabei kann es um bestimmte Personengruppen und die für sie charakteristischen biographischen Verläufe gehen, aber auch um die grundlagentheoretische Betrachtung von biographischen Phasen, Biographiekonstitution und der Konstitution sozialer Wirklichkeit.

5.3 Objektive Hermeneutik

Die objektive Hermeneutik ist ein methodologischer Ansatz, der bereits in seiner Bezeichnung – objektiv **und** hermeneutisch – eine Spannung zum Ausdruck bringt, die alle drei der im Folgenden behandelten Verfahren charakterisiert. Es geht um die Spannung zwischen zwei verschiedenen Sinnebenen, deren Verhältnisbestimmung ins Zentrum der Analyse gerückt wird. Was mit dieser Spannung gemeint ist und wie die objektive Hermeneutik deren Herausarbeitung in ein methodisches Verfahren übersetzt, werden wir im Folgenden zeigen.

5.3.1 Entstehungshintergrund des Verfahrens

Die Methodologie der objektiven Hermeneutik[147] und das entsprechende sequenzanalytische Verfahren wurden in den 1970er Jahren von Ulrich Oevermann und seinen Mitarbeitern entwickelt. Letztlich resultierte die Arbeit daran aus der Einsicht, dass quantitative Erhebungs- und Auswertungsverfahren bei komplexen Fragestellungen nur begrenzte Erklärungskraft besitzen. Der konkrete Kontext war ein damals am Max-Planck-Institut in Berlin laufendes Forschungsprojekt zum Thema „Elternhaus und Schule", das sich mit dem Zusammenhang von Schichtzugehörigkeit der Eltern und Intelligenzentwicklung sowie Schulerfolg der Kinder befasste (Oevermann 1972; Oevermann et al. 1976).

In dieser Zeit wurde in der mit standardisierten Verfahren arbeitenden Bildungssoziologie immer wieder festgestellt, dass mit Hilfe der zugrunde gelegten Indikatoren dieser Zusammenhang nur sehr begrenzt nachzuweisen war bzw. dass die Verfahren zu uneindeutigen Ergebnissen führten. Ein Teil der Bildungssoziologen folgerte daraus, der Schichtenspezifität von Sozialisationsprozessen sei zu viel Bedeutung zugemessen worden, man solle sich stattdessen auf Einzelindikatoren – etwa Erziehungsstile – konzentrieren. An die Stelle einer soziologischen Betrachtung trat in diesem Fall eine sehr viel fragmentiertere sozialpsychologische oder erziehungswissenschaftliche Perspektive.[148] Die Forschergruppe um Oevermann ging einen anderen Weg. Im Zuge ihrer Forschung verstärkte sich bei ihnen der Eindruck, dass die übliche Messung der Schichtzugehörigkeit, bei der „soziale Herkunft" auf derselben

---

[147] Für diejenigen, die sich weiter in das Verfahren der objektiven Hermeneutik einlesen wollen, seien die Einführung von Wernet (2000), ein grundlegender Text zur Fallrekonstruktion von Oevermann (2000) sowie die beiden mittlerweile „klassischen" Texte, in denen das Verfahren zuerst vorgestellt und anhand von exemplarischen Analysen einer Familieninteraktion und eines Interviewtranskripts auch vorgeführt wurde (Oevermann et al. 1979; Oevermann et al. 1980), zur Lektüre empfohlen.

[148] In diesen Fächern kommt oft eine noch stärker naturwissenschaftlich ausgerichtete Perspektive zum Tragen. Soziale Phänomene müssen hier in kleine Messeinheiten zerlegt werden, wobei „Fehler" oft in der ungenauen oder zu groben Messung dieser Einheiten verortet werden. Damit kommt es zur Betrachtung fachspezifisch definierter Zusammenhänge zwischen einzelnen Variablen, die aus den anderen „Einflussfaktoren" – d.h. aus ihrem Kontext – herausgelöst werden.

Ebene betrachtet wurde wie einfache psychologische Bedingungsvariablen, die komplexe Struktur subkultureller Sozialisationsprozesse nicht adäquat erfasse (Oevermann et al. 1976: 194) und dass **aus diesem Grund** der Zusammenhang zwischen der Schichtzugehörigkeit der Familie und der Persönlichkeitsentwicklung des Kindes nicht gut erklärt werden könne. Man verzichtete also nicht auf die Untersuchung dieses Zusammenhangs, sondern zog die Konsequenz, über die traditionellen Formen der Messung hinauszugehen und schichtenspezifische Sozialisationsprozesse in ihrer Komplexität zu untersuchen.

In der Formulierung des Forschungsinteresses wird bereits das Grundanliegen der objektiven Hermeneutik erkennbar: „Entsprechend läge eine wirkliche Analyse der schichtenspezifischen Sozialisationsprozesse erst dann vor, wenn es gelänge, die sozio-kulturellen Lebenswelten der subkulturell spezifischen Milieus in ihrer Komplexität, in ihrer jeweiligen inneren ‚Sinnlogik' so zu rekonstruieren, dass die ‚objektive Motivierung' der ‚schichtenspezifischen Sozialisationsprozesse' transparent würde und explizit gemacht werden könnte." (Oevermann et al. 1976: 170) Die praktische Folgerung daraus war, „soziale Herkunft" dort zu untersuchen, wo sie im Sozialisationsprozess wirksam wird, nämlich in der Interaktion in Familien.

Für ein solches Forschungsinteresse standen freilich damals noch keine geeigneten methodischen Verfahren zur Verfügung. Aus dem Bemühen heraus, ein Analyseinstrument zu finden, das in der Lage ist, sozialisatorische Prozesse adäquat zu erfassen, wurden in der Forschungsgruppe um Oevermann die Methodologie der objektiven Hermeneutik und ein entsprechendes sequenzanalytisches Verfahren entwickelt. Das empirische Material, das dabei zugrunde lag, waren Protokolle natürlicher Interaktion in Familien.

Relativ zeitgleich entwickelte Hans-Georg Soeffner die sog. „sozialwissenschaftliche Hermeneutik" (Soeffner 1980; Hitzler/Honer 1997; Soeffner in: Reichertz 2004), die später auch unter dem Label „hermeneutische Wissenssoziologie" (Hitzler/Reichertz/Schröer 1999) bekannt wurde. Wir können dieses Verfahren hier nicht im Einzelnen vorstellen. Obwohl die „sozialwissenschaftliche Hermeneutik" theoretisch anders begründet wird als die objektive Hermeneutik (vgl. Kap. 5.2.2) und es verschiedentlich zu polemischen Gegenüberstellungen gekommen ist, weisen beide Methodologien im Hinblick auf das zur Anwendung kommende sequenzanalytische Verfahren deutliche Parallelen auf.[149]

5.3.2 Theoretische Einordnung

Die objektive Hermeneutik ist sehr viel mehr als eine Methode der Interpretation von Texten. Zwar liegt ihr mit der Sequenzanalyse (s.u.) eine solche Methode zugrunde, als Methodologie und Theorie reicht die objektive Hermeneutik jedoch weit darüber hinaus. Insbesondere an den weiter reichenden theoretischen Annahmen hat sich verschiedentlich Kritik entzündet (Reichertz 1988; Soeffner in Reichertz 2004), während das Verfahren der Sequenzanalyse vielfach verwendet wird und von verschiedenen anderen interpretativen Schulen aufgegriffen und weiterentwickelt wurde. Es wäre jedoch irreführend, die bloße Verwendung eines sequenzanalytischen Verfahrens mit dem Label „objektive Hermeneutik" zu belegen. Daher wollen wir im Folgenden die theoretischen Grundannahmen explizieren.

---

[149] Interessierten sei zum Vergleich die Lektüre der Interpretation desselben Interviews durch Repräsentanten der beiden verschiedenen Schulen empfohlen (Oevermann et al. 1980; Soeffner 1980).

Wie bereits aus der Begriffsbildung erkennbar wird, steht das Verfahren der objektiven Hermeneutik in einer doppelten methodologischen und theoretischen Frontstellung: Die eine besteht gegenüber der an den Naturwissenschaften orientierten Tradition der Sozialwissenschaften. Dort wird von der Sinnstrukturiertheit von Handlungen weitgehend abstrahiert, indem Handlungsphänomene in einzelne Merkmalsausprägungen (z.B. „Erziehungsstile") aufgelöst werden. Von dieser Tradition grenzt sich die objektive Hermeneutik ab, indem sie an der Prämisse des Sinnverstehens festhält.

Die zweite Front besteht gegenüber einer Richtung sinnverstehender Soziologie und empirischer Forschung, die in spezifischer Weise an die hermeneutische Tradition anschließt. Dort bleibt „Sinn" an die Perspektiven und Absichten der Handelnden und damit an subjektive Prozesse der Sinnzuschreibung gebunden (s. dazu Oevermann 1993: 130ff.). Es geht hier also um das, was diejenigen, mit deren Äußerungen sich Sozialwissenschaftler/-innen beschäftigen, zum Ausdruck bringen wollten.[150]

Oevermann pocht demgegenüber auf die Möglichkeit des objektiven Verstehens, der Entschlüsselung von objektivem bzw. „latentem Sinn".[151] Die objektive Hermeneutik interessiert sich also nicht in erster Linie für das, was eine Person auszudrücken beabsichtigte, also nicht primär für ihre innere Welt, sondern dafür, was sie ausgedrückt hat, also gewissermaßen für die protokollierbare Spur, die sie hinterlassen hat. Der Gegenstand der Analyse sind daher „Ausdrucksgestalten" (Oevermann 1993: 113) – „Objektivierungen" –, die man protokollieren und lesen kann wie einen Text. Darin begründet sich der Begriff „objektive Hermeneutik".[152] Derselbe Grundgedanke findet sich im Übrigen auch in der auf Karl Mannheim zurückgehenden dokumentarischen Methode (s. Kap. 5.3).[153]

Dabei kommt ein erweiterter Textbegriff[154] zur Geltung. Wenn vom „Text" die Rede ist, sind damit nicht nur sprachliche Ausdrucksgestalten oder gar literarische Produkte gemeint, sondern alle Erzeugnisse menschlicher Interaktion, d.h. alle Ausdrucksgestalten, die Interaktionen hinterlassen haben (vgl. Oevermann 1986: 45-55). Diese „Texte" konstituieren eine gegenüber den Absichten des Sprechers oder Handelnden eigenständige, „objektive" Realität, z.B. in Form von Handlungen, auf die andere wieder reagieren und die so Folgen zeitigen. Auf diese Objektivationen muss sich der Interpret beziehen. Oevermann greift dabei einen

---

[150] Dieselbe Kontrastierung findet sich bei Bourdieu (1976: 147ff.) in seiner Abgrenzung gegenüber Subjektivismus und Objektivismus.

[151] Soeffner, der damit als Erfinder der hermeneutischen Wissenssoziologie (Soeffner 1980) von Oevermann – trotz nicht zu übersehender Parallelen in den Ansätzen – gleichsam auf die Seite der „Nachvollzugshermeneuten" katapultiert wird, kontert, die Suche nach latenten Sinnstrukturen sei ein eher metaphysisches als ein empirisches Problem (vgl. Reichertz 2004: 3).

[152] Aufgrund der Missverständlichkeit des Objektivitätsbegriffs wurde verschiedentlich auch der Ausdruck „strukturale Hermeneutik" verwendet.

[153] Mannheim spricht von „Objektivationen", in denen sich Sinnstrukturen ausdrücken. Aufgegriffen wurde dieses Konzept auch bei Garfinkel (2004 [1967]). Der Begriff „objektiv" zielt in der objektiven Hermeneutik auf die empirische Ausrichtung des Verfahrens auf beobachtbare Einheiten. Insofern ist der hier zugrunde gelegte Objektivitätsbegriff nicht identisch mit dem, der als Gütekriterium noch immer eine wesentliche Rolle in der quantitativen Methodologie spielt.

[154] An der Annahme der generellen „Textförmigkeit" sozialer Realität wurde allerdings auch Kritik geübt. Zweifellos kann man Interaktionsabläufe protokollieren und die Interaktion auf dieser Grundlage in ihrer Sequenzialität untersuchen. Man kann allerdings fragen, ob dies in gleicher Weise für Kunstwerke, Bilder, Filme etc. zutrifft oder ob dabei nicht etwas für diese Objekte Wesentliches (nämlich ihre Nichtsprachlichkeit) außen vor bleibt. Vgl. dazu u.a. sowie Soeffner in Reichertz 2004: 10.

5.3 Objektive Hermeneutik

Gedanken auf, der auch von anderen Autoren der hermeneutischen Schule bereits formuliert wurde (vgl. Ricoeur 1978).

Diese Unterscheidung zwischen Intention und Ausdruck, subjektivem und objektivem bzw. latentem Sinn[155] wird im Alltag mit seiner Zeitknappheit meist – und notwendigerweise – eingeebnet, oder sie wird lediglich „gespürt", ohne explizit zu werden. Wir schließen in der Regel von dem, was jemand sagt, zurück auf seine Absichten. Aber auch im Alltag gibt es Situationen, in denen uns die Differenz dieser Ebenen bewusst wird. Ein Beispiel dafür sind etwa Äußerungen, die beim Interaktionspartner den Verdacht erwecken, es handle sich hierbei um einen Zynismus oder auch um eine Selbsttäuschung, und die daher nur schwer „für bare Münze" genommen werden können. Ein anderes Beispiel sind manche „vielsagenden" Versprecher, die „versehentlich" etwas für die Situation Bezeichnendes zum Ausdruck bringen, das der Sprechende nicht auszudrücken intendierte (s. Oevermann et al. 1979: 383).

Das bedeutet, dass im Alltag gewissermaßen erst in Interaktionskrisen, also dann, wenn die Unterstellung, dass das, was jemand **sagt**, auch dem entspricht, was er **sagen will**, nicht mehr funktioniert, die **Differenz zwischen objektivem Sinn und subjektiv gemeintem Sinn** erfahrbar wird. Das heißt aber nicht, dass sie nicht auch im Normalfall eine Rolle spielt.

Zum Grundverständnis einer **objektiven** Hermeneutik gehört weiter die Überzeugung, dass soziales Handeln „regelerzeugtes" und regelgeleitetes Handeln ist und es bei der Interpretation entsprechend darum geht, die Regeln, die in einem bestimmten Wirklichkeitsausschnitt zur Anwendung kommen, zu explizieren.

Dieser Regelbegriff ist dem in den Sozialwissenschaften gebräuchlichen Begriff der Norm vorgeordnet. Das heißt: Auch der Verstoß gegen eine soziale Norm, wie etwa auf einen Gruß nicht zu antworten, folgt der grundlegenden Regel, dass ein Gruß auf die Eröffnung einer gemeinsamen sozialen Praxis zielt und von daher die Möglichkeit des Grüßens oder der Verweigerung des Grußes beim Gegenüber (also des tatsächlichen Eingehens oder der Verweigerung einer gemeinsamen Praxis) eröffnet und dass jede der beiden Optionen die Situation in spezifischer Weise definiert und entsprechende Konsequenzen nach sich zieht (vgl. Oevermann 2000: 64).[156]

Aus diesem Verweis auf die grundlegende Regelgeleitetheit sozialer Realität begründet sich der Anspruch, objektive Bedeutungsstrukturen bzw. latente Sinnstrukturen zu untersuchen. Das heißt, dass objektive Bedeutung oder latenter Sinn sich immer im Hinblick auf bestimmte

---

[155] Diese Begriffe werden in den Schriften zur objektiven Hermeneutik – wie auch hier – weitgehend synonym verwendet.

[156] Garfinkel (2004 [1967]) hat in seinen berühmten Krisenexperimenten diese Regelgeleitetheit untersucht, indem er Studenten aufgefordert hat, sich systematisch „regelwidrig" zu verhalten. Dabei geht es nicht einfach um den Verstoß gegen normative Erwartungen (etwa die Erwartung, dass ein Gruß mit einem Gegengruß beantwortet wird), sondern um das Verweigern des Verstehens der Situationsregeln als solcher. Dies geschieht in den Krisenexperimenten z.B. dadurch, dass von den „Experimentatoren" penetrant der Sinn bestimmter Aussagen (z.B. der Grußformel: "How are you?") hinterfragt wird ("How am I in regard to what? ..."; ebd. 44). In diesem Sinne verhalten sich die Experimentatoren nicht einfach unhöflich, indem sie z.B. nicht auf das konkrete Interaktionsangebot einlassen. Sondern sie bedrohen die soziale Basis der Situation insgesamt, indem sie sich so verhalten, als würden sie deren Regeln nicht kennen. Es bleibt den „Probanden" letztlich nur die Option, sie für „verrückt" zu erklären. Gerade diese Krisenexperimente können als Beleg für die Annahme einer grundlegenden Regelgeleitetheit sozialen Handelns, wie sie für das Verfahren der objektiven Hermeneutik maßgeblich ist, angesehen werden (vgl. auch Kap. 2).

Regeln bestimmen lassen,[157] zu denen Interpreten als Mitglieder der Sprachgemeinschaft, für die die Regel gilt, problemlosen Zugang haben, weil sie über ein sicheres intuitives Wissen von ihr verfügen, „so daß wir sie sowohl als praktisch Handelnde wie als Interpreten mit Anspruch auf Gültigkeit verwenden können." (Oevermann 1981: 10)

Daran schließt sich ein weiterer Grundgedanke an. Im Unterschied zu manch anderen Zugängen, bei denen es vorrangig um die Klassifikation von Wissensformen (im Sinne von Typologien, Deutungsmustern etc.) geht, beharrt die objektive Hermeneutik stets auf deren Anbindung an objektive Handlungsprobleme. Auch bei der Untersuchung sozialer Deutungsmuster (Oevermann 2001 [1973]) ginge es dann z.B. nicht allein darum, diese zu identifizieren, sondern immer auch um deren „Erklärung" im Sinne des Rückbezugs auf objektive Probleme sozialen Handelns (vgl. ebd.: 5).

Exkurs zum „subjektiv gemeinten Sinn"

Es wäre für ein Lehrbuch wie dieses verfehlt, die Abgrenzungen, die bestimmten Methodologien zugrunde liegen, einfach als „Fakten" (und entsprechend als objektivierbaren Lernstoff) zu präsentieren. Andererseits können wir die Positionen, auf die bei dieser Abgrenzung referiert wird, nur in begrenztem Maße selbst zu Wort kommen lassen. Im Fall der objektiven Hermeneutik dient häufig pauschal die „Wissenssoziologie" als Abgrenzungsbegriff, insbesondere in Form der Theorie Schütz', der unter anderem Aspekte der sinnverstehenden Soziologie Max Webers aufgegriffen und weitergeführt hat.

Während Oevermann an Weber immer wieder positiv anschließt, dürfte gerade dessen Verwendung der Terminologie des „subjektiv gemeinten Sinns" (Weber 1980: 1ff., 10f., 13f., 31f. und öfter) deutlich machen, dass die Dinge nicht ganz so einfach sind, wie sie sich im Zuge theoriepolitischer Abgrenzungen darstellen. Der „subjektiv gemeinte Sinn" ist bei Weber als empirische Kategorie dem vermeintlich „objektiv richtigen" oder metaphysisch ergründeten „wahren Sinn" gegenübergestellt. Es geht ihm um das, woran sich Handelnde in ihrem Handeln **tatsächlich** oder **typischerweise** orientieren. Derart sinnorientiertes Handeln grenzt er vom bloß reaktiven Verhalten ab. Insgesamt ist der Sinnbegriff bei Weber ein zentraler Grundlagenbegriff seiner „verstehenden Soziologie". Erst das Verstehen des Sinns von Handeln – so seine zentrale These – erlaubt dessen Erklärung: „Erklären bedeutet (…) Erfassen des Sinnzusammenhangs." (Ebd.: 4) Weber selbst weist darauf hin, dass er mit dem Ausdruck des „subjektiv gemeinten Sinnes" über den üblichen Sprachgebrauch hinausgeht, „der von ‚Meinen' in diesem Verstand nur bei rationalem und zweckhaft beabsichtigtem Handeln zu sprechen pflegt" (ebd.).[158]

Diese Erläuterung macht deutlich, dass bereits bei Weber die Rede vom „subjektiv gemeinten Sinn" nicht nur absichtsvolles, geplantes, rationales Handeln erfasst. Umgekehrt wird auch die Suche nach dem „objektiven Sinn" – ein Begriff, den wir weiter unten näher erläutern werden – nicht ohne die Rekonstruktion des „subjektiv gemeinten" Sinnes auskommen.

---

[157] An dieser Stelle setzt ein kritischer Einwand an, wie er etwa von Reichertz mit dem Vorwurf der „Metaphysik der Strukturen" (Reichertz 1988) erhoben wurde. Im Kern richtet sich der Vorwurf darauf, dass bestimmte Strukturen, Handlungsprobleme etc. nicht empirisch nachgewiesen seien, sondern in der Analyse bereits vorausgesetzt würden. Vgl. in diesem Sinne auch die kritische Auseinandersetzung mit dem, was Oevermann (1995) als „Bewährungsproblem" charakterisiert hat (vgl. Wohlrab-Sahr 2006).

[158] Webers methodologische Überlegungen – insbesondere zum Idealtypus – wurden von Schütz (2004 [1932]) aufgegriffen und weiter präzisiert. Wir werden darauf in Kap. 6 näher eingehen, wollen aber an dieser Stelle auf die zentralen Grundlagentexte von Weber und Schütz zumindest hingewiesen haben.

Andernfalls bewegte man sich auf der Ebene eines starren Strukturalismus, bei dem die Sinnorientierungen der Akteure nicht mehr in den Blick kommen.

Auch bei Soeffner (1980), der als „Erfinder" der „sozialwissenschaftlichen Hermeneutik" auf den Schütz'schen Theorierahmen Bezug nimmt, kommt bei der Interpretation die Differenz von subjektiv intendiertem und objektivem Sinn zum Tragen (vgl. ebd.: 73). Dabei grenzt Soeffner sich explizit von der Vorstellung ab, es ginge darum herauszufinden, „was ‚eigentlich und in Wahrheit im Kopf eines Individuums vor sich geht', was das Individuum ‚wirklich' dachte etc." (ebd.). Sowohl auf der Ebene des subjektiven Sinnes (bei Schütz: der egologischen Perspektive) als auch auf der Ebene des objektiven Sinnes kommen **Typisierungen** in den Blick: eine in ihren Handlungen sinnhaft typisierte Individualität einerseits und objektiv typisierte und interpretierbare Interaktionskonfigurationen andererseits (vgl. ebd.: 74).

Es sind von daher Zweifel angebracht, ob die Rückführung dessen, was Oevermann polemisch als „Nachvollzugs-Hermeneutik" (Oevermann 1995: 130) bezeichnet, auf Schütz tatsächlich berechtigt ist.[159] Zweifellos aber stößt man in empirischen Arbeiten verschiedentlich auf diese Beschränkung der hermeneutischen Perspektive auf die subjektive Sicht des Sprechenden oder Interagierenden. Ohne also an dieser Stelle den Streit zwischen „objektiver Hermeneutik" und „hermeneutischer Wissenssoziologie" (Reichertz 2000b) angemessen würdigen oder gar entscheiden zu können, kann doch die Polemik gegenüber der „Nachvollzugs-Hermeneutik" als Mahnung dienen, sich bei der Interpretation keinesfalls auf die Rekonstruktion der subjektiven Sicht der Akteure zu beschränken.

> Die Methodologie der objektiven Hermeneutik beruht auf der Unterscheidung von subjektiv gemeintem und objektivem bzw. latentem Sinn. Der Anspruch auf Objektivität liegt darin begründet, dass nicht innere Wirklichkeiten untersucht werden, sondern das, was sich objektiviert und protokollierbare Spuren hinterlässt. Er gründet weiter im Verweis darauf, dass soziales Handeln regelerzeugtes Handeln ist und sich diese Regelhaftigkeit anhand des zu interpretierenden Handlungs- oder Interaktionsprotokolls aufzeigen lässt. Gleichzeitig verbindet sich mit der Interpretation immer der Anspruch, die zur Debatte stehenden Phänomene nicht nur zu verstehen, sondern auch zu erklären, indem ihr Bezug auf objektive Handlungsprobleme nachgewiesen wird.

5.3.3 Bevorzugte und mögliche Erhebungsinstrumente

Im Rahmen der objektiven Hermeneutik wurden keine speziellen Erhebungsverfahren entwickelt, wie dies etwa bei der Narrationsanalyse (s. Kap 5.2) und dem dafür konzipierten narrativen Interview der Fall ist. Die ersten Materialien, an denen das Verfahren entwickelt wurde, waren aber nicht zufälligerweise Protokolle natürlicher Interaktion in Familien: z.B. Gespräche am Abendbrottisch. Es gibt entsprechend durchaus Kriterien dafür, welche Materialien für eine Auswertung nach den Prinzipien der objektiven Hermeneutik am besten geeignet sind: nämlich „nicht-standardisierte, natürliche oder wörtliche Protokolle des Ablaufs sozialer Interaktionen und Dokumente ihrer Objektivationen" (Oevermann 1981: 46). Natür-

---

[159] An der Soziologie von Schütz ist häufig kritisiert worden, dass er über dem Interesse für die Sinnkonstitution des Subjekts sowohl die Begründung des Sozialen (Reckwitz 2000: 363ff.) als auch weiterführende handlungstheoretische Perspektiven (s. dazu Soeffner im Gespräch mit Reichertz 2004: 7) vernachlässigt habe. Wir können nur darauf an dieser Stelle nur hinweisen, ohne die Diskussion im Einzelnen darlegen zu können.

liche, lückenlose Protokolle von wirklichen Handlungsabläufen werden als Datenmaterial für sequentielle Analysen deshalb benötigt, weil Ereignisprotokolle, die mit Kategorien vorstrukturiert sind, die wirkliche sequentielle Struktur zerstören. Protokolle von Handlungen anstatt von Befragungen werden benötigt, weil die objektive Hermeneutik auf die Rekonstruktion objektiver Strukturen abstellt (also auf das, was sich während einer Interaktion an objektiver Bedeutung dokumentiert), während die Interaktion von Bewusstseinsstrukturen dem nachgeordnet ist. Daher wird die Analyse eines Interaktionsprotokolls der eines Befragungsprotokolls immer vorgezogen, und das Transkript eines Interviews würde entsprechend als Ausdruck einer Interaktion zwischen Interviewer und Interviewee interpretiert, vor deren Hintergrund dann erst die Haltungen des Interviewees interpretiert werden (ebd).

Das sequenzanalytische Verfahren ist mittlerweile an einer Fülle unterschiedlichster Materialien angewandt worden. Jede Form selbstläufiger Darstellung oder Interaktion, seien es biographische Erzählungen oder die Interaktion in Familien oder Gruppen, aber auch Protokolle formeller Interaktion (wie im Parlament), die Interaktion zwischen Arzt und Patient (Leber/Oevermann 1994), bis hin zu gestalteten Protokollen wie Tatortprotokollen von Kriminalisten, aber auch Fernsehansprachen (Oevermann 1983), Filmplakate und Werbespots (Englisch 1991), literarische Texte, Dokumente, ja sogar Kunstwerke (Oevermann 1987; Loer 1996) wurden objektiv-hermeneutisch interpretiert. All diese Materialien lassen sich sequenzanalytisch auf zugrunde liegende Bedeutungen und Sinnstrukturen hin untersuchen, so dass über das kontrollierte hermeneutische Verstehen ein Beitrag zur Erklärung sozialer Sachverhalte geleistet werden kann. Da allerdings das Interesse der Interpretation auf die Rekonstruktion strukturierter sozialer Gebilde zielt, die über relative Autonomie verfügen, wird nicht jedes Material gleichermaßen gut geeignet sein, um die entsprechende Struktur zu erfassen. Es gilt also gut zu überlegen, in welchen Materialien oder welcher Kombination von Materialien die Struktur, an der man interessiert ist, am deutlichsten zum Ausdruck kommt.

Für eine solche Interpretation nicht infrage kommen sicherlich Protokolle von rigiden Formen des Leitfadeninterviews, die die selbstläufige Darstellung des Interviewpartners weitgehend einschränken. An solche Materialien lässt sich oft keinerlei ernst zu nehmende Interpretation (außer einer Paraphrase und einer darauf basierenden Klassifikation) anschließen, und wir hoffen, mit diesem Buch ein wenig zum Aussterben solcher Interviews beizutragen.

5.3.4 Theoretische Grundprinzipien und methodische Umsetzung

Die Unterscheidung von Text und Intention, objektiver Bedeutung und subjektiver Interpretation, wird in der objektiven Hermeneutik in die Unterscheidung verschiedener Analyseebenen und in Regeln der Auswertung übersetzt.

a. Analyseebenen

Methodisch wird diese Grundunterscheidung insofern umgesetzt, als es bei den Analysen immer darum geht, die Differenz, aber damit auch das Verhältnis dieser beiden Ebenen – von objektivem Sinn und subjektiv gemeintem Sinn – zu erfassen. In der Theoriesprache der objektiven Hermeneutik heißt das dann: die Differenz zwischen der Ebene (a), der latenten Sinnstruktur bzw. objektiven Bedeutungsstruktur eines Textes im Sinne der Realität möglicher Lesarten, und der Ebene (b), der Bedeutungen, die vom Sprecher subjektiv intentional

5.3 Objektive Hermeneutik

realisiert werden, zu erfassen. (s. dazu Oevermann et al. 1980: 19f. und Oevermann et al. 1979: 367f.).[160]

Diesen beiden ersten Ebenen der Textinterpretation schließt sich eine dritte Ebene (c) an, die die Fallstruktur betrifft. Diese ist wiederum erschließbar „durch die Rekonstruktion fallspezifischer Sequenzen von Textproduktionen auf der Ebene a) und die Identifikation des Verhältnisses von b) zu a)" (Oevermann u.a. 1980: 20). Das heißt, die Fallstruktur wird zum einen darin erkennbar, dass das, was als „objektiver Sinn" in einer Äußerung zum Ausdruck kommt, sich an mehreren Stellen wiederholt. Und zum anderen wird sie erkennbar in dem Verhältnis, in dem der subjektiv gemeinte Sinn zum objektiven Sinn steht. Wenn also eine bestimmte Äußerung als Lob gemeint und formuliert ist, die Art, in der das Lob vorgebracht wird, aber faktisch eine Diskreditierung des Gelobten impliziert, die am Text klar nachweisbar ist, hätten wir es mit einer klaren Diskrepanz der Ebenen a) (Diskreditierung) und b) (intendiertes Lob) zu tun, die dann in ihrer Bedeutung und Funktion zu interpretieren wäre.[161]

Durch diese Unterscheidung ist ein Instrumentarium geschaffen, das es erlaubt, bei der Interpretation über die Ebene intentionaler Äußerung – im Extremfall: strategischer Selbstdarstellung – hinauszugehen und zur Analyse latenter Strukturen vorzudringen. Kaum eines[162] der avancierteren Verfahren rekonstruktiver Sozialforschung verzichtet letztlich auf diese Ebenenunterscheidung, wenn auch die Bezeichnungen dafür unterschiedlich sind (dazu ausführlicher Kap. 2).

Daran schließt sich noch eine letzte Analyseebene d) an. Sie betrifft die Rekonstruktion der Genese der Fallstruktur, in der der Fall in seiner Geschichte in den Blick kommt (s. Oevermann et al. 1980: 20). Bei dem oben genannten Beispiel hieße dies etwa zu untersuchen, wie es in einem bestimmten sozialen oder institutionellen Kontext (z.B. in einer Familie oder einem Betrieb) dazu gekommen ist, dass unter dem Deckmantel des Lobes Diskreditierungen ausgesprochen werden.

Die objektive Hermeneutik unterscheidet vier Analyseebenen: (a) den objektiven bzw. latenten Sinn, (b) den Sinn, der vom Akteur subjektiv intentional realisiert wird, (c) die Fallstruktur als das Verhältnis zwischen diesen beiden Ebenen und (d) die Genese der Fallstruktur.

---

b. Interpretationsregeln

- **Grundhaltung bei der Interpretation: Selektivität erschließen**

Die Interpretation von Handlungsprotokollen (Interviewtranskripten, Interaktionsprotokollen etc.) zielt darauf, den spezifischen Selektionsprozess zu rekonstruieren, der in einem Fall zum Ausdruck kommt. Das heißt, dass man das Besondere eines Falles nur verstehen kann, wenn man sich vor Augen hält, welche anderen Möglichkeiten seines Handelns, seiner Konstitution

---

[160] Eine ähnliche Funktion erfüllen im Rahmen der Narrationsanalyse (s. Kap. 5.2) die Unterscheidung zwischen narrativen und argumentativen Passagen und in der dokumentarischen Methode die Unterscheidung zwischen immanentem und dokumentarischem Sinngehalt (s. Kap. 5.4).

[161] Ein entsprechender Fall ist interpretiert bei: Oevermann et al. 1979.

[162] Wie oben bereits ausgeführt, wird in der Methodologie der Grounded Theory diese Ebenenunterscheidung nicht explizit vorgenommen. Dennoch distanziert sich Strauss ausdrücklich davon, Konzepte lediglich als paraphrasierende Zusammenfassungen zu verstehen. Vgl. dazu Kap. 5.1.

bzw. seiner Entwicklung denkbar gewesen wären. Man sollte sich daher nicht vorschnell auf den Standpunkt zurückziehen, eine bestimmte Handlung, Äußerung oder Entwicklung sei doch „normal" und daher keines weiteren Interpretationsaufwandes wert. Bei der Interpretation geht es **im Prinzip** darum, sich die Vorgänge, mit denen man es zu tun hat, erst einmal fremd zu machen, d.h. auch das, was uns auf den ersten Blick als „normal" vorkommt, als etwas Erklärungsbedürftiges zu behandeln.

So wunderten sich zum Beispiel Besucher oder Zugezogene aus Westdeutschland häufig über die im Osten Deutschlands auch in Großstädten immer noch verbreitete Sitte[163], dass Besucher beim Betreten einer Wohnung selbstverständlich ihre Schuhe auszogen bzw. anboten, diese auszuziehen. Auch in den Treppenhäusern größerer Wohnhäuser findet man häufig die Schuhe vor der Wohnungstür aufgereiht. Diese Praxis erschien den einen verwunderlich, den anderen dagegen „völlig normal". Die objektive Hermeneutik konfrontiert auch das, was uns „völlig normal" erscheint, mit anderen Möglichkeiten und erschließt über diesen Weg die Besonderheit des jeweiligen Phänomens.

Dieser Grundsatz der Erklärungsbedürftigkeit sozialen Handelns und sozialer Kommunikation ist nicht zu verwechseln damit, dass eine bestimmte Praxis gegenüber einer anderen als „besser" oder „schlechter" eingestuft wird. Oft gibt es bei ungeübten Interpreten eine Art „Schutzreflex" gegenüber den Akteuren, deren (protokolliertes) Handeln wir interpretieren. Sie haben den Eindruck, die Interpretation würde diesen Akteuren eine Abweichung gegenüber einem normativen Modell nachweisen, ihnen eine bestimmte Absicht unterstellen, ihr Verhalten als irgendwie „komisch" erscheinen lassen. Der Hinweis, etwas sei doch „normal", dient dann gewissermaßen dem Schutz der Probanden, soll diese dem sezierenden Blick der Interpretinnen entziehen. Nun kann man sicherlich nicht leugnen, dass es in der Sozialforschung Beispiele dafür gibt, dass sich in die Interpretation ein gewisser sarkastischer oder „entlarvender" Ton einschleicht. Auch die Literatur, die wir in diesem Lehrbuch zitieren, ist davon nicht immer ganz frei. Dies kann man kritisieren, ohne jedoch den Fehler zu machen, sich in der Freiheit der Interpretation zu blockieren.

Was wir interpretieren, ist nicht mehr die leibhaftige Studentin Anna, die beim Betreten der Wohnung ihrer Professorin nach der Begrüßung ganz selbstverständlich dazu übergeht, ihre Schuhe auszuziehen. Wir interpretieren sie vielmehr als Repräsentantin einer sozialen Praxis, uns interessiert das, was sich in ihrem Verhalten an sozialer Regelhaftigkeit dokumentiert. Dies geht aber nur, wenn wir auch das „Normale" als etwas Selektives, Kontingentes, Erklärungsbedürftiges behandeln, als etwas, das auch anders möglich wäre und das deshalb „etwas bedeutet", einen spezifischen – objektiven – Sinn hat.

Ohne diese Haltung der Verfremdung[164] des Sachverhaltes, mit dem wir uns befassen, ist keine Interpretation möglich. Nur über die Interpretation von Handlungen als Selektionen, die auch anders möglich gewesen wären, lassen sich Fallstrukturen rekonstruieren. Eine Fallstruktur entsteht dadurch, dass bestimmte Möglichkeiten ausgewählt werden, andere dagegen, die auch möglich gewesen wären, nicht, und dadurch, dass sich im Lauf der Zeit ein bestimmter Typus von Auswahlprozessen wiederholt und so gewissermaßen Bindungswirkungen entstehen. „Auswahl" meint hier nicht notwendig eine bewusste Entscheidung, es geht vielmehr um realisierte Möglichkeiten gegenüber nicht realisierten. Beim Beispiel des Ausziehens der

---

[163] In der Zwischenzeit sind solche Differenzen vielleicht nicht mehr ganz so deutlich, aber noch immer zu erkennen.

[164] Vgl. Kap. 2.2 zum „methodisch kontrollierten Fremdverstehen".

5.3 Objektive Hermeneutik

Schuhe handelt es sich meist nicht um etwas, über das man lange nachdenkt. Es ist einem selbstverständlich, die Schuhe auszuziehen, anzubehalten oder zu fragen, ob man sie ausziehen soll. Dennoch ist das Verhalten, das die Person an den Tag legt, nicht alternativlos. Auch wenn es eine hohe Selbstverständlichkeit hat, die Schuhe auszuziehen, auch wenn Personen dieser Gepflogenheit folgen, ohne „lange darüber nachzudenken", kann diese soziale Praxis als eine (De-facto-)Entscheidung auf ihren Bedeutungsgehalt hin interpretiert werden. Es ist dafür nicht nötig, von einem bewussten oder gar strategischen Kalkül auszugehen.

> Die Grundhaltung der Erschließung von Selektivität bezieht sich darauf, dass beim Verfahren der objektiven Hermeneutik auch Sachverhalte als kontingent und selektiv (als De-facto-Entscheidungen vor dem Hintergrund anderer Möglichkeiten) interpretiert werden müssen, die dem Alltagsverständnis nach als „normal" eingestuft werden. Nur so kann soziale Regelhaftigkeit erschlossen werden.

- **Sequentielle Interpretation**[165]

Bei der Interpretation von Texten – in dem umfassenderen, oben beschriebenen Sinne – ist eine zentrale Regel, dass **Texte sequentiell**, also Sinneinheit für Sinneinheit **interpretiert werden**. Dies begründet sich aus der Überzeugung, dass soziales Handeln – als regelerzeugtes Handeln (s.o.) – sequentiell organisiert ist. Sequenzialität wird dabei nicht im Sinne bloßen Nacheinanders, sondern als „Grund-Folge-Beziehung" verstanden:

„Jedes scheinbare Einzelhandeln ist sequentiell im Sinne wohlgeformter, regelhafter Verknüpfung an ein vorausgehendes Handeln angeschlossen worden und eröffnet seinerseits einen Spielraum für wohlgeformte, regelmäßige Anschlüsse. An jeder Sequenzstelle eines Handlungsverlaufs wird also einerseits aus den Anschlussmöglichkeiten, die regelmäßig durch die vorausgehenden Sequenzstellen eröffnet wurden, eine schließende Auswahl getroffen und anderseits ein Spielraum zukünftiger Anschlussmöglichkeiten eröffnet." (Oevermann 2000: 64)

Die sequentielle Interpretation beginnt entsprechend mit der Eröffnung einer Praxis – etwa dem Beginn eines Interviews, der Eröffnung eines Gesprächs bei Tisch, dem Beginn einer Ansprache, der Begrüßung eines Gastes an der Tür – und rekonstruiert deren Fortgang. Zu fragen ist im Prinzip an jeder Stelle: Welches Handlungsproblem stellt sich für die Person (oder eine andere Handlungseinheit) P in der Situation S zum Zeitpunkt Z? Was wäre an Handlungsmöglichkeiten prinzipiell gegeben gewesen? Und was schließlich hat P tatsächlich getan oder gesagt und vor welchem neuen Problem steht sie damit bzw. welche neuen Möglichkeiten sind damit eröffnet bzw. verschlossen?

Dieses Verfahren kann auf ganz unterschiedliche empirische Daten angewendet werden. So kann es auf transkribierte Gesprächssequenzen, aber auch auf ein Gerüst „objektiver" biographischer Daten (wie Zeitpunkt, Ort und nachprüfbare Umstände der Geburt, Ortswechsel, Eintritt in eine Institution und dergleichen) angewendet werden. In diesem Falle wäre dann jede biographische Station (z.B. die Geburt in West-Berlin im Jahre 1945 als einzige Tochter eines evangelischen Pfarrers und einer Pfarrfrau, die ebenfalls Theologie und Philosophie

---

[165] Viele rekonstruktive bzw. qualitative Verfahren gehen sequenzanalytisch vor. Dies gilt z.B. für die dokumentarische Methode und für die Konversationsanalyse. Gemeinsam ist all diesen Verfahren, dass sie die Interpretation auf die Abfolge von Äußerungs- bzw. Sinneinheiten stützen. Die Form, in der sie dies tun, ist jedoch unterschiedlich.

studiert, aber keinen entsprechenden Beruf ergriffen hat) darauf hin zu befragen, welche Handlungsoptionen und Entwicklungspotentiale damit eröffnet werden bzw. welche Einschränkungen und Festlegungen damit verbunden sind, und welche Anschlussoptionen sich daraus im Prinzip ergeben. In einem zweiten Schritt werden dann die skizzierten Möglichkeiten mit den tatsächlich realisierten verglichen; damit wird der faktisch vollzogene Selektionsprozess vor dem Hintergrund anderer Möglichkeiten interpretiert.

Bezogen auf das oben erwähnte Beispiel des Schuhe-Ausziehens würde das bedeuten, dass die Sequenz an der Türschwelle bzw. im Eingangsbereich beginnt, dort, wo die erste Entscheidung darüber fällt, wie der Übergang vom Äußeren ins Innere zu vollziehen ist. Entsprechend muss auch die Interpretation mit diesem Übergang beginnen und von daher unterschiedliche Handlungsoptionen entwerfen.

> Die Regel der sequentiellen Interpretation drückt aus, dass die Interpretation der sequentiellen Struktur sozialen Handelns, d.h. der ihm innewohnenden Grund-Folge-Beziehung folgt. Entsprechend werden Ereignisse bzw. Handlungen in ihrer Abfolge und den damit verbundenen Chancen und Restriktionen für Anschlusshandlungen interpretiert.

- **Gedankenexperimentelle Explikation von Lesarten und Kontextvariation**

Eine weitere methodische Regel, die mit der sequentiellen Interpretation unmittelbar verbunden ist, ist die gedankenexperimentelle Explikation von Lesarten. Hier geht es um die Beantwortung der Frage: Wie könnte eine bestimmte Interaktionssequenz motiviert sein? Im Falle der Diskreditierung unter dem Deckmantel des Lobes (s. dazu Oevermann et al. 1979) könnte es sich etwa a) um den Fall handeln, dass eine Person ein Lob aussprechen will, sich ihr aber – aus Gründen, die weiter zu klären wären – dieses Lob unter der Hand ins Gegenteil verkehrt. Man hätte es dann z.B. mit einem ambivalenten Beziehungsgefüge und mit einer versteckten, nicht offenen Auseinandersetzung zwischen den Interaktionspartnern zu tun. Es könnte sich aber auch b) um den Fall handeln, dass eine Person den (institutionellen) Rahmen des Lobes für die unterschwellige Diskreditierung gezielt nutzt, um die andere Person gleichsam „vorzuführen", und sich dabei gleichzeitig den Publikumseffekt zunutze macht. Ein dritter denkbarer Fall wäre, dass c) die lobende Person keinen Zugang zum diskreditierenden Gehalt ihrer Aussage hat. Bei diesen drei Lesarten hätten wir es mit jeweils verschiedenen Sinnstrukturen zu tun: a) einer unterschwelligen, „versehentlichen" Diskreditierung aufgrund eines ambivalenten Beziehungsgefüges; b) einer absichtlichen, aggressiven Diskreditierung, die sich vordergründig als Lob darstellt und sich damit unangreifbar macht; sowie c) einer versehentlichen, dabei aber „naiven" Diskreditierung von Seiten einer Person, der der volle Bedeutungsgehalt der eigenen Aussagen entgeht.

Die gedankenexperimentelle Konstruktion von Lesarten dient dem Zweck, vor dem Hintergrund anderer Möglichkeiten gerade das Spezifische an einer Sequenz erkennen zu können und sich dabei nicht vorschnell durch das eigene Vorverständnis leiten zu lassen. Es handelt sich also bei diesem Verfahren um ein extensives Interpretationsverfahren, bei dem gerade am Anfang zahlreiche Lesarten entwickelt werden. Von diesen werden nach und nach die meisten ausgeschieden, bis schließlich die Struktur des Falles erkennbar wird. Im Fall der Diskreditierung unter dem Deckmantel des Lobes dürfte etwa die Lesart c) relativ schnell wieder ausscheiden, es sei denn, bei der lobenden und dabei unter der Hand diskreditierenden Person handelt es sich um jemanden, der aufgrund seines Alters, seiner Sprachkompetenz oder seiner mentalen Kompetenz zur realistischen Einschätzung der Bedeutung seiner Äußerungen nicht in der Lage ist.

Während man bei der gedankenexperimentellen Explikation von Lesarten die möglichen Bedeutungen einer Sequenz interpretiert, kann man sich dem Problem auch von der anderen Seite nähern: Man kann fragen, in welchen unterschiedlichen Kontexten eine bestimmte Äußerung oder Handlung sinnvoll wäre. Oevermann spricht hier von Kontextvariation. Immer geht es also darum, sich der Spezifik des zu erklärenden Sachverhalts dadurch zu nähern, dass man ihn zu anderen möglichen Sachverhalten oder Situationen in Bezug setzt. Das Gedankenexperiment geht dabei (in gewissem Rahmen) bewusst spekulativ über den vorliegenden Text hinaus, gerade um ihn in seiner Eigenart – aber auch in seiner Vergleichbarkeit – besser in den Blick zu bekommen. Die Kontextvariation verlässt gezielt den gegebenen Kontext, um gerade über den Vergleich mit anderen Kontexten die spezifischen Konnotationen einer Äußerung zu erfassen: etwa einen „legeren" Stil, den man in einem Freizeitkontext vermutet, der aber in einer Universitätsveranstaltung anzutreffen ist; oder einen „militärischen" Ton, der jedoch in einer Familie vorkommt und der Familieninteraktion damit eine bestimmte Bedeutung verleiht. Damit kommt über das Gedankenexperiment die soziale Regelhaftigkeit einer Situation in den Blick: Das Spekulieren darüber, was zu einer Äußerung „passt" und wohin diese „passt", bzw. wohin sie „nicht passt", erschließt die spezifischen Regeln, die in sozialen Situationen gelten (vgl. Oevermann 1981: 10).

Gerade für diese Operation des Gedankenexperimentes ist die Unterstützung einer Interpretationsgruppe wesentlich. Zwar kann man sich auch als einzelne Interpretin im Gedankenexperiment üben, aber man wird eher dazu neigen, bestimmte Möglichkeiten zu übersehen und andere allzu exklusiv zu favorisieren.

Oevermann hat diesen Interpretationsvorgang folgendermaßen charakterisiert:

„Die Rekonstruktion der objektiven Bedeutungsstruktur einer konkreten Äußerung beginnen wir im Rahmen der objektiven Hermeneutik damit, dass wir zunächst Geschichten über möglichst vielfältige, kontrastierende Situationen erzählen, die konsistent zu einer Äußerung passen, ihre Geltungsbedingungen pragmatisch erfüllen. Im nächsten Schritt werden diese erzählten Geschichten, die implizite gedankenexperimentelle Konstruktionen[166] darstellen, explizit auf ihre gemeinsamen Struktureigenschaften hin verallgemeinert, die in ihnen zum Ausdruck kommen, und im dritten Schritt werden diese allgemeinen Struktureigenschaften mit den konkreten Kontextbedingungen verglichen, in denen die analysierte Äußerung gefallen ist." (Oevermann 1983: 236f.)

Interpretationsbeispiel zur Kontextvariation: „Dieses Buch ist das Buch der Wahrheit"

Folgendes Beispiel, anhand dessen sich die Funktion der Kontextvariation sehr gut verdeutlichen lässt, stammt aus einer Leipziger Forschungswerkstatt. Den Teilnehmern wurde der Satz „Dieses Buch ist das Buch der Wahrheit" vorgelegt und sie wurden aufgefordert, sich Kontexte zu überlegen, in denen dieser Satz sinnvoll wäre.

---

[166] Die Idee der gedankenexperimentellen Konstruktion objektiver Möglichkeiten ist bereits bei Max Weber (1995c [1922]: 275) entwickelt, der in seinen „Kritische(n) Studien auf dem Gebiet der kulturwissenschaftlichen Logik" für den methodischen Schritt der Generierung von „Phantasiebildern" und „Möglichkeitsurteilen" plädiert, „durch Absehen von einem oder mehreren der in der Realität faktisch vorhanden gewesenen Bestandteile der ‚Wirklichkeit' und durch die denkende Konstruktion eines in Bezug auf eine oder einige ‚Bedingungen' abgeänderten Herganges", mit dem Ziel, die tatsächliche Kausalität zu begreifen. Vgl. dazu Kap. 6.

Dabei wurde von den Studierenden der Forschungswerkstatt zunächst ein religiöser Kontext genannt: Eine Offenbarungsschrift könnte zweifellos auf diese Weise eingeleitet werden. Charakteristisch für diesen religiösen Kontext wäre, dass Wahrheit nicht – wie in der Wissenschaft – als vorläufig, von Forschung abhängig und prinzipiell der wissenschaftlichen Kritik ausgesetzt präsentiert wird, sondern „ein für allemal" behauptet wird. Sie könnte aus dieser Perspektive auch auf Dauer in einem Buch konserviert werden, dem damit der Status einer „heiligen" Schrift zukäme. Das gilt für den Fall religiöser Offenbarung, die (von Seiten ihrer Anhänger) der Kritik grundsätzlich entzogen wird, in exemplarischer Weise.[167]

Ein weiterer vorstellbarer Kontext ist eine politische Propagandaschrift. Die Aussagen eines charismatischen Führers würden hier – religiösen Aussagen vergleichbar – als Wahrheit präsentiert, die bei bestimmten Anlässen zitiert, von Schülern gelernt und auf gegenwärtige Situationen übertragen werden können, wie dies etwa in den 1970er Jahren mit der roten „Mao-Bibel" der Fall war. Bereits die Bezeichnung spricht hier Bände. Ein demokratischer Kontext wäre als Entstehungshintergrund einer solchen Schrift kaum vorstellbar, da in ihm bekanntermaßen politische Programme häufig revidiert und von Durchsetzungschancen qua Bündnis und Wahlerfolgen beeinflusst werden. Passend wäre für einen solchen Absolutheitsanspruch also eher eine sektiererisch-autoritäre Enklave in einer Demokratie oder ein diktatorischer Kontext. Dabei sind die Anklänge an religiöse Wahrheitsansprüche unübersehbar.

Denkbar wäre weiter eine journalistische Enthüllungsschrift. Die Logik, die hinter dem Anfang stünde, wäre in diesem Fall der totale Aufklärungsanspruch der Autorin gegenüber allen bisherigen Darstellungen eines Zusammenhanges, denen damit zwangsläufig der Charakter des Unvollständigen, Verfälschenden, Unwahren zukäme. Auch in diesem Fall läge in der Darstellung etwas Propagandistisches, da das Buch nicht als Resultat mühevoller Recherchearbeit und des Sammelns von Indizien präsentiert wird, sondern als „geschlossenes Ganzes", bei dem keine Fragen offen bleiben.

In allen drei Kontexten, die hier gedankenexperimentell erfunden wurden, zeichnet sich die Formulierung durch die Totalität des formulierten Anspruchs und die Ausblendung möglichen Zweifels und möglicher Kritik aus.

Der tatsächlich gegebene Kontext ist folgender: Der Satz entstammt der von Walter Ulbricht verfassten Einleitung zu dem Buch „Weltall, Erde, Mensch" (Ulbricht 1971 [1959]), das seit den 1950er Jahren von der SED an die Teilnehmer der Jugendweihe verteilt wurde. Das Buch verband Informationen über technisch-wissenschaftliche Entwicklungen mit politischer Propaganda im Sinne der zunehmenden Durchsetzung einer sozialistischen Gesellschaft.

Vergleicht man nun die gedankenexperimentell entworfenen Kontexte mit dem tatsächlich gegebenen, stößt man auf eine auffällige Spannung: Offensichtlich handelt es sich um einen politisch motivierten Text, der aber wie ein religiöser Text eingeleitet wird. Darüber hinaus wird deutlich, dass hier wissenschaftlich-technische Errungenschaften in den Dienst einer bestimmten Form der Politik gestellt werden, was in dem Anspruch, „Wahrheit" zu verkünden, kulminiert. Damit konkurriert die Politik einerseits mit der Religion (wie dies auch bei der politischen Sekte der Fall wäre), indem sie für sich denselben Status der Offenbarung von „Wahrheit" geltend macht. Sie entzieht damit ihre Botschaften gleichzeitig der Kritik, macht sie unangreifbar und unhintergehbar. Konsequenterweise bekommen Positionen, die sich

---

[167] In der Tat finden sich in religiösen Offenbarungsschriften sehr ähnliche Formulierungen: So im Koran, Sure 2,2: „Dies ist die Schrift, an der nicht zu zweifeln ist ...", oder in der Offenbarung des Johannes 22,6: „Diese Worte sind zuverlässig und wahr."

5.3 Objektive Hermeneutik

diesem Wahrheitsanspruch entziehen, den Status des Ketzerischen: Wenn etwas „Wahrheit ist" und nicht nur nach größtmöglicher, aber immer angreifbarer Wahrheit strebt (wie es bei der Wissenschaft der Fall wäre), verliert die abweichende Position jede Legitimität, wird zum Verrat an der Wahrheit.[168]

Die Verknüpfung mit Wissenschaft, die in den beiden oben antizipierten Kontexten nicht enthalten war, legitimiert den politischen Wahrheitsanspruch in besonderer Weise, repräsentiert in totalisierender Weise einen aufklärerischen Gestus und verschleiert damit gleichzeitig den propagandistischen Charakter der Schrift. Gleichzeitig bindet es die Wissenschaft – über den Anspruch der Aufklärung – in einen instrumentellen Zusammenhang ein.

Der „objektive Sinn", der dieser Aussage in dem entsprechenden Kontext zugrunde liegt, ist demnach der einer zur Quasireligion gewordenen Politik, die ihre Positionen über den Bezug auf Wissenschaft der Kritik entzieht und damit Kritikern den Status von Verrätern an der Wahrheit zuweist.

> Im Zuge der sequentiellen Interpretation geht es – insbesondere am Anfang – darum, im Gedankenexperiment extensiv die möglichen Bedeutungen einer Textstelle zu interpretieren. Dabei werden die verschiedenen möglichen Bedeutungen zu Lesarten verdichtet. Durch die Technik der Kontextvariation wird der gegebene Kontext einer Äußerung bewusst verlassen, um deren spezifische Bedeutung zu erfassen.

- **Sparsamkeitsregel**

Trotz der Extensität des Auslegungsprozesses gilt jedoch auch die sog. **„Sparsamkeitsregel"** (Oevermann et al. 1980: 25). Diese bezieht sich darauf, sich nur auf solche Lesarten zu beschränken, die ohne größere Zusatzannahmen mit dem Text kompatibel sind. Dies betrifft etwa Annahmen über psychische und andere Dispositionen des Sprechers, auf die es im Text selbst keinen Hinweis gibt. Die Sparsamkeitsregel bezieht sich aber auch auf das willkürliche (und im Prinzip endlose) Erfinden von Umständen, die den Text „motiviert" haben könnten, aber keine zwingende Verbindung zu ihm aufweisen (vgl. dazu Wernet 2000: 35ff.). So könnte man im Fall des Satzes „Dieses Buch ist das Buch der Wahrheit" natürlich auch einen fiktionalen oder gar satirischen Kontext als Entstehungshintergrund annehmen. Allerdings würde dies den oben genannten Kontexten letztlich nichts Neues hinzufügen. Denn auch im Falle der Fiktion oder der Satire müsste der Verfasser auf einen Hintergrund anspielen, der den oben genannten entspräche.

- **Wörtlichkeit der Interpretation**

Eng damit verbunden ist das Prinzip der **Wörtlichkeit der Interpretation** (vgl. Oevermann 2000: 100). Obwohl es letztendlich um die Analyse des latenten Sinns einer Äußerung oder Handlung geht, führt der Weg dorthin nicht über das Rätseln darüber, was im Kopf eines Akteurs vorgegangen sein mag. Auch die bloße Einordnung des zu interpretierenden Textes in Theorien, die aus anderen Zusammenhängen stammen, wäre im Rahmen dieses Interpretationsverfahrens nicht angemessen. Vielmehr ist jede Interpretation am Text selbst nachzuweisen, und erst auf dieser Grundlage kommen dann auch Theorien ins Spiel.[169]

---

[168] Ganz in diesem Sinne werden im Übrigen in diesem Buch religiöse Positionen behandelt: als Irrationalität und Aberglauben stünden sie letztlich der Wissenschaft im Weg.
[169] Das Bemühen um eine textadäquate Interpretation, die diesen nicht vorschnell unter vorhandene Kategorien subsumiert, ist den qualitativen Verfahren gemeinsam. Vgl. dazu auch Kap. 5.1.

> Die Sparsamkeitsregel und das Prinzip der Wörtlichkeit der Interpretation stellen die Verbindung zwischen Gedankenexperiment und vorliegendem Text sicher.

- **Totalität**

Mit dem Prinzip der Wörtlichkeit der Interpretation korrespondiert das Interpretationsprinzip der **Totalität** (vgl. Oevermann 2000: 100ff.). Es besagt, dass ein zur Interpretation ausgewählter Textausschnitt vollständig zu interpretieren ist und jedes Element – mag es noch so „unpassend" erscheinen – auf seinen Sinn hin zu analysieren ist. Darin kommt zum Ausdruck, dass es bei der Fallrekonstruktion nicht um Klassifikation geht, also nicht um das Ein- und Aussortieren „passender" Elemente nach einem vorher festgelegten Kriterium, sondern darum, die innere Gesetzmäßigkeit eines Falles zu erschließen. Gerade vermeintlich nicht „passende" Äußerungen in einer Texteinheit müssen daher schlüssig daraufhin interpretiert werden, ob sie mit der bisherigen Interpretation kompatibel sind oder diese vielleicht widerlegen. Bei dem Textausschnitt wird es sich in der Regel um ein in sich geschlossenes Segment handeln: Sei es eine Einleitung oder eine Begrüßung, oder generell ein nach inhaltlichen oder formalen Gesichtspunkten abgeschlossener Abschnitt eines Textes.

> Das Prinzip der Totalität zwingt dazu, auch auf den ersten Blick „unpassende" Textstellen bei der Interpretation zu berücksichtigen.

- **Unterscheidung von äußerem und innerem Kontext einer Handlung**

Das Operieren mit Gedankenexperimenten und Lesarten wirft die Frage auf, welches Vorwissen in die Interpretation Eingang findet, denn das „Erfinden" objektiver Möglichkeiten setzt ja bereits Wissen voraus. In der objektiven Hermeneutik wird hier die Unterscheidung zwischen (1) äußerem und (2) innerem Kontext einer Handlung (s. Oevermann et al. 1979: 420ff.; Oevermann 2000: 104f.) sowie (3) allgemeinem Welt- und Regelwissen eingeführt.

Dabei gilt, dass der Beginn einer Sequenz zunächst kontextfrei interpretiert wird, d.h. man überlegt, unter welchen Bedingungen eine bestimmte Äußerung oder Handlung sinnvoll ist (etwa der Satz „Dieses Buch ist das Buch der Wahrheit"), ohne zunächst den konkret vorliegenden äußeren Kontext – also den Kontext, in den die Äußerung faktisch hineingehört – zu berücksichtigen (hier: Einleitung des Vorsitzenden der SED in einem Geschenkband, der zur Jugendweihe verteilt wurde). Auch hier geht es darum, die objektive Bedeutung eines Textes zu erschließen, ohne diese Interpretation durch fallspezifisches Kontextwissen vorschnell in eine bestimmte Richtung zu lenken.

Im Zuge der weiteren Interpretation eines Falles geht dann das bereits rekonstruierte Fall-Wissen als innerer Kontext in die Interpretation ein. Die Situation des Falles stellt sich dann vor dem Hintergrund der fallspezifischen Geschichte dar, durch die bestimmte Möglichkeiten bereits ausgeschieden wurden. Auch hier gilt wieder das Prinzip der Sequenzialität. Das heißt, dass Informationen zu Beginn des Interviews zum „inneren Kontext" für spätere Passagen werden, jedoch nicht umgekehrt Anfangssequenzen auf der Grundlage von Informationen, die erst später erwähnt werden, interpretiert werden dürfen. Auch dies hat den Sinn, den Bedeutungsgehalt der Sequenzen tatsächlich auszuschöpfen und sich im Prozess der Rekonstruktion am sequentiellen Verlauf der Praxis selbst zu orientieren.

5.3 Objektive Hermeneutik

Es kann dabei helfen, den nachfolgenden Text zunächst zu verdecken, um sich zu zwingen, die aktuelle Sequenz in ihrem Sinngehalt tatsächlich auszuschöpfen, ehe man weiterliest. Aber auch, wenn man weiß, „wie es weitergeht", in welchem äußeren Kontext also eine Handlung oder Äußerung platziert ist (etwa, weil man das Interview selbst geführt hat), sollte man sich bei der Interpretation an das sequentielle Vorgehen halten. Denn auch die Akteure, deren Interaktion wir interpretieren, wussten ja zu Beginn noch nicht, wie der Abschluss ihrer Interaktion aussehen würde. Und auch sie selbst machen im Prozess der Interaktion die Erfahrung, dass eine vollzogene Handlung oder ein gesprochener Satz Anschlusshandlungen nach sich zieht.

Von diesem Wissen um den inneren und äußeren Kontext wiederum ist ein „allgemeines Regel- und Weltwissen" zu unterscheiden. Wenn man den Text aus „Weltall, Erde, Mensch" interpretiert, muss man, noch ehe das Wissen über die Einführung der Jugendweihe in der DDR und deren politischen Hintergrund ins Spiel kommt, etwas über die Funktionsweise religiöser und politisch-totalitärer Bewegungen oder von medialer Enthüllung und Propaganda wissen, sonst könnte man die entsprechenden Lesarten gar nicht aufstellen.

Die Interpretin, die nach den Regeln der objektiven Hermeneutik vorgeht, sollte also über eine Fülle an allgemeinem Wissen verfügen und es bei der Interpretation zu Rate ziehen. Sie sollte jedoch ihr fallspezifisches Vorwissen (über den äußeren Kontext) zunächst ausblenden, um die Interpretation nicht vorschnell in eine bestimmte Richtung zu treiben. Welt- und Regelwissen kommt immer dort ins Spiel, wo Verweise auf „Welt" erkennbar werden: Die Nennung eines Geburtsjahres in einem bestimmten Land bedarf zur Interpretation des Weltwissens der Interpretin; die Nennung eines Sachverhaltes (z.B. die Verheiratung einer 16-Jährigen) erfordert Wissen darüber, in welchem Land und unter welchen Bedingungen dies möglich ist und wie es sich zu den rechtlichen und normativen Rahmenbedingungen verhält.

> Die Unterscheidung von äußerem und innerem Kontext sowie von allgemeinem Welt- und Regelwissen dient dazu, bei der Interpretation den Text in seiner Bedeutungsvielfalt auszuschöpfen. Die herausgearbeitete Struktur wird sukzessive als „innerer Kontext" einer Handlung erschlossen, ehe der „äußere Kontext" einer Sequenz – also ihre tatsächliche Situierung – zur Deutung herangezogen wird. Ohne allgemeines Welt- und Regelwissen jedoch kann keine Interpretation auskommen.

- **Interpretation in einer Interpretationsgruppe**

Die gedankenexperimentelle Konstruktion von Lesarten kann kaum von einer Person bewältigt werden, da jede Interpretin aufgrund eigener Erfahrungen und Vorannahmen dazu tendiert, bestimmte Interpretationen zu forcieren und andere auszublenden. Daher sollte die Interpretation möglichst im Rahmen einer Interpretationsgruppe vorgenommen werden, die um einzelne Interpretationen solange streitet, bis diese tatsächlich mit guten Gründen ad acta gelegt oder beibehalten werden können. Auch unter den restriktiven Bedingungen, unter denen Examensarbeiten geschrieben werden, sollte man zumindest versuchen, einen oder zwei Fälle in einer Gruppe zu interpretieren. Überdies lernt man an der Interpretation fremden Materials etwas für die Analyse der eigenen Fälle. Wenn man reihum Material aus Qualifikationsarbeiten auswertet, haben in der Regel alle etwas davon. Und wenn man einen Fall gemeinsam interpretiert hat, kann man dann auch leichter einen weiteren Fall alleine interpretieren (vgl. dazu Kap. 2.6).

> Die Interpretation in einer Interpretationsgruppe hilft bei der Entwicklung von Lesarten.

- **Nachweis und Falsifikation von Strukturhypothesen**

Das Verfahren der objektiven Hermeneutik zielt auf die Rekonstruktion einer Fallstruktur. Je nachdem, was der zu untersuchende „Fall" ist – etwa die Interaktion zwischen Lehrern und Schülern in einer Klasse oder die Bildungsgeschichte einer Aufsteigerin – wird auch die Fallstrukturhypothese anders ausfallen. Im ersten Fall wird sie sich beispielsweise auf den Umgang der Lehrerin mit rechtsradikalen Provokationen einzelner Schüler und auf die Dynamik, die daraus für die Situation in der Klasse resultiert, beziehen. Im zweiten Fall wird die Fallstrukturhypothese etwa das Bedingungsgefüge des Bildungsaufstieges und den Bildungshabitus, der sich dabei entwickelt, formulieren.

Es genügt nun aber nicht, lediglich an einer Stelle einen Mechanismus aufzuzeigen, um von einer Struktur zu sprechen. Oevermann schlägt vor, die Fallstruktur an mehreren, maximal an vier Textstellen, die jeweils nicht länger als zwei Seiten sein sollen (vgl. Oevermann 2000: 97), nachzuweisen und anschließend auf Falsifizierbarkeit hin zu überprüfen. Unter Fallstruktur wird dabei die „Reproduktionsgesetzlichkeit" eines Falles verstanden, d.h. die Analyse der inneren Logik, mit der ein Zusammenhang sich herausbildet und reproduziert und von deren Grundlage aus gegebenenfalls auch eine Transformation der Struktur ihren Ausgang nehmen könnte: Im oben genannten Beispiel der Lehrer-Schüler-Interaktion könnte eine solche Reproduktionsgesetzlichkeit etwa darin bestehen, dass das (verzweifelte) Ignorieren der rechtsradikalen Provokation durch die Lehrerin aus der Perspektive der politisch indifferenten Schüler die Schule als demokratischen Raum entwertet und für sie damit de facto die Plausibilität antidemokratischen Verhaltens erhöht.

Ein weiterer – ebenfalls aus der Forschungswerkstatt stammender – Fall ist ein spezifisches Migrationsarrangement von Familien in Ecuador, das darin besteht, dass die Männer illegal in die USA emigrieren, während die Frauen mit den Kindern in Ecuador zurückbleiben und von ihren Männern aus dem Ausland unterstützt werden. Die Entwicklung einer Fallstrukturhypothese wäre hier etwa darauf gerichtet herauszuarbeiten, wie dieses Arrangement motiviert sein könnte (Lesartenbildung), auf welches objektive Problem es Bezug nimmt, welche alternativen Modelle den Familien potentiell (und mit welchen Konsequenzen) zur Verfügung gestanden hätten (Gedankenexperiment) und worin vor diesem Hintergrund die Spezifik der gefundenen Lösung liegt. Anhand des konkreten Interviewtextes wäre dann zu zeigen, was die Lösung für die konkrete Familie bedeutet, ob und mit welchen Mitteln es den Familienangehörigen z.B. gelingt, als Familie bestehen zu bleiben bzw. unter welchen Bedingungen dies misslingt. Gleichzeitig wäre herauszuarbeiten, wo innerhalb dieses Arrangements Krisen drohen – wo sich also eine potentielle Transformation andeutet – und wie sie (bisher) bewältigt wurden.

Dabei stößt man etwa auf folgende Fallmerkmale:

In dem Arrangement kann sich ein am Wohl der Familie orientierter Konsens ebenso ausdrücken wie ein Alleingang des Ehemannes, der vorgibt, Familieninteressen zu verfolgen. In beiden Fällen wird dies unterschiedliche Folgen für den Umgang mit der Situation haben. Wie auch immer das Arrangement im vorliegenden Fall motiviert ist, wird die jeweils andere Möglichkeit jedoch (als Ideal oder Drohung) präsent sein.

5.3 Objektive Hermeneutik

Im vorliegenden Fall existiert ein von den Ehepartnern geteiltes Deutungsmuster, dem zufolge die Abwesenheit des Vaters dem Wohle der Familie und insbesondere der Kinder gilt, die es „einmal besser haben sollen". Dieses Deutungsmuster verweist auf das objektive Problem, dass unter den ökonomischen Bedingungen Ecuadors die Sorge für die nächste Generation und damit die Verbesserung der Lebenssituation der Familie objektiv behindert, die Haltung einer solchen Zukunftsvorsorge aber in den Familien faktisch vorhanden ist. Es wäre hier zu fragen, welche Optionen den Familien zur Realisierung dieser Haltung – und mit welchen Konsequenzen – zur Verfügung stehen.

In dem beschriebenen Migrationsarrangement finden wir eine sehr spezifische Lösung für dieses Problem vor: Im Dienste der Zukunft der Familie wird die Gegenwart der (vollständigen) Familie faktisch außer Kraft gesetzt. Unter Rekurs auf das oben genannte Deutungsmuster und die darin implizierte Zukunftsorientierung wird eine mögliche Rückkehr des Vaters nach Ecuador – die immer wieder einmal zur Diskussion steht – zwischen den Ehepartnern konsensuell ausgeschlossen. Dieser Konsens wird dadurch abgestützt, dass die Mutter ihre Situation – klagend – so beschreibt, dass sie den Kindern Vater und Mutter gleichzeitig sein müsse, mit dieser Klage aber auch dokumentiert, dass sie diesem Anspruch durchaus nachkommen kann. Es wird sichtbar, dass das Arrangement neben den regelmäßigen Überweisungen auch eines Mindestmaßes an Dokumentation von Vaterliebe und Sehnsucht nach den Kindern bedarf, während Details des Lebens der Ehepartner in den gelegentlichen Telefonaten taktvoll ausgespart bleiben. Man wird sehen, dass das Arrangement potentiell dadurch in die Krise gerät, dass die Kinder – mit Verweis auf deren Zukunft das gesamte Arrangement legitimiert wird – aus diesem Konsens ausscheren und gegen die Abwesenheit des Vaters rebellieren bzw. den Sinn des gesamten Unterfangens in Frage stellen. Ein anderer Krisenfaktor besteht darin, dass von anderen Männern aus demselben Dorf bekannt wird, dass sie den Konsens zwischen den Ehepartnern aufgekündigt und in den Vereinigten Staaten eine neue Familie gegründet haben bzw. dort mit einer anderen Frau zusammenleben. Die zweite der anfangs skizzierten Motivierungen ist also in der Lebensrealität des Dorfes repräsentiert. Ein dritter Krisenfaktor schließlich besteht darin, dass sich für den Vater in den Vereinigten Staaten die Hoffnung auf einen Lohn, der gleichzeitig ihn und seine Familie angemessen ernährt, nicht erfüllt.

Die Fallstruktur besteht hier also im Nachweis des in sich ambivalenten Gefüges eines konsensuellen Verzichts auf die Gegenwart der Familie im Dienste von deren Zukunft. Die Ambivalenz besteht darin, dass das Arrangement seine eigenen Grundlagen auf Dauer untergräbt, weil die Beziehung der Ehegatten durch die Dauertrennung gefährdet wird und es nur schwer gelingt, die nachfolgende Generation dauerhaft in das Arrangement einzubinden.

Im Anschluss an das Herausarbeiten einer solchen Fallstruktur geht es dann darum, an weiteren Textstellen diese Struktur auf die Möglichkeit einer Falsifikation hin zu überprüfen. Erst nach dem Falsifikationstest ist eine Fallstruktur als wirklich nachgewiesen anzusehen bzw. muss revidiert werden. Die sequentielle Interpretation wird also keinesfalls – wie viele denken – am gesamten Transkript durchgeführt. Das weitere Transkript dient jedoch als Material für die Überprüfung der Fallstruktur.

Mit dem Interpretationsziel der Herausarbeitung der Fallstrukturgesetzlichkeit ist bereits die Richtung angegeben, in die im Kontext der objektiven Hermeneutik eine Generalisierung der Forschungsergebnisse vorgenommen wird.

- **Strukturgeneralisierung**

Verallgemeinerbarkeit ist nach dem Verständnis der objektiven Hermeneutik nur über Strukturgeneralisierung (Oevermann 1991) möglich. Dabei muss man sich vor Augen führen, wie im Hinblick auf die Fallstruktur das Verhältnis von Allgemeinem und Besonderem begriffen wird. Das folgende Zitat bringt die wesentlichen Bestimmungen prägnant zum Ausdruck:

„Besonderes ist die Fallstruktur, weil sich (...) darin die nicht auf anderes reduzierbare Selektivität der konkreten Lebenspraxis äußert, ja äußern muß, und weil sie selbst das Resultat eines individuellen Bildungsprozesses ist, der seinerseits als eine Verkettung solcher Selektionsentscheidungen zu interpretieren ist. Besonderes ist die Fallstruktur auch in der Hinsicht, daß sie der gesetzmäßige Ausdruck einer Instanz ist, die konstituiert ist durch das strukturelle Potential von Entscheidungsautonomie und insofern grundsätzlich die Quelle offener Zukunft darstellt. Allgemeinheit nun kommt der Fallstruktur in mehrfacher Hinsicht zu. Zum ersten dadurch, daß sie sich der Allgemeinheit der bedeutungsgenerierenden Regeln und des durch sie eröffneten Spielraums bedient, gewissermaßen mit ihnen operiert und sie ausdrückt. (...) Zum zweiten stellen die durch Selektion geformten fallspezifischen Verläufe in sich wiederum jeweils eine Anspruch auf allgemeine Geltung und Begründbarkeit erhebende praktische Antwort auf praktische Problemstellungen dar. Und zum dritten drückt die fallspezifische Struktur des Verlaufs immer auch eine exemplarische Realisierung eines allgemeineren, einbettenden Milieus und dessen Bewegungsgesetzlichkeit aus." (Oevermann 1991: 272)[170]

Deutlich wird dabei, dass Besonderheit an die sich im Zuge eines Bildungsprozesses herausbildende Struktur gebunden ist, nicht jedoch an numerische Identität im Sinne einer „charakteristischen Konstellation von Messwerten" (ebd.: 273) oder an Selbstbilder[171]. Allgemeinheit wiederum liegt darin begründet, dass Individuen immer und notwendig verwiesen sind auf allgemeine Regeln und Bedingungen, die gewissermaßen das Material darstellen, auf das sie selektiv Bezug nehmen, sowie die Konditionen, denen sie unterliegen. Das heißt aber, dass die Rekonstruktion der spezifischen Selektivität eines Falles immer schon auf die Bedingungen des Selektionsprozesses – und damit auf Allgemeines – rekurrieren muss. Gerade deshalb ist die Operation des Gedankenexperiments unerlässlich, denn genau hier kommt ein solcher allgemeiner Horizont ins Spiel.

Der zweite Verweis auf Allgemeinheit in dem oben wiedergegebenen Zitat führt ein funktionales Argument ein: Der Fall repräsentiert eine Antwort auf eine allgemeine Problemstellung, und zwar eine Antwort, die wiederum Anspruch auf allgemeine Geltung und Begründbarkeit erhebt. Oevermann nimmt hier – im Anschluss an Mead – Bezug auf den Zusammenhang von Emergenz und Determination, denn die Antwort auf allgemeine Problemstellungen schafft einerseits Neues, das aber gleichzeitig angebunden werden muss an Vorhandenes: sei es rebellisch gegen dieses profiliert, in einer Art Traditionsbildung an dieses angeschlossen oder in seiner Unabhängigkeit reflektiert von diesem abgegrenzt. Die Beanspruchung allgemeiner

---

[170] Dabei handelt es sich erneut um eine auch für die klassische Hermeneutik charakteristische Vorstellung. So formuliert etwa Manfred Frank (1977: 24) in Bezug auf Schleiermachers Polemik gegen die „Spezialhermeneutiken": „Erst eine Erklärung, die die individuelle Sinngerichtetheit, das Gerade-so-und-nicht-anders der Wortkombinationen einer gegebenen Rede in ihrer Einzigartigkeit und Notwendigkeit zu ‚konstruieren' vermöchte, dürfte den Anspruch hermeneutischer ‚Wissenschaftlichkeit' für sich reklamieren. Die Deutung wäre dann nicht mehr speziell, da sie sich ja einer allgemeinen Reflexion auf die Bedingungen verdankt, unter denen jeder einzelne Sinn einerseits, jedes einzelne Verstehen andererseits zustandekommen."

[171] Diese bilden nur die Seite der „subjektiv intentional repräsentierten" Bedeutung ab.

Geltung hat insofern nichts mit tatsächlicher positiver Anerkennung zu tun, sondern lediglich mit der unausweichlichen Notwendigkeit, mit der mehr oder weniger spontanes Handeln über Begründungen immer wieder sozial „angekoppelt" werden muss.[172]

Wir wollen dafür ein Beispiel nennen: Bei der Analyse der Lebensgeschichten von Konvertiten zu Minderheitenreligionen aus anderen kulturellen Kontexten stößt man immer wieder auf eine spezifische Spannung im Hinblick auf die Zugehörigkeit zum eigenen kulturellen und gesellschaftlichen Kontext und die Distanz gegenüber diesem Kontext. Diese Spannung findet in der Konversion zur Religion eines anderen kulturellen Kontextes einen Ausdruck. Die Verhältnisbestimmung von Zugehörigkeit und Distanz ist ein allgemeines Problem eines jeden erwachsenen Mitglieds einer Gesellschaft, dessen Lösung immer wieder auszutarieren ist. Die Art dieser Verhältnisbestimmung bewegt sich zwischen den Polen bedingungsloser und unreflektierter Zustimmung zu diesem Kontext und all seinen kulturellen Attributen auf der einen Seite und der völligen Distanzierung, die konsequenterweise in die Emigration mündet, auf der anderen Seite. Angesichts dieser beiden extremen Möglichkeiten stellt die Konversion zur Religion eines anderen kulturellen Kontextes – idealtypisch betrachtet – eine dritte Form der Lösung dar. Sie impliziert eine Abgrenzung von bestimmten kulturellen – hier religiösen – Selbstverständlichkeiten (zu denen auch die Möglichkeit der Distanzierung von Religion gehört) und den damit einhergehenden Formen der Lebensführung. Gleichzeitig erfolgt diese Abgrenzung innerhalb des vertrauten gesellschaftlichen Kontextes. Diese der Konversion eigene Spannung kommt in den Artikulationsformen der Konvertiten selbst, aber auch in den Reaktionen auf Konvertiten zum Ausdruck. Man kann Konversionen des beschriebenen Typs in dieser Hinsicht als eine Art „symbolischer Emigration" (Wohlrab-Sahr 1999: 291ff.) bezeichnen. Die Konversion zur Religion eines anderen kulturellen Kontextes löst also das Verhältnis von Zuordnung und Distanz auf spezifische Weise, die sich von anderen möglichen Formen des Sich-Distanzierens innerhalb der vertrauten Umgebung unterscheidet: des politischen Protests, der Abgrenzung über einen subkulturellen Lebensstil etc. Gleichwohl konstituiert sich über die Konversion eine „gültige" Lösung, die in vielerlei Hinsicht, gerade in der Abgrenzung, anschließt an Vorhandenes – an die Lebensform und Religion der Eltern, an andere Formen der Abgrenzung und Individualisierung (z.B. im Rekurs auf Religionsfreiheit), aber auch der neuen Vergemeinschaftung – und die eine spezifische Form der Rationalität für sich in Anspruch nimmt. Eine Interpretation, der es darum geht, die spezifische vorliegende Lösung in diesem Sinne an Allgemeines anzuschließen, müsste folglich versuchen, das allgemeine Problem zu rekonstruieren, auf das die Konversion eine spezifische Antwort darstellt.

Der dritte Verweis Oevermanns auf Allgemeinheit hat eine andere Ausrichtung: Hier geht es um die „exemplarische Konkretisierung lebensweltlicher kollektiver Entwürfe" (ebd.: 272). Das heißt, dass der Fall hier als Referenzfall für ein Milieu, eine Subkultur etc. steht.

Gegen die objektive Hermeneutik ist gelegentlich eingewandt worden, sie schließe in problematischer Weise „direkt vom Einzelfall auf die Allgemeinheit" (Gerhardt 1991: 435), weshalb Verallgemeinerungen durch „fallkontrastierende Vorstufen und typenbildende Zwischenschritte" (ebd.) vorbereitet werden sollten. Aus dem bisher Ausgeführten dürfte deutlich geworden sein, dass es in diesem Verfahren zahlreiche Vermittlungsschritte zwischen Spezifischem und Allgemeinem gibt. Insbesondere das ständige Operieren mit Kontrasthori-

---

[172] Auch die von Oevermann (1988) an anderer Stelle entwickelte Dialektik von Entscheidungszwang und Begründungsverpflichtung beleuchtet diesen Zusammenhang.

zonten und anderen „objektiven Möglichkeiten" bringt ständig Allgemeines ins Spiel. Spätestens dort aber, wo von „exemplarischen Konkretisierungen" die Rede ist, werden Fallvergleiche und Typenbildung im Sinne einer Zuordnung weiterer Fälle unter die gefundene Struktur unerlässlich, da andernfalls der kollektive Entwurf, dessen Konkretisierung man vor Augen zu haben glaubt, immer schon vorausgesetzt werden müsste. Wir werden darauf in Kap. 6 genauer eingehen.

> Das Verfahren der objektiven Hermeneutik zielt auf die Rekonstruktion einer Fallstruktur. Je nachdem, was der untersuchte „Fall" ist, besteht diese im Nachweis einer Reproduktionsgesetzlichkeit an mehreren Stellen des analysierten Textes und im Überprüfen der Fallstrukturhypothese auf mögliche Falsifizierbarkeit. Generalisierung muss hier die Form der Strukturgeneralisierung haben.

5.3.5 Schritte der Interpretation

Die Schritte der Interpretation im Rahmen des Verfahrens der objektiven Hermeneutik sind nicht unabhängig von dem Material zu behandeln, das interpretiert werden soll. Im Folgenden werden Schritte der Interpretation diskutiert, die für die Interpretation lebensgeschichtlicher Erzählungen wie auch für Interaktionsprotokolle geeignet sind und die in Veröffentlichungen aus dem Kontext der objektiven Hermeneutik dokumentiert sind.

Vorauszuschicken ist jedoch, dass vor dem ersten Interpretationsschritt die klare Formulierung einer Forschungsfrage zu stehen hat. Die Interpretation erfolgt also nicht „ins Blaue" hinein, der Text expliziert sich nicht selbst, sondern die Forscherin hat bestimmte Fragen, die sie mit Hilfe der Interpretation zu beantworten sucht.

Bei der Analyse eines Interviews mit einer Fernstudentin, das Sozialwissenschaftlern aus unterschiedlichen Interpretenschulen zur Auswertung vorgelegt wurde (Heinze et al. 1980), formulieren Oevermann et al. (1980) folgende mögliche Forschungsfragen: Was könnte angesichts der objektiven Merkmale der Lebensgeschichte die Entscheidung für ein Hochschulstudium im allgemeinen und für ein Fernstudium im Besonderen begründet haben? Was zeichnet die soziale Organisation des Fernstudiums aus und welche Problematik resultiert daraus im Hinblick auf die Studienmotivation der Befragten? In welcher Wechselbeziehung stehen die Entscheidung für ein Hochschulstudium bei der Befragten und die spezifische soziale Organisation eines Fernstudiums? Etc. (vgl. ebd.: 28). An diese Forschungsfragen[173] schließen sich dann unterschiedliche Interpretationsschritte an.

1. Interpretationsschritt: Interpretation der äußeren biographischen/objektiven Daten

Dokumentiert ist dieser Interpretationsschritt in der oben genannten Analyse des Interviews mit einer Fernstudentin (Oevermann et al. 1980). Forschungslogisch geht es bei der Interpretation objektiver Daten darum, dass man sich zunächst nicht mit den Selbstdeutungen der befragten Person beschäftigt, sondern mit dem Gerüst des äußeren Lebensablaufs, mit den

---

[173] Im Anschluss an das oben behandelte Beispiel könnte man auch hier von der Bestimmung des Handlungsproblems sprechen: Was bedeutet es, an einer Fernuniversität (im Unterschied zu einer regulären Universität) zu studieren und welche potentiellen Implikationen hat diese besondere Struktur angesichts der spezifischen Biographie der interviewten Person?

5.3 Objektive Hermeneutik

Rahmenbedingungen, vor deren Hintergrund sich eine Biographie entfaltet, mit den Etappen, die die Person durchlaufen hat, sowie den Weichenstellungen, Anschlüssen und Abbrüchen, die darin erkennbar werden.

Die Forschungsfragen werden also in einem ersten Interpretationszyklus ohne Rekurs auf die Selbstdeutungen der Person angegangen, und dieser erste Interpretationsschritt bildet anschließend den analytischen Hintergrund für die Aufschlüsselung dieser Selbstdeutungen bei der Interpretation des Interviewtextes (vgl. ebd.: 28). Bei Oevermann et al. heißt es dazu: „Paradox formuliert, ist unser Vorgehen dadurch gekennzeichnet, dass wir dem Text möglichst viel Struktur dadurch abgewinnen wollen, dass wir möglichst lange ohne ihn auskommen." (Ebd.)

Zu diesen objektiven Daten gehören z.B.: Angaben über die soziale Herkunft (z.B. Beruf und Einkommensverhältnisse der Eltern), über Eltern und Geschwister, Wohnorte und Wohnortwechsel, Bildungs- und Berufsbiographie, Einkommensverhältnisse, klar dokumentierte soziale, politische und ehrenamtliche Engagements (also nicht nur Einstellungen), Partnerschaften, Kinder, Trennungen, gravierendere Krankheiten und Unfälle usw. Wesentlich ist dabei, dass es sich um klar identifizierbare objektive Sachverhalte handelt, nicht um subjektive Einschätzungen, Befindlichkeiten etc.

Es geht nun darum, aufgrund der Rahmenbedingungen der Biographie und des äußeren Ablaufs erste Hypothesen im Hinblick auf die interessierende Fragestellung („Wie könnte die Aufnahme eines Fernstudiums der Wirtschaftswissenschaften bei einer 39-jährigen Frau, verheiratet mit einem 10 Jahre älteren, promovierten Diplomkaufmann, Mutter zweier schulpflichtiger Kinder und in sehr guten ökonomischen Verhältnissen lebend, motiviert sein?") zu entwickeln.

Voraussetzung für diesen ersten Schritt ist natürlich, dass in den erhobenen Daten die entsprechenden Informationen auch enthalten sind. Das bedeutet, dass man sie entweder im Anschluss an das Interview erheben muss oder dass sie aus dem Interview zusammengetragen werden müssen.

Oevermann et al. schließen in dem genannten Text in einem zweiten Interpretationszyklus einige der gedankenexperimentell entwickelten Hypothesen in Konfrontation mit den objektiven Daten und Informationen aus dem Interview[174] aus und verdichten so die bisher entwickelte Interpretation zu einer zentralen Ausgangsfrage, mit der sie schließlich an den konkreten Interviewtext herangehen, der dann in Ausschnitten sequentiell interpretiert wird. Die Frage lautet in diesem Fall: „Wie kommt es, dass eine Frau, die so lange ohne zwingende Gründe auf ein Studium verzichtet und lange vor der Geburt des ersten Kindes, möglicherweise zur Verbesserung der Bedingungen für das Eintreten einer Schwangerschaft und zur Ausgestaltung der mit dem Ehemann geteilten Privatsphäre ihren Beruf aufgibt, zu einem Zeitpunkt, zu dem ihre lange erwarteten Kinder vergleichsweise viel Zuwendung benötigen und viel Arbeit machen, ein Studium aufnimmt?" (Oevermann et al. 1980: 43)

---

[174] In diesem Beispiel beschränkt sich dieser zweite Interpretationsdurchgang also nicht völlig auf die objektiven Daten, sondern bezieht Informationen aus dem Interview, konkret „Selbstdarstellungen, die im Interviewtext auftauchen und als solche vergleichsweise unproblematische Daten über weitere, die subjektive Seite betreffende Kontextbedingungen abgeben" (Oevermann et al. 1980: 38), mit ein. Mit Hilfe dieser Informationen werden erste Hypothesen ausgeschieden und die verbleibenden weiter zugespitzt, und es wird eine klare Problemstellung formuliert, von der ausgehend dann die sequentielle Interpretation beginnt.

Es finden sich allerdings auch Publikationen, in denen die Analyse objektiver Daten der Feinanalyse des Interaktionsprotokolls nachgeordnet ist. Ein Beispiel dafür ist etwa die Analyse des Protokolls einer Therapiesitzung (Leber/Oevermann 1994). Allerdings ist hier eine entscheidende Differenz zu beachten: Der untersuchte Fall ist in diesem Text die Therapie (das heißt die Interaktion zwischen Therapeut und Klient) als solche, nicht aber die Person des Klienten. Insofern wäre die Interpretation der biographischen Daten des Patienten, der Diagnose etc. zusätzliches zu interpretierendes Material, es handelt sich dabei aber nicht um die „objektiven Daten" des hier zur Diskussion stehenden Falles „Therapie".

> Die Interpretation beginnt in der Regel mit den „objektiven Daten" eines Falles. Daran werden Fallstrukturhypothesen entwickelt und zentrale, auf das Verstehen des vorliegenden Falles gerichtete Forschungsfragen formuliert. Diese bilden eine Folie für die Feinanalyse ausgewählter Textstellen.

2. Interpretationsschritt: Segmentierung des Interviewtranskripts/Interaktionsprotokolls

Dieser Interpretationsschritt findet sich in ähnlicher Weise auch in anderen Interpretationsverfahren, wie der dokumentarischen Methode (s. Kap. 5.4) oder der Narrationsanalyse (s. Kap. 5.2). Hier geht es darum, für die gesamte Transkription eine Segmentierung vorzunehmen, womit ein Verzeichnis der Themenabfolge in den aufeinander folgenden Segmenten mit jeweils kurzer Inhaltsangabe gemeint ist. Diese könnte dann zum Gegenstand einer vorgängigen Sequenzanalyse gemacht werden, auf deren Grundlage die Auswahl von Segmenten für die Feinanalyse erfolgt. Da dieser Interpretationsschritt bisher unseres Wissens in keiner Publikation dokumentiert ist, kann man wohl davon ausgehen, dass es sich hier eher um eine Vorstufe und ein Hilfsmittel für die im Rahmen des Verfahrens zentrale Feinanalyse handelt. In jedem Fall ist es jedoch sinnvoll, diese Vorstufe durchzuführen, da sie einen Überblick über den Gesamtverlauf des Interviews gibt und die begründete Auswahl von Segmenten für die Feinanalyse erlaubt.

> Der zweite Interpretationsschritt besteht in der Segmentierung des gesamten Interviewtranskripts bzw. Interaktionsprotokolls. Dabei handelt es sich um ein Verzeichnis der Themenabfolge mit kurzer Inhaltsangabe. Auf dieser Basis werden Segmente für die Feinanalyse ausgewählt.

3. Interpretationsschritt: Feinanalyse des Interviewbeginns

Die Feinanalyse beginnt grundsätzlich mit dem Anfang des Interviews bzw. der dokumentierten Interaktion. Dafür gibt es im Wesentlichen zwei Gründe: Zum einen werden in den Eröffnungspassagen einer konkreten Praxis – sofern der Beginn des Transkripts damit identisch ist – entscheidende Weichen für das Folgende gestellt, die später nur schwer revidierbar sind (Oevermann et al. 1980: 43; Oevermann 2000: 98; Leber/Oevermann 1994: 388; Wernet 2000: 61). In lebensgeschichtlichen Interviews z.B. präsentieren sich die befragten Personen zu Beginn häufig in besonders verdichteter Form, so dass hier oft geradezu das „Motto" einer Lebensgeschichte erkennbar wird bzw. sich ein grundlegendes Dilemma bereits zu Beginn dokumentiert.

Zum anderen sollen generell die ersten Sequenzen einer Fallrekonstruktion, bei denen noch kein „innerer Kontext" vorliegt (Oevermann 1983), besonders extensiv ausgelegt werden, um hier reichhaltige, aber auch riskante, zu Beginn noch spekulative Strukturhypothesen zu entwickeln, die dann im Laufe der weiteren Interpretation konkretisiert oder auch widerlegt werden.

Oevermann et al. (1979) haben für die Feinanalyse eine Folge von Schritten der Analyse unterschieden, die jedoch dezidiert nicht als mechanisches, vollständig oder in fester Reihenfolge anzuwendendes System gemeint sind und die auch gegeneinander nicht in jedem Fall völlig trennscharf sind: „Es ist nicht mehr als ein Gerüst für eine ausschließlich qualitativ beschreibende Rekonstruktion der konkreten Äußerungen, gewissermaßen eine ‚check list' für den Interpreten, die ihn anhalten soll, in ausreichender Ausführlichkeit Fragen an das Material zu stellen." (Ebd.: 394) Diese Feinanalyse ist in dem genannten Aufsatz, in dem das Interview mit der Fernstudentin analysiert wird, vorgeführt (ebd.: 404-411), so dass Interessierte die Möglichkeit haben, dies im Detail nachzulesen. Dabei wird auch deutlich, dass nicht alle Ebenen bei allen Textstellen zur Anwendung kommen. Interpretationen lassen sich nicht nach der Logik von Computerprogrammen organisieren. Die Analyseschritte sollen primär zur Sorgfalt der Explikation anleiten.

Im Zentrum der Feinanalyse steht ein grundlegender Dreischritt: „(1) Geschichten erzählen, (2) Lesarten bilden, (3) und schließlich diese Lesarten mit dem tatsächlichen Kontext konfrontieren" (Wernet 2000: 39).

Der gesamte Interpretationsgang einer Feinanalyse lässt sich – unter Berücksichtung verschiedener Texte, in denen dies beschrieben wird – folgendermaßen charakterisieren[175]:

1. *Charakterisierung des Systemzustandes zu Beginn des Interaktes/Problembestimmung*

    Hier sind folgende Fragen zu beantworten: Wie ist die Situation vor der ersten (bzw. der nächsten) zu interpretierenden Äußerung bzw. dem zu interpretierenden Interakt? Welche Möglichkeiten, Einschränkungen, Verpflichtungen, Zwänge etc. ergeben sich für die Fortsetzung der Interaktionssequenz? Mit welchem grundlegenden Problem sind die Akteure konfrontiert?

2. *Paraphrase der Bedeutung des Interaktes*

    Es erfolgt eine knappe inhaltliche Zusammenfassung dessen, was gesagt oder getan wurde.

3. *Feststellung der Selektivität des Interaktes*

    Hier geht es darum, die im 1. Schritt skizzierten Möglichkeiten mit der tatsächlich realisierten zu vergleichen.

4. *Charakterisierung der sprachlichen Merkmale des Interaktes*

    Es kommt nun die genaue sprachliche/mediale Verfasstheit des Interakts in den Blick: Wortwahl, Pausen, Rhetorik etc.

5. *Explikation der Intention des agierenden Subjekts*

    Hier geht es nicht darum, etwas in die handelnde Person hinein zu fantasieren. Wenn hier von Intention die Rede ist, geht es um eine, die sich relativ problemlos aus der Situation erschließen lässt.

---

[175] Es handelt sich hier um eine Kompilation der Verfasserinnen, die Beschreibungen des Vorgehens aus unterschiedlichen Texten verknüpft.

6. *Explikation der objektiven Bedeutungen/Motive des Interakts und seiner objektiven Konsequenzen*

In diesem zentralen Analyseschritt, der den oben genannten Dreischritt einleitet, werden die objektiven Bedeutungsmöglichkeiten des Interakts, die ihm prinzipiell sinnvoll zugrunde liegenden Motive, auf die andere Beteiligte grundsätzlich Bezug nehmen könnten, herausgearbeitet. Die Technik, um diesen Bedeutungsmöglichkeiten auf die Spur zu kommen, ist das oben genannte Erfinden von Geschichten und Kontexten, in die der gegebene Text „passt". Bei diesem Geschichtenerfinden geht es darum, soziale Situationen aufzulisten, die die Geltungsbedingungen der Äußerung bzw. Handlung pragmatisch erfüllen.

7. *Lesartenbildung*

Es werden nun die ausgedachten Situationen und Geschichten auf ihre gemeinsamen Struktureigenschaften, ihre gemeinsamen pragmatischen Regeln hin verallgemeinert. Welche sozialen Bedingungen müssen in einem Kontext gelten, damit die Äußerung/Handlung sinnvoll erscheint? Diese Verdichtung nennt man „Bildung von Lesarten".

8. *Vergleich der allgemeinen Kontextbedingungen der Lesarten mit dem konkreten Kontext*

Erst hier kommt das Kontextwissen des Interpreten zum Einsatz. Vor dem Hintergrund der mit einer Äußerung/einer Handlung kompatiblen Kontexte und der daraus generalisierten Lesarten wird nun die Bedeutung der Handlung/Äußerung in dem tatsächlich gegebenen Kontext interpretiert.

9. *Rekonstruktion der objektiven Sinnstruktur der ganzen Szene*

Auf dieser Stufe wird die jeweilige Sequenz mit vorangegangenen, bereits interpretierten Interakten zusammen betrachtet. Aus dem Verhältnis von objektiven Möglichkeiten und konkret realisierten Möglichkeiten wird die objektive Sinnstruktur der Szene rekonstruiert. Bestimmte Lesarten werden nun ausgeschlossen.

Diese Abfolge wiederholt sich im Prinzip. Im Zuge der Interpretation mehrerer Sequenzen ergeben sich die folgenden beiden Schritte:

10. *Formulierung einer Fallstrukturhypothese*

Aus der Interpretation mehrerer Sequenzen ergeben sich bei der Interpretation allmählich übergreifende Strukturmuster. Die Fallstrukturhypothese formuliert diesen Zusammenhang: Was charakterisiert den Fall? Wie reproduziert sich seine Struktur? Wie kommt seine Selektivität (seine Individuierungsgeschichte) zustande? Aus welchen Gründen wurden bestimmte Handlungsmöglichkeiten nicht realisiert? Welche Konsequenzen hat dies?

11. *Explikation allgemeiner theoretischer Zusammenhänge*

Auf dieser Ebene werden fallstrukturelle Erkenntnisse theoretisch generalisiert und an vorhandene Theorien angeschlossen.

4. Interpretationsschritt: Feinanalyse weiterer Interviewsequenzen

Nachdem in der Feinanalyse der Eingangssequenz eine Fallstrukturhypothese herausgearbeitet wurde, werden maximal drei weitere Segmente von etwa 2 Seiten (Oevermann 2000: 97) interpretiert, und zwar ohne dass dabei das Wissen aus der ersten Feinanalyse zur Interpretation mit herangezogen wird. Dies erfordert eine gewisse Selbstdisziplin, da die Interpretinnen die erste Interpretation ja selbst durchgeführt haben. Im Wesentlichen geht es hier jedoch darum, die anderen Stellen tatsächlich sequentiell zu interpretieren und dabei die Prinzipien der Wörtlichkeit und der Totalität (s.o.) zur Anwendung zu bringen. Kriterium für die Auswahl der weiteren Stellen – bei der nun die Segmentierung des Interviewtranskripts hilfreich ist – ist zum einen das Forschungsinteresse. Es empfiehlt sich aber, auch Stellen zur Interpretation heranzuziehen, die sich nicht auf den ersten Blick erschließen. Die maximal vier Einzelanalysen müssen am Ende zu einer hinreichend integrierten, synthetisierenden Fallstrukturhypothese verdichtet werden. Das Ergebnis dieses Arbeitsschrittes ist also die Erarbeitung einer Fallstrukturhypothese, die auf verschiedenen, unabhängig voneinander interpretierten Textstellen beruht. Im Anschluss an diesen Arbeitsschritt lässt sich dann begründet sagen, dass die Reproduktion der Fallstruktur (also deren Wiederholung an verschiedenen Stellen) nachgewiesen ist.

5. Interpretationsschritt:
Überprüfung der Fallstruktur auf Modifikation und Falsifikation

Der Rest des Interviews wird nun nicht mehr sequenziell interpretiert. Der verbleibende Text wird vielmehr gezielt auf mögliche Diskrepanzen mit der Fallstrukturhypothese abgesucht. Es geht hier darum, zu überprüfen, ob andere Stellen im Text möglicherweise eine Modifikation oder gar eine Falsifikation der Fallstrukturhypothese zur Folge haben.

6. Interpretationsschritt: Interpretation weiterer Fälle

Obwohl bisher in der entsprechenden Literatur aus dem direkten Umfeld der Forschergruppe um Oevermann lediglich auf Einzelfallanalysen basierende Texte publiziert sind, wird doch im Prinzip ein Vorgehen vorgeschlagen, das letztlich am Verfahren des Theoretical Sampling (Kap. 4) orientiert ist. Oevermann (2000: 99f.) schlägt vor, zum Zwecke der Typen- und Modellbildung weitere Fälle nach dem Kriterium maximaler Kontrastivität zu erheben, wobei die Erhebung jeweils nach der Analyse des vorangehenden Falles stattfinden solle. Die Interpretation der weiteren Fälle erfolgt nach dem oben beschriebenen Prinzip. Dabei wird die Forschungsfrage zunehmend stärker präzisiert, so dass weitere Erhebungen und Transkriptionen gezielter vorgenommen werden können. Auch der Auswertungsaufwand bei den Sequenzanalysen nimmt bei weiteren Fällen deutlich ab.

5.3.6 Interpretationsbeispiel: Schuhe ausziehen oder nicht?

Das Erschließen der besonderen Selektivität eines Falles in der Feinanalyse soll im Folgenden anhand der kurzen Interpretation einer Alltagsszene verdeutlicht werden. Dabei werden hier aus Gründen der Nachvollziehbarkeit des methodischen Vorgehens die einzelnen Schritte deutlich voneinander getrennt. In der publizierten Literatur aus dem Bereich der objektiven Hermeneutik wird man kaum auf eine so schematische Darstellung stoßen. Dennoch lassen sich bei genauer Lektüre die einzelnen Schritte der Feinanalyse meist relativ gut identifizieren.

Die folgende Analyse befasst sich mit einem Alltagsphänomen, auf das in diesem Kapitel bereits mehrfach angespielt wurde. Westdeutschen Besucherinnen oder „Zugereisten" in Ostdeutschland fallen immer wieder die vor der Wohnungstür abgestellten Schuhe in großstädtischen Wohnhäusern auf, sowie die Selbstverständlichkeit, mit der vielfach (von Seiten der Besucher wie auch der Gastgeber) erwartet wird, dass Besucher ihre Schuhe beim Betreten einer Wohnung ausziehen. Im Vergleich dazu wird im Westen Deutschlands die Frage, ob man die Schuhe ausziehen solle, oft vehement (oder auch großzügig) verneint. Als jemand, der aus der einen (oder der anderen) Gegend stammt, wird man vielleicht sagen, das sei doch normal, das sei eben so Brauch und bedeute nichts weiter. Wenn man sich auf das Wagnis der Interpretation einlässt, wird man hier aber möglicherweise zu aufschlussreichen Hypothesen über das Verhältnis von „innen" und „außen", von „Formalität" und „Informalität" kommen, die über das banale Beispiel der Schuhe vor der Tür weit hinausgehen. Und wenn man sich dann noch vor Augen führt, dass es etwa in Japan nicht nur üblich ist, beim Betreten der Wohnung die Schuhe auszuziehen, sondern dass man auch innerhalb der Wohnung – etwa beim Betreten oder Verlassen der Toilette – die Hausschuhe wechselt, wird aus dem selbstverständlichen „Das macht man eben so" schnell eine in ihrem objektiven Sinngehalt zu erklärende soziale Praxis. Interpretieren wir also im Folgenden eine Szene, bei der mehrere ostdeutsche Besucher in einer ostdeutschen Großstadt beim Eintritt in die Wohnung der Gastgeberin selbstverständlich ihre Schuhe ausziehen.

a. Charakterisierung des Systemzustandes vor Beginn des Interakts/Rekonstruktion des Handlungsproblems

Das, was oben als Charakterisierung des Systemzustandes zu Beginn des ersten Interakts beschrieben wurde, lässt sich auch als Bestimmung des Handlungsproblems bezeichnen. Mit welchen Möglichkeiten ist eine Person konfrontiert, die eine Wohnung betritt? Ohne dies hier im Detail entfalten zu können, wollen wir doch die Richtung der Interpretation zumindest skizzieren.

In verschiedener Hinsicht verbindet sich mit dem Betreten einer Wohnung das Überschreiten einer Grenze:

Dies beginnt trivial damit, dass draußen meist eine andere Temperatur herrscht und man sich in seiner Kleidung auf Witterungsbedingungen einstellen muss, denen man drinnen normalerweise nicht in derselben Weise ausgesetzt ist. Auch im Hinblick auf den Grad der Verschmutzung besteht zwischen „drinnen" und „draußen" oft eine Differenz, markiert durch die Fußmatte vor der Wohnungstür, die helfen soll, den Schmutz draußen zu lassen.

Mit der Wohnungstür verbindet sich auch eine Grenze gegenüber der Öffentlichkeit und öffentlichen Institutionen. „Draußen" ist man in vielfacher Hinsicht eingebunden in formelle Strukturen. Insbesondere bezüglich der eigenen Kleidung wird man sich daran orientieren. Berufliche und schulische Kontexte verlangen oft ein besonderes Erscheinungsbild, das für den Aufenthalt in den eigenen vier Wänden nicht in gleicher Weise maßgeblich ist. Viele Personen geben dieser Differenz auch dadurch Ausdruck, dass sie sich nach dem Betreten der eigenen Wohnung zumindest partiell umziehen: das Jackett oder die Jacke (und bei Männern: die Krawatte) ablegen, die „Straßenschuhe" ausziehen, vielleicht auch legerere Kleidung anziehen.

Diese Grenze zwischen Formalität und Informalität, die beim Betreten der eigenen Wohnung deutlich wird, findet in unterschiedlichen Milieus sehr spezifische Ausdrucksformen. In manchen Kontexten mag das Ablegen der Krawatte oder der Pumps schon den Übergang in die Informalität signalisieren, in anderen ist es der berühmt-berüchtigte Trainingsanzug oder das Unterhemd des Mannes bzw. sind es die Pantoffeln oder die Schürze, die Informalität markieren.

Auch können die Grenzen solcher Räume der Informalität unterschiedlich weit sein. Beginnt in manchen Fällen dieser Bereich erst an der eigenen Wohnungstüre, schließt er in anderen

Fällen vielleicht sogar den „Kiez"[176] mit ein und endet erst dort, wo Behörden, Betriebe oder Schulen betreten werden.

Während man beim Betreten der eigenen Wohnung (im Rahmen der einem habituell zur Verfügung stehenden Möglichkeiten) selbst über das Maß an Informalität, das dort herrschen soll, entscheiden kann, stellt sich dies beim Betreten einer fremden Wohnung anders dar. Hier dringt man als Gast in den informellen, privaten Bereich eines anderen ein. Als Gastgeber steht man vor der Aufgabe, jemanden in diesen privaten Bereich zu integrieren und dabei den Grad an Informalität, der herrschen soll, zu regulieren. Es muss definiert werden, in welchem Maße der Gast Zugang zur „Privatsphäre" des Gastgebers bekommen soll oder bis zu welchem Grade auch in den Privaträumen Formalität aufrechterhalten wird. Auch hier kommen Milieudifferenzen unweigerlich zur Geltung. Das Vorhandensein von Esszimmern und Gästetoiletten macht es möglich, Gästen nur begrenzten Einblick in die Privatsphäre von Gastgebern zu gewähren und damit auch innerhalb der Privatwohnung bestimmte Grenzen aufrechtzuerhalten. In anderen Haushalten dagegen erlauben die Küche bzw. das Wohnzimmer und das von allen genutzte Bad relativ intime Einblicke.

Auch der Gast muss bis zu einem gewissen Grad bereits vorab entscheiden, wie „formell" er den Besuch auffasst, und sich entsprechend darauf einstellen: Das Mitbringen von Gastgeschenken, die Wahl der Kleidung etc. werden von dieser Situationsdefinition abhängig sein.

In jedem Fall aber gilt, dass bereits die Einladung in eine private Wohnung eine gewisse Informalität und Privatheit ins Spiel bringt, im Unterschied etwa zur Verabredung in einem Restaurant. Wie viel Formalität aber erwartet wird und wie viel Informalität zugelassen wird, ist für beide Seiten nicht sofort antizipierbar, sondern muss – z.T. schon im Eingangsbereich der Wohnung – ausgelotet werden. Insofern stellt sich sowohl für den Gastgeber wie auch für den Gast das Handlungsproblem der Bestimmung der angemessenen Balance von Formalität und Informalität.

Das spezifische Problem, ob man im Eingangsbereich der Wohnung die Schuhe auszieht oder sie anbehält, stellt sich vor diesem Hintergrund. Nun wird man leicht die „Extreme" auf einem Spektrum von starker Informalität und starker Formalität identifizieren können: Bei einem Besuch bei Freunden, der möglicherweise sogar eine Übernachtung einschließt, werden vielleicht Hausschuhe selbst mitgebracht, da man ganz „privater" Gast ist und vermutlich Zugang zu allen Bereichen der Wohnung hat. Bei einer Einladung in das Haus bzw. die Wohnung der Vorgesetzten oder eines Geschäftspartners, bei der die Gäste entsprechend formell oder festlich gekleidet sind, wird man dagegen kaum erwarten, dass die – dem Anlass entsprechend – zur Kleidung passenden Schuhe gegen Hausschuhe eingetauscht werden. Dies käme einer Verletzung des relativ formellen Charakters der Veranstaltung gleich. Dazwischen liegt jedoch ein Bereich, in dem die Verhältnisse weniger eindeutig, und daher Entscheidungen nicht im selben Maße durch den äußeren Rahmen vorgegeben sind.

b. Paraphrase der Bedeutung des Interaktes

Dem hier interpretierten Phänomen liegt die oben geschilderte Beobachtung zugrunde, die im Anschluss an die Begebenheit protokolliert wurde. Die Paraphrase dieses Protokolls könnte folgendermaßen aussehen: Mehrere nacheinander eintreffende junge Erwachsene beginnen beim Betreten der Wohnung ihrer Gastgeberin, nachdem sie diese begrüßt haben,

---

[176] Im Österreichischen wäre hier das „Grätzel" gemeint.

ohne entsprechende Aufforderung damit, ihre Schuhe auszuziehen. Andere fragen, ob sie die Schuhe ausziehen sollen. Als die Gastgeberin antwortet, das sei nicht nötig, ihnen aber die Entscheidung offen lässt, beginnen auch sie ganz selbstverständlich, ihre Schuhe abzulegen.

c. Feststellung der Selektivität des Interaktes

Das Ausziehen der Schuhe ist für diese Besucher offensichtlich das Naheliegende. Sie gehen nicht selbstverständlich davon aus, dass man die Schuhe anbehält. Zumindest das Angebot, die Schuhe auszuziehen, wird hier unhinterfragt vorausgesetzt. Diese Selbstverständlichkeit kommt in dem Moment zum Tragen, wo die Gastgeberin keine explizit andere Verhaltensregel vorgibt.

d. Explikation der Intention des agierenden Subjekts

Den beteiligten Personen erscheint das Ausziehen der Schuhe beim Betreten einer Privatwohnung offensichtlich ein Gebot der Höflichkeit oder eine nicht weiter reflektierte Selbstverständlichkeit zu sein.

e. Explikation der objektiven Bedeutungen/Motive des Interakts und seiner objektiven Konsequenzen

Wie kann nun dieses Verhalten motiviert sein, bzw. in welchen Kontexten erscheint es sinnvoll? Es lassen sich verschiedene Geschichten denken, vor deren Hintergrund das Verhalten sinnvoll scheint.

1. Aufgrund schlechten Wetters (Regen, Schneematsch) bringen die Studierenden mit ihren Schuhen so viel Schmutz in die Wohnung, dass es ein Gebot der Höflichkeit ist, die Schuhe auszuziehen, um die Wohnung nicht zu verunreinigen.
2. Die Wohnung ist mit Teppichboden oder mit Teppichen ausgelegt, die die Gäste nicht mit Schuhen betreten wollen.
3. Die Beziehung zwischen Gastgeberin und Besuchern ist so stark informalisiert, dass die Besucher sich sofort „wie zu Hause" fühlen und entsprechend ihre Schuhe ausziehen.
4. Die Besucher rekurrieren wie selbstverständlich auf die soziale Gepflogenheit, beim Betreten einer Privatwohnung die Schuhe auszuziehen. Diese Gepflogenheit bringen sie unabhängig von der konkreten Beziehung zur Gastgeberin zur Anwendung, das heißt, sie unterstellen selbstverständlich, dass die Regel des Schuhe-Ausziehens auch in diesem Kontext gilt.

f. Lesartenbildung

1. Lesart: Situationsbezogenheit

Die Geschichten, die um die Praxis des Ausziehens der Schuhe herum gebildet wurden, lassen sich zu drei verschiedenen Lesarten verdichten. Die beiden ersten zielen auf die Besonderheit der Rahmenbedingungen (Wetter, Ausstattung der Wohnung), angesichts derer es sinnvoll scheinen kann, die Schuhe auszuziehen. Dies lässt sich zur Lesart der Situationsbezogenheit des Verhaltens der Besucher verdichten. Man müsste dann davon ausgehen, dass sie bei anderen Rahmenbedingungen (gutes Wetter, keine Teppiche) ihre Schuhe anbehalten würden. Gegenüber der Lesart der Situationsbezogenheit ist jedoch einschränkend zu sagen, dass es Kontexte gibt, in denen einen auch solche Umstände nicht dazu bewegen würden, die Schuhe abzulegen. So würde man beim Betreten eines Büros oder eines Gerichtssaales sicherlich auch dann die Schuhe nicht auszuziehen, wenn man draußen durch den Schneematsch gegangen ist. Die Lesart der Situationsbezogenheit steht daher nicht vollständig auf eigenen Füßen.

2. Lesart: Informalität der Beziehungen

Die zweite Geschichte zielt auf die Spezifik der sozialen Beziehungen zwischen Gästen und Gastgeberin, nämlich auf eine besondere Form der Informalität. Das Betreten der Wohnung wäre dann Ausdruck des Übergangs in einen privaten Bereich, in dem man auch selbst ganz Privatperson ist.

3. Lesart: Tradition

Die dritte Lesart abstrahiert sowohl von der unmittelbaren Situation als auch von der Besonderheit der Beziehungen zwischen Gästen und Gastgeberin. Wir hätten es dann mit einer Alltagstradition zu tun, in der das Ausziehen der Schuhe beim Betreten einer Privatwohnung gleichsam habitualisiert ist. Im Hintergrund einer solchen Traditionsbildung könnten spezifische, möglicherweise religiös sanktionierte Reinheitsvorstellungen, aber auch anders – etwa in der Unterscheidung formeller und informeller Sphären – begründete Grenzziehungen zwischen drinnen und draußen stehen.

g. Vergleich der allgemeinen Kontextbedingungen der Lesarten mit dem konkreten Kontext

Vergleicht man nun die aufgestellten Lesarten mit dem tatsächlich gegebenen Kontext, scheiden die ersten beiden aus. Es handelt sich um einen schönen, trockenen Sommerabend, und die Wohnung, die betreten wird, ist eine Altbauwohnung mit Holzboden. Besondere Gründe, die Schuhe auszuziehen, ergeben sich daraus also nicht. Auch die zweite Lesart scheidet aus: Bei den Studierenden handelt es sich um eine Seminargruppe, die am Ende des Semesters von ihrer Professorin eingeladen wurden, zu dieser aber ansonsten primär formelle Beziehungen haben. Es bleibt also von den drei oben aufgestellten Lesarten allein die Lesart der **Tradition**. Da man nicht davon ausgehen kann, dass in einer ostdeutschen Großstadt andere Reinheitsvorstellungen herrschen als in einer westdeutschen, und weil auch besondere, etwa religiös bedingte Reinheitsvorschriften ausgeschlossen sind, stellt sich die Frage, worin diese Traditionsbildung begründet liegt.

h. Formulierung einer Fallstrukturhypothese

Eine mögliche Hypothese wäre hier, dass es die spezifischen gesellschaftlichen Umstände im Osten Deutschlands und – weiter zurückgehend – der DDR sind, die dieser sozialen Praxis ihren Sinn verleihen. Wie aber könnte die Praxis des Schuhe-Ausziehens auf die besonderen Umstände der DDR, die in der ostdeutschen Gesellschaft mental nachwirken, bezogen sein?

Es ist hier sinnvoll, auf die oben vorgenommene Problembestimmung Bezug zu nehmen. Zur Praxis des Ausziehens der Schuhe wäre vor diesem Hintergrund zweierlei zu sagen:

Die Praxis impliziert **erstens** eine klare Grenzziehung zwischen drinnen und draußen, die den Bereich der Formalität (potentiell auch der Verunreinigung) und den Bereich der Informalität (sowie der Reinlichkeit) deutlich voneinander abgrenzt. Das Betreten einer privaten Wohnung impliziert damit einen klaren Übergang in den Bereich der Informalität, der durch das Ausziehen der Schuhe selbstverständlich markiert und anerkannt wird.

Zweitens egalisiert diese Praxis den Status zwischen Besucher und Gastgeber und verwischt damit die Distanz zwischen beiden: Es macht alle gleichermaßen zu „privaten" Personen, die sich einander entsprechend (gleichsam „in Socken") zeigen, indem sie ihre formellen „Hüllen" abstreifen.

Es liegt nahe, in dieser deutlichen Innen-Außen-Differenz und Egalisierung einen Nachklang der DDR-Gesellschaft zu sehen, in der aufgrund des in formellen Kontexten ständig angebrachten Misstrauens und des weitgehenden Fehlens einer zivilgesellschaftlich geprägten „öffentlichen Sphäre" dem privaten Bereich (auch als Ersatz für den öffentlichen) gesteigerte Bedeutung zukam und in der entsprechend auch die Grenzen zwischen privaten und öffentlichen Bereichen klarer gezogen werden mussten. Die häufig anzutreffende Unterscheidung zwischen authentischen und unauthentischen Sphären, der Verweis auf die Relevanz privater Nischen und die bis in die Gegenwart hinein feststellbare hohe Bedeutung der Familie dokumentieren diese Grenzziehungen. Unter denjenigen, die sich im „Privaten" trafen, wäre aber das Markieren von Statusdifferenzen und Distanz störend, wenn nicht gar ein Affront gewesen. Der „authentische" private Bereich musste durch das Signalisieren von Gleichheit abgesichert und anerkannt werden.

Wenn nun Studierende, die die DDR nur noch aus ihrer Kinderzeit kennen, dieses Verhalten reproduzieren, heißt dies sicherlich nicht, dass sie das bewusst tun, **um** Privatheit herzustellen und Statusdifferenzen einzuebnen. Keiner von ihnen hatte derlei vermutlich im Sinn. Gleichwohl haben sie Anteil an einer sozialen Praxis, die die Umstände ihres Zustandekommens überlebt hat. Außenstehende sind dann verwundert, ohne dass sie in der Regel verstehen, worum es geht.

Es lässt sich hier also folgende Fallstrukturhypothese formulieren: Die jungen Erwachsenen partizipieren an einer (überkommenen) sozialen Praxis, in der sich eine grundsätzliche Grenzziehung zwischen Öffentlichkeit und Privatheit, Formalität und Informalität dokumentiert, die beim Überschreiten der Schwelle einer Privatwohnung virulent wird. Das Ausziehen der Schuhe in einer fremden Wohnung fungiert als Signal von Privatheit und Informalität, allerdings ohne dass in der gegebenen Situation diese Merkmale tatsächlich erfüllt sind. Gleichzeitig verbindet sich mit dieser Praxis eine Nivellierung zwischen Gast und Gastgeber, die beide als Gleiche von der Außenwelt abhebt.

Diese Fallstrukturhypothese wäre nun anhand weiterer Situationen, die für das Verhältnis von Formalität und Informalität aufschlussreich sind, zu überprüfen.

i. Kontrastierung mit weiteren Fällen und Explikation allgemeiner theoretischer Zusammenhänge

Nehmen wir zum Vergleich den entgegengesetzten Fall in den Blick: Werden die Schuhe in der Wohnung anbehalten, wird damit auch ein Stück Formalität beibehalten, eine gewisse Distanz zwischen Besucherin und Gastgeberin aufrechterhalten, die Relevanz von Reinlichkeit beim Betreten des Innenraums heruntergespielt oder anderen Belangen zumindest nachgeordnet. Beides impliziert, dass die Differenz zwischen drinnen und draußen hier weniger entscheidend ist bzw. sich an anderen Phänomenen dokumentiert. Wenn die Regel des Anbehaltens der Schuhe in manchen Fällen sogar für die Familie gilt – wie etwa in adligen Familien –, gibt dies auch Aufschlüsse über die Rolle, die Formalität im Familienleben spielt. Dies wäre der Fall, der mit dem selbstverständlichen Ausziehen der Schuhe am deutlichsten kontrastierte. Ein interessanter Kontrastfall auf der anderen Seite wäre der japanische, in dem eine anders begründete Tradition zur Praxis des Schuhe-Ausziehens führt. Ein weiterer Kontrastfall wären türkische oder arabische Migrantenfamilien, die ebenfalls ihre Schuhe vor der Wohnung auszuziehen pflegen.

Das mögliche weitere Vorgehen könnte also darin bestehen, in kontrastierenden Kontexten – unterschieden nach Herkunft, Region, Milieu, sozialem Status – Situationen des Übergangs in eine Privatwohnung zu untersuchen und systematisch zu vergleichen. Ein zweiter Schritt in Richtung Generalisierung könnte darin bestehen, die hier aufgestellte Hypothese zum Verhältnis von Informalität und Formalität in Ostdeutschland durch andere Beispiele aus derselben Region zu ergänzen (bzw. daran zu überprüfen), in denen es ebenfalls um eine derartige Verhältnisbestimmung geht.

Die weitere theoretische Ausarbeitung würde dieses Spektrum von Ausdrucksformen von Formalität und Informalität auf seine gesellschaftlichen Rahmenbedingungen, Milieukontexte und Transformationsbedingungen hin analysieren.

5.4 Die dokumentarische Methode

Die dokumentarische Methode ist als Verfahren der Interpretation von Kulturobjektivationen sprachlicher, bildlicher und auch gegenständlicher Natur ausgearbeitet. Sie beinhaltet einen erkenntnis- und wissenschaftstheoretischen Ansatz, der stark in Handlungspraxis und Kollektivität verankert ist. Die Interpretation beruht auf der Trennung von immanentem bzw. kommunikativ generalisiertem Sinngehalt und konjunktivem bzw. dokumentarischem Sinngehalt.

5.4.1 Entstehungshintergrund des Verfahrens

Die „dokumentarische Methode der Interpretation" geht auf Karl Mannheim (1964 [1921-28]) zurück. Zu Beginn des letzten Jahrhunderts wandte er sich gegen die Übertragung einer naturwissenschaftlichen Methodologie auf humanwissenschaftliche Fächer. Eine solche Methodologie stelle nur **eine** mögliche Erkenntnisquelle dar, „während die übrigen Erkenntnisfähigkeiten undifferenziert ineinander verwoben im Mutterschoße aller Erkenntnis, in der ‚alltäglichen Lebenserfahrung', für die Wissenschaft unausgewertet brachliegen" (Mannheim 1980 [1922-1925]: 83). Folgerichtig hat Mannheim mit der Entwicklung der **Wissenssoziologie** eine alternative Erkenntnislogik begründet und diese in Auseinandersetzung mit empirischer Forschung – im Kontext von Seminaren, die wir heute als Forschungswerkstatt bezeichnen würden – ausgearbeitet. Seine methodologischen Texte wurden zu einem großen Teil erst in den 1980er Jahren publiziert und auch dann zunächst nur spärlich rezipiert, im Gegensatz zu seinem Aufsatz zum Generationenbegriff[177], der schon bald nachhaltige Anerkennung in der Fachwelt fand.

Für eine breite Anwendung in der sozialwissenschaftlichen Empirie wurden Mannheims Schriften durch Ralf Bohnsack (1983) besonders im Zuge der Entwicklung des **Gruppendiskussionsverfahrens** (1989) fruchtbar gemacht. Den Beginn markiert eine Jugendstudie (Mangold/Bohnsack 1983 und 1988; sowie Bohnsack 1989), die sich in den 1980er Jahren dem damals virulent werdenden Problem stellte, dass jugendtheoretische Konzepte in der Praxis kaum greifen (u.a. Hornstein 1982). Man versuchte im Unterschied zu vielen anderen Untersuchungen daraufhin jedoch nicht, die Erfahrungslosigkeit der Theorie mit Hilfe von Ad-hoc-Forschung zu heilen (vgl. Matthes 1987). Vielmehr fokussierte man auf der Grund-

---

[177] Mannheim 1964a [1928].

lage formalsoziologischer und metatheoretischer Überlegungen die **Erfahrungsbildung** der Jugendlichen selbst und deren Rekonstruktion.

Der Sache nach knüpfte man dabei an die zentrale Bedeutung der Peergroup in der Jugendphase an, in methodologischer Hinsicht an Erkenntnisse, die Werner Mangold aus Gruppendiskussionen gewonnen hatte. Dieser hatte schon in den 1960er Jahren systematisch auftretende „Integrationsphänomene" (Mangold 1960: 39) in Gruppendiskussionen beschrieben, wie etwa gemeinsame Satzkonstruktionen und komplexe Sinnproduktion durch Personen, die einander zuvor nie gesehen hatten. Diese Phänomene ließen sich damals theoretisch noch nicht befriedigend fassen. Mannheims Differenzierung von Kollektivität, die er „Konjunktion" (vgl. Mannheim 1980) nennt (s. Kap. 5.4.4), lieferte einen fruchtbaren theoretischen Rahmen für diese Phänomene. Sie verbindet die Menschen quasi von innen, auf der Basis ihrer gemeinsamen Erfahrungshintergründe miteinander. Dies war der erste Baustein für eine umfassende rekonstruktive Methodologie, wie auch schon die Ergebnisse der Studie von Mangold und Bohnsack zeigten. Im Zuge dieser ersten, wegweisenden Studie wurde u.a. eine Entwicklungstypik rekonstruiert, die in Folgeprojekten zu einer Theorie von Stadien der Adoleszenzentwicklung ausgearbeitet werden konnte. Weitere Ergebnisse betrafen Probleme und Orientierungen Jugendlicher im Zusammenhang mit ihrer sozialräumlichen Bindung und ihrem Bildungsmilieu (vgl. u.a. Mangold/Bohnsack 1988; Bohnsack 1989; Bohnsack et al. 1995; Schäffer 1996; Bohnsack/Nohl 1998; Bohnsack/Loos/Przyborski 2001; Nohl 2001; Weller 2003).

> Die dokumentarische Methode wurde zu Beginn des letzten Jahrhunderts explizit als eine Alternative zur naturwissenschaftlichen Logik des Erkenntnisgewinns in den Sozialwissenschaften entwickelt. Seit Ende der 1980er Jahre wird sie, beginnend mit einer Serie von Jugendforschungsprojekten, weiter ausgearbeitet und breiter angewandt.

5.4.2 Bevorzugte und mögliche Erhebungsinstrumente sowie Anwendungsfelder

Da die Ausarbeitung der dokumentarischen Methode in der Auseinandersetzung mit dem Gruppendiskussionsverfahren (vgl. Kap. 3.4.2) erfolgte, ist sie für diese Daten in herausragender Weise geeignet. Aber schon das Design der ersten empirischen Untersuchung mit der dokumentarischen Methode (vgl. Bohnsack 1989) schloss eine **Methodentriangulation** von teilnehmender Beobachtung, biographischem Interview und Gruppendiskussionsverfahren ein.

Dabei zielt die Gruppendiskussion auf den kollektiven Habitus, das narrative Interview primär auf den persönlichen Habitus.[178] In Kombination können die jeweiligen Instrumente und die mit ihnen erhobenen Kategorien sozialer Wirklichkeit einander ergänzen bzw. kompensieren: So zeigte sich etwa, dass man in den Gruppendiskussionen wenig über alltägliche Handlungspraxen erfährt, da diese dem größeren Teil der Beteiligten, nämlich den Interviewten, die in der Regel in der Überzahl sind, bekannt sind. Im narrativen Interview kommt es dagegen (im gelungenen Fall) dem milieufremden Interviewer gegenüber zu de-

---

[178] Ein Beispiel dafür, dass biographische Interviews auch der Rekonstruktion kollektiver Erfahrungen dienen können, ist Schützes (1989) Analyse der „Kollektivbiographie" am Beispiel von Kriegsteilnehmern.

taillierten Erzählungen derartiger Handlungspraxen. Das biographische Interview wiederum birgt jedoch u.a. die Gefahr, dass Erfahrungen, die potentiell individuell stigmatisierend sind, nicht erzählt werden. Hooligans beispielsweise sparten in narrativen Interviews ihre familienbezogene Kindheitsgeschichte systematisch aus. In den Gruppendiskussionen dagegen erfuhr man aus dieser Lebensphase eine Menge – insbesondere Kritisches – über die Eltern, allerdings bewegten sich diese Darstellungen überwiegend auf der Ebene abstrakter Beschreibungen (vgl. Bohnsack et al. 1995), die es ermöglichten, die Erfahrungen zu kollektivieren.

In Gruppendiskussionen wiederum ist es bisweilen schwer, die Gültigkeit von Regeln im konkreten Handlungsvollzug auszuloten. Der „faire fight" mit Fäusten, ohne Waffen, „Mann gegen Mann", impliziert z.B. Regeln, die die Hooligans sich selbst geben, auf die sie ansprechbar sind und deren Einhaltung in den untersuchten Gruppen z.B. Voraussetzung für Führungsfunktionen ist. Zugleich sind die körperlichen Auseinandersetzungen der Hooligans Aktionismen, die im Voraussetzungslosen – also ohne Verständigung über Bedingungen und Regeln – ansetzen. Erst gemeinsam Erlebtes wird zum Gegenstand kommunikativer Bezugnahmen. Die aktionistische Verstrickung und die unvorhersehbare Dramaturgie werden mit enthemmenden Substanzen und Ritualen angeheizt. Das führt rasch zu konkreten Handlungszusammenhängen, die Regeln, mag man auch im Alltag („unter der Woche") an ihnen orientiert sein, systematisch außer Kraft setzen. Über die Kombination der Gruppendiskussion mit teilnehmender Beobachtung kann man also z.B. einen Zugang zur möglicherweise kontrafaktischen Gültigkeit von Regeln finden. Ebenso erlaubt die teilnehmende Beobachtung die Analyse von Gesten und anderer körperbezogener Ausdrucksformen, die sprachlich nicht repräsentiert werden (können). Andererseits bleibt man beim ausschließlichen Beobachten leicht der Ebene der Gruppe verhaftet, und es fällt schwer, sich davon wieder zu lösen und die grundlegenderen gemeinsamen Orientierungen in den Blick zu nehmen, die der Kommunikation in der Gruppe zugrunde liegen.

Dem Muster der genannten Studie folgten eine Reihe weiterer Forschungsprojekte (u.a. Schäffer 1996 und 2003; Nohl 1996 und 2001; Loos 1998, Bohnsack/Loos/Przyborski 2001; Breitenbach 2000; Weller 2003; Schittenhelm 2005).

Im Zuge der immer breiteren Anwendung des **Gruppendiskussionsverfahrens** (Behnke 1997; Meuser 1998; Loos 1999; Asbrand 2004) ergab sich auch eine Fülle weiterer Methodenkombinationen bzw. -triangulationen, u.a. mit der „Vignettenmethode" (Kutscher 2006), mit quantitativen Verfahren (Krüger/Pfaff 2006) und der videogestützen teilnehmenden Beobachtung (Wagner-Willi 2006). Die Kindheitsforschung hat es notwendig gemacht, neben der Diskurspraxis in Gruppendiskussionen verstärkt auch die Spielpraxis zu berücksichtigen. Nentwig-Gesemann (2006) hat das Verfahren dahingehend weiterentwickelt. Einen Überblick zum gegenwärtigen methodologischen Standard des Gruppendiskussionsverfahrens und der dokumentarischen Methode geben Bohnsack, Przyborski und Schäffer (2006).

Auch die Auswertung von **Interviews (narrativen ebenso wie Leitfaden- und Paarinterviews)** mit der dokumentarischen Methode tritt in den letzten Jahren aus ihrem Schattendasein bei der Methodentriangulation heraus. Das zeigt sich in der Medien- und Kommunikationswissenschaft (z.B. Przyborski 2008) ebenso wie in methodisch-methodologischen Publikationen (Nohl 2006).

Auch die **teilnehmende Beobachtung** finden wir als alleinige Erhebungsform in Projekten, die mit der dokumentarischen Methode arbeiten. Exemplarisch für dieses Vorgehen ist die Studie von Vogd (2003 und 2004) über ärztliche Entscheidungsprozesse im Krankenhaus. Mit dieser – im Vergleich zu anderen – wenig invasiven Erhebungsform gelang es, auch nichtöffentliche Interaktionen und Gespräche zu untersuchen, zu denen die Forschung bisher kaum Zugang gefunden hat, ohne den alltäglichen Ablauf wesentlich zu beeinträchtigen. Zur ethnographischen Perspektive gesellt sich in dieser Studie – auf der Basis der dokumentarischen Methode – die Rekonstruktion ärztlichen Handelns als auf unterschiedlichen, einander überlagernden kollektiven Handlungstypen basierend.

In jüngerer Zeit wurde die dokumentarische Methode auch für die **Analyse von Bildern** weiterentwickelt (vgl. Bohnsack 2001b und c sowie 2007), ein Verfahren zur Filminterpretation ist im Entstehen (vgl. Kap. 5.5). Wiederholt gab es auch Versuche der Interpretation von (medien-)technischen und anderen Gegenständen, insbesondere Computern, Computerprogrammen, Programmiersprachen (u.a. Städtler 1998; Schäffer 2001; Stach 2001).

Klassische Felder der dokumentarischen Methode sind mithin die Kindheits- und Jugendforschung sowie die Kultur- und Migrationsforschung. Gegenwärtig mehren sich Forschungsbemühungen im Bereich der Medien-, Rezeptions- und Technikforschung sowie der Evaluationsforschung (u.a. Bohnsack/Nentwig-Gesemann 2006) und Marktforschung (Bohnsack/Przyborski 2007 und Bohnsack 2007).

Entwickelt wurde die dokumentarische Methode im Zusammenhang mit dem **Gruppendiskussionsverfahren**. Von Beginn an wurde jedoch mit einer **Methodentriangulation** von Gruppendiskussion, **teilnehmender Beobachtung** und **biographischem Interview** gearbeitet. Diese drei Instrumente kann man mithin als klassische Erhebungsinstrumente der dokumentarischen Methode bezeichnen. Gegenwärtig wird die dokumentarische Methode auch für die **Bildinterpretation** eingesetzt und für die **Filminterpretation** ausgearbeitet. Es finden sich auch – wenngleich noch nicht in systematischer Weise – Ansätze der Interpretation (medien-)technischer und anderer **Gegenstände**.

Zu den **Anwendungsfeldern** zählen die Kindheits- und Jugendforschung, die Kultur-, Milieu- und Migrationsforschung, die Medien-, Rezeptions- und Technikforschung sowie Evaluationsforschung und Marktforschung.

5.4.3 Theoretische Einordnung

Die dokumentarische Methode positioniert sich in einer verbindenden dritten, einer „**vermittelnden Position**" (vgl. Bohnsack 2003d, Hervorh. d. Verf.) zwischen einer subjektivistischen Herangehensweise, die bisweilen als **der** Zugang qualitativer Methoden beschrieben wird, und einem objektivistischen Zugang, der wiederum oft allein als Charakteristikum der quantitativen Methoden angesehen wird. Sie schließt damit an die sog. „praxeologische" Positionierung an, die etwa von Bourdieu in eben dieser Spannung verortet wurde (Bourdieu 1976: 147ff.; vgl. Oevermann 1995: 130ff.; sowie Kap. 5.3). Als objektivistisch werden dabei Zugänge verstanden, die das Ziel ihrer Erkenntnis, ihren buchstäblichen Gegenstand, außerhalb ihrer selbst, außerhalb der erkennenden Wissenschaft(ler) konzipieren: Sie sind z.B. auf normative Richtigkeit, auf faktische Wahrheit, auf (institutionell) typisiertes Handeln, überzeitliche Strukturen und nicht zuletzt auf nomothetische, also raumzeitlich ungebundene Gesetze

5.4 Die dokumentarische Methode

der „menschlichen Natur" gerichtet, vereinfacht: auf **das Was der sozialen Welt**. Als subjektivistisch werden jene Zugänge verstanden, die auf Motive, Intentionen, Meinungen und Einstellungen oder auch subjektive Theorien über das eigene Handeln gerichtet sind, mithin auf **das im Subjekt verortete** (d.h. so konzipierte) **Wozu und Warum**. Egal, ob nun ein quantitativer oder ein qualitativer Zugang gewählt wird, immer, wenn die erkenntnislogische Differenz bei der Unterscheidung zwischen einer subjektiven und einer objektiven Wirklichkeit angesetzt wird, wird letztlich ein objektiver Anspruch verfolgt, der einen wissenschaftlichen Beobachter außerhalb der beobachteten sozialen Zusammenhänge impliziert. Der Anspruch auf Objektivität muss daher seine Legitimation, so die Kritik der dokumentarischen Methode (u.a. Bohnsack 2001a, 2004), in einer höheren Rationalität suchen, also einem Besserwissen der Wissenschaft gegenüber den Untersuchten aufgrund einer höher eingestuften Vernunft.

Die dokumentarische Methode setzt nun die erkenntnislogische Differenz nicht bei der Unterscheidung zwischen subjektiv und objektiv an: Sie unterscheidet vielmehr zwischen der im Erleben verankerten Herstellung von Wirklichkeit, dem **handlungspraktischen Wissen** einerseits, und **kommunikativ generalisiertem Wissen,** das uns in der Regel in begrifflich explizierter Form zur Verfügung steht, andererseits. Es geht also um das inkorporierte Erfahrungswissen, um habitualisierte Praktiken, den Habitus als „generative Formel" (Bourdieu 1982: 729), der in der Praxis angeeignet wird und diese Praxis seinerseits hervorbringt, mithin um das **Wie der Herstellung sozialer Realität** (vgl. Bohnsack 2003d).

Als vermittelnd ordnet sich die dokumentarische Methode deshalb ein, weil sie Handeln nicht als eines konzipiert, das – reifizierten – sozialen Strukturen gegenübersteht oder als mit diesen Strukturen in Auseinandersetzung befindlich konzipiert wird. Vielmehr verlagert sie Ursprung und Wirkung sozialer Struktur in das Handeln selbst. Das Wissen, das in Handlungs- und Wahrnehmungspraxen eingelassen ist, wird in dieser Perspektive als strukturbildend betrachtet. Mannheim spricht zum Beispiel von „Objektivationen" oder „Kulturgebilden" (Mannheim 1980: 104f.) und bezeichnet damit sowohl Dinge, wie Geräte und Kleider, als auch geistige Gebilde, wie Sprache, Sitten und politische Ideen. In dem Begriff „Objektivation" wird deutlich, dass er Dinge und Vorstellungen gleichermaßen als Ausdruck von sozialem Sinn versteht: „Kein Winkel ist vorhanden, in dem der Geist der konjunktiven Lebensgemeinschaft [die erste und wesentlichste Stufe sozialen Sinns bei Mannheim, d.V.] nicht seinen Niederschlag gefunden hätte." (Ebd.: 259) Das heißt aber nicht, dass dergestalt Verdinglichtes den Handelnden nicht z.B. als fremde oder entfremdete Struktur entgegenstehen kann.

Die erkenntnisleitende Differenz setzt also nicht an der Unterscheidung zwischen subjektivem und objektivem Wissen an, sondern an der Unterscheidung zwischen implizitem, handlungspraktischem – in der Sprache von Mannheim „atheoretischem" bzw. „konjunktivem" – Wissen und begrifflich expliziertem, kommunikativem Wissen. Die dokumentarische Methode macht nun dieses stillschweigende Wissen durch Explikation für den sozialwissenschaftlichen Erkenntnisprozess fruchtbar. Es wird also keine höhere Rationalität[179] gegenüber den Untersuchten vorausgesetzt, sondern lediglich ein anderer Blickwinkel. Die Untersuchten

---

[179] Dies wäre beispielsweise im Kritischen Rationalismus oder auch im Konstruktiven Realismus der Fall. Logik und Rationalität der Forschung bleiben hier von der Praxis, insbesondere auch der Forschungspraxis unberührbar, weil sie in einer höheren Rationalität verankert sind (vgl. u.a. Slunecko 2008: 151f.).

wissen im Grunde gar nicht, was sie alles wissen,[180] nicht zuletzt, weil die begriffliche Explikation ihres Wissens sie in ihrer Handlungspraxis unnötig aufhalten würde. Die Untersuchten beobachten ihre Beobachtungen (meist) nicht selbst – jedenfalls nicht systematisch.

Letztlich sind die beiden Wissensebenen nur analytisch zu trennen und finden sich in allen Typen von Wissen: dem alltagspraktischen ebenso wie dem wissenschaftlichen oder wirtschaftlichen Expertenwissen. Mit der konjunktiven Ebene ist immer auch der jeweilige zeitliche und räumliche Standort gefasst (u.a. Mannheim 1980: 272ff.). Die für Mannheims methodologische Position grundlegende **Beobachterposition** setzt mithin bei der grundlegenden **Standortverbundenheit** von Wissen und Denken an. Dies gilt für Alltagswissen und wissenschaftliches Wissen gleichermaßen.

Ein soziales Phänomen wird immer auf der Grundlage der Erfahrungen, des Standorts des Wissenschaftlers erfasst, d.h. in Relation zu dessen Erfahrung, sozialhistorischer Einbindung und wissenschaftlicher Sozialisation und – noch zugespitzter formuliert – seiner Handlungspraxis.[181] Die dokumentarische Methode fasst dies aber nicht in erster Linie als eine Voraussetzung auf, die durch Methoden „geheilt" oder behoben werden muss, vielmehr bezieht sie es offensiv und systematisch in ihre Methodologie ein. So betont Mannheim erstens, dass es kein Schaden für die Sozialwissenschaften ist, dass sie den sozialen Menschen als Voraussetzung haben (Mannheim 1980: 84). Sie werden deshalb keineswegs unsicherer, ebenso wenig wie Erkenntnisse der Musikwissenschaft unsicher sind, weil ihre Erarbeitung musikalische Empfänglichkeit voraussetzt.

Zweitens folgt aus der Idee der Standortverbundenheit, dass theoretische Abstraktionen in der dokumentarischen Methode durch das systematische Gegeneinanderhalten von empirischen Gegebenheiten geleistet werden müssen. Dabei werden unterschiedliche Relationen innerhalb eines bearbeiteten Phänomens voneinander abhebbar. Zentral ist mithin die komparative Analyse; der deutliche Schwerpunkt liegt auf dem systematischen Vergleich **empirischer** Fälle. Je mehr Fälle in die komparative Analyse einbezogen werden, desto tiefer sind die theoretischen Abstraktionen im empirischen Material verankert. Der Standort der Forscherin ist dann nur noch ein Dreh- und Angelpunkt unter anderen, die durch die Dimensionen der empirischen Fälle gegeben sind (vgl. Bohnsack 2001b und Nohl 2001).

An dieser Stelle setzen sowohl positive als auch negative Kritik an. Lüders (2003: 179) stellt als eine Besonderheit der dokumentarischen Methode heraus, dass „die Position des Interpre-

---

[180] So sagen Jugendliche, die sich in einer Maßnahme des Arbeitsmarktservice befinden: „Mir san krokodü", was so viel heißt wie: „Wir sind krokodil." Sie formen aus dem Subjektiv „Krokodil" ein Adjektiv, mit dem sie sich selbst beschreiben, und bringen damit ihre Stellung in der Gesellschaft und die Aussichtslosigkeit ihrer Bemühungen mit einer treffenden Metapher auf den Punkt: Sie sind bereits aus der Normalität der institutionellen Ablaufmuster herausgefallen, fremd und bizarr, wie ein Krokodil in unseren Breiten, das nur im Zoo und nicht aus eigener Kraft überleben kann. Zudem drückt sich darin aus, dass ihre Laufbahn weniger mit ihrem eigenen Bemühen zu tun hat, als vielmehr mit ihrer Art, ihrem Ausdruck, ihrer Sprache, die ihnen ihre Sozialisation in den Leib eingeschrieben hat, die von anderen sehr rasch – auf den ersten Blick – als „krokodü" eingestuft wird. Sie „wissen" also um ihre Position, ohne dass sie dieses Wissen detailliert artikulieren könnten.

[181] Auch Bourdieu teilt die Sicht, dass alles Erkennen im praktischen Erkennen verwurzelt ist, arbeitet aber auch deutlich die beschränkende Dimension heraus. Besonders deutlich wird dies in seiner Publikation „Die männliche Herrschaft" (2005), wo er an folgendem Paradox, das eine derartige Beschränkung beinhaltet, arbeitet: „Ob wir wollen oder nicht, der Mann oder die Frau, welche die Analyse durchführen, sind selbst Teil des Objekts, das sie zu begreifen versuchen." (Bourdieu 1997: 89) Doch auch bei Bourdieu sind die zugreifende und beschränkende Kraft der Standort- bzw. Praxisverbundenheit der Erkenntnis letztlich zwei Seiten derselben Medaille: „Die verbalen und nonverbalen Indizien für die symbolisch herrschenden Positionen (...) können (...) nur von Leuten verstanden werden, die den ‚Code' gelernt haben." (Bourdieu 2005: 64)

5.4 Die dokumentarische Methode

ten bzw. der Interpretin nicht nur allgemein reflektiert und im Rückgriff auf das Mannheim'sche Diktum von der Seinsverbundenheit des Wissens auch auf die Forscherinnen und Forscher übertragen wird, sondern methodologisch auch in der Wahl der Vergleichsgruppen berücksichtigt wird." Zugleich kritisiert er, dass diese Überlegungen nicht in derselben Konsequenz auf Fragen der Auswirkungen von Erhebungsbedingungen und das auf diese Weise erhobene Material angewandt werden.

Eng verknüpft mit der Standortverbundenheit ist eine weitere theoretische Besonderheit der dokumentarischen Methode: Das handlungspraktische Wissen (als nicht expliziertes, von der Erfahrung geprägtes und sie zugleich orientierendes Wissen) ist grundlegend **kollektiv** konzipiert. Mannheim spricht von „konjunktivem Wissen", das in „konjunktiven" – also gemeinsamen – „Erfahrungsräumen" emergiert. Dieses Wissen wird als „Fond, der unser Weltbild ausmacht" (Mannheim 1980: 207) verstanden, das jedem individuellen Wissen zugrunde liegt (vgl. auch ebd.: 253). Mit diesem Gedanken sind wir bereits mitten in den theoretischen Grundprinzipien.

> Die dokumentarische Methode ist theoretisch als vermittelnde dritte Position zwischen objektivistischen und subjektivistischen Herangehensweisen verortet. Die Beobachterposition in der dokumentarischen Methode stützt sich auf die (erkenntnislogische) Differenz zwischen zwei Wissensformen bzw. Sinnebenen: einer handlungspraktischen, konjunktiven Ebene und einer (begrifflich) explizierten, kommunikativ-generalisierenden Ebene. Die Betonung der konstitutiven Standortverbundenheit des Wissens schließt das wissenschaftliche Wissen ein und führt zur konsequenten Arbeit mit komparativen Analysen.

5.4.4 Theoretische Grundprinzipien und methodische Umsetzung

Aufschlüsseln lässt sich die dokumentarische Methode an Hand der für sie zentralen Unterscheidung zweier Sinnebenen.

Die Unterscheidung zwischen immanentem und dokumentarischem Sinngehalt, wie sie Mannheim (u.a. 1980) vornimmt, hebt das mittels dieser Unterscheidung gewonnene Forschungswissen von anderen Wissensformen ab. Sie ist zudem Dreh- und Angelpunkt der methodologischen Grundbegriffe und -konzepte sowie folgerichtig auch das strukturierende Prinzip aller Auswertungsschritte (s. Kap. 5.4.5). Wir werden dieses Prinzip von daher am Anfang dieses Unterkapitels grob skizzieren, dann seine theoretischen Voraussetzungen und Implikationen ausleuchten und es am Beispiel der Sprache differenziert behandeln. Schließlich befassen wir uns mit den grundlegenden Implikationen dieses Prinzips für die Interpretation von empirischem Material.

a. Immanenter und dokumentarischer Sinngehalt

Immanente Sinngehalte lassen sich unabhängig von ihrem Entstehungszusammenhang auf ihre Richtigkeit hin überprüfen. Ein philosophisches System lässt sich u.a. aus einem anderen philosophischen System heraus verstehen und aus dieser Perspektive auf seine Richtigkeit und Gültigkeit beurteilen. Wenn man ein philosophisches System aus sich selbst heraus kritisiert, seine innere Widersprüchlichkeit oder Widerspruchsfreiheit herausarbeitet, versteht man es immanent (vgl. Mannheim 1980: 85ff.). Auch wenn wir ein Kunstwerk aufgrund benennbarer ästhetischer Merkmale in die Stilgeschichte einordnen, geschieht dies aus einem immanenten Verständnis heraus (ebd.: 95f.). Dasselbe ist der Fall, wenn wir einen Arzt holen, weil jemand sagt, dass er krank ist und/oder entsprechende Symptome zeigt. Immer bleibt man bei Interpretationen, die dem Kontext bzw. dem System immanent sind.

Der dokumentarische Sinngehalt bzw. **Dokumentsinn** dagegen nimmt den soziokulturellen Entstehungszusammenhang bzw. das, was sich davon manifestiert hat, in den Blick. Das wäre zum Beispiele die Frage der Genese eines philosophischen Systems aus „seiner Zeit heraus".[182] Auch die Frage, unter welchen biographischen und historischen Bedingungen ein Kunstwerk entstanden ist, stellt auf den Dokumentsinn ab, ebenso die Frage, wie es wohl zu einer Verhaltensauffälligkeit kommt: Wir holen keinen Arzt, sondern fragen uns, ob eine zurückliegende oder gegebene Situation den Menschen, der sich selbst als krank wahrnimmt und/oder entsprechende Symptome zeigt, vielleicht überfordert hat. Das heißt, wir fangen – durchaus auch im Alltag – an, uns mit dem Dokumentsinn zu beschäftigen, wenn ein Phänomen nicht mehr situationsimmanent verstanden werden kann. Die Kategorisierung als „geisteskrank" oder „abnormal" wäre immer noch zu den situationsimmanenten Interpretationen zu zählen. Sie bleibt innerhalb der gesellschaftlichen Normvorstellung, in der wir uns als kompetente Mitglieder einer Gesellschaft bewegen, und betrifft daher alltägliche Kategorisierungen und Wissensbestände ebenso wie professionelle. Erst dann, wenn wir versuchen, das „Symptom" in seiner aus der Situation resultierenden Sinnhaftigkeit zu begreifen, beginnen wir, dokumentarisch zu interpretieren.

b. Einklammerung des Geltungscharakters

Sehen wir in einer Handlung, einer Äußerung oder einem Bild das Provinzielle oder Metropolenhafte, das Katholische oder Säkulare, dann kommt in einer Art Alltagssoziologie die dokumentarische Methode im Kern bereits zur Anwendung. Interessant dabei ist, dass auch schon im Alltag bei dieser Betrachtung der Phänomene ihr Geltungscharakter, d.h. ob sie wahr, richtig oder rechtens oder im Gegenteil falsch sind, seine Bedeutung verliert. Wir sparen den **Geltungscharakter aus, klammern ihn ein** (zuerst: Husserl 1913; Mannheim 1980: 88 und 95; Garfinkel 2004 [1967]: 272f.; Bohnsack 2001: 326 und 2003). Diese Einklammerung von faktischer Wahrheit und normativer Richtigkeit wird in der dokumentarischen Methode zum methodologischen Prinzip gemacht, um sich ganz auf jenen anderen Sinn, mit dem wir uns nun befassen, konzentrieren zu können.

c. Konjunktiver Erfahrungsraum und Kollektivität

Methodologisch setzt Mannheim also bei der Überlegung an, „dass es bei einem **jeden** objektiv verstehbaren Gebilde eine Möglichkeit gibt, dieses als Funktionalität eines Erlebniszusammenhanges zu sehen" (Mannheim 1980: 78, Hervorh. d. Verf.). Das heißt, jedes Kulturprodukt, sei es geistiger oder gegenständlicher bzw. bildhafter Art (ein Text, eine Behausung oder ein technisches Artefakt, ein Bild oder ein Film), kann eben nicht nur „an sich" verstanden werden, sondern auch im Hinblick auf den **Erlebniszusammenhang**, aus dem es entstanden ist und als dessen Resultat es vorliegt. Mannheim hat diese „Doppelstruktur" (Bohnsack et al. 2001: 329) der Bedeutung im Feld der Kunstinterpretation (1964) und der allgemeinen Handlungstheorie (1980) aufgezeigt.

---

[182] Wissenschaftstheoretisch interessant ist, dass derartige genetische oder dokumentarische Interpretationen wissenschaftlicher Erkenntnisse meist wegen ihrer Mangelhaftigkeit und Kontamination kritisiert, selten jedoch in ihren Erkenntnisfortschritten registriert wurden (vgl. zu dieser Kritik Knorr-Cetina 1988).

5.4 Die dokumentarische Methode

Wie kann man sich nun diesen Erlebniszusammenhang vorstellen? Und vor allem: Wie haftet er den „verstehbaren Gebilden", den Kulturprodukten an? Wie ist er in ihnen gespeichert?

Zur Beantwortung dieser Fragen müssen wir uns dem **konjunktiven Erfahrungsraum** (u.a. Mannheim 1980: 216) als grundlegendem Element der Mannheim'schen Handlungs- und Kommunikationstheorie zuwenden: Mit der grundlagentheoretischen Kategorie des konjunktiven Erfahrungsraums wird das menschliche Miteinandersein, das sich in der gelebten Praxis fraglos und selbstverständlich vollzieht, gefasst. Das Wissen, das in der Praxis angeeignet wird und das diese Praxis zugleich orientiert, ist damit ein präreflexives, „atheoretisches Wissen" (Mannheim 1964: 100).[183] Eine Geste erhält ihre Bedeutung im atheoretischen, praktischen Vollzug, und zwar durch die Reaktionen anderer auf diese Geste.[184]

Als **„Kontagion"** bestimmt Mannheim die elementarste Form des Erkennens sowohl von Gegenständen als auch von anderen Menschen, die uns in den konjunktiven Erfahrungsraum hineinwachsen lässt. Sie bezeichnet die „existentielle Aufnahme des Gegenübers in das Bewusstsein" (Mannheim 1980: 207), die vor der Trennung des Gegenstandes vom Selbst als Subjekt liegt, vor der „Entfremdung" (ebd.: 206), die mit abstrakteren Formen des Erkennens verbunden ist. Stoßen wir an einen Stein, sind wir zunächst eins mit ihm, vielleicht im Schmerz. Legt uns jemand erstmals ein Werkzeug in die Hand, erleben wir es als Erweiterung, vielleicht auch als Beschränkung unserer selbst. Im ersten Kontakt mit einem Anderen erleben wir uns in einer Beziehung – jenseits einer begrifflichen Abstraktion. Erst dann kommen andere Erkenntnisdimensionen hinzu.

„Bei unseren Beziehungen zum ‚anderen Menschen' ist es [...] auch unausweichlich demonstrierbar, dass unsere Erkenntnis jener sich nicht im leeren Raume des Geschehens überhaupt abspielt, sondern daß unsere erste der Kontagion folgende Erfahrung stets **fundiert** ist durch jene spezifische **existentielle Beziehung** zum Gegenüber, die sofort aufleuchtet und sich neu konstituiert, sobald wir uns auf ihn [...] einstellen, sei es daß wir ihm wieder begegnen, sei es daß wir seiner und seinem Fernsein in Form von Sehnsucht und Erinnerung gedenken." (Mannheim 1980: 210, Hervorh. im Original)

Die Kontagion begründet die **Primordialität**, das Vorgeordnetsein der Kollektivität gegenüber der Individualität, wie sie uns im konjunktiven Erfahrungsraum begegnet (vgl. auch Schäffer 2003: 77ff.).

Beispiele für diese Art des Wissens bzw. der Vorstellungen und für die darin implizierte **Art der Kollektivität** finden sich in folgendem Zitat:

„Ein jeder Kult, eine jede Zeremonie, ein jeder Dialog [wie auch jedes noch so alltägliche Ritual z.B. in einer Familie, d.V.] ist ein Sinnzusammenhang, eine Totalität, in der der Einzelne seine Funktion und Rolle hat, das Ganze aber etwas ist, das in seiner Aktualisierbarkeit auf eine Mehrzahl der Individuen angewiesen ist und in diesem Sinne über die Einzelpsyche hinausragt. Ein Individuum kann sich die ganze Zeremonie zwar denken", muss dies aber als Teilhaber an der Zeremonie nicht, denn [Ergänzung durch d.V.] „als Kollektivvorstellung ist diese ja zunächst nicht etwas zu Denkendes, sondern ein durch verschiedene Individuen in ihrem Zusammenspiel zu Vollziehendes." (Mannheim 1980: 232)

---

[183] Polanyi 1985 [1966] spricht hier von „tacit knowledge".
[184] S. hierzu auch Meads Gedanke, dass „der gesellschaftliche Prozeß zeitlich und logisch vor dem bewussten Individuum besteht, das sich in ihm entwickelt" (Mead 1968: 230; vgl. auch Bohnsack 2001a).

Das Beispiel will dem praktischen Vollzug und seiner kollektiven Gegebenheit, wie er uns in Zeremonie, Kult oder Ritual entgegentritt, Kontur verleihen. Die Handlungsvollzüge sind zwar durch eine gewisse **Regelhaftigkeit** gekennzeichnet, ihre Gesamtgestalt muss als solche aber nicht von jedem/jeder Einzelnen umfassend gewusst werden – nicht als vollständiger Handlungsvollzug und schon gar nicht als explizite Regel. Vielmehr „verteilt" sie sich auf mehrere Individuen und gelingt durch ihr Zusammenspiel. Das Wissen, das notwendig ist, um „dazuzugehören", ist in die Handlungspraxis eingelassen, besteht mithin im „Mitmachen-Können" und muss nicht reflexiv verfügbar sein. Die dokumentarische Interpretation setzt immer bei kollektiven Erfahrungsgrundlagen an, also bei geteilten oder auseinanderfallenden existenziellen Hintergründen, und begreift das empirische Material als Ausdruck, als Dokument von Orientierungswissen, das diesen Erfahrungshintergründen entspringt.

Ein Beispiel, das unseren Erwartungen im Zusammenhang mit Kollektivität entgegensteht, weil darin über weite Strecken nur ein Mensch vorkommt, kann diesen Gedanken verdeutlichen. Robinson Crusoe in Daniel Defoes gleichnamigem Roman verwirklicht auf der einsamen Insel, auf die es ihn verschlagen hat, ganz allein den – kollektiven – Habitus[185] der englischen Aristokratie seiner Zeit. Die Handlungsvollzüge muten in der Einsamkeit der Insel eigentümlich an. Diese Eigentümlichkeit verschwindet in dem Moment, als in Gestalt Freitags, eines Eingeborenen, ein Gegenüber auftaucht. Aus ihrer Einsamkeit herausgelöst, verlieren Robinsons Rituale ihre Eigentümlichkeit und gewinnen den Charakter eines „Kulturguts", das weitergegeben wird.

d. Atheoretisches Wissen, Verkörperung und Handlungspraxis

In diesem Sinne lässt sich das **atheoretische Wissen** auch und ganz wesentlich als ein **verkörpertes Wissen**, das durch „körperlich-habituellen, szenisch-mimetischen Nachvollzug" (Wulf u.a. 2001: 342) angeeignet wird, begreifen, was wir uns auch am szenisch-mimetischen Lernen von Freitag gut vor Augen führen können. Durch diese Verkörperung (von Prozessen) gewinnt auch der „Körper" selbst Bedeutung als „Gedächtnis des Sozialen" (ebd.: 343). Konjunktives Wissen durchdringt uns also geistig-seelisch-körperlich als Individuen, „ragt" ebenso über uns als Einzelne „hinaus" und ist letztlich erst im Miteinander oder im gedachten Miteinander vollständig.[186]

Nachdem wir uns dem konjunktiven Erfahrungsraum und den damit verbundenen Begriffen von Kollektivität und atheoretischem Wissen zugewandt haben und uns darüber verdeutlicht haben, was ein Erlebniszusammenhang sein kann, der als Resultat in einem Kulturgebilde gespeichert ist, wenden wir uns nun der **zweiten** Frage genauer zu, nämlich der Art der **Speicherung dieses Erlebniszusammenhanges**.

Die Art und Weise, wie eine Praxis vollzogen wird, schreibt sich in die Körperlichkeit ebenso ein wie in andere praktische Vollzüge, etwa die diskursive Praxis (s.u.), und gibt diesen eine **typische Gestalt**. Das heißt, ebenso wie es für das Erlernen eines Handlungsvollzuges oft weniger wichtig ist, zu wissen, **was** man macht, als zu beherrschen, **wie man es macht**, ist der Handlungsvollzug auch in der Gestalt – in dem, wie sich jemand bewegt, hält, schaut, spricht – enthalten.

---

[185] Zur Diskussion des Habitusbegriffes bei Mannheim und Bourdieu vgl. Meuser 2001.

[186] Ausführlich zeichnet Bourdieu (2005) verkörperte Handlungsorientierungen und entsprechende Machtverteilungen im Bereich des Geschlechterverhältnisses in seinem Band „Männliche Herrschaft" nach.

Als praktisch zu vollziehender lässt sich ein Erlebniszusammenhang bis zu diesem Punkt unserer Überlegung ohne Sprache denken. Als Form der „Speicherung" bzw. des möglichen Zugangs zu dieser Ebene des Sinns konnten wir die Gestalt, die **Gestaltung**, das Wie geltend machen. Aus einem gemeinsamen praktischen Vollzug ergeben sich konjunktive, für die an dem Erlebnisvollzug Beteiligten selbstverständliche gemeinsame Bedeutungen, die sich zunächst nicht aus ihrer Beziehung zu dem jeweiligen praktischen Vollzug lösen lassen.

Als in Handlungsvollzüge und in Körperlichkeit eingeschriebenes Wissen kommt man in der Interpretation dem Dokumentsinn insbesondere über die **Performanz**, die Gestaltung und über (sprachliche) Bilder auf die Spur.

e. Sprache: kommunikativ-generalisierte und konjunktive Ebene

Für Mannheim (1980: 217ff.) ist **Sprache** nie vollständig aus der konjunktiven Erfahrungsgemeinschaft herauszulösen. Kontextfreie Sprache gibt es im praktischen Leben nicht, sie ist lediglich ein Ideal, und gerade wissenschaftliche Begriffsbildung stellt in dieser Perspektive einen – wohl den reinsten – Idealtyp dar.

Mannheim (1980: 217) nennt die Bildung von überzeitlichen, in ihrer Bedeutung endgültig definierten Begriffen, die auch in ihrer Relation zu allen anderen Begriffen ein für allemal definiert sind, wie wir sie in der Wissenschaft anstreben, ein „utopisches Ideal der Begriffsbildung". Und dennoch dient die Sprache der **Fixierung von Bedeutung**, und sei es nur in einer ganz mit der Handlungspraxis verbundenen Weise, wie etwa bei der Namensgebung und der Anrede mit einem Namen. Mannheim spielt sehr genau die Möglichkeiten der konjunktiven Abstraktion sprachlicher Bedeutung durch, immer bleibt sie an das Perspektivische der in ihr gespeicherten Erfahrung gebunden. Man findet bei ihm wenig darüber, wie es zur Idee des „Allgemeinbegriffs" kommt, der „trachtet alles auszumerzen, das an diese Perspektive gemahnt" (Mannheim 1980: 226).[187] Etwas als reine „Information" zu sehen, ist in der dokumentarischen Methode ebenso wenig möglich wie in der objektiven Hermeneutik (vgl. dazu das Beispiel des Schuhe-Ausziehens in Kap. 5.3).

Zur Verdeutlichung dieser Ideen folgen wir zunächst Mannheims eigenen Beispielen. Er vergleicht die Wissenschaftssprache mit der Sprache politischer „Revolutionsreden". Letztere erregen während ihres praktischen Vollzuges die Gemüter, werden aber „gedruckt gelesen (…) oft als nichtssagend und unbedeutend" (Mannheim 1980: 219) empfunden. Dies rührt daher, dass die Rede beim Lesen nicht mehr wirklichkeitsnah verstanden wird. Man ist eher auf die allgemeine Bedeutung der Worte konzentriert. Man kann bei der Lektüre nicht (mehr) in die konjunktive Erfahrungsgemeinschaft eintauchen, die zum Zeitpunkt der Versammlung lebendig war.

Bohnsack verdeutlicht den Unterschied der beiden Sinnebenen am Beispiel des Begriffes „Familie": So ist „uns allen der Begriff ‚Familie' als ‚Allgemeinbegriff' zugänglich. (…) Dieser vermag auf der Grundlage von Rollenerwartungen und (...) rechtlichen Definitionen

---

[187] Erhellend sind in diesem Zusammenhang die Ausführungen von Slunecko zur Entwicklung von Schriftsystemen, des Vokalalphabets und des Buchdrucks. Kontextbedingte Gestaltungselemente entfallen zunehmend, Schrift und Buch ermöglichen die Abstraktion von den Produzentinnen und Produzenten und ihrer Perspektive. Eine „Wissenschaft" nimmt ihren Aufschwung, die den „Wahrheitswert abstrakter Aussagen" bestimmt und „so wie Popper das vorschlägt, ... [eine] ganze Methodologie an der Frage" aufhängt, „ob Hypothesen (d.h. abstrakte Sätze ...) den Kontakt mit der empirischen Welt überleben oder dabei untergehen" (Slunecko 2008: 220). Mit Adorno könnte man fortsetzen: Und „befriedigt schiebt sich begriffliche Bedeutung vor das, was Denken begreifen will." (Adorno 1982)

oder auch religiösen Traditionen eine Verallgemeinerbarkeit als Institution über milieuspezifische und kulturelle Grenzen hinweg zu entfalten. Eine darüber hinaus gehende, z.T. völlig andere Bedeutung erhält der Begriff ‚Familie' für diejenigen, die die Gemeinsamkeit einer konkreten familialen Alltagspraxis miteinander teilen." (Bohnsack 2001a: 330)

Auch in Gesprächen mit Personen, mit denen man Erfahrungen teilt, funktioniert die Verständigung anders als in Gesprächen mit Personen, die nicht über diese Erfahrungen verfügen, besonders dann, wenn diese im Gespräch eine Rolle spielen. Der Austausch unter „Wissenden" wird knapper, beschränkt sich auf Andeutungen[188] und wird zugleich fragloser. Ein Außenstehender versteht wenig – umso präziser ist das Verständnis derer, die über den gleichen Erfahrungshintergrund verfügen. Es ist ein „Einander-Verstehen im Medium des Selbstverständlichen", wie es bei Gurwitsch (1976: 178) heißt. Dieser Unterschied ist also nicht rein „quantitativer" Natur, in dem Sinne, dass man vielleicht weniger erklären muss. Es handelt sich um einen qualitativen Unterschied. Die Allgemeinbedeutung tritt hinter die konjunktive Bedeutung zurück. Man **erklärt** sich nichts, sondern **versteht** einander.

In Mangolds (1960) Analysen von Gruppendiskussionen zeigte sich, dass konjunktive Verständigung nicht nur bei Gesprächspartnern, die einander kennen, sondern auch bei anderen sozialen Einheiten, z.B. Vertreterinnen einer Berufsgruppe (vgl. Kap. 3.4.2) funktioniert. Beschreibungen und Erzählungen werden unmittelbar verstanden und können von unterschiedlichen Individuen gleichermaßen erzählt, erweitert und fortgesetzt werden. Das verweist darauf, dass diese Personen in der Lage sind, einander unmittelbar zu verstehen, und dass die Verständigung weniger auf der allgemeinbegrifflichen Bedeutung der Sprache beruht.

f. Konjunktiver Erfahrungsraum als theoretischer Grundbegriff

Die Möglichkeit der konjunktiven Verständigung von Personen, die einander nicht kennen, verdeutlicht die Abstraktheit des Konzeptes „konjunktiver Erfahrungsraum ". Die umfassende methodisch-methodologische Weiterentwicklung der dokumentarischen Interpretation basiert nicht zuletzt auf dieser Abstraktheit, also darauf, dass der konjunktive Erfahrungsraum nicht in der konkreten Gruppe aufgeht. Er erfasst vielmehr eine von der konkreten Gruppe gelöste Kollektivität, indem er diejenigen miteinander verbindet, die an Handlungspraxen und damit an Wissens- und Bedeutungsstrukturen teilhaben, die in einem bestimmten Erfahrungsraum gegeben sind. Diese Kollektivität wird nicht als eine verstanden, die dem Einzelnen extern ist, die ihn primär zwingt oder einschränkt, sondern als eine, die Interaktion und alltägliche Praxis erst ermöglicht und gemeinsame Handlungsvollzüge in einer genuin soziologischen Perspektive (ohne Umweg über den Subjektbegriff) beschreibbar macht. Diese Ermöglichung von Handeln impliziert jedoch zugleich immer auch eine Beschränkung, wie einem bisweilen schmerzlich bewusst wird, wenn man sich das Eingetauchtsein in verschiedene Erfahrungsräume reflexiv vergegenwärtigt.

Jeder und jede von uns ist Teilhaber/-in **vieler** solcher Erfahrungsräume. So können z.B. geschlechts-, bildungsmilieu- und generationstypische Erfahrungsräume voneinander unterschieden werden. Geschlechtstypische Erfahrungsräume konstituieren sich etwa über die Kombination der Handlungs- bzw. Interaktionspraxis geschlechtsspezifischer Sozialisation und das Erleben geschlechtstypischer (Fremd-)Zuschreibungen und Interpretationen. Bildungsmilieutypische Erfahrungsräume sind im gemeinsamen Erleben von Wissensvermittlung

---

[188] Dieses andeutungsweise Sprechen, das in der Kommunikation vom Anderen vervollständigt werden muss, war Gegenstand der ethnomethodologischen Untersuchungen Harold Garfinkels (2004 [1967]).

5.4 Die dokumentarische Methode

in den je unterschiedlichen öffentlichen Institutionen und den entsprechenden biographischen Ablaufmustern fundiert. Generationstypische Erfahrungsräume nehmen ihren Ausgang in der gemeinsamen Handlungspraxis, die zeitgeschichtliche Bedingungen und Entwicklungen bzw. Verläufe mit sich bringen. Das kann zum Beispiel das (aktive) Erleben eines Krieges oder einer wirtschaftlichen Depression (Elder 1974) sein, die Erfahrung eines besonderen zeitgeschichtlichen Wandels wie der „Wende" in Ostdeutschland oder der „Wiedervereinigung" der beiden deutschen Staaten oder auch die Erfahrung einer besonders stabilen Zeit, in welcher sich zeitgeschichtliche Veränderung allmählich vollzieht (Schütze 1989; Przyborski 1994, 1998 und 2008; Mannheim 1952b [1931]).

In einzelnen Interaktions- und Gesprächszusammenhängen treffen Personen aufeinander, die einige Erfahrungsräume gemeinsam haben, andere dagegen nicht. Über das Geschlecht – das in vielen Studien zur Rekonstruktion sprachlicher Strukturen als einzige Kategorie gesetzt wird[189] – bestimmt sich nur einer von mehreren konjunktiven Erfahrungsräumen, der zudem von diesen anderen Erfahrungsräumen mitstrukturiert ist. Konkrete soziale Einheiten, wie Gruppen, Milieus oder Individuen, stellen immer eine **Überlagerung konjunktiver Erfahrungsräume** dar, die nur analytisch zu trennen sind. Eine **Gruppe**, in welcher ein konkretes Gespräch oder eine Diskussion stattfindet, „ist somit nicht der soziale Ort der Genese und Emergenz, sondern derjenige der **Artikulation und Repräsentation (...) kollektiver Erlebnisschichtung**" (Bohnsack 2000a: 378, Hervorh. d. Verf.).

Die Unterscheidung zwischen **immanentem und dokumentarischem Sinngehalt** bezieht sich auf die erkenntnislogische Differenz, die das Forschungswissen von anderen Wissensformen abhebt. Sie ist Dreh- und Angelpunkt der methodologischen Grundbegriffe und das strukturierende Prinzip der Auswertungsschritte der dokumentarischen Methode.
Um zur Ebene des dokumentarischen Sinngehalts vorzudringen, muss der **Geltungscharakter von Aussagen „eingeklammert"** werden. Das heißt, wir fragen an dieser Stelle nicht, ob etwas faktisch wahr oder normativ richtig ist.
Basis des Dokumentsinns sind **konjunktive Erfahrungen**. Damit ist in der dokumentarischen Methode die kollektive Ebene der individuellen immer vorgeordnet. Konjunktives Wissen ist in der Regel als **atheoretisches Wissen** gespeichert und findet sich eingelassen in die **Handlungspraxis**. Es tritt uns insbesondere auf der Ebene von Performanz, **Gestaltungsprinzipien** sowie (sprachlichen) Bildern und Szenen entgegen. Auf der Ebene von Diskursen zeigt es sich in unterschiedlichen Formen des gemeinsamen Sprechens und der unmittelbaren Verständigung.
Auf der Ebene der **Sprache** finden sich die beiden Sinnebenen u.U. als allgemeine Bedeutung eines Begriffs, wie er uns z.B. auf der Grundlage rechtlicher Definitionen gegeben ist, und als konjunktive Bedeutung, wie sie etwa mit unserer eigenen Handlungspraxis verbunden ist.
Der konjunktive Erfahrungsraum ist ein zentraler **theoretischer Grundbegriff** der dokumentarischen Methode. So beruht ein Milieu, wie wir es anhand bestimmter augenscheinlicher Phänomene einordnen, auf der Überlagerung mehrere konjunktiver Erfahrungsräume als Basis gemeinsamer Orientierungen.

---

[189] Vgl. u.a. Coates 1996a und b sowie 2003 und zu einer Kritik dieser Vorgehensweise Günthner 1996 und Przyborski 2004: 21f.

g. Dokumentarische Interpretation: Metaphorik, Homologie, Performanz und Sequenzialität

Die **dokumentarische Interpretation** stellt die **begrifflich-theoretische Explikation** jener Bedeutungsgehalte dar, die bei der **konjunktiven Verständigung** unmittelbar – auf der Grundlage milieuspezifischer kollektiver bzw. konjunktiver Erfahrungen – verstanden werden. Es geht dabei um die Explikation der Orientierungen, die die Praxis der jeweiligen konjunktiven Erfahrungsräume strukturieren. Ein Beispiel dafür ist der Habitus der männlichen Ehre, wie er für junge türkische Migranten rekonstruiert werden konnte: Jugendliche der zweiten und auch der dritten türkischen Migrationsgeneration kommen an einer zumindest handlungspraktischen Auseinandersetzung mit Problemstellungen der männlichen Ehre nicht vorbei (vgl. Bohnsack/Loos/Przyborski 2001; Przyborski 2004: Kap. 3.1.1, Kap. 3.2.1 und Kap. 3.3.1).

Die Rekonstruktion der Gestaltung, des Wie der diskursiven Praxis oder der Darstellung von Sujets in Bildern, bietet für eine dem jeweiligen Erfahrungsraum fremde Interpretin einen Zugang zum konjunktiven, dokumentarischen Sinngehalt. Dabei wird der „„ver-körperte" Anteil in den Blick genommen. Im Hinblick auf Diskurse ist damit all das gemeint, was an erlebter Interaktions- bzw. Handlungspraxis, Körperlichkeit und Bildhaftigkeit in den Diskurs einfließt, in ihm zum Ausdruck gebracht wird, also die **Metaphorik** des Diskurses. Zentrale Textsorten sind dabei **Erzählungen** und **Beschreibungen**.

Zentrales Prinzip bei der Interpretation ist nun die Suche nach **Homologien**: Das heißt, welche Sinnstruktur kann mir verschiedene thematisch unterschiedliche Erzählungen, Beschreibungen, Interaktionszüge oder auch Argumentationen aufschließen? Auch hier findet sich also wieder die Trennung der Sinnebenen: Auch was thematisch unterschiedlich ist (immanenter Sinn), kann oft auf denselben Orientierungsrahmen (s.u.) zurückgeführt werden. So berichten beispielsweise die befreundeten Facharbeiter aus der Gruppe „Tisch" (vgl. Przyborski 2004: 144ff.) davon, dass ihre Frauen oder Freundinnen mehr verdienen als sie, was aber nicht in Frage stellt, dass es selbstverständlich der Mann ist, der weiterarbeiten muss (und dies auch gern tut), wenn ein Kind kommt. Auch sprechen sie davon, dass Frauen ja mittlerweile sogar auf dem Bau arbeiten, was die große Freude mit sich bringt, ihnen helfen zu können, wo deren Körperkraft nicht ausreicht. Es handelt sich also einmal um das Thema „Familie und Unterhalt", das andere Mal um das Thema „Beruf und Körperkraft". In beiden Themen dokumentiert sich jedoch derselbe Orientierungsrahmen: Ein Festhalten an einer hegemonialen Männlichkeit entgegen der empirischen Evidenz sowie die Freude an der Position des Helfers, der eine übergeordnete hegemoniale Rolle beansprucht.

Wesentlich in diesem Zusammenhang sind aber auch die Art und Weise der Hervorbringung, d.h. alle gestalterischen Elemente des Diskurses. Wichtig ist hier vor allem die wechselseitige Bezugnahme aufeinander, also die **Performanz** des Diskurses. Dazu zählen z.B. **Kontextualisierungshinweise**. Gumperz (1982a; s. auch Auer 1986, 1999a und 1999b und Auer/di Luzio 1992) bezeichnet damit das relationale, dynamische Element auf der Ebene diskursiver Praxis: Rhythmus, Lautstärke, dialektale Färbungen, Geschwindigkeitswechsel oder auch Code-Switching (der Wechsel von einer Sprache in die andere) formen die Bedeutung des Gesprochenen und geben Hinweise auf ihre Einbettung in einen bestimmten Kontext, ohne dass diese Kontextualisierungshinweise selbst eine fixe Bedeutung haben (vgl. Gumperz/ Cook-Gumperz 1981). Wenn etwas laut gesprochen wird, bedeutet das z.B. nicht notwendig, dass es ärgerlich gesprochen ist. Je größer die Gemeinsamkeiten in einer Gruppe

5.4 Die dokumentarische Methode

oder bei einem Paar sind, desto mehr Bedeutung wird von diesen relationalen Markierern getragen (vgl. Bohnsack/Loos/Przyborski 2001).

Der **interaktiven Hervorbringung** kommt mithin bei der Interpretation große Bedeutung zu. Die Signifikanz von Gesten und Äußerungen ist letztlich erst in einer ratifizierten, also einer durch die Interagierenden anerkannten Reaktion auf eben diese Gesten und Äußerungen interpretierbar (dazu Mead 1968; Goffman 1981: 25; Bohnsack u.a. 2001: 335 sowie Przyborski 2004: 50f.).

In der Konsequenz bedeutet dies, dass man einen interaktiven **Dreischritt** in den Blick nimmt. Erst so lässt sich zu der Sinnstruktur vordringen, die die Äußerungen zusammenhält und mithin der Einzeläußerung ihren Sinn zuweist. Auf diese Weise kann z.B. eine Äußerung, die formal eine Behauptung darstellt, u.U. als Frage identifiziert werden, wenn die Reaktion auf sie eine Antwort ist. Ob diese Antwort wiederum tatsächlich die Signifikanz und interaktive Funktion der ersten, formal als Behauptung zu klassifizierenden Äußerung getroffen hat, erfahren wir erst in der nächsten – nämlich dritten – Reaktion, die auf die „Antwort" folgt. Auf unserer Suche nach dem Dokumentsinn hilft uns also ein **grundsätzlich sequentielles Vorgehen**, das sich hier von der sequenziellen Analyse der objektiven Hermeneutik (vgl. Kap. 5.3) dadurch unterscheidet, dass gleich mehrere – drei – Sinneinheiten in den Blick genommen werden, während in der objektiven Hermeneutik eine Sinneinheit erst nach einem ersten Interpretationsdurchgang in Bezug zur nächsten gesetzt wird. Die zeitliche Abfolge von Äußerungen wird jedoch, per definitionem, in keinem sequenzanalytischen Vorgehen verlassen.

In Interaktionen und Diskursen gewinnt **Simultaneität** nur im Rahmen von Sequenzialität Bedeutung, also z.B. in Form gleichzeitigen Sprechens oder einer vorausschauenden Abwehr eines Angriffs, die Angriff und Abwehr zur selben Zeit erfolgen lässt. **Bilder** sind uns in der Auffassung der dokumentarischen Methode primär simultan gegeben. Will man sie also in ihrer Eigengesetzlichkeit erfassen, gilt es diesem Umstand in der Interpretation Rechnung zu tragen.

Der **Dokumentsinn**, auf den die dokumentarische Interpretation zielt, ist nicht auf der Ebene von Begriffen gegeben oder unmittelbar zum Ausdruck zu bringen, wie es beim **kommunikativ-generalisierten** (immanenten) **Sinn** der Fall ist.
Um die beiden Sinnebenen miteinander in Bezug setzen zu können, muss auch der **Dokumentsinn zur begrifflichen Explikation** gebracht werden. Daher gilt es zu analysieren, **wie** der immanente Sinn ausgedrückt wird:
Wesentlich dabei ist das Entschlüsseln der Metaphorik von Erzählungen und Beschreibungen sowie der Strukturprinzipien der Performanz und interaktiven Hervorbringung des Gesprächs, also seiner **Performativität**.
Man ist dem Dokumentsinn dann auf der Spur, wenn er sich in strukturidentischer, d.h. in **homologer Weise**, in unterschiedlichen Sequenzen bzw. auf unterschiedlichen Ebenen der Gestaltung wiederholt.
Bei Texten wird dabei **sequenziell** vorgegangen, wobei immer drei formal unterschiedliche Äußerungseinheiten in den Blick genommen werden. Simultaneität, wie etwa zeitgleiches Sprechen, kann nur im Rahmen von Sequenzialität Bedeutung gewinnen.
Dies markiert einen deutlichen Unterschied zur Bildinterpretation. Hier fußt die Interpretation des Dokumentsinns auf der Bildern im Besonderen eigenen **Simultaneität**.

5.4.5 Schritte der Interpretation: Auswertungspraxis (Texte)

Wie wendet man nun diese methodologischen Prinzipien auf ganz konkretes Datenmaterial, das uns als Interview, Gruppendiskussion, in Form von Gesprächen und dergleichen als Ton- oder Bild- und Tondokument vorliegt, an?[190] Dieser Frage werden wir im Folgenden in der Art einer forschungspraktischen Anleitung nachgehen.[191]

In einem ersten Schritt verschafft man sich in Form eines **thematischen Verlaufs** einen strukturierten Überblick über das auf Ton- bzw. Bild- und Tonträger aufgezeichnete Material. Dieser dient als Grundlage für die Auswahl jener Textabschnitte, die „Passagen" genannt (s.u.) und im Sinne der formulierenden und reflektierenden Interpretation ausgewertet werden.

a. Thematischer Verlauf, Auswahl von Passagen, Transkription

Der thematische Verlauf wird beim ersten Abhören des Ausgangsmaterials erstellt. Dabei werden die Themen, wie sie der Reihe nach auftauchen, aufgeschrieben und die entsprechenden Stellen des Ton-/Bildträgers angeführt. Besonderes Augenmerk gilt dem thematischen Wechsel. Die Phasen der **Behandlung eines Themas** werden **„Passagen"** genannt und bilden die **kleinste Einheit für einzelne Interpretationen**. Zudem gilt es weitere Merkmale des Diskurses festzuhalten, da diese die Auswahl der Passagen mitstrukturieren: Zum einen sind das formale Merkmale der Interaktion oder des Textes. Bei Gruppendiskussionen und anderen Gesprächen wird z.B. notiert, ob die jeweiligen Stellen interaktiv dicht sind, d.h. ob häufig überlappend gesprochen wird, die Sprecherwechsel oft und dicht nacheinander erfolgen, oder ob das Gegenteil der Fall ist, das Gespräch also eher schleppend vorangeht. Zum anderen sollten die Interventionen der Forscherinnen notiert werden. Wichtig ist dabei, ob thematische Wechsel selbstläufig oder aufgrund einer Forscherintervention erfolgen.

Gespräche, Gruppendiskussionen oder Interviews dauern – wenn sie gelingen – in der Regel zwischen einer und vier Stunden. Eine vollständige Transkription und Auswertung des Materials ist nicht notwendig. Eine Ausnahme bilden narrative Interviews, die auch dokumentarisch ausgewertet werden können. Sie müssen vollständig transkribiert werden (vgl. Nohl 2006). Da das Ziel der Auswertung darin besteht, die Reproduktionsgesetzlichkeit der erarbeiteten Handlungsorientierungen und des Habitus aufzuzeigen, ist auch die Auswahl von Passagen daran orientiert, dieses Ziel möglichst ökonomisch zu erreichen. Dabei haben sich formale und thematische Gesichtspunkte bewährt.

- *Formale Gesichtspunkte der Auswahl von Passagen*

Eingangs- oder Anfangspassagen enthalten die erste Reaktion der Interviewten auf die Vorgaben der Forscherinnen und auf die in ihnen enthaltenen Interpretationen. Diese Reaktion erlaubt eine erste Rekonstruktion der feld- bzw. auch fallspezifischen Relevanz der Grundannahmen, die das Forschungshandeln strukturieren. Hier zeigt sich z.B., wie das Setting der Erhebung und der Eingangsstimulus verstanden werden. Gerade die Relation zwischen dem Diskurs der Untersuchten jenseits der Interventionen der Forscher einerseits und der Verständigung zwischen Untersuchten und Forschern andererseits erlaubt spannende Rückschlüsse auf die Fallstruktur. Hier erhalten wir Einblick in die interaktive Bedeutungskonstitution, wie sie sich zwischen Forschern und Erforschten vollzieht. Dies stellt eine Gemeinsamkeit zum

---

[190] Ausführlich dazu: Przyborski 2004.
[191] Dies erspart aber nicht eine Anleitung und Einübung durch Forscherinnen z.B. in Forschungswerkstätten, die mit der Methode Erfahrung haben (vgl. auch Kap. 2.6).

5.4 Die dokumentarische Methode

Verfahren der objektiven Hermeneutik dar, in der die Interpretation ebenfalls vorzugsweise mit der Eingangspassage begonnen wird (vgl. Kap. 5.3.4.b).

Wenn sich **Passagen formal** augenfällig vom Rest des Diskurses **unterscheiden**, ist das in der Regel ein Hinweis auf fokussierte Stellen. Bei Gruppendiskussionen spricht Bohnsack (2003c: 67) in diesem Zusammenhang von „**Fokussierungsmetaphern**". Sie weisen eine hohe interaktive und metaphorische Dichte (in Relation zu anderen Passagen derselben Gruppendiskussion) auf. Dazu zählen u.a. rasche Sprecherwechsel. Intensität in Gesprächen und Interaktionen kann aber auch durch andere formale Merkmale, wie größere Pausen beim Sprecherwechsel, den Wechsel der bevorzugten Textsorte (von einem eher argumentativen Stil zu einem erzählenden) oder durch die besonders lange und ausführliche Behandlung eines Themas markiert sein. Formale Merkmale dienen daher als Wegweiser bei der Auswahl von Passagen, die hohe Relevanz für die Untersuchten haben. In (Familien- und Paar-) Interviews sind dies ebenfalls Passagen, in denen sich detaillierte Erzählungen und Beschreibungen finden.

● *Inhaltliche Gesichtspunkte bei der Auswahl von Passagen*

Über das Kriterium der Fokussierung wählt man die für die Untersuchten relevanten Themen aus. Darüber hinaus wird man aber natürlich auch jene Passagen auswählen, die **für die Forschungsfrage inhaltlich relevant** sind. Dazu gehören auch jene Fragen, die sich erst im Zuge der Auswertungen herauskristallisieren.

Die ausgewählten Passagen werden nun einer Transkription unterzogen und gemäß den folgenden beiden Schritten interpretiert. Die ersten Interpretationen – sei es am Beginn eines Forschungsprojektes oder bei den ersten Schritten mit dieser Methode – verschlingen meist sehr viel Zeit. Man tut gut daran, die ersten Interpretationen in einem vorläufigen Stadium zu belassen, sich dann zunächst anderen Passagen zuzuwenden, um schließlich an der ersten weiterzuarbeiten. Dies treibt zum einen die fallinterne und fallübergreifende komparative Analyse voran, zum anderen erlebt man den Erfolg des Vorankommens.

> Liegt ein Tondokument vor, wird zunächst ein **thematischer Verlauf** erstellt, in dem die Themen bzw. thematischen Wechsel sowie Anhaltspunkte für Interaktionsmerkmale festgehalten werden, insbesondere, ob ein Thema von der Forscherin oder von den Untersuchten aufgeworfen wurde und ob die Interaktion z.B. eher dicht oder eher schleppend ist.
> Auf dieser Grundlage können **Passagen**, also thematisch abgeschlossene Textabschnitte, **ausgewählt** werden. Bei der Auswahl der Passagen kommen **inhaltliche** (z.B. auf der Grundlage des Erkenntnisinteresses) und **formale** (z.B. der Detaillierungsgrad) **Kriterien** zur Anwendung. Nur die ausgewählten Passagen werden **transkribiert**.

b. Formulierende Interpretation

Bei der formulierenden Interpretation geht es um eine **zusammenfassende (Re-)Formulierung** des immanenten, des **kommunikativ-generalisierten** oder – alltagssprachlich ausgedrückt – des allgemein verständlichen **Sinngehalts**. Die Frage, die die Interpretin dabei zu beantworten sucht, lautet: Was wird gesagt? Der Inhalt wird paraphrasiert. Ziel ist es, die thematische Struktur, die Gliederung des Textes, die sich meist nicht unmittelbar erschließt, nachzuzeichnen.

Dieser Schritt hat folgende Funktionen:

- Der erste Schritt des Sinnverstehens wird auf diesem Weg intersubjektiv überprüfbar gemacht. Wenn die Interpretation schon auf dieser Ebene Widersprüche zwischen unterschiedlichen Interpreten aufwirft, klaffen die Interpretationen auf der Ebene des Dokumentsinns meist noch weiter auseinander. Einzelne Begriffe oder Wendungen können freilich unverständlich bleiben, vielleicht gerade, weil sich ihr Sinn nur aus den konjunktiven Bezugnahmen erschließen lässt. Wie man damit umgehen kann, behandeln wir weiter unten.

- Die Trennung der beiden Sinnebenen ist immer eine analytische Trennung, d.h. sie verlangt auch eine gewisse Übung und Praxis der Interpretation. Hat man aber einmal die eine sich meist unmittelbar erschließende Ebene rekonstruiert, braucht das, was hier festgehalten wurde, **nicht** mehr Gegenstand des nächsten Interpretationsschrittes zu sein. Das heißt, je weniger Übung man hat, desto genauer wird man sich auch mit diesem Schritt der Interpretation beschäftigen müssen. Mit zunehmender (langjähriger) Interpretationspraxis wird man dazu übergehen können, lediglich die thematische Gliederung in Form von Überschriften oder zusammenfassenden Sätzen darzustellen.

- Bei Gruppendiskussionen, Gesprächen, Paar- oder Familieninterviews richtet sich der Blick bei diesem Schritt zudem bereits auf die kollektive Hervorbringung des Textes.

Wenn man nun das Transkript einer Passage vor sich liegen hat, versucht man zuerst das Thema der Passage festzulegen. Was lässt sich als übergreifendes Thema des Textes, des Interaktionsabschnittes ermitteln? Dann gilt es, Oberthemen (OT) und Unterthemen (UT) herauszuarbeiten und im Zuge dessen den Inhalt des Gesagten, so wie er allgemein verständlich ist, konzise darzustellen. Man erhält somit eine **thematische Feingliederung** des Textes und eine zusammenfassende Formulierung des wörtlichen Gehalts. Oft überrascht es, wie strukturiert auf den ersten Blick chaotische Texte sich nach dem ersten Interpretationsdurchgang bereits auf dieser Ebene des Sinns darstellen. Als Richtwert für die Länge dieser Interpretation sei als Faustregel genannt: nicht länger als das Transkript.

Wie zuvor erwähnt, kann es Äußerungen geben, deren immanenter Sinn dem Interpreten verschlossen bleibt. Das sind meist Begriffe oder Wendungen, die sich durch hohe Indexikalität, also einen starken Verweisungscharakter im Hinblick auf das spezifische Feld auszeichnen. Sie werden oft erst im Zuge der reflektierenden Interpretation, z.B. durch das Entschlüsseln von Kontextualisierungshinweisen, verstehbar und fließen als wörtliche Zitate in die formulierende Interpretation ein. Ebenso können jene Äußerungen wörtlich zitiert werden, die den Kern des immanenten Sinns treffend wiedergeben und deren Reformulierung eher zu einer Verlängerung und Verkomplizierung des Textes führen würde.

> In der formulierenden Interpretation wird der immanente, also der **kommunikativ-generalisierte Sinngehalt in einer klar verständlichen Sprache** eingefangen und eine **thematische Feingliederung** vorgenommen. Diese Ebene des Sinngehaltes wird im nächsten Interpretationsschritt keine Rolle mehr spielen. Die Unterscheidung der Sinnebenen ist eine analytische Trennung, die wir in dieser Form im Alltag nicht vorfinden. Durch diesen ersten Interpretationsschritt wird die Interpretation intersubjektiv überprüfbar. Der Blick wird außerdem bereits auf die kollektive Hervorbringung des Textes gelenkt, da die Redebeiträge nicht den einzelnen Sprecherinnen zugeordnet werden.

5.4 Die dokumentarische Methode

c. Reflektierende Interpretation

Dieser Schritt zielt nun auf den dokumentarischen Sinngehalt. Die Fragen, die die Interpretin dabei zu beantworten sucht, lassen sich etwa folgendermaßen formulieren: Was zeigt sich hier über den Fall? Welche Bestrebungen und/oder welche Abgrenzungen sind in den Redezügen impliziert? Welches Prinzip, welcher Sinngehalt kann die Grundlage der konkreten Äußerung sein? Welches Prinzip kann mir verschiedene (thematisch) unterschiedliche Äußerungen als Ausdruck desselben ihnen zugrunde liegenden Sinnes verständlich machen?

In diesem Interpretationsschritt werden Handlungsorientierungen und Habitusformen rekonstruiert. Mit Orientierungen sind Sinnmuster gemeint, die unterschiedliche (einzelne) Handlungen hervorbringen. Es handelt sich somit um Prozessstrukturen, die sich in homologer Weise in unterschiedlichen Handlungen, also auch in Sprechhandlungen und Darstellungen, reproduzieren. Diese Sinnmuster sind in die Handlungen eingelassen und werden nicht explizit in Form von Themen angesprochen. Diejenigen, denen Orientierungen auf der Grundlage eines gemeinsamen Erfahrungsraumes gemeinsam sind (s.o.), beziehen sich unmittelbar und selbstverständlich darauf, sie verstehen einander, ohne einander explizit zu interpretieren.

Dies zeigt sich etwa in der folgenden Passage am Beispiel dreier Freundinnen türkischer Herkunft in Berlin, die einander täglich an der Universität treffen:[192] Das Thema der Passage, die wir in der Folge betrachten, und gleichzeitig „das Thema" der Freundinnen sind Kontakte und Interaktionen mit Personen (deutschsprachiger Herkunft) des öffentlichen Lebens. Diese Kontakte können Unannehmlichkeiten beinhalten, was die Gruppe aber nicht sehr bewegt. Vielmehr drehen sie den Spieß um (Fließend Deutsch, 32–40):

```
32 Af: ... die die kriegen ja meistens ähm schon
33 Cf:                                    └mhm
34 Af: so die sind ja schon geschockt wenn du da so ankommst, (.)
35 Bf:                                              └ @(.)@
36 Af: und fließend Deutsch sprichst, dann dann sind die erst
37 Cf:            └mhm        └Ja ja, (.) das ist für die
38 Af: mal (.) äh: fünf Minuten weg,
39 Cf: └immer ein Erlebnis
40 Bf:         └@ja::h@ @(.)@
```

Noch bevor Ayla ihren ersten Gedanken zu Ende geführt bzw. die Pointe ausgesprochen hat, lacht Berfin schon laut auf (35). Sie ahnt offensichtlich bereits, worauf Aylas Darstellung hinausläuft. Das ist vor allem deshalb interessant, weil diese sich nicht auf ein konkretes Ereignis bezieht, das die anderen schon kennen, wie die bestätigenden Äußerungen in Zeile 37 und 40 deutlich machen. Hier drückt sich in etwa aus: „Obwohl wir noch nicht darüber gesprochen haben, kenne ich das auch aus anderen Begebenheiten." Es kommt hier etwas zum Ausdruck, das alle drei Frauen bewegt, das ihnen gemeinsam ist, in dieser Art und Weise aber jedenfalls noch nicht kommunikativ bearbeitet wurde. Ceydas Validierung auf inhaltlicher Ebene wird performatorisch durch ein interessantes formales Merkmal unterstrichen: Der wesentliche Teil der Proposition wird re-formuliert, und zwar von Berfin und Ayla im gleichen Moment und im selben Rhythmus. Durch diese Simultaneität und dreifache Wie-

---

[192] Ausführlich wird dieser Fall „Buch" in Przyborski 2004 behandelt.

derholung der Verunsicherung der Person des öffentlichen Lebens erschließt sich der Fokus des **Orientierungsgehalts**. Den jungen Frauen ist augenblicklich klar, dass hier etwas amüsant ist, ohne dass sie es auf den Begriff bringen müssten oder könnten: Es ist die Provokation der Person des öffentlichen Lebens durch ein bestimmtes Erscheinungsbild – „so" (34) – und durch perfektes Deutsch. Die übergreifende Orientierung, die sich im Verlauf der Passage noch mehrfach dokumentiert, ist eine grundsätzliche, wenn auch zunächst nur situative Rollenumkehr durch die mehr oder weniger inszenierte Provokation von Vertretern des öffentlichen Lebens von Seiten des jungen Frauen. Sie kommen in die Rolle der Überlegenen und in der Folge auch der Belehrenden und Helfenden.

Einen Zugang zu diesem Orientierungswissen eröffnet die Suche nach einander begrenzenden Horizonten sowie der Möglichkeit ihrer Umsetzung, ihrem „Enaktierungspotential" (Bohnsack 1989: 28). Worin liegt das positive oder negative Ideal eines Sinnzusammenhangs, wohin strebt er und wovon wendet er sich ab? Würde eine Orientierung immer in Richtung eines positiven Horizonts streben, ginge alles in diesem Horizont auf. In unserem Beispiel ist der **positive Horizont** das Amüsement infolge der Provokation. Die Grenze zeichnet sich dort ab, wo diese Provokation intentional wird. Das heißt, ein positiver Horizont wird meist von einem **negativen Gegenhorizont** begrenzt.

Für eine andere Gruppe junger Frauen sind z.B. Kinder kostbar und die Mutterrolle ist erstrebenswert. Ihr positiver Horizont ist Mutterschaft, aber nicht um den Preis, im Arbeitsleben schlechtere Chancen zu haben oder im Geschlechterverhältnis eine untergeordnete Rolle einnehmen zu müssen. Der negative Gegenhorizont, der den positiven Horizont der Mutterschaft eingrenzt, ist mithin die soziale Schlechterstellung.

Dritter Eckpunkt einer Orientierung ist die Einschätzung der Realisierungsmöglichkeiten, ihr **Enaktierungspotential**. Im ersten Fall ist die Enaktierung[193] unproblematisch, da sie ja in einer „erfolgreichen" Handlungspraxis ihren Ausdruck findet. Beim zweiten Beispiel handelt es sich eher um ein **Orientierungsdilemma**, da die Möglichkeiten einer Mutterschaft ohne gesellschaftliche Diskriminierung schlecht eingeschätzt werden. Ein Orientierungsdilemma kann auch auf dem Fehlen eines positiven Horizonts bei gleichzeitig starkem negativem Horizont beruhen. Der Interpret stellt also an den Text die Fragen: Wo strebt er hin? Wovon wendet/grenzt er sich ab? Wo werden Durchführungsmöglichkeiten oder -probleme gesehen? Diese Eckpunkte markieren einen **Orientierungsrahmen**.

Ergänzt wird diese Herangehensweise durch die **Sequenzanalyse**, also die Analyse der Abfolge der Äußerungen, die immer zumindest drei Interaktions-/Äußerungszüge („moves" bei Goffman 1981: 43) in ihrem Bezug aufeinander in den Blick nimmt. Die Frage, die an die Abfolge der Äußerungszüge gestellt wird, lautet: Welche Unterscheidung wurde im ersten Zug getroffen, welcher Horizont entworfen, so dass der nächste Zug als sinnvolle Reaktion/Weiterführung nachvollziehbar wird?

An unserem Beispiel wollen wir diese Vorgehensweise ein wenig plastischer werden lassen, indem wir den Denkprozess beim Forschen (im Sinne von „lautem Denken") nachzeichnen. Dabei werden verschiedene Lesarten und – darauf bezogen – eine Interpretation entwickelt. Bei der Entwicklung unterschiedlicher Lesarten zeigen sich Gemeinsamkeiten zum Verfahren der objektiven Hermeneutik:

---

[193] Enaktierung bezeichnet die konkrete Umsetzung (bzw. Umsetzbarkeit) einer Orientierung im alltäglichen Leben.

1. Zug: „Behördenmitarbeiter sind geschockt, wenn du so ankommst und fließend Deutsch sprichst."
2. Zug: „Die sind weg, (Lachen und lachend weitergesprochen bis zum Ende) das ist immer ein Erlebnis."

Wie könnte nun ein anderer 2. Zug lauten, der zu dem zitierten passen würde? Zum Beispiel: „Die sind arm und werden aus dem Konzept gebracht." Dieser eher mitleidig-herablassende Modus passt nicht. Eine andere Möglichkeit der Fortsetzung wäre: „Die bewundern dich dann, das ist toll." In diesem Fall ginge es um Anerkennung. Im Zusammenhang mit Anerkennung würde aber wohl nicht gelacht, es sei denn, man wollte sich davon distanzieren – was der Sache allerdings schon näher kommt. Eine ähnliche bzw. homologe Reaktion, die man finden könnte, würde vielleicht lauten: „Die können gar nicht anders als verdutzt gucken, darüber kann man ziemlich lachen." Die provokative (die Reaktion wird als unentrinnbar, reflexartig geschildert) Verunsicherung („geschockt", „weg", „verdutzt" sein) ist amüsant (Lachen, „Erlebnis", „man kann lachen"), lässt sich also als Produktionsregel ausmachen. Das heißt, es wird nach der Produktionsregel für Abfolgen von Interaktionszügen bzw. Textfolgen gesucht. Man sucht nach „Reaktionen (…), die nicht nur als thematisch sinnvoll erscheinen, sondern auch homolog oder funktional äquivalent zu der empirisch gegebenen Reaktion sind" (Bohnsack 2001: 337).

3. Zug: Bestätigung des Amüsements durch Provokation. Erst hier wissen wir, dass es sich innerhalb der Gruppe nicht etwa um ein Missverständnis oder um gegenläufige Orientierungen handelt. Das wäre etwa dann der Fall, wenn eine der Anwesenden sagen würde: „Das ist doch gar nicht lustig!" Das ist hier aber offenkundig nicht der Fall.

Will man also feststellen, in welcher Weise ein Orientierungsgehalt unter Interagierenden geteilt wird, bedarf es immer **dreier unterschiedlicher Interaktionszüge** bzw. „Diskursbewegungen" (Przyborski 2004): Denn erst, wenn die Reaktion als adäquate Reaktion bestätigt wird, ist sie nicht nur für den Produzenten, sondern auch für andere Beteiligte eine „passende" Reaktion. Auch in der Interpretation von Texten, die von einer Person produziert wurden, in einem Interview oder Artikel beispielsweise, hat es sich bewährt, **drei** formal zu unterscheidende Textteile im Blick zu behalten. Dies sind meist eine Proposition, also das erste Aufwerfen eines Sinnzusammenhangs, dessen Ausarbeitung bzw. Elaboration und der Abschluss des Sinnzusammenhangs im Sinn einer Konklusion.

Um also den Orientierungsgehalt, die Ebene des konjunktiven Sinns, die Produktionsregeln, die eine Interaktion erst möglich machen, herauszuarbeiten, gilt es, das Wie der Kommunikation zu betrachten. Wie, auf welche Weise erfolgt eine Reaktion? Wie, in welchem Rahmen wird ein Thema behandelt? Hilfreich ist dabei eine möglichst genaue Rekonstruktion der **formalen Struktur der Interaktion**.

In der Interpretationspraxis der dokumentarischen Methode werden sowohl die **Kommunikationstypen bzw. Textsorten** als auch die **Diskursbewegungen** rekonstruiert. Unser Wissen um Kommunikationstypen, sprachliche Gattungen bzw. Textsorten ist zunächst ein handlungspraktisches, stillschweigendes Wissen. Dennoch würde unsere alltägliche Verständigung ohne dieses Wissen nicht funktionieren. Sprache ist immer auch Träger einer Handlung, einer Interaktion. Es stehen uns für die je unterschiedlichen Interaktionsproblematiken bestimmte sprachliche Formen zur Verfügung (vgl. Bachtin 1986; Luckmann 1986; Günthner/Knoblauch 1997; sowie Kap. 2). Um Erfahrungen oder Tatsachen zu (re-)konstruieren, verwenden wir z.B. Erzählungen.[194] Sie unterliegen immer demselben strukturierten Aufbau (vgl. Labov 1980b und Sacks 1995 [1964-1972]: 215). Die Nähe von Erfahrung und Erzählung stellt eine ganz wesentliche methodisch-methodologische Komponente der Narrationsanalyse dar. Dies verweist auf gemeinsame Wurzeln und Entwicklung von dokumentarischer Methode und Narrationsanalyse, auf fließende Grenzen der Verfahren und damit auch auf die Möglichkeit wechselseitigen Anknüpfens (vgl. Kap. 5.2).

Für eine Interpretation kann es wichtig sein, ob sich ein positiver Horizont in einer Erzählung oder in einer Argumentation äußert, denn es kann in Bezug auf den Orientierungsgehalt Widersprüche zwischen Erzählung und Argumentation geben, die es – unter Einbezug der unterschiedlichen Textsorten – zu berücksichtigen gilt. Argumentationen sind unserer Erfahrung ferner als Erzählungen, es sei denn, es handelt sich um vorbereitete Erzählungen. Argumentationen dienen stärker der öffentlichen Präsentation, auch der Rechtfertigung vor sich selbst und anderen: Ein junger Mann türkischer Herkunft beispielsweise argumentiert, dass er nur „nach seiner Art heiraten" würde, weil er es „richtig" fände, „wie" er lebt. In seinen Erzählungen dokumentiert sich aber, dass er nur die Art seiner Eltern, zu einem Ehepartner zu kommen, kennt, aber keine andere. Von dieser „Art der Eltern", so zeigt sich weiter, ist er jedoch entfremdet (vgl. Bohnsack/Loos/Przyborski 2001 und Przyborski 2004: 184ff.). Dass der Entwurfscharakter, der im Argument liegt, nicht durch sich in Erzählungen artikulierende Erfahrungen gedeckt wird, muss bei der Interpretation des Dokumentsinns berücksichtigt werden. Das heißt, der junge Mann mag nach einer „eigenen Art" suchen, noch bleibt aber offen, wie und ob er sie findet. Wir sollten bei der Interpretation daher immer im Auge behalten, mit welcher Textsorte wir es zu tun haben, da die Textsorte wesentlichen Aufschluss über die Struktur der Orientierung geben kann. Elementare Textsorten sind beispielsweise: Erzählungen, Beschreibungen, abstrahierte Beschreibungen, Argumentationen, Evaluationen und Theorien. Sie sind in Kapitel 5.2.4 eingehend dargestellt.

Die **Diskursorganisation** (zuerst: Bohnsack 1989, ausführlich Przyborski: 2004) mit ihren unterschiedlichen Diskursbewegungen schlüsselt die formale Struktur des Diskurses als Verhältnis zwischen Orientierungsgehalten auf. Auch das Wissen um die Diskursorganisation ist ein atheoretisches, stillschweigendes Wissen. Wenn in einem Gespräch eine Geschichte die andere ergibt, kommt kein Zweifel daran auf, ob dies sinnvoll ist. Dabei geht es meist weniger um die einzelnen Geschichten als um das, was diesen Geschichten gemeinsam ist. Dieser Diskursmodus wurde in der dokumentarischen Methode als parallelisierend oder **parallel** organisiert bezeichnet (vgl. u.a. Bohnsack 1989: 413; Przyborski 2004: 96ff.). Es kommt immer wieder derselbe Orientierungsgehalt zum Ausdruck. In anderen Gesprächen geht es widersprüchlich, vielleicht hitzig und konkurrierend zu, weil immer wieder nachdrücklich das Gegenteil behauptet wird. Zuhörerinnen könnten meinen, man sei im Streit. Schließlich mag ein Statement gelingen, mit dem man zufrieden ist, man fühlt sich endlich verstanden und wendet sich einem anderen Thema zu. Dieser Modus der Diskursorganisation wurde als **antithetisch** bezeichnet (vgl. u.a. Bohnsack 1989: 413; Przyborski 2004: 168ff.). Die widersprüchlichen Orientierungsgehalte werden in diesem Fall in einer abschließenden Synthese zu einem Orientierungsrahmen zusammengeführt. Bisher wurden drei weitere Modi empirisch untersucht: der **univoke**, der **divergente** und der **oppositionelle** Modus (vgl. Przyborski 2004: 196ff. und 216ff.).

---

[194] Bei Mannheim (1980: 231) ist die Rede von der „Urform der ‚**Erzählung**'", als einer „auf einen bestimmten Erlebnisraum bezogen[en] Darstellung eines Zusammenhangs".

5.4 Die dokumentarische Methode

Die einzelnen Bausteine der Diskursorganisationen heißen Diskursbewegungen.[195] Wir werden die wichtigsten erläutern.[196] Sie wurden anhand von Gruppendiskussionen entwickelt und nehmen das interaktive Moment stark in den Blick. Sie finden sich natürlich auch in allen anderen Formen von Gesprächen, aber auch in Interviews und schriftlichen Texten:

Als **Proposition**[197] wird grundsätzlich das Aufwerfen eines Orientierungsgehaltes verstanden. Man kann durchaus fragen: Was wird eigentlich in dieser Passage proponiert? „Propositional" bedeutet folglich: den Orientierungsgehalt betreffend, „proponieren" bedeutet: eine Orientierung aufwerfen. In einer Passage werden daher jene Äußerungen als Propositionen klassifiziert, in denen eine Orientierung oder Aspekte einer Orientierung im Rahmen eines Themas **zum ersten Mal** aufgeworfen werden. Das kann auch nur ein erstes Anreißen eines Horizonts sein. Es finden sich also immer dort Propositionen, wo ein neues Thema beginnt.

Jegliche Art der Aus- oder Weiterbearbeitung einer Orientierung wird als **Elaboration** bezeichnet. Die Orientierung tritt dadurch konturierter hervor. Das kann dadurch geschehen, dass sie mit Argumenten (argumentative Elaboration) belegt wird oder durch konkrete Beispiele (**Exemplifizierung**) in Form von Erzählungen vertieft wird. In einer Elaboration kann der negative Gegenhorizont zum bereits entworfenen positiven Horizont aufscheinen, der positive Horizont klarer gefasst werden, die Orientierung als Produktionsregel deutlicher werden.

Bei einer **Differenzierung** geht es wie bei einer Elaboration um die Weiterbearbeitung eines Orientierungsgehaltes. Im Unterschied zur Elaboration werden aber besonders die Grenzen der Orientierung, des aufgeworfenen Horizonts markiert, ohne dass dies die Form eines negativen Gegenhorizonts hätte.

Als **Validierungen** werden Bestätigungen von aufgeworfenen Orientierungen bezeichnet. Sie unterscheiden sich von **Ratifikationen**, die zwar ebenfalls Bestätigungen sind, aber nur auf der Ebene des inhaltlichen Verständnisses. Es ist damit noch nicht markiert, ob eine Orientierung geteilt wird oder nicht.

Von einer **Antithese** wird gesprochen, wenn auf eine Proposition verneinend Bezug genommen wird und/oder ein gegenläufiger Horizont aufgespannt wird. Ob es sich bei einer Bezugnahme um eine Antithese oder eine Opposition (s.u.) handelt, kann letztendlich nur unter Berücksichtigung der Konklusion, des Abschlusses eines Themas (s.u.), entschieden werden. Kommt es hier zu einer Synthese (s.u.), trifft die Bezeichnung Antithese zu (Prinzip des Dreischritts: Proposition, Antithese, Synthese). Eine Antithese kann wiederum elaboriert und differenziert werden.

Eine **Opposition** ist ein erster Entwurf einer Orientierung, die mit der vorangegangenen unvereinbar ist. Sind derartige nicht auflösbare Widersprüche vorhanden, wird auch davon ge-

---

[195] Eine ausführliche Rekonstruktion und Systematisierung der einzelnen Diskursbewegungen sowie eine Erläuterung derselben anhand vieler Fälle findet sich in Przyborski 2004: 61ff. sowie 97ff.

[196] Die Darstellung bleibt hier zunächst ohne Beispiel, was den Vorteil hat, die Systematik schneller und auf einen Blick erfassen zu können. Ein Nachteil ist, dass Leser und Leserinnen, die zum ersten Mal mit der Methode konfrontiert sind, mit der abstrakten Darstellung möglicherweise vorerst wenig anfangen können. Ihnen sei empfohlen, zuerst das Interpretationsbeispiel zu lesen. Hier werden die einzelnen Diskursbewegungen am Beispiel der Interpretation erfahrungsnah dargestellt. Allerdings kann eine Passage natürlich nie alle Elemente enthalten, weshalb es Lücken in der Systematik gibt, was aber für den Einstieg wenig problematisch sein dürfte.

[197] Der Begriff „Proposition" wird in verschiedenen Traditionen (Sprechakttheorie, Ethnomethodologie, Aussagenlogik) in unterschiedlicher Bedeutung verwendet. Gemeinsam ist ihnen aber, dass damit immer ein Sinngehalt bezeichnet wird.

sprochen, dass eine Gruppe – in diesem Zusammenhang – keinen gemeinsamen (Orientierungs-)Rahmen hat oder es Rahmeninkongruenzen gibt.

Oberflächlich betrachtet sieht eine **Divergenz** oft wie eine Zustimmung oder eine Differenzierung aus, nach dem Muster „ja, aber". Das Aufwerfen eines widersprüchlichen Orientierungsrahmens erfolgt bei einer Divergenz häufig verdeckt. Zudem werden faktische Elemente der Proposition, zu der sich eine Diskursbewegung divergent verhält, aufgegriffen, was auf den ersten Blick wie eine Zustimmung aussehen kann, sie werden dann aber in einen anderen Orientierungsrahmen gestellt. Die Diskursteilnehmer bemerken das oft gar nicht: Sie reden aneinander vorbei. In einer Auseinandersetzung zwischen einem Jungen und seinen Eltern bei Tisch geht es zum Beispiel darum, ob die Entscheidung für ein bestimmtes Fach einer neu eingeführten „Differenzierungsstunde" im Rahmen einer zweckrationalen Leistungsorientierung gefällt wird oder aus Freude an sozialen Beziehungen in der Schule.[198] Die aus einem Interesse an sozialer Vergemeinschaftung resultierende Präferenz des Sohnes für „Sport" wird von den Eltern in einen „falschen" Rahmen gestellt, indem sie verhandeln, ob der Sohn „Leistungssport" machen möchte oder Sportlehrer werden wolle. In derartigen „Falschrahmungen" (Bohnsack/Przyborski 2006: 245) und divergenten Modi können auch Machtstrukturen bzw. Verhandlungen über Machtpositionen zum Ausdruck kommen.

Der Wechsel zwischen Proposition (These) und Antithese oder auch Proposition und Opposition bzw. Divergenz kann in kurzen Interaktionszügen erfolgen. Derartige Diskursabschnitte nennen wir **antithetische, oppositionelle bzw. divergente Diskurse**.

Konklusionen finden sich am Ende eines Themas. Je nach ihrem Verhältnis zu den aufgeworfenen Orientierungen und Produktionsregeln lassen sich grundsätzlich zwei Möglichkeiten unterscheiden: „echte" Konklusionen, in denen die Orientierung abschließend aufscheint, und rituelle Konklusionen, die einen Themenwechsel provozieren. Rituelle Konklusionen schließen oppositionelle Bezugnahmen ab (vgl. dazu das Beispiel in Kap. 3.4.2.c). Zu den echten Konklusionen zählt eine Synthese: Antithetische Orientierungskomponenten werden in einer grundlegenderen Orientierung (Produktionsregel), auf die auch die (scheinbar) widersprüchlichen Komponenten zurückgeführt werden können, aufgehoben. Zu den rituellen Konklusionen zählt z.B. die Konklusion im Modus einer Metarahmung. Widersprüchliche Orientierungen werden durch eine dritte Orientierung in ihrer Widersprüchlichkeit aufgehoben. Dabei handelt es sich oft um Allgemeinplätze, die für die Beteiligten irrelevant sind, wie „jeder hat eine andere Meinung" oder „gut, dass wir nicht alles wissen". Ein anderes Beispiel ist die rituelle Konklusion im Modus der Metakommunikation: Hier kommt es zum Gespräch über das Gespräch, z.B. darüber, dass der Gesprächsgegenstand irrelevant ist, oder es wird dazu aufgefordert, neue Themen einzubringen oder das alte zu beenden.

Transpositionen sind Konklusionen, in denen zugleich ein neues Thema aufgeworfen wird, wobei die Orientierung in ihrem Grundgehalt beibehalten wird. Es handelt sich hier also um Konklusionen, die zugleich Propositionen sind.

Die **Suche nach Homologien** ist schließlich als übergreifende Interpretationstechnik zu nennen, in deren Dienst alle anderen stehen. Dabei wird gefragt, welche Sinnmuster, welche Sinnstruktur über die Themen eines Diskurses hinweg immer wieder artikuliert werden. Wir illustrieren diesen zentralen Punkt hier noch einmal an einem Beispiel. Dabei veranschauli-

---

[198] Ausführlich zu diesem Fall „Familie Schiller" Przyborski 2004: 278ff. und Bohnsack/Przyborski 243ff.

5.4 Die dokumentarische Methode

chen wir auch, wie sich das homologe Sinnmuster in unterschiedlichen Diskursbewegungen zeigt:

Als Beispiel dient ein Gespräch dreier erwachsener Frauen, das sie selbst aufgenommen haben (vgl. Coates 1996a: 219ff. und Przyborski 2004: 153ff.), insbesondere eine interaktiv sehr dichte Passage. Das heißt, die Frauen sprechen oft gleichzeitig, bringen detailreiche Erzählungen und Beschreibungen, stimmen einander oft lebendig zu und äußern ihre wechselseitige Anteilnahme mit „ohh" oder „yeahh". Die Passage beginnt mit folgender Äußerung von Anna: "I wonder if anybody's ever done a study of coupledom and what it makes one couple such." Das Thema ist hier nicht schwer zu identifizieren. Es geht um das Interesse an Studien zu Paarbeziehungen. Das Gespräch wird fortgesetzt mit dem Thema des Alleinseins nach einer Trennung, der ausführlichen Erzählung über ein Treffen mit einer neuen Freundin in einem Fitnessclub und das plötzliche Erscheinen deren Ehemannes, der Darstellung der eigenen Befindlichkeit, wenn eine Freundin (Karen) mit ihrem Verlobten zusammen auftaucht, der Beschreibung des Verhaltens des Ehemannes einer Freundin (Beverly), wenn Besuch kommt; und es endet mit der Frage, ob es egoistisch sei, nicht mehr heiraten zu wollen. Obwohl es sich offensichtlich hier immer um das Geschlechterverhältnis dreht, scheinen die Begebenheiten recht unterschiedlich zu sein. Im folgenden Schema kann man verfolgen, dass die Frauen jedoch letztlich immer ein- und dieselbe Orientierung zum Ausdruck bringen:

- Proposition in Form einer rhetorischen Frage (durch Anna) – Orientierungsgehalt: heterosexuelle Paarbeziehungen sind fragwürdig, brüchig geworden → Thema: Interesse an Studien zu Paarbeziehungen
  - Elaboration in Form einer Argumentation (durch Liz und Anna) – Orientierungsgehalt: Entfremdung von sich selbst in einer heterosexuellen Paarbeziehung → Thema: Alleinsein nach einer Paarbeziehung
  - Fortsetzung der Elaboration in Form dreier Exemplifizierungen und deren argumentativer Bearbeitung (die Erzählung umgreift die Beschreibungen und die Argumentationen):
    - Exemplifizierung in Form einer Erzählung (durch Liz) – Orientierungskomponenten: Das Aufeinanderprallen unterschiedlicher geschlechtstypischer Orientierungen hinsichtlich der Enaktierung von Beziehung verunmöglicht letztlich die Enaktierung der weiblichen Orientierung, was mit einer Entfremdung einhergeht. Eine Lösung bringt lediglich das Verlassen bzw. Meiden derartiger Konfrontationen. → Thema: Verheiratetes Paar im Fitnessclub
    - Exemplifizierung in Form einer abstrahierenden Beschreibung (durch Anna) – Orientierungskomponenten: Das Aufeinanderprallen unterschiedlicher geschlechtstypischer Orientierungen hinsichtlich der Enaktierung von Beziehung verunmöglicht letztlich die Enaktierung der weiblichen Orientierung. → Thema: Karen und ihr Mann
    - Exemplifizierung in Form einer abstrahierenden Beschreibung (durch Sue) – Orientierungskomponenten: Das Aufeinanderprallen unterschiedlicher geschlechtstypischer Orientierungen hinsichtlich der Enaktierung von Beziehung verunmöglicht letztlich die Enaktierung der weiblichen Orientierung. → Thema: Beverlys Ehemann

- Konklusion in Form einer Proposition (durch Anna und Liz) – Orientierungskomponenten: Die Fragwürdigkeit heterosexueller Beziehungen, die in einer Entfremdung von sich selbst innerhalb solcher Beziehungen besteht, führt dazu, solche Beziehungen und damit auch die Entfremdung von sich selbst evtl. grundsätzlich zu meiden. → Thema: Egoismus

---

In der **reflektierenden Interpretation** wird der **Dokumentsinn**, der in die Handlungspraxis eingelassen ist, auf den Begriff gebracht. Es handelt sich dabei insbesondere um die **Explikation von Handlungsorientierungen und Habitusformen**.
Eine Möglichkeit der Interpretation ist die Suche nach einander begrenzenden Horizonten, d.h. nach einem **Orientierungsrahmen**: Man fragt, auf welches Ideal eine Sinneinheit hinstrebt (positiver Horizont), wodurch diese Ausrichtung beschränkt wird oder von welchem (negativen) Ideal die Sinneinheit wegstrebt (negativer Horizont). Ein dritter möglicher Eckpunkt ist die (Einschätzung der) Umsetzungsmöglichkeit dieser Ausrichtung durch die Untersuchten (Enaktierungspotential). Finden sich nur ein negativer Horizont oder positive und negative Horizonte, die einander ausschließen, handelt es sich um ein Orientierungsdilemma.
Eine weitere Möglichkeit besteht darin, durch **gedankenexperimentelle Vergleichshorizonte** die Produktionsregel von aufeinander folgenden Äußerungen und damit die Handlungsorientierung, die ihnen zugrunde liegt, zu entschlüsseln.
Zentral ist zudem die Analyse der **Diskursorganisation**, d.h. wie die Redebeiträge aufeinander bezogen sind. Erst auf dieser Ebene erfahren wir, ob Orientierungen geteilt werden oder nicht bzw. ob wir eine Orientierung vollständig rekonstruiert haben oder nicht. Dabei ist darauf zu achten, ob auf einen Orientierungsgehalt, z.B. einen negativen Horizont, eine Antithese, also dessen Verneinung folgt, wobei der Orientierungsrahmen erst in einer Synthese der beiden Gehalte vollständig rekonstruiert ist. Dies erfolgt **sequenzanalytisch**, wobei man immer drei aufeinander folgende formal unterschiedliche Äußerungseinheiten in den Blick nimmt. Ein weiteres Element der formalen Analyse ist die Rekonstruktion der Textsorten bzw. Kommunikationstypen.
Übergreifende Interpretationstechnik ist das Identifizieren von **homologen Sinnstrukturen**, die die einzelnen unterschiedlichen Themen zusammenhalten.

---

d. Komparative Analyse und Typenbildung

Nach der Identifikation von homologen Sinnstrukturen bzw. der Orientierungsrahmen innerhalb einer Passage gilt es zum einen, im selben Diskurs weitere Orientierungsrahmen zu finden, zum anderen, den ursprünglichen zu bestätigen, um so seine „Reproduktionsgesetzlichkeit" (Oevermann 2000: 97) innerhalb des Diskurses nachzuweisen, und zum Dritten, ihn auch in anderen Fällen zu identifizieren, um zu erkennen, ob man nicht nur eine fallspezifische Besonderheit herausgearbeitet hat. Wir konzentrieren uns zunächst auf die weitere **Abstraktion des bereits gefundenen Orientierungsrahmens**. Auf unser letztes Beispiel bezogen bedeutet dies zu sehen, ob sich unterschiedliche geschlechtstypische Orientierungen, die es verunmöglichen, dass weibliche Orientierungen gelebt werden, in derselben Gruppe auch in anderen Passagen und in anderen Gruppen finden.

Da man Orientierungen jedoch nicht auf den ersten Blick finden kann, gilt es zunächst nach **thematisch ähnlichen Passagen** in anderen Gruppen zu suchen. Bei der Auswahl der Fälle empfiehlt es sich, zunächst nach dem **Prinzip des minimalen Kontrasts** vorzugehen (vgl. Kap. 4.4.a, 5.1.4.a und 6), da es bei der dokumentarischen Interpretation darum geht, die

5.4 Die dokumentarische Methode

herausgearbeiteten Orientierungskomponenten zu einer **Basistypik** weiter zu abstrahieren: Diese Basistypik ergibt sich letztlich aus dem Erkenntnisinteresse. In unserem Fall könnte dies die Geschlechtstypik sein. Im Fall eines unserer Forschungsprojekte war es die Migrationstypik (vgl. Bohnsack/Loos/Przyborski 2001; Bohnsack 2001). Erst für die Spezifizierung der Basistypik gegenüber anderen Typiken, z.B. einer Entwicklungs-, Milieu- oder Generationstypik, wird nach entsprechenden **maximalen Kontrasten** (vgl. Kap. 4.4.a, 5.1.4.a und 6) gesucht.

In einem nächsten Schritt werden also Passagen aus möglichst ähnlichen Freundinnengruppen miteinander verglichen, in denen dasselbe Thema „Paarbeziehungen" behandelt wird. Im Projekt zur Migrationsforschung fanden sich interessante Hinweise zu einer Basistypik im Zusammenhang mit dem Thema „Erfahrungen in der Familie". Mithin wurden entsprechende Passagen gleichaltriger junger Männer mit Migrationshintergrund miteinander verglichen und die Orientierungskomponenten zu einer Orientierungsfigur weiter abstrahiert.

Am Beispiel des Geschlechterverhältnisses zeichnet sich eine **geschlechtsspezifische Sphärendifferenz** ab, wobei es eine geschlechtshomogene weibliche und eine geschlechtsheterogene Sphäre gibt, die einander ausschließen bzw. die weibliche Orientierung verunmöglichen. Diese Abstraktion scheint auf der Grundlage unseres Falles plausibel, entspringt jedoch bereits dem Vergleich mit einer weiteren Freundinnengruppe, die ähnliche Begebenheiten zu erzählen weiß. Am Beispiel der Migrationstypik zeigte sich ebenfalls als Basistypik eine Sphärendifferenz. In einer Gruppe wird z.B. davon berichtet, dass man „zu Hause ganz anders" ist als „draußen", und in einer anderen, dass der Respekt dem Vater gegenüber es zu Hause gebietet, bestimmte Handlungen zu unterlassen, die einem außerhalb der Familie selbstverständlich sind. In dem Forschungsprojekt haben wir schließlich von einer „inneren" und einer „äußeren Sphäre" gesprochen. Solange man nach ähnlichen Themen sucht, ist **das Thema** das **Tertium Comparationis**, das gemeinsame Dritte, das einen Vergleich erst möglich macht. Eine Sphärentrennung überhaupt wahrzunehmen, gelingt mir als Interpretin nur, wenn ich eine alternative Möglichkeit an das Material herantrage, also etwa die Möglichkeit, dass die Sphären nicht getrennt sind. Die Erfahrungsgrundlage, auf welcher mir das möglich ist, bleibt in der Regel implizit. In der dokumentarischen Methode wird an dieser Stelle die grundlegende Standortverbundenheit des Beobachters verortet. Dieser Umstand lässt sich nicht grundsätzlich heilen, jedoch strebt die dokumentarische Methode danach, dass „an die Stelle der impliziten Vergleichshorizonte zunehmend empirisch beobachtbare Vergleichsfälle treten" (Bohnsack 2001: 235f.).[199]

Im nächsten Schritt dient **die Orientierungsfigur als Tertium Comparationis**. Das heißt, ich versuche in meinem ersten Fall und in meinen (nach dem Prinzip der minimalen Kontrastierung ausgewählten) Kontrastfällen die Orientierungsfigur auch in anderen Themen zu finden. Dies setzt voraus, dass bereits weitere Passagen interpretiert wurden. Im Bereich der geschlechtsspezifischen Sphärendifferenz ließ sich dies beispielsweise am Verhalten des Vaters gegenüber dem Bereich häuslicher Pflichten zeigen. Hier ließ sich eine heterogene

---

[199] Im Rahmen der objektiven Hermeneutik (vgl. Kap. 5.3) sind die gedankenexperimentelle Explikation von Möglichkeiten sowie die Kontextvariation wesentliche Techniken der Interpretation. Es wird hier bewusst nicht zwischen Möglichkeiten, die sich in anderen erhobenen Fällen finden, und solchen, die der Interpret aufgrund seines Weltwissens hypothetisch konstruiert, unterschieden. Dieses Weltwissen wird im Gedankenexperiment expliziert. Auch im Rahmen der Grounded Theory (vgl. Kap. 5.1) gibt es beim Vorgang des Vergleichens keine grundsätzliche Differenz im Hinblick auf die Materialien und Wissensbestände, aus denen sich der Vergleich speist.

Sphäre erst gar nicht etablieren, so dass die Entfaltung männlicher Ambitionen selbst die Partnerinnen aus dem Handlungsraum des Mannes verdrängte (vgl. Przyborski 2004: 126ff.). Mithin kommt es hier bereits zu einer Differenzierung der Basistypik: 1. die Möglichkeit einer weiblichen geschlechtshomogenen Sphäre, die im Bereich der Freizeit auf eine geschlechtsheterogene trifft; und 2. die ausschließlich geschlechtshomogenen Sphären im Bereich der häuslichen Pflichten. Bei den männlichen Jugendlichen mit Migrationshintergrund zeigte sich die Orientierungsfigur der Trennung von innerer und äußerer Sphäre insbesondere im Bereich der Liebesbeziehungen: Hier ging es vor allem darum, wie die jungen Männer mit ihren Freundinnen (bzw. auch darum, wie die deutschen Männer mit ihren Partnerinnen) im Bereich der äußeren Sphäre umgehen und welche Möglichkeiten der Partnerwahl für die Jugendlichen überhaupt in Frage kommen. Ein Verhältnis der beiden Sphären zueinander haben wir „Exklusivität der inneren Sphäre" genannt. Hier sind beispielsweise „deutsche Männer" in den Augen der Jugendlichen gar „keine Männer", weil sie ihren Frauen erlauben, sich selbstständig in der äußeren Sphäre zu bewegen bzw. dies überhaupt zum Gegenstand von Verhandlungen zu machen. Insgesamt geht es vor allem darum, anderen Männern keine Gelegenheit zu geben, die Grenzen der eigenen inneren Sphäre, die unter anderem durch die Frauen repräsentiert wird, zu überschreiten und damit die eigene Ehre zu schützen. Als weitere Formen der Sphärendifferenz konnten wir eine „Primordialität der inneren Sphäre", eine „Sphärendiffusion" und eine „Suche nach einer dritten Sphäre" identifizieren (vgl. u.a. Bohnsack 2001 und Bohnsack/Loos/Przyborski 2001).

Bisher bewegten wir uns auf der Ebene einer **sinngenetischen Typenbildung**. Das heißt, es wurden die verschiedenen Ausprägungen einer Basistypik ausgelotet. In einem letzten Schritt geht es um die Frage der Genese von Orientierungen (**soziogenetische Typenbildung**). Dazu ist es zunächst notwendig, die Basistypik von anderen Typiken abzugrenzen. Die Wahl der Vergleichsfälle richtet sich nun nach den entsprechenden Typiken. Möchte ich z.B. wissen, ob sich die Problematik der Sphärendifferenz auch bei Mädchen zeigt, muss ich Mädchengruppen heranziehen: Hier wird dann deutlich werden, ob und wie die Milieutypik durch eine Geschlechtstypik überlagert ist bzw. ob sich die Basistypik überhaupt noch finden lässt (siehe dazu Bohnsack/Loos/Przyborski 2001). Eine Typik ist umso valider, je genauer sie sich von anderen Typiken abgrenzen lässt. Ob es sich tatsächlich um eine Migrationstypik handelt, lässt sich letztlich erst im Vergleich mit autochthonen Jugendlichen zeigen, d.h. mit deutschen Jugendlichen, die in Deutschland leben, und mit türkischen, die in der Türkei leben (siehe dazu Nohl 2001). Wenn sich hier Unterschiede nachweisen lassen, indem keine entsprechende Sphärendifferenz erkennbar wird, ist letztlich erst die Genese der Typik nachgewiesen, d.h. sie lässt sich als Resultat einer Migrationslagerung begreifen (vgl. Kap. 6).

> Die **komparative** Analyse durchzieht letztlich den gesamten Interpretationsprozess. Sie steht im Dienst der Typenbildung, auf welchen der Forschungsprozess hinausläuft. Hat man einen Orientierungsrahmen identifiziert, wird dieser durch fallinterne und fallexterne komparative Analyse abstrahiert. Das Tertium Comparationis ist zunächst das Thema. Auf diese Weise versucht man eine Basistypik zu rekonstruieren, die dann auf dem Weg des Vergleichs von Passagen mit unterschiedlichen Themen weiter abstrahiert werden muss (das Tertium Comparationis ist nun diese Orientierungsfigur). Dabei arbeitet man zunächst mit minimalen Kontrasten. Man bewegt sich bei diesen Schritten auf der Ebene einer sinngenetischen Typenbildung.

5.4 Die dokumentarische Methode

> Erst wenn es darum geht, die Basistypik von weiteren Typiken abzugrenzen bzw. die Überlagerung und Mehrdimensionalität einer Typologie herauszuarbeiten, sucht man nach maximalen Kontrasten und bewegt sich in Richtung einer soziogenetischen Typenbildung. Die Auswahl der Fälle richtet sich dann nach den jeweiligen Typiken. Will man die Migrationstypik z.B. von der Geschlechtstypik abgrenzen, muss man systematisch männliche mit weiblichen Gruppen vergleichen. Erst wenn man nachweisen kann, in welchen Fällen die Basistypik systematisch nicht auftritt, hat man ihre Soziogenese rekonstruiert.

5.4.6 Interpretationsbeispiel: Gespräch mit zwei jungen Frauen

In der Folge führen wir die Schritte der Interpretation einer Passage exemplarisch vor.

Das Gespräch, in dem sich die Passage findet, die uns als Beispiel dient, stammt aus einem Forschungsprojekt zur Technoszene, das von Michel Corsten geleitet wurde. Geplant war ein Interview mit einer Dee Jane aus der Szene. Da aber auch ihre Freundin anwesend war, entschloss man sich kurzerhand, das Interview zu dritt zu führen. Gruppendiskussionen waren in der Studie nicht vorgesehen und der Interviewer von daher nicht auf eine derartige Erhebungssituation, sondern vielmehr auf ein halbstrukturiertes Interview vorbereitet. Da die dokumentarische Methode ihr Augenmerk stark auf die interaktive Komponente der Bedeutungskonstitution richtet, können im Zuge der Herausarbeitung der interaktiven Strukturen auch unterschiedliche Funktionen und Rollen des Interviewers herausgearbeitet werden. Die folgende Passage kann daher gleichermaßen als Beispiel für die Auswertung von Gruppendiskussionen, Interviews, aber auch von authentischen Gesprächen angesehen werden.

Anna (Af) ist 27 Jahre alt und hat ihr nach dem Abitur begonnenes Studium abgebrochen. Zum Zeitpunkt des Interviews arbeitet sie in der Techno-Szene als Dee Jane. Ihre Eltern sind Musiker. Bianca (Bf) ist 22 Jahre alt und hat zwei Lehren – als Bürogehilfin und Industriekauffrau – abgeschlossen. Zum Zeitpunkt des Interviews strebt sie ein Fachabitur an. Ihr Vater ist Mediziner, ihre Mutter Hausfrau. Die Passage haben wir „Tanzen" genannt, die Dyade der beiden jungen Frauen „Techno":

```
 1  Y:   Ich mein das ist eine interessante (1) ä: (.) Überlegung ä: weil ä: ich kenn jetzt
 2       @zufälliger@weise Leute die auch das muss jetzt ungefähr in der gleichen Zeit
 3       losgegangen sein dieses Tango-Tanzen
 4  Af:                                    ⌊Mhm
 5  Y:                                         ⌊wo auch in Mitte in bestimmten Clubs
 6  Af:                                                                          ⌊Mhh
 7  Y:                                                                               ⌊ich
 8       weiß nicht mir fällt der Name jetzt nicht ein °(    )°
 9  Bf:                                     ⌊Im Roten Salon is zum Beispiel
10       mittwochs immer
11  Y:            ⌊Ja; also; (1) ä: und da ist es eben auch dass man so sagt so wie du=s fast
12       so gerade beschrieben hast dass naja bei dem Tanz gerade also wenn Männer und
13  Af:  ⌊Das ist aber geil
14  Y:       Frauen zusammen tanzen und vielleicht auch in der Schwulenszene wenn Männer mit
15       Männern zusammen tanzen dass darüber ja auch sozusagen deren Beziehung
```

16		irgendwie dar gestellt wird und dass die sich versuchen auch irgendwie ihre Beziehung
17		auszudrücken, kannst du dir das (.) könnt ihr was mit anfangen?
18	Af:	└Ja. es is schon so, es
19		ist nur nicht einfach festgefahren, ich gehöre zu dem und der und der gehört zu mir,
20		(.) sondern irgendwie (.) äh was ich vorhin auch meinte halt ( ) Wildfremde
21		mitnander machen die erotischsten Tänze und irgendwie (.) da reibt sich jeder Körper
22		am andern irgendwie=ey (.) ich mit nem fremden Mann auf der Tanzfläche irgendwie
23	Y:	└Hm┘
24	Bf:	└@(.)@
25	Af:	steh da, und was weiß ich wir fassen uns an und irgendwie, da warn ein fach keine
26	Y:	└Hm
27	Af:	Hemmungen mehr da ne; (.) so=was gab's für mich früher nicht, also (.)um Himmels
28		willen. wenn da mich jemand angefasst hätte, der hätt eine in die Fresse gekricht oder
29	Bf:	└@(.)@
30	Af:	in die (Eier) oder @weiß ich nicht was oder (wo das war)@
31	Bf:	└Ja was trotzdem halt ist auch irgendwie,
32		s'is also es war:, (.) das war da auf der Tanzfläche, und hatte aber eigentlich viel nicht
33	Af:	└
34		Das hatte nichts mit der Außenwelt zu tun.
35	Bf:	└Ja. das hatte nichts mehr irgendwie: zu bedeuten
36		irgendwie du bist runtergegangen und hast meinetwegen dich ganz normal mit dem
37	Y:	└Hm
38	Bf:	unterhalten und dis (.) war einfach irgendwie (.) dis lief da ab, weil die Musik dazu
39		irgendwo die ganze Zeit animiert irgendwie aber (.) dis hieß nicht dass du
40	Af:	└Hm
41	Bf:	danach dann irgendwie mit dem abhauen musst und ins Bett musst oder sonst=was dis
42		war einfach nur, (.) die Ausdrucksform.
43	Y:	└Hm
44	Af:	└Genau.
45	Bf:	└Die war da.
46	Af:	└Das heißt noch nicht dass es da nächste
47		Mal wieder genauso ist oder so das ist einfach nur der Moment und dass du dich
48	Y:	└Was wär denn also, └Hm └Ja
49	Bf:	└Ja.
50	Af:	siehst, und dass es irgendwie klar ist.
51	Y:	└Hm └(Na ich) hm (.) also mir lag jetzt einfach die Frage auf
52		der Zunge, was: hättet ihr denn spannender gefunden, irgendwie da auf der Tanz-
53		nochmal mit ihm auf die Tanzfläche zu @gehen@ oder mit ihm rauszugehen also (.)
54		kann man dis irgendwie
55	Af:	└Keins von beidem.
56	Bf:	└Ja.

5.4 Die dokumentarische Methode

```
57  Af:                        └Meistens einfach weggehen und den
58       nächsten suchen oder irgendwie für dich alleine weitertanzen. einfach gucken was
59  Y:         └Hhm      └Ah ja,
60  Af:  passiert. (.) weggehen um Himmels willen, nöö. @dableiben@. @(.)@ (.) nee auf jeden
61  Y:                                     └@(.)@     I
62  Bf:                                              └@(.)@
63  Af:  Fall weitertanzen. und wenn er wieder da ist, und wenn's noch okay ist, (.)und wenn's
64       noch stimmt, prima. (besonders) schön.
65  Y:                 └Hm       └Aber das muss sich dann auch wieder
66       irgendwie dann auch dass welche dann irgendwie neu entwickeln. hhm, (1) °na ja,° hm
67  Af:                 └Das muss sich entwickeln.
68  Bf:                             └Ja. Nicht unbedingt nur mit ihm auch mit ihr.
69  Y:                                                                             └
70  Af:  Ja ja, (.)hm
71              └Ne, also für mich auch. also ich mein ich bin zwar nicht lesbisch, aber (.)ich
72  Y:                                 └Hm
73  Af:  tanz auch sehr sehr gerne mit Frauen, oder hab=ich früher, inzwischen tanz=ich
74       eigentlich immer nur noch alleine. (.) außer mal mit Bf @oder so@. (.) aber so, (.)
75  Y:                    └Hm
76  Af:  eng eng tanzen in Anführungszeichen, gibt's eigentlich fast gar nicht mehr. und dis
77       war da früher,
78  Bf:             └Ja dis war sehr ausgeprägt fand ich schon. also es kam auch sehr viel
79  Af:                              └Ja=ja, sehr ausgeprägt.
80  Bf:  irgendwie rüber, (1) hhm, ja wie die Leute mit'nander getanzt haben al so=es (.) sah
81       irgendwie nicht so plump aus wie's jetzt aussieht dass jeder stampft vor sich hin
82  Y:                                  └Hhm,
83
84  Bf:  und jeder hat'n gestresstes Gesicht, irgendwie wie's heutzutage aussieht, alle (.)
85. Af:                                  └@(.)@
86  Bf:  ham sie hektische Bewegungen nur noch mit ihren Armen, und machen (.)total
87  Y:                 └Hm
88  Bf:  gestressten Gesichtsausdruck, da hatte jeder irgendwie nur so'n leichtes Lächeln
89  Af:                                  └@(1)@
90  Y:                                         └@(.)@
91  Bf:  Gesicht, so'n leichtes glückliches, und man hat halt irgendwie mit'nander getanzt, man
92       hat irgendwie (.) ja der eine ist in die Knie gegangen, der eine hat oben irgendwie
93       rumgehampelt mit seinen Armen und ich meine dis hat trotzdem irgendwie immer
94       zusammen gepasst, dis war n' totales Zusammenspiel. und dis hat glaube auch (.) die
95       Masse ausgemacht, oder die Musik auch mit ausgemacht, dass dieses (.)Miteinander
96  Af:                 └Hm
97  Bf:  schon beim Tanzen irgendwie da war und (.) man hat sich gegenseitig im mer weiter
```

98		aufgeputscht also bis dann irgendwie dieses (.)Schreien kam oder so.
99	Y:	⌊Hm
100	Af:	Hey was da <u>abging</u> teilweise dis=is für heute so unvorstellbar. oder so genial=ich denk
101	Bf:	⌊Ja
102	Af:	da <u>so gerne</u> dran, dis gibt mir heute noch total <u>viel</u>.
103	Bf:	⌊Also es war schon n' Brodeln wenn man da
104		reingeguckt hat einfach weil man irgendwie dis hat man nirgendswo
105	Af:	⌊Ja=ohh, (.) dis hat einfach nur (.) (Drrr)
106	Bf:	anders (da) so gesehen.

Formulierende Interpretation

Thema der Passage: Was sich im Tanzen alles ausdrückt

1–73 OT[200]: Beziehung zu TanzpartnerInnen

1–17 UT[201]: Beim Tango wird Beziehung „dargestellt"

Bekannte werden mit einer Welle des Tangotanzens in Verbindung gebracht. Es wird vermutet, dass diese etwa zur gleichen Zeit begann wie der Techno und ebenso in einem bestimmten Bezirk Berlins in Clubs mit regelmäßigen Veranstaltungen. Wie zuvor auch beschrieben wurde, wird die „Beziehung" der TanzpartnerInnen im Tanz „dargestellt". Das Paar versucht sie „auszudrücken". Dies gilt in der „Schwulenszene" für Männerpaare und ebenso für gemischtgeschlechtliche Tanzpaare.[202]

17–27	UT:	Beim Techno gehören die Tanzenden nicht zusammen. „Wild fremde" tanzen überaus erotisch miteinander, Hemmungen verschwinden.
27–30	UT:	„Früher" wären derartige Kontakte nicht möglich gewesen.
31–50	UT:	Was auf der „Tanzfläche" passiert, ist Ausdruck des Moments, hat keine Konsequenzen.
51–67	UT:	Nachdem mit jemandem getanzt wurde, wird weitergetanzt, mit dem „nächsten", „alleine" oder mit demselben.
68–73	UT:	Man ist bezüglich des Geschlechts der Tanzpartner nicht festgelegt.

73–106 OT: Die Veränderung in der Technoszene

73–80	UT:	Tanzen „früher": miteinander und positiv emotional involviert.
80–88	UT:	Tanzen „jetzt": alleine und eher negativ emotional involviert.
88–98	UT:	Zuvor war das Tanzen ein „totales Zusammenspiel" und gegenseitige Steigerung.
99–106	UT:	Was sich früher ereignete, entzieht sich dem jetzigen Geschehen, und man zehrt heute noch davon.

---

[200] Oberthema
[201] Unterthema
[202] In der Folge wird die formulierende Interpretation nicht mehr im Detail ausformuliert. Stattdessen zeigen wir eine thematische Feingliederung, deren einzelne Punkte detaillierter ausfallen als die Überschriften bei einer formulierenden Interpretation, in welcher der immanente Sinngehalt komplett ausgeführt wird – so wie hier beim ersten Unterthema. Für ungeübte Interpreten und für zentrale Passagen empfiehlt es sich jedoch, die formulierende Interpretation für die gesamte Passage derartig auszubuchstabieren.

5.4 Die dokumentarische Methode

Reflektierende Interpretation

1–17   Nachfrage mit propositionalem Gehalt Y, 9/10 Formulierungshilfe Bf, 13 Validierung Af

Der Interviewer bringt hier persönliches Wissen aus seinem eigenen Alltag in die Diskussion ein (1f: „Ich kenn jetzt zufälligerweise Leute ..."). Damit verhält er sich wie ein Teilnehmer der Diskussion. Erst durch eine Bestätigungsfrage am Ende seines Redebeitrags wird sein Gesprächsbeitrag überhaupt zu einer Frage und er selbst damit zum Interviewer. Die Formulierung „wie du=s fast so gerade beschrieben hast" (10) könnte zwar Teil einer immanenten Nachfrage sein. Der Beitrag beinhaltet jedoch einen eigenständigen propositionalen Gehalt.[203] Dieser lässt sich stichhaltig nur unter Einbeziehung der Reaktion auf die Nachfrage interpretieren, d.h. auf der Grundlage der Reaktion der Interviewten, in der ihr Verständnis des Redebeitrags zum Ausdruck kommt. Es könnte im Prinzip auch sein, dass es sich um eine rein immanente Nachfrage handelt, dann würden die Interviewten nicht auf einen – neuen – Orientierungsgehalt reagieren. Anna reagiert mit einer Validierung (12) inmitten einer Äußerung des Interviewers. Sie beginnt, ihn – letztlich folgerichtig – wie einen Teilnehmer zu behandeln.

In der Parallele, die der Interviewer zwischen dem Tango-Tanzen und der Technoparty zieht, dokumentiert sich als positiver Horizont, dass bestehende Paare die Qualität ihrer Beziehung beim Tanzen inszenieren. Als Besonderheit wird noch hervorgehoben, dass dies auch für gleichgeschlechtliche Paare gilt. Es wird also nicht irgendeine (fiktive) Beziehung öffentlich inszeniert, sondern speziell die Beziehung des tanzenden Paares, auch dann, wenn die Beziehung nicht den Konventionen – zumindest jenen des Tangos – entspricht. Es dokumentiert sich also gleichzeitig ein Überschreiten von Konventionen.

18–21   Divergenz (Proposition)[204] im Modus eines Arguments und einer Beschreibung Af.

Zunächst stimmt Anna dem Redebeitrag des Interviewers noch einmal zu. Dann schränkt sie ihn jedoch mit dem Adverb „schon" (einräumend, bedingt verwendet, etwa im Sinne von „an und für sich") ein. In der folgenden differenzierenden Ausführung rücken Beziehungen, die bereits vor dem Tanzen bestehen, als „festgefahren" in den negativen Gegenhorizont. Von dem propositionalen Gehalt, den wir in der Äußerung des Interviewers herausarbeiten konnten, bleibt vorerst bestehen, dass eine Beziehung zwischen den Tanzenden inszeniert wird. Nun drückt Anna aus, was sie „vorhin auch meinte", wobei die Abgrenzung von Ys Redebeitrag noch deutlicher wird. Sein Aufgreifen des zuvor Gesagten hat jedenfalls den Kern der Sache nicht getroffen, denn es geht überhaupt nicht um zuvor bestehende Beziehungen, vielmehr entsteht ein neuer, eigenständiger Kontakt im Voraussetzungslosen, nämlich mit

---

[203]   Das heißt, es dokumentiert sich ein Orientierungsgehalt, der sich auf die Handlungspraxen, die Gegenstand des Interviews sind, bezieht. Rein immanente Nachfragen greifen Themen auf, die bereits genannt wurden, mit der Bitte oder Aufforderung, etwas genauer auszuführen. Wenn solche Interviewerfragen mit Erzählungen und Beschreibungen aus dem eigenen Erfahrungsbereich einhergehen, lösen sie sich potentiell von den Orientierungen im Zusammenhang mit dem jeweiligen Thema bzw. der jeweiligen Praxis der Interviewten. Wichtig ist in erster Linie, dies bei der Interpretation zu berücksichtigen. Das evozierte Material leidet – an dieser Stelle – nicht nachhaltig aufgrund dieser Intervention.

[204]   Annas Aufwerfen eines neuen Orientierungsgehalts steht im Verhältnis der Divergenz zum propositionalen Gehalt der Äußerung des Interviewers. Es drückt sich darin also eine Orientierung aus, die mit jener, die der Interviewer aufwirft, nicht zusammenpasst. Wie wir im weiteren Verlauf sehen werden, verfolgt der Interviewer „seine" Orientierung jedoch nicht weiter. Somit wird die neue Orientierung Annas in der Folge als Proposition gefasst. Die Interviewten müssen nicht weiter um die Entfaltung ihrer Relevanzsysteme kämpfen.

„Wildfremden". Dieser Kontakt wird quasi den Körpern überlassen, d.h. er ist jenseits von Intention und kognitiver Reflexion und gilt als „erotisch". Dies ist ein erster Hinweis darauf, dass wir es hier mit einem Aktionismus[205] zu tun haben. In der Steigerung „**Wild**fremde" und dass „**jeder** Körper" sich am anderen „reibt", sowie in dem an das Ende der Äußerung gesetzten „**ey**" kommt ein geradezu ekstatisches Moment zum Ausdruck.

Annas Antwort hat eine typische „Ja-aber"-Struktur. Der faktische Gehalt der Äußerung des Interviewers wird zunächst bestätigt, es sieht so aus, als müsste auch ihr propositionaler Gehalt nur ein wenig differenziert werden. Erst bei der Betrachtung der gesamten Reaktion stellt sich heraus, dass beide von gänzlich anderen Orientierungen beim Tanzen sprechen. Anna bringt somit den Diskurs zurück in das Relevanzsystem der jungen Frauen.

21–30   Elaboration Af (21–27: im Modus einer Beschreibung, 27–30: im Modus einer Kommentierung)

In der Elaboration der Orientierung dokumentiert sich wiederum die **Kontaktaufnahme im Voraussetzungslosen**: Das Gegenüber wird allein durch sein Geschlecht gekennzeichnet, und auch dies wird später als irrelevant erklärt, ist also in erster Linie „fremd". Das heißt, (mögliche) Tanzpartner sind weder in ihrer sozialen noch in ihrer persönlichen Identität bekannt. Unbekannt zu sein bedarf keiner Voraussetzungen. Abstimmungen, damit es zu einer gemeinsamen Handlungspraxis kommt, sind kaum notwendig.

Das Moment des Überschreitens von Konventionen, „keine Hemmungen" zu haben, obwohl diese angebracht sein könnten – sonst würde sich ja die Erwähnung erübrigen –, spielt eine Rolle. Es handelt sich um eine Form der Begegnung, die es zuvor nicht gab. Konventionen und soziale Rollen verlieren ihre Bedeutung, indem man sich dem Geschehen, dem „Körper", der gemeinsamen Praxis des Tanzens, überlässt. Alltägliche Vorstellungen sind in diesem Kontext nicht handlungsrelevant, während dasselbe Verhalten in einem anderen Kontext als „Anmache" wahrgenommen und entsprechend harsch zurückgewiesen würde. In der Kontrastierung mit der sozialen Situation der „Anmache", d.h. der Kontaktaufnahme mit dem **Ziel** eines sexuellen Kontaktes, dokumentiert sich, dass die Alltagsmoral nur situativ außer Kraft gesetzt ist. Gleichzeitig finden wir hier einen ersten negativen Gegenhorizont.

31–34   Transposition Bf in Kooperation mit Af im Modus einer abstrahierenden Beschreibung

Bianca knüpft hier an die Elaboration Annas an, als wäre sie Anna, denn Anna hat ja in der Beschreibung des Geschehens auf der Tanzfläche von sich gesprochen. Bianca weiß ebenso um die immanente Logik, es macht keinen Unterschied, wessen Erfahrung als Beispiel dient. Dies ist ein deutlicher Hinweis auf homologe Erfahrungshintergründe. In Biancas abstrahierender Beschreibung wird deutlich, dass die Tanzfläche bzw. die Technoparty als **Organisationsrahmen** für aktionistische Kontakte dient. Dieser klar definierte Rahmen hat „nichts mit der Außenwelt", also mit der Alltagsexistenz zu tun, wie wir in der Vervollständigung[206] durch Anna erfahren. Es wird damit die Bearbeitung der Orientierung der zweckfreien Hingabe an das Geschehen und des Ergriffenseins abgeschlossen und der **situative Charakter** des Aktionismus in den Vordergrund gestellt.

35–45   Elaboration Bf im Modus der Exemplifizierung, 44 Validierung Af

---

[205]   Gemeint sind damit die Suche nach einer und das Verstricken in eine sich verselbständigende Dramaturgie, die sich einer intentionalen Steuerung zunehmend entzieht (vgl. Bohnsack/Nohl 2000).

[206]   Diese **Vervollständigung** ist ein weiterer Hinweis auf homologe Erfahrungshintergründe.

5.4 Die dokumentarische Methode

Das „ganz normal(e ...) Unterhalten", wird dem, was „da ablief", gegenübergestellt. Das Gespräch ist hier in zweifachem Sinn „normal": 1. Es ist an den Regeln des sonstigen Alltags orientiert. 2. Es ist nicht auf einen wie immer gearteten sexuellen oder erotischen Kontakt oder eine derart gelagerte Beziehung ausgerichtet. Was hingegen „abläuft", ist ein Prozess, dem man sich hingibt und bei dem die Regeln des sonstigen Lebens außer Kraft gesetzt sind. Die Musik wird in diesem Zusammenhang als kausale Größe eingeführt („weil"). Wieder (wie bereits in Annas Elaboration) wird ein sinnlich-körperliches Moment (Animiertsein) angesprochen. Die Musik ermöglicht und erleichtert den Aktionismus durch ihr sinnliches Ergreifen.

Ebenso wenig wie die Bedeutung des Tanzens an eine zuvor bestehende Beziehung geknüpft ist, ist ihre Entwicklung festgelegt. Es gibt weder Handlungsentwürfe noch Handlungsziele. Vielmehr überlässt man sich im Organisationsrahmen von Party und Tanzfläche einem nicht antizipierbaren Prozess. Negativer Gegenhorizont ist wieder die „Anmache" bzw. das „Abschleppen". Die Kontakte sind „erotisch" und werden gerade durch ihren negativen Gegenhorizont in ihrer auch sexuellen Ausrichtung deutlich. Diese sexuell-erotischen Kontakte stehen hier jedoch eher im Dienste der probehaften Entfaltung habitueller (hier u.a. auf der Ebene haptisch-rhythmischer) Übereinstimmung als im Dienste der zielgerichteten Suche nach einem Sexualkontakt.[207]

Was sich in der „Ausdrucksform" dokumentiert, bleibt implizit. Die Validierung durch Af gibt hier einen Hinweis auf den zentralen Stellenwert dieser Ausdrucksform. Vielleicht lässt es sich so fassen, dass es eben nicht um eine schon da gewesene Bedeutung geht, sondern um den **Ausdruck des in der Situation des Tanzens neu Entstehenden**. Dieses neu Entstehende kann begrifflich nicht gefasst werden und ist an den Ausdruck, die Inszenierung der Beteiligten immer schon gebunden.

46–50   Konklusion Af (Formulierung einer Orientierung), 48f. Bemühung um das Rederecht Y, 102 Validierung der Konklusion Bf

In dieser Konklusion werden die wesentlichen Elemente noch einmal auf den Punkt gebracht: Das Tanzen und die dabei entstehenden Kontakte dienen keinem Ziel oder Zweck, sie sind nicht auf ein „nächstes Mal" gerichtet. Es geht darum, sich dem nicht antizipierbaren „Moment" zu überlassen, also um den Modus des Aktionismus und der Suche nach habitueller Übereinstimmung im Voraussetzungslosen. Es muss genügen, einander zu sehen, dann ist es „klar": Man stimmt überein – oder eben nicht. Das heißt, es müssen beide Seiten an dem In-Gang-Kommen einer erotisch-sinnlichen, aktionistischen Verstrickung interessiert sein.

Der Interviewer versucht – an einer eigentlich nicht übergaberelevanten Stelle – eine Nachfrage zu platzieren. Anna führt aber, unterstützt durch Validierungen von Seiten Biancas, ihren Redebeitrag und damit die Konklusion zu Ende. Der Diskurs der jungen Frauen untereinander auf der Basis eines konjunktiven Erfahrungsraumes setzt sich gegenüber jenem des Interviewers mit ihnen durch.

51–54   Nachfrage mit propositionalem Gehalt Y

Die Nachfrage zielt auf gewünschte und damit antizipierte Folgen oder Konsequenzen des Tanzens. Diese sollen zumindest hypothetisch von den Interviewten entfaltet werden: Es sollen Ziele bzw. Intentionen formuliert werden. Die bisherige Interpretation zeigte, dass

---

[207] Zur Diskursorganisation: Die beiden Elaborationen durch Anna und Bianca sind parallel. Es kommt jeweils derselbe Orientierungsgehalt zum Ausdruck.

dies nicht den Orientierungen der jungen Frauen im Zusammenhang mit dem Tanzen entspricht.

55   Proposition Af, 56 Validierung Bf

Der propositionale Gehalt der Nachfrage wird von den beiden Frauen zurückgewiesen. Es wird deutlich, dass sich der Interviewer jenseits des Relevanzsystems der Interviewten bewegt. Es geht gerade nicht um wie auch immer geartete Ergebnisse oder antizipierbare Handlungskonsequenzen. **Ziele und Intentionen stellen den negativen Gegenhorizont dar**.

57–64   Elaboration Af im Modus einer abstrahierenden Beschreibung, 65–70 Konklusion Y in Kooperation Af (Formulierung der Orientierung), 68 Validierung und Transposition Bf

Innerhalb des Kontextes des Tanzens und der Party gibt es keine angestrebten Konsequenzen im Sinne expliziter Ziele, weder hinsichtlich des Geschlechts noch hinsichtlich einer Neuauflage von Erlebnissen („meistens"). Alle Möglichkeiten, die das Tanzen und der Kontext bieten, kommen als nächster Schritt in Betracht. Durch den negativen Gegenhorizont, die Party zu verlassen und sich damit ihrer Eigendynamik und dem Organisationsrahmen des Aktionismus zu entziehen, wird der positive Horizont deutlicher: sich **innerhalb des Organisationsrahmens der Party einer nicht vorhersehbaren Dramaturgie hinzugeben und weiter nach habitueller Übereinstimmung** zu suchen bzw. sie weiter zu erproben, mit demselben oder anderen Tanzpartnerinnen bzw. -partnern.

Interessant ist der labile Charakter dieser Begegnungen oder Kontakte. Sie setzen im Voraussetzungslosen an, und es wohnen ihnen kaum Regeln der Weiterführung inne. Sie haben episodalen Charakter. Eine neue Episode ist „prima", „schön", lässt sich aber nicht herbeiführen. Eine Fortführung (mit demselben Tanzpartner) ist an ein „noch okay" oder „wenn's noch stimmt" geknüpft, an die Fortdauer der situativen habituellen Übereinstimmung, die keiner reflexiven Bearbeitung unterzogen wird.

Der Interviewer schaltet sich hier mit einem Redebeitrag ein. Bevor er aber zu einer inhaltlichen Formulierung kommt, unterbricht ihn Anna und übernimmt die Formulierung, um auf ihrer Grundlage den inhaltstragenden Teil auszuführen. Der Interviewer wiederholt dann diesen Teil, ohne damit eine Reaktion auszulösen. Die Interviewten lassen den Interviewer zwar nicht in ihren Diskurs eingreifen, bleiben aber kommunikationsbereit.

71–73   Elaboration Af im Modus einer abstrahierenden Beschreibung, 75 Ratifikation Y

Hier wird noch einmal deutlich, dass der gemeinsame Aktionismus des Tanzens auch nicht an das Geschlecht als Voraussetzung geknüpft ist. Wieder kommt zum Ausdruck, dass die Alltagsmoral und die Orientierungsschemata des Alltags nur situativ außer Kraft gesetzt sind: Af ist sich ihrer sexuellen Orientierung sicher. Auf der Tanzfläche ist eine sexuell-erotische Interaktion mit anderen Frauen möglich, gerade weil sie keine Festlegung für das Leben außerhalb dieser Situation impliziert. Nicht ausgeschlossen ist allerdings damit, dass eine gelungene habituelle Übereinstimmung beim Tanzen außerhalb, z.B. im (Medium des) freundschaftlichen Gesprächs, weitergeführt wird. Dies ist auch bei Anna und Bianca der Fall.

73–80   Transposition Af in Kooperation mit Bf im Modus einer abstrahierenden Beschreibung (78–80 gemeinsame Validierung der Transposition)

Interessant ist die Zäsur innerhalb der Äußerung in Zeile 73: Gerade noch schwärmt Anna vom Tanzen mit anderen (Frauen) („sehr sehr gern"), als sie dies plötzlich differenziert und davon spricht, „inzwischen nur noch alleine" zu tanzen. Hier mag man nun fragen, wie habi-

5.4 Die dokumentarische Methode

tuelle Übereinstimmung alleine erprobt werden kann. Einen Hinweis gibt der Abfall der Begeisterung. Denn es funktioniert natürlich alleine kaum, damit bleibt auch die Euphorie weg. Das Tanzen mit Bianca scheint auf der Basis habitueller Übereinstimmung zu funktionieren, die rechte Euphorie fehlt aber auch hier. Es hat eher den Charakter einer Erinnerung, wie sich im folgenden Textabschnitt zeigt.

In dieser Transposition dokumentiert sich nun eine ganz deutliche Trennung in zwei unterschiedliche Phasen. Das heißt, in der Diskursbewegung Transposition wird das Thema der Bearbeitung der Beziehung zu den Tanzpartnern abgeschlossen und zugleich ein neues Thema – die Entwicklung bzw. Veränderung der Technoszene – begonnen. Die bearbeitete Orientierung, nämlich der situative Aktionismus, wird jedoch über die Themen hinweg mitgenommen. Die bisherigen Ausführungen gewinnen dadurch zudem an Kontur. Immer wenn vom miteinander Tanzen gesprochen wurde, war die Rede von der ersten Phase. Diese Phase ist wiederum die prototypische, die zentrale. Die Interaktionsform des „eng Tanzens" ist die Kernaktivität dieser Phase gewesen. Es war „sehr ausgeprägt". Auch die emotionale Involvierung in dieser Phase kommt hier noch einmal zum Ausdruck („es kam ... viel ... rüber").

80–98   Elaboration im Modus einer Beschreibung Bf

In der Beschreibung des Tanzens werden nun die beiden Phasen in ihrem Unterschied zueinander dargestellt, wobei die zweite Phase ganz deutlich als negativer Gegenhorizont fungiert. Was dokumentiert sich nun in den beiden Phasen? Der wesentliche Unterschied ist wohl das gemeinsame Tanzen und die darin wurzelnde gegenseitige Steigerung und Aufschaukelung gegenüber dem alleine Tanzen, das diese Möglichkeit der Steigerung nicht beinhaltet. Das „Plumpe", „Stampfende" wird einem „totalen Zusammenspiel" der Körper gegenübergestellt. Eine Art zu tanzen, der man sich nicht gern nähert, die gar abstoßend wirkt, wird einer anderen Art zu tanzen gegenübergestellt, in der die Körper in einer mimetischen Anschmiegung beinahe ineinander verschmelzen. Das heißt, der situative Aktionismus schlägt um in abstoßendes Nebeneinander. Und es scheint nichts zwischen der ekstatisch-verklärten gegenseitigen Steigerung und dem einander fremd bleiben, zwischen dem „glücklich-lächelnden Gesicht" und dem „gestressten" zu geben. Die Erfahrungen im Aktionismus entziehen sich einer weiteren reflexiven Bearbeitung und bleiben auf die körperliche Ebene beschränkt. Damit bleiben sie auch episodal. Es kommt zwar zu Höhepunkten (passend zum sexuell-erotischen Charakter des Aktionismus) – „immer weiter aufgeputscht ... bis ... dieses Schreien kam" –, aber nicht (dies ist nun ein hypothetischer Vergleichshorizont) zu einer kommunikativen Auseinandersetzung, die die Möglichkeit einer längerfristigen Weiterentwicklung beinhalten würde.

99–107   Konklusion Af in Kooperation mit Bf

In der Konklusion wird wieder deutlich, dass es sich bei der Darstellung des Typischen und für die jungen Frauen Entscheidenden beim Techno um einen Rückblick auf eine bestimmte Phase handelt. An dieser Stelle muss offen bleiben, ob diese Art des Rückblicks nicht auch entwicklungstypisch zu interpretieren ist. Dies wäre vor allem eine Frage an die Interpretation zusätzlicher Passagen.

Die ekstatische Steigerung entzieht sich einer reflexiven Bearbeitung, lässt sich nur in Metaphern wie „Brodeln" bzw. im performativen „Drrr" fassen. Der gemeinsame Aktionismus bleibt eine gemeinsame Erinnerung.

Auch die beiden Interviewten steigern sich wechselseitig in der Beschreibung, womit dieses Moment auch performativ deutlich wird. Die Fokussierung dieses Hochgefühls zeigt sich auch in dem überlappenden Sprechen am Ende der Konklusion, in dem gleichzeitig dasselbe ausgedrückt wird. Dies ist ein Hinweis auf identische Erfahrungen, wobei es naheliegt, dass es hier um die gemeinsam durchlebten Partys geht, die gewissermaßen dann auch eine „Schicksalsgemeinschaft" etablieren.

5.5 Interpretation fremdsprachigen Materials

Zum Abschluss dieses Kapitels wollen wir uns noch mit einem Problem bei der Interpretation befassen, das sich für alle der hier behandelten Verfahren gleichermaßen stellt und das im Zuge der Internationalisierung der Forschung in zunehmender Weise virulent werden wird: Wie geht man mit Material um, das in einer fremden Sprache erhoben wurde? Das grundlegende Problem bei jeder Form der Interpretation – das Problem des Fremdverstehens – stellt sich hier noch einmal in zugespitzter Art und Weise.

Dieses Problem entsteht auf verschiedenen Ebenen des Forschungsprozesses – bei der Erhebung, der Transkription und der Interpretation des Materials und schließlich bei der Abfassung eines Forschungsberichtes oder einer Publikation. In welcher Sprache soll man das ursprünglich fremdsprachige Material transkribieren und interpretieren? In welcher Sprache präsentiert man in der Publikation Ausschnitte aus dem Material? Und wie gelingt überhaupt das Verstehen von Materialien, die nicht in der eigenen Muttersprache verfasst sind?

Die letzte Frage lässt sich vermutlich am einfachsten folgendermaßen beantworten: Je entfernter die betreffende Fremdsprache der eigenen Sprache und dem eigenen kulturellen Kontext ist, umso wichtiger ist die Teilnahme muttersprachlicher Interpreten in der Forschungsgruppe. In manchen Kontexten – insbesondere in Ländern, in denen zwei oder mehrere Sprachen gesprochen werden – mag es sein, dass die Forschenden ohnehin so sprachkompetent sind, dass sie über die nötigen Voraussetzungen zur Interpretation verfügen. Und auch in nicht anglophonen Ländern werden viele so gut Englisch sprechen, dass sie sich die Interpretation englischsprachigen Materials zutrauen. Dennoch ist auch hier Vorsicht geboten. Gerade wenn es in Interpretationen um das Wie der Darstellung geht und nicht allein um den bloßen Inhalt des Gesagten, sollte man bei der Beurteilung der eigenen Sprachkompetenz zurückhaltend sein. Ein Slang, ein Tonfall, eine Anspielung oder eine ironische Färbung können der Nichtmuttersprachlerin leicht entgehen. Dabei ist die lebensweltliche Erfahrung mit und in dem entsprechenden Feld oft wichtiger als formale Sprachkompetenz. Dialektale Färbungen oder bestimmte Varietäten der Muttersprache lassen sich oft nicht ohne Weiteres decodieren, wenn man das Feld, in dem so gesprochen wird, nicht kennt. Für Fremdsprachen gilt daher umso mehr, dass uneingeschränkt sprachkompetente Interpreten mit möglichst viel Feldkompetenz der Interpretationsgruppe angehören oder bei der Interpretation zumindest immer wieder zu Rate gezogen werden sollten.

Nun gibt es aber auch den Fall, dass Material in einer Sprache erhoben wird, die nur Einzelne in der Interpretationsgruppe beherrschen. Für diesen Fall müssen die Sprachkompetenten das Material so aufbereiten (z.B. über die Segmentierung des Interviews oder der Gruppendiskussion), dass die Forschergruppe gemeinsam eine begründete Auswahl von Stellen treffen kann, die dann sowohl in der fremden wie auch in der eigenen Sprache transkribiert und in der übersetzten Form interpretiert werden. In vielen Fällen wird es aus Zeit- und Kostengründen sicherlich nicht möglich sein, das gesamte Material in eine andere Sprache zu übersetzen.

5.5 Interpretation fremdsprachigen Materials

Bei den Interpretationen solcher in eine andere Sprache übertragener Texte wird es aber in jedem Fall nötig sein, das Transkript in der Originalsprache mit zur Hand zu haben. Jede Übersetzung produziert Uneindeutigkeiten, und bei der Interpretation werden immer wieder Fragen nach der Konnotation bestimmter Äußerungen laut werden, die sich nur durch den Rückgriff auf die Originalsprache beantworten lassen. Solche Interpretationsvorgänge sind zeitraubend, aber auch hoch interessant: Lernt man doch durch sie nicht nur etwas über die andere, sondern auch über die eigene Sprache und Kultur.

Will man später Ausschnitte aus dem Material präsentieren, ist es eine Möglichkeit, diese Zitate zweisprachig – d.h. in der Originalsprache und in der Übersetzung – zu präsentieren. Allerdings sind gerade Publikationen sehr kontextabhängig. Der Spaltensatz von Zeitschriften erlaubt z.B. oft nicht einmal die Berücksichtigung relativ einfacher Transkriptionsregeln, geschweige denn die zwei- oder gar dreisprachige Dokumentation von Interviewzitaten. In diesem Fall helfen nur ein Hinweis auf das Problem und der Versuch, in der Übersetzung möglichst viel vom Duktus der Originalsprache einzufangen. An der einen oder anderen Stelle sollte man aber auch hier – in Form von Fußnoten oder in Klammern gesetzten Passagen – auf das Original verweisen und den Charakter von Ausdrücken erläutern.

Dort, wo im Material Wechsel von einer Sprache in die andere stattfinden, muss dies freilich in jedem Fall zu erkennen sein: Etwa wenn türkische Jugendliche während einer in Deutsch geführten Gruppendiskussion ins Türkische wechseln. Hier könnte man die Übersetzung der türkischen Passagen – sei es in einer Fußnote oder als parallel gesetzten Text – ergänzend hinzufügen.

6 Generalisierung

Die Frage der Verallgemeinerung von Forschungsergebnissen ist in diesem Buch schon an verschiedenen Stellen behandelt worden: Dass wir uns z.B. überhaupt mit Fragen des Sampling (Kap. 4) beschäftigt haben, erklärt sich nur daraus, dass wir das Problem der Generalisierung auch in qualitativen Studien für zentral halten. Nur wenn die Frage von Interesse ist, wie von den jeweils untersuchten Fällen auf umfassendere Zusammenhänge oder Strukturen geschlossen werden kann, muss man sich über die Zusammensetzung des Samples Gedanken machen. Erst der systematische Vergleich – in diesem Punkt unterscheiden sich qualitative und quantitative Methoden nicht – lässt theorierelevante Generalisierungen von Zusammenhängen zu.

Aber nicht nur beim Sampling wurde das Problem der Generalisierung bereits angesprochen. **Sämtliche** Auswertungsverfahren, mit denen wir uns in Kapitel 5 befasst haben, setzen sich mit der Frage der Verallgemeinerung ihrer Befunde auseinander. Erstmals an prominenter Stelle wurde dies im Rahmen der Grounded Theory (Kap. 5.1) behandelt. Aber auch alle anderen Verfahren befassen sich mit diesem Problem und kommen zu spezifischen Lösungen. Dabei ist die Frage der Generalisierung stets verbunden mit der Generierung von Theorie und basiert auf **Fallvergleichen** und/oder auf der systematischen Verwendung von **Kontrasthorizonten**. Insofern wird sich in diesem Kapitel manches bereits Bekannte wiederfinden.

Im folgenden Kapitel behandeln wir jedoch das Problem der Generalisierung und forschungspraktische Lösungen für dieses Problem noch einmal umfassender und grundlegender. Zum einen ist es ein klassisches Problem von Sozialforschung und Wissenschaftstheorie – und in der gegenwärtigen Diskussion wirken einige der alten Problemdefinitionen nach. Zum anderen sind mit der Generalisierung Schlüsselfragen des wissenschaftlichen Arbeitens verknüpft: Ist Wissenschaftlichkeit an sich nicht bereits unauflösbar mit Verallgemeinerung verbunden? Hängt Verallgemeinerbarkeit nicht an der Feststellung kausaler Gesetzmäßigkeiten? Und ist dies nicht nur im Rahmen solcher sozialwissenschaftlichen Methoden möglich, die sich am Gesetzesbegriff der Naturwissenschaften orientieren? Müsste man dann nicht dort, wo es um die Analyse kleiner Fallzahlen oder gar einzelner Fälle geht, konsequenterweise gleichermaßen auf den Begriff der Kausalität wie auf die Idee der Generalisierung verzichten?

Wir setzen im Folgenden bei diesen grundlegenden Problemen an, geben einen Überblick zur Diskussion von Formen der Generalisierung im Bereich der Sozialwissenschaften insgesamt und arbeiten vor diesem Hintergrund heraus, welche dieser Formen für die qualitative Sozialforschung in Frage kommen.

Dabei werden wir auch auf eine „klassische" Auseinandersetzung eingehen: In den methodologischen Auseinandersetzungen, die in der 2. Hälfte des 19. Jahrhunderts begannen und im Kern um die Frage des adäquaten wissenschaftlichen Umgangs mit historischen Ereignissen und sozialen Zusammenhängen kreisten, wurden wesentliche Grundlinien dessen, was auch heute für die Frage der Generalisierung in den qualitativen Methoden relevant ist, bereits diskutiert und zu vorläufigen Lösungen gebracht. Wesentlich sind dabei für uns vor allem die Beiträge von Wilhelm Windelband, Heinrich Rickert und Max Weber.

Im Zusammenhang mit dieser Diskussion hat Weber das Konzept des Idealtypus, das wir in seinen Grundzügen vorstellen wollen, aufgegriffen und weiterentwickelt. Im Rahmen seiner methodologischen Überlegungen diente Weber dieses Konzept zur Entwicklung einer **Form und Methode der Verallgemeinerung**, die der Individualität der untersuchten Gegenstände und der methodischen Perspektive der „Wirklichkeitswissenschaften" gerecht werden sollte. Das Modell des Idealtypus und die mit ihm verbundene Methode sind ein häufiger Bezugspunkt, wenn es im Bereich der qualitativen Methoden um Typenbildung geht.

Im Anschluss an die Ausführungen zum Idealtypus werden wir den Ertrag dieser historischen Debatte für die gegenwärtige Frage der Generalisierung in den qualitativen Methoden sichern und anhand einiger exemplarischer Studien zeigen, wie Typenbildung im Bereich der Sozialwissenschaften, die mit qualitativen Methoden arbeiten, aussehen kann.

Dabei stellen wir zwei verschiedene Zugänge vor:

Der **erste**, den man als akteurszentriertes Verfahren bezeichnen könnte, arbeitet den **Typus** anhand der als Handlungszentrum gedachten sozialen Einheiten heraus, sei es eine Person, eine Familie oder eine Gruppe, aber auch eine bestimmte Institution mit einer ihr eigenen Geschichte der Individuierung (vgl. Oevermann 1981: 35; vgl. Kap. 5.3). Dabei ist natürlich nicht impliziert, dass der herausgearbeitete Typus die jeweilige Einheit in all ihren Facetten erfasst. Diese ist per definitionem immer mehr als der Typus, und an ihr ließen sich – im Hinblick auf unterschiedliche Themenstellungen – verschiedene Typen herausarbeiten. Dennoch spielt die „Individualität" der jeweiligen Einheit als prozessierende Größe hier eine zentrale Rolle. Ein Beispiel dafür sind etwa berufsbiographische Orientierungsmuster, die zweifellos nicht die Personen, anhand derer das Muster aufgezeigt wird, als Ganzes charakterisieren, die aber gleichwohl die Personen als Akteure brauchen, die das Muster hervorbringen und reproduzieren.

Der **zweite** Zugang arbeitet **Typiken** heraus, die die jeweiligen Untersuchungseinheiten „schneiden" – quasi durch sie hindurch führen – und diese Einheiten damit gleichzeitig immer als spezifische Überlagerung verschiedener Typiken konzipieren. Damit verweisen die Typiken auf soziale Zusammenhänge, die sich als solche nicht ohne weiteres in individualisierter Form darstellen lassen bzw. die mithilfe eines Akteurskonzeptes nicht zu erfassen sind oder nicht erfasst werden sollen. Solche Typiken können z.B. als Generationstypik,[208] Geschlechtstypik, Milieutypik[209] etc. ausgeformt werden.[210]

Diese Unterscheidung macht gleichzeitig deutlich, dass sich die Untersuchungseinheiten (z.B. eine untersuchte Gruppe) in je unterschiedlicher Weise typisieren lassen: mittels einer akteurszentrierten Typologie, in der die Gruppe als prozessierende Einheit (mitsamt ihrer

---

[208] An diesem Beispiel zeigt sich auch der Einfluss theoretischer Perspektiven. Denn Generationseinheiten ließen sich zweifellos auch als „Akteure" konzipieren und entsprechend auch über die erste Form der Typisierung erfassen.

[209] Innerhalb der Milieu**typik** wird dann allerdings auch der **Typus** eines bestimmten Milieus erkennbar, der sich ebenfalls wiederum im Sinne der zuerst charakterisierten Form der Typenbildung ausarbeiten ließe (s.u.).

[210] Auch die Theoriegenerierung, die wir im Zusammenhang mit der Grounded Theory (Kap. 5.1) beispielhaft vorgenommen haben und die auf eine Konflikttheorie des Säkularisierungsprozesses abzielt, arbeitet unterschiedliche Konflikt-Typiken heraus: den Mitgliedschaftskonflikt, den Konflikt um Weltdeutungen und den Konflikt um ethische Handlungsregulierung.

sozialen Dynamik) behandelt wird; aber auch mittels einer Form, bei der die Interaktion in der Gruppe primär als Schnittfläche unterschiedlicher Typiken fungiert, die sich in der Gruppeninteraktion jeweils manifestieren.

Das Kapitel endet mit der Vorstellung von Typenfeldern bzw. -tableaus, die in Studien, in denen Typen generiert werden, die erarbeitete Theorie verdeutlichen. Anhand dessen, wie sich die Typen im sozialen Raum des Typenfeldes anordnen, lässt sich der theoretische Ertrag der Forschungsarbeit aufzeigen. Dies macht aber auch deutlich, dass nicht in der Typenbildung als solcher das Ziel der Forschung liegen kann (das wäre ein rein methodologisches Interesse), sondern dass die Typenbildung in der Regel Mittel zum Zweck ist: nämlich eine Theorie über einen bestimmten Zusammenhang zu generieren.

6.1 Was ist das Problem? Worum geht es bei der Generalisierung?

Auf den ersten Blick neigt man dazu, die Frage der Generalisierung sofort mit der Frage der Wissenschaftlichkeit an sich zu verbinden. Unterscheiden sich nicht wissenschaftliche Aussagen von alltagsweltlichen gerade dadurch, dass sie generalisieren, d.h. allgemeine Zusammenhänge, möglichst sogar Gesetze[211] formulieren, während der Alltagsverstand in seiner Perspektive begrenzt bleibt und Verallgemeinerungen allenfalls in vorurteilsbehafteter Weise vornimmt?

Bereits diese letzte Einschränkung zeigt allerdings, dass die Sache nicht ganz so einfach ist. Natürlich generalisieren wir auch im Alltag ständig: etwa wenn wir von einer beobachteten Praxis auf eine allgemeine Regel schließen (vgl. dazu Kap. 2), und oft gerade auch dann, wenn wir einen als ganz besonders wahrgenommenen „Fall" oder eine spezifische Erfahrung von dieser „Regel" ausnehmen. Oft sind diese Alltagsgeneralisierungen durchaus erfolgreich, bisweilen stellen sie sich als fehlerhaft heraus, manchmal sind sie vorurteilsbehaftet und stereotyp (und müssen dies zum Teil auch sein, da wir nicht in allen Lebensbereichen über unmittelbare Erfahrungen verfügen). Aber ohne die Generalisierung von einem Ereignis bzw. einer Erfahrung auf anderes, etwa über Formen der Typisierung (vgl. Schütz 1982 [1970]: 90ff.), wären wir einer Flut unverbundener Eindrücke hilflos ausgesetzt. Alles um uns wäre nur Lärm, nichts hätte Struktur. Wir müssten immer wieder neu beginnen, könnten auf kein – generalisierendes – Erfahrungswissen aufbauen. Zum Alltagswissen gehört also die Generalisierung – der Schluss von einzelnen Ereignissen oder Erfahrungen auf Zusammenhänge oder Regeln, die über diese Ereignisse oder Erfahrungen hinaus Gültigkeit haben – zwingend dazu.

Aber auch umgekehrt zeigt sich schnell, dass die pauschale Gleichsetzung von Generalisierung und Wissenschaftlichkeit sowie die Formel „Ein Fall ist kein Fall" nicht unbedingt zutreffend sein müssen. Denn zweifellos gibt es profunde wissenschaftliche Erkenntnisse, die sich lediglich auf **einen Fall** beziehen – die Geschichtswissenschaft und die politischen Wissenschaften sind voll davon. Meist handelt es sich bei diesen Einzelfällen freilich nicht um einzelne Personen des Alltagslebens, sondern um Herrscher, ein Regime, eine politische Kri-

---

[211] Die Frage der Generalisierung war von Anfang an mit der Vorstellung der Formulierung allgemeiner Gesetze, vergleichbar mit denen im Bereich der Naturwissenschaften, verbunden und wurde in dieser Fassung entweder emphatisch unterstützt oder als für den jeweiligen Gegenstandsbereich inadäquat zurückgewiesen (s.u.).

se, ein Großereignis, den Erfolg einer religiösen Gemeinschaft etc. Insofern sind diese Fälle oft „große" Einzelfälle mit weit reichender Bedeutung. Und doch richtet sich die Analyse auf **einen Fall** und gewinnt ihren Wert daraus, dass sie diesen Fall genau untersucht und in seinem Zustandekommen und seiner Funktionsweise erklärt. Gegen eine Analyse des Zusammenbruchs des Sowjetsystems, des Aufstiegs und Falls der Medici in Florenz oder der Funktionsweise der italienischen Mafia z.B. wird man kaum einwenden, bei diesen Analysen handle es sich nur dann um Wissenschaft, wenn gleichzeitig auch der Zusammenbruch anderer Gesellschaftssysteme, der Erfolg von Bankiersfamilien in anderen Städten oder das Wirken anderer Formen organisierter Kriminalität untersucht wird. Damit ist freilich nicht bestritten, dass solche Vergleiche hoch aufschlussreich sein können (zu Letzterem vgl. Krauthausen 1987).

Und selbst Existenzurteile und Einzelaussagen, in denen Tatsachen festgestellt werden, ohne dass dabei auf Gesetzmäßigkeiten geschlossen wird (s. Kaplan 1964: 84; Mayntz 2002: 14), gehören zum Spektrum wissenschaftlicher Aussagen zweifellos dazu, man denke nur an die vielfältigen Forschungen im Bereich der Ethnologie, in denen z.B. bis dahin außerhalb des Untersuchungsgebietes unbekannte Lebens- und Kulturformen entdeckt und untersucht wurden. Wissenschaftlichkeit hängt also nicht per se an der Frage der Generalisierung im Sinne eines Schlusses von einem Fall auf mehrere Fälle oder auf ein allgemeines Gesetz.

Zudem lässt sich gegen ein Verständnis von Generalisierung, das lediglich vom Fall weg zu (vielen) anderen Fällen oder allgemeinen Gesetzen führt, einwenden, dass selbst die Identifikation eines besonderen Falles (also die Feststellung einer Tatsache) bereits bestimmte Formen der Generalisierung voraussetzt, weil nur so dieser Fall von anderen abgegrenzt und in seiner Besonderheit überhaupt erst erfasst werden kann (vgl. Kaplan 1964: 85).[212]

Dies macht deutlich, dass mit Generalisierung immer zwei Vorgänge bezeichnet sind: Zum einen die Einbettung und Einordnung des Falles in einen größeren Zusammenhang, in dem stets bereits allgemeine Regeln wirksam sind, auf die der Fall Bezug nimmt und zu denen er sich „verhält" (Generalisierung I). Und zum anderen der Schluss von dem, was man am jeweiligen Fall festgestellt hat, auf andere Fälle (Generalisierung II).

---

[212] Dewey (2002 [1939]: 505) diskutiert diese Frage am Beispiel der Biologie und der Geowissenschaften, indem er darauf verweist, „dass sich diese Wissenschaften weitgehend mit der Bestimmung von Einzeldingen befassen und dass Generalisierungen nicht lediglich *aus* der Bestimmung von Einzeldingen *herauswachsen*, sondern dass sie bei weiteren Interpretationen von Einzeldingen beständig am Werk sind." (Hervorh. i. Orig.)

6.1 Was ist das Problem? Worum geht es bei der Generalisierung? 315

Abb. 6: Generalisierung I

Abb. 7: Generalisierung II

In der Entwicklung der Sozialwissenschaften kommt dem Problem der Generalisierung zweifellos eine wichtige Rolle zu. Ob das, was man an einem Fall oder an mehreren Einzelfällen festgestellt hat, nur für diese Fälle zutrifft oder ob sich daran etwas Allgemeines, Systematisches oder Gesetzmäßiges zeigen lässt, das über den Fall hinausgeht, und – wenn ja – wie man vorzugehen hat, wenn man vom Fall auf Anderes schließen will, sind Fragen, die die Sozialwissenschaften bis heute beschäftigen. Wissenschaftshistorisch spielte dabei unter anderem die Profilierung der Soziologie gegenüber den Geisteswissenschaften, insbesondere gegenüber der Geschichtswissenschaft, eine wichtige Rolle.

> Bei der Generalisierung geht es um die Frage, ob von dem, was an einem Fall oder einigen Fällen festgestellt wurde, auf andere Fälle oder allgemeine Regelmäßigkeiten geschlossen werden kann. Obwohl Generalisierung ein wichtiges Ziel der Forschung ist, waren für das wissenschaftliche Arbeiten immer auch Tatsachenfeststellungen und die Analyse einzelner Fälle von Relevanz. Zudem sind bereits mit der Identifikation bestimmter Fälle (seien es Individuen, Gruppen, Institutionen, historische oder mediale Ereignisse, Produkte etc.) und deren Verortung in einem Kontext Formen der Generalisierung verbunden.

6.2 Grundmodelle der Generalisierung

In der Wissenschaftstheorie werden verschiedene Ebenen benannt, auf denen Generalisierungen vorgenommen werden, und mehrere Grundmodelle der Generalisierung unterschieden, die sowohl im Alltagswissen als auch in der Wissenschaft eine Rolle spielen.

6.2.1 Deduktives Erklären vs. Rekonstruktion von Konfigurationen und Mechanismen

„Generalisierung" implizierte dort, wo die Logik wissenschaftlicher Untersuchung am Ideal der Naturwissenschaften ausgerichtet war, den Anspruch, kausale Zusammenhänge zu formulieren: die Identifizierung bestimmter Ursachen, die bestimmte Wirkungen hervorrufen. Diese sollten möglichst den Charakter allgemeiner Gesetze haben (vgl. Mill 1974 [1873]). Erklären hieß dann, solche allgemeinen, gesetzmäßigen Ursache-Wirkungs-Ketten zu identifizieren. Nun zielt aber der Gesetzesbegriff der Naturwissenschaften darauf, einen Zusammenhang auszudrücken, der – sofern die entsprechenden Voraussetzungen gegeben sind – unabhängig von Ort und Zeit zutrifft. Im Bereich der Human- und Sozialwissenschaften steht dem freilich eine Menge entgegen: die Fülle der Rahmenbedingungen und Einflussfaktoren, die es zu kontrollieren und zu kennen gälte zum einen, sowie die sinnhafte Orientierung und das in vieler Hinsicht wenig berechenbare Verhalten der menschlichen Untersuchungseinheiten zum anderen. Die Möglichkeit der Generalisierung, so wenden Lincoln und Guba (2002 [1979]: 29) daher mit grundsätzlicher Skepsis ein, stehe und falle mit der Annahme des Determinismus. Wenn es aber keine fixierten und zuverlässigen Verbindungen zwischen Elementen gäbe, könne man daraus auch keine gesetzesförmigen Aussagen über solche Verbindungen ableiten, die universellen Charakter beanspruchen können.

Auch von einer sich als „Tatsachenwissenschaft" verstehenden Soziologie konnten daher die naturwissenschaftlichen **Gesetz**mäßigkeiten nicht einfach reproduziert werden. Gleichwohl ist nicht zu bestreiten, dass sich am menschlichen Verhalten eine Fülle von Regelmäßigkeiten aufzeigen lassen, die es in vieler Hinsicht prognostizierbar machen. Daher wurde in den Sozialwissenschaften nach Ersatzlösungen für die naturwissenschaftlichen „Gesetze" gesucht, die es erlauben, zumindest die Orientierung an allgemeinen **Regel**mäßigkeiten fortzuschreiben. Wenn man schon keine allgemein gültigen Gesetze aufzeigen konnte, so wollte man sich diesem Allgemeinen doch wenigstens über Wahrscheinlichkeiten annähern. Samplingprozeduren, insbesondere Zufallsstichproben, waren dafür von herausragender Bedeutung. Relevant wurde die Berechnung solcher Wahrscheinlichkeit überall dort, wo es in den Sozialwissenschaften darum ging, Prognosen im Hinblick auf künftige Entwicklungen zu erstellen. Beispiel dafür sind etwa die Demographie oder die Wahlforschung.

Aber dieses Verständnis von Generalisierung erweist sich dort als inadäquat, wo die Besonderheit einzelner Fälle, die sich häufig nicht – oder nur unter Verlust der wesentlichen Informationen – auf einen allgemeinen Nenner bringen lassen, zur Erklärung ansteht. So entsprechen etwa bei makrosozialen Analysen die vorliegenden Konstellationen meist nicht den Bedingungen für eine Art der Generalisierung, die sich auf statistische Wahrscheinlichkeiten stützen kann. Auch hier hat man es – wie im Bereich der qualitativen Methoden insgesamt – oft mit Einzelfällen zu tun, deren Sinnzusammenhang es zu analysieren gilt. Erst der Weg über diesen Sinnzusammenhang, also über das **Verstehen**, macht es überhaupt möglich, das Eintreten eines bestimmten Ereignisses zu erklären. Das „Wie?" wird zur Voraussetzung für das „Warum?". Es ist dann nicht die Tatsache A, die den Umstand B bewirkt, sondern es ist ein komplexer Prozess, an dessen Ende B steht und ohne dessen Rekonstruktion man B auch nicht erklären kann. In Kontexten, in denen versucht wird, makrosoziale Ereignisse zu erklären, wird dafür der Begriff der „kausale(n) Rekonstruktion" (Mayntz 2002: 13) verwendet. Generalisiert werden dann nicht Gesetze, sondern z.B. bestimmte **Mechanismen** im Sinne „wiederkehrende(r) Prozesse, die bestimmte Ursachen mit bestimmte(n) Wirkungen verbinden" (Mayntz 2002: 24; Hervorh. d. Verf.). Generalisierung heißt dann nicht die Identifikation allgemeiner, von Ort und Zeit unabhängiger Gesetze, sondern die Formulierung einer Theorie darüber, über welchen Mechanismus bestimmte Resultate erzeugt werden.

Selbst Kaplan, der das Formulieren von Gesetzen (oder von sich herausbildenden Gesetzen) explizit für den grundlegenden Generalisierungsvorgang in den Wissenschaften hält, betont gleichwohl, dass Gesetze nicht allein auf **kausale**, sondern auch auf **andere Formen der Erklärung** – z.B. **funktionale oder motivationale** – zielen könnten. Dabei kommt auch er auf die Sonderrolle der Geschichtswissenschaft zu sprechen, für die es um das Erklären historischer Ereignisse geht. Eine Sonderrolle sieht er im historischen Erklären insofern, als es dort nicht primär um die Erklärung **bloßer Folgen** von Ereignissen gehe. Der Historiker müsse die Abfolge von Aktivitäten als **Konfiguration** verstehen, die durch absichtsvolle oder kausale Verbindungen Bedeutung bekommen hat. Es geht in der Geschichtswissenschaft um **Verknüpfungen** („colligation"), d.h. um die Erklärung eines Ereignisses durch Aufdeckung der ihm inhärenten Beziehungen zu anderen Ereignissen; sowie darum, es in seinem historischen Kontext zu platzieren (vgl. Kaplan 1964: 367). Damit greift Kaplan bei der Erklärung historischer Ereignisse auf exakt die Denkfigur zurück, die bereits in den um 1900 stattfindenden methodologischen Auseinandersetzungen (s.u.) formuliert worden waren: Erst aus dieser Rekonstruktion von Verknüpfungen und aus deren Platzierung im historischen Kontext resultiere eine sinnvolle Erzählung („significant narrative") (ebd.: 369).

Kaplan schlägt vor, die Form der Erklärung in der Geschichtswissenschaft nicht nach dem Vorbild **deduktiver Erklärung** zu bilden, sondern sich dabei am **Mustermodell** zu orientieren: „According to the pattern model, then, something is explained when it is so related to a set of other elements that together they constitute a unified system. We understand something by identifying it as a specific part in an organized whole." (Ebd.: 333) Erklärung nach dem Mustermodell – so Kaplan im Anschluss an Dewey (2002 [1939]: 511) und Whitehead (1948) – funktioniert demnach über das Einführen oder Entdecken von Beziehungen: Die Beziehungen konstituieren ein Muster, und ein Element wird erklärt, indem seine Position in einem Muster aufgezeigt wird (vgl. Kaplan 1964: 334).

Deutlich ist aber, dass dieses weitere Verständnis den Begriff des Erklärens aus der engen Verbindung mit dem der (als Gesetzlichkeit verstandenen) Kausalität löst. Erklären heißt dann nicht, einen linearen Zusammenhang zwischen A und B nachzuweisen, sondern zu zeigen, wie bestimmte Elemente ineinandergreifen und so zu einem spezifischen Resultat führen. Es ist diese erweiterte Form des Erklärens, an die die qualitativen Methoden anschließen können. Offensiv gewendet, kann man freilich auch sagen, dass in den Sozialwissenschaften – anders als in den Naturwissenschaften – die erste Form der Erklärung Kausalität gar nicht wirklich erfasst. Zwar kann sie vielleicht die letztlich entscheidende Variable A identifizieren, die für ein Resultat B als verantwortlich angesehen wird, den tatsächlichen Mechanismus, das tatsächliche Zusammenspiel der Beziehungen, das im Ergebnis zum Resultat B führt, kann sie aber nicht aufschließen. Ihm kann sie sich allenfalls nähern.

Dieser Gedanke wurde bereits um 1900 im Zusammenhang der damaligen methodologischen Auseinandersetzungen von Windelband, Rickert, Weber und anderen eingehend diskutiert, wobei Weber insbesondere auf das Modell des Idealtypus rekurrierte. Wesentlich für diese frühen Überlegungen war, dass sie beim Bemühen um Generalisierung ihren Ausgang nicht bei einzelnen Merkmalskombinationen nahmen, sondern an der **Sinnstruktur** der jeweiligen Fälle ansetzten. Dabei wurden die Operationen des Erklärens (von Verursachung) und des Verstehens (von Zusammenhängen) miteinander verknüpft. Wir werden dies im nächsten Abschnitt detaillierter behandeln.

Deutlich wird hier, dass die besondere Rolle, die dem historischen Erklären in der Methodendiskussion zukommt, nicht darin begründet ist, dass es dabei um ein **vergangenes** Ereignis geht, sondern vielmehr darin, dass es sich um einen „in Raum und Zeit genau lokalisierten, konkreten Fall (Vorgang usw.)" (Mayntz 2002: 9) handelt, den es zu erklären gilt. Genau dies verbindet die Diskussion um das historische Erklären mit der Methodendiskussion in der qualitativen Sozialforschung.

> Die Möglichkeit der Generalisierung empirischer Befunde wird in der Regel mit der Möglichkeit des Erklärens von Sachverhalten verbunden. Dabei lassen sich als zwei Grundmodelle das deduktive Erklären einerseits und das verstehende Erklären, basierend auf der Rekonstruktion von Konfigurationen und Mechanismen, andererseits unterscheiden.

6.2.2 Formen der Generalisierung

Im Verlauf einer empirischen Forschung kommen von Anfang an und wiederholt Formen der Generalisierung ins Spiel: Bei der Identifikation eines zu erklärenden Falles; bei den sachlichen und methodischen Setzungen und Vorannahmen; sowie am Ende beim Schluss von den Ergebnissen auf größere Zusammenhänge.

a. Identifikation

Lange vor der Frage, ob man von den untersuchten Fällen **im Ergebnis** auf andere schließen kann, setzen **basale** Formen der Generalisierung bereits bei der Identifizierung von Fällen ein. So verweist Kaplan (1973 [1964]) mit einem erkenntnistheoretischen Argument darauf, dass ohne Formen der Generalisierung etwas „Individuelles" oder „Besonderes" gar nicht zu erkennen sei. Der Vorgang der Identifikation als das Markieren von dauerhaften oder sich wiederholenden Bestandteilen im Fluss der Erfahrung (ebd.: 85) sei bereits eine solche grundlegende Form der Generalisierung. Jede Antwort auf die Grundfrage der Wissenschaft – „Was zum Teufel geht hier eigentlich vor?" – impliziere unvermeidlich eine Generalisierung. Wenn wir etwa sagen: „Der pubertierende Junge rebelliert gegen seinen autoritären Lehrer", treffen wir damit eine Aussage, die weit über das unmittelbar beobachtete Geschehen hinausgeht, indem es auf Generalisierungen über psychosoziale Entwicklung, Handlungstypen und Autoritätsverhältnisse rekurriert.[213]

b. Voraussetzungen

Weiter, so Kaplan, gehen in jede Untersuchung Generalisierungen in Form von **Vorannahmen** („presuppositions") über den Gegenstand und die bei der Untersuchung verwendeten Instrumente ein (vgl. ebd.: 86). Ohne solche generalisierenden – also als gültig vorausgesetzten – Vorannahmen ist Forschung nicht möglich: Es kann niemals alles gleichzeitig in Frage stehen. Und auch im Verlauf der Forschung müssen ständig Zusammenhänge als gegeben vorausgesetzt werden.

c. Schlussfolgerungen

Wenn von den Resultaten einer Untersuchung auf etwas Allgemeineres geschlossen wird, lassen sich auch hier verschiedene Formen der Generalisierung unterscheiden. Häufig werden in der Literatur zwei Grundtypen der Generalisierung unterschieden:[214] Zum einen die

---

[213] Dieses Beispiel stammt nicht von Kaplan, seine Ausführungen bleiben leider in der Regel völlig abstrakt.

[214] Kaplan unternimmt eine etwas komplexere Unterscheidung von vier Typen der Generalisierung:
a) **Einfache Generalisierung** des Typs: $xRy \rightarrow A(R)B$. Hier wird von der Relation R, in der x und y zueinander stehen, auf die Relation (R) zwischen A und B geschlossen, wobei x und y Mitglieder von A und B sind. Der Schluss erfolgt also von einigen auf alle einer hinreichend spezifizierten Art. Diese Form der Generalisierung findet sich in den standardisierten Verfahren sehr häufig und taucht dort als Schluss von den ausgewählten Fällen auf eine Population auf. Ein Beispiel wäre: Von der Tatsache, dass Frau Meier, die Mitglied der katholischen Kirche ist, den Abgeordneten Huber von der CDU wählt, wird auf die Präferenz von Mitgliedern der katholischen Kirche für die Partei der CDU geschlossen.
b) **Erweiterte Generalisierung** („extensional generalization") des Typs: $A(R)B \rightarrow U(R)V$. Die Generalisierung wird hier auf Fälle einer anderen, nicht untersuchten Art ausgedehnt. Sie bezieht sich insofern nicht auf Individuen, sondern auf Arten, zu denen die Individuen gruppiert werden: Es wird von der Relation (R), in der Individuen einer bestimmten Klasse A zu einem klassifizierten Sachverhalt B stehen, auf Individuen anderer Arten geschlossen. A und B sind dabei Subklassen, die in den Klassen U und V enthalten sind. Um eine solche Form der Generalisierung handelt es sich etwa bei einer Analogie. Im Hinblick auf das oben genannte Beispiel schlösse man hier z.B. von der Präferenz der Katholiken für die CDU auf einen allgemeinen Zusammenhang zwischen der Mitgliedschaft in Religionsgemeinschaften und der Präferenz für bestimmte politische Parteien.
c) **Vermittelte Generalisierung** („intermediate generalization") des Typs: $A(R)C \rightarrow A(R')B$ und $B(R'')C$. Die Relation (R) zwischen A und C wird hier aufgelöst in die Relationen (R') zwischen A und B sowie (R'') zwischen B und C. Das Zwischenglied ersetzt in diesem Fall die fehlende kausale Verbindung zwischen A und C. Als Beispiel für diese Form der Generalisierung ließe sich etwa der Zusammenhang nennen, den Weber zwischen dem Protestantismus calvinistischer Prägung und der Entstehung des Kapitalismus feststellte. Der Protestantismus führt nicht kausal zum Kapitalismus, wenngleich zwischen beiden offenbar ein Zusammen-

Generalisierung von ausgewählten Fällen auf eine Population (bzw. eine Klasse von Fällen) und zum anderen die analytische Generalisierung:

(a) Generalisierung von den ausgewählten Fällen auf eine Population bzw. auf eine Klasse von Fällen, bisweilen auch als empirische[215] oder statistische Generalisierung (Firestone 1993: 16; vgl. auch Kaplan 1964: 104ff.) bezeichnet: Dies ist eine Form der Generalisierung, die im Grunde den standardisierten Verfahren vorbehalten bleibt und für die entsprechend ein nach dem Zufallsprinzip ausgewähltes Sample von entscheidender Bedeutung ist. Eine wichtige Rolle spielt diese Form der Generalisierung etwa bei Wahlvorhersagen, wo von der Befragung einer Stichprobe vor der Wahl auf den wahrscheinlichen Wahlausgang geschlossen wird.[216]

b) Theoretische oder analytische Generalisierung (Firestone 1993: 17; Kaplan 1964: 108): Hier wird anhand des jeweiligen Falles bzw. der untersuchten Fälle ein bestimmter Zusammenhang, eine Regel oder ein Mechanismus herausgearbeitet, der von allgemeinerer Bedeutung ist (vgl. Mayntz 2002). Diese Form der Generalisierung findet sich in unterschiedlichen Typen der Sozialforschung und auf der Grundlage unterschiedlicher Datentypen. Sie ist für unseren Zusammenhang besonders relevant, aber, wie wir oben bereits ausgeführt haben, nicht nur in den klassischen Feldern der qualitativen Sozialforschung, sondern auch im Zusammenhang mit makrosozialen Analysen. Ein wesentliches Problem besteht dabei im Verhältnis von Abstraktion und Konkretion. Je abstrakter der untersuchte Mechanismus oder Zusammenhang herausgearbeitet wird, umso banaler wird er oft auch sein. Mit dem Grad der Konkretion der Darstellung nimmt aber umgekehrt auch die Möglichkeit der Vergleichbarkeit mit anderen Zusammenhängen ab. Ein weiteres zu lösendes Problem besteht in der Angabe der Bedingungen, unter denen der herausgearbeitete Mechanismus einsetzt bzw. der Zusammenhang greift.

Im Hinblick auf qualitative Methoden (Firestone 1993) wurde noch eine weitere Form der Generalisierung ins Spiel gebracht, die letztlich aus einem Vorbehalt gegenüber generalisierendem Vorgehen bei qualitativen Untersuchungen resultiert:

c) Fall-zu-Fall-Transfer (Lincoln/Guba 2002 [1979]: 39f.; Firestone 1993: 17f): Lincoln und Guba, die das Konzept der Generalisierung wegen seiner Nähe zu naturwissenschaftlichen Gesetzesbegriffen in Bereichen für problematisch halten, in denen es lokale Bedingungen zu berücksichtigen gilt, schlagen stattdessen die Begriffe der Passfähigkeit und der Transferier-

---

hang besteht: A(R)C. Vielmehr lässt sich der okzidentale Kapitalismus nur dann als aus dem Protestantismus hervorgehend erklären, wenn man das Zwischenglied der methodischen Lebensführung ins Spiel bringt. Der Protestantismus der calvinistischen Sekten – A – erzeugt eine Form der methodischen Lebensführung – B –, die dann wiederum zum Entstehen des Kapitalismus – C – beiträgt. Vermittelte Generalisierungen dienen oft als Material für theoretische Generalisierungen

d) **Theoretische Generalisierung** des Typs $A(R)B \rightarrow \alpha(R)\beta$. Die theoretische Generalisierung unterscheidet sich von den vorher beschriebenen Formen dadurch, dass sie Arten („kinds") konzeptualisiert, während die anderen Formen der Generalisierung Individuen (und Klassen von Individuen) konzeptualisieren. Im Hinblick auf das zuerst genannte Beispiel ließe sich etwa ausgehend vom Wahlverhalten der Katholiken eine Theorie über den Zusammenhang zwischen Religiosität und Konservatismus entwickeln, im zuletzt (unter c) genannten Fall ließe sich ein Zusammenhang zwischen Religion und sozialem Wandel (mit Lebensführung als wesentlichem verbindenden Element) theoretisch fassen. Erst diese Form der Generalisierung – so Kaplan (ebd.: 108) – ist im strengen Sinn erklärend, während die anderen Formen im Grunde nur Zusammenhänge zwischen Ereignissen aufzeigen.

[215] Den Ausdruck „empirische Generalisierung" halten wir freilich für problematisch, weil er suggeriert, dass das „Empirische" den standardisierten Verfahren vorbehalten ist. Umgekehrt impliziert es die Suggestion, dass sich in diesen Verfahren die Generalisierung gleichsam selbstläufig aus den Daten ergäbe, ohne dass dafür Theorie erforderlich sei. Beide Annahmen halten wir für falsch.

[216] Diese Form der Generalisierung umfasst die beiden ersten bei Kaplan beschriebenen Typen.

barkeit vor. Dabei nehmen sie Cronbachs (1975: 125) Vorschlag auf, Generalisierung nicht als Schlussfolgerung, sondern als Arbeitshypothese aufzufassen: "How can one tell whether a working hypothesis developed in Context A might be applicable in Context B? We suggest that the answer to that question must be empirical: the degree of transferability is a direct function of the similarity between the two contexts, what we shall call 'fittingness'. Fittingness is defined as the degree of congruence between sending and receiving contexts. If Context A and Context B are 'sufficiently' congruent, then working hypotheses from the sending originating context may be applicable in the receiving context." (Ebd.: 40) Allerdings handelt es sich hierbei nach Lincoln und Guba um eine Form der Übertragung der Ergebnisse einer Studie auf einen anderen Kontext, die nicht von der Forscherin selbst, sondern vom Leser vorgenommen wird. Was von der Forscherin allerdings erwartet wird, ist, dass sie die nötigen Informationen über den Kontext, in dem eine Studie durchgeführt wurde, zusammenstellt, so dass derjenige, der an der Übertragbarkeit der Ergebnisse interessiert ist, hinreichend Informationen hat, um zu einem begründeten Urteil zu kommen.[217] Der finnische Anthropologe Alasuutari (2000 [1995]: 155ff.) argumentiert in seinem Buch über Methoden der Kulturforschung ähnlich und schlägt vor, den Begriff der Generalisierung, den er im Bereich der qualitativen Methoden für irreführend hält, durch eine Reihe anderer Begriffe zu ersetzen, die jeweils die konkrete Art und Weise bezeichnen, in der über den untersuchten Fall hinaus verwiesen wird: den Begriff der Relation, mit dem auf Beziehungen zwischen dem gewählten Untersuchungsbereich und größeren Einheiten verwiesen wird; den Begriff der Extrapolation, mit dem auf die mögliche Gültigkeit für Populationen verwiesen wird; sowie den der Relevanz, mit dem auf die Kulturbedeutung des untersuchten Falles verwiesen wird.

Trotz dieser berechtigten Vorbehalte scheint uns der Weg über theoretische Generalisierung durch die qualitativen Methoden – nicht zuletzt durch die diversen Strategien des Vergleichs – so gut vorbereitet, dass man nicht davor zurückschrecken sollte, ihn zu beschreiben. Zudem hat die methodische Diskussion einiges für den Versuch einer theoretischen Generalisierung zu bieten. Diese Diskussion beginnt bereits mit dem Methodenstreit um 1900.

Bestimmte Formen der Generalisierung spielen in allen Phasen empirischer Untersuchungen eine Rolle: bei der Identifikation von Fällen, den zu Beginn und während der Forschung notwendigerweise immer wieder gemachten, nicht eigens überprüften Voraussetzungen sowie bei den gezogenen Folgerungen. Bei Letzteren lassen sich Generalisierung auf Klassen von Fällen oder Populationen sowie theoretische Generalisierung unterscheiden.

In der Diskussion über qualitative Methoden sind gegenüber dem Begriff der Generalisierung deutliche Vorbehalte laut geworden, da er das Gesetzesverständnis der Naturwissenschaften im Gepäck führe. Stattdessen wurden Ersatzbegriffe wie Relation, Extrapolation und Relevanz vorgeschlagen. Trotz solcher berechtigten Einwände halten wir den Weg über theoretische Generalisierung, der die qualitative Sozialforschung mit den Problemstellungen des verstehenden Erklärens historischer Ereignisse bzw. makrosozialer Phänomene verbindet, im Bereich der qualitativen Methoden für sinnvoll.

---

[217] Es soll zumindest erwähnt werden, dass Lincoln und Guba ihren Aufsatz mit der Figur der holographischen Generalisierung beenden. Diese Metapher dient ihnen für den Gedanken, dass repräsentative Samplings hinfällig seien, wenn man, wie beim Hologramm davon ausgehe, dass jeder Teil über die komplette Information verfüge. Man müsse nur wissen, wie man an diese Information gelangt. Da dies aber auf der metaphorischen Ebene bleibt, gehen wir hier nicht weiter darauf ein.

6.3 Idiographik oder Nomothetik? Ein historischer, aber systematisch aufschlussreicher Kontrast

Die Spannung zwischen Generalisierung und Erklären bzw. Verstehen des besonderen Falles spielt nicht erst in der neueren Diskussion eine Rolle, sondern stand bereits um 1900 im Zentrum der Auseinandersetzung um gegenstandsadäquate Methoden in den Sozialwissenschaften. Manche der Problemdefinitionen, die damals vorgenommen wurden, und der methodischen Konsequenzen, die daraus gezogen wurden, sind auch für die aktuelle Methodendiskussion hilfreich und spielen insbesondere in der Debatte um Generalisierung eine nachhaltige Rolle.

6.3.1 Individualisierung vs. Generalisierung

Wissenschaftshistorisch war die Auseinandersetzung mit der Frage der Generalisierung verbunden mit der Ausdifferenzierung und Identitätsbehauptung neuer Wissenschaftszweige, unter anderem mit der Etablierung der Soziologie. Zu dieser Etappe der Wissenschaftsgeschichte gehört die Unterscheidung zwischen **idiographischen** und **nomothetischen** bzw. **individualisierenden** und **generalisierenden Verfahren**, die zuerst 1894 von dem neukantianischen Philosophen Wilhelm Windelband (1894) eingeführt und anschließend vor allem von dessen Schüler Heinrich Rickert (1899; 1902; 1924 [1904]) in ihren Implikationen weiter ausgeführt wurde, und die unter anderem im Rahmen der methodologischen Auseinandersetzungen um 1900 zur Anwendung kam. Dabei wurde mit dem nomothetischen Verfahren das generalisierende Vorgehen der Naturwissenschaften bezeichnet, bei dem bestimmte Phänomene auf allgemeine Gesetze zurückgeführt werden und dann entsprechend deduktiv auf weitere Fälle geschlossen wird. Der einzelne Fall gilt bei diesem Vorgehen lediglich als Beispiel für ein solches allgemeine Gesetz, bzw. er gilt – wo der **„methodologische Naturalismus"** (Rickert 1924 [1904]: 36; 38) durch die Sozialwissenschaften übernommen wird – als Exemplar eines Gattungsbegriffs. Dem wird die historische Wissenschaft[218] gegenübergestellt, die sich mit der Darstellung des Einzelfalles mit einem individuellen **Inhalt** befasst. Sie wird als **individualisierende Wissenschaft** verstanden, insofern sie – so die Überzeugung der Autoren – historische Ereignisse und historische Personen nur verstehen kann, wenn sie auch deren Werte bzw. die Werte einer bestimmten Zeit versteht.[219] Darin begründet sich dann auch die Gegenüberstellung von Naturwissenschaft und (historischer) Kulturwissenschaft, „Gesetzeswissenschaft" und „Wirklichkeitswissenschaft". Während es bei der „Gesetzeswissenschaft" um die begriffliche Klassifikation einer Vielzahl von Fällen gehe, gründe die „Wirklichkeitswissenschaft" auf „individuellen Begriffen", deren Geltung sich auf sog. „historische Individuen" – worunter einmalige Erscheinungen und Erscheinungskomplexe verstanden werden – beziehe, die nur durch individualisierende Begriffe erfasst werden könnten (vgl. Lichtblau 2002). In dieser Phase wird also das idiographische, individualisierende Verfahren mit Nachdruck für die historische Kulturwissenschaft in Anspruch genommen.

---

[218] Dabei geht es nicht um eine fachliche Einteilung, sondern um die Logik historischer Forschung.

[219] Oakes (2006 [1987]) verweist darauf, dass in der Frage der Kulturwerte ein klarer Unterschied zwischen Rickert und Weber bestand. Während Rickert von einer Theorie objektiver Kulturwerte ausgehe, gehe es bei Weber um die konkreten Wertbeziehungen des Individuums. Diese Differenz habe Weber selbst aber in seiner Bezugnahme auf Rickert eher verdunkelt.

6.3 Idiographik oder Nomothetik?

Nun folgte auch Rickert, der diese Überlegungen am weitesten ausgearbeitet hat, nicht der naiven Annahme, die Geschichtswissenschaft könne ein schlichtes **Abbild** der Individualität ihres einmaligen Objekts liefern (Rickert 1924 [1904]: 39).[220] Auch wird nicht unterstellt, sie könne oder solle frei sein von generalisierenden Begriffen. Auf dem Weg zu ihrem Ziel, die „Individualität des **Ganzen**" (ebd.; Hervorh. i. Orig.) darzustellen, werden – so Rickert – die Teile dieses Ganzen durchaus in allgemeinen Begriffen und in generalisierender Weise behandelt. Die individualisierende Darstellung, die er jedoch für die historische Methode als wesentlich ansieht, bezieht sich lediglich auf das „historische Ganze", den **Ereigniszusammenhang**, der so nur einmal vorkommt.

Anders als die vorwissenschaftliche Art des Individualisierens, die die Objekte aus ihrer Umgebung **herauslöst** und **vereinzelt**, geht es bei der **individualisierenden Methode** in zweifacher Hinsicht um einen **historischen Zusammenhang**: Einerseits geht es um die Beziehungen, die das Objekt mit seiner **Umwelt** verbinden, andererseits um die **Stadien**, die es von Anfang bis Ende durchläuft. Insofern gibt es also auch bei dieser Art der Betrachtung die Vorstellung eines „Allgemeinen", im Sinne eines „allgemeinen **Ganzen**" (ebd.: 45; Hervorh. im Original), das sich auf die beiden beschriebenen Zusammenhänge bezieht. Da dieses allgemeine Ganze sich auf eine **Entwicklung** und einen **Kontext** bezieht, ist es – so Rickert – stets inhaltsreicher als seine Teile. Im Unterschied dazu seien die allgemeinen Begriffe (Gattungsbegriffe) des generalisierenden Verfahrens der naturwissenschaftlichen Methode notwendig inhaltsärmer als die diversen ihm untergeordneten Exemplare.

Gleichzeitig grenzt Rickert sich von der üblichen Kontrastierung erklärender und verstehender Zugänge ab, der zufolge die historische Wissenschaft auf das Verstehen verwiesen wird. Denn die individualisierende Methode zielt durchaus auf das **Erklären** eines einzigartigen historischen Sachverhalts aus seiner Umwelt und seinen Entwicklungsstadien heraus. Insbesondere Weber hat daran später angeschlossen und die enge **Verbindung von Verstehen und Erklären** betont, insofern das Erklären darauf angewiesen ist, vorher einen Zusammenhang verstehend rekonstruiert zu haben.[221]

Abb. 8: Generalisierende Methode des methodologischen Naturalismus

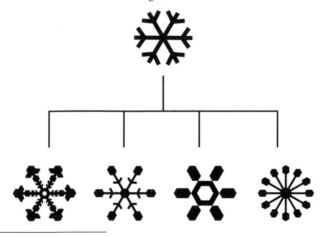

---

[220] Die entsprechende Haltung wurde damals als naiver Historismus zunehmend kritisiert. Diese Abgrenzung findet sich bei Rickert wie auch bei Weber.

[221] „Verstehen oder Deuten", so heißt es bei Dewey (2002 [1939]: 587), „ist eine Sache der *Ordnung* der Materialien, die als Tatsachen ermittelt werden, das heiß der Bestimmung ihrer *Relationen*." (Hervorh. im Orig.)

Abb. 9: Individualisierende Methode der Geschichtswissenschaft

Auch im Hinblick auf spätere Debatten ist festzuhalten, dass Generalisierung hier in einer sehr spezifischen Art und Weise verstanden wird: nämlich im Sinne einer **Klassifikation**, bei der die individuellen Exemplare einem relativ abstrakten Gattungsbegriff zugeordnet werden, der ihre besonderen Eigenschaften notwendig abstreifen muss. Demgegenüber wird für die Geschichte eine Methode in Anspruch genommen, bei der das jeweilige zu erklärende individuelle Phänomen oder Ereignis in seiner Entwicklung und in seinem Kontext betrachtet und so in seinem Zustandekommen erklärt wird. Erst durch die Berücksichtigung dieser beiden Dimensionen komme das **allgemeine Ganze** in den Blick.

Von dem individualisierenden Zugang, wie er von Rickert und Windelband propagiert wird, setzen sich einige Vertreter der frühen Soziologie ab, die um 1900 versucht, sich als neue Leitwissenschaft zu positionieren. Zu diesem Positionierungsversuch gehört die Abgrenzung von der Geschichtswissenschaft, der gegenüber sich die Soziologie nun ihrerseits als „Gesetzeswissenschaft" zu behaupten versucht. Einer derjenigen, der die Soziologie in diesem Sinne auffasste, war Emile Durkheim (vgl. Giddens 2006 [1987]). Er repräsentierte damit in methodischer Hinsicht eine Gegenposition zu Weber, der viele der Überlegungen Rickerts aufgriff und weiter ausbaute (s.u.).

Aber auch bei Ferdinand Tönnies, einem der Begründer der Soziologie, der in „Gemeinschaft und Gesellschaft" (Tönnies 1991 [1887]) die Grundbegriffe einer „reinen Soziologie" zu entwickeln beansprucht, wird – in der Vorrede zur ersten Auflage – die **Mathematik** zum Maßstab für wissenschaftliche Arbeit – insofern es dabei um die Herstellung von Gleichheit im Sinne des bedachten Ausscheidens und Vernichtens von Unterschieden gehe.[222]

---

[222] „Alles wissenschaftliche Denken (…) will (…) Gleichheit zum Behufe irgendwelcher Messungen, da Messung entweder Gleichheit oder das Allgemeine, wovon Gleichheit ein besonderer Fall ist, nämlich ein exactes *Verhältniß* ergeben, welchem wiederum Gleichheit als Maasstab dient. So nämlich sind wissenschaftliche Gleichungen die Maasstäbe, auf welche die wirklichen Verhältnisse zwischen den wirklichen Objecten bezogen werden. Sie dienen der Ersparung von Gedankenarbeit. Was in unzähligen Fällen immer von Neuem ausgerechnet werden müßte, wird an einem ideellen Falle ein für allemal ausgerechnet und bedarf dann der bloßen Anwendung (…). So sind allgemeine oder wissenschaftliche Begriffe, Sätze, Systeme Werkzeugen vergleichbar, durch welche für besondere gegebene Fälle ein Wissen oder wenigstens Vermuthen erreicht wird; das Verfahren des Gebrauches ist die Einsetzung der besonderen Namen und aller Bedingungen des gegebenen für diejenigen des fictiven und allgemeinen Falles: das Verfahren des Syllogismus. Dieses ist in aller angewandten

Tönnies rekurriert damit auf genau die Form der „generalisierenden Methode", die Rickert als historische Methode ablehnt. Geschichte, so formuliert er in explizitem Gegensatz zu Rickert, ist Wissenschaft nur dann, „sofern in ihr die **Lebensgesetze** der Menschheit entdeckt werden mögen" (ebd.: XX; Hervorh. d. Verf.). Damit aber unterliegt sie denselben Prinzipien wie alle anderen Wissenschaften.

> Um 1900 wird im Zusammenhang mit der Frage nach der Möglichkeit des Erklärens historischer Ereignisse von Wilhelm Windelband die Unterscheidung von idiographischen und nomothetischen Verfahren eingeführt. Im Anschluss daran unterscheidet Heinrich Rickert eine „generalisierende" von einer „individualisierenden" Methode. Während Erstere auf die Unterordnung von Phänomenen unter Gattungsbegriffe ziele, gehe es bei Letzterer um das Erklären eines einzigartigen historischen Sachverhalts aus seiner Umwelt und seinen Entwicklungsstadien heraus. Während sich ein Teil der neu entstehenden Soziologie gegenüber der Geschichtswissenschaft als „Gesetzeswissenschaft" zu etablieren versucht, greifen andere, insbesondere Max Weber, die methodologischen Anliegen Windelbands und Rickerts auf.

6.3.2 Gesetzeswissenschaften und Wirklichkeitswissenschaften

Die Überlegungen, die von Rickert angestoßen wurden, wurden von Weber in seinen methodologischen Schriften in weiten Teilen übernommen und weitergeführt (Weber 1985a [1904]; 1985b [1902-1906]).[223]

Auch Weber positionierte sich im Methodenstreit Ende des 19./Anfang des 20. Jahrhunderts, der um die Unterscheidung von Gesetzes- und Wirklichkeitswissenschaften kreiste. Die Auseinandersetzung mit Repräsentanten unterschiedlicher Wissenschaftszweige diente ihm aber auch zur Entwicklung allgemeiner methodischer Überlegungen über die Möglichkeiten der wissenschaftlichen Erkenntnis der Kulturwirklichkeit. Das macht seine Ausführungen, die in mehreren seiner Aufsätze zur Wissenschaftslehre entfaltet sind (Weber 1985 [1922] a, b und c), für unseren Zusammenhang interessant.

Im Anschluss an Rickert unterschied Weber zwei Arten der Wissenschaft, die sich in ihrem methodischen Vorgehen grundsätzlich unterscheiden:

„Auf der **einen** Seite Wissenschaften mit dem Bestreben, durch ein System möglichst unbedingt allgemeingültiger Begriffe und Gesetze die extensiv und intensiv unendliche Mannigfaltigkeit zu ordnen. Ihr logisches Ideal (…) zwingt sie, (…) die vorstellungsmäßig uns gegebenen ‚Dinge' und Vorgänge in stets fortschreitendem Maße der individuellen ‚Zufälligkeiten' des Anschaulichen zu entkleiden. Der nie ruhende logische Zwang zur systematisierenden Unterordnung (…) der so gewonnenen Allgemeinbegriffe unter andere, noch allge-

---

Wissenschaft mit höchst mannigfacher Ausbildung enthalten (als das Denken nach dem Satze vom Grunde), wie aller reinen Wissenschaft die Beziehung auf ein System von Namen (eine Terminologie), welches auf die einfachste Weise durch das Zahlensystem dargestellt wird (als das Denken nach dem Satze der Identität)." (Tönnies 1991 [1887]: XVIIIf.)

[223] Wir verzichten an dieser Stelle auf den Nachweis der zahlreichen Parallelen zwischen Rickert und Weber, auf die Weber selbst ausdrücklich hingewiesen (und sich dann auch selbst den detaillierten Nachweis erspart) hat (Weber 1985b [1902–1906]: 4, FN 2; 7, FN 1). Eine umfassende Rekonstruktion der Beziehungen zwischen dem Werk Rickerts und demjenigen Webers findet sich bei Merz 1990. Im Hinblick auf die Vorstellung „objektiver Kulturwerte" gibt es jedoch zwischen Rickert und Weber klare Differenzen (vgl. Oakes 2006 [1987]).

meinere, in Verbindung mit dem Streben nach Strenge und Eindeutigkeit, drängt sie zur möglichsten Reduktion der qualitativen Differenzierung der Wirklichkeit auf exakt meßbare Quantitäten. Wollen sie endlich über die bloße Klassifikation der Erscheinungen grundsätzlich hinausgehen, so müssen ihre Begriffe potentielle Urteile von genereller Gültigkeit in sich enthalten, und sollen diese absolut **streng** und von mathematischer Evidenz sein, dann müssen sie in **Kausalgleichungen** darstellbar sein.

Das alles bedeutet aber zunehmende Entfernung von der ausnahmslos und überall nur konkret, individuell und in qualitativer Besonderung gegebenen **und vorstellbaren** empirischen Wirklichkeit, in letzter Konsequenz bis zur Schaffung von absolut qualitätslos, daher absolut unwirklich, gedachten Trägern rein quantitativ differenzierter Bewegungsvorgänge (…). Ihr spezifisches logisches **Mittel** ist die Verwendung von Begriffen mit stets größerem **Umfang** und deshalb stets kleinerem **Inhalt**, ihr spezifisches logisches **Produkt** sind **Relationsbegriffe** von **genereller Geltung** (Gesetze). Ihr **Arbeitsgebiet** ist überall da gegeben, wo das für uns **Wesentliche** (Wissenswerte) der Erscheinungen mit dem, was an ihnen **gattungsmäßig** ist, zusammenfällt (…).

Auf der **anderen** Seite Wissenschaften, welche sich diejenige Aufgabe stellen, die nach der logischen Natur jener gesetzeswissenschaftlichen Betrachtungsweise durch sie notwendig ungelöst bleiben muß: Erkenntnis der **Wirklichkeit** in ihrer ausnahmslos und überall vorhandenen qualitativ-charakteristischen Besonderung und Einmaligkeit: das heißt aber (…) Erkenntnis derjenigen Bestandteile der Wirklichkeit, die für uns in ihrer individuellen **Eigenart** und um derenwillen die **wesentlichen** sind.

Ihr logisches Ideal: das **Wesentliche** in der analysierten individuellen Erscheinung vom ‚Zufälligen' (d.h. hier: Bedeutungslosen) zu sondern und anschaulich zum Bewusstsein zu bringen, und das Bedürfnis zur Einordnung des einzelnen in einen universellen **Zusammenhang** unmittelbar anschaulich-verständlicher, konkreter ‚Ursachen' und ‚Wirkungen', zwingt sie zu stets verfeinerter Herausarbeitung von Begriffen, welche der überall individuellen Realität der Wirklichkeit durch Auslese und Zusammenschluß solcher Merkmale, die wir als ‚**charakteristisch**' beurteilen, sich fortgesetzt **annähern**.

Ihr spezifisches logisches Mittel ist daher die Bildung von Relationsbegriffen mit stets größerem **Inhalt** und deshalb stets kleinerem **Umfang**; ihre spezifischen Produkte sind, soweit sie überhaupt den Charakter von Begriffen haben, individuelle **Dingbegriffe** von universeller (wir pflegen zu sagen: ‚historischer') **Bedeutung**. Ihr Arbeitsgebiet ist gegeben, wo das Wesentliche, d.h. das für uns Wissenswerte an den Erscheinungen, nicht mit der Einordnung in einen Gattungsbegriff erschöpft ist, die konkrete Wirklichkeit **als solche** uns interessiert." (Weber 1985b [1902-1906]: 4ff.; Hervorh. im Orig.)

Tab. 9: Unterscheidung zwischen „Gesetzeswissenschaften" und „Wirklichkeitswissenschaften"

	Gesetzeswissenschaften	Wirklichkeitswissenschaften
Logisches Ideal	Ordnung der unendlichen Mannigfaltigkeit durch ein System möglichst unbedingt allgemeingültiger Begriffe und Gesetze	Erkenntnis der Wirklichkeit in ihrer qualitativ-charakteristischen Besonderung und Einmaligkeit; Einordnung des Einzelnen in universellen Zusammenhang konkreter Ursachen und Wirkungen
Logisches Mittel	Verwendung von Begriffen mit stets größerem Umfang und stets kleinerem Inhalt → Reduktion der qualitativen Differenzierung der Wirklichkeit auf exakt messbare Quantitäten → Darstellung in Kausalgleichungen	Bildung von Relationsbegriffen mit stets größerem Inhalt und stets kleinerem Umfang
Logisches Produkt	Relationsbegriffe von genereller Geltung (Gesetze)	Individuelle Dingbegriffe von universeller (historischer) Bedeutung
Arbeitsgebiet	Überall dort, wo das Wesentliche der Erscheinungen mit dem, was an ihnen gattungsmäßig ist, zusammenfällt	Überall dort, wo die konkrete Wirklichkeit als solche von Interesse ist

Weber war **nicht** der Ansicht, dass die konkret vorhandenen Wissenschaften sich nur an der einen oder anderen Art der Begriffsbildung orientieren könnten. Auch die Wirklichkeitswissenschaften – für die hier exemplarisch eine historische Kulturwissenschaft steht – müssen sich generalisierender Mittel bedienen, und auch die Gesetzeswissenschaften kommen ohne die Berücksichtigung konkreter Inhalte nicht an ihr Ziel. Dennoch hielt er den beschriebenen Unterschied für grundsätzlich im Hinblick auf die Klassifikation der Wissenschaftsorientierungen unter methodischen Gesichtspunkten. Historische Begriffe können nicht durch Abstraktion entleert sein (wie die Gattungsbegriffe), sondern sie müssen in der Lage sein, die für den **konkret**en Zusammenhang bedeutungsvollen Bestandteile hervorzuheben (ebd.: 11). Zwar muss auch die historische Begriffsbildung bei den betrachteten Phänomenen und ihren Bestandteilen eine Auslese vollziehen und das „Zufällige" vom „Wesentlichen" trennen. Während aber bei den Gesetzeswissenschaften dieses Zufällige gerade in dem liegt, was der jeweils untersuchte Fall nicht mit den meisten anderen teilt, d.h. was nicht zum jeweiligen Gattungsbegriff passt,[224] wird bei der historischen Begriffsbildung, die sich immer an der charakteristischen Gestalt orientiert, dasjenige „Zufällige" ausgesondert, was nicht zu diesem „historisch" Wesentlichen gehört. Es geht in dieser Perspektive immer um die Frage der Bedeutung, die die jeweiligen Bestandteile für den konkreten Zusammenhang haben, der zur Erörterung steht. Weber spricht im Hinblick darauf von der „**anschauliche**(n) Totalität eines als Kulturträger **bedeutungsvollen** Gesamtwesens" (ebd.).

In seiner Schrift zur „‚Objektivität' sozialwissenschaftlicher und sozialpolitischer Erkenntnis" (Weber 1995a [2004]) diskutiert Weber die Frage, wie bei einem wirklichkeitswissenschaftlichen Vorgehen, das ja ebenfalls nicht die unendliche Fülle der Gegenstände erfassen könne, das „Wesentliche" eines Phänomens erfasst werden soll. Das Feststellen von Gesetzen und Kausalfaktoren für das Zustandekommen eines bestimmten Sachverhalts sei dafür nicht hinreichend. Entscheidend für die Erkenntnis der Wirklichkeit sei dagegen die „**Konstellation** (…), in der jene (hypothetischen!) ‚Faktoren' zu einer geschichtlich für uns **bedeutsa-**

---

[224] Um einen reinen „Durchschnittstyp" handelt es sich dabei laut Weber (1995a [1922]: 202) jedoch ebenfalls nicht. Selbst in der Statistik seien „typische Größen" mehr als ein bloßer Durchschnitt und trügen daher stets Elemente des Idealtypus in sich (s.u.).

men Kulturerscheinung gruppiert, vorfinden" (ebd.: 174). Das Feststellen von „Gesetzen" und „Faktoren" sei auf dem Weg dorthin allenfalls eine Etappe. Die wesentliche und gegenüber dem ersten Schritt neue und selbstständige Aufgabe sei dann aber die „Analyse und ordnende Darstellung der jeweils historisch gegebenen, individuellen Gruppierung jener ‚Faktoren' und ihres dadurch bedingten konkreten, in seiner Art **bedeutsamen** Zusammenwirkens und vor allem die **Verständlichmachung** des Grundes und der Art dieser Bedeutsamkeit" (ebd.: 174f.). Weitere Schritte könnten in der Rekonstruktion der Genese und der Antizipation der künftigen Entwicklung dieser Konstellation liegen: „Die Zurückverfolgung der einzelnen, für die **Gegenwart** bedeutsamen, individuellen Eigentümlichkeiten dieser Gruppierungen in ihrem Gewordensein, so weit in die Vergangenheit als möglich, und ihre historische Erklärung aus früheren, wiederum individuellen Konstellationen wäre die dritte, – die Abschätzung möglicher Zukunftskonstellationen endlich eine denkbare vierte Aufgabe." (Ebd.: 175)[225]

Über diese Schritte vollzieht sich schließlich das, was Weber als Ineinandergreifen von Verstehen und Erklären begreift: Erklären ist nur möglich über die verstehende Rekonstruktion dieses Zusammenhangs: „Die Kausalfrage ist, wo es sich um die Individualität einer Erscheinung handelt, nicht eine Frage nach Gesetzen, sondern nach konkreten kausalen Zusammenhängen, nicht eine Frage, welcher Formel die Erscheinung als Exemplar unterzuordnen, sondern die Frage, welcher individuellen Konstellation sie als Ergebnis zuzurechnen ist: sie ist Zurechnungsfrage. Wo immer die kausale Erklärung einer Kulturerscheinung – eines historischen Individuums (…) – in Betracht kommt, da kann die Kenntnis von Gesetzen der Verursachung nicht Zweck, sondern nur Mittel der Untersuchung sein." (Ebd.: 178)

In seiner Unterscheidung von „Gesetzeswissenschaften" und „Wirklichkeitswissenschaften", die in ihrem logischen Ideal, ihren logischen Mitteln, ihren logischen Produkten und ihren Anwendungsgebieten grundlegend differieren, formuliert Weber das Grundmodell einer „historischen Kulturwissenschaft", die auf die kausale Erklärung von Kulturerscheinungen zielt und dabei ihren Ausgang beim Verstehen nimmt.

6.3.3 Der Idealtypus als Mittel verstehenden Erklärens

Im Zuge seiner methodologischen Überlegungen gelangt Weber an entscheidender Stelle zum Begriff des Idealtypus.[226] Dieser Begriff, der – wie der Typenbegriff insgesamt – eine lange Vorgeschichte hat,[227] wird bei ihm zum wesentlichen methodischen Instrument, um im Rah-

---

[225] Die hier skizzierten methodischen Schritte entsprechen ziemlich exakt dem, was im Rahmen der objektiven Hermeneutik als Forschungsprogramm weiter ausgebaut wurde (vgl. dazu Kap. 5.3).

[226] Bereits bei Aristoteles dient der Begriff des Typus als Verbindung zwischen der individuellen Erscheinung und dem Allgemeinen. Zur kritischen Auseinandersetzung mit Webers Idealtypenbegriff vgl. auch Eucken (1965 [1939]), der Webers Begriff demjenigen des „Realtypus" gegenüberstellt und Weber generell vorwirft, er hätte zwischen beiden nicht klar genug unterschieden. Allerdings scheint uns hier – wie dies an der Diskussion des Typus „Stadtwirtschaft" zeigt – insofern ein Missverständnis vorzuliegen, als Stadtwirtschaft nach Weber beides sein könnte: Nicht der Gegenstandsbereich entscheidet, ob ein Real- oder ein Idealtypus vorliegt, sondern die Art und Weise, wie der Typus gebildet wird: „Tut man dies, so bildet man den Begriff Stadtwirtschaft **nicht** etwa als einen **Durchschnitt** der in sämtlichen beobachteten Städten tatsächlich bestehenden Wirtschaftsprinzipien, sondern ebenfalls als einen **Idealtypus**." (Weber 1995a: 191)

[227] In Webers unmittelbarem Umfeld wird der Begriff von Georg Jellinek (1905 [1900]: 32–40) in dessen Staatslehre verwendet. Bei Jellinek allerdings bezeichnet der Begriff des Idealtypus den „idealen Typus", der gleichzeitig zum Wertmaßstab des Gegebenen wird und in der Staatslehre in die Vorstellung mündet, den besten

6.3 Idiographik oder Nomothetik?

men einer „wirklichkeitswissenschaftlichen" Methode, der es auf die Erfassung der „Eigenart von Kulturerscheinungen" (Weber 1995a [1922]: 202) ankommt, gleichzeitig das zu erfassen, was „**mehreren** konkreten Erscheinungen **gemeinsam** ist" (ebd.: 193, Hervorh. im Original; vgl. auch Merz 1990: 376ff.). Es geht also bei der Verwendung des Idealtypus der Sache nach um das Problem der Generalisierung, das hier jedoch in einer Weise gelöst werden soll, die das Individuelle nicht einem Gattungsbegriff unterordnet, sondern es in seinem inneren Zusammenhang und Gewordensein deutlich macht. Erst die Rekonstruktion dieses Zusammenhanges und seiner Genese machen es möglich, so Weber, die Kausalität, also das Zusammenwirken von Ereignissen, die ein bestimmtes **Resultat** hervorgebracht haben, herauszufinden. Der Idealtypus zielt entsprechend darauf, diese Kausalität so zu verdichten, dass das Ergebnis auf mehrere Erscheinungen und den Prozess ihrer Herausbildung anwendbar ist.[228]

Was hat man sich unter einem Idealtypus in diesem Sinne vorzustellen, der in der Lage ist, gleichermaßen Besonderes und Gemeinsames mehrerer zu erfassen?

Zunächst einmal ist deutlich, dass der Idealtypus kein Abbild der empirischen Realität ist, sondern eine Konstruktion des Wissenschaftlers, ein Vorgang der **Abstraktion** und **gedanklichen Steigerung einiger Elemente** dessen, was man in der empirischen Realität vorfindet, sowie ein Vorgang der Herstellung von **Kohärenz**, die sich in der Wirklichkeit nicht in derselben Weise findet. In diesem Sinne trägt der Idealtypus laut Weber den Charakter einer „**Utopie**", im Sinne eines Nicht-Ortes. Das heißt nun nicht, dass der Idealtypus ein irgendwie gearteter normativer Maßstab für die Wirklichkeit wäre. Utopie ist er lediglich dahingehend, dass er in der Form der Vereindeutigung, wie er von der Wissenschaftlerin geschaffen wurde, in der Realität nicht vorkommt.[229] Aber genau in dieser Vereindeutigung dient er der Klärung der Logik dessen, was wir in der Wirklichkeit finden. Er ist ein „Grenzbegriff" (Weber 1995a [1922]: 194), der dem Erkennen der Empirie und der Profilierung der Theoriebildung dient. Dazu Weber:

„Dieses Gedankenbild vereinigt bestimmte Beziehungen und Vorgänge des historischen Lebens zu einem in sich widerspruchslosen Kosmos **gedachter** Zusammenhänge. Inhaltlich trägt diese Konstruktion den Charakter einer **Utopie** an sich, die durch **gedankliche** Steigerung bestimmter Elemente der Wirklichkeit gewonnen ist. Ihr Verhältnis zu den empirisch gegebenen Tatsachen des Lebens besteht lediglich darin, dass da, wo Zusammenhänge der in jener Konstruktion abstrakt dargestellten Art (…) in der Wirklichkeit als in irgendeinem Grade wirksam **festgestellt** sind oder **vermutet** werden, wir uns die **Eigenart** dieses Zusammenhangs an einem **Idealtypus** pragmatisch **veranschaulichen** und verständlich machen können. Diese Möglichkeit kann sowohl heuristisch wie für die Darstellung von Wert, ja

---

[228] Staat zu finden. Solche idealen Typen, so Jellinek, hätten für die wissenschaftliche Erkenntnis jedoch keinen Wert. Daher plädiert er in Absetzung davon für den „empirischen Typus", der das Gemeinsame in den vielfältigen empirischen Erscheinungen logisch heraushebt: „So wird er durch eine Abstraktion gewonnen, die sich im Kopf des Forschers vollzieht, der gegenüber die ungebrochene Fülle der Erscheinungen das Reale bleibt." (Ebd.: 35) Insofern hat Weber **nicht**, wie Eucken (1965 [1939]: 269, FN 66) behauptet, Begriff und Begriffsinhalt des Idealtypus von Jellinek übernommen. Weber grenzt sich, ganz im Gegenteil, explizit davon ab, Idealtypen als „vorbildliche Typen", die das „dauernd Wertvolle" erfassen, zu verstehen. Er sieht in diesem Fall den Boden der Erfahrungswissenschaft **verlassen**: Es liege hier ein persönliches Bekenntnis, nicht eine idealtypische Begriffsbildung vor (Weber 1995a [1922]: 199).

[228] Insofern wird mit dem Konzept Idealtypus die klare Dichotomie von „Dingbegriffen" und „Gattungsbegriffen" überwunden, wenngleich das Anliegen, damit die Konstelliertheit und Prozessualität der erklärenden Sachverhalte zu erfassen, bewahrt bleibt.

[229] Dies gilt für Typen generell, egal, auf welchem Weg sie gewonnen wurden.

unentbehrlich sein. Für die **Forschung** will der idealtypische Begriff das Zurechnungsurteil schulen: er **ist** keine ‚Hypothese', aber er will der Hypothesenbildung die Richtung weisen. Er ist nicht eine **Darstellung** des Wirklichen, aber er will der Darstellung eindeutige Ausdrucksmittel verleihen. (...) Er wird gewonnen durch einseitige **Steigerung eines** oder **einiger** Gesichtspunkte und durch Zusammenschluß einer Fülle von diffus und diskret, hier mehr, dort weniger, stellenweise gar nicht vorhandenen **Einzel**erscheinungen, die sich jenen einseitig herausgehobenen Gesichtspunkten fügen, zu einem in sich einheitlichen **Gedanken**gebilde. In seiner begrifflichen Reinheit ist dieses Gedankenbild nirgends in der Wirklichkeit empirisch vorfindbar, es ist eine **Utopie**, und für die **historische** Arbeit erwächst die Aufgabe, in jedem **einzelnen Falle** festzustellen, wie nahe oder wie fern die Wirklichkeit jenem Idealbilde steht, inwieweit also der ökonomische Charakter der Verhältnisse einer bestimmten Stadt als ‚stadtwirtschaftlich' im begrifflichen Sinn anzusprechen ist. Für den Zweck der Erforschung und Veranschaulichung aber leistet jener Begriff, vorsichtig angewendet seine spezifischen Dienste." (Ebd.: 190f.; Hervorh. im Originial).

Deutlich wird in diesem Zitat, dass mit dem Konzept des Idealtypus zweierlei verbunden ist: Zum einen bezeichnen Idealtypen theoretisierende Verdichtungen und Vereindeutigungen dessen, was man in der Empirie vorfindet. Insofern können sie **Resultate** der Arbeit darstellen. Wichtiger jedoch ist die Funktion des idealtypischen Konstruierens als **prozessuale Methode**. Die idealtypische Konstruktion steht **im Dienste** der Verdichtung und Zuspitzung dessen, was man in der Empirie findet: Sie dient der Typenbildung. Und sie dient der Konstruktion heuristischer Hypothesen, mit denen man sich der Empirie erneut nähert. Übertragen auf die Methoden, die wir in diesem Buch diskutiert haben, könnte man sagen, dass die Idealtypenkonstruktion den Prozess des ständigen Vergleichens anleiten kann, insofern sie eine überpointierte Gestalt des empirisch Vorfindlichen schafft, zu der die vorhandenen Fälle ins Verhältnis gesetzt werden und von der ausgehend systematisch nach neuen, kontrastierenden Fällen gesucht werden kann. Dieser ständige Vergleich zwischen idealtypischer Konstruktion und empirischer Realität kann auch – darauf weist Weber explizit hin – dazu führen, die idealtypische Konstruktion wieder zu verabschieden.

Nun könnte man einwenden, ein solcher Idealtypus sei reine Gedankenspielerei. Und in der Tat bekommt das Gedankenspiel bei Weber im Zusammenhang mit dem Idealtypus eine methodologisch fruchtbare Bedeutung. Zum einen ist er im rein logischen (also nicht normativen!) Sinne ein ideales Gedankengebilde: „Es handelt sich um die Konstruktion von Zusammenhängen, welche unserer Phantasie als zulänglich motiviert und also ‚objektiv möglich', unserem nomologischen Wissen als **adäquat** erscheinen." (Ebd.: 192; Hervorh. im Original) Das heißt, der Idealtypus entwickelt auf der Grundlage dessen, was wir an Wissen verfügbar haben (und dazu gehört wesentlich das nomologische Wissen) eine plausible Vorstellung des inneren Zusammenhangs und des Zustandekommens desjenigen Wirklichkeitsausschnittes, den der Wissenschaftler zu erklären sucht. Erst am Ende wird sich zeigen, in welchem Maße dieses Konstrukt tatsächlich dazu beitragen kann, die betreffende Wirklichkeit besser zu verstehen oder zu erklären. Insofern ist er immer nur Mittel der wissenschaftlichen Arbeit, nie ihr Ziel.

Der Idealtypus, wie er von Weber charakterisiert wird, ist also kein Klassifikationsbegriff, in den die Wirklichkeit eingeordnet wird (ein solches Vorgehen – so Weber – bleibt den „dogmatischen Disziplinen" vorbehalten, „welche mit Syllogismen arbeiten"), auch dient er nicht einfach der Beschreibung der Bestandteile der Wirklichkeit. Er hat vielmehr die Bedeutung

6.3 Idiographik oder Nomothetik?

„eines rein idealen Grenzbegriffes" (ebd.: 194), mit dem die Wirklichkeit immer aufs Neue **verglichen** wird.

Bei dieser Operation kommt nun ein weiterer gedanklicher Vorgang in den Blick: die Konstruktion „**objektiver Möglichkeiten**" (Weber 1999c [1922]).[230] Das heißt, es werden bewusst hypothetisch verschiedene mögliche Verläufe eines Ereignisses durchdacht, indem gefragt wird, was aus einer Sache „bei Ausschaltung oder Abänderung gewisser Bedingungen geworden ‚wäre'" (ebd.: 275): „Es bedeutet zunächst (…) die Schaffung von (…) **Phantasiebildern** durch Absehen von einem oder mehreren der in der Realität faktisch vorhanden gewesenen Bestandteile der ‚Wirklichkeit' und durch die denkende Konstruktion eines in Bezug auf eine oder einige ‚Bedingungen' abgeänderten Herganges. Schon der erste Schritt zum historischen Urteil ist also ein **Abstraktions**prozeß, der durch Analyse und gedankliche Isolierung der Bestandteile des unmittelbar gegebenen, – welches eben als ein Komplex möglicher ursächlicher Beziehungen angesehen wird, – verläuft und in eine Synthese des ‚wirklichen' ursächlichen Zusammenhangs ausmünden soll. Schon dieser erste Schritt verwandelt mithin die gegebene ‚Wirklichkeit', um sie zur historischen ‚Tatsache' zu machen, in ein **Gedanken**gebilde: in der ‚Tatsache' steckt eben, mit Goethe zu reden, ‚Theorie'." (Weber 1995c [1922]: 275; Hervorh. im Original)

Bei dieser Betrachtung alternativer möglicher Pfade kommt dem Wissenschaftler nun wiederum sein vorhandenes Wissen über Tatsachen und Erfahrungsregeln – Weber spricht hier auch von „nomologischem Wissen" – zugute, mit deren Hilfe der faktische historische Prozess beurteilt werden kann. Es handle sich dabei um „Isolierung, Generalisierung und Konstruktion von Möglichkeitsurteilen" (ebd.: 279), indem bei Einklammerung des tatsächlichen Resultates und unter Einbeziehung allen vorhandenen Wissens die mögliche Wirkung einzelner Bestandteile des Prozesses geprüft wird: „Um die wirklichen Kausalzusammenhänge zu durchschauen, **konstruieren wir unwirkliche**." (Ebd.: 287)

Der Idealtypus wird nach Weber durch einen Vorgang der gedanklichen Steigerung, der Abstraktion und Vereinseitigung einiger Elemente der vorfindlichen Realität gewonnen. Er ist kein Abbild der Realität, sondern eine Konstruktion, die dazu dient, das Vorfindliche besser erfassen und darstellen zu können. Dabei wird – um einen historischen Verlauf in der Kausalität seines Zustandekommens erklären zu können – von dem tatsächlichen Ergebnis zunächst abgesehen und es werden objektiv mögliche Resultate konstruiert, um das Tatsächliche schärfer erfassen zu können. Dabei macht der Wissenschaftler zwingend auch von „nomologischem" Wissen Gebrauch, um das Zustandekommen der jeweiligen Teilschritte erklären zu können.

Daran wird deutlich, dass die Konstruktion von Idealtypen bei Weber nicht primär als Resultat der Forschung gedacht war, sondern vor allem als Methode, die die Forschung anleiten sollte, indem sie einen Prozess des ständigen Vergleichs des empirisch Vorfindlichen mit anderen Möglichkeiten in Gang setzt und hilft, in der Empirie Strukturen zu entdecken und Entwicklungen zu erklären. Insofern hat das Verfahren der Idealtypenkonstruktion große Ähnlichkeiten mit dem Prinzip des ständigen Vergleichens in den qualitativen Methoden.

---

[230] Die Parallelen zu dem von Oevermann im Rahmen der objektiven Hermeneutik entwickelten Verfahren sind offenkundig. Das Gedankenexperiment und die Entwicklung von Lesarten dienen dort im exakt gleichen Sinne der Konstruktion objektiver Möglichkeiten, mit der die tatsächlich vorliegende Realität verglichen wird.

6.4 Verwendung idealtypischer Konstruktion in der Forschung

Weber hat idealtypische Konstruktionen in seinen Arbeiten verschiedentlich zur Anwendung gebracht: Er verwendet sie für die kausale Analyse historischer Entwicklungen ebenso wie für diejenige persönlichen Handelns, aber auch zur Erfassung institutionalisierter Kulturphänomene, wie „Kirche" oder „Sekte", und deren Kulturbedeutung.

Gerade, weil die Konstruktion von Idealtypen nicht in erster Linie als **Resultat** der Forschung, sondern vor allem als **Methode** der Forschung aufzufassen ist (so auch Nentwig-Gesemann 2001), wäre es sicherlich verfehlt anzunehmen, es würde sich bei Typenbildungen im Bereich qualitativer Sozialforschung stets oder auch nur vorrangig um Idealtypen handeln. Auch bei Weber dient ja der Idealtypus als begriffliches **Hilfsmittel**, um das zu begreifen und zu erfassen, was sich in der „Wirklichkeit" findet. Aus diesem Grund wurde bisweilen auf das Konzept des „Realtypus" (in Unterscheidung vom Idealtypus) zurückgegriffen (Eucken 1956 [1939]; Gerhardt 1991), um deutlich zu machen, dass es sich bei der entsprechenden Typologie um eine Verdichtung **empirischer Ergebnisse** handelte. Wir halten die Frage der Begriffswahl an dieser Stelle für nachrangig, ziehen aber den Begriff des **Typus** dem des Realtypus vor, weil wir die darin implizierte Abgrenzung gegenüber dem Idealtypenbegriff gerade nicht für angemessen halten. Wesentlich erscheint uns im Gegenteil die ausdrückliche Betonung, dass die Typenbildung im Bereich der qualitativen Sozialforschung entscheidend davon profitieren kann, wenn sie sich an Webers Methode der Idealtypenkonstruktion orientiert: Das heißt, wenn sie idealtypische Konstruktionen tatsächlich als **Grenzbegriffe** nutzt, um über systematische Vergleiche die zentralen theoretischen Linien im Untersuchungsfeld herauszuarbeiten.

Die methodische Reflexion zur Typenbildung in den qualitativen Methoden ist in der Zwischenzeit relativ weit entwickelt (s. z.B. Kelle/Kluge 1999; Kluge 1999; Gerhardt 2001 u.a.m.). Und man kann nicht mehr umhin zu konzedieren, dass im Bereich der qualitativen Sozialforschung mittlerweile eine Fülle gelungener Typenbildungen vorliegen. Insofern ist die im Folgenden getroffene Auswahl notwendig kontingent und auch unseren eigenen Forschungsschwerpunkten geschuldet. Sie soll uns hier zudem dazu dienen, unter den Formen der Typenbildung, die sich am idealtypischen Verfahren Webers orientieren, die also nicht lediglich klassifizierend oder beschreibend sein wollen, **zwei grobe Richtungen** zu unterscheiden. Diese Unterscheidung – das sei vorausgeschickt – hat selbst idealtypischen Charakter.

Bei der einen Form, die wir behandeln wollen, nimmt die Typenbildung ihren Ausgang von der **Fallstruktur**, die anhand eines **individuellen oder kollektiven Akteurs** rekonstruiert wurde: einer Person, einer Familie, einer Gruppe etc. D.h. sie identifiziert anhand dieses Falles – bezogen auf die Untersuchungsfrage – ein bestimmtes, sich reproduzierendes Muster, das sie als Fallstruktur fasst. Die Typenbildung setzt an den Fallstrukturen systematisch ähnlicher Fälle an und abstrahiert diese – unter Zuhilfenahme wesentlicher **Dimensionen** – zu **Typen**. Diese Typen werden dann systematisch zueinander ins Verhältnis gesetzt und in einem **Typenfeld** bzw. Typentableau angeordnet, dessen Achsen wiederum von für die Fragestellung zentralen theoretischen Dimensionen gebildet werden.

Ein Beispiel, in dem die Konstruktion der Typen und des Typenfeldes sehr detailliert beschrieben ist, ist die Studie „Industriearbeit und Selbstbehauptung" (Giegel/Frank/Billerbeck

6.4 Verwendung idealtypischer Konstruktion in der Forschung

1988), in der eine Typologie „berufsbiographischer Orientierungsmuster" und des damit in Verbindung stehenden gesundheitsbezogenen Verhaltens bei Industriearbeitern erarbeitet wurde. Im Rahmen der Studien „Soziale Zeit und Biographie" sowie „Biographische Unsicherheit"[231] wurden auf der Grundlage von Interviews mit Zeitarbeitern und Zeitarbeiterinnen Typologien der Muster biographischer Entwicklung (Brose/Wohlrab-Sahr/Corsten 1993) bzw. Typen biographischer Identität unter Bedingungen biographischer Unsicherheit (Wohlrab-Sahr 1992; 1993; 1994) konstruiert. Aus der zuletzt genannten Studie werden wir weiter unten noch ein Beispiel vorstellen.

Charakteristisch für diesen Zugang insgesamt ist, dass der Typus ausgehend von Einzelfallanalysen erarbeitet und in der Regel anhand ausgewählter „Kernfälle" dargestellt wird, die den Typus in besonders „reiner" Ausprägung repräsentieren.[232] So kommt der biographische Typus „Individualisierung", mit dem wir uns weiter unten befassen wollen, besonders prägnant im Fall von Frau Späth zum Ausdruck, aber die für den Typus charakteristische Ausprägung der wesentlichen Dimensionen findet sich auch bei den anderen Fällen dieses Typus.

Die zweite Form der Typenbildung, die wir hier behandeln wollen (Bohnsack 2001; Nentwig-Gesemann 2001; sowie Kap. 5.4.5.d), arbeitet am Fallmaterial unterschiedliche **Typiken** heraus, für die der konkrete **Fall** gleichsam **eine Schnittfläche** bildet. Dabei wird, ausgehend von der jeweiligen Fragestellung des Projektes, zunächst eine Basistypik erarbeitet (z.B. eine Migrationstypik), die dann in weiteren Schritten in verschiedener Hinsicht spezifiziert wird: etwa im Hinblick auf eine Milieutypik, eine Entwicklungstypik, eine Bildungstypik, eine Geschlechtstypik und eine Generationstypik. Auf diese Weise soll der Anspruch realisiert werden, mit der Typenbildung einen Beitrag zur Erklärung zu leisten und die Generalisierung des einzelnen Typus (innerhalb der jeweiligen Typik) zu ermöglichen.

Dabei wird der Befund, der in der **Basistypik** festgehalten ist, über kontrastive Vergleiche im Hinblick auf die anderen Typiken spezifiziert und überprüft. In einem bei Bohnsack (2001b) genannten Beispiel besteht etwa die Migrationstypik in der Feststellung einer Sphärendifferenz von innerer und äußerer Sphäre, die offenbar für alle befragten jugendlichen Migrantin-

---

[231] Beide Studien entstanden im Rahmen des DFG-Projektes „Die Vermittlung von sozialen und biographischen Zeitstrukturen – Das Beispiel der Zeitarbeit", das unter der Leitung von Hanns-Georg Brose von 1985 bis 1989 an der Philipps-Universität Marburg durchgeführt wurde. In dem Projekt wurden standardisierte und qualitative Methoden verknüpft. Es wurden zunächst in drei großen Zeitarbeitsunternehmen 518 Personaleinsatzkarten (eine Zufallsstichprobe aus der Grundgesamtheit von N=1342) im Hinblick auf die soziodemographischen Merkmale der Beschäftigten und deren bisherigen beruflichen Werdegang ausgewertet. In einem zweiten Schritt wurde ein Sample von insgesamt 59 Zeitarbeitnehmerinnen und -arbeitnehmern in biographischen Interviews befragt.

[232] Damit ist nicht die Annahme verbunden, der Fall gehe „**vollständig in einem Typ auf**" (so Nentwig-Gesemann 2001: 281, Hervorh. im Original). Dass der Fall einen Typus **repräsentiert**, bedeutet **nicht**, dass er mit ihm **identisch** ist. Der Fall enthält immer **mehr und vielfältigere Informationen** als sie im Typus erfasst sind (und die konkrete **Person** stets mehr Facetten, als sie die Wissenschaftlerin in ihrer **Fall**rekonstruktion herausarbeiten kann). Die Typenbildung erfolgt zudem immer im Hinblick auf eine **bestimmte theoretische Verdichtung** (von der ebenfalls immer mehrere möglich sind), woraus zwingend folgt, dass Fälle – je nach theoretischem Interesse – auch zu anderen Typologien verdichtet werden können. In der Studie von Giegel, Frank und Billerbeck (1988) etwa wird eine weitere mögliche Typologie erkennbar: nämlich im Hinblick auf die Konflikthaftigkeit und Solidarisierungsfähigkeit der jeweiligen berufsbiographischen Orientierung. Was dabei aufgrund der Akteurszentrierung der Typologie jedoch jeweils gleich bleiben muss, ist die zentrale Tendenz der berufsbiographischen Orientierung. Anders würde eine akteurszentrierte Typologie keinen Sinn machen. In der Frage der Akteurszentrierung bzw. der Orientierung an einer individuierten Einheit mit einer ihr eigenen Bildungsgeschichte liegt wohl auch der wesentliche Unterschied der beiden hier behandelten Formen der Typenbildung.

nen und Migranten (nicht aber für die Vergleichsgruppe ohne Migrationshintergrund) ein Orientierungsproblem und einen Orientierungsrahmen markiert. Im Anschluss an Weber könnte man sagen, dass diese Sphärendifferenz, die auch in anderen Studien zur Lebenswelt in der Türkei und zu türkischen Migranten in Deutschland festgestellt wurde (s. Schiffauer 1983; 1987; 1991), idealtypischen Charakter hat.

Die konkrete Orientierung innerhalb dieses Rahmens und die jeweiligen Lösungen der Spannung fallen in unterschiedlichen Milieus je verschieden aus. Unterschieden werden in der genannten Studie vier **Milieutypen**: Einer, für den die **Exklusivität der inneren Sphäre** charakteristisch ist, einer, der durch die **Primordialität der inneren Sphäre** bei gleichzeitiger Toleranz gegenüber der äußeren gekennzeichnet ist, ein weiterer, für den eine **Sphären-(dif)fusion** charakteristisch ist, und ein vierter, der sich durch die **Suche nach einer dritten Sphäre** auszeichnet.

In den darauf folgenden Schritten wird dann diese erste Typik spezifiziert, indem z.B. geprüft wird, wie sich die migrationstypische Sphärendifferenz in unterschiedlichen Entwicklungsphasen dokumentiert. Dabei wird z.B. erkennbar, dass sie sich erst in der späten Phase der Adoleszenzentwicklung verschärft als handlungspraktisches Problem darstellt. Im Hinblick auf die Bildungstypik zeigt der Vergleich mit Jugendlichen höherer Schulabschlüsse, dass für diese Gruppe die Ausbildung einer „dritten Sphäre" charakteristisch ist, mit der sie sich gleichermaßen von den Eltern und der ethnischen Community wie auch von der „äußeren Sphäre" abgrenzen können. In diesem Verfahren, das sich an der Logik des ständigen Vergleichens bei Glaser und Strauss (1967) orientiert, werden so lange neue Typiken an die Basistypik vergleichend und spezifizierend angelegt, bis diese im Hinblick auf die Bedingungen und Varianten ihres Auftretens hinreichend geprüft ist. Gleichzeitig verbindet sich damit die Absicht, die Genese der im Material festgestellten Struktur zu prüfen, und damit der Anspruch auf **Erklärung** der gefundenen Struktur. Der Abgleich mit anderen Typiken dient der Überprüfung der in der Basistypik enthaltenen **Hypothese**, dass die Sphärendifferenz Ausdruck eines Migrationsmilieus (und nicht von etwas anderem) ist, und sie prozessualisiert gleichzeitig diese Hypothese, indem sie sie etwa mit einer Entwicklungstypik in Verbindung bringt. Eine natürliche Grenze bei diesem Verfahren liegt freilich notwendigerweise im verfügbaren Material. Nicht für jede neue Typik wird dasselbe aufschlussreiche und umfangreiche Material vorliegen wie für die Basistypik, so dass manche Spezifizierungen den Charakter von impliziten Schlüssen behalten müssen (etwa wenn von biographischen Interviews auf zurückliegende Phasen der angenommenen Entwicklungstypik geschlossen wird). Für andere Typiken (etwa die Bildungstypik) wird man auf Kontrastgruppen zurückgreifen müssen, um die nötigen Vergleiche anstellen zu können.

Was aus dem Vergleich dieser beiden Vorgehensweisen bereits deutlich wird, ist, dass die inhaltlichen Felder, mit denen sich die bisher beschriebenen Projekte befassen, **verschiedene** Formen der Typenbildung zulassen, die dann vermutlich auch leicht divergierende Resultate zutage fördern. So kann man jugendliche Migranten und Migrantinnen auch als Akteure einzeln befragen und dabei in den Blick nehmen, wie sie sich als Individuen zu dem Orientierungsrahmen, den das jeweilige Milieu definiert, ins Verhältnis setzen und wie sie in Auseinandersetzung damit (und mit anderen Kontexten) ein biographisches Orientierungsmuster ausbilden. Oder es ließen sich die erarbeiteten Milieutypen nun im Sinne des ersten Modells gleichsam als „historische Individuen" mit einer spezifischen Bildungsgeschichte rekonstruieren, indem etwa nach den Bedingungen der Entstehung, Verfestigung und ggf. Reproduktion solcher Migrationsmilieus gefragt wird.

Umgekehrt lässt sich bei einem Interesse für das gesundheitsbezogene Verhalten von Industriearbeitern und -arbeiterinnen oder für den Umgang mit Unsicherheit im Beruf auch ein Ansatz wählen, der nicht am einzelnen Akteur, sondern an den Orientierungsrahmen verschiedener beruflicher Milieus ansetzt und diese dann zunehmend weiter spezifiziert. Die Entscheidung für eine bestimmte Art der Typenbildung ist also nicht nur dem Gegenstand, sondern insbesondere der theoretischen Grundorientierung der Forscherinnen geschuldet. Bei beiden Zugängen allerdings wird der Typus – wenn auch in unterschiedlicher Weise – über das Zusammenspiel und die Integration **mehrerer Dimensionen** identifiziert.

> Bei den Formen der Typenbildung in der qualitativen Sozialforschung, die sich an Webers Methode des Idealtypus orientieren, lassen sich zwei Varianten unterscheiden.
> Bei der einen Form nimmt die Typenbildung ihren Ausgang von der Fallstruktur eines individuellen, kollektiven oder institutionellen Akteurs, der als Handlungszentrum mit einer ihm eigenen Bildungsgeschichte gedacht wird. Die Typenbildung setzt an den Fallstrukturen systematisch ähnlicher Fälle an und abstrahiert diese – unter Zuhilfenahme wesentlicher Dimensionen – zu Typen. Diese werden dann in einem Typenfeld angeordnet, dessen Achsen wiederum von zentralen theoretischen Dimensionen gebildet werden.
> Der zweite Zugang arbeitet am Fallmaterial unterschiedliche Typiken heraus, für die der konkrete Fall gleichsam eine Schnittfläche bildet, in der die unterschiedlichen Typiken zusammentreffen bzw. einander überlagern. Dabei wird, ausgehend von der jeweiligen Fragestellung des Projektes, zunächst eine Basistypik erarbeitet, die dann in weiteren Schritten über kontrastive Vergleiche im Hinblick auf andere Typiken spezifiziert und überprüft wird.

6.5 Anwendung: Vom Fall zum Typus

Im Folgenden sollen noch einmal die wesentlichen Schritte verdeutlicht werden, die sich bei einer Typenbildung im Anschluss an das idealtypische Verfahren Webers ergeben und die den Übergang vom Fall zum Typus anzeigen. Im Anschluss werden wir dann auf ein Fallbeispiel eingehen.

6.5.1 Fallstruktur und Typus

Im Unterschied zu statistischen Formen der Generalisierung haben vor allem Soziologen im Umfeld der objektiven Hermeneutik – unter Rekurs auf den Weber'schen Idealtypus – das Argument vertreten, dass jeder einzelne Fall insofern „seine besondere Allgemeinheit" (Hildenbrand 1991: 257) konstituiere, dass er in Auseinandersetzung mit allgemeinen Regeln seine Eigenständigkeit ausbilde. Daher ließen sich aufgrund von Fallmaterial sowohl gesellschaftliche Regeln und Bedingungen erkennen als auch die charakteristische Art und Weise, wie diese im Fall zur Anwendung kämen (ebd.), kurz: der Selektionsprozess, den der Fall vor dem Hintergrund objektiver Möglichkeiten vornehme.

Eine solche Analyse zielt auf die Rekonstruktion einer Struktur im Sinne der Reproduktionsgesetzlichkeit eines Falles. Die Frage nach der Verbreitung ist davon zunächst unabhängig, wenn auch natürlich von Relevanz. Oevermann (1988: 280), der dieses Verfahren in äußerst engem Anschluss an die methodologischen Texte Webers weiterentwickelt hat, spricht in diesem Zusammenhang von Strukturgeneralisierung (vgl. Kap. 5.3). Diese Perspektive zielt auf den Nachweis der Kausalität des jeweiligen Falles und greift damit einen wesentlichen Gedanken aus Webers Bestimmung der „wirklichkeitswissenschaftlichen Methode" des „verstehenden Erklärens" auf.

Gleichwohl könnte man – ebenfalls im Anschluss an Weber – argumentieren, dass die Autoren es sich hier etwas zu leicht machen. Zweifellos erkennt man etwas Allgemeines bereits daran, dass sich ein Fall A an einem allgemeineren Problem P abarbeitet und dabei auf die Regel R zurückgreift. Dennoch ist damit die Frage noch nicht beantwortet, ob die Lösung L1, die er dabei für sich findet, etwas strukturell Gemeinsames aufweist mit der Lösung L2, zu der die Person B greift, und wie es gelingen kann, dieses Gemeinsame so zu erfassen, dass dabei die Konfiguration und die wesentlichen Mechanismen der Lösung tatsächlich noch erkennbar sind. Erst dies würde u.E. im vollen Sinne dem Anspruch gerecht, der mit dem idealtypischen Verfahren Webers aufgestellt ist.

Insofern gibt es **zwei verschiedene** Ebenen der Generalisierung, die im Rahmen qualitativer Forschung berücksichtigt werden und adäquat gelöst werden müssen: Die **erste Ebene** der Generalisierung spielt immer dann eine Rolle, wenn man einen Fall mit seinen anderen „objektiven Möglichkeiten" konfrontiert und dabei notwendig auf soziale Regeln rekurriert, die bestimmte Dinge ermöglichen und andere ausschließen oder prekär werden lassen. Das geschieht im Rahmen der objektiven Hermeneutik, wenn – mit dem Hilfsmittel des Gedankenexperiments – eine **Fallstruktur** rekonstruiert wird. Die **zweite Ebene** der Generalisierung aber setzt dort ein, wo es um die Frage geht, ob sich die gefundene Struktur auch in anderen Fällen findet und wie man das Gemeinsame – **Typische** – der beiden Strukturen identifiziert und formuliert (vgl. Abb. S. 345). Dabei kann es zweifellos nicht um die statistische Frage von Verteilungen gehen. Es geht aber sehr wohl darum, eine Aussage über **mehrere Fälle** möglich zu machen, die gleichwohl keine simple klassifizierende Zuordnung unter ein abstraktes Dach darstellt. Da wir uns mit dem ersten Schritt der Generalisierung bereits ausführlich befasst haben, geht es im Folgenden ausschließlich um den zweiten Schritt – den Schritt hin vom Fall zum Typus.

6.5.2 Elemente der Idealtypenkonstruktion als Methode: Abstrahierung, Kontextualisierung, Kohärenzstiftung

Im Anschluss an Weber lassen sich vier Elemente der Typenbildung unterscheiden. Zunächst wäre der Vorgang des **Kontingentmachens** eingetretener Entwicklungen zu nennen, d.h. die gedankliche Konfrontation der vorliegenden Entwicklung mit anderen objektiven Möglichkeiten. Da dies in den von uns behandelten Verfahren bereits ein zentrales Merkmal der Rekonstruktion von **Fallstrukturen** ist, insofern diese Verfahren alle mit systematischen Vergleichsoperationen arbeiten, wir aber mit der Generierung eines Typus **mehrere** Fälle erfassen wollen, muss dieser Schritt hier bereits als weitgehend bewältigt vorausgesetzt werden. Zur idealtypischen Methode gehören außerdem die Schritte der **Abstrahierung**, der **Kontextualisierung** und der **Erzeugung von Kohärenz**.

Es ist deutlich, dass bei allen drei Schritten unvermeidlich Theorie ins Spiel kommt. Abstrahierung, Kontextualisierung und Erzeugung von Kohärenz sind Operationen, die im Dienste der Theoriegenerierung stehen. Damit tritt auf dieser Stufe der Forschungsarbeit die Differenziertheit der Fälle notwendig in den Hintergrund. Was allerdings nicht in den Hintergrund treten darf, ist das, was die Struktur des Falles, ihre „Reproduktionsgesetzlichkeit" und ihre

6.5 Anwendung: Vom Fall zum Typus

Entwicklungsdynamik ausmacht. Der Fall darf also auch auf der Stufe der Typenbildung nicht auf einige „Variablen" reduziert werden, sondern es muss erkennbar bleiben, dass ihm ein Handlungszentrum zugrunde liegt, das in einer bestimmten Weise „funktioniert".

Der Typus löst sich allerdings zunehmend von den unterschiedlichen empirischen „Gewändern", in denen sich die Fälle präsentieren, soll er doch in einer Weise präsentiert werden, die unterschiedliche, homologe Fälle erfassen kann. Dies entspricht dem Weber'schen Gedanken, dass der Idealtypus „durch einseitige Steigerung eines oder einiger Gesichtspunkte" (Weber 1995a [1922]: 191) gewonnen wird.

Dazu kommt ein zweiter Gesichtspunkt: Der Typus formuliert die Fallstruktur im Hinblick auf ein Thema, d.h. er **kontextualisiert** den Fall in Bezug auf die sich zunehmend herausbildende Theorie. Dies entspricht der Weber'schen Vorstellung, dass sich das im Typus verdichtete „Idealbild" auf einen „Gedankenausdruck" (ebd.) bezieht, den man darin manifestiert findet. Insofern sind Typen gleichzeitig spezifischer und allgemeiner als Fallstrukturen. Sie sind allgemeiner, insofern sie ein über den Fall hinausweisendes Erkenntnisinteresse und damit eine dezidiert theoretische Perspektive ins Spiel bringen.[233] Und sie sind spezifischer, insofern sie einige Dimensionen der Fallstruktur fokussieren, andere aber vernachlässigen. Diese Kontextualisierung kann anhand ein- und desselben Falles unterschiedlich, wenn auch nicht beliebig aussehen.[234] So kann etwa bei der Analyse lebensgeschichtlicher Interviews die Typenbildung auf die Strukturen von Berufsbiographien, auf Prozesse der Adoleszenzentwicklung usw., aber auch (in einem eher grundlagentheoretischen Sinne) auf die Struktur der Biographie im Sinne verzeitlichter Identität insgesamt abzielen.

Auch beim Moment der Herstellung von **Kohärenz** spielt Theorie eine Rolle: Der Typus muss in sich stimmig formuliert sein, er muss also den Ansprüchen an theoretische Kohärenz genügen. Dabei bildet die sinnhafte Kohärenz der Fallstruktur den notwendigen Ausgangspunkt. Die Kohärenz des Typus ist also keine frei schwebende theoretische Erfindung. Dennoch müssen auch die bei der Typenbildung verwendeten theoretischen Kategorien zueinander passen und es muss der konstruierte Typus wiederum ein komplettes theoretisches Bild ergeben, das die Sinnstruktur ähnlich gelagerter Fälle angemessen verdichtet.

6.5.3 Metatheoretische Kategorien

Bei der Entwicklung eines Typus geht es also – nachdem die Fallstrukturen der untersuchten Fälle bereits rekonstruiert wurden – um drei[235] Schritte: a) um die abstraktere Fassung dieser Fallstruktur (**Abstrahierung**), um mehrere Fälle als Ausdruck derselben Struktur fassen zu können; b) um die thematische **Kontextualisierung** dieser abstrakten Fallstruktur und c) um die Herstellung von **Kohärenz** zwischen den Dimensionen des Typus.

Wir werden im Folgenden diese Schritte in einer methodischen Operation aufeinander beziehen und dies anhand eines Falles vorführen. Die Präsentation dessen, was als Fallstruktur he-

---

[233] Allerdings, darauf hat Hildenbrand (1991: 57) hingewiesen, stehen auch Fall**rekonstruktionen** im Unterschied zu Fall**beschreibungen** bereits im Dienste der Theorieentwicklung.
[234] Die Grenzen dessen, was hier möglich ist, liegen im Material selbst.
[235] Hier wird nur das Verhältnis zwischen Fallstruktur und Typus behandelt. Bei der Unterscheidung verschiedener Fallstrukturen und, davon ausgehend, der Entwicklung eines Typenfeldes sind natürlich weitere – vor allem auf Kontrastierung zielende – Schritte notwendig.

rausgearbeitet wurde, erfolgt hier entlang von „metatheoretischen" Kategorien.[236] Dies erfüllt hier **zweierlei Aufgaben**, die einmal auf der Ebene der **Fallstruktur**, das andere Mal auf der Ebene des **Typus** ansetzen. Zum einen kann mit Hilfe dieser Kategorien die Reproduktion der Fallstruktur an verschiedenen Stellen nachgewiesen werden; zum anderen wird damit der Übergang von der Fallstruktur zum Typus vollzogen. Diese Kategorien vollziehen einen Vorgang der **Abstrahierung**; sie **kontextualisieren** den Fall, indem sie eine dezidiert theoretische Perspektive ins Spiel bringen. Und schließlich müssen sie – als Dimensionen des Typus – so **kohärent** sein, dass sie zusammen eine stimmige theoretische Konzeption ergeben.

6.6 Christine Späth als exemplarischer Fall des Typus „Individualisierung"

Im Folgenden[237] zeigen wir an einem Beispiel aus der Biographieforschung eine Möglichkeit auf, wie der Übergang von der Analyse des Einzelfalls hin zum Typus vollzogen werden kann. Im Anschluss an die objektive Hermeneutik wird dabei der Ausgang bei einem individualisierten Akteur im Sinne eines Handlungszentrums genommen.[238] Wichtige Schritte auf dem Weg zur Typenbildung – die theoretisch begründete Auswahl des Samples, die sequentielle Analyse von Fällen, die Herausarbeitung von Fallstrukturen sowie der auf der Basis minimaler und maximaler Kontrastierung vorgenommene Fallvergleich –, auf die in diesem Buch bereits an verschiedenen Stellen eingegangen wurde, werden hier nicht mehr eigens behandelt. Es soll primär um eine Operation in diesem Prozess gehen, mit der der letzte Schritt hin zur Generalisierung vollzogen wird: um den Übergang von der Fallstruktur zum Typus. Dabei wird – da hier nicht die gesamte Fragestellung des Projektes entwickelt werden kann – eine im Vergleich zum Projekt noch stärker grundlagentheoretisch[239] ausgerichtete Form der Typenbildung vorgenommen: Typisiert wird „biographische Identität" als solche. Insofern ist davon auszugehen, dass der im Folgenden rekonstruierte Typus biographischer Identität auch in anderen Kontexten als der Zeitarbeit anzutreffen ist, wenngleich sich auch Gründe für eine besondere Passfähigkeit mit der Institution Zeitarbeit angeben lassen.

6.6.1 Metatheoretische Kategorien der Biographieanalyse

Die Kategorien, die im Folgenden zur Anwendung kommen, wurden im Verlauf der Arbeit an den Fällen, die immer auch angeregt war von Theorien, entwickelt. Sie sind jedoch so

---

[236] Von metatheoretischen Kategorien sprechen wir deshalb, weil diese Kategorien in der Lage sein müssen, alle denkbar möglichen Ausprägungen – Sinnstrukturen – einer solchen Kategorie zu erfassen. Mit ihnen sollen also keine gegenstandsbezogenen inhaltlichen Vorgaben gemacht werden, sie sollen aber gleichwohl geeignet sein, eine theoretische Rahmung vorzunehmen.

[237] Der folgende Abschnitt stellt eine überarbeitete Fassung von Wohlrab-Sahr (1994) dar.

[238] Dies erfolgt im Anschluss an den Strukturbegriff der objektiven Hermeneutik, der von der Voraussetzung ausgeht, dass „den sozialen Gebilden (…) die als strukturiert gedacht werden, **die Eigenschaft eines Handlungszentrums**, um nicht gleich zu sagen: eines **Subjektcharakters**, zugewiesen wird, **die ihren Strukturen den Status einer relativen Autonomie und eigenständigen Strukturierungskraft** verleiht. Man kann auch einfacher formulieren: **An die so begriffenen Strukturen wird die Anforderung gestellt, daß sie sich selbst erschaffen und reproduzieren.**" (Oevermann 1981: 25; Hervorh. im Original)

[239] Eine grundlagentheoretische Perspektive spielte allerdings in dem Projekt ohnehin eine starke Rolle, so dass diese Abstraktion kein großer Schritt war.

6.6 Christine Späth als exemplarischer Fall des Typus „Individualisierung"

weit abstrahiert, dass sie auf jede Art von Biographieanalyse, vielleicht sogar auf jede Analyse von Handlungssystemen sinnvoll beziehbar wären, insofern sie sich generell auf das Operieren solcher Systeme in einem raum-zeitlichen Kontext beziehen. Sie bezeichnen in ihrem Zusammenspiel in gewisser Weise die zentralen Momente des Idealtypus biographischer Identität. Aus diesem Grund sprechen wir von metatheoretischen Kategorien. Die Kategorien, die zur Anwendung kommen, sind: Umweltbezug, Selbstbezug, Handlungssteuerung (inkl. Problemlösungsstrategie) und (biographische) Zeitperspektive. Kurz gesagt: Zum Idealtypus einer Biographie gehört ein Selbstverhältnis, ein Verhältnis zur Umwelt, eine Zeitperspektive, ein Modus des Prozessierens (hier als Handlungssteuerung bezeichnet) und – davon abgeleitet – eine Form des Umgangs mit Widerständen (hier als Problemlösungsstrategie bezeichnet).

Schematisch lässt sich dies als 4-Felder-Schema darstellen:

Tab. 10: Dimensionen des Idealtypus „biographische Identität"

Idealtypus „Biographische Identität"	
Selbstbezug	Handlungssteuerung (inkl. Problemlösungsmechanismus)
Umweltbezug	biographische Zeitperspektive

Nun könnte man gegen die Verwendung des Begriffs „Idealtypus" für den Gegenstandsbereich „biographische Identität" einwenden, es handle sich dabei nicht um einen „genetischen Begriff" im Weber'schen Sinne. Dieser Einwand scheint uns jedoch insofern nicht zutreffend, als die Herausbildung einer biographischen Identität eine durchaus voraussetzungsvolle Angelegenheit ist: Dass man biographische, also auf das eigene, individuelle Leben und nicht auf das Leben der Sippe, den Zyklus der Jahreszeiten oder die Abfolge der Lebensalter bezogene Zeitperspektiven entwickelt, ist eine sehr spezifische historische Entwicklung, und dass sich im Zuge dieser Entwicklung eine Balance von Selbst- und Fremdbezug und eine darauf bezogene Form der Handlungssteuerung herausbilden muss, gehört zu dieser Entwicklung dazu. Gleichzeitig resultieren daraus Anforderungen an das Individuum, die bisweilen nur schwer einzulösen sind. Biographische Zeitperspektiven implizieren in der Moderne einen Übergang zu einer entwicklungsbezogenen Konzeption von Zeit (vgl. Brose 1986; Kohli 1986 und 1988) mit dem Individuum als zentraler Einheit dieser Entwicklung. Dies kollidiert freilich zunehmend mit äußeren Rahmenbedingungen, die solche Entwicklungsperspektiven und Zukunftsentwürfe unterlaufen sowie Reversionen und Flexibilitäten erzwingen. Wie vor diesem Hintergrund die Verhältnisbestimmungen von Selbstbezug und Umweltbezug, Handlungssteuerung und biographischer Zeitperspektive jeweils ausfallen und was die Bedingungen dafür sind, ist eine offene, empirische Frage.

Die Resultate dieser empirischen Erforschung werden nun zu Typen verdichtet, für die der eben skizzierte „Idealtypus biographischer Identität" als theoretischer Grenzbegriff fungiert, wobei die konstruierten Typen selbst nicht den Charakter von Idealtypen haben. Der in diesem Beispiel grundlagentheoretisch angelegte (aber selbst aus der Arbeit am empirischen Material generierte) Idealtypus gibt gleichsam nur die Koordinaten des Spannungsverhältnisses, nicht aber die Art seiner Ausgestaltung vor.

Sinnvoll anzuwenden sind solche metatheoretischen Kategorien aber erst dann, wenn ein Fall wirklich so weit analytisch durchdrungen ist, dass seine Fall**struktur** auch tatsächlich zutage tritt. Sie sind also **nicht im Sinne von Variablen misszuverstehen**, deren Ausprägungen es lediglich festzustellen gälte, sondern bezeichnen Momente eines Reproduktionszusammenhanges, den es als solchen zu rekonstruieren gilt.

> Nachdem im Zuge der Fallstrukturrekonstruktion bereits ein Element der Weber'schen idealtypischen Methode realisiert wurde – nämlich das systematische Kontingentmachen faktischer Entwicklungen durch den Kontrast mit anderen „objektiven Möglichkeiten" –, geht es beim Übergang von der Fallstruktur zum Typus um drei weitere systematische Schritte: um Abstrahierung, theoretische Kontextualisierung und Erzeugung theoretischer Kohärenz.
> Als Mittel dafür dient die Verwendung metatheoretischer Kategorien, anhand derer sich sowohl die Reproduktion der Fallstruktur aufzeigen als auch der Übergang zum Typus organisieren lässt. Fälle des gleichen Typus müssen dieselbe Ausprägung dieser metatheoretischen Kategorien aufweisen. Für die Biographieanalyse eignen sich vier solcher Kategorien: Umweltbezug, Selbstbezug, Handlungssteuerung und biographische Zeitperspektive.

6.6.2 Vom Fall zum Typus

a. Biographischer Überblick

Christine Späth wird 1959 als älteste von drei Geschwistern geboren. Ihre Mutter ist Hausfrau. Der Vater, ein Schreinermeister, musste seinen Handwerksbetrieb aufgeben und ist seitdem bei einem Fertighaus-Hersteller beschäftigt.

In der Grundschule sind Christines Noten schlecht, was Mutter und Tochter lange Zeit gegenüber dem Vater verbergen. Schließlich lehnt die Lehrerin einen Wechsel in eine weiterführende Schule ab. Als der Vater davon erfährt, interveniert er erfolgreich und hilft der Tochter über diese Hürde. Nach der mittleren Reife geht Christine dann aber gegen den Willen beider Eltern nicht weiter zur Schule.

Bei der Berufswahl ist sie unentschlossen und akzeptiert schließlich einen vom Arbeitsamt offerierten Ausbildungsplatz als Industriekauffrau.

Während der Lehre hat sie hauptsächlich Kontakte zu Gymnasiasten und beschließt, das Abitur doch noch nachzumachen. Danach ist sie jedoch unentschlossen, was sie studieren soll. Sie bewirbt sich zunächst für einen Büroarbeitsplatz. Als sie aber von der Möglichkeit der Zeitarbeit erfährt, entscheidet sie sich dafür und arbeitet dort bis zum Beginn des Studiums. Als Studienfach zieht sie erst Physik und dann Architektur in Erwägung und beginnt schließlich ein Studium der Volkswirtschaft. Parallel dazu jobbt sie zeitweise. In dieser Zeit geht sie auch eine Lebensgemeinschaft ein.

Nach vier Semestern besteht sie das Vordiplom nicht. Etwa zu diesem Zeitpunkt bekommt sie im Nachrückverfahren einen Studienplatz für Psychologie zugewiesen, woraufhin sie sich in Volkswirtschaft exmatrikulieren muss. Infolge des Studienfachwechsels bekommt sie keine Studienbeihilfe mehr. Sie bekommt außerdem Schwierigkeiten mit ihrem Freund und zieht aus der gemeinsamen Wohnung aus.

Um für ihren Lebensunterhalt aufzukommen, arbeitet sie gelegentlich bei einem Zeitarbeitsunternehmen. Ab dem zweiten Semester Psychologie arbeitet sie dort kontinuierlich und vollzeitbeschäftigt und besucht keine Lehrveranstaltungen mehr.

6.6 Christine Späth als exemplarischer Fall des Typus „Individualisierung"

Ihr Freund verlässt aus beruflichen Gründen die Stadt. Ein Jahr später erfährt Christine Späth, dass er eine andere Freundin hat. Erst damit ist die Trennung für sie besiegelt. Zum Zeitpunkt des Interviews ist sie seit mehr als zwei Jahren Zeitarbeiterin. Einen Partner hat sie seit der Trennung von ihrem Freund nicht.

b. Fallrekonstruktion unter Einbezug metatheoretischer Kategorien

- *Authentische vs. „normale" Kommunikation*

Der Eindruck, den Christine Späth zu Beginn des Interviews vermittelt, weicht in wichtigen Punkten von dem Bild ab, das sich am Ende des Gesprächs herauskristallisiert. Im Verlauf des Interviews werden nachträglich Sachverhalte korrigiert, die vorher offenbar bewusst falsch dargestellt wurden. Dies betrifft vor allem die Dauer der Studienunterbrechung:

S: Ehm, ich muss mich übrigens mal korrigieren, und zwar.. gut, des, ich hab' das vorhin so gesagt, weil ich das üblicherweise so sag', weil ich das net zugib', aber ich bin eigentlich schon vier Semester am Arbeiten. Wo ich also dann keine Scheine mehr gemacht hab'. Und deswegen will ich jetzt also weiterstudieren.[240]

Die Interviewte grenzt hier ihr Verhalten gegenüber der Interviewerin davon ab, wie sie sich im Normalfall verhält, und markiert damit gleichzeitig „Schwachstellen", die nur ausnahmsweise offengelegt werden. Dadurch bestimmt sie die Interviewsituation als eine, in der sie sich authentisch präsentieren kann, und bezieht so die Interviewerin in einen ausgewählten Kreis von Vertrauenswürdigen ein.

Die dabei vorgenommene Unterscheidung zeigt sich auch in einem anderen Zusammenhang. Ähnlich wie dieser Interviewauszug lässt sich auch die Art des Zustandekommens des Interviews interpretieren: Christine Späth hatte sich auf das Anschreiben der Forschungsgruppe hin an einem Gespräch „sehr interessiert" gezeigt. Ein erster Termin musste dann infolge eines Unfalls der Interviewerin kurzfristig abgesagt werden. Der nächsten Terminvereinbarung gingen mehrere Telefonate voraus, während derer Christine Späth eine definitive Verabredung lange offen hielt. Bei dem schließlich gefundenen Termin wartete die Interviewerin eine Stunde vergeblich und verpasste die Probandin dann offenbar knapp. Darüber zeigte sich diese ausgesprochen verärgert und konnte nur mühsam zu einem erneuten Treffen überredet werden, das dann auch ordnungsgemäß zustande kam. Da das Interview sehr ausführlich zu werden schien, wurde für den nächsten Tag ein weiterer Termin vereinbart, zu dem Christine Späth wieder eine Stunde zu spät kam. Diesmal allerdings hatte sie eine Nachricht hinterlassen. Als sie schließlich kam, war ihr sehr daran gelegen, der Interviewerin die Gründe für ihre Verspätung plausibel zu machen. Das Gespräch wurde an diesem Abend abgeschlossen. Bei der Verabschiedung „gestand" die Interviewte, sie habe beim ersten Telefonat ein Hintergrundgeräusch als Kinderschrei interpretiert und deshalb befürchtet, die Interviewerin würde „nichts kapieren".

Dieser auf den ersten Blick vielleicht zufällig erscheinende Ablauf offenbart bei genauerer Betrachtung eine charakteristische Logik: Nach der ersten Enttäuschung eines deutlich bekundeten Interesses stellt sich die mühsame Kontaktaufnahme als eine Kette von „Prüfungen" der Interviewerin dar. Nachdem beim ersten Treffen die Vorbehalte ausgeräumt scheinen, geht es später bereits darum, dass die Interviewerin die Motive Christine Späths „ver-

---

[240] Dieses und auch die folgenden Interviewzitate wurden leicht gekürzt.

steht". Ihr wird nun bereits zugetraut, die Innenperspektive zu übernehmen, die Verspätung der Probandin nicht einfach als Unzuverlässigkeit zu begreifen, sondern deren „tieferen Grund" nachzuvollziehen. Das „Geständnis" schließlich am Ende des Gesprächs bestätigt definitiv den veränderten Status der Interviewerin, ihren Wechsel von der Außenstehenden, die „nichts kapiert", zur Eingeweihten, mit der authentische Kommunikation möglich ist. Wie sehr eine solche Interaktion Kommunikation unter Gleichen ist, zeigt der Hinweis auf das Kindergeschrei. Einer Frau, deren Leben im Unterschied zum eigenen einem „Normalverlauf" mit Heirat und Kindern zu folgen scheint, wird von vornherein unterstellt, dass sie „nicht versteht". Verbunden ist mit dieser Perspektive also eine klare Trennung von Verstehenden und Verständnislosen, Gleichen und Anderen sowie von authentischer und „normaler", was heißt: strategischer Kommunikation.

- *Metatheoretische Kategorie 1: Umweltbezug*

Als ein Element der Fallstruktur wurde hier die Trennung zweier Bereiche erkennbar: Verstehen und Nicht-Verstehen, authentisches und strategisches Verhalten sind diesen beiden Bereichen zuzuordnen. Nun sind ähnliche Unterscheidungen, etwa die von Öffentlichkeit und Privatheit, sicher konstitutiv für eine moderne Lebensführung und dürften daher auch in anderen Interviews erkennbar werden. Hier jedoch wird diese Unterscheidung zum zentralen Kriterium, nach dem Andere beurteilt werden.

Wir führen an dieser Stelle – als eine Dimension des zu bestimmenden Biographietyps – die Kategorie des Umweltbezugs ein. Die Unterscheidung von „authentischer" und „normaler" Kommunikation als zentrales Kriterium bei der Beurteilung von Umweltkontakten zeichnet diesen Umweltbezug aus.

- *Kontingente Impulse der Interaktion*

Bereits in der Abfolge des Lebensverlaufs deutete sich ein Spezifikum der biographischen Entwicklung Christine Späths an: Aus einem aktuellen Engagement scheint – motiviert durch kontingente Impulse – jeweils dessen Gegenstück hervorzutreiben, woraus eine endlose Kette von Differenzsetzungen resultiert. Besonders anschaulich wird dies am Beispiel der Bildungsentwicklung.

Aufschlussreich ist hier der Vergleich zwischen den Bildungsambitionen von Christine Späths Vater und dem von ihr tatsächlich realisierten Bildungsgang.

Der Vater musste infolge der Schließung seiner Schreinerei einen deutlichen Statusverlust hinnehmen, den er offensichtlich durch intergenerativen Aufstieg zu kompensieren versucht. Aus der Ausbildung seiner Kinder versucht er das Beste zu machen und interveniert entsprechend, wenn er dieses Ziel bedroht sieht. Allerdings sind diese Bildungsambitionen an das Ziel einer sicheren beruflichen Existenz gebunden. Konsequenterweise ist aus der Perspektive des Vaters der Bildungsgang der Tochter abgeschlossen, als dieses Ziel erreicht ist. Dass Christine später plötzlich wieder zur Schule gehen will und damit die erreichte Sicherheit aufs Spiel setzt, ist für ihn kaum nachvollziehbar.

Ganz anders die Tochter: Ihre Entscheidungen für Bildung oder Beschäftigung fallen offenbar ohne eine konkrete Zielbestimmung, entstehen jeweils aus der Differenz zu dem, wodurch ihr Leben gerade bestimmt ist. Im Vordergrund steht nicht ein spezifisches Interesse an einem bestimmten Bildungsgang, sondern eine stark konsumatorische Orientierung, eine diffuse Faszination durch die Möglichkeiten, die andere Personen ihr vor Augen führen.

6.6 Christine Späth als exemplarischer Fall des Typus „Individualisierung"

Dieselbe Struktur zeigt sich auch in der Phase nach dem Abitur und vor allem bei der Studienfachwahl. Bei ihren Studienplänen rekurriert Christine Späth jeweils auf Idealvorstellungen der Fächer und kehrt sich desillusioniert davon wieder ab, sobald sie einen Einblick in die konkreten Bedingungen (und Anforderungen) eines Studiums oder die bevorstehende berufliche Realität gewinnt. Im Anschluss daran wendet sie sich stets Bereichen zu, die genau das versprechen, was die vorhergehende Wahl nicht einlösen konnte.

Als die Interviewerin sie an einer Stelle nach Berufszielen fragt, zeigt sich an der Antwort deutlich, wie wenig die formulierten Ideale mit den Möglichkeiten einer Realisierung zu tun haben:

S: Zum Beispiel.., ehm, hatt' ich damals au' noch engen Kontakt zu 'ner Unternehmensberatung, und das fand ich zum Beispiel unheimlich toll, was die machen.. Und das sind.., das fand ich 'ne Sache, die unheimlich interessant is' so, des sind halt Leute, die.., also die hatten mich begeistert. Ich meine, Leute, die also, mit Wirtschaft eben.., ehm, zu tun haben.

I: Hatt'ste dir das dann auch vorgestellt als was, was du dann gern machen würdest auch?

S: Ja, sowas hätte ich gern, unhei.., also.., ja nich' unbedingt, aber ich hätt' mir des zumindest vorstellen können, gern vorstellen. Ich hatt' des jetzt net mit dem Ziel, aber, geda.., na des is', hätt' ich mir... Wie war deine Frage? Jetzt habe ich die Frage vergessen.

Will Christine Späth zunächst spontan und überschwänglich zustimmen, sie hätte dies „unhei(mlich)" (gern gemacht), so nimmt sie diese Begeisterung im Verlauf der Antwort sukzessive zurück. Schließlich – und das kann hier wohl als sprachliches Pendant für die biographische Vermeidung von Konkretion angesehen werden – vergisst sie die Frage.

Auch in der Psychologie, der vorerst letzten Wendung der Bildungsbiographie, kommt Christine Späth letztlich nicht wirklich an. Sie wechselt im Grunde in eine Vollzeitbeschäftigung als Zeitarbeiterin. Damit weichen aber Selbstdefinition und Lebensrealität extrem voneinander ab. Die Vorstellung, in einem Parforceritt diese Inkonsistenz zu beseitigen, erscheint angesichts dessen als unrealistischer Versuch, das Disparate schließlich doch noch in einer übergreifenden Einheit aufzuheben. Anstatt ein Fach mit gewissen Erfolgsaussichten weiter zu betreiben, hält sie am Ideal der „gelungenen Kombination" fest und vermeidet damit die Möglichkeiten lebenspraktischer Konkretion in einem Teilbereich ihres Lebens.

- *Metatheoretische Kategorie 2: Handlungssteuerung*

Die Kategorie der Handlungssteuerung bzw. der „Motive" ist ein zentrales Moment der Handlungstheorie Alfred Schütz'. Schütz (1982: 78ff.) unterscheidet „Um-zu-Motive" und „Weil-Motive", und damit intentionale und konditionale Formen der Handlungssteuerung. In der Studie, aus der dieses Interview stammt, wurden diese beiden Varianten durch eine dritte ergänzt: durch eine interaktive Form der Handlungssteuerung (vgl. Brose/Wohlrab-Sahr/Corsten 1993: 116f.). Dem ist auch die Form der Handlungssteuerung zuzurechnen, die für den Fall Späth herausgearbeitet wurde. Weder sind ihre Handlungen primär intentional – durch die Entwicklung von Zielen und Handlungsplänen und eine darauf bezogene Wahl der Mittel – motiviert, noch sind sie einfach – durch einen inneren oder äußeren Zwang – konditional gesteuert. Vielmehr resultiert ihr Handeln jeweils aus dem, was ihr in der Interaktion mit anderen zufällig vor Augen geführt wird.

So lässt sie sich immer neu durch beliebige Impulse leiten, die allein durch die Fiktion integriert werden, dass sich irgendwann alles zu einer großen Einheit fügt. Da diese Form der

Handlungssteuerung aber unweigerlich zu Problemen führt, ist sie auch mit einer spezifischen Form der Problemlösung verbunden.

- *Verschleierung der Differenz zwischen Lebenslauf und Selbstbild*

Auch der Inhalt der am Ende des ersten Interviews gemachten Enthüllung – die Dauer der Studienunterbrechung – ist einer näheren Betrachtung wert. Die Verkürzung dieser Unterbrechungszeit scheint zum festen Bestandteil der Selbstdarstellung Christine Späths geworden zu sein. Auf diese Weise entproblematisiert sie die Diskrepanz zwischen ihrer Selbstdefinition als Studentin und ihrer faktischen mehrjährigen Vollzeitbeschäftigung als Zeitarbeiterin.

Mit der Korrektur ihrer anfänglichen Schilderung könnte nun prinzipiell auch die Differenz von Selbstdarstellung und Lebenssituation zum Thema werden. Charakteristischerweise geschieht gerade dies in dieser Form der Kommunikation aber nicht. Vielmehr wird das Gegenüber tendenziell auf die eigene Sicht der Dinge eingeschworen. Unbeirrt betrachtet Christine Späth sich als „Doppelstudentin" und bezeichnet die Verbindung der beiden Fächer als „ideale Kombination". Während des Interviews entwickelt sie ein nicht sehr realistisch erscheinendes Szenario, wonach sie innerhalb eines Jahres beide Studiengänge wieder aufnehmen, neun fehlende Scheine erwerben und beide Vordiplome abschließen will.

Die Verschleierung dieser Diskrepanz von Biographieverlauf und Selbstbild stellt ein wesentliches Moment dieses Biographietyps dar, der aus diesem Grund als Idealisierungstypus bezeichnet wurde.

Vergleichbares zeigt sich im Interview ein weiteres Mal am Beispiel der Trennung von ihrem Freund. Auch hier werden äußere Trennungsschritte uminterpretiert: Frau Späths Auszug aus der gemeinsamen Wohnung bis hin zum Wegzug ihres Freundes. Die Konstruktion einer trotz äußerer Trennungsschritte weiter bestehenden Beziehung bricht erst zusammen, als Frau Späth erfährt, dass ihr Partner eine neue Freundin hat.

Beide Male zeigt sich hier eine analoge Struktur: Relativ lange zurückliegende massive Einschnitte werden als solche nicht wahrgenommen und es wird in idealisierender Form ein Kontinuum beschrieben: „im Grunde, ich bin ja auch net ganz raus also..". Damit werden aber die Konsequenzen relevanter Lebensereignisse ausgeblendet.

Im Bezug auf das Studium ist diese Uneindeutigkeit mit Hilfe der Zeitarbeit vergleichsweise lange ausdehnbar. Nicht zufällig will Frau Späth deshalb keine „feste" Anstellung eingehen, würde sie damit doch ihre idealisierende Konstruktion zerstören.

- *Metatheoretische Kategorie 2a (Subkategorie zu 2): Strategie der Problemlösung*

Neben der Kategorie des Umweltbezugs, für den die Unterscheidung zwischen „authentischer" und „normaler" Kommunikation zentral war, und einer „interaktiven" Form der Handlungssteuerung, bei der die Interviewte gleichsam kontingent von außen angestoßen von einer Option zur nächsten treibt, wird hier als weitere Subkategorie der Handlungssteuerung die Strategie der Problemlösung eingeführt. Das Problemlösungsverhalten ist für alle Handlungssysteme von entscheidender Relevanz, seine Bedeutung tritt jedoch in Biographien unter der Bedingung struktureller Unsicherheit besonders prägnant zutage. Die Strategie der Problemlösung, die hier erkennbar wird, ist eine Verschleierung der Diskrepanz zwischen Selbstbild und Lebenslauf. Es dürfte deutlich sein, wie Umweltbezug und Problemlösungsstrategie sinnlogisch ineinandergreifen: Wenn tendenziell jede „andere" Perspektive zur „verständnislosen" erklärt wird, immunisiert dies gleichzeitig gegen Kritik „von außen".

Umgekehrt wird in der Kommunikation im „Inneren" das Gegenüber auf die eigene Sichtweise eingeschworen, so dass die Verschleierung letztlich nicht ernsthaft gefährdet ist.

- ***Dichotomisierung von Rollen-Ich und authentischem Ich***

Christine Späth betont während des Interviews mehrfach, wie zentral für sie selbstbestimmtes Handeln sei. „Fremdbestimmung" wird immer wieder zum Argument, sich von Engagements abzuwenden und neue Tätigkeitsbereiche zu suchen, in denen die Personen von dem, was sie tun, „begeistert" sind.

Aus der Ablehnung von „Fremdbestimmung" resultieren allerdings keine Versuche, die Situation selbst zu gestalten. Stattdessen erschöpft sich die Hauptkraft in der Distanzierung, begleitet von der Vorstellung, gerade dadurch „bei sich" zu bleiben:

S: Hm, tja.. Ich würd' sagen, dass ich mich bisher doch also recht gut behaupten konnte, insofern, dass ich mich halt nich' so unter Druck setzen ließ. Unter den Druck jetzt halt, von außen gesteuert zu sein. Mich halt nich' so, so abkoppeln ließ von mir. Es gibt also viele Leute, die halt zu reinen Pflichtenträgern geworden sind… Ich denke aber halt, wenn man sehr wenig Zeit hat, und viel Trubel dann, oder oh Gott, wie soll man sagen, ich hätte jetzt spontan gesagt, ein übermäßiges Verantwortungsgefühl, aber ich weiß nicht genau, ob man, ob das dann, ob des, ob man nicht auch 'n gutes Verantwortungsgefühl haben kann und trotzdem abschalten kann. Was hat denn Pflichten mit Verantwortung zu tun? Da komm' ich im Moment nich' dahinter. Ja, die halt das Gefühl haben, dass ihre ganze Pflicht und Verantwortung darin besteht\ ja nee, so gesagt, ihre ganze Verantwortung darin besteht, Pflichten zu erfüllen.

I: Hm. Also, was du so erzählt hast von dem, was du im Moment so machst, bist du eigentlich unheimlich viel am Arbeiten. /ja/ Ist das trotzdem was anderes als dieses ‚Pflichten erfüllen'?

S: Ja, ich sehe es trotzdem als was anderes. Erst mal insofern, dass ich also wirklich jederzeit aufhören kann. Dass ich also jetzt nicht irgendwie die Verpflichtung eingegangen bin, also, wenn es mir nicht mehr gefällt, das dann weiter machen zu müssen. Halt aus 'ner Verantwortung Dritten gegenüber oder so.

Rollenförmiges Verhalten – „Außensteuerung" – so ist hier der Tenor, könne im Extremfall so weit führen, dass man sich von sich selbst bis zur völligen Loslösung entferne. Das Ich wird dabei gewissermaßen in zwei Bestandteilen gedacht: als Rollen-Ich, das dieser Außensteuerung unterliegt, und als „eigentliches", authentisches Ich, von dem das Rollen-Ich völlig abgekoppelt werden kann. In der Ausdifferenzierung einer „inneren Umwelt", in der sich Rollen-Ich und authentisches Ich dichotom gegenüberstehen, reproduziert sich die oben schon herausgearbeitete Form des Umweltbezugs.

Offen bleibt jedoch, wodurch das ideale Ich bestimmt wird. Es wird hier lediglich in Abgrenzung zum „reinen Pflichtenträger" definiert, der sich in Rollenkonformität erschöpft, kann aber nicht positiv bestimmt werden. Zwar stolpert die Befragte gewissermaßen über den Begriff der „Verantwortung", den sie mit dem der „Pflicht" dann doch nicht völlig gleichsetzen will, eine Verhältnisbestimmung gelingt ihr jedoch nicht. Was ihre eigene Situation, die offenkundig stark heteronom strukturiert ist, von der eines „Pflichtenträgers" unterscheidet, ist allein das Moment der Bindungsentlastung und Reversibilität: nicht „an Dritte" gebunden zu sein, keine Verantwortung anderen gegenüber zu haben, jederzeit aufhören zu können.

Dabei reflektiert sie implizit die Struktur des Zeitarbeitsverhältnisses. Hierbei handelt es sich um ein arbeitsrechtliches Dreieck, in dem sie lediglich an das Verleihunternehmen, nicht aber an den „Dritten" gebunden ist, bei dem sie eingesetzt ist. Darüber hinaus verbindet sich mit der Zeitarbeit – trotz unbefristeter Beschäftigung – in der Regel keine Dauerperspektive, sondern eine Perspektive „bis auf „Weiteres". Gerade diese Charakteristika der Zeitarbeit bieten eine geeignete Basis für die Struktur der Idealisierung. Die Vorstellung, eigentlich etwas ganz anderes zu sein als eine Arbeitnehmerin, kann so auf lange Sicht konserviert werden. Das ideale Selbstbild bleibt unbeeinträchtigt von der konkreten Alltagsrealität, die ja immer nur auf Widerruf, in der ständigen Vorläufigkeit gelebt wird: ein Zustand chronisch verlängerter Adoleszenz.

- ***Metatheoretische Kategorie 3: Selbstbezug***

Analog zum Umweltbezug führen wir hier die Kategorie des Selbstbezugs ein. Auch dabei geht es um Grenzziehungen – gewissermaßen um die Ausdifferenzierung innerer Umwelten – und um die Art der biographischen Reflexion auf diese Grenzen.

Beim Idealisierungstypus wird im Selbstbezug die gleiche Dichotomisierung erkennbar, die sich auch im Umweltbezug zeigte: die Trennung von „innen" und „außen" wird im Inneren gewissermaßen noch einmal wiederholt. Wie unvermittelt sich Rollen-Ich und authentisches Ich gegenüberstehen, zeigte sich plastisch in der Passage, in der es um „Pflichten" und „Verantwortung" geht. „Verantwortung" als eine Form des Sich-in-Beziehung-Setzens zu äußeren Anforderungen kann innerhalb dieser Struktur von heteronom bestimmter „Pflicht" nicht unterschieden werden. Alles, was von „außen" kommt, trägt die Gefahr in sich, das „eigentliche" Ich zu zerstören.

- ***Fiktive Teleologie***

Das Angewiesensein auf steuernde Intervention von außen, das Sichverlieren in der Vielfalt von Möglichkeiten und die Unverbundenheit zwischen Ideal und Wirklichkeit reproduzieren sich in dem Bild, das Christine Späth zur Veranschaulichung ihres Lebens wählt:

I: Wenn du jetzt den bisherigen Ablauf von deinem Leben im Bild beschreiben solltest, was würdest du da für ein Bild nehmen?

S: Ich würd' 'ne, ha, - ich würd', also bunte Farben würd' ich nehmen und.. eh, 'ne Grafik würde ich machen, also in diese bunten Farben würde ich 'ne Grafik malen, mit so 'ner aufsteigenden Tendenz. ..So also diese Grafik, ja, dass ma's erkennen kann, dass es so Karos sind für, da sind so verschiedene Farben, grün, blau.., bisschen rot ist dabei, ..bisschen rosa (lacht) und orange. Ja.

Auffällig ist zunächst die Verschiedenheit der im Lebensbild auftauchenden Elemente. Symbolisieren einerseits die „bunten Farben" ein eher spontanes, expressives Moment, in dem verschiedene Stimmungen nebeneinander auftauchen, so wird darauf unvermittelt durch eine Grafik ein eher mathematisch-formales Moment aufgesetzt. Die Entwicklungslinie, die aus den Farben selbst nicht hervorgeht, wird gewissermaßen im Nachhinein auf das Bild projiziert.

In charakteristischer Art und Weise konzentrieren sich in diesem Bild die fallstrukturellen Merkmale. In dem Lebensbild ist gleichermaßen das Ideal einer „gelungenen Kombination" symbolisiert, das Christine Späth ja auch im Hinblick auf ihre beiden Studiengänge noch immer vorschwebt, wie es ebenso das effektiv unverbundene Nebeneinander zur Anschauung bringt.

Die idealisierende Struktur reproduziert sich auch im Bild einer aufsteigenden Entwicklungslinie des Lebens, die in auffälligem Kontrast zum biographischen Verlauf steht: eine Fiktion von Linearität und Kontinuität.

Metatheoretische Kategorie 4: biographische Zeitperspektive

Mit der Kategorie der „biographischen Zeitperspektive" rückt nun zum Abschluss die spezifische zeitliche Dimension der biographischen Konstruktion in den Blick: die Art und Weise, wie Horizonte der Erinnerung und Erwartung die Gegenwart strukturieren.

Für den Idealisierungstypus ist einerseits eine Zukunftsorientierung maßgeblich, insofern die aktuelle „fremdbestimmte" Situation als vorläufige definiert wird, die irgendwann einmal durch etwas Besseres abgelöst werden wird. Gleichzeitig ist diese Zukunft aber eine ideale, abgespaltene, die letztlich auch nicht vorbereitet werden kann. Sie bleibt eine idealisierende Deutung, die die Gegenwart zwar zu verklären, aber nicht zu strukturieren vermag. Insofern lässt sich diese biographische Zeitperspektive als fiktive Teleologie charakterisieren.

c. Die zentralen Dimensionen des Typus in ihrem Verweisungszusammenhang

Der hier anhand eines Referenzfalles herausgearbeitete Biographietypus wurde als „Idealisierung" bezeichnet. Wir wollen abschließend noch einmal die zentralen Dimensionen benennen, die in ihrem Verweisungszusammenhang den Typus konstituieren und gleichzeitig Leitlinien des Vergleichs zwischen Fällen und Typen sein sollen.

Tab. 11: Konkretisierung der Dimensionen beim Typus „Idealisierung"

Typus „Idealisierung"	
Selbstbezug: Separierung von authentischem Ich und Rollen-Ich	Handlungssteuerung: Steuerung über kontingente Impulse der Interaktion (inkl. Problemlösungsmechanismus: Verschleierung der Diskrepanz von Selbstbild und Lebenslauf)
Umweltbezug: Innen-außen-Separierung	Zeitperspektive: fiktive Teleologie

Zentral ist zum einen die in der Biographie erkennbare Form der **Handlungssteuerung**: Aus kontingenten Impulsen der Interaktion resultiert eine Kette endloser Differenzsetzungen, eine ständige Absetzbewegung vom gerade eingenommenen Standpunkt. Charakteristisch ist weiter das Auseinanderklaffen von Selbstbild und Lebensverlauf, das – und das ist symptomatisch für die **Problemlösungsstrategie** – systematisch verschleiert wird. Dies wird unterstützt durch einen **Umweltbezug**, der zwischen „authentischer" und „normaler" Kommunikation strikt trennt. Auch im **Selbstbezug** wird eine solche dichotome Unterscheidung eines authentischen und eines Rollen-Ich erkennbar, zwischen denen eine Vermittlung letztlich nicht möglich ist. Es kann nur darum gehen, das authentische Ich vor rollenförmigen Zumutungen zu bewahren und auf diese Weise „bei sich" zu bleiben. Dies reproduziert sich auch in der **biographischen Zeitperspektive**, die durch eine fiktive Teleologie gekennzeichnet ist. Das ideale Lebensbild läuft auf ein ebenso ideales Ziel zu, in dem sich die verschiedenen Bewegungen und Elemente in einer gelungenen Kombination vereinigen sollen.

d. Zuordnung weiterer Fälle, Kausalität, Transformationsbedingungen

Derart abstrahiert, lassen sich diesem Typus eine **Reihe weiterer Fälle** zuordnen: In dem Sample handelt es sich dabei ausschließlich um Frauen. Mehrere von ihnen haben Bildungsaufstiege auf dem zweiten Bildungsweg hinter sich, die jedoch nicht in entsprechende Berufspositionen überführt werden konnten. Die Diskrepanz zwischen „Eigentlichem" und „Faktischem" hat hier gleichsam auch einen bildungstypischen Hintergrund.[241] Auch ein sozialisationstypischer Hintergrund ist in mehreren dieser Fälle erkennbar, insofern die Eltern hier in stereotyp kontrastierender und gegenüber den Töchtern nicht koordinierter Weise agieren, so dass bereits Väter und Mütter zwei miteinander nicht vereinbare Seiten repräsentieren. In einem weiteren Fall – dem einer Deutsch-Italienerin – kommt es vor dem Hintergrund einer bikulturellen Sozialisation, die hier ebenfalls nicht erfolgreich integriert werden konnte, zur Perspektive „zweier Welten" – einer nach Kriterien der Effektivität und Rationalität organisierten Welt der Berufstätigkeit (und des Vaters) in Deutschland, und einer Welt der Spontaneität und des spielerischen Ausdrucks (und der Mutter) „im Süden". Diese Dichotomie kann nur in einer idealisierenden und in eine ferne Zukunft projizierten Konstruktion aufgehoben werden, in der eine nicht gleichermaßen „ernste" Arbeit in Italien oder einem anderen südeuropäischen Land vorgestellt wird.

Diese Elemente des Typus stützen sich wechselseitig und finden im Kontext der Zeitarbeit eine wichtige **Reproduktionsbedingung**: Bindungsentlastung, wechselnde Zuordnungen an Arbeitsplätze und Belegschaften und eine Perspektive „bis auf Weiteres", wie sie für die Zeitarbeit charakteristisch sind, machen es möglich,[242] die Vorstellung aufrechtzuerhalten, dass die gegenwärtige Existenz mit dem, was man „eigentlich" ist, wenig zu tun hat.

Zur Frage nach der **Kausalität dieser Struktur**, zu der aus der biographischen Skizze von Christine Späth bereits auf der Ebene des Falles einiges Relevante erkennbar wurde, lässt sich nun auch auf der Ebene des Typus eine Aussage treffen: Die primär **interaktive Steuerung** der Biographie – im Unterschied zu einer intentionalen Steuerung, die an biographischen Plänen ausgerichtet wäre, die dann auch umgesetzt oder realistisch korrigiert werden müssten; oder zu einer konditionalen Steuerung, bei der die Akteurin dem Zwang innerer oder äußerer Verhältnisse weitgehend ausgesetzt wäre – führt hier gleichsam zur Struktur ständiger Differenzsetzungen. Deren Transformation ist dadurch blockiert, dass die Zeitperspektive – idealisierend – an einer fiktiven Zukunft ausgerichtet ist, deren Anbruch weit hinausgeschoben werden kann, ohne dass tatsächlich Schritte in diese Richtung unternommen werden. Noch hat diese Fiktion einen gewissen Anhaltspunkt an der Realität, d.h. sie wäre – wenn auch unwahrscheinlich – zumindest in Teilschritten im Prinzip realisierbar.

Es ist absehbar, dass die Struktur der Idealisierung sich in dem Moment **transformiert**, wo durch den ständigen Aufschub von Entscheidungen eine Konditionalität entsteht, angesichts derer die Struktur in dieser Form nicht mehr weiter bestehen kann.

e. Konstruktion eines Typenfeldes und Bedingungen der Transformation des Typus

Wenn man den Idealisierungstypus im Typenfeld bzw. in einem Typentableau platziert, werden die Möglichkeiten und Bedingungen der Transformation auch auf der Ebene des Typus erkennbar.

---

[241] Vgl. dazu die Perspektive der „Bildungstypik" im Rahmen der dokumentarischen Methode.
[242] Natürlich ist diese Perspektive mit der Zeitarbeit nicht zwangsläufig verbunden.

6.6 Christine Späth als exemplarischer Fall des Typus „Individualisierung"

Abb. 10: Typentableau „Muster biographischer Entwicklung" (nach Brose et al. 1993: 158)

Handlungssteuerung ⟶

Systemreferenz		intentional	interaktiv	konditional
	intern	Defensive Autonomie	Idealisierung	Passion
	Grenze	Differenz	Dezentrierung	Devianz
	extern	Producktivität	Konsolidierung selektive Reduktion	Trajekt

Systematisch wird hier etwa die Möglichkeit des Übergangs zu einem anderen Typus erkennbar, der als **Passion** (mit dem Doppelsinn von Leiden und Leidenschaft) bezeichnet wurde und bei dem an die Stelle der interaktiven Steuerung der Biographie die Konditionalität tritt, die aus dem sich jeder Realitätsüberprüfung verweigernden passionierten Fortschreiben und Sich-verselbständigen einer Idee resultiert. Die Orientierung auf diese Idee hin macht dann in der Folge entsprechende Kontexte erforderlich, die die verfolgte Passion keinem Realitätstest aussetzen, weil sie selbst primär an Ideenwelten orientiert sind. Eine andere Richtung der möglichen Transformation der Struktur wird im Interview an der Stelle erkennbar, wo die Interviewte ihre übliche Verschleierungstaktik gegenüber der Interviewerin aufdeckt. Auf der Ebene des Typus wird diese Möglichkeit durch die Nähe zum Typus **defensive Autonomie** markiert. Bei diesem Typus (bzw. den ihm zugeordneten Fällen) wird die Art der Grenzziehung gegenüber der Umwelt (mit derselben Unterscheidung authentischer und unauthentischer Kontexte) zwar beibehalten, es werden aber für das „Authentische" begrenzte, nischenhafte Realisierungsmöglichkeiten gesucht.

Bei der Konstruktion von Typenfeldern, die – wie das Beispiel der eben genannten Studie gezeigt hat – in starkem Maße mit theoretischen Kategorien operieren und die Typen in theoretische Dimensionen gleichsam „einspannen", kann sich allerdings auch zeigen, dass eine bestimmte Stelle im Typenfeld unbesetzt bleibt. Dies kann systematische, also im Profil des Gegenstandsbereiches selbst liegende Gründe haben und würde dann gleichsam die Theorie über den Gegenstandsbereich untermauern. Sollten sich solche Gründe aber nicht finden lassen, ist zu vermuten, dass hier ein Problem des Sampling vorliegt. Hier müsste dann, selbst zu einem späten Zeitpunkt, noch einmal neues Material erhoben werden, um diesen Fehler zu korrigieren. Das Typenfeld zielt also auf **systematische Vollständigkeit** und kann daher auch zur Kritik an der Erhebung führen. In manchen Fällen wird man dann vielleicht sagen müssen, dass es einen Typus aus guten Gründen geben müsste, man dafür aber keinen entsprechenden Fall gefunden hat. In anderen Fällen wird man sagen können, dass man für einen theoretisch möglichen Typus keinen Fall gefunden hat, aber systematische Gründe dafür angeben kann, dass solche Fälle im untersuchten Feld unwahrscheinlich sind.

Mit der Konstruktion eines Typenfeldes ist im Grunde der Prozess der Theoriegenerierung abgeschlossen. Anhand des Typenfeldes lässt sich die gesamte „theoretische Erzählung", der gesamte Ertrag der empirischen Forschung, entfalten.

> Nachdem Typen generiert wurden, können diese in einem Typenfeld oder Typentableau positioniert werden. Die Dimensionen des Typenfeldes werden von für die Forschung zentralen theoretischen Kategorien gebildet. Die Positionierung der Typen im Typenfeld zeigt deren strukturelle Nähe oder Ferne an und verweist gleichzeitig auf die Wahrscheinlichkeit der Transformation eines Typus in einen anderen. Das Typenfeld zielt auf systematische Vollständigkeit. Die theoretische Kohärenz des Feldes lässt potenziell auch Rückschlüsse auf das Datenmaterial zu: Es kann sich zeigen, dass bestimmte Positionen des Feldes aus Gründen, die im Gegenstandsbereich selbst liegen, nicht besetzt sind. Es können sich aber auch Hinweise auf Samplingprobleme ergeben, die auch in dieser späten Phase neue Erhebungen nötig machen. Mit der Konstruktion des Typenfeldes ist der Prozess der Theoriegenerierung abgeschlossen. Anhand des Typenfeldes lässt sich die theoretische Erzählung entfalten.

7 Darstellung rekonstruktiver Ergebnisse

Der Aufbau des vorliegenden Bandes folgt in groben Zügen der Logik des Forschungsablaufs. In der Forschungspraxis aber muss vieles gleichzeitig geschehen, was hier nacheinander dargestellt wird, wie z.B. bei dem ineinander verschränkten Prozess von Erhebung und Auswertung, ohne den ein Theoretical Sampling (vgl. Kap. 4.4.1) gar nicht möglich wäre. Über die Frage der Darstellung seiner Ergebnisse mag man sich schon während des Sampling, beim Schreiben des Beobachtungsprotokolls oder im Verlauf der Interpretation des Materials Gedanken machen, spätestens aber, wenn die Ergebnisse in Form von Typologien und (gegenstandsbezogenen) Theorien Form annehmen, wird diese Frage drängend. Damit ist bereits ein grundlegendes Darstellungsproblem angesprochen: In welcher Reihenfolge ordne ich die einzelnen Elemente an, die präsentiert werden sollen? Der Forschungsablauf allein reicht als Ordnungskriterium offensichtlich nicht aus.

Die Produktion und Kommunikation sozial- und humanwissenschaftlicher Erkenntnisse ist ganz grundlegend mit Textproduktion verbunden. Das fängt bei der Verständigung über Methoden und metatheoretische Grundlagen an, erstreckt sich über Protokolle und Transkripte und die Interpretation der Daten bis hin zur schriftlichen Präsentation konkreter Forschungsergebnisse und deren Einordnung in bestehendes Wissen. Mehr oder weniger explizit handelt das vorliegende Buch also insgesamt von der Produktion von Texten. Dieser zentralen Aufgabe wurde in Form ausführlicher und kommentierter Beispiele Rechnung getragen. Wie bindet man nun aber die vielen einzelnen Textstücke, die man im Lauf der Forschung produziert hat, in eine Gesamtdramaturgie ein? Wie stellt man seine Ergebnisse in einem Gesamtrahmen so dar, dass sie Eingang in die sozialwissenschaftliche Diskussion finden können?

Wir wollen hier keine allgemeinen Anleitungen zur Darstellung empirischer Forschung geben und auch keine grundlegenden Fragen wissenschaftlicher Textproduktion behandeln, wie etwa das Problem des Umgangs mit Intertextualität,[243] die einzelnen Schritte und Probleme der Textproduktion oder allgemeine Fragen des Stils und der Form von Texten. Dazu sei auf eine Fülle einschlägiger Publikationen verwiesen.[244] Stattdessen konzentrieren wir uns auf die Spezifika der Darstellung qualitativer Forschungsprojekte und -ergebnisse für ein wissenschaftliches und/oder professionelles Fachpublikum.

7.1 Zur Relevanz der Darstellung

Wenn man auf die beiden wesentlichen Wurzeln qualitativer Sozialforschung, nämlich die Soziologie auf der einen Seite und die Ethnographie, kulturwissenschaftliche Anthropologie und Ethnologie auf der anderen Seite Bezug nimmt, stößt man auf zwei diametral unterschiedliche Bewertungen der Bedeutung schriftlicher Darstellung: Aus **soziologischer Per-**

---

[243] Dazu zählen z.B. Zitierregeln und die Bewertung von Quellen.
[244] U.a. Eco 2002; Poenike 1989; Esselborn-Krumbiegel 2002; Becker 1989; Ebster/Stalzer 2008.

spektive kommt der Abfassung von **Texten** eine eher **untergeordnete** Rolle zu (vgl. Gläser/Laudel 2006: 260). Traditionell liegt in der Soziologie der Fokus eher auf der Theorieproduktion, deren innerer Logik, Widerspruchsfreiheit und Architektur. Wenn es um empirische Forschung geht, liegt er auf Problemen der Legitimierung bzw. des Wahrheits- und Objektivitätsnachweises empirischer Ergebnisse, die dann mit Hilfe entsprechender Methoden und Techniken gelöst werden.

Legitimations- und Begründungsfragen sind es vor allem, die in der **Ethnographie und Anthropologie** bzw. **Ethnologie** die Darstellungsproblematik so wichtig werden lassen. Zugespitzt kann man sagen, dass hier das **Schreiben als Methode** aufgefasst wird. Es geht um nichts Geringeres als den Anspruch, die Logik der jeweils untersuchten Kultur, des kulturellen Zusammenhangs, in den Texten, die auf der Grundlage der Erfahrung des Forschers mit dieser Kultur geschrieben wurden, zugleich einzufangen und zu präsentieren. Fuchs und Berg (1993: 64) formulieren in dieser Hinsicht: "Where knowledge is thematized as the production of text, as the transcription of discourse and practice, the conditions of possibility for discussing ethnographic practices of representation are created."

In der Ethnographie hat dies zu einer ausgedehnten Debatte über die Rolle des Forschers und insbesondere auch über Stil und Form von Texten geführt (vgl. u.a. Berg/Fuchs 1993). Dabei wurde zwar die Autorität des Forschers als **Beobachtungsinstanz** massiv in Frage gestellt, zugleich gewann der Forscher als Subjekt der Wahrnehmung aber stark an Bedeutung, was bisweilen mit einer Tendenz zur Psychologisierung des Erkenntnisprozesses einherging (vgl. dazu Bourdieu 1993). Zugleich wurde aber deutlich, in welchem Maße die Forscherinnen selbst an der Hervorbringung dessen, was für sie als Realität in den Blick kommt, beteiligt sind. Eine Folge dieser Debatte, die für unseren Zusammenhang interessant ist, ist die **Reflexion der Erzählperspektive**, womit die Darstellungsperspektive der Schreibenden gemeint ist. Darauf werden wir später noch näher eingehen (vgl. Kap. 7.3).

Das Schreiben ist in der Ethnographie aber auch deshalb von besonderer Bedeutung, weil sie sich häufig nicht auf Aufzeichnungen von Daten stützen kann, sondern das Beobachtete von Anfang an nur in Form dessen vorliegt, was die Ethnografin selbst aufgeschrieben hat (Hirschauer 2001).

Die **rekonstruktive Sozialforschung** nimmt – wenn man die genannten beiden Abstammungslinien betrachtet – im Hinblick auf Funktion und Relevanz der (schriftlichen) Darstellung eine mittlere Position ein. Auf dem Schreiben liegt zweifellos dort das größte Gewicht, wo sich die Sozialforschung eines ethnographischen Zugangs bedient. Generell aber entlastet ein weit entwickelter Methodenkanon, wie wir ihn in der vorliegenden Publikation behandeln, den Text etwas in seiner Funktion, die Güte und Bedeutung von Forschungsergebnissen selbstständig tragen zu müssen. Daraus folgt, dass die verwendeten Methoden, die diese Güte ja gewährleisten, in der Ergebnispräsentation angemessen dargelegt werden müssen. Die Gestaltung der Präsentation richtet sich nicht unwesentlich nach den methodischen Prinzipien und **Gütekriterien** (vgl. Kap. 2), die an die Forschung angelegt werden (vgl. Kap. 7.2). Die Darstellung kann sich daran also orientieren, muss ihnen aber auch Ausdruck verleihen! Und nicht zuletzt muss sie in prägnanter Weise zum Ausdruck bringen, welches Rätsel die Untersuchung lösen wollte und wie diese Lösung aussieht. Die schriftliche Darstellung ist also nicht so marginal, wie sie in der soziologischen Diskussion oft erscheint.

> Bei der Beantwortung der Frage, welche Bedeutung die schriftliche Darstellung von Ergebnissen qualitativer Forschung hat, spielen zwei verschiedene Diskurse eine Rolle: der soziologische und der ethnographische/anthropologische/ethnologische. Der soziologische Diskurs tendiert zu einer Marginalisierung der Bedeutung der Textproduktion und richtet sein Augenmerk eher auf die Struktur und Logik von Theorien sowie auf die Methoden zur Begründung von Erkenntnissen auf empirischer Basis. Der ethnographische/anthropologische Diskurs betrachtet die Textproduktion selbst als Methode des Erkenntnisgewinns. Die rekonstruktive Sozialforschung nimmt hier eine mittlere Position ein.

7.2 Gütekriterien und Darstellung

Der Kerngedanke bei den **Gütekriterien** ist die **intersubjektive Überprüfbarkeit** der gewonnenen empirischen Erkenntnisse: Die Leserinnen müssen in die Lage versetzt werden, auf der Grundlage der empirischen Datenlage selbst Schlussfolgerungen anzustellen und eigene Interpretationen vorzunehmen (vgl. Kap. 2.4.3). Das Ideal, dass das gesamte empirische Material den Lesern für alternative Schlussfolgerungen vorgelegt werden könnte, ist dabei in der Regel nicht zu realisieren (vgl. auch Gläser/Laudel 2006: 264). Insofern muss ein anderer Weg beschritten werden.

Zunächst müssen, ebenso wie in der quantitativen Forschung, **Methoden und Techniken** offengelegt werden. Bis in die 1980er Jahre war dieses Unterfangen sehr aufwändig, da es nur wenig ausgearbeitete Literatur zu qualitativen Methoden und Techniken gab und daher in Forschungsberichten jedes kleine methodische Detail dargestellt werden musste (und oft auch wurde). Forschungsberichte aus dieser Zeit sind daher oft sehr „methodenlastig". Heute kann man sich hier mit Verweisen auf kanonisiertes Wissen zu Methoden und Techniken gut behelfen, und es reicht in der Regel aus, die **Grundstruktur der gewählten Methoden** darzustellen. Anders verhält es sich selbstverständlich, wenn man Methoden weiterentwickelt, verändert oder verschiedene Methoden eklektisch zur Anwendung bringt. Diese Vorgehensweise bedarf dann einer klaren Beschreibung und Begründung. In dieser Hinsicht besteht kaum ein Unterschied zur quantitativen Forschung.

Da aber auch die **Datengrundlage bzw. deren Verarbeitungsform in Gestalt von Texten** gegeben ist, also in Form von Protokollen, Transkripten und Beschreibungen, muss für die Darstellung dieser Art der Materialgrundlage ein Weg gefunden werden. Das ist einer der Kernpunkte der **Darstellungsproblematik rekonstruktiver Ergebnisse**. Zum einen ist dieses Problem auf der Ebene von **Falldarstellungen** und **ethnographischen Beschreibungen** bzw. der Darstellung **komparativer Analysen** auf der Grundlage von Fällen zu lösen. Wir behandeln diesen Punkt eingehend in einem Unterkapitel (7.5). Zum anderen empfehlen wir, die angewandte Methode an zumindest einer beispielhaften **Interpretation** vorzuführen. So haben auch Leserinnen, die die angewandte Methode nicht kennen, die Möglichkeit, sich ein konkretes Bild von der Vorgehensweise zu machen und diese bei weiteren zitierten Materialstücken evtl. selbst anzuwenden. Zudem legt man damit die **eigene Arbeitsweise** anhand von selbst bearbeitetem Material **offen** und stellt sich der möglichen Kritik durch andere Forscherinnen. Ausführliche Beispielinterpretationen, an denen man sich orientieren kann, finden sich in den Kapiteln 5.2.5, 5.3.6 und 5.4.6.

Ein weiteres wichtiges Kriterium ist die **Reliabilität** der Interpretation. Man sollte dem im Text dadurch Rechnung tragen, dass man theorierelevante Abstraktionen auch in der Darstellung an mehrere Stellen des empirischen Materials zurück bindet und daran die **Reproduktionsgesetzlichkeit** der analysierten Fallstruktur verdeutlicht. Wir haben dieses Prozedere unter anderem am Fall von Frau Späth (Kap. 6.6) und anhand der Diskussion in einer Frauengruppe (Kap. 5.4.5) vorgeführt.

Auch der Grundgedanke qualitativer Forschung, dass Interpretationen auf einer Rekonstruktion **alltäglicher Standards der Verständigung** beruhen, sollte bei der Verschriftlichung berücksichtigt werden. Für die **Narrationsanalyse** heißt dies z.B., dass man den formalen Aufbau der Erzählung bzw. von Erzählstücken anhand von Transkripten veranschaulichen muss, für die **dokumentarische Interpretation** von Gruppendiskussionen bedeutet es, dass man den Modus der Diskursorganisation mit Transkripten belegen muss. Im Fall der ethnographischen Beschreibung wird man etwa zentrale Mechanismen der untersuchten Kommunikation, wie die Aufrechterhaltung von Schamgrenzen in peinlichen Situationen (Heimerl 2006) mit Ausschnitten aus Beobachtungsprotokollen belegen. Man muss also in der Darstellung **zeigen** (und es nicht nur behaupten), dass man bei der Interpretation diese alltäglichen Standards – z.B. die spezifische Verschränkung von Formen der Sachverhaltsdarstellung, die Art und Weise der kollektiven Hervorbringung einer Orientierung oder Grenzziehungen in sozialer Interaktion – berücksichtigt hat.

Auch die einzelnen **Schritte der Generalisierung**, wie sie in Kapitel 6 beschrieben und vorgeführt wurden, müssen vom Leser nachvollzogen werden können.

Je nach dem Format, in dem die Ergebnispräsentation erfolgt, kann diesen Forderungen mehr oder weniger vollständig Rechnung getragen werden. In einer Monographie, einem Forschungsbericht und insbesondere auch in Qualifikationsarbeiten kann dies vollständiger und ausführlicher geschehen. Bei einem Aufsatz wird man sich möglicherweise für ein methodisch relevantes Prinzip entscheiden müssen (vgl. auch Kap. 7.4), während man die anderen Prinzipien nur benennt, aber deren Berücksichtigung nicht im Einzelnen dokumentieren kann.

> Methodische Standards und Gütekriterien strukturieren in einem nicht unerheblichen Ausmaß die Ergebnisdarstellung. Allen voran ist die intersubjektive Überprüfbarkeit der empirischen Erkenntnisse zu gewährleisten. Dazu müssen die Methoden offengelegt und die empirische Materialgrundlage und deren Interpretationen dem Leser so weit zugänglich gemacht werden, dass dieser die methodischen Schritte nachvollziehen kann. Am Material sollten sowohl die Reproduktionsgesetzlichkeit der interpretierten Fälle, die Verankerung der Interpretationen in den alltäglichen Standards der Verständigung sowie die Schritte der Generalisierung aufgezeigt werden.

7.3 Die Erzählperspektive

Methodisch-methodologische Grundannahmen gewinnen nicht nur im Umgang mit Transkripten und beim Aufbau der Darstellung Bedeutung, sie drücken sich auch im Duktus der Darstellung einer wissenschaftlichen Arbeit aus. Wie wir in Kapitel 2 gezeigt haben, sind die einzelnen methodisch-methodologischen Ansätze mit bestimmten erkenntnis- und wissenschaftstheoretischen Positionen verbunden. Dies kommt etwa darin zum Ausdruck, ob der

7.3 Die Erzählperspektive

Standort des Wissenschaftlers innerhalb oder außerhalb der für die Untersuchung relevanten sozialen Zusammenhänge angesiedelt wird. Die klassische Idee der Objektivität, wie sie in den standardisierten Verfahren vertreten wird, platziert den Wissenschaftler außerhalb des Sozialen. Er darf als Subjekt der Wahrnehmung und Reflexion nicht relevant werden. Erst wenn man den Wissenschaftler auch als Teil der für die Untersuchung relevanten sozialen Welt konzipiert, kann seine Wahrnehmung und Beeinflussung des Feldes mitverhandelt werden, ohne per se eine Fehlerquelle zu sein. Damit wird es erst möglich, dass ein Wissenschaftler als Subjekt der Wahrnehmung[245] und damit auch im geschriebenen Text in Erscheinung tritt bzw. sichtbar wird. Die **Perspektive der Wissenschaftlerin** und zugleich Autorin gewinnt dabei an Bedeutung[246] (vgl. Kap. 7.1).

In der **Literatur- und Sprachwissenschaft** wird die Frage, aus welcher Position geschrieben wird, als technisch-pragmatische behandelt. Mit dem Begriff der „**Erzählperspektive**" wird hier aufgeschlüsselt, wie der Autor den Erzähler platziert: Ist der Erzähler im Geschehen in Ich-Form anwesend, zieht er sich als neutraler Beobachter aus der Figurenwelt zurück, lenkt er als auktorialer Erzähler den Erzählvorgang usw.? Die Erzählperspektive wird als wesentliches **Stilelement** bei der Gestaltung von Texten verhandelt und entsprechend eingesetzt. Für unsere Überlegungen würde hier die ausführliche Behandlung dieser grundlagentheoretischen Frage zu weit führen, auch ist es nicht nötig, an dieser Stelle die Erzähltheorie mit ihren Modellen in extenso zu entfalten. Weil allerdings die Präsentation rekonstruktiver Ergebnisse mehr Spielraum für Darstellungsfragen eröffnet als diejenige quantitativer Befunde, und weil auch das Verhältnis zwischen Forschern und Beforschten anders aufgefasst wird, ist es wichtig, für das Gestaltungselement der Erzählperspektive zu sensibilisieren.

Wenn wir das Thema der Erzählperspektive im Hinblick auf wissenschaftliche Texte diskutieren, geht es um Fragen folgender Art: Aus welcher Perspektive, von welchem Standort aus werden Sachverhalte verhandelt? Wie wird in eine Problemstellung eingeführt? Wo und wie wird ein Erzähler, z.B. als Gestalter des Textes, sichtbar? Im Hinblick auf ethnographische Arbeiten beschäftigt sich z.B. van Maanen (1988) mit unterschiedlichen Möglichkeiten der Gestaltung von Berichten aus dem Feld. Er unterscheidet dabei drei mögliche Perspektiven (vgl. auch Matt 2000: 583f. und Flick 2002: 240f.): „realistic tales", „confessional tales" und „impressionist tales".

Aus der Ethnographie kommend, können diese Unterscheidungen gewisse Anregungen für die Darstellung in den vorwiegend empirischen Teilen von Forschungsarbeiten geben. Wir setzen hier zum Zwecke einer ersten Kategorisierung von Herangehensweisen bei der Terminologie von van Maanen an und loten von da aus die Möglichkeiten, Funktionen und Grenzen verschiedener Darstellungsformen aus. Es gilt dabei im Auge zu behalten, dass wir hier nicht (in erster Linie) wissenschaftliche Positionen behandeln, sondern auch die wissenschaftliche Autorin als Gestalterin eines Textes begreifen. Wenn wir also in der Folge von einer „realistischen Erzählperspektive" reden, dann sind damit Stilelemente im Text angesprochen, die eine Darstellung zu einer „realistischen" werden lassen – indem z.B. die Befunde und Interpretationen der Studie in einer objektivierenden Weise präsentiert werden. Dies muss sich nicht unbedingt gänzlich mit der wissenschaftlichen Position decken.

---

[245] Ein Text, dem für die Reflexion der Person des Forschenden bei der Datengewinnung Klassikerstatus zukommt, ist Malinowski 1973 [1926].

[246] Methodische und theoretische Konzepte stehen in einem klaren Zusammenhang zur Textgestaltung. Dies zeigt z.B. Geertz (1990) anhand verschiedener Autoren, sowie Atkinson (1989) an den Arbeiten Goffmans.

Die **realistische Erzählperspektive,** wie sie van Maanen (1988) skizziert, zeichnet sich durch detailreiche Beschreibungen aus. Auf dieser Grundlage werden typische Formen extrahiert und betont. Gesammelte Beobachtungen und Äußerungen werden systematisch mit Theorien konfrontiert und auf eine verallgemeinerbare Ebene gehoben. Der Autor tritt dabei nicht in Erscheinung, er lässt in distanzierter Weise „die Sache" sprechen. Bisweilen – wenn auch nicht notwendigerweise – kann dies dazu führen, dass dort, wo ein Erzähler notwendig wird (weil z.B. Forschungsentscheidungen erläutert werden müssen), dieser hinter der dritten Person und passiven Formulierungen verschwindet. Gerade diese zuletzt genannten Stilelemente machen einen Text allerdings schwerfällig: Versuchen Sie diese zu vermeiden!

Dennoch ist diese grundlegende Erzählperspektive im Prinzip charakteristisch und sinnvoll für ein methodisch-kontrolliertes Vorgehen, wie wir es in diesem Band anhand verschiedener Auswertungsstrategien beschrieben haben. Denn die Auswertungsverfahren zielen ja auf die Rekonstruktion einer sozialen Realität, die sich dokumentiert und objektiviert. Insofern geht es den Autorinnen in der Tat darum, den Lesern diese rekonstruierte „Realität" vor Augen zu führen. Diese Erzählperspektive hat aber auch Nachteile. Weniger geübten Autoren geraten solche Texte bisweilen sehr trocken. Es kann passieren, dass hinter der objektivierenden Darstellung die Farbigkeit der untersuchten Lebenswelt ebenso verschwindet wie die Involviertheit der Forscherin in den Prozess der Untersuchung dieser Lebenswelt. Auch hat diese Erzählperspektive eine gewisse Tendenz, sich gegenüber möglicher Kritik zu immunisieren, insofern sie eine in sich stimmige, geschlossene „Realität" präsentiert. Auch das Herstellen von Nähe zum und Interesse am Untersuchungsgegenstand beim Leser fällt dieser Erzählperspektive schwerer. Bei ihr dominiert das wissenschaftliche Ergebnis.

Bei der **bekennenden Erzählperspektive** handelt es sich im Sinne von van Maanen um einen wesentlich persönlicheren Stil. Der Autor setzt den Leser ins Bild, indem er ihn – vermittelt über sein eigenes Erleben – in den darzustellenden sozialen Zusammenhang hineinführt. Seine Erfahrungen im Feld, seine Rolle und seine Perspektive werden deutlich, und er verwendet dabei beim Schreiben die erste Person. Die Erkenntnisse der Forschung werden als im analysierten Feld verankerte Strukturen dargestellt, und der Erzähler ist als Teil dieses Analyseprozesses stets erkennbar.

Diese Erzählperspektive kann eine Ergebnispräsentation bereichern und ihre Lesbarkeit erhöhen. Sie trägt auch dazu bei, den Erzeugungsprozess der Forschung, in den der Forscher als Person involviert ist, deutlich werden zu lassen. Auch kann man sie dazu nutzen, einen methodisch avancierten Standpunkt zum Ausdruck zu bringen: Die Analyse habitueller Wahrnehmungen des Forschers können nämlich auch zu Klärung der (methodischen) Frage des Umgangs mit dem Subjekt des Forschers oder Interviewers in der Feldforschung beitragen. Wenn man konsequent mit beobachtet, dass auch eine Forscherin innerhalb der jeweiligen Gesellschaft und folglich auch innerhalb des Forschungsfeldes situiert ist, und dies nicht als Quelle der Verzerrung, sondern vielmehr als Bestandteil sozialer Zusammenhänge begreift, die es ja zu erforschen gilt, kann dies die herkömmlichen Analyseebenen erweitern und ergänzen:[247]

So wurde einem Feldforscher, der an einem warmen Sommertag mit seiner eher leicht bekleideten Kollegin durch das Viertel, in dem die Feldforschung stattfand, spazierte, unmittelbar etwas über das Geschlechterverhältnis in der dortigen türkischen Community deutlich:

---

[247] Diese Überlegungen basieren auf einer intensiven Diskussion der gemeinsamen Feldforschung von Peter Loos und Aglaja Przyborski.

Seine Kollegin wurde zunächst kurz taxiert, und danach wurde sofort er fokussiert, als ob man seine Reaktion abschätzen wolle. Das Forschungspaar lief hier im wahrsten Sinne des Wortes durch die Kraftlinien des Feldes, wie sie mittlerweile bereits häufig als „männliche Ehre" (Bohnsack/Loos/Przyborski 2001; vgl. auch Schiffauer 1983 und 1987) dargestellt wurden.

Bei der **impressionistischen Beschreibung** werden, folgen wir van Maanens Typisierung, die Grenzen zu literarischen Formaten überschritten. Die Interpretation wird zu einem großen Teil der Hoheit des Lesers übergeben, und die Auswahl der Beobachtungen ordnet sich der Aufrechterhaltung eines Spannungsbogens unter.

An einzelnen Stellen mag eine derartige Vorgehensweise einem Forschungsbericht durchaus Glanzpunkte verleihen, auch können sich an impressionistische Passagen durchaus andere „Erzählweisen" anschließen. Als dominanter Stil jedoch konterkariert sie eine Studie, die sich ausformulierten Methoden verpflichtet sieht. Dies gilt nicht zuletzt für die Ethnographie, zumindest dort, wo diese sich als **theoretische Sozialforschung** begreift.

Eine Beobachtung im impressionistischen Stil kann z.B. eine Darstellung einleiten und so gleichsam „Appetit" auf ein Forschungsfeld machen. Eine Diplomarbeit am Institut für Publizistik an der Universität Wien zur Bedeutung von Medienrezeption für die psychosexuelle Entwicklung beginnt z.B. mit der Überlegung: Wie sähe meine Sexualität und meine Wahrnehmung von Sexualität wohl aus, wenn ich mit all diesen medialen Darstellungen nicht konfrontiert worden wäre? Zur Beantwortung dieser Frage auf empirischem Weg kommt letztlich nur ein Vergleich mit Personen in Frage, die medialen Darstellungen von Sexualität nicht in derselben Form ausgesetzt waren wie die Untersucherin selbst. Folgerichtig steht der Vergleich von Personen, die so alt sind, dass sie in ihrer Jugend nicht in Film und Fernsehen mit Sexualität konfrontiert waren, mit anderen, die in Kindheit und Jugend unterschiedliche Phasen der medialen Präsentation von Sexualität erlebten, im Fokus dieser Arbeit. Eine junge Forscherin führt also hier mit ihrem impressionistisch entfalteten persönlichen Interesse in das medienpsychologisch und -soziologisch höchst relevante Thema eines intergenerationellen Vergleichs von psychosexueller Entwicklung und Medienrezeption ein (vgl. Schreiber 2007).

Auch bei der Darstellung von **Theorie** kann man mit der Erzählperspektive spielen. **Wir** können ein Beispiel dafür geben: Indem wir uns in dieser Darstellung für das „wir" (anstelle des „man") entschieden haben, werden wir als Gestalterinnen des Texts für einen Moment erkennbar. Eine andere Möglichkeit, in Erscheinung zu treten, ergibt sich, wenn man einen inneren Widerspruch einer Theorie herausarbeitet und dann darauf eingeht, wie man **selbst** diesen nun zu lösen gedenkt. Diese Überlegungen betreffen aber nicht nur die Präsentation qualitativer Ergebnisse und sollen daher hier nur gestreift werden.

Auch in der Erzählperspektive drücken sich methodologische Prämissen aus: Eine „realistische Darstellung", in welcher die Person des Autors nicht vorkommt und detailreiche Beschreibungen in objektivierender Weise systematisch mit einem theoretischen Rahmen verknüpft werden, wird für die Darstellung von Ergebnissen, die auf ausgearbeiteten empirischen Methoden beruhen, herangezogen werden. Sie birgt aber die Gefahr, trockene Texte zu produzieren und die Involviertheit der Forscherin bei der Erzeugung der Forschungsbefunde auszublenden. Die „bekennende Erzählperspektive", in der die Autorin bzw. Feldforscherin sichtbar wird, kann diesen Stil sinnvoll ergänzen, vor allem wenn man die Perspektive der Forscherin als Teil des sozialen Feldes systematisch mit einbezieht.

> „Impressionistische Beschreibungen" liegen an der Grenze zu literarischen Formaten und sollten in der Darstellung wissenschaftlicher Untersuchungen nur an einzelnen ausgewählten Stellen einen Platz finden.

7.4 Darstellungsformate, -elemente und -aufbau

Es gibt ganz unterschiedliche **Formate** und unterschiedliche **Verwertungszusammenhänge für die Präsentation** von Forschungsergebnissen. Diese Formate bedingen unterschiedliche Schwerpunktsetzungen und Ausrichtungen des Textes und zwingen zu einer Auswahl von Darstellungselementen. Zu den klassischen Formaten zählen **Forschungsberichte** für Förderinstitutionen, **Qualifikationsarbeiten** und **Monographien** auf der einen Seite sowie **Aufsätze** für **wissenschaftliche Zeitschriften** und Sammelbände auf der anderen Seite.[248] Wir greifen diese Darstellungsformate exemplarisch heraus, um die Frage unterschiedlicher Schwerpunktsetzungen und Ausrichtung zumindest prinzipiell zu verdeutlichen.

Aus den **Regeln des Wissenschaftsbetriebes** lassen sich bestimmte Ansprüche an Ergebnispräsentationen formulieren und daraus wiederum bestimmte **Darstellungselemente** ableiten. Ein wesentliches Prinzip dabei ist, dass man eine interessante, bisher in dieser Weise noch nicht bearbeitete Forschungsfrage formuliert. Ein weiteres Prinzip ist, dass Fragestellung und Erkenntnisse der Forschung zu bestehendem Wissen ins Verhältnis gesetzt werden. Dazu ist es notwendig, den Stand der Forschung aufzuarbeiten und die **Forschungslücke**, die man zu schließen beabsichtigt, aufzuzeigen. Außerdem geht es darum, intersubjektiv nachvollziehbar auszuführen, wie man die Antworten auf diese Forschungsfragen erarbeitet hat. Dazu müssen die **Forschungsfragen** bzw. das **Erkenntnisinteresse** in einen Zusammenhang mit dem **methodischen Vorgehen** gebracht werden. Die Art, Auswahl und Hervorbringung der **empirischen Daten** muss offen gelegt, und die **Ergebnisse,** die auf dieser Grundlage erzielt wurden, müssen präsentiert werden. Schließlich gilt es, die **Konsequenzen** der Erkenntnisse zu diskutieren und die **Brücke zu bestehendem Wissen** zu schlagen. Daraus ergeben sich folgende Grundelemente:

- Ausgangsproblem
- Stand der Forschung
- Erkenntnisinteresse und Forschungsfragen
- Vorgehensweise bzw. Methoden
- Empirische Daten und ihre Interpretation
- Ergebnispräsentation: Typologie und gegenstandsbezogene Theorie
- Diskussion der Ergebnisse im Zusammenhang mit dem Stand der Forschung

Diese **Strukturelemente** müssen nicht unbedingt der **Gliederung** entsprechen. Der **Aufbau** sollte sich vielmehr nach den Zielen, die ein Text verfolgt, richten. Geht es zum Beispiel eher um eine spannende, informationshaltige und überzeugende Darstellung von Ergebnissen? Oder möchte man den Forschungsprozess möglichst genau rekonstruieren und darstellen? Oder hat man vielleicht bestimmte Vorgaben von Herausgeberinnen, an die man sich halten muss?

---

[248] Auf populärwissenschaftliche Formate, mündliche Präsentation und Posterpräsentationen gehen wir an dieser Stelle nicht ein.

Der **Forschungsbericht** am Ende eines empirischen Projektes z.B. muss zu allererst nachweisen, was die Forschungsgruppe oder der Forscher mit welchem Ergebnis zuwege gebracht hat. Dabei geben Einrichtungen der Forschungsförderung heute meist sehr genau vor, in welcher Form solche Forschungsberichte abzufassen sind. Diesen Richtlinien liegt die Idee zugrunde, dass zum Ergebnis eines Projektes nicht allein die wissenschaftlichen Erkenntnisse zu zählen sind, sondern dass dazu auch deren Wahrnehmung und Diskussion in der wissenschaftlichen Community gehört. Über die Form von Tagungsbeiträgen, Aufsätzen und ähnlichem erfolgt schließlich die Aufnahme des Erforschten in den Bereich wissenschaftlichen Wissens. Es geht also immer auch um eine Präsentation der Präsentationen.

Um den Leserinnen eines Berichtes Orientierung zu ermöglichen, sollen die übergeordneten Forschungsfragen, -ziele und -konzepte am Anfang stehen, das wissenschaftliche Umfeld und der Stand der Forschung aber nur dann beschrieben werden, wenn sich seit dem Forschungsantrag, in dem all dies ausführlich dargelegt wurde, wesentliche Veränderungen ergeben haben. Im Hauptteil soll auf die zentralen Ergebnisse eingegangen und deren Bedeutung für den Fortschritt des Wissensgebietes herausgearbeitet werden. In diesem Zusammenhang steht oft die Aufforderung, dies anhand der Prüfung und Weiterentwicklung der Forschungshypothesen auszuarbeiten. Bei qualitativen Forschungsergebnissen ist nun aber sehr sorgfältig mit dem Begriff der Hypothese (vgl. Kap. 2) umzugehen, damit nicht heuristische Hypothesen, die ein Feld aufschließen und empirische Daten analytisch verdichten, mit statistischen Hypothesen verwechselt und beim Leser falsche Erwartungen geweckt werden.

Die **Empfehlungen**, die in universitären Instituten für den **Aufbau** empirischer **Qualifikationsarbeiten** gegeben werden, orientieren sich oft an einer **quantitativen Forschungslogik**, die folgendermaßen aussieht: Nach einer einleitenden Darstellung des Erkenntnisinteresses soll auf die relevanten gegenstandsbezogenen Theorien eingegangen werden, aus welchen sich dann das Kernstück, nämlich die zu prüfenden Hypothesen ableiten. Diese bilden schließlich auch die Grundlage für das Untersuchungsdesign und die Operationalisierungen, die in der Darstellung folgen sollen. „Interpretation der Ergebnisse" heißt in diesem Zusammenhang dann die Einbettung der erarbeiteten Erkenntnisse in die Theorien, aus welchen man die Hypothesen abgeleitet hat. Sie bildet das Ende der Darstellung.

Diese **Art des Aufbaus** ist für die **Darstellung rekonstruktiver Ergebnisse** nicht ideal, weil sie nicht dazu beiträgt, die Forschungslogik qualitativer Forschung angemessen zu repräsentieren. Zum einen geht es dabei nicht um die **Überprüfung vorab aufgestellter Hypothesen** (vgl. auch Kap. 2.5.1 und 2.5.2). Wenn es – im Sinne der Grounded Theory – um heuristische Hypothesen geht, ist damit etwas anderes gemeint: nämlich das permanente, vergleichende Befragen und Konzeptualisieren des Gegenstandes im Verlauf der Forschung. Es werden nicht Hypothesen überprüft, sondern es wird eine **gegenstandsbezogene Theorie** aus dem empirischen Material heraus entwickelt. „Interpretation" setzt nicht erst bei den Ergebnissen der Forschung ein, die in bestehende Theorien eingebettet werden, sondern umfasst den gesamten Prozess der Auswertung der empirischen Daten auf der Grundlage einer Interpretationsmethode (vgl. Kap. 5). Dass dabei Theoriebezüge immer auch eine Rolle spielen, wurde bei den verschiedenen Verfahren deutlich. Und natürlich werden auch die Ergebnisse qualitativer Befunde im Hinblick auf den Stand des Forschungsgebietes diskutiert, zu dem sie etwas Neues beitragen wollen (z.B. zur Konversionsforschung).

Für den Aufbau von Arbeiten kann das zum Beispiel heißen, dass man nach der Charakterisierung des Ausgangsproblems in knapper Weise auf zentrale Linien der bisherigen Forschung eingeht, insofern die Erläuterung des eigenen Erkenntnisinteresses und der Forschungsfragen darin eingebettet ist. Allerdings braucht dies an dieser Stelle nicht unbedingt schon den Charakter und die Ausführlichkeit eines elaborierten „Theorieteils" zu haben. Darauf folgen dann das methodische Design sowie die Beschreibung der Erhebungs- und Auswertungsverfahren. Anschließen kann man mit der Präsentation der empirischen Daten und ihrer Interpretation. Dabei sollte die Genese von Theorie bei der Präsentation der Arbeit mit dem Material immer erkennbar bleiben. In der Folge kann man dann die Typologie, die aus dem Material entwickelt wurde und die daraus generierte Theorie als geschlossenes Kapitel entfalten. Der Forschungsstand zum Thema kann abschließend ausführlich behandelt werden, gewissermaßen in Zusammenschau mit den Ergebnissen der eigenen Forschungsbemühungen.

Die **Monographie** muss in erster Linie Interesse für ein Thema und einen bestimmten Zugang zu diesem Thema wecken, sie muss die Rezipientinnen bei der Lektüre halten und ein spannendes Resultat präsentieren. Der Fokus liegt hier auf der Präsentation neuer Erkenntnisse und weniger darauf, an jeder Stelle den Nachweis zu erbringen, auch sauber und wissenschaftlich gründlich gearbeitet zu haben. Beim Aufbau kann sich dies z.B. darin ausdrücken, wie es auch in Forschungsberichten gern gesehen wird, dass man die Präsentation der Ergebnisse, etwa in Form einer Typologien unmittelbar an die Erläuterung der Forschungsfragen anschließen lässt, und im Folgenden gleichsam vom Ergebnis her rekonstruiert, wie man zu diesen Befunden gekommen ist. Das hat zwar den Nachteil, dass die Präsentation empirischer Daten und deren Interpretation tendenziell subsumtionslogisch wirkt, erleichtert aber die Ordnung der Befunde. Aber auch das umgekehrte Vorgehen ist möglich: dass man mit einem interessanten Fall oder einer Beobachtung beginnt, und von daher sukzessive die Linien der Darstellung entwickelt.

Aufsätze erfordern es, dass man ihnen eine **klare Ausrichtung** gibt und nur jene Grundelemente eingehend ausführt, die helfen, das gewählte Ziel anzupeilen. Ein Aufsatz muss eine These vorstellen und ein Argument entfalten, das methodisch solide fundiert und klar nachvollziehbar ist. Dieser Aufgabe ist die Präsentation der Empirie untergeordnet. Geht es dabei in erster Linie um eine Präsentation der Gesamtergebnisse, kann man sich z.B. primär an der Typologie orientieren, mit dem Zitieren des empirischen Materials sehr sparsam umgehen und für die Behandlung der Methoden auf entsprechende Literatur verweisen (vgl. Wohlrab-Sahr 1992). Will man ein Teilergebnis fokussieren, gelingt dies oft gut, wenn man ein oder zwei Fälle bzw. beobachtete Situationen in den Vordergrund stellt (vgl. Heimerl 2006). Bei einem programmatischen Aufsatz bilden oft Theorien und der Stand der Forschung, z.B. im Zusammenhang mit der Wahl innovativer Methoden oder Blickwinkel, den Schwerpunkt.

Die Darstellungselemente leiten sich aus den Regeln des Wissenschaftsbetriebes ab, nach denen neue Fragestellungen formuliert und die gefundenen Erkenntnisse in bestehendes Wissen eingeordnet werden müssen. Zu den Darstellungselementen gehören: Ausgangsproblem, Stand der Forschung, Erkenntnisinteresse und Forschungsfragen, Vorgehensweise bzw. Methoden, empirische Daten und ihre Interpretation, Ergebnispräsentation in Form von Typologien und gegenstandsbezogenen Theorien, Diskussion der Ergebnisse in Relation zum Ausgangsproblem und im Zusammenhang mit dem Stand der Forschung. Das Format der Darstellung bestimmt die Gewichtung der Elemente und den Aufbau bzw. die Abfolge, in der die einzelnen Elemente behandelt werden.

7.5 Darstellung von Interpretationen, Fällen und komparativen Analysen

Kernstück rekonstruktiver Forschung ist – neben der Feldforschung (s. Kap. 3) – die Interpretation des empirischen Materials (s. Kap. 5). Die Auseinandersetzung mit diesem Element der Forschung nimmt auch im vorliegenden Band den breitesten Raum ein. Wir haben diesen Schritt anhand vieler Beispiele aus allen Schulen, die behandelt wurden, vorgeführt. Was macht man aber nun mit all diesen Interpretationen? Wie reduziert man sie auf ein lesbares Ausmaß, ohne dass jedoch über der Verdichtung alle Facetten und vor allem die Anbindung an die konkrete Empirie verloren gehen? Wie bindet man Interpretationen in die Dramaturgie einer Gesamtdarstellung ein?

Die Beantwortung dieser Frage beginnt, wo mit sprachlichem Material gearbeitet wird, beim Umgang mit Transkripten bzw. dem **Zitieren von Trankriptausschnitten**. Für alle zentralen theoretischen Abstraktionen kann und soll man Transkriptausschnitte zitieren. Dies trägt auch dazu bei, die **intersubjektive Überprüfbarkeit** zu gewährleisten, denn es ermöglicht den Leserinnen, am Material eigene Interpretationen vorzunehmen. Zu diesem Zweck dürfen die Ausschnitte nicht allzu kurz sein, denn keine Methode kommt bei der Interpretation einer Äußerung oder Geste ganz ohne Kontext aus. In der Regel bewegen sich derartige Zitate zwischen 5 und 30 Zeilen. Ganz kurze Zitate von einzelnen Äußerungen sind selbstverständlich auch möglich und wünschenswert. Sie dienen dann aber weniger der intersubjektiven Überprüfbarkeit als der Illustration von Interpretationen und theoretischen Schlüssen und damit der Lesbarkeit des Textes. Auf solch illustrative Zitate sollte man sich aber in einer Publikation in keinem Fall beschränken. Die aufwändig geleistete Arbeit wäre dann völlig verschenkt.

Entsprechendes gilt bei ethnographischen Arbeiten für den Umgang mit Beobachtungsprotokollen, die in den Text eingefügt werden.

Bei wichtigen theoretischen Argumenten und Überlegungen wird der Wert des wissenschaftlichen Textes auch dadurch gesteigert, dass man die **Reproduktionsgesetzlichkeit** der untersuchten Fälle **an zwei**, höchstens drei **Zitaten** deutlich macht. Dieses Stilelement gilt es allerdings sparsam einzusetzen, denn es kann einen Text auch langatmig werden lassen.

Auch wenn man den Leserinnen die Möglichkeit geben möchte, empirisches Material zu lesen und zumindest in Ausschnitten den Forschungsprozess nachzuvollziehen, darf man nicht davon ausgehen, dass alle auch in der Lage oder willens sind, lange Ausschnitte aus Transkripten oder fein detaillierten Beobachtungen tatsächlich genau zu studieren. Dies hemmt in der Regel den Lesefluss und erfordert Momente der Reflexion und des Neuansetzens. Für die Praxis des Zitierens sei daher folgende Grobstruktur empfohlen:

1. Man spitzt die Dramaturgie des Textes auf ein Zitat zu und macht auf das Kommende aufmerksam, z.B. mit dem Hinweis: „... ab diesem Moment erlebte der Diskurs eine Zäsur. Die jungen Männer waren sich nun nicht mehr einig".
2. Man setzt das Zitat.
3. Man gibt den Inhalt des Zitates wieder.
4. Man beschreibt seine formale Struktur.
5. Man stützt sein theoretisches Argument auf die erläuterten Bestimmungsstücke des Zitates.

Das kann in etwa so aussehen (vgl. Przyborski 2004: 174f.):

Die Mädchen geben nun – sehr vorsichtig – ihr Wissen preis. Es bleibt aber höchst brisantes, heikles und vor allem vertrauliches Wissen („Jungen 1", 87–113):

87	Cf:	⌊Gandolf mit der Yps-Jacke
88			
89	Af:	⌊Ja
90			
91	Bf:	⌊Ja
92			
93	Cf:	⌊ mit der
94		weißen ( ) (Teile)
95			
96	Af:	⌊Ja genau (.) is der volle Arsch
97			
98	Ef:	⌊Gandolf der mit
99		Annika zusammen ist?
100			
101	Cf:	⌊Is ey komm der is so korrekt
102			
103	Bf:	⌊Dis is kein Proll. der is so nett; bist du
104		dumm?
105		
106	Af:	Ja schon aber weißte mit (.) der hat nur <u>Scheiße</u>
107			
108	Bf:	⌊Ey der mit **ey** der mit Annika zusammen
109		ist?
110		
111	Af:	erzählt;
112		
113	Cf:	Was hat er denn erzählt? warte mal kurz

Nachdem der Junge Gandolf nun eindeutig identifiziert ist, diskutieren die Mädchen über seinen Charakter. Sie streiten darüber, ob er nun „der volle Arsch" (96) oder ob er vielmehr „korrekt" (101) und „nett" (103) ist. Erika kann offenbar noch immer nicht glauben, dass tatsächlich über „Gandolf, der" doch „mit Annika zusammen ist" (98-99 und 108-109) gesprochen wird. Er ist jetzt eindeutig als derjenige, mit dem Annika eine Beziehung hat, identifiziert, und damit wird intimes Wissen im Zusammenhang einer Beziehung zwischen einem jungen Mann und einem anwesenden Mädchen offenbart.

Annika beschreibt Gandolf mit einem derben Ausdruck der Ablehnung und Verachtung. Er ist nicht nur in mancher Hinsicht, sondern in seiner Totalität ablehnenswert, wie sich in der Steigerung „voller Arsch" ausdrückt. In Annikas Erfahrung mit dem Jungen offenbart sich

7.5 Darstellung von Interpretationen, Fällen und komparativen Analysen

dessen durch und durch schlechter Charakter. Cindy und Bibi formulieren das Gegenteil. An ihm ist nichts falsch oder abzulehnen. Despektierliche Bezeichnungen („Proll", 103) treffen auf ihn nicht zu. Er ist – ganz im Gegenteil – gänzlich ohne Fehler („korrekt", 101), man ist ihm emotional zugetan, findet ihn eben „so nett" (103). Es wird sogar an Annikas Verstand gezweifelt, da sie das anders sieht (103-104).

Der Blick auf die **Diskursorganisation** zeigt folgende Elemente: Schon im Herantasten an den Namen des Jungen, das durch viele „pscht, pscht"-Rufe begleitet war, zeigt sich eine prekäre, aber spannende Enthüllung von privatem Wissen in der mehr oder weniger öffentlichen Situation der Gruppendiskussion. Die endgültige Preisgabe des Namens ist damit eine Konklusion, eine Beendigung des Themas „Sollen wir über unsere Liebesbeziehungen sprechen oder nicht?" In Erikas Zweifel (Zeilen 98-99 und 108-109), ob es tatsächlich um den Jungen geht, der mit Annika zusammen ist, wird der prekäre Charakter der Enthüllung erkennbar. Die Konklusion leitet in ein neues Thema, das von Annika aufgeworfen wird, über. Das heißt, wir haben es an dieser Stelle (89-99 und 108-109) mit einem Grenzfall zwischen einer Konklusion und einer Proposition, also einer Transposition zu tun. Auf Annikas Proposition (Transposition) folgt ein Widerspruch durch Cindy und Bibi.

In Annikas Proposition (in Form einer Beschreibung) können wir mithin folgenden Orientierungsgehalt festhalten: Die Erfahrung aus der intimen Liebesbeziehung ist negativ. Der Junge ist in seiner Totalität ablehnenswert, repräsentiert für sie einen negativen Gegenhorizont. Eine Beziehung zu ihm ist somit für das beteiligte Mädchen diskreditierend. In Cindys Antithese (in Form einer Beschreibung) in Kooperation mit Bibi zeigt sich folgender Orientierungsgehalt: Der Junge repräsentiert im Gegenteil Fehlerfreiheit und Anziehung, also einen positiven Gegenhorizont. Von ihm angezogen zu sein, ist mithin nicht diskreditierend. Die Mädchen bearbeiten hier ein Orientierungsproblem, das sich aus einer Diskrepanz von intimem Wissen innerhalb von Liebesbeziehungen mit einem Jungen und dessen öffentlichem Ansehen ergibt.

Kommen wir nach diesem Beispiel zurück zur allgemeinen Frage der Darstellung. Die nächst größere Einheit nach dem einzelnen Zitat bzw. der Sequenz oder Passage ist der gesamte Fall. Wie stellt man Fälle dar? Muss man alle Fälle darstellen? Wenn nicht, wie wählt man aus? Und in welcher Reihenfolge sollen die Fälle dargestellt werden? Die Art und Weise der Darstellung von Fällen hängt sehr stark von der Methode ab, mit der man seine Forschungsarbeit durchgeführt hat. **Falldarstellungen** im Zusammenhang mit der Narrationsanalyse werden sich in der Regel an der **Chronologie der Ereignisse** orientieren. Gruppendiskussionen, die mit der dokumentarischen Methode ausgewertet worden sind, lassen sich am besten durch die **Eckpunkte ihrer kollektiven Orientierungen** verdeutlichen. Bestehen die Fälle aus beobachteten Situationen, wird man daran die Darstellung an der grundlegenden sozialen Dynamik der beobachteten Situationen ausrichten (vgl. z.B. Hirschauer 1999; Heimerl 2006).

Nicht alle Fälle müssen in derselben **Ausführlichkeit** beschrieben werden. Anhand von einigen wenigen ausführlich dargestellten Fällen kann man zeigen, wie man vorgegangen ist, Einblicke in den Facettenreichtum der Fälle und Interpretationen geben und ein plastisches Bild des Forschungsfeldes liefern. Bei weiteren Fällen kann man bereits **Abkürzungsstrategien** verwenden, z.B. indem man weniger zitiert, den Fall nicht mehr in allen seinen Facetten präsentiert und die Reproduktionsgesetzlichkeit der Fälle eher zusammenfassend präsentiert als sie im Detail nachzuweisen.

Sowohl das Wie als auch die **Reihenfolge** der Falldarstellungen bestimmten sich auch durch die entwickelte **Typologie**. Stringent wird eine Darstellung dadurch, dass man sie auf eine Typologie, d.h. auf den theoretischen Ertrag der Untersuchung hinschreibt. Man ordnet die Fälle so an, dass man während ihrer Darstellung gleichzeitig eine komparative Analyse vollziehen kann. So kann man den zweiten Fall schon vor dem Hintergrund des ersten deutlich werden lassen, und es nehmen die Dimensionen und Eckpunkte der Typologie im Zuge der Falldarstellungen immer mehr Gestalt an.

Je nachdem, wie gut diese Vorgehensweise gelingt, kann die **Darstellung der Typologie** dann auch recht knapp ausfallen. Sie gewinnt jedoch durch den wohlüberlegten Einsatz von Zitaten und einzelnen genaueren Beschreibungen des Materials. Auch kann die Auswahl von Fallrekonstruktionen nach Maßgabe der Typologie getroffen werden, so dass diese dadurch plastisch wird.

Zu bedenken ist schließlich, dass **Kernpunkte von Publikationen** oft nicht in ihrer sequenziellen Anordnung gelesen werden, sondern die Leser sich die Freiheit nehmen, da und dort hineinzuschnuppern. Es gilt daher zu entscheiden, an welchen Stellen man die Darstellung sequenziell aufbaut und die Lektüre des Vorangegangenen voraussetzt, und welche Teile man als eigenständig lesbare Textstücke gestaltet. Bei der Präsentation der Typologie und der daran entwickelten Theorie empfiehlt es sich in jedem Fall darauf zu achten, dass man dieses Kapitel auch selbstständig lesen kann.

Und schließlich: Achten Sie darauf, dass Ihre Publikation im doppelten Sinne einen Spannungsbogen beschreibt. Formulieren Sie am Anfang ein interessantes Problem auf interessante Weise, präsentieren Sie am Ende ein aufschlussreiches Ergebnis, und schreiben Sie das Ganze so, dass es nicht nur solide und methodisch korrekt, sondern auch ein wenig „sexy" ist. Das fängt mit dem ersten Satz an und endet mit dem letzten.

Die Darstellung von Interpretationen auf der Grundlage von Transkriptausschnitten, Fallrekonstruktionen und der Typologie ist für die Präsentation der Ergebnisse rekonstruktiver Forschung wesentlich. Die Arbeit mit Transkriptausschnitten oder Auszügen aus Beobachtungsprotokollen dient der intersubjektiven Nachvollziehbarkeit von Ergebnissen sowie dem Nachweis der Reproduktionsgesetzlichkeit der interpretierten Fälle. Von daher sollten alle Bestimmungsstücke, die die Interpretation stützen, auch explizit ausgeführt werden. Die Falldarstellungen orientieren sich an der gewählten Interpretationsmethode, sind aber der Darstellung der Typologie bzw. der darüber generierten Theorie untergeordnet. Nicht alle Fälle müssen in derselben Ausführlichkeit dargestellt werden. Bei der Darstellung von Typologie und generierter Theorie ist darauf zu achten, dass dieses Kapitel eigenständig lesbar ist, da manche Leser es gezielt auf den Ertrag der Forschung hin lesen werden. Die Publikation soll den Spannungsbogen der Forschung von der Ausgangsfrage bis zum Ergebnis beschreiben, aber auch mit der Art des Schreibens Spannung erzeugen.

Literatur

Adler, Patricia A./Adler, Peter 1998. Observational Techniques. In: Denzin, N./Lincoln, Y. S. (Hg.): Collecting and Interpreting Qualitative Materials. Thousand Oaks et al.: Sage: 79-109

Adorno, Theodor W. 1982. Musikalische Schriften IV. Frankfurt a.M.: Suhrkamp

Alasuutari, Pertti 2000 [1995]. Researching Culture. Qualitative Method and Cultural Studies. London et al.: Sage

Alheit, Peter/Bast-Haider, Kerstin/Drauschke, Petra 2004. Die zögernde Ankunft im Westen. Biographien und Mentalitäten in Ostdeutschland. Frankfurt a.M.: Campus

Arbeitsgruppe Bielefelder Soziologen 1973a und b. Alltagswissen, Interaktion und gesellschaftliche Wirklichkeit. 2 Bde. Reinbek: Rowohlt

Arbeitsgruppe Bielefelder Soziologen 1976. Kommunikative Sozialforschung. Alltagswissen und Alltagshandeln, Gemeindemachtforschung, Polizei, politische Erwachsenenbildung. München: Wilhelm Fink Verlag

Asbrand, Barbara 2005. Unsicherheit in der Globalisierung. Orientierungen von Jugendlichen in der Weltgesellschaft. In: Zeitschrift für Erziehungswissenschaft 8, 2: 223-239

Atkinson, Paul 1988. Ethnomethodology: A Critical Review. In: Annual Review of Sociology 14: 441-465

Atkinson, Paul 1989. Goffman's Poetics. In: Human Studies 12, 1: 59-76

Atkinson, Paul/Hammersley, Martin 1998. Ethnography and Participant Observation. In: Denzin, N./Lincoln, Y. S. (Hg.): Strategies of Qualitative Inquiry. Thousand Oaks at al.: Sage: 110-136

Auer, Peter 1986. Kontextualisierung. In: Studium Linguistik 19/20: 22-47

Auer, Peter 1999a. Sprachliche Interaktion. Eine Einführung anhand von 22 Klassikern. Tübingen: Niemeyer

Auer, Peter 1999b. Kontextualisierung – John Gumperz. In: Auer, P. (Hg.): Sprachliche Interaktion. Eine Einführung anhand von 22 Klassikern. Tübingen: Niemeyer: 148-163

Auer, Peter/Luzio, Aldo di (Hg.) 1992. The Contextualization of Language. (Pragmatics and Beyond. New Series 22). Amsterdam/Philadelphia: John Benjamins Publishing

Auer, Peter 1992. Introduction: John Gumperz' Approach to Contextualization. In: Auer, P./Luzio, A. Di (Hg): The Contextualization of Language. Amsterdam/Philadelphia: John Benjamins Publishing: 1-38

Bachtin, Michail 1986. Untersuchungen zur Poetik und Theorie des Romans. Berlin/Weimar: Aufbau

Badura, Bernhard/Gloy, Klaus 1972. Soziologie der Kommunikation. Eine Textauswahl zur Einführung. Stuttgart-Bad Cannstatt: Frommann-Holzboog

Barton, Allen 1969. Communities in disaster. A sociological analysis of collective stress situations. Garden City: Doubleday

Becker, Howard S./Geer, Blanche/Hughes, Everett C./Strauss, Anselm L. 1961. Boys in White. Student Culture in Medical School. Chicago: The University of Chicago Press

Becker, Howard S. 1989. Die Kunst des professionellen Schreibens. Ein Leitfaden für die Geistes- und Sozialwissenschaften. Frankfurt a.M.: Campus

Behnke, Cornelia 1997. „Frauen sind wie andere Planeten". Das Geschlechterverhältnis aus männlicher Sicht. Frankfurt a.M./New York: Campus

Behnke, Cornelia/Meuser, Michael 2003: Vereinbarkeitsmanagement. Die Herstellung von Gemeinschaft bei Doppelkarrierepaaren. In: Soziale Welt 54: 163-174

Berg, Eberhard/Fuchs, Martin (Hg.) 1993. Kultur, soziale Praxis, Text. Die Krise der ethnographischen Repräsentation. Frankfurt a.M.: Suhrkamp

Berger, Peter L./Luckmann, Thomas 2007 [1966]. Die soziale Konstruktion der Wirklichkeit. Frankfurt a.M.: Fischer

Bergmann, Jörg R. 1981. Ethnomethodologische Konversationsanalyse. In: Schröder, P./Steger, H. (Hg.): Dialogforschung – Jahrbuch 1980 des Instituts für deutsche Sprache. Düsseldorf: Pädagogischer Verlag Schwann: 9-51

Bergmann, Jörg R. 1987. Klatsch. Zur Sozialform der diskreten Indiskretion. Berlin/New York: de Gruyter

Bergmann, Jörg R. 2000. Ethnomethodologie. In: Flick, U./Kardorff, E. v./Steinke, I. (Hg.): Qualitative Forschung. Ein Handbuch. Reinbek: Rowohlt: 118-135

Billmann-Mahecha, Elfriede 2005. Social Processes of Negotiation in Childhood – Qualitative Access Using the Group Discussion Method. Childhood & Philosophy 1
[http://www. filoeduc.org/childphilo/n1/conteudo_ing.html]

Blumer, Herbert 1954. What's Wrong with Social Theory? In: ASR19, 1: 3-10

Blumer, Herbert 1986 [1969]. Symbolic Interactionism: Perspective and Method. Berkeley/Los Angeles: University of California Press

Bogner, Alexander/Littig, Beate/Menz, Wolfgang (Hg.) 2005². Das Experteninterview. Theorie, Methode, Anwendung. Wiesbaden: VS-Verlag

Bogner, Alexander/Menz, Wolfgang 2005². Das theoriegenerierende Experteninterview. Erkenntnisinteresse, Wissensformen, Interaktion. In: Bogner, A./Littig, B./Menz, W. (Hg.): Das Experteninterview. Theorie, Methode, Anwendung. Wiesbaden: VS-Verlag: 7-29

Bohnsack, Ralf 1983. Alltagsinterpretation und soziologische Rekonstruktion. Opladen: Westdeutscher Verlag

Bohnsack, Ralf 1989. Generation, Milieu und Geschlecht – Ergebnisse aus Gruppendiskussionen mit Jugendlichen. Opladen: Leske+Budrich

Bohnsack, Ralf 1997. Dokumentarische Methode. In: Hitzler, R./Honer, A. (Hg.): Sozialwissenschaftliche Hermeneutik. Opladen: UTB: 191-211

Bohnsack, Ralf 2000. Gruppendiskussion. In: Flick, U./Kardorff, E. v./Steinke, I. (Hg.): Qualitative Forschung. Ein Handbuch. Reinbek: Rowohlt: 369-384

Bohnsack, Ralf 2001a. Dokumentarische Methode. In: Hug, T. (Hg.): Wie kommt Wissenschaft zu ihrem Wissen? – Band 2: Einführung in die Methodologie der Sozial- und Kulturwissenschaften. Baltmannsweiler: Schneider: 326-345

Bohnsack, Ralf 2001b. Typenbildung, Generalisierung und komparative Analyse. Grundprinzipien der dokumentarischen Methode. In: Bohnsack, R./Nentwig-Gesemann, I./Nohl, A. (Hg.): Die dokumentarische Methode und ihre Forschungspraxis. Grundlagen qualitativer Sozialforschung. Opladen: Leske+Budrich: 225-252

Bohnsack, Ralf 2003a. Rekonstruktive Sozialforschung. Einführung in die Methodologie und Praxis qualitativer Forschung. 5. Auflage. Opladen: UTB/Leske+Budrich

Bohnsack, Ralf 2003b. Die dokumentarische Methode in der Bild- und Fotointerpretation. In: Ehrenspeck, Y./Schäffer, B. (Hg.): Film- und Fotoanalyse in der Erziehungswissenschaft. Ein Handbuch. Opladen: Leske+Budrich: 73-120

Bohnsack, Ralf 2003c. Fokussierungsmetapher. In: Bohnsack, R./Marotzki, W./Meuser, M. (Hg.): Hauptbegriffe Qualitativer Sozialforschung. Opladen: Leske+Budrich: 67

Bohnsack, Ralf 2003d. Dokumentarische Methode und sozialwissenschaftliche Hermeneutik. In: Zeitschrift für Erziehungswissenschaft 6, 4: 550-570

Bohnsack, Ralf 2004. Standards nicht-standardisierter Forschung in den Erziehungs- und Sozialwissenschaften. In: Zeitschrift für Erziehungswissenschaft 7, Beiheft 4: 65-83

Bohnsack, Ralf 2005. „Social Worlds" und „Natural Histories". Zum Forschungsstil der Chicagoer Schule anhand zweier klassischer Studien. In: ZBBS 6, 1: 105-127

Bohnsack, Ralf/Loos, Peter/Przyborski, Aglaja 2001. Male honor. Towards an understandig of the construction of gender relations among youth of Turkish origin. In: Baron, B./Kotthoff, H. (Hg.): Gender in Interaction. Amsterdam/Philadelphia: John Benjamins Publishing: 2001: 175-207

Bohnsack, Ralf/Loos, Peter/Schäffer, Burkhard/Städtler, Klaus/Wild, Bodo 1995. Die Suche nach Gemeinsamkeit und die Gewalt der Gruppe – Hooligans, Musikgruppen und andere Jugendcliquen. Opladen: Leske+Budrich

Bohnsack, Ralf/Marotzki, Winfried (Hg.) 1998. Biographieforschung und Kulturanalyse. Transdisziplinäre Zugänge qualitativer Forschung. Opladen: Leske+Budrich

Bohnsack, Ralf/Nentwig-Gesemann, Iris 2005. Peer-Mediation in der Schule. Eine qualitative Evaluationsstudie zu einem Mediationsprojekt am Beispiel einer Berliner Oberschule. In: DKJS Deutsche Kinder- und Jugendstiftung (Hg.): Jung. Talentiert. Chancenreich? Beschäftigungsfähigkeit von Jugendlichen fördern. Opladen: Verlag Barbara Budrich: 143-175

Bohnsack, Ralf/Nentwig-Gesemann, Iris/Nohl, Arnd-Michael (Hg.) 2001. Die dokumentarische Methode und ihre Forschungspraxis. Grundlagen qualitativer Sozialforschung. Opladen: Leske+Budrich

Bohnsack, Ralf/Nohl, Arnd-Michael 1998. Adoleszenz und Migration. Empirische Zugänge einer praxeologisch fundierten Wissenssoziologie. in: Bohnsack, R./Marotzki, W. (Hg.): Biographieforschung und Kulturanalyse – interdisziplinäre Zugänge qualitativer Forschung. Opladen: Leske+Budrich: 260-282

Bohnsack, Ralf/Nohl, Arnd 2000. Events, Efferveszenz und Adoleszenz: „party" – „battle" – „fight". In: Gebhardt, W./Hitzler, R./Pfadenhauer, M. (Hg.): Events – Zur Soziologie des Außergewöhnlichen. Opladen: Leske + Budrich: 77-93

Bohnsack, Ralf/Przyborski, Aglaja 2006. Diskursorganisation, Gesprächsanalyse und die Methode der Gruppendiskussion. In: Bohnsack, R./Przyborski, A./Schäffer, B. (Hg.): Das Gruppendiskussionsverfahren in der Forschungspraxis. Opladen: Verlag Barbara Budrich: 233-248

Bohnsack, Ralf/Przyborski, Aglaja 2007. Gruppendiskussionsverfahren und Focus Groups. In: Buber, R./Holzmüller, H. (Hg.): Qualitative Marktforschung. Wiesbaden: Gabler: 491-506

Bohnsack, Ralf/Przyborski, Aglaja/Schäffer, Burkhard 2006. Einleitung: Gruppendiskussionen als Methode rekonstruktiver Sozialforschung. In: Bohnsack, R./Przyborski, A./Schäffer, B. (Hg.): Das Gruppendiskussionsverfahren in der Forschungspraxis. Opladen: Verlag Barbara Budrich: 7-22

Bohnsack, Ralf/Schäffer, Burkhard 2001. Gruppendiskussionsverfahren. In: Hug, Th. (Hg.): Wie kommt Wissenschaft zu ihrem Wissen? – Band 2: Einführung in Forschungsmethodik und Forschungspraxis. Baltmannsweiler: Schneider: 324-341

Bortz, Jürgen/Döring, Nicola 1995. Forschungsmethoden und Evaluation. Berlin: Springer

Bortz, Jürgen 1984. Lehrbuch der empirischen Forschung für Sozialwissenschaftler. Berlin: Springer

Bourdieu 1976 [1972]. Entwurf einer Theorie der Praxis. Frankfurt a.M.: Suhrkamp

Bourdieu, Pierre 1982. Die feinen Unterschiede. Frankfurt a.M.: Suhrkamp

Bourdieu, Pierre 1993. Sozialer Sinn. Kritik der theoretischen Vernunft. Frankfurt a.M.: Suhrkamp

Bourdieu, Pierre 1997. Männliche Herrschaft revisited. In: Feministische Studien 15, 2: 88-99

Bourdieu, Pierre 2005. Die männliche Herrschaft. Frankfurt a.M.: Suhrkamp

Breidenstein, Georg/Kelle, Helga 1998. Geschlechteralltag in der Schulklasse. Ethnographische Studien zur Gleichaltrigenkultur. Weinheim/München: Juventa

Breitenbach, Eva 2000. Mädchenfreundschaften in der Adoleszenz. Eine fallrekonstruktive Studie von Gleichaltrigengruppen. Opladen: Leske+Budrich

Breuer, Franz 2000, September. Über das In-die-Knie-Gehen vor der Logik der Einwerbung ökonomischen Kapitals – wider bessere wissenssoziologische Einsicht. Eine Erregung. Zu Jo Reichertz: Zur Gültigkeit von Qualitativer Sozialforschung [18 Absätze]. Verfügbar über: http://www.qualitative-research.net/fqs-texte/3-00/3-00breuer-d.htm [Datum des Zugriffs: 8.9.2007].

Brose, Hanns-Georg 1986. Lebenszeit und biographische Zeitperspektiven im Kontext sozialer Zeitstrukturen. In: Fürstenberg, F./Mörth, I. (Hg.): Zeit als Strukturelement von Lebenswelt und Gesellschaft. Linz: Universitätsverlag R. Trauner: 175-207

Brose, Hanns-Georg/Wohlrab-Sahr, Monika/Corsten, Michael 1993. Soziale Zeit und Biographie. Opladen: Westdeutscher Verlag

Bude, Heinz 1985. Der Sozialforscher als Narrationsanimateur. In: KZfSS 37: 327-336

Charlton, Michael 1997. Rezeptionsforschung als Aufgabe einer interdisziplinären Medienwissenschaft. In: Charlton, M./Schneider, S. (Hg.): Rezeptionsforschung. Theorien und Untersuchungen zum Umgang mit Massenmedien. Opladen: Westdeutscher Verlag: 16-39

Charmaz, Kathy 2000^2. Grounded Theory: Objectivist and Constructivist Methods. In: Denzin, N./Lincoln, Y. (Hg.): Handbook of Qualitative Research. Thousand Oaks: Sage: 509-535

Charmaz, Kathy 2006. Constructing Grounded Theory. A Practical Guide Through Qualitative Analysis. London et al.: Sage

Cicourel, Aaron Victor 1970 [1964]. Methode und Messung in der Soziologie. Frankfurt a.M.: Suhrkamp

Clark, P. A. 1972. Action Research and Organizational Change. London/New York: Harper and Row

Coates, Jennifer 1996a. Women Talk. Conversation between Women Friends. Oxford/Cambridge: Blackwell Publishers

Coates, Jennifer 1996b. Gesprächsduette unter Frauen. In: Trömel-Plötz, S. (Hg.): Frauengespräche. Sprache der Verständigung. Frankfurt a.M.: Fischer: 237-256

Coates, Jennifer 2003. Men Talk. Stories in the Making of Masculinities. Oxford/Malden: Blackwell Publishers

Colby, Anne/Kohlberg, Lawrence 1987. The Measurement of Moral Judgment, Vol. 1: Theoretical Foundations and Research Validation. New York et al.: Cambridge University Press

Corbin, Juliet/Strauss, Anselm 1990. Grounded Theory Research: Procedures, Canons and Evaluative Criteria. In: Zeitschrift für Soziologie 19, 6: 418-427

Cronbach, Lee J. 1975. Beyond the two disciplines of scientific psychology. In: American Psychologist 30: 116-127

Deppermann, Arnulf 2001². Gespräche analysieren. Eine Einführung. Opladen: Leske+Budrich

Dewey, John 1922. Human Nature and Conduct. New York: Henry Holt

Dewey, John 2002 [1938]. Logik. Die Theorie der Forschung. Frankfurt a.M.: Suhrkamp

Dey, Ian 2004. Grounded Theory. In: Seale, C./Gobo, G./Gubrium, J./Silverman, D. (Hg.): Qualitative Research Practice. London et al.: Sage: 80-93

Diaz-Bone, Rainer 2002. Kulturwelt, Diskurs und Lebensstil. Eine diskurstheoretische Erweiterung der bourdieuschen Distinktionstheorie. Opladen: Leske+Budrich

Diaz-Bone, Rainer 2005. Zur Methodologisierung der Foucaultschen Diskursanalyse [48 Absätze]. Forum Qualitative Sozialforschung/Forum: Qualitative Research [On-line Journal], 7 (1), Art. 6. Verfügbar über: http://www.qualitative-research.net/fqs-texte/1-06/06-1-6-d.htm [Datum des Zugriffs: 2.11.07]

Diaz-Bone, Rainer 2006. Kritische Diskursanalyse: Zur Ausarbeitung einer problembezogenen Diskursanalyse im Anschluss an Foucault. Siegfried Jäger im Gespräch mit Rainer Diaz-Bone [89 Absätze]. Forum Qualitative Sozialforschung/Forum: Qualitative Research [On-line Journal], 7 (3), Art. 21. Verfügbar über: http://www.qualitative-research.net/fqs-texte/3-06/06-3-21-d.htm [Datum des Zugriffs: 2.11.07]

Diekmann, Andreas 2004 [1995]. Empirische Sozialforschung. Grundlagen, Methoden, Anwendungen. 11. Auflage. Reinbek: Rowohlt

Ebster, Claus/Stalzer, Liselotte 2008. Wissenschaftliches Arbeiten für Wirtschafts- und Sozialforscher. 3. überarbeitete Auflage. Wien: WUV-Universitäts-Verlag

Eco, Umberto 2002⁹. Wie man eine wissenschaftliche Abschlußarbeit schreibt: Doktor-, Diplom- und Magisterarbeit in den Geistes- und Sozialwissenschaften. Heidelberg: Müller

Elder, Glen Jr. 1974. Children of the Great Depression. Chicago/London: Chicago University Press

Englisch, Felicitas 1991. Bildanalyse in strukturalhermeneutischer Einstellung. Methodische Überlegungen und Analysebeispiele. In: Garz, D./Kraimer, K. (Hg.): Qualitativ-empirische Sozialforschung. Konzepte, Methoden, Analysen. Opladen: Westdeutscher Verlag: 133-176

Esselborn-Krumbiegel, Helga 2002. Von der Idee zum Text. Paderborn/München/Wien/Zürich: Schöningh

Erickson, Frederick/Shultz, Jeffrey 1982. The Counselor as Gatekeeper. Social Interaction in Interviews. New York et al.: Academic Press

Eucken, Walter 1965 [1939]. Die Grundlagen der Nationalökonomie. Berlin et al.: Springer

Firestone, William A. 1993. Alternative Arguments for Generalizing From Data as Applied to Qualitative Research. In: Educational Researcher 22, 5: 16-23

Fischer, Wolfram 1982. Alltagszeit und Lebenszeit in Lebensgeschichten von chronisch Kranken. In: ZSE2, 1: 5-19

Fischer-Rosenthal, Wolfram/Rosenthal, Gabriele 1997. Narrationsanalyse biographischer Selbstpräsentationen. In: Hitzler, R./Honer, A. (Hg): Sozialwissenschaftliche Hermeneutik. Opladen: Leske+Budrich/ UTB: 133-164

Flick, Uwe 1995. Qualitative Forschung. Theorie, Methoden, Anwendung in Psychologie und Sozialwissenschaften. Reinbek: Rowohlt

Flick, Uwe 2000. Design und Prozess qualitativer Forschung. In: Flick, U./Kardorff, E. v./Steinke, I. (Hg.): Qualitative Forschung. Ein Handbuch. Reinbek: Rowohlt: 252-265

Flick, Uwe 2002. An Introduction to Qualitative Research. London et al.: Sage

Flick, Uwe/Kardorff, Ernst v./Keupp, Heiner/Rosenstiel, Lutz v./Wolff, Stefan (Hg.) 1995². Handbuch Qualitative Sozialforschung. München: PVU/Beltz

Flick, Uwe/Kardorff, Ernst von/Steinke, Ines (Hg.) (2000). Qualitative Forschung. Ein Handbuch. Hamburg: Rowohlt

Frank, Manfred 1977. Das individuelle Allgemeine. Textstrukturierung und -interpretation nach Schleiermacher. Frankfurt a.M.: Suhrkamp

Friedrich, Jürgen/Huber, Wolfgang/Steinacker, Peter (Hg.) 2006. Kirche in der Vielfalt der Lebensbezüge. Die vierte EKD-Erhebung über Kirchenmitgliedschaft. Gütersloh: Gütersloher Verlagshaus

Fritzsche, Bettina 2001. Mediennutzung im Kontext kultureller Praktiken als Herausforderung an die qualitative Forschung. In: Bohnsack, R./Nentwig-Gesemann, I./Nohl, A.-M. (Hg.): Die dokumentarische Methode und ihre Forschungspraxis. Grundlagen qualitativer Forschung. Opladen: Leske+Budrich: 27-42

Froschauer, Ulrike/Lueger, Manfred 2002. ExpertInnengespräche in der interpretativen Organisationsforschung, in: Bogner, A./Littig, B./Menz, W. (Hg.): Das Experteninterview. Theorie, Methode, Anwendung. Wiesbaden: VS-Verlag: 223-240

Fuchs-Heinritz, Werner/Lautmann, Rüdiger/Rammstedt, Otthein/Wienold, Hanns 1994³. Lexikon zur Soziologie. Opladen: Westdeutscher Verlag

Garfinkel, Harold 1973 [1967]. Studien über die Routinegrundlagen von Alltagshandeln. In: Steinert, H. (Hg.): Symbolische Interaktion. Arbeiten zu einer reflexiven Soziologie. Stuttgart: Klett: 280-293

Garfinkel, Harold 1981 [1961]. Das Alltagswissen über soziale und innerhalb sozialer Strukturen. In: Arbeitsgruppe Bielefelder Soziologen (Hg.): Alltagswissen, Interaktion und gesellschaftliche Wirklichkeit 1+2. Opladen: Westdeutscher Verlag: 189-262

Garfinkel, Harold 2004 [1967]. Studies in Ethnomethodology. Cambridge: Polity Press

Gather, Claudia 1996. Konstruktionen von Geschlechterverhältnissen: Machtstrukturen und Arbeitsteilung bei Paaren im Übergang in den Ruhestand. Berlin: sigma

Geertz, C. J. 1990. Die künstlichen Wilden. Der Anthropologe als Schriftsteller. München: Carl Hanser Verlag

Gerhardt, Uta 1985. Patientenkarrieren. Eine medizinsoziologische Studie. Frankfurt a.M.: Suhrkamp

Gerhardt, Uta 1991. Typenbildung. In: Flick, U./Kardorff, E.v./Keupp, H./Rosentiel, L.v./Wolff, St. (Hg.): Handbuch qualitative Sozialforschung. München: Psychologie Verlags Union: 435-439

Gerhardt, Uta 2001. Idealtypus. Zur methodischen Begründung der modernen Soziologie. Frankfurt a.M.: Suhrkamp

Giddens, Anthony 2006 [1987]. Weber and Durkheim: Coincidence and Divergence. In: Mommsen, W./Osterhammel, J. (Hg.): Max Weber and his Contemporaries. London et al.: Routledge: 182-189

Giegel, Hans-Joachim/Frank, Gerhard/Billerbeck, Ulrich 1988. Industriearbeit und Selbstbehauptung. Opladen: Leske+Budrich

Gläser, Jochen/Laudel, Grit 2006. Experteninterviews und qualitative Inhaltsanalyse als Instrumente rekonstruierender Untersuchungen. Wiesbaden: VS-Verlag

Glaser, Barney 1965. The Constant Comparative Method of Qualitative Analysis. In: Social Problems 12: 436-445

Glaser, Barney 1978. Theoretical Sensitivity. Advances in the Methodology of Grounded Theory. Mill Valley, CA: The Sociology Press

Glaser, Barney 1992: Emergence versus Forcing. Basics of Grounded Theory. Mill Valley, CA: Sociology Press

Glaser, Barney 2007 [2004] (unter Mitarbeit von Judith Holton): Remodeling Grounded Theory. In: Mey, G./Mruck, K. (Hg.): Grounded Theory Reader. Köln: Zentrum für Historische Sozialforschung: 47-68

Glaser, Barney G. 2002. Constructivist Grounded Theory? In: Forum Qualitative Sozialforschung [Online Journal], 3, 3 (September) [47 paragraphs]

Glaser, Barney/Strauss, Anselm 1965a. Discovery of Substantive Theory: A Basic Strategy Underlying Qualitative Research. In: American Behavioral Scientist 8, 6: 5-12

Glaser, Barney/Strauss, Anselm 1965b. Awareness of Dying. Chicago: Aldine

Glaser, Barney/Strauss, Anselm 1967. The Discovery of Grounded Theory. Strategies for Qualitative Research. Chicago: Aldine

Glaser, Barney/Strauss, Anselm 1968. Time for Dying. Chicago: Aldine

Gläser, Jochen/Laudel, Grit 2006. Experteninterviews und qualitative Inhaltsanalyse als Instrumente rekonstrukturierender Untersuchungen. Wiesbaden: VS-Verlag

Gobo, Giampietro 2004. Sampling, Representativeness and Generalizability. In: Seale, C./Gobo, G./Gubrium, J.F./Silverman, D. (Hg.): Qualitative Research Practice. London et al.: Sage: 435-456

Goffman, Erving 1955. On Face-Work: An Analysis of Ritual Elements in Social Interaction. In: Psychiatry: Journal of the Study of Interpersonal Processes 18, 3: 213-231

Goffman, Erving 1971. Relations in Public. Microstudies of the Public. Middlesex: Basic Books

Goffman, Erving 1981. Forms of Talk. Oxford: Blackwell

Goffman, Erving 1989. On Fieldwork. In: Journal of Contemporary Ethnography 18, 2: 123-132

Granzner, Stefanie 2005. Wie verstehen Kinder das Kinderfernsehen? Eine empirische Untersuchung an Kindern im Vor- und Volksschulalter. Diplomarbeit. Universität Wien

Grimm, Jürgen 1995. Wirkung von Fernsehgewalt. Zwischen Imitation und Erregung. In: Medien praktisch 19, 3: 14-23

Gumperz, John J. 1982a. Discourse Strategies. Studies in Interactional Sociolinguistics. Cambridge et al.: Cambridge University Press

Gumperz, John J. 1982b. Language and Social Identity. Cambridge et al.: Cambridge University Press

Gumperz, John J./Cook-Gumperz, Jenny 1981. Ethnic Differences in Communicative Style. In: Ferguson, C.A./Heath, S.H. (Hg.): Language in the USA. Cambridge et al.: Cambridge University Press: 430-445

Günthner, Susanne 1996. Sprache und Geschlecht: Ist Kommunikation zwischen Frauen und Männern interkulturelle Kommunikation? In: Hoffmann, L. (Hg.): Sprachwissenschaft: Ein Reader. Berlin/New York: de Gruyter: 235-259

Günthner, Susanne/Knoblauch, Hubert A. 1997. Gattungsanalyse. In: Hitzler, R./Honer, A. (Hg.): Sozialwissenschaftliche Hermeneutik. Opladen: Leske+Budrich: 281-308

Gurwitsch, Aron 1976. Die mitmenschlichen Begegnungen in der Milieuwelt. Berlin/New York: de Gruyter

Habermas, Jürgen 1981. Theorie des kommunikativen Handelns. Band 1. Handlungsrationalität und gesellschaftliche Rationalisierung. Frankfurt a.M.: Suhrkamp

Hahn, Alois 1988. Biographie und Lebenslauf. In: Brose, H.-G./Hildenbrand, B. (Hg.): Vom Ende des Individuums zur Individualität ohne Ende. Opladen: Leske+Budrich: 91-105

Hall, Stuart 1982. The rediscovery of 'ideology': return of the repressed in media studies. In: Gurevitch, M./Bennett, T./Curran, J./Woollacott, J. (Hg.): Culture, Society and the Media. London/New York: Routledge: 56-90

Hall, Stuart 2002 [1973]. Kodieren und Dekodieren. In: Adelmann, R./Hesse, J. O./ Keilbach, J./Stauff, M./Thiele, M. (Hg.): Grundlagentexte zur Fernsehwissenschaft: Theorie, Geschichte, Analyse. Konstanz: UVK: 105-124

Haller, Rudolf. 1993. Neopositivismus. Eine historische Einführung in die Philosophie des Wiener Kreises. Darmstadt: Wissenschaftliche Buchgesellschaft

Hammersley, Martyn 1992. What's wrong with Ethnography? Methodological Explorations. London: Taylor&Francis

Hammersley, Martyn/Atkinson, Paul 1983. Ethnography: Principles in Practice. London: Routledge

Hampl, Stefan/Payrhuber, Andrea/Przyborski, Aglaja/Vitouch, Peter 2006. Marktforschung österreichische Klassenlotterie. Eine empirische Untersuchung auf der Basis von Stammkunden, unsteten Kunden, Probierkunden und Nicht-Kunden. Unveröff. Projektbericht. Wien

Haug, Frigga 1993 [1990]. Erinnerungsarbeit. Berlin/Hamburg: Argument

Hausendorf, Heiko/Quasthoff, Uta M. 1996. Sprachentwicklung und Interaktion: Eine linguistische Studie zum Erwerb von Diskursfähigkeiten bei Kindern. Wiesbaden: Westdeutscher Verlag

Have, Paul ten 1999. Doing Conversation Analysis: A Practical Guide. London et al.: Sage

Heimerl, Birgit 2006. Choreographie der Entblößung: Geschlechterdifferenz und Personalität in der klinischen Praxis. In: ZfS 35, 5: 372-391

Heinze, Thomas 2001. Qualitative Sozialforschung. München/Wien: Oldenbourg

Heinzel, Friederike 1997. Qualitative Interviews mit Kindern. In: Friebertshäuser, B./Prengel, A. (Hg.): Handbuch Qualitative Forschungsmethoden in der Erziehungswissenschaft. Weinheim: Juventa: 396-413

Heinzel, Friederike 2000. Kinder in Gruppendiskussionen und Kreisgesprächen. In: Heinzel, F. (Hg.): Methoden der Kindheitsforschung. Ein Überblick über Forschungszugänge zur kindlichen Perspektive. Weinheim/München: Juventa: 117-130

Helsper, Werner/Herwartz-Emden, Leonie/Terhart, Ewald 2001. Qualität qualitativer Forschung in der Erziehungswissenschaft. In: Zeitschrift für Pädagogik 14: 251-269.

Hermanns, Harry/Tkocz, Christian/Winkler, Helmut 1984. Berufsverlauf von Ingenieuren. Biographieanalytische Auswertung narrativer Interviews. Frankfurt a.M./New York: Campus

Hildenbrand, Bruno 1983. Alltag und Krankheit: Ethnographie einer Familie. Stuttgart: Klett

Hildenbrand, Bruno 1984. Methodik der Einzelfallstudie. Theoretische Grundlagen, Erhebungs- und Auswertungsverfahren, vorgeführt an Fallbeispielen. Studienbrief der Fern-Universität – Gesamthochschule Hagen. FB Erziehungs- und Sozialwissenschaften. 3. Kurseinheiten. Hagen

Hildenbrand, Bruno 1991. Fallrekonstruktive Forschung. In: Flick, U./Kardorff, E.v./Keupp, H./ Rosenstiel, L.v./Wolff, St. (Hg.): Handbuch Qualitative Sozialforschung. 2. Aufl. München: PVU/Beltz: 256-259

Hildenbrand, Bruno 1999a. Fallrekonstruktive Familienforschung. Opladen: Leske+Budrich.

Hildenbrand, Bruno 1999b. Was ist für wen der Fall? Problemlagen bei der Weitergabe von Ergebnissen von Fallstudien an die Untersuchten und mögliche Lösungen. In: Psychotherapie und Sozialwissenschaft 1, 4: 265-280

Hildenbrand, Bruno/Bohler, Karl Friedrich/Jahn, Walter/Schmitt, Reinhold (1992). Bauernfamilien im Modernisierungsprozeß. Frankfurt a.M./New York: Campus

Hirschauer, Stefan 1999. Die Praxis der Fremdheit und die Minimierung der Anwesenheit. Eine Fahrstuhlfahrt. In: Soziale Welt 50: 221-246

Hirschauer, Stefan 2001. Ethnographisches Schreiben und die Schweigsamkeit des Sozialen. Zu einer Methodologie der Beschreibung. In: ZfS 30, 6: 429-451

Hitzler, Ronald 2003. Ethnographie. In: Bohnsack, R./Marotzki, W./Meuser, M.l (Hg.) Hauptbegriffe Qualitativer Sozialforschung. Opladen: Leske+Budrich: 50-53

Hitzler, Ronald/Honer, Anne 1997. Sozialwissenschaftliche Hermeneutik: eine Einführung. Opladen: Leske+Budrich

Hitzler, Ronald/Honer, Anne/Maeder, Christoph (Hg.) (1994). Expertenwissen. Die institutionalisierte Kompetenz zur Konstruktion von Wirklichkeit. Opladen: Westdeutscher Verlag

Hitzler, Ronald/Reichertz, Jo/Schröer, Norbert 1999. Hermeneutische Wissenssoziologie: Standpunkte zur Theorie der Interpretation. Konstanz: UVK

Hoffmann-Riem, Christa 1989. Das adoptierte Kind: Familienleben mit doppelter Elternschaft. München: Wilhelm Fink Verlag

Hopf, Christel 1978. Die Pseudo-Exploration – Überlegungen zur Technik qualitativer Interviews in der Sozialforschung. In: ZfS 7, 2: 97-115

Horn, Klaus (Hg.) 1979. Aktionsforschung. Balanceakt ohne Netz? Frankfurt a.M.: Syndikat

Humphreys, Laud 1975. Tearoom Trade. Impersonal Sex in public Places (erweiterte Ausgabe). Chicago: Aldine

Husserl, Edmund 1913. Ideen zu einer reinen Phänomenologie und phänomenologischen Philosophie. Jahrbuch für Philosophie und phänomenologische Forschung. Halle: Max Niemeyer Verlag: 1-323

Imdahl, Max 1996. Giotto. Arenafresken. Ikonographie. Ikonologie. Ikonik. München: Wilhelm Fink Verlag

Jäger, Siegried 2004[4]. Kritische Diskursanalyse. Eine Einführung. Münster: Unrast

Jellinek, Georg 1905 [1900]. Allgemeine Staatslehre. Berlin: Häring

Joas, Hans 1992. Die Kreativität des Handelns. Frankfurt a.M.: Suhrkamp

Kahnemann, Daniel/Tversky, Amos 1972. Subjective Probability: A Judgement of Representativeness. In: Cognitive Psychology 4, 3: 430-454

Kallmeyer, Werner (Hg.) 1995. Ethnographien von Mannheimer Stadtteilen. Berlin/New York: de Gruyter (Schriften des Instituts für deutsche Sprache 4.2)

Kallmeyer, Werner 1994. Das Projekt „Kommunikation in der Stadt". In: Kallmeyer, W. (Hg.): Exemplarische Analysen des Sprachverhaltens in Mannheim. Berlin/New York: de Gruyter (Schriften des Instituts für deutsche Sprache 4.1): 1-38

Kallmeyer, Werner/Schütze, Fritz 1976. Konversationsanalyse. In: Studium Linguistik 1: 1-28

Kallmeyer, Werner/Schütze, Fritz 1977. Zur Konstitution von Kommunikationsschemata der Sachverhaltsdarstellung. In: Wegner, D. (Hg.): Gesprächsanalysen. Hamburg: Buske: 159-274

Kaplan, Abraham 1973 [1964]. The Conduct of Inquiry. Methodology for Behavioral Science. Aylesbury: Intertext Books

Karmiloff, Kyra/Karmiloff-Smith, Annette 2001. Pathway to Language: From Fetus to Adolescent. Cambridge: Harvard University Press

Karstein, Uta/Schmidt-Lux, Thomas/Wohlrab-Sahr, Monika/Punken, Mirko 2006. Säkularisierung als Konflikt? Zur subjektiven Plausibilität des ostdeutschen Säkularisierungsprozesses. In: Berliner Journal für Soziologie 16, 4: 441-461

Keim, Inken 2005. Kommunikative Praktiken in türkischstämmigen Kinder- und Jugendgruppen in Mannheim. In: Deutsche Sprache 3, 32: 198-226

Kelle, Udo 2004. Computer Assisted Qualitative Data Analysis. In: Seale, C./Gobo, G./Gubrium, J./Silverman, D. (Hg.): Qualitative Research Practice. London et al.: Sage: 473-489

Kelle, Udo 2007 [2005]. „Emergence" vs. „Forcing" of Empirical Data? A Crucial Problem of „Grounded Theory" Reconsidered. In: Mey, G./Mruck, K. (Hg.): Grounded Theory Reader. Köln: Zentrum für historische Sozialforschung 19: 133-156

Kelle, Udo/Kluge, Susann 1999. Vom Einzelfall zum Typus. Opladen: Leske+Budrich

Keller, Monika 1990. Zur Entwicklung moralischer Reflexion: Eine Kritik und Rekonzeptualisierung der Stufen präkonventionellen moralischen Urteils in der Theorie von L. Kohlberg. In: Knopf, M./ Schneider, W. (Hg.): Entwicklung. Allgemeine Verläufe – Individuelle Unterschiede – Pädagogische Konsequenzen. Festschrift zum 60. Geburtstag von Franz Emanuel Weinert, Göttingen: Hogrefe:19-44

Keller, Reiner 2003. Diskursforschung. Eine Einführung für SozialwissenschaftlerInnen. Opladen: Leske+Budrich

Keller, Reiner/Hirseland, Andreas/Schneider, Werner/Viehöfer, Willy (Hg.) 2001. Handbuch Sozialwissenschaftliche Diskursanalyse. Bd 1: Theorien und Methoden. Opladen: Leske+Budrich

Keller, Reiner/Hirseland, Andreas/Schneider, Werner/Viehöfer, Willy (Hg.) 2005. Die diskursive Konstruktion der Wirklichkeit. Konstanz: UVK

Keppler, Angela 1994. Tischgespräche. Über Formen kommunikativer Vergemeinschaftung am Beispiel der Konversation in Familien. Frankfurt a.M.: Suhrkamp

Keupp, Heiner/Zaumseil, Manfred 1978. Die gesellschaftliche Organisierung psychischen Leidens. Zum Arbeitsfeld klinischer Psychologen. Frankfurt a.M.: Suhrkamp

Kluge, Susann 1999. Empirisch begründete Typenbildung. Zur Konstruktion von Typen und Typologien in der qualitativen Sozialforschung. Opladen: Leske+Budrich

Knorr-Cetina, Karin 1988. Das naturwissenschaftliche Labor als Ort der „Verdichtung" von Gesellschaft. In: ZfS17, 2: 85-101

Kohli, Martin 1986. Gesellschaftszeit und Lebenszeit. In: Berger, J. (Hg.): Die Moderne – Kontinuitäten und Zäsuren. Soziale Welt, Sonderband 4. Göttingen: Schwartz: 502-520

Kohli, Martin 1988. Normalbiographie und Individualität: Zur institutionellen Dynamik des gegenwärtigen Lebenslaufregimes. In: Brose, H.-G./Hildenbrand, B. (Hg.): Vom Ende des Individuums zur Individualität ohne Ende. Opladen: Leske+Budrich: 33-53

Korte, Helmut 1999. Einführung in die systematische Filmanalyse. Ein Arbeitsbuch. Berlin: Erich Schmidt Verlag

Kothe, Birgit 1982. Biographische Analysen von Karrierefrauen. Zwei Fallstudien zur systematischen Rekonstruktion von Lebensverläufen auf der Grundlage transkribierter Stegreiferzählungen. Diplomarbeit im Fach Psychologie der Universität Kassel.

Kraft, Victor 1950. Der Wiener Kreis. Der Ursprung des Neopositivismus. Wien: Springer

Krauthausen, Ciro 1997. Moderne Gewalten. Organisierte Kriminalität in Kolumbien und Italien, Frankfurt a.M.: Campus

Kromrey, Helmut 1986. Gruppendiskussionen. Erfahrungen im Umgang mit einer weniger häufigen Methode der empirischen Sozialforschung. In: Hoffmeyer-Zlotnik, J.H.P. (Hg.): Qualitative Methoden in der Datenerhebung der Arbeitsmigrantenforschung. Berlin: Quorum

Krüger, Heinz-Hermann/Pfaff, Nicolle 2006. Zum Umgang mit rechten und ethnozentrischen Orientierungen an Schulen in Sachsen-Anhalt – Triangulation von Gruppendiskussionsverfahren und einem quantitativem Jugendsurvey. In: Bohnsack, R./Przyborski, A./Schäffer, B. (Hg.): Das Gruppendiskussionsverfahren in der Forschungspraxis. Opladen: Verlag Barbara Budrich: 59-75

Kudera, Werner/Mangold, Werner/Ruff, Konrad 1979. Gesellschaftliches und politisches Bewußtsein von Arbeitern. Eine empirische Untersuchung. Frankfurt a.M.: EVA

Kuhn, Thomas S. 1973. Die Struktur wissenschaftlicher Revolutionen. Frankfurt a.M.: Suhrkamp

Küsters, Ivonne 2006. Narrative Interviews. Wiesbaden: VS-Verlag

Kutscher, Nadja 2006. Moralische Begründungen in der Sozialen Arbeit. In: Bohnsack, R./Przyborski, A./Schäffer, B. (Hg.): Das Gruppendiskussionsverfahren in der Forschungspraxis. Opladen: Verlag Barbara Budrich: 189-201

Labov, William 1963. The social motivation of a sound change. In: Word 19: 273-309

Labov, William 1964. Phonological Correlates of Social Stratification. In: American Anthropologist, New Series, 66, 6, Part 2: The Ethnography of Communication (Dec. 1964): 164-176

Labov, William 1966. The Social Stratification of English in New York City. New York: Center for Applied Linguistics

Labov, William 1968. The reflection of Social processes in Linguistic Structures. In: Fishman, J. A. (Hg.): Readings in the Sociology of Language, Den Haag/Paris: Mouton: 240-251

Labov, William 1971^3. Das Studium der Sprache im sozialen Kontext. In: Klein, W./Wunderlich, D. (Hg.): Aspekte der Soziolinguistik. Frankfurt a.M.: Fischer Athenäum: 123-206

Labov, William 1980. Sprache im sozialen Kontext. Eine Auswahl von Aufsätzen. Königstein/Ts: Athenäum

Labov, William 1980a. Regeln für rituelle Beschimpfungen. In: Ders.: Sprache im sozialen Kontext. Eine Auswahl von Aufsätzen. Königstein/Ts: Athenäum: 251-286

Labov, William 1980b. Der Niederschlag von Erfahrungen in der Syntax von Erzählungen. In: Ders.: Sprache im sozialen Kontext. Eine Auswahl von Aufsätzen. Königstein/Ts.: Athenäum: 287-328

Labov, William/Fenshel, David 1977. Therapeutic Discourse: Psychotherapy as Conversation. New York: Academic Press

Labov, William/Waletzky, Joshua 1973 [1967]: Erzählanalyse: Mündliche Versionen persönlicher Erfahrungen. In: Ihwe, J. (Hg.): Literaturwissenschaft und Linguistik. Band 2. Frankfurt a.M.: Fischer Athenäum: 78-126

Lalouschek, Johanna 1995. Ärztliche Gesprächsausbildung. Eine diskursanalytische Studie zu Formen des ärztlichen Gesprächs. Opladen: Westdeutscher Verlag

Lalouschek, Johanna 2005. Inszenierte Medizin. Ärztliche Kommunikation, Gesundheitsinformation und das Sprechen über Krankheit in Medizinsendungen und Talkshows. Radolfzell: Verlag für Gesprächsforschung

Lalouschek, Johanna/Menz, Florian 2002. Empirische Datenerhebung und Authentizität von Gesprächen. In: Brünner, G./Fiehler, R./Kindt, W. (Hg.): Angewandte Diskursforschung Bd. 1: Grundlagen und Beispielanalysen. Radolfzell: Verlag für Gesprächsforschung: 46-68

Lamnek, Siegfried 1995^3a. Qualitative Sozialforschung. Band 1: Methodologie. Weinheim: Beltz

Lamnek, Siegfried 1995^3b. Qualitative Sozialforschung. Band 2: Methoden und Techniken. Weinheim: Beltz

Lamnek, Siegfried 2005^2. Gruppendiskussionen. Theorie und Praxis. Weinheim: Beltz

Latour, Bruno 1998. Über technische Vermittlung. Philosophie, Soziologie, Genealogie. In: Rammert, W. (Hg.): Technik und Sozialtheorie. Frankfurt a.M.: Campus: 29-81

Latour, Bruno 2000. Die Hoffnung der Pandora. Untersuchungen zur Wirklichkeit der Wissenschaft. Frankfurt a.M.: Suhrkamp

Laucken, Uwe 2001. Qualitätskriterien als wissenschaftspolitische Lenkinstrumente [83 Absätze]. Forum Qualitative Sozialforschung/Forum: Qualitative Social Research [On-line Journal], 3(1) (November). Verfügbar über: http://www.qualitative-research.net/fqs-texte/1-02/1-02laucken-d.htm [Datum des Zugriffs: 8.9.2001]

Lazarsfeld, Paul F./Kendall, Patricia L. 1948. Radio Listening in America. The People Look at Radio – Again. New York: Prentice-Hall

Lazarsfeld, Paul F./Merton, Robert K. 1943. Studies in Radio und Film Propaganda. In: Transaction of the New York Academy of Science. Series II/6: 58-79

Leber, Martina/Oevermann, Ulrich 1994. Möglichkeiten der Therapieverlaufsanalyse in der objektiven Hermeneutik. Eine exemplarische Analyse der ersten Minuten einer Fokaltherapie aus der Ulmer Textbank ('Der Student'). In: Garz, D./Kraimer, K. (Hg.): Die Welt als Text. Theorie, Kritik und Praxis der objektiven Hermeneutik. Frankfurt a.M.: Suhrkamp: 383-427

Lichtblau, Klaus 2002. Soziologie als Kulturwissenschaft? Zur Rolle des Kulturbegriffs in der Selbstreflexion der deutschsprachigen Soziologie. In: Helduser, U./Schwietring, Th. (Hg.): Kultur und ihre Wissenschaft. Beiträge zu einem reflexiven Verhältnis. Konstanz: UVK: 101-120

Liebes, Tamar/Katz, Elihu 1993. The Export of Meaning. Cross-Cultural Readings of Dallas. Oxford/Cambridge: Blackwell

Liebig, Brigitte (2001). ‚Tacit knowledge' und Management: Ein wissenssoziologischer Beitrag zur qualitativen Organisationskulturforschung. In: Bohnsack, R./Nentwig-Gesemann, I./Nohl, A.-M. (Hg.): Die dokumentarische Methode und ihre Forschungspraxis. Opladen: Leske+Budrich: 143-161

Liebig, Brigitte/Nentwig-Gesemann, Iris 2002. Gruppendiskussionen. In: Kühl, St./Strodtholz, P. (Hg.): Methoden der Organisationsforschung. Ein Handbuch. Reinbek: Rowohlt: 141-174

Lienert, Gustav A. 1969. Testaufbau und Textanalyse. 3. erw. Aufl., Weinheim: Beltz

Lincoln, Yvonna S./Guba, Egon G. 2002 [1979]. The only generalization is: There is no generalization. In: Gomm, R./Hammersley, M./Foster, P. (Hg.): Case Study Method. Key Issues, Key Texts. London et al.: Sage: 27-44

Linde, Charlotte 1993. Life Stories: The Creation of Coherence. New York, NY: Oxford University Press

Loer, Thomas 1996. Halbbildung und Autonomie. Über Struktureigenschaften der Rezeption Bildender Kunst. Opladen: Westdeutscher Verlag

Lofland, Lyn H. 1989. Social Life in the Public Realm. A Review. In: Journal of Contemporary Ethnography 17: 453-482

Loos, Peter 1998. Mitglieder und Sympathisanten rechtsextremer Parteien. Wiesbaden: DUV

Loos, Peter 1999. Zwischen pragmatischer und moralischer Ordnung. Der männliche Blick auf das Geschlechterverhältnis im Milieuvergleich. Opladen: Leske+Budrich

Loos, Peter/Schäffer, Burkhard 2001. Das Gruppendiskussionsverfahren. Opladen: Leske+ Budrich

Luckmann, Thomas 1986. Grundformen der gesellschaftlichen Vermittlung des Wissens: Kommunikative Gattungen. In: Neidhardt, F./Lepsius, M.R./Weiß, J. (Hg.): Kultur und Gesellschaft. Sonderheft 27 der KZfSS. Opladen: Westdeutscher Verlag: 191-221

Lüders, Christian 2003^2. Beobachten im Feld und Ethnographie. In: Flick, U./Kardorff, E. v./Steinke, I. (Hg.): Qualitative Forschung. Ein Handbuch. Reinbek: Rowohlt: 384-401

Luhmann, Niklas 1990. Die Wissenschaft der Gesellschaft. Frankfurt a.M.: Suhrkamp

Lunt, Peter/Livingstone, Sonia 1996. Rethinking the Focus Group in Media Research. In: Journal of Communication 46: 79-98

Maanen, John van 1988. Tales of the field. On writing ethnography. Chicago: Chicago University Press

Maar, Christian/Burda, Hubert 2004. Iconic turn. Die neue Macht der Bilder. Köln: DuMont

Maeder, Christoph/Brosziewski, Achim 1997. Ethnographische Semantik: Ein Weg zum Verstehen von Zugehörigkeit. In: Hitzler, R./Honer, A. (Hg.): Sozialwissenschaftliche Hermeneutik, Opladen: UTB: 335-362

Maindok, Herlinde 1996. Qualitative Sozialforschung: Das narrative Interview. In: Dies.: Professionelle Interviewführung in der Sozialforschung, Pfaffenweiler: Centaurus: 94-135

Malinowski, Bronislaw 1973 [1926]. Der Mythos in der Psychologie der Primitiven. In: Ders.: Magie, Wissenschaft und Religion. Frankfurt a.M.: Fischer: 77-132

Mangold, Werner 1960. Gegenstand und Methode des Gruppendiskussionsverfahrens. Frankfurt a.M.: Europäische Verlagsanstalt

Mangold, Werner 1967. Gruppendiskussionen. In: König, R. (Hg.): Handbuch der empirischen Sozialforschung, Bd. I, Stuttgart: Enke: 209-225

Mangold, Werner/Bohnsack, Ralf 1983. Kollektive Orientierungen in Gruppen Jugendlicher. Antrag für ein Forschungsprojekt. Erlangen: Manuskript

Mangold, Werner/Bohnsack, Ralf 1988. Kollektive Orientierungen in Gruppen Jugendlicher. Bericht für die Deutsche Forschungsgemeinschaft. Erlangen: Manuskript

Mannheim, Karl 1952a [1929]. Ideologie und Utopie. Frankfurt a.M.: Schulte-Bulmke

Mannheim, Karl 1952b [1931]. Wissenssoziologie. In: Ders.: Ideologie und Utopie. Frankfurt a.M.: Schulte-Bulmke: 227-267

Mannheim, Karl 1964 [1921-1928]. Wissenssoziologie. Neuwied: Luchterhand

Mannheim, Karl 1964a [1928]. Das Problem der Generation. In: Ders.: Wissenssoziologie. Neuwied: Luchterhand: 509-565

Mannheim, Karl 1980 [1922-1925]. Strukturen des Denkens. Frankfurt a.M.: Suhrkamp

Markowitsch, Hans J. 2000. Die Erinnerung von Zeitzeugen aus Sicht der Gedächtnisforschung. In: BIOS 13, 1: 30-50

Markowitsch, Hans J. 2002. Autobiographisches Gedächtnis aus neurowissenschaftlicher Sicht. In: BIOS 15, 2: 187-201

Markowitsch, Hans J. 2003. Wet Science – das nasse Substrat. Neurobiologie des Gedächtnisses. In: Handlung Kultur Interpretation 12, 1: 16-38

Matt, Eduard 2004. The Presentation of Qualitative Research. In: Von Kardoff, E./Flick, U./Steinke, I. (Hg.): A companion to qualitative research. London et al.: Sage: 326-330

Matthes, Joachim 1985. Zur transkulturellen Relativität erzählanalytischer Verfahren in der empirischen Sozialforschung. In: KZfSS 37: 310-325

Mayntz, Renate 2002. Zur Theoriefähigkeit makro-sozialer Analysen. In: Dies. (Hg.): Akteure – Mechanismen – Modelle. Zur Theoriefähigkeit makro-sozialer Analysen. Frankfurt a.M.: Suhrkamp: 7-43

Mayring 2000a [1983]. Qualitative Inhaltsanalyse. Grundlagen und Techniken. Weinheim: Deutscher Studien Verlag

Mayring, Philipp 2002. Qualitative Inhaltsanalyse. 8. Aufl., Weinheim/Basel: UTB

McLuhan, Marshal 1995 [1964]. Die magischen Kanäle. Dresden/Basel: Verlag der Kunst

Mead, George Herbert 1968. Geist, Identität und Gesellschaft aus der Sicht des Sozialbehaviorismus. Frankfurt a.M.: Suhrkamp

Merkens, Hans 2000. Auswahlverfahren, Sampling, Fallkonstruktion. In: Flick, U./Kardorff, E. v./Steinke, I. (Hg.): Qualitative Forschung. Ein Handbuch. Reinbek: Rowohlt: 286-299

Merton, Robert K. 1949. Social theory and social structure: toward the codification of theory and research. Glencoe, Ill.: Free Press

Merton, Robert K. 1987. The Focused Interview and Focus Groups – Continuities and Discontinuities. In: Public Opinion Quarterly 51: 550-556

Merton, Robert K./Fiske, Marjorie/Kendall, Patricia L. 1956. The Focused Interview. A Manual of Problems and Procedures. Glencoe, IL: Free Press

Merton, Robert K./Kendall, Patricia L. 1979 [1946]. Das fokussierte Interview. In: Hopf, Ch./Weingarten, E. (Hg.): Qualitative Sozialforschung. Stuttgart: Klett-Cotta: 171-204

Merz, Peter-Ulrich 1990. Max Weber und Heinrich Rickert. Die erkenntniskritischen Grundlagen der verstehenden Soziologie. Würzburg: Königshausen & Neumann

Meuser, Michael (1998). Geschlecht und Männlichkeit. Soziologische Theorie und kulturelle Deutungsmuster. Opladen: Leske+Budrich

Meuser, Michael 2001. Repräsentationen sozialer Strukturen im Wissen. Dokumentarische Methode und Habitusreproduktion. In: Bohnsack, R./Nentwig-Gesemann, I./Nohl, A.-M. (Hg.): Die Dokumentarische Methode und ihre Forschungspraxis. Opladen: Leske+Budrich: 207-221

Meuser, Michael/Nagel, Ulrike 2005^2 [1991]. ExpertInneninterviews – vielfach erprobt, wenig bedacht. Ein Beitrag zur qualitativen Methodendiskussion. In: Bogner, A./Littig, B./Menz, W. (Hg.): Das Experteninterview. Theorie, Methode, Anwendung. Opladen: Leske+Budrich 7-29

Mey, Günter/Mruck, Katja (Hg.) 2007. Grounded Theory Reader. Historical Social Research, Supplement 19. Köln: Zentrum für Historische Sozialforschung

Michel, Burkard 2001. Fotografien und ihre Lesarten. Dokumentarische Interpretation von Bildrezeptionsprozessen. In: Bohnsack, R./Nentwig-Gesemann, I./Nohl, A.-M. (Hg.): Die dokumentarische Methode in der Forschungspraxis. Opladen: Leske+Budrich: 43-66

Michel, Burkard 2006. Das Gruppendiskussionsverfahren in der Bildrezeptionsforschung. In: Bohnsack, R./Przyborski, A./Schäffer, B. (Hg.): Das Gruppendiskussionsverfahren in der Forschungspraxis. Opladen: Verlag Barbara Budrich: 219-232

Mies, Maria 1978. Methodische Postulate zur Frauenforschung – dargestellt am Beispiel der Gewalt gegen Frauen. In: Beiträge zur feministischen Theorie und Praxis 1, 1: 41-63

Mill, John Stuart 1974 [1872]. A System of Logic, Ratiocinative and Inductive: Being a Connected View of the Principles of Evidence and the Methods of Scientific Investigation. Hg. von Robson, J.M., eingel. von McRae, R.F. London: Routledge and Kegan Paul

Mills, C. Wright 1959. The sociological imagination. New York: OUP

Mitchell, J. Clyde 1983. Case and Situation Analysis. In: The Sociological Review 31, 2: 187-211

Morgan, David L. 1992 [1988]. Focus Group as Qualitative Research. Qualitative Research Methods Series 16. Newbury Park et al.: Sage

Morgan, David L. 1998. The focus group guidebook. London et al.: Sage

Morgan, David L. 2001. Focus Group Interviewing, in: Gubrium, J.F./Holstein, J.A. (Hg.): Handbook of Interview Research: Context and Method: Thousand Oaks et al.: Sage: 141-159

Morley, David 1996. Medienpublika aus der Sicht der Cultural Studies. In: Hasenbrink, U./Krotz, F. (Hg.): Die Zuschauer als Fernsehregisseure – Zum Verständnis individueller Nutzungs- und Rezeptionsmuster. Baden-Baden, Hamburg: Nomos: 37-51

Nassehi, Armin 1994. Die Form der Biographie. Theoretische Überlegungen zur Biographieforschung in methodologischer Absicht. In: BIOS 7: 46-63

Nassehi, Armin/Saake, Irmhild 2002. Kontingenz: Methodisch verhindert oder beobachtet? Ein Beitrag zur Methodologie der qualitativen Sozialforschung. In: ZfS 31, 1: 66-86

Nelson, Kathrin 1993. The psychological and social origins of autobiographical memory. In: Psychological Science 4: 1-8

Nentwig-Gesemann, Iris 2001. Die Typenbildung der dokumentarischen Methode. In: Bohnsack, R./Nentwig-Gesemann, I./Nohl, A.-M. (Hg.): Die dokumentarische Methode und ihre Forschungspraxis. Grundlagen qualitativer Forschung. Opladen: Leske+Budrich: 275-300

Nentwig-Gesemann, Iris 2001. Die Typenbildung der dokumentarischen Methode. In: Bohnsack, R./Nentwig-Gesemann, I./Nohl, A.-M. (Hg.): Die dokumentarische Methode und ihre Forschungspraxis. Grundlagen qualitativer Sozialforschung. Opladen: Leske+Budrich: 275-300

Nentwig-Gesemann, Iris 2002. Gruppendiskussionen mit Kindern. In: ZBBS 3, 1: 41-63

Nentwig-Gesemann, Iris 2006. Regelgeleitete, habituelle und aktionistische Spielpraxis. Die Analyse von Kinderspielkultur mit Hilfe videogestützter Gruppendiskussionen. In: Bohnsack, R./Przyborski, A./Schäffer, B. (Hg.): Das Gruppendiskussionsverfahren in der Forschungspraxis. Opladen: Verlag Barbara Budrich: 25-44

Nießen, Manfred 1977. Gruppendiskussion. Interpretative Methodologie – Methodenbegründung – Anwendung. München: Wilhelm Fink Verlag

Nohl, Arnd-Michael 2006. Interview und dokumentarische Methode. Anleitungen für die Forschungspraxis. Wiesbaden: VS-Verlag

Nohl, Arnd-Michael 1996. Jugend in der Migration – Türkische Banden und Cliquen in empirischer Analyse. Baltmannsweiler: Schneider

Nohl, Arnd-Michael 2001. Migration und Differenzerfahrung. Junge Einheimische und Migranten im rekonstruktiven Milieuvergleich. Opladen: Leske+Budrich

Nunner-Winkler, Gertrud/Niekele, Marion/Wohlrab, Doris 2006. Integration durch Moral. Moralische Motivation und Ziviltugenden Jugendlicher. Wiesbaden: VS-Verlag

Oakes, Guy 2006 [1987]. Weber and the Southwest German School: The Genesis of the Concept of the Historical Individual. In: Mommsen, W./Osterhammel, J. (Hg.): Max Weber and his Contemporaries. London et al.: Routledge: 234-246

Oevermann 1987. Eugène Delacroix – biographische Konstellation und künstlerisches Handeln. In: Georg Büchner Jahrbuch 6 (1986/1987): 12-58

Oevermann, Ulrich 1972. Sprache und soziale Herkunft. Frankfurt a.M.: Suhrkamp

Oevermann, Ulrich 1979. Sozialisationstheorie. Ansätze zu einer soziologischen Sozialisationstheorie und ihre Konsequenzen für die allgemeine soziologische Analyse. In: Lüschen, G. (Hg.): Deutsche Soziologie seit 1945. Entwicklungsrichtungen und Praxisbezug. Sonderheft 21 der KZfSS: 143-168

Oevermann, Ulrich 1981. Fallrekonstruktion und Strukturgeneralisierung als Beitrag der objektiven Hermeneutik zur soziologisch-strukturtheoretischen Analyse. Unveröff. Manuskript. Frankfurt a.M. (erhältlich über: http://www.agoh.de/cms/index.php?option=com_remository&Itemid=293&func=fileinfo&id=39)

Oevermann, Ulrich 1983. Zur Sache. Die Bedeutung von Adornos methodologischem Selbstverständnis für die Begründung einer materialen soziologischen Strukturanalyse. In: Friedeburg, L. v./Habermas J. (Hg.): Adorno-Konferenz 1983. Frankfurt a.M.: Suhrkamp: 234-289

Oevermann, Ulrich 1986. Kontroversen über sinnverstehende Soziologie. Einige wiederkehrende Probleme und Mißverständnisse in der Rezeption der „objektiven Hermeneutik". In: Aufenanger, St./Lenssen, M. (Hg.): Handlung und Sinnstruktur: Bedeutung und Anwendung der objektiven Hermeneutik. München: Kindt: 19-83

Oevermann, Ulrich 1988. Eine exemplarische Fallrekonstruktion zum Typus versozialwissenschaftlichter Identitätsformation. In: Brose, H.-G./Hildenbrand, B. (Hg.): Vom Ende des Individuums zur Individualität ohne Ende. Opladen: Leske+Budrich: 243-286

Oevermann, Ulrich 1991. Genetischer Strukturalismus und das sozialwissenschaftliche Problem der Erklärung der Entstehung des Neuen. In: Müller-Doohm, St. (Hg.): Jenseits der Utopie. Theoriekritik der Gegenwart. Frankfurt a.M.: Suhrkamp: 267-336

Oevermann, Ulrich 1993. Die objektive Hermeneutik als unverzichtbare methodologische Grundlage für die Analyse von Subjektivität. Zugleich eine Kritik der Tiefenhermeneutik. In: Jung, Th./Müller-Doohm, St. (Hg.): „Wirklichkeit" im Deutungsprozess: Verstehen und Methoden in den Kultur- und Sozialwissenschaften. Frankfurt a.M.: Suhrkamp: 106-189

Oevermann, Ulrich 1995. Ein Modell der Struktur von Religiosität. Zugleich ein Strukturmodell von Lebenspraxis und von sozialer Zeit. In: Wohlrab-Sahr, M. (Hg.): Biographie und Religion. Zwischen Ritual und Selbstsuche. Frankfurt a.M.: Campus: 27-102

Oevermann. Ulrich 2000. Die Methode der Fallrekonstruktion in der Grundlagenforschung sowie der klinischen und pädagogischen Praxis. In: Kraimer, K. (Hg.): Die Fallrekonstruktion, Frankfurt a.M.: Suhrkamp: 58-153

Oevermann, Ulrich 2001 [1973]. Die Struktur sozialer Deutungsmuster – Versuch einer Aktualisierung. In: Sozialer Sinn 2, 1: 35-82

Oevermann, Ulrich/Allert, Tilman/Konau, Elisabeth/Krambeck, Jürgen 1979. Die Methodologie einer „objektiven Hermeneutik" und ihre allgemeine forschungslogische Bedeutung in den Sozialwissenschaften. In: Soeffner, H.-G. (Hg.): Interpretative Verfahren in den Sozial- und Textwissenschaften. Stuttgart: Metzler: 352-433

Oevermann, Ulrich/Allert, Tilmann/Konau, Elisabeth 1980. Zur Logik der Interpretation von Interviewtexten. In: Heinze, Th./Klusemann, H.-W./Soeffner, H.-G. (Hg.): Interpretationen einer Bildungsgeschichte: Überlegungen zur sozialwissenschaftlichen Hermeneutik. Bensheim: päd.-extra-Buchverlag: 15-69.

Oevermann, Ulrich/Kieper, Marianne/Rothe-Bosse, Sabine/Schmidt, Michael/Wienskowski, Peter 1976. Die sozialstrukturelle Einbettung von Sozialisationsprozessen: Empirische Ergebnisse zur Ausdifferenzierung des globalen Zusammenhangs von Schichtzugehörigkeit und gemessener Intelligenz sowie Schulerfolg. In: ZfS 5, 2: 167-199

Oswald, Hans 2000. Geleitwort. In: Heinzel, F. (Hg.): Methoden der Kindheitsforschung: Ein Überblick über Forschungszugänge zur kindlichen Perspektive. Weinheim/München: Juventa: 9-15

Panofsky, Erwin 1964 [1920]. Der Begriff des Kunstwollens. In: Ders.: Aufsätze zu Grundfragen der Kunstwissenschaft. Berlin: Wissenschaftsverlag Spiess: 29-43

Panofsky, Erwin 1975. Ikonographie und Ikonologie. Eine Einführung in die Kunst der Renaissance. In: Ders.: Sinn und Deutung in der bildenden Kunst. Köln: Dumont: 36-67

Panofsky, Erwin 1999 [1947]. Stil und Medium im Film. In: Ders.: Stil und Medium im Film & Die ideologischen Vorläufer des Rolls-Royce-Kühlers. Frankfurt a.M.: Campus: 5-28

Peirce, Charles Sanders 1997. Pragmatism as a Principle and Method of Right Thinking. The 1903 Harvard Lectures on Pragmatism. Hg. und kommentiert von P.A. Turrisi. New York: State University of New York Press

Pfadenhauer, Michaela 2002. Auf gleicher Augenhöhe reden. Das Experteninterview – ein Gespräch zwischen Experte und Quasiexperte. In: Bogner, A./Littig, B./Menz, W. (Hg.): Das Experteninterview. Theorie, Methode, Anwendung. Wiesbaden: VS-Verlag: 113-130

Poenike, Claus 1989². Wie verfasst man wissenschaftliche Arbeiten? Ein Leitfaden vom. ersten Semester bis zur Promotion, Mannheim: Dudenverlag

Polanyi, Michael 1985 [1966]. Implizites Wissen. Frankfurt a.M.: Suhrkamp

Pollner, Melvin/Emerson, Robert M. 1988. The Dynamics of Inclusion and Distance in Fieldwork Relations. In: Emerson, R. M. (Hg.): Contemporary Field Research: A Collection of Readings. Prospect Heights, IL: Waveland: 235-252

Pollock, Friedrich (Hg.) 1955. Gruppenexperiment. Ein Studienbericht. Frankfurter Beiträge zur Soziologie. Bd. 2. Frankfurt a.M.: Europäische Verlagsanstalt

Popper, Karl 1971 [1935]. Logik der Forschung. Tübingen: Akademie-Verlag

Przyborski, Aglaja 1994. Jugendliche Identität: Übergänge und Differenzen. Ein Vergleich der Identitätsentwicklung von Jugendlichen in der ehemaligen DDR und in Österreich. Unveröff. Diplomarbeit. Universität Wien

Przyborski, Aglaja 1998. Es ist nicht mehr so wie es früher war. Adoleszenz und zeitgeschichtlicher Wandel. In: Behnke, K./Wolf, J. (Hg.): Stasi auf dem Schulhof. Der Missbrauch von Kindern und Jugendlichen durch das Ministerium für Staatssicherheit. Berlin: Ullstein: 124-143

Przyborski, Aglaja 2004. Gesprächsanalyse und dokumentarische Methode. Auswertung von Gesprächen, Gruppendiskussionen und anderen Diskursen. Wiesbaden: VS-Verlag

Przyborski, Aglaja 2008. Biographische Muster in der Konfrontation mit medialen Kriegs- und Krisenberichten – Erste Ergebnisse einer rekonstruktiven Studie. In: Grimm, J./Vitouch, P. (Hg.): Internationaler Kriegs- und Krisenjournalismus. Empirische Befunde – Politische Bewertungen – Handlungsperspektiven. Wiesbaden: VS-Verlag

Przyborski, Aglaja/Slunecko, Thomas 2009a. Against reification! Praxeological methodology and its benefits. In: Valsiner, J./Molenaar, P./Lyra, M./Chaudhary, N. (eds.): Dynamic Process Methodology in the Social and Developmental Sciences. New York: Springer

Przyborski, Aglaja/Slunecko, Thomas 2009b. Techno parties, soccer riots, and breakdance: actionistical orientations as a principle of adolescence – results of a process oriented research strategy. (mit T. Slunecko). In: Valsiner, J./Molenaar, P./Lyra, M./Chaudhary, N. (eds.): Dynamic Process Methodology in the Social and Developmental Sciences. New York: Springer

Quasthoff, Uta M. 1980. Erzählen in Gesprächen: linguistische Untersuchungen zu Strukturen und Funktionen am Beispiel einer Kommunikationsform des Alltags. Tübingen: Narr

Rapoport, Robert N. 1972. Drei Probleme der Aktionsforschung. Gruppendynamik: 3: 44-61

Reckwitz, Andreas 2000. Die Transformation der Kulturtheorien: zur Entwicklung eines Theorieprogramms. Weilerswist: Velbrück

Reichertz, Jo 1988. Verstehende Soziologie ohne Subjekt. In: KZfSS 40, 2: 207-221

Reichertz, Jo 2000a. Zur Gültigkeit von Qualitativer Sozialforschung [76 Absätze]. Forum Qualitative Sozialforschung/Forum: Qualitative Social Research [Online Journal], 1(2), (Juni). Verfügbar über: http://www.qualitative-research.net/fqs-texte/2-00/2-00reichertz-d.htm [Datum des Zugriffs: 8.9.2007]

Reichertz, Jo 2000b. Objektive Hermeneutik und hermeneutische Wissenssoziologie. In: Flick, U./Kardorff, E. v./Steinke, I. (Hg.) (2000): Qualitative Forschung. Ein Handbuch. Hamburg: Rowohlt: 514-524

Reichertz, Jo 2003. Die Abduktion in der qualitativen Sozialforschung. Opladen: Leske+ Budrich

Reichertz, Jo 2004. Das Handlungsrepertoire von Gesellschaften erweitern. Hans-Georg Soeffner im Gespräch mit Jo Reichertz [65 Absätze]. Forum Qualitative Sozialforschung/Forum: Qualitative Social Research [On-line Journal], 5 (3), (September), Art. 29. Verfügbar über: http://www.qualitative-research.net/fqs-texte/3-04/04-3-29-d.htm [Datum des Zugriffs: 29.06.2006]

Reinshagen, Heide/Eckensberger, Lutz H./Eckensberger, Uta S. 1976. Kohlbergs Interview zum Moralischen Urteil, Teil II: Handanweisung zur Durchführung, Auswertung und Verrechnung. (Fachrichtungsarbeit Nr. 32, Universität Saarbrücken). Universität Saarbrücken

Richter, Rudolf 1997. Qualitative Methoden in der Kindheitsforschung. In: ÖZS 22, 4: 74-98

Rickert, Heinrich 1899. Kulturwissenschaft und Naturwissenschaft. Ein Vortrag. Freiburg i. Br./Leipzig/Tübingen: J. C.B. Mohr (Paul Siebeck)

Rickert, Heinrich 1902. Die Grenzen der naturwissenschaftlichen Begriffsbildung. Eine logische Einleitung in die historischen Wissenschaften. Tübingen/Leipzig: J.C.B. Mohr (Paul Siebeck)

Rickert, Heinrich 1924³ [1904]. Die Probleme der Geschichtsphilosophie. Eine Einführung. Heidelberg: Carl Winters Universitätsbuchhandlung

Ricoeur, Paul 1978. Der Text als Modell. In: Gadamer, H.-G./Boehm, G. (Hg.): Seminar: Die Hermeneutik und die Wissenschaften, Frankfurt a.M.: Suhrkamp: 83-118

Riemann, Gerhard 1987. Das Fremdwerden der eigenen Biographie. Narrative Interviews mit psychiatrischen Patienten. München: Wilhelm Fink Verlag

Riemann, Gerhard 2003. Narratives Interview. In: Bohnsack, R./Marotzki, W./Meuser, M. (Hg.): Hauptbegriffe qualitativer Sozialforschung, Opladen: UTB/Leske+Budrich: 120-122

Rorty, Richard M. (Hg.) 1967. The Linguistic Turn: Recent Essays in Philosophical Method. Chicago: Chicago University Press

Rosenthal, Gabriele (Hg.) 1997². Der Holocaust im Leben von drei Generationen. Familien von Überlebenden der Shoah und von Nazi-Tätern. Gießen: Psychosozial-Verlag

Rosenthal, Gabriele (Hg.) 1999. Der Holocaust im Leben von drei Generationen. Gießen: Psychosozial-Verlag

Rosenthal, Gabriele 1994. Die erzählte Lebensgeschichte als historisch-soziale Realität. Methodologische Implikationen für die Analyse biographischer Texte. In: Berliner Geschichtswerkstatt: Alltagskultur, Subjektivität und Geschichte. Münster: Westfälisches Dampfboot: 125-138

Rosenthal, Gabriele 1995. Erlebte und erzählte Lebensgeschichte: Gestalt und Struktur biographischer Selbstbeschreibungen. Frankfurt a.M.: Campus

Rosenthal, Gabriele 2005. Interpretative Sozialforschung. Eine Einführung. Weinheim/München: Juventa

Sacks, Harvey 1995 [1964-1972]. Lectures on Conversation. Oxford et al.: Blackwell Publishing

Sacks, Harvey/Schegloff, Emanuel/Jefferson, Gail 1974. A simplest systematics for the organization of turn-taking for conversations. In: Language 50: 696-735

Schäffer, Burkhard 1996. Die Band – Stil und ästhetische Praxis im Jugendalter. Opladen: Leske+Budrich

Schäffer, Burkhard 2001. „Kontagion mit dem Technischen. Zur generationsspezifischen Einbindung in die Welt medientechnischer Dinge. In: Bohnsack, R./Nentwig-Gesemann, I./Nohl, A.-M. (Hg.): Die dokumentarische Methode in der Forschungspraxis. Opladen: Leske+ Budrich: 43-66

Schäffer, Burkhard 2003. Generation – Medien – Bildung. Medienpraxiskulturen im Milieuvergleich. Opladen: Leske+Budrich

Schatzman, Leonard/Strauss, Anselm L. 1955. Social Class and Modes of Communication. In: AJS 60, 4: 329-338

Schatzman, Leonard/Strauss, Anselm L. 1973. Field Research. Strategies for a Natural Sociology. Englewood Cliffs, NJ: Prentice Hall, Inc.

Schegloff, Emanuel A./Sacks, Harvey 1973. Opening up closings. In: Semiotica 7: 289-327

Schiffauer, Werner 1983. Die Gewalt der Ehre. Frankfurt a.M.: Suhrkamp

Schiffauer, Werner 1987. Die Bauern von Subay. Das Leben in einem türkischen Dorf. Stuttgart: Klett-Cotta

Schiffauer, Werner 1991. Die Migranten aus Subay. Türken in Deutschland: Eine Ethnographie, Stuttgart: Klett-Cotta

Schittenhelm, Karin 2005. Soziale Lagen im Übergang. Junge Migrantinnen und Einheimische zwischen Schule und Berufsausbildung. Wiesbaden: VS-Verlag

Schneider, Ulrike 1980. Sozialwissenschaftliche Methodenkrise und Handlungsforschung. Methodische Grundlagen der Kritischen Psychologie 2. Frankfurt a.M.: Campus

Schreiber, Maria 2007. Weibliche Sexualität und Medien. Eine rekonstruktive Studie zur generationsspezifischen Medienpraxis im Kontext von Sexualität. Unveröff. Diplomarbeit an der Fakultät für Sozialwissenschaft der Universität Wien

Schütz, Alfred 1972. Der gut informierte Bürger. Ein Versuch über die soziale Verteilung des Wissens. In: Ders.: Gesammelte Aufsätze, Bd. 2. Den Haag: Martinus Nijhoff: 85-101

Schütz, Alfred 1971 [1962]. Gesammelte Aufsätze. Bd. 1. Das Problem der sozialen Wirklichkeit. Den Haag: Martinus Nijhoff.

Schütz, Alfred 1982 [1970]. Das Problem der Relevanz. Frankfurt a.M.: Suhrkamp

Schütz, Alfred 2004 [1932]. Der sinnhafte Aufbau der sozialen Welt. Eine Einleitung in die verstehende Soziologie. Konstanz: UVK

Schütze, Fritz 1976. Zur soziologischen und linguistischen Analyse von Erzählungen. In: Internationales Jahrbuch für Wissens- und Religionssoziologie. Bd. 10. Opladen: Westdeutscher Verlag: 7-41

Schütze, Fritz 1978[2]. Die Technik des narrativen Interviews in Interaktionsfeldstudien – dargestellt an einem Projekt zur Erforschung von kommunalen Machtstrukturen. Universität Bielefeld. Fakultät für Soziologie. Arbeitsberichte und Forschungsmaterialien Nr. 1. Bielefeld

Schütze, Fritz 1981. Prozessstrukturen des Lebensablaufs. In: Matthes, J./Pfeifenberger, A./Stosberg, M. (Hg.): Biographie in handlungswissenschaftlicher Perspektive. Nürnberg: Verlag der Nürnberger Forschungsvereinigung e.V.: 67-156

Schütze, Fritz 1982. Narrative Repräsentation kollektiver Schicksalsbetroffenheit. In: Lämmert, E. (Hg.): Erzählforschung. Stuttgart: Metzler: 568-590

Schütze, Fritz 1983. Biographieforschung und narratives Interview. In: Neue Praxis 3: 283-293

Schütze, Fritz 1984. Kognitive Figuren des autobiographischen Stegreiferzählens. In: Kohli, M./Robert, G. (Hg.): Biographie und soziale Wirklichkeit. Neue Beiträge und Forschungsperspektiven. Stuttgart: Metzlersche Verlagsbuchhandlung: 78-117

Schütze, Fritz 1987. Das narrative Interview in Interaktionsfeldstudien: erzähltheoretische Grundlagen. Teil I. Studienbrief der Fernuniversität Hagen. Hagen

Schütze, Fritz 1989. Kollektive Verlaufskurve oder kollektiver Wandlungsprozess. Dimensionen des Vergleichs von Kriegserfahrungen amerikanischer und deutscher Soldaten im Zweiten Weltkrieg. In: BIOS 2: 31-109

Schütze, Fritz 1991. Biographieanalyse eines Müllerlebens. In: Scholz, H.-D. (Hg.): Wasser- und Windmühlen in Kurhessen und Waldeck – Pyrmont. Kaufungen: Axel Eibing Verlag: 206-227

Schütze, Fritz 1993. Die Fallanalyse. Zur wissenschaftlichen Fundierung einer klassischen Methode der Sozialen Arbeit. In: Rauschenbach, Th./Ortmann, F./Karsten, J.E. (Hg.): Der sozialpädagogische Blick. Weinheim u. München: Juventa: 191-221

Schütze, Fritz/Meinefeld, Werner/Springer, Werner/Weymann, Ansgar 1973. Grundlagentheoretische Voraussetzungen methodisch kontrollierten Fremdverstehens. In: Arbeitsgruppe Bielefelder Soziologen (Hg.): Alltagswissen, Interaktion und gesellschaftliche Wirklichkeit. Bd. 2, Reinbek: Rowohlt: 433-495

Schwitalla, Johannes 1995. Kommunikative Stilistik zweier Sozialwelten in Mannheim. Berlin: de Gruyter

Seale, Clive 2000 [1999]. The Quality of Qualitative Research. London et al.: Sage

Seliger, Kerstin 2005. Arbeitssucht. Ein Bedingungsgefüge aus Subjekt, Arbeit und Umwelt. Eine biographieorientierte Phänomenbestimmung. Diplomarbeit im Fach Psychologie an der Universität Leipzig

Selting, Margret (in Zusammenarbeit mit Auer, P./Barden, B./Bergmann, J./Couper-Kuhlen, E./ Günthner, S./Quasthoff, U./Meier, Ch./Schlobinski, P./Uhmann, S.) 1998. Gesprächsanalytisches Transkriptionssystem (GAT). In: Linguistische Berichte 173: 91-122

Shibutani, Tamotsu 1955. Reference Groups as Perspectives. In: AJS 60, 6: 562-569

Skinner, Quentin 1994. Introduction: the return of Grand Theory. In: Ders. (Hg.): The Return of Grand Theory in the Human Sciences. Cambridge et al.: Cambridge University Press: 3-20

Slunecko, Thomas 2008. Von der Konstruktion zur dynamischen Konstitution. Beobachtungen auf der eigenen Spur. 2. überarbeitete Auflage Wien: WUV

Snow, David/Machalek, Richaed 1983. The convert as a social type. In: Sociological Theory 1: 259-289

Snow, David/Machalek, Richard 1984. The Sociology of Conversion. In: Annual Review of Sociology 10: 167-190

Soeffner, Hans-Georg 1980. Überlegungen zur sozialwissenschaftlichen Hermeneutik – am Beispiel der Interpretation eines Textausschnittes aus einem „freien Interview". In: Heinze, Th./Klusemann, W./Soeffner, H.-G. (Hg.): Interpretation einer Bildungsgeschichte. Bensheim: päd. extra Buchverlag: 70-96

Soeffner, Hans-Georg 1989. Anmerkungen zu gemeinsamen Standards standardisierter und nichtstandardisierter Verfahren in der Sozialforschung. In: Auslegung des Alltags – Alltag der Auslegung. Zur wissenssoziologischen Konzeption einer sozialwissenschaftlichen Hermeneutik. Frankfurt a.M.: Suhrkamp: 51-65

Sprondel, Walter M. (1979). „Experte" und „Laie": zur Entwicklung von Typenbegriffen in der Wissenssoziologie. In: Ders./Grathoff, R. (Hg.): Alfred Schütz und die Idee des Alltags in den Sozialwissenschaften. Stuttgart: Enke: 140-154

Stach, Heike 2001. Zwischen Organismus und Notation. Wiesbaden: DUV

Städtler, Klaus 1998. Der Fall ist das, was die Welt ist. Zur Interpretation technischer Dinge. In: Siefkes, D./Eulenhöfer, P./Stach, H. (Hg.): Sozialgeschichte der Informatik. Kulturelle Praktiken und Orientierungen. Wiesbaden: DUV: 123-134

Stangl, Werner 1989. Das neue Paradigma der Psychologie. Die Psychologie im Diskurs des Radikalen Konstruktivismus. Braunschweig: Vieweg & Sohn

Steinke, Ines 2000. Gütekriterien qualitativer Forschung. In: Flick, U./Kardorff, E. v./Steinke, I. (Hg.): Qualitative Forschung. Ein Handbuch. Reinbek: Rowohlt: 319-331

Strauss, Anselm 1991 [1990] (with Juliet Corbin). Comeback: The Process of Overcoming Disability. In: Ders.: Creating Sociological Awareness. Collective Images and Symbolic Representations. New Brunswick/London: Transaction Publishers: 361-384

Strauss, Anselm 1991a [1987]. Grundlagen qualitativer Sozialforschung. Datenanalyse und Theoriebildung in der empirischen soziologischen Forschung. München: Wilhelm Fink Verlag

Strauss, Anselm 1991b [1990]. The Chicago Tradition's Ongoing Theory of Action/Interaction. In: Ders.: Creating Sociological Awareness. Collective Images and Symbolic Representations. New Brunswick/London: Transaction Publishers: 3-32

Strauss, Anselm/Corbin, Juliet 1990. Basics of Qualitative Research. Grounded Theory Procedures and Techniques. Thousands Oaks: Sage

Strauss, Anselm/Corbin, Juliet 1994. Grounded Theory Methodology: An Overview. In: Denzin, N. K./ Lincoln, Y. S. (Hg.): Handbook of Qualitative Research: Thousand Oaks: Sage: 273-285

Strauss, Anselm/Corbin, Juliet 1996 [1990]. Grounded Theory: Grundlagen qualitativer Sozialforschung. Weinheim: Beltz

Strauss, Anselm/Corbin, Juliet 1997. Grounded theory in practice. Thousand Oaks: Sage

Strauss, Anselm/Schatzman, Leonard/Bucher, Rue/Ehrlich, Danuta/Sabshin, Melvin 1964. Psychiatric Ideologies and Institutions. New York/London: Free Press/Collier-Macmillan

Streeck, Jürgen 1983. Konversationsanalyse. Ein Reparaturversuch. In: Zeitschrift für Sprachwissenschaft 2: 72-104

Strübing, Jörg 2004. Grounded Theory. Zur sozialtheoretischen und epistemologischen Fundierung des Verfahrens der empirisch begründeten Theoriebildung. Wiesbaden: VS-Verlag

Sweeny, Arthur/Perry, Chad 2003. Using Focus Groups to Investigate New Ideas. Principles and an Example of Internet-Facilitated-Relationships in a Regional Financial Services Institution. In: Buber, R./Gadner, J./Richards, L. (Hg.): Applying Qualitative Methods to Marketing Management Research. Chippenham and Eastbourne: Palgrace Macmillan 105-122

Swidler, Ann 2001. Talk of Love. How Culture Matters. Chicago/London: University of Chicago Press

Tönnies, Ferdinand 1991 [1887]. Gemeinschaft und Gesellschaft. Grundbegriffe der reinen Soziologie. Darmstadt: Wissenschaftliche Buchgesellschaft

Turrisi, Patricia Ann 1997. Lecture 7. Commentary. In: Peirce, Ch. S.: Pragmatism as a Principle and Method of Right Thinking. The 1903 Harvard Lectures on Pragmatism. Hg. von P. A. Turrisi. New York: State University of New York Press: 89-105

Ulbricht, Walter 1971 [1959]. Zum Geleit. In: Weltall Erde Mensch. Ein Sammelwerk zur Entwicklungsgeschichte von Natur und Gesellschaft. Berlin: Verlag Neues Leben: 5-7

Ullrich, Carsten G. 1999. Deutungsmusteranalyse und diskursives Interview. ZfS 28: 429-447

Ulmer, Bernd 1988. Konversionserzählungen als rekonstruktive Gattung. Erzählerische Mittel und Strategien bei der Rekonstruktion eines Bekehrungserlebnisses. In: ZfS 17: 19-33

Varela, Francisco J./Thompson, Evan 1992. Der Mittlere Weg der Erkenntnis. Der Brückenschlag zwischen wissenschaftlicher Theorie und menschlicher Erfahrung. Bern, München, Wien: Scherz

Vitouch, Peter 2007³. Fernsehen und Angstbewältigung. Zur Typologie des Zuschauerverhaltens. Wiesbaden.: VS-Verlag

Vitouch, Peter/Przyborski, Aglaja/Städtler-Przyborski, Klaus 2003. Versprich mir nicht auf einmal stumm zu sein. Radiohören als Inszenierung von Entertainment und Infotainment – eine Studie über die Wahrnehmung der Konsumenten bezüglich Privatradio. In: Schriftenreihe der Rundfunk und Telekom Regulierungs-GmbH. Bd. 1. Wien: 55-77

Vogd, Werner 2002. Die Bedeutung von „Rahmen" (frames) für die Arzt-Patienten-Interaktion. Eine Studie zur ärztlichen Herstellung von dem, „was der Fall ist" im gewöhnlichen Krankenhausalltag. In: ZBBS 3, 2: 301-326

Vogd, Werner 2004. Ärztliche Entscheidungsprozesse des Krankenhauses im Spannungsfeld von System- und Zweckrationalität: Eine qualitativ-rekonstruktive Studie unter dem besonderen Blickwinkel von Rahmen („frames") und Rahmungsprozessen. Berlin: VWF-Verlag

Volmerg, Ute 1977. Kritik und Perspektiven des Gruppendiskussionsverfahrens in der Forschungspraxis. In: Leithäuser, Th./Volmerg, B./Salje, G./Volmerg, U./Wutka, B. (Hg.): Entwurf zu einer Empirie des Alltagsbewußtseins. Frankfurt a.M.: Suhrkamp: 184-217

Völter, Bettina 2003. Judentum und Kommunismus: deutsche Familiengeschichten in drei Generationen. Opladen: Leske und Budrich

Wagner-Willi, Monika 2001. Videoanalysen des Schulalltags. Die dokumentarische Interpretation schulischer Übergangsrituale. In: Bohnsack, R./Nentwig-Gesemann, I./Nohl, A.-M. (Hg.): Die dokumentarische Methode und ihre Forschungspraxis. Grundlagen qualitativer Forschung. Opladen: Leske+Budrich: 121-140

Wagner-Willi, Monika 2006. On the Multidimensional Analysis of Video-Data: Documentary Interpretation of Interaction in Schools. In: Knoblauch, H./Raab, J./Soeffner, H.-G./Schnettler, B. (Hg.): Video Analysis – Methodology and Methods. Qualitative Audiovisual Data Analysis in Sociology. Frankfurt a.M.: Lang: 143-153

Weber, Max 1980 [1920]. Wirtschaft und Gesellschaft. Grundriß der verstehenden Soziologie. 5., rev. Aufl., Studienausgabe. Tübingen: J. C. B. Mohr

Weber, Max 1985a⁶ [1922]. Die „Objektivität" sozialwissenschaftlicher und sozialpolitischer Erkenntnis. In: Ders.: Gesammelte Aufsätze zur Wissenschaftslehre. Tübingen: J.C.B. Mohr (Paul Siebeck): 146-214

Weber, Max 1985b⁶ [1922]. Roschers und Knies und die logischen Probleme der historischen Nationalökonomie. In: Ders.: Gesammelte Aufsätze zur Wissenschaftslehre. Tübingen: J.C.B. Mohr (Paul Siebeck): 1-145

Weber, Max 1985c⁶ [1922]. Kritische Studien auf dem Gebiet der kulturwissenschaftlichen Logik. In: Ders.: Gesammelte Aufsätze zur Wissenschaftslehre. Tübingen: J.C.B. Mohr (Paul Siebeck): 215-290

Weller, Vivian 2003. HipHop in São Paulo und Berlin. Ästhetische Praxis und Ausgrenzungserfahrungen junger Schwarzer und Migranten. Opladen: Leske+Budrich

Weltz, Gisela 1998. Moving Targets. Feldforschung unter Mobilitätsdruck, in: Zeitschrift für Volkskunde 74: 177-194

Welzer, Harald 2002. Das kommunikative Gedächtnis. Eine Theorie der Erinnerung. München: Beck

Welzer, Harald/Markowitsch, Hans J. 2001. Umrisse einer interdisziplinären Gedächtnisforschung. In: Psychologische Rundschau 52, 2: 205-214

Welzer, Harald/Moller, Sabine/Tschuggnall, Karoline 2002. „Opa war kein Nazi". Nationalsozialismus und Holocaust im Familiengedächtnis. Frankfurt a.M.: Fischer

Wernet, Andreas 2000. Einführung in die Interpretationstechnik der objektiven Hermeneutik. Opladen: Leske+Budrich

Whitehead, Alfred North 1948. Science and the Modern World. New York: Mentor

Whyte, Willam F. 1993⁴ [1943]. Street Corner Society. Chicago: University of Chicago Press

Wild, Bodo 1996. Kollektivität und Konflikterfahrungen. Modi der Sozialität in Gruppen jugendlicher Fußballfans und Hooligans. Dissertation an der Freien Universität Berlin

Willis, Paul 1977. Learning to Labour – How Working Class Kids Get Working Class Jobs. Weastmead, Farnborough, Hants: Saxon House

Willis, Paul 1991. Jugend-Stile. Zur Ästhetik der gemeinsamen Kultur. Hamburg/Berlin: Argument-Verlag

Wimbauer, Christine 2003. Geld und Liebe. Zur symbolischen Bedeutung von Geld in Paarbeziehungen. Frankfurt a.M.: Campus

Wimsatt, William C. 1981. Robustness, Reliability, and Overdetermination. In: Brewer, M. (Hg.): Scientific Inquiry and the Social Sciences. A Volume in Honor of Donald T. Campbell. San Francisco et al.: Lexington Books: 124-163

Windelband, Wilhelm 1924 [1894]. Geschichte und Naturwissenschaft. In: Ders.: Präludien. Aufsätze und Reden zur Philosophie und ihrer Geschichte, Bd. 2, 9. Aufl. Tübingen: J.C.B. Mohr (Paul Siebeck): 136-160

Witzel, Andreas 1982. Verfahren der qualitativen Sozialforschung. Frankfurt a.M.: Campus.

Witzel, Andreas/Mey, Günter 2004. "I am NOT Opposed to Quantification or Formalization or Modeling, But Do Not Want to Pursue Quantitative Methods That Are Not Commensurate With the Research Phenomena Addressed." Aaron Cicourel in Conversation with Andreas Witzel and Günter Mey [106 paragraphs]. In: Forum Qualitative Sozialforschung/Forum: Qualitative Social Research [On-line Journal], 5 (3), (October) Art. 41. Verfügbar unter: http://www.qualitative-research.net/fqs-texte/3-04/04-3-41-e.htm [Datum des Zugriffs: 12.04.2006]

Wohlrab-Sahr, Monika 1992. Über den Umgang mit biographischer Unsicherheit. Implikationen der „Modernisierung der Moderne". In: Soziale Welt 43, 2: 217-236

Wohlrab-Sahr, Monika 1993. Biographische Unsicherheit. Formen weiblicher Identität in der „reflexiven Moderne": das Beispiel der Zeitarbeiterinnen, Opladen: Leske+Budrich

Wohlrab-Sahr, Monika 1994. Vom Fall zum Typus: Die Sehnsucht nach dem „Ganzen" und dem „Eigentlichen" – „Idealisierung" als biographische Konstruktion. In: Diezinger, A. et al. (Hg.): Erfahrung mit Methode – Wege sozialwissenschaftlicher Frauenforschung, Freiburg i. Brsg: Kore Edition: 269-299

Wohlrab-Sahr, Monika 1999. Konversion zum Islam in Deutschland und den USA. Frankfurt a.M.: Campus

Wohlrab-Sahr, Monika 2005. Verfallsdiagnosen und Gemeinschaftsmythen. Zur Bedeutung der funktionalen Analyse für die Erforschung von Individual- und Familienbiographien im Prozess gesellschaftlicher Transformation. In: Völter, B./Dausien, B./Lutz, H./Rosenthal, G. (Hg.): Biographieforschung im Diskurs. Theoretische und methodische Verknüpfungen. Wiesbaden: VS-Verlag: 140-160

Wohlrab-Sahr, Monika 2006a. Die Realität des Subjekts: Überlegungen zu einer Theorie biographischer Identität. In: Keupp, H./Hohl, J. (Hg.): Subjektdiskurse im gesellschaftlichen Wandel. Zur Theorie des Subjekts in der Spätmoderne, Bielefeld: Transkript: 75-97

Wohlrab-Sahr, Monika 2006b. Systemtransformation und Biographie: Kontinuierungen und Diskontinuierungen im Generationenverhältnis ostdeutscher Familien. In: Rehberg, K.-S. (Hg.): Soziale Ungleichheit, kulturelle Unterschiede. Verhandlungen des 32. Kongresses der Deutschen Gesellschaft für Soziologie in München 2004, Teil 2. Frankfurt a.M./New York: Campus: 1058-1072

Wohlrab-Sahr, Monika/Karstein, Uta/Schaumburg, Christine 2005. „Ich würd' mir das offen lassen". Agnostische Spiritualität als Annäherung an die „große Transzendenz" eines Lebens nach dem Tode. In: Zeitschrift für Religionswissenschaft 13, 2: 153-174

Wulf, Christoph/Althans, Karin/Audehm, Kathrin u.a. 2001. Das Soziale als Ritual. Zur performativen Bildung von Gemeinschaften. Opladen: Leske+Budrich

Personenverzeichnis

A
Adorno, T. W., 104, 281
Alasuutari, P., 321
Alheit, P., 176
Arbeitsgruppe Bielefelder Soziologen, 92, 93, 217, 218, 220
Aristoteles, 328
Asbrand, B., 273
Atkinson, P., 37, 56, 58, 355
Auer, P., 284

B
Bachtin, M., 291
Badura, B., 217
Barton, A., 218
Bast-Haider, K., 176
Becker, H. S., 188, 351
Behnke, C., 54, 106, 108, 124, 273
Berg, E., 352
Bergmann, J., 21, 27, 56, 74, 81, 156, 159
Billerbeck, U., 47, 332, 333
Billmann-Mahecha, E., 116
Blumer, H., 186, 188, 192, 217, 220
Bogner, A., 131, 132
Bohnsack, R., 25, 28, 32, 35, 37, 39, 43, 45, 47, 49, 50, 58, 61, 63, 64, 68, 78, 81, 82, 101, 104-110, 112, 113, 116, 145, 154, 160, 164, 217, 271-279, 281-285, 287, 290-292, 294, 297, 298, 304, 333, 357
Bourdieu, P., 34, 242, 274, 275, 276, 280, 352
Breidenstein, G., 58
Breitenbach, E., 108, 273
Breuer, F., 25
Brose, H.-G., 54, 69, 77, 100, 333, 339, 343
Bude, H., 92, 93, 222

C
Charlton, M., 147
Charmaz, K., 185
Chomsky, N., 45
Cicourel, A., 92, 217, 220, 235
Clark, P., 88
Coates, J., 158, 283, 295
Colby, A., 146
Comte, A., 186
Cook-Gumperz, J., 26, 105

Corbin, J., 46, 176, 177, 185, 187, 188, 190, 192-199, 207, 211
Corsten, M., 54, 69, 77, 100, 141, 299, 333, 343
Cronbach, L. J., 321

D
Defoe, D., 280
Deppermann, A., 163
Dewey, J., 190, 191, 192, 193, 195, 314, 318, 323
Dey, I., 186
Diaz-Bone, R., 183
Diekmann, A., 36, 38, 40, 43, 44, 46, 174
Drauschke, P., 176
Durkheim, E., 324

E
Ebster, C., 351
Eckensberger, L., 146
Eckensberger, U., 146
Eco, U., 351
Elder, G., 283
Elias, N., 49
Emerson, R., 59
Englisch, F., 246
Erickson, F., 105
Esselborn-Krumbiegel, H., 351
Eucken, W., 328, 329, 332

F
Fenshel, D., 232
Firestone, W., 320
Fischer, W., 239
Fischer-Rosenthal, G., 218, 219
Fiske, M., 102, 146-154
Flick, U., 45, 173, 355
Foucault, M., 183
Frank, G., 332, 333
Frank, M., 258
Freud, S., 45
Friedrich, J., 179
Fritzsche, B., 106, 108, 147
Fuchs, M., 352
Fuchs-Heinritz, W., 44

G

Garfinkel, H., 26, 28, 29, 30, 33, 37, 44, 92, 217, 220, 242, 243, 278, 282
Gather, C., 22, 54, 122, 123, 126, 127, 128
Geertz, C. J., 355
Gerhardt, U., 237, 259, 332
Gerson, E. M., 197
Giddens, A., 324
Giegel, H.-J., 47, 332, 333
Glaser, B., 27, 42, 43, 47, 72, 177, 178, 184-196, 199, 201, 211, 334
Gläser, J., 183, 352
Gloy, K., 217
Gobo, G., 173, 174, 175, 178
Goffman, E., 27, 59, 60, 61, 66, 92, 97, 202, 285, 290, 355
Granzner, S., 119, 120
Grimm, J., 119
Guba, E., 316, 320, 321
Gumperz, J., 26, 105, 284
Günthner, S., 31, 156, 283, 291
Gurwitsch, A., 104, 282

H

Habermas, J., 37
Hahn, A., 222
Hall, S., 147
Hammersley, M., 45, 56, 58
Hampl, S., 145, 168, 169, 179
Haug, W. F., 88
Hausendorf, H., 116, 119
Have, P., 183
Heimerl, B., 360, 363
Heinze, T., 88
Heinzel, F., 101, 115, 116
Helsper, W., 33
Hermanns, H., 219, 233, 237
Herwartz-Emden, L., 33
Hildenbrand, B., 47, 63, 76, 77, 122, 124, 125, 127, 129, 188, 335, 337
Hirschauer, S., 56, 357, 363
Hitzler, R., 33, 131, 241
Hoffmann-Riem, C., 239
Honer, A., 131, 241
Hopf, C., 139, 141, 143, 144, 145
Horkheimer, M., 104
Horn, K., 88
Huber, W., 179
Hughes, E., 188, 192
Humphreys, L., 57
Husserl, E., 278

I

Imdahl, M., 45

J

Jäger, S., 183
Jefferson, G., 26, 33, 83, 110, 156
Jellinek, G., 328, 329

K

Kahnemann, D., 175
Kallmeyer, W., 33, 93, 156, 220, 221, 230
Kaplan, A., 314, 317, 318, 319, 320
Karmiloff, K., 119
Karmiloff-Smith, A., 119
Karstein, U., 122, 124, 130, 206
Katz, E., 103, 145
Kelle, H., 58
Kelle, U., 173, 177, 178, 179, 185, 188, 192
Keller, M., 146, 183
Kendall, P., 102, 146-154
Keppler, A., 31, 122, 156, 158, 176
Keupp, H., 88
Kluge, S., 173, 177, 178, 179, 332
Knoblauch, H., 31, 156, 291
Knorr-Cetina, K., 48, 278
Kohlberg, L., 146
Kohli, M., 339
Korte, Hans, 172
Kothe, B., 232-236, 239
Kromrey, H., 101
Krüger, H.-H., 179, 273
Kudera, W., 77
Kuhn, T., 49
Küsters, I., 219
Kutscher, N., 273

L

Labov, W., 26, 44, 94, 156, 217, 218, 221, 224-226, 229, 231, 232, 292
Lalouschek, J., 77, 78, 156, 158, 159, 163
Lamnek, S., 25, 101, 102, 113, 173
Latour, B., 147
Laucken, U., 25
Laudel, G., 183, 352
Lazarsfeld, P., 146, 175, 188
Leber, M., 246, 262
Lichtblau, K., 322
Liebes, T., 103, 145
Liebig, B., 101, 106
Lienert, G., 35
Lincoln, Y., 316, 320, 321
Linde, C., 44
Littig, B., 131
Livingstone, S., 102
Loer, T., 246
Lofland, L., 56
Loos, P., 46, 68, 70, 71, 72, 77, 78, 80, 101, 104, 108, 272, 273, 284, 285, 292, 297, 298, 356, 357

Luckmann, T., 31, 97, 291
Lüders, C., 276
Luhmann, N., 34
Lunt, P., 102
Luzius, A. di, 284

M
Machalek, R., 97
Maeder, Ch., 131
Maindok, H., 92, 93
Malinowski, B., 355
Mangold, W., 77, 101, 103, 104, 105, 271, 272, 282
Mannheim, K., 27, 34, 37, 40, 44, 45, 48, 49, 104, 242, 271, 272, 275-280, 281, 283, 292
Markowitsch, H. J., 96, 218
Marotzki, W., 50
Marx, K., 186
Matt, E., 355
Matthes, J., 96, 97, 217
Mayntz, R., 317, 318, 320
Mayring, P., 41, 183
McLuhan, M., 147
Mead, G. H., 45, 92, 188, 192, 220, 258, 279, 285
Meinefeld, W., 217
Menz, F., 77, 78
Menz, W., 131, 132, 158, 159, 163
Merkens, H., 45
Merton, R., 102, 140, 141-153, 186, 188
Merz, P.-U., 325, 329
Meuser, M., 22, 54, 106, 108, 124, 131, 132, 133, 273, 280
Mey, G., 185, 187, 220
Michel, B., 106, 114, 147, 148, 150, 154
Mies, M., 88
Mill, J. S., 316
Mills, C.W., 186
Mitchell, J. C., 45
Moller, S., 124, 125, 126
Morgan, D., 101, 145, 146, 148
Morley, D., 102
Mruck, K., 185, 187
Müller, M., 168, 172

N
Nagel, U., 131, 132, 133
Nassehi, A., 92, 93, 218, 222
Nelson, K., 96
Nentwig-Gesemann, I., 47, 79, 101, 106, 115, 116, 117, 119, 273, 274, 332, 333
Niekele, M., 146
Nießen, M., 104
Nohl, A.-M., 47, 68, 77, 106, 272, 273, 276, 286, 298, 304
Nunner-Winkler, G., 146

O
Oakes, G., 322, 325
Oevermann, U., 33, 39, 40, 45, 50, 122, 176, 207, 240-247, 249-265, 274, 296, 312, 331, 335, 338
Oswald, H., 115

P
Panofsky, E., 34, 45, 168
Parsons, T., 186
Peirce, C. S., 191
Perry, C., 102
Pfaff, N., 179, 273
Piaget, J., 45
Polanyi, M., 279
Pollner, M., 59
Pollock, F., 103
Popper, K., 43, 281
Przyborski, A., 31-33, 37, 39, 43, 68, 78, 101, 104-112, 145, 147, 150, 164-169, 272-273, 283-285, 286, 289, 291-297, 298, 356, 357, 361

Q
Quasthoff, U., 94, 116, 119

R
Rapoport, R., 88
Reckwitz, A., 245
Reichertz, J., 25, 35, 191, 241, 242, 244, 245
Reinshagen, H., 146
Richter, R., 115
Rickert, H., 312, 318, 322, 323, 324, 325
Ricoeur, P., 243
Riemann, G., 75, 78, 81, 83, 185, 237
Rogers, C., 153
Rosenthal, G., 76, 122, 173, 176, 218, 219, 237
Ruff, K., 77

S
Saake, I., 93, 222
Sacks, H., 26, 29, 33, 44, 81, 83, 94, 110, 112, 156, 165, 220, 292
Schäffer, B., 46, 68, 70, 71, 72, 73, 80, 101, 104, 106, 108, 147, 148, 272, 273, 274, 279
Schatzman, L., 53, 58, 174, 177, 218
Schaumburg, C., 122, 124, 130
Schegloff, E., 26, 33, 83, 110, 156
Schiffauer, W., 334, 357
Schittenhelm, K., 106, 273
Schleiermacher, F., 258
Schneider, U., 88
Schreiber, M., 357
Schröer, N., 241
Schultz, J., 105

Schütz, A., 26, 27, 28, 30, 32, 34, 36, 44, 46, 132, 217, 220, 236, 244, 245, 313, 343
Schütze, F., 30, 33, 41, 43, 44, 80, 82, 84, 85, 89, 92-94, 95, 99, 104, 185, 197, 217, 218-225, 228, 230, 231, 232, 233, 234, 236-239, 272, 283
Schwitalla, J., 156
Seale, C., 35, 45
Seliger, K., 236, 238
Selting, M., 165
Shibutani, T., 202
Skinner, Qu., 186
Slunecko, T., 31, 34, 36, 43, 147, 275, 281
Snow, D., 97
Soeffner, H.-G., 37, 241, 242, 245
Spencer, H., 186
Springer, W., 217
Sprondel, W., 132
Stach, H., 274
Städtler-Przyborski, K., 145
Städtler, K., 274
Stalzer, L., 351
Stangl, W., 46
Steinacker, P., 179
Steinke, I., 35
Strauss, A., 17, 27, 42, 43, 46, 47, 49, 53, 58, 63, 72, 174, 176, 177, 178, 182, 184-201, 204, 206, 207, 211, 217, 218, 247, 334
Streeck, J., 33, 221
Strübing, J., 46, 47, 185, 188, 190, 195
Sweeny, A., 102
Swidler, A., 122

T
Terhart, E., 33
Thompson, E., 26
Tkocz, C., 237
Tönnies, F., 324, 325
Tschugnall, K., 124, 125, 126
Turrisi, P., 191
Tversky, A., 175

U
Ulbricht, W., 252
Ullrich, C., 137
Ulmer, B., 97

V
van Maanen, J., 355, 356
Varela, F., 26
Vitouch, P., 42, 145
Vogd, W., 64, 66, 274
Volmerg, U., 104
Völter, B., 237

W
Wagner-Willi, M., 115, 155, 273
Waletzky, J., 221
Weber, M., 34, 46, 186, 202, 244, 251, 312, 318, 322-332, 334, 335, 336, 337, 339, 340
Weller, V., 106, 272, 273
Weltz, G., 55
Welzer, H., 96, 124, 125, 126, 218
Wernet, A., 240, 253, 262, 263
Weymann, A., 217
Whitehead, A., 318
Whyte, W., 70, 73
Wild, B., 108
Willis, P., 102, 147
Wilson, T.P., 217
Wimbauer, C., 123, 127, 128, 139
Wimsatt, W., 197
Windelband, W., 312, 318, 322, 324, 325
Winkler, H., 237
Witzel, A., 92, 220
Wohlrab, D., 146
Wohlrab-Sahr, M., 39, 44, 46, 54, 55, 69, 71, 81, 88, 91, 93, 100, 122-124, 126, 130, 141, 206, 222, 230, 244, 259, 333, 338, 343
Wulf, C., 280

Z
Zaumseil, M., 88

Sachverzeichnis

A
Abduktion, 190, 191
Ablauf, äußerer, 223
Ablaufmuster, 98, 100, 126, 134, 138, 140
Abschlussmarkierer, 83, 87
Abstrakt, 226, 232
Abstraktion, 329, 336, 337, 340
Abstraktion und Konkretion, 320
Abstraktion, analytische, 236, 237
Adoleszenzentwicklung, 272
Aktenanalyse, 55
Akteursorientierung, 193
Aktionismus, 273, 304, 305, 306, 307, 308
Allgemeinheit, 258
Alltagsmethoden, 37
Alltagswissen, 313
Alter, bei Interviewpartnern, 118
Analyse, komparative, 108, 159, 276, 277, 287, 296, 298, 353, 364
Analyse, makrosoziale, 317
Analyse, sequentielle, 205, 246, 285, 296, 338
Analyseeinstellung, 32, 33
Anonymisierung, 69, 73, 76, 87, 162
Ansatz, deduktiv-nomologischer, 190
Ansatz, induktiver, 190
Anspruch auf Objektivität, 275
Anthropologie, 351, 352
Antithese, 293
Antwortverweigerung, 175
Anzeigen und Handzettel, 72, 73
Argumentation, 223, 228, 229, 237
Aspekthaftigkeit, doppelte, 223, 224
ATLAS/ti, 185
Atmosphäre beim Interview, 76, 79, 100
Aufbrechen der Daten, 204
Aufmerksamkeit, 89, 91
Aufnahmegerät, 79, 157
Aufsatz, 358, 360
Aufzeichnung, störende Effekte, 156, 157
Ausdruck, symptomatischer, 223
Ausdrucksgestalt, 242
Ausgangsdaten, 36, 38, 161, 163, 169
Aushandlungsphase, 127
Aushandlungsprozesse, 22
Außenkriterium, 36
Auswahl, der Fälle, 173
Auswahl, der Untersuchungseinheiten, 177
Auswahl, von Interviewpartnern, 157
Auswertung, 15, 21-24, 31, 39, 42, 43, 73, 80, 86, 97, 101, 105, 109, 112, 143, 163, 169, 183, 185, 195, 200, 206, 217, 219, 220, 223, 224, 231, 233, 240, 245, 246, 273, 277, 283, 286, 287, 299, 351, 359
Authentizität, 71, 72

B
Balance des Forschers, 60, 61, 66
Basisregeln, 41, 92, 93, 94, 97
Basistypik, 297, 298, 299, 333-335
Bedeutung, konjunktive, 281, 282, 283
Bedeutung, objektive, 243, 246, 251
Bedeutung, subjektiv intentional realisiert, 247
Bedeutungskonstitution, interaktive, 286
Bedingungen, 195, 197, 198, 199, 209, 210
Befragung, 22, 23
Begriff, genetischer, 339
Begriff, individueller, 322
Begriffe, generalisierende, 323
Beobachterposition, 276, 277
Beobachtung, 21, 22, 56, 57, 58, 59, 61, 63-66, 70, 363
Beobachtung, nicht- teilnehmend, 67
Beobachtung, teilnehmende, 53, 55, 58, 59, 60, 68, 70, 155, 273, 274
Beobachtung, videogestützt, 155, 157, 273
Beobachtungen zweiter Ordnung, 34
Beobachtungseinheit, 176
Beobachtungsprotokoll, 63, 64, 66, 86, 201, 351, 354, 364
Beobachtungssatz, 161, 162
Beratung, 89
Beschreibung, 95, 223, 229, 230
Beschreibung, abstrahierende, 230
Beschreibung, impressionistische, 357
Beschreibung, strukturelle inhaltliche, 233, 234
Besonderheit, Einzelfall, 317
Betriebswissen, 132-134, 137
Bewusstheitskontext, 178
Bezugsrahmen, persönlicher und sozialer, 155
Bilanzierung, 100
Bildanalyse, 274
Bilder, 161, 162, 168, 169, 285

Bildinterpretation, 274, 285
Bildlichkeit, 161, 169
Bildungsgeschichte, 334, 335
Bildungshomogenität, 148
Bildungsprozess, 45, 258
Bildungstypik, 333, 334, 348
Binnenindikatoren, formale, 234
Biographie, 16, 17, 23, 39, 47, 93, 97, 106, 232, 261, 333, 337, 339, 344, 347, 348, 349
Biographie- und Ereignisträger, 225
Biographieanalyse, 185, 218, 236, 339, 340
Biographietheorie, 34, 44, 338
Briefe, 73
Bureau of Applied Social Research, 146

C

Center for Contemporary Cultural Studies, 102
Chicago School of Sociology, 27, 49, 185, 186, 188, 192
Coaching, 89
Co-Interviewer, 90
Common-Sense-Konstruktionen, 26, 36, 38
Computersoftware, 185
concept, sensitizing, 186
Cultural Studies, 102, 147

D

Dank, bedanken, 86, 88
Darstellung, der Typologie, 364
Darstellung, individualisierende, 323
Darstellung, performative, 120, 121
Darstellung, rekonstruktiver Ergebnisse, 353, 359
Darstellungsduktus, symptomatischer und stilistischer, 219
Darstellungselement, 358, 360
Darstellungsformat, 358
Darstellungsformen, szenisch-performative, 116
Daten, objektive, 260, 261, 262
Datenschutz, 55, 76
Datensicherung, 155, 160
Deduktion, 191, 193
Deskription, 195
Detaillierung, 112, 136, 138
Detaillierungszwang, 93, 96
Determinismus, 316
Deutungsmacht, 132, 133, 137
Deutungsmuster, 17
Deutungswissen, 134
Dialog, 279
Dichte, interaktive, 286, 287
Differenz, erkenntnislogische, 275, 283
Dilemmainterview, 146, 149
Dimensionen, 210

Dingbegriff, 326
direktive Phase, 113
Diskurs, 156
Diskurs, Dramaturgie des, 105
Diskurs, selbstläufiger, 109, 112, 119, 121
Diskursanalyse, 183
Diskursbewegung, 291-294, 307
Diskurse, Verschränkung zweier, 109, 118, 119
Diskursmodus, 292
Diskursorganisation, 292, 296, 305
Diskussion, 129
Diskussionsgruppen, 102
Distanz, 60, 61, 62, 68
Divergenz, 294, 303
dokumentarische Methode, 44, 47, 104, 149, 164, 182, 183, 184, 190, 242, 247, 249, 262, 271-278, 281, 283, 292, 297, 299, 363
Dokumentation, 56
Dokumente, 22
Dokumentsinn, 34, 44, 278, 281, 285, 296
Doppelrolle, 159
Durchschnittstyp, 327

E

Ebene, kommunikativ-generalisierte, 281
Ebene, konjunktive, 276, 277, 281
Ehre, 357
Eigentheorie, 237
Einführung des Interviewformats, 80
Eingangserzählung, 98, 100
Eingangsfrage, Stimulus, 81, 82, 87, 110, 113, 115, 120, 126
Einheitskonstitution, 93, 97, 122, 124
Einverständnis, der Interviewten, 76, 87, 159
Einzelfall, 316, 317
Elaboration, 291, 293, 295, 304, 305, 306, 307
Emergenz, 104, 188, 190, 192, 258
Enaktierung, 290
Enaktierungspotential, 290, 296
Entwicklungstypik, 333, 334
Entwurfscharakter, 292
Epi-Phänomen, 105
Ereignis- und Erfahrungsverkettung, 225
Ereigniszusammenhang, 323
Erfahrung, konjunktive, 281, 283, 284
Erfahrungen, gemeinsame, 107, 109
Erfahrungen, Strukturidentität, 109
Erfahrungsbildung, 272
Erfahrungsgrundlagen, kollektive, 280
Erfahrungshintergrund, 272, 305
Erfahrungsraum, 105, 282, 283, 289
Erfahrungsraum, geschlechts-, bildungsmilieu- und generationstypische, 282
Erfahrungsraum, konjunktiver, 104, 105, 109, 278, 279, 280, 282, 283, 306

Sachverzeichnis

Erfahrungsrekapitulation, 222
Erfahrungswissen, 138, 275
Ergebnispräsentation, 354
Ergebnissicherung, 222
Erhebung, 15, 19, 21, 22, 23, 24, 91, 204
Erhebung, authentischer Gespräche, 156, 159
Erhebung, fokussierte, 147, 149
Erhebung, im öffentlichen Raum, 68
Erhebung, Modus der, 82
Erhebung, verdeckte, 56
Erhebung, zu zweit, 91
Erhebungen, standardisierte und nichtstandardisierte, 178
Erhebungsform, 54, 63, 82
Erhebungsort, 76, 78, 79
Erhebungssituation, 80
Erkenntnisinteresse, 15, 17, 20, 21, 23, 42, 43, 358, 359
Erkenntnisinteresse, Information über, 74, 75
Erkenntnislogik, 41, 271
Erkenntnistheorie, 26
Erklären, 316, 317, 318, 322, 323, 328
Erklären, deduktives, 318
Erklären, historischer Ereignisse, 325
Erklären, historisches, 317, 318
Erklären, verstehendes, 318, 321, 328, 336
Erklärung, 317, 328
Erklärung, deduktive, 317
Erklärung, funktionale, 317
Erklärung, kausale, 317
Erklärung, motivationale, 317
Erlebnisschichtung, kollektive, 283
Erlebniszusammenhang, 278, 280
Erzählanalyse, linguistische, 221
Erzählaufforderung, 39, 87, 116, 119, 120, 128
Erzählketten, 234
Erzählkoda, 98
Erzählkompetenz, 96
Erzählperspektive, 352, 355, 356, 357
Erzählpraxis, familiengeschichtliche, 129
Erzählstimulus, 81, 98, 127, 128
Erzähltheorie, 224
Erzählung, 23, 223, 224, 292, 354
Erzählung und Argumentation, 234
Erzählung und Erfahrung, 221
Erzählung, Aufbau, 232
Erzählung, autobiographische, 95
Erzählzapfen, 99
Ethnographie, 56, 58, 63, 351-353, 357
Ethnologie, 351, 352
Ethno-Methoden, 37
Ethnomethodologie, 26, 37, 44, 217, 221, 282
Evaluation, 226, 227, 228, 231, 232
Evaluationsforschung, 106, 107, 274
Exemplifizierung, 293, 295, 305

Existenzurteil, 314
EXMARaLDA, 167, 168
Experiment, 46
Experte, 68
Experteninterview, 55, 75, 131, 132, 134
Experteninterview, narratives, 219
Expertenstatus, 134, 135
Expertenwissen, 131, 132, 134
Exploration, 189
Extrapolation, 321

F
faits sociaux, 104
Fall, 198, 200, 201, 211, 212, 215, 313, 314
Fallbeschreibung, 337
Falldarstellung, 353, 363, 364
Fallkontrastierung, 259
Fallrekonstruktion, 240, 337
Fallstruktur, 247, 248, 257, 258, 260, 336, 337, 338
Fallstrukturhypothese, 260, 262, 264, 269, 270
Fallstrukturrekonstruktion, 340
Fallstrukturreproduktion, 211
Fallvergleich, 260, 311
Fallzahl, 182
Fall-zu-Fall-Transfer, 320
Falsifikation, 197, 199, 200, 256, 257
Familiengeschichten, 127, 129
Familiengespräch, 23, 122, 124, 125, 126, 130
Familienkommunikation, 122, 124
Familientherapie, systemische, 80
Feedback, 88
Feinanalyse, 262, 263
Feingliederung, thematische, 288
Feld, typologisches, 212
Feldforschung, 53, 58, 60, 62, 71, 356, 361
Feldforschung, verdeckt, 68
Feldkontakt, 56, 64
Feldnotizen, 63, 64, 66, 67
Feldsondierung, 70
Feldzugang, 69, 72, 73
Figuren, kognitive, 94, 225
Filme, 168, 169
Filminterpretation, 274
Filminterpretation, dokumentarische, 169
Filmtranskripte, 162
focus group, 103
Focus Group, 102
Fokus, 126, 146, 147, 153, 154
Fokusgruppeninterview, 145, 146, 151, 153, 154, 155
Fokussierung, 146, 287
Fokussierungsmetapher, 105, 116, 287
formale Pragmatik, 37
Formalstruktur, 33
Format, literarisches, 357

Forschung, interkulturelle, 106
Forschung, jugendsoziologische, 107
Forschung, Unabhängigkeit der, 69
Forschung, verdeckte, 57
Forschungsablauf, 42, 43, 351
Forschungsbericht, 358, 359
Forschungsbeziehung, 61, 89, 91, 118
Forschungsethik, 56, 57, 76, 159
Forschungsfeld, 15, 16, 17, 20, 21, 23, 24, 53, 56, 58, 59, 64, 68
Forschungsfeld, Abgrenzung, 55
Forschungsfeld, Erschließung, 53, 54, 55
Forschungsfeld, Zugang ins, 56
Forschungsfrage, 358, 360
Forschungsinteresse, Darlegung, 57, 58
Forschungslogik, 18, 19, 27, 42, 101, 184, 193
Forschungslogik, quantitative, 359
Forschungslücke, 358
Forschungsökonomie, 102, 169
Forschungsprozess, 54, 57, 61, 62
Forschungstagebuch, 54, 63
Forschungswerkstätten, 24, 49, 271, 286
Fragen, generative, 192, 206
Fragen, mutierende, 151
Fragen, unstrukturierte, 151
Fragereihungen, 112, 120
Fragestellung, 15, 16, 17, 18, 20, 23, 24
Frankfurter Institut für Sozialforschung, 103
Frankfurter Schule, 103
Fremdheit, doppelte, 119, 120, 121
Fremdheit, kulturelle, 28
Fremdheit, methodisch reflektierte, 112
Fremdheit, methodische, Prinzip, 82
Fremdverstehen, 30, 31, 308
Fremdverstehen, methodisch kontrolliertes, 25, 28, 31, 217, 248
Funktion, evaluativ, 227

G
Gattung, 326
Gattungen, kommunikative, 31, 156, 157
Gattungsanalyse, 183
Gattungsbegriff, 322, 323, 325, 329
Gedächtnis, kommunikatives, 124
Gedächtnisforschung, neurowissenschaftliche, 218
Gedächtnisprotokoll, 56
Gedankenexperiment, 182, 251, 252, 253, 254, 258, 331
Gedankenexperiment, Lesart, 250
Gedankengebilde, 330
Gedankenspiel, 330
Gegenhorizont, 290, 304, 305, 306, 307
Gegenleistung, 87, 88
Gegenwartsstandpunkt des Erzählers, 229
Gehalt, propositionaler, 303, 306

Geltung, 34
Geltung, allgemeine, 258
Geltungscharakter, 278, 283
Gemeinsamkeiten, existentielle, 109
Generalisierung, 25, 42, 45, 46, 48, 174, 257, 311-322, 336, 338, 354
Generalisierung, auf Klassen von Fällen oder Populationen, 321
Generalisierung, Ebenen der, 336
Generalisierung, einfache, 319
Generalisierung, erweiterte, 319
Generalisierung, Formen der, 318, 319
Generalisierung, im Alltag, 313
Generalisierung, statistische, 320
Generalisierung, theoretische, 320, 321
Generalisierung, vermittelte, 319
Generationenverhältnis, 124
Generationsforschung, 106, 107
Generationstypik, 312, 333
Generierungskraft, narrative, 219
Genese, 334
Gesamtformung, biographische, 239
Gesamtgestalt der Lebensgeschichte, 225
Geschlecht, der Interviewer, 90
Geschlechterforschung, 106, 107
Geschlechterverhältnis, 90
Geschlechtstypik, 297, 298, 312, 333
Gesetz, naturwissenschaftliches, 317
Gesetzesbegriff, 311, 316
Gesetzeswissenschaft, 322, 324, 325, 327, 328
Gesetzmäßigkeit, 314, 316
Gesetzmäßigkeit, kausale, 311
Gespräche, authentische, 155, 157
Gesprächsformat, 82
Gesprächsführung, provozierende, 137
Gesprächsinitiierung, 110
Gesprächspsychotherapie, 153
Gesprächssituation, Beenden, 85
Gesprächssituationen, institutionalisierte, 116, 117
Gestaltschließungszwang, 93, 94, 96
Gestaltung von Texten, 355
Gestaltungsprinzip, 283
Gewinnung von Interviewpartnern, 69-73
Gliederung, 358
going native, 59, 62
Grand Theory, 186, 190, 191
Grenzbegriff, 329, 331, 332, 339
Grounded Theory, 17, 44, 47, 149, 150, 173, 177, 182-207, 223, 238, 247, 297, 311, 312
Grounded Theory Institute, 187
Grundannahmen, 23
Grundbegriffe, 44
Gruppe, 154, 283
Gruppe, Adressierung der gesamten, 110, 155
Gruppe, als Epiphänomen, 154

Gruppe, informelle, 158
Gruppe, Zusammensetzung der, 107, 118, 148, 149
Gruppen, natürliche, 148
Gruppen, Verhalten in, 154
Gruppen, zusammengestellte, 109
Gruppenatmosphäre, 154
Gruppenbefragung, 101
Gruppendiskussion, 23, 54, 69, 71, 101, 102, 103, 107, 115, 126, 129, 130, 145-149, 153, 154, 164, 272, 273, 282, 286, 293, 354, 363
Gruppendiskussion, Leitung einer, 112
Gruppendiskussion, mit Jugendlichen, 77
Gruppendiskussion, mit Kindern, 79, 115, 120
Gruppendiskussion, reflexive Prinzipien der Initiierung und Leitung, 110
Gruppendiskussion, videogestützt, 116, 117
Gruppendiskussionsverfahren, 271, 272, 273, 274
Gruppendynamik, 153
Gruppengröße, 148
Gruppenmeinung, 103
Gruppensituation, 154
Gültigkeit, 36, 44
Gütekriterien, 25, 35, 40, 43, 173, 353
Gütekriterien für Transkription, 169

H
Habitus, 33, 34, 49, 50, 272, 275, 280, 289, 296
Haltung des Vergleichens, 200
Haltung, kommunikative, 70, 71, 72, 74, 91
Handeln, 26, 197
Handeln und Erleiden, 221
Handeln, habituelles, 34
Handeln, regelerzeugtes, 243, 245, 249
Handlung, 197, 198, 209
Handlungsfigurkonstitution, 93
Handlungskomplikation, 226, 227
Handlungsmodell, 192, 193
Handlungsorientierung, 289, 296
Handlungspraxis, 107, 118, 276, 280, 283
Handlungsproblem, 244, 260
Handlungsschema, 221
Handlungsschema, biographisches, 236
Handlungssteuerung, 339, 340, 343, 347
Handlungssystem, 339
Handlungszentrum, 312, 335, 338
Hermeneutik, 242, 258
Hermeneutik, sozialwissenschaftliche, 241, 245
Herstellungsregeln, 33
HIAT, 167, 168
Hintergrundkonstruktion, 229
Historismus, 323
Homologie, 40, 284, 285, 289, 294

Homologie von Erzählung und Erfahrung, 222
Homologiethese, 93, 222
Horizont, 290
Hypothese, 27, 43, 149, 189, 191, 196, 197, 198, 200, 202, 204, 211, 212, 321, 334, 359
Hypothese, deduktiv, 192
Hypothese, heuristische, 44, 149, 189, 359
Hypothese, induktiv, 192
Hypothese, nomologische, 44, 149
Hypothese, statistische, 359
Hypothesenbildung, 149
Hypothesengenerierung, 200
Hypothesenüberprüfung, 198, 211

I
Idealtypus, 46, 47, 48, 244, 312, 318, 327-335, 337, 339
Identifikation, 318, 319, 321
Identität, kollektive, 123
Idiographik, 322
Illustration, von Interpretation, 361
Indexikalität, 29, 30, 31, 288
Indikator, 36, 195, 207, 208, 212
Individualität, 312
Individuierung, 312
Individuum, historisches, 322, 334
Induktion, 45, 191, 192, 193
Induktion versus Deduktion, 190, 192
Induktion, statistische, 191, 193
Induktivismus, 191
Information, der Interviewpartner, 57, 67, 68, 69, 74
Inhalte, mediale, 114
Inhaltsanalyse, 195
Inhaltsanalyse, qualitative, 183
institutioneller Kontext, 54, 55, 56, 64, 69, 77, 78
Integration, 272
Integration, theoretische, 201, 205, 206, 217
Interaktion, 21, 22, 23, 61, 102, 197, 209, 210, 246
Interaktion, Bedingungen der, 204
Interaktion, natürliche, 245
Interaktionismus, symbolischer, 92, 185, 186, 193, 197, 198, 217, 220, 221
Interaktionsfeldstudie, 93, 218, 219
Interaktionskontext, 198, 210
Interaktionspraxis, gemeinsame, 90
Interaktionszüge, 290, 291
Interpretation, 353
Interpretation, des empirischen Materials, 361
Interpretation, dokumentarische, 280, 282, 284, 285, 296, 354
Interpretation, formulierende, 287, 302
Interpretation, fremdsprachigen Materials, 308
Interpretation, reflektierende, 289, 296, 303

Interpretation, sequentielle, 249, 250, 253
Interpretation, von Gegenständen, 274
Interpretationsgruppe, 200, 251, 255, 256
Interpretationsmethode, 359
Interpreten, muttersprachliche, 308
Intertextualität, 351
Interventionen, 100, 112
Interview, 23, 54, 55, 56
Interview, biographisches, 219, 272, 273
Interview, familienbiographisches, 126
Interview, paarbiographisches, 124
Interview, fokussiertes, 145, 146, 147, 148, 149-155
Interview, sozialer Charakter, 93
Interviewer, Aufgaben, 100, 101, 147
Interviewer/Interviewerin, 22, 39, 53, 60, 71, 78, 79, 80, 83, 84, 85, 89, 91, 97, 98, 99, 100, 112, 114, 219, 246, 272, 299, 303, 306, 341, 356
Interviewerfehler, 143, 144
Interviewerteam, 90
Interviewführung, 147, 155
Interviewführung, Regeln der, 219
Interviewinterpretation, 54, 161
Interviewsetting, 23
Interviewsituation, 22
Introspektion, retrospektive, 152

J
Joining, 80
Jugendforschung, 68, 75, 106

K
Kategorie, 194, 195, 196, 198, 200, 201, 204, 205, 209, 211, 215, 216, 217, 234
Kategorie, metatheoretische, 337-347
Kategorienfehler, 19
Kausalität, 311, 316, 318, 329, 348
Kindheits- und Jugendforschung, 274
Kindheitsforschung, rekonstruktive, 115
Klassifikation, 324
Klatsch, 21, 56, 156, 159
Koda, 226, 228, 232
Kode, 204, 205, 206
Kodieren, 184, 194, 195, 196, 198, 201-207
Kodieren, axiales, 196, 205, 209
Kodieren, offenes, 195, 204, 205, 207
Kodieren, selektives, 205
Kodierparadigma, 185, 204
Kohärenz, 329, 337
Kohärenz, Fallstruktur, 337
Kohärenz, theoretische, 350
Kohärenzerzeugung, 336, 337, 340
Kollektivbiographie, 272
Kollektivität, 103, 104, 272, 278, 279, 280, 282

Kommunikation, 40, 67, 68, 156
Kommunikation, des Paares, 127
Kommunikation, formale Merkmale, 157
Kommunikation, medizinische, 156
Kommunikationsprozess, 58, 67
Kommunikationsschema, 221, 225
Kommunizieren, selbstläufiges, 123
Kondensierungszwang, 93, 94, 96
konditionelle Matrix, 198, 210, 211
Konfiguration, 317
Konjunktion, 272
Konklusion, 291, 294, 296, 305, 306, 308
Konklusion, rituelle, 294
Konsequenzen, 198, 199, 204, 209, 210
Konstruktionen, 26
Konstruktionen ersten Grades, 27
Konstruktionen zweiten Grades, 27
Kontagion, 279
Kontaktaufnahme, 71-75
Kontakte, persönliche, 73
Kontaktpersonen, 68
Kontext, 323
Kontext, äußerer, 254, 255
Kontext, innerer, 254, 255
Kontext, institutioneller, 157
Kontext, situativer, 143
Kontextualisierung, 336, 337, 340
Kontextualisierungshinweis, 284, 288
Kontextvariation, 251, 253
Kontextwissen, 133, 134, 182
Kontrast, 181, 182, 186, 216
Kontrast, maximaler, 72, 177, 239, 297, 299
Kontrast, minimaler, 177, 239, 296, 298
Kontrasthorizont, 182, 311
Konversationsanalyse, 33, 110, 156, 157, 183, 220, 221, 249
Konzept, 17, 184, 186, 188, 189, 190, 192, 194, 195, 196, 197, 198, 199, 200, 201, 203, 204, 205, 207, 209, 212, 215, 217
Konzept-Indikator-Modell, 195
Kooperationsbereitschaft, 69, 75
Kreativität, 49
Kreise, thematische, 234
Kreuzvergleich, 218
Krisenexperiment, 28, 33, 243
Kulturrelativität, 96
Kulturwert, 322, 325
Kulturwissenschaft, historische, 322, 327, 328

L
leader effect, 155
Lebensalter, 96, 98
Legitimations- und Begründungsfrage, 352
Leitfaden, 144, 149-152
Leitfadenbürokratie, 139, 143, 144, 145
Leitfadeninterview, 138, 139, 140, 144, 153

Lesart, 268, 269, 290
Lesartenbildung, 268
Lesbarkeit, 361
Linguistik, angewandte, 156

M

Marktforschung, 106, 145, 179, 274
Material, natürliches, 122, 155
MAXQda, 185
Mechanismus, 317, 318, 320
Medienforschung, 147, 274
Mediennutzungs- und Rezeptionsanalyse, 102
Medienpraxiskulturen, 106
Medienwissenschaften, 145
Meinung, öffentliche, 103
Memo, 194, 197, 200, 201, 203, 204, 206
Merkmale, formale, von Gesprächen, soziale Funktion, 156
Messung, 36, 38, 43
Metaphorik, 284, 285
Metaphorik, des Diskurses, 284
Metatheorie, 25, 42, 43, 44, 45
Methode, generalisierende, 325
Methode, prozessuale, 330
Methode, theoriegenerierende, 189
Methode, theorietestende, 188
Methode, wirklichkeitswissenschaftliche, 329, 336
Methodenkanon, 352
Methodentriangulation, 107, 272, 273, 274
Migrationsforschung, 274
Migrationstypik, 297, 298, 333
Mikrofon, 79
Milieu, 109, 125, 283
Milieuforschung, 72, 106, 107
Milieutypik, 312, 333
Minimierung und Maximierung, von Unterschieden, 177, 178
Modus Operandi, 34, 35, 50
Möglichkeiten, objektive, 251, 254, 260, 331, 336, 340
Möglichkeitsurteil, 251
Monographie, 354, 360
MoViQ, 164, 169, 170, 172
Mustermodell, 317, 318

N

Nachbesprechung, 78
Nachfragen, 100, 150, 151
Nachfragen, exmanente, 84, 85, 87, 100, 129, 151
Nachfragen, immanente, 83, 84, 87, 99, 100, 129, 136
Nähe und Distanz, 60
Narration, 147
Narration, Anregung von, 99

Narrationsanalyse, 149, 183, 184, 185, 190, 217-224, 228, 239, 240, 245, 247, 262, 292, 354, 363
narratives Interview, 23, 92, 93, 95, 96, 98, 100, 129, 130, 218, 219, 221, 222, 223, 224, 231, 272, 273
Naturalismus, methodologischer, 322
Naturwissenschaften, 316
Netzwerk, 55, 72
Nicht-Beeinflussung, 151
Nicht-Beeinflussung, Kriterien, 155
Nomothetik, 322
Norm, 243
Normalverteilung, 175
Normen und Regeln, im Feld geltende, 71
Notizen, 63, 66, 67, 100
Notizen, methodische, 201
Notizen, theoretische, 201

O

Objektivation, 242, 275
objektive Hermeneutik, 44, 45, 47, 149, 182, 183, 184, 190, 211, 240, 241-249, 251, 254, 255, 256, 259, 260, 281, 287, 290, 297, 328, 331, 336, 338
Objektivierbarkeit, 56
Objektivismus, 242
Objektivität, 25, 35, 40, 41, 42, 242, 245, 355
Offenheit, 70, 140, 141, 142
Öffentlichkeit, 158
Off-the-Record-Situation, 86
Operationalisierung, 38, 39, 359
Opposition, 293
Ordnung, kommunikative, 94
Organisationskulturforschung, 106
Organisationsrahmen, 305
Orientierung, 26, 226, 290, 306
Orientierung, kollektive, 105, 106, 107, 363
Orientierung, sinnhafte, 221
Orientierungsdilemma, 290
Orientierungsfigur, 297
Orientierungsgehalt, 290, 291, 303
Orientierungsmuster, 312, 333, 334
Orientierungsrahmen, 111, 284, 290, 296, 335
Orientierungsstrukturen, 222, 224
Orientierungswissen, 280, 290

P

Paar- und Familieninterview, 122, 124, 126, 130
Paarinterview, 22, 23
Paradigma, methodologisches, 15, 19, 20
Paraphrase, 267
Passage, 286, 287, 288, 289, 302
Passagen, Auswahl von, 286, 287
Passagen, selbstläufige, 80

Passfähigkeit, 320, 338
Peergroup, 272
Peinlichkeitsgrenze, 83
Performanz, 117, 122, 281, 284, 285
Performativität, 285
Perspektive, subjektive, 223, 224
Perspektivenkonflikt, 61
Perspektivenübernahme, 60
Plausibilisierung, mangelnde, 233
Präferenzen, stilistische, 106
Pragmatismus, 188, 191, 192, 193
Praktiken, habitualisierte, 275
Präparieren der Daten, 190, 191, 195
Präsentation, performative, 115
Präsentation, schriftliche, 351
Präsentationsfassade, 22, 123
Praxeologie, 48, 50, 274
Prinzipien der Durchführung, 109, 138, 142, 151, 157
Prinzipien der Interviewführung, 134, 147
Privatbereich der Interviewerin, 78
Probeinterview, 22
Problemlösung, 344
Problemlösungsstrategie, 339, 347
Problempräsentation, 136
Produktionsregel, 291
Professionalität, 66
Proposition, 289, 291, 293, 295, 303, 306
Protokoll, 161, 245, 246
Prozess, 184, 197
Prozeß zeitlich und logisch vor dem bewussten Individuum, 279
Prozesscharakter, erlebter, 95
Prozesse, biographische, 23
Prozesshaftigkeit, 197, 223
Prozessmodell, 239
Prozessstruktur, 95, 197, 198, 223, 233, 240
Publikation, 364

Q
Qualifikationsarbeit, 354, 358, 359
Qualität, 25, 42
Quota Sampling, 179

R
Rahmenbedingungen des Gesprächs, 135
Rahmenbedingungen für die Erhebung, 78
Rahmenschaltelement, 231
Ratifikation, 293
Ratifizierung, 222
Rationalismus, kritischer, 275
Realgruppen, 105, 108, 109, 118
Realismus, konstruktiver, 275
Realtypus, 328, 332
Reflexion, abstrakt oder hypothetisch, 95
Reflexion, theoretisch, 63, 65, 66

Reflexion, von Rolle und Methode, 63, 65, 66
Regel, 243, 258, 313, 320
Regelgeleitetheit, 243
Regelhaftigkeit, 245, 248, 249, 280
Regelmäßigkeit, 317
Regeln, des Wissenschaftsbetriebes, 358
Regeln, formale, 162
Regeln, kommunikative, 41
Regeln, konstitutive, 92
Regieanweisung, 127
Rekonstruktion, 291, 317
Rekonstruktion, kausale, 317
rekonstruktiv, 15, 18, 19, 24
Relation, 321
Relationierung, 194, 196
Relevanz, 80, 121, 142, 143, 224, 321
Relevanzfestlegungszwang, 93, 94, 96
Relevanzsystem, 31, 36, 87
Reliabilität, 25, 35, 38, 40, 102, 103, 104, 354
Replizierbarkeit, 38
Repräsentanz, 46
Repräsentation, der Gruppe, 104, 106
Repräsentativität, 45, 46, 173, 174, 175, 178, 180
Repräsentativität, konzeptuelle, 47, 195
Repräsentativität, statistische, 195
Reproduktionsbedingung, 348
Reproduktionsgesetzlichkeit, 39, 40, 256, 260, 286, 336, 361, 363
Reproduzierbarkeit, 161
Resultat, 226, 228
Rezeptionsforschung, 106, 146, 274
Reziprozitätskonstitution, 93
Robustheit, 197, 198, 200, 211
Rolle der Forscherin, 58-62, 66, 68, 155
Rolle des Interviewers, 130, 131, 154
Rollenverteilung, 71
Rollenwissen, 132, 133

S
Sachverhaltsdarstellung, Schema der, 93
Sachverhaltsdarstellung, spezifische, 136, 138
Sample, 176, 177, 180, 182, 320
Sampling, 73, 157, 173-179, 189, 194, 195, 311, 317, 349, 351
Sampling, empirisches, 72, 181
Sampling, nach vorab festgelegten Kriterien, 180, 181
Sampling, Nebeneffekte, 180
Sampling, qualitatives, 179
Sampling, selektives, 174
Sampling, theoretisches, 72, 140, 148, 149, 174, 177, 178, 181, 182, 184, 189, 191, 200, 205, 206, 238, 239, 265, 351
Samplingeinheit, 176
Samplingverfahren, 180, 181

Sachverzeichnis

Sättigung, theoretische, 178, 182, 195
Schema der Sachverhaltsdarstellung, 233
Schicksalsgemeinschaft, 308
Schließen, theoretisches, 46
Schluss, 318
Schlüsselkategorie, 198, 205, 206, 211, 217
Schlüsselperson, 56
Schlussfolgerung, 319
Schneeballprinzip (-verfahren), 72, 73, 174, 180, 181
Schreiben als Methode, 352
Schweiger, in der Gruppendiskussion, 102, 113, 154
Segmentierung, 231, 233, 262
Selbstbezug, 339, 340, 346, 347
Selbstdarstellung, 20
Selbstläufigkeit, 23, 87, 105, 116, 136, 138
Selbstläufigkeit, Herstellung von, 87
Selbstläufigkeit, In-Gang-Kommen, 115
Selbstläufigkeit, Scheitern der, 99
Selbstreferenzialität, 31
Selektion, 248
Selektivität, 124, 126, 249, 258, 268
sensitizing concepts, 188
Sequenzanalyse, 204, 240, 241, 290
sequenzanalytisch, 249
Sequenzialität, 249, 284, 285
Simultaneität, 285
Sinn, latenter, 184
Sinn, objektiver, 34, 245, 247
Sinn, objektiver vs. subjektiv gemeinter, 243
Sinn, subjektiv gemeinter, 34, 244, 245, 247
Sinn, subjektiv realisierter, 247
Sinn, subjektiver, 25, 32, 34
Sinnebenen, 34, 35, 277, 281, 284, 288
Sinngehalt, dokumentarischer, 278, 284, 289
Sinngehalt, immanenter, 278, 283, 287
Sinngehalt, kommunikativ-generalisierter, 285, 288
Sinnrekonstruktion, 221
Sinnstruktur, 318, 338
Sinnstruktur, kollektive, 184
Sinnstruktur, latente, 242, 243, 246
Sinnstruktur, objektive, 264
Sinnstrukturen, homologe, 296
Sinnverstehen, 242, 288
Sinnzusammenhang, 143, 196, 198, 317
Sinnzuschreibung, 242
Situation im Interview, 91, 148
Smalltalk-Phase, 80, 87
Sonderwissen, 131, 132
Sozialforschung, 21, 30, 35, 37, 41, 46, 58, 70, 88, 97, 122, 140, 144, 145, 156, 160, 161, 162, 169, 174, 175, 183, 188, 189, 247, 248, 311, 320, 321, 352, 353

Sozialforschung, qualitative, 25, 92, 138, 139, 143, 145, 191, 194, 318, 320, 332, 335, 351
Soziogenese, 299
Soziolinguistik, 156, 217
Soziologie, 324, 351
Spannung, 62, 144
Sparsamkeitsregel, 253, 254
Spezifität, 141, 142, 152, 155
Spiel, 116, 117, 119
Spielpraxis, 118, 273
Sprache, 161, 162, 281
Sprachwissenschaft, 44, 45
Sprecherwechsel, 286
standardisierte Verfahren, 32
Standardisierung, 30, 39, 41
Standards der Verständigung, 38, 354
Standards, alltäglicher Kommunikation, 37, 38, 39, 40, 41, 42, 92, 93
Standards, qualitativer Methoden, 25, 35, 37, 41, 48
Standortverbundenheit, 276, 277
Standortverbundenheit, des Beobachters, 297
Standortverbundenheit, des Wissens, 276, 277
Stegreiferzählung, 93
Stellungnahme, theoretisch-reflektierende, 228
Stichprobe, 174, 175, 320
Stichprobenpläne, qualitative, 179
Stichprobentechnik, 174
Stimulus, 136, 149
Stimulussituation, 147, 151, 154
Störfaktoren, 126
Struktur, 246, 250
Strukturgeneralisierung, 258, 260
Strukturtransformation, 349
Subjektivismus, 242
Subjektivismus vs. Objektivismus, 274
Subjektkonstitution, 45
Symptomatik, 220
Synchronizität, 162, 171

T
Tabuisierung, 21, 56
tacit knowledge, 279
Tatsachenfeststellung, 314, 316
Tatsachenwissenschaft, 316
Technikforschung, 274
Teilnahmebereitschaft, 74, 126, 157
Teilnahmebereitschaft, Klärung, 74
Terminabsprache, 75
Tertium Comparationis, 297, 298
Testen von Theorie, 190, 196
Textanalyse, formale, 231, 233
Textbegriff, 242
Textförmigkeit sozialer Realität, 242
Textproduktion, 247, 351, 353

Textsorte, 37, 156, 229, 284, 287, 291, 292, 296
Themeninitiierung, 112
Theoretisierung, 138
Theorie mittlerer Reichweite, 186
Theorie, formale, 187
Theorie, gegenstandsbezogene, 42, 43, 44, 45, 47, 50, 359
Theorie, subjektive, 20, 100, 223, 237
Theorie, substantive, 187
Theorieentwicklung, 178
Theoriegenerierung, 186, 189, 194, 195, 197, 198, 200, 201, 204, 205, 336, 350
Theoriememos, 206
Tiefgründigkeit, 153, 155
TiQ, 164, 165, 167, 169
Tischgespräche, 122, 156
Ton- und Filmdokumente, 160
Totalität, 254, 279
Transdisziplinarität, 50
Transferierbarkeit, 321
Transformation, 348
Transformation, eines Typus, 350
Transkript, 79, 88, 163, 164, 309
Transkription, 160, 161, 162, 163, 164, 165, 169, 170, 172, 286
Transposition, 294, 304, 306, 307
Triangulation, 19, 107
Typenbildung, 31, 47, 48, 259, 260, 296, 298, 312, 313, 333, 334, 335, 336, 337, 338
Typenbildung, sinngenetisch, 298
Typenbildung, soziogenetisch, 298, 299
Typenfeld, 313, 332, 335, 337, 348, 349, 350
Typentableau, 313, 332, 348, 350
Typik, 47, 48, 312, 313, 333, 334, 335
Typik, Genese, 298
Typik, Validität, 298
Typisierung, 313
Typologie, 48, 244, 299, 332, 333, 351, 360, 364
Typologie, 312
Typus, 46, 312, 328, 332, 333, 337, 338, 339, 347, 348, 350

U
Übereinstimmung, habituell, 305, 306
Überformung, theoretische, 97
Übergänge, 151
Überprüfbarkeit, intersubjektive, 30, 39-42, 160, 162, 169, 288, 353, 354, 361
Umweltbezug, 339, 340, 342, 347
Unterbrechung, 87
Untersuchungsdesign, 359
Untersuchungseinheit, 173, 177

V
Vagheit, 29, 30
Vagheit, demonstrative, 82, 87, 112
Validierung, 289, 293, 303, 305, 306, 307
Validität, 25, 35, 36, 40, 102, 103, 104
Verallgemeinerbarkeit, 173, 174, 176, 258
Verallgemeinerung, 173, 174, 311, 312, 313
Verallgemeinerung, Formen der, 173
Veränderbarkeit, 193, 197, 198
Verfahren, generalisierendes, 322, 325
Verfahren, hypothesenprüfendes, 180
Verfahren, idiographisches, 322, 325
Verfahren, individualisierendes, 322, 323, 325
Verfahren, nomothetisches, 322, 325
Verfahren, standardisiertes, 186, 190, 191
Verfahren, theoriegenerierendes, 180
Verfahren, theorietestendes, 186
Verfälschung des Materials, 156
Verfikation, 197
Vergleich, 17, 46, 157, 199, 200, 212, 238, 239, 311, 321, 330, 331, 332, 333, 334
Vergleich, maximaler, 200, 238
Vergleich, minimaler, 200, 238
Vergleichbarkeit, 81, 87, 157
Vergleichen, ständiges, 184, 196, 198, 199, 200
Vergleichen, systematisches, 200
Vergleichsfälle, 238
Vergleichsgruppe, 277
Vergleichshorizont, 296
Verhörsituation, 83
Verifikation, 190, 196, 197, 198, 199, 200, 206, 211, 212
Verknüpfung, 317
Verknüpfung von Kodierung und Datenerhebung, 206
Verknüpfung, von Erhebungen, standardisierten und nichtstandardisierten, 178
Verkörperung, 280
Verlauf, thematischer, 286, 287
Verlaufskurve, 236
Verschränkung von Forschung und Theoriebildung, 186
Verständigung, konjunktive, 107, 282, 284
Verständigung, Strukturen der, 93
Verständigungsbasis, 89
Verständnis, intuitives, 26
Verstehen, 317, 318, 322, 323, 328
Verstehen und Erklären, 323, 328
Verstehen, objektives, 242
Verstrickung, aktionistische, 273
Verteilung, 46
Verteilung, statistische, 175, 176
Vertrauensbasis, 75
Vertraulichkeit, 80, 87

Verweisungszusammenhang, 29, 30, 31, 47, 347
Videoaufzeichnung, 155
Vignettenmethode, 273
Vollständigkeit, 349, 350
Vorannahmen, 318, 319
Vorgehen, sequentielles, 285
Vorgespräch, 98, 100, 135, 138
Vorwissen, theoretisches, 44

W

Wahrheits- und Objektivitätsnachweis, 352
Wahrnehmungen, habituelle des Forschers, 356
Wahrscheinlichkeit, 317
Wahrscheinlichkeit, statistische, 317
Wahrscheinlichkeitsstichprobe, 175
Wandlungsprozess, 236
Wechsel, thematischer, 286
Weil-Motive und Um-zu-Motive, 236
Welt- und Regelwissen, 254, 255
Welten, soziale, 225
Wert, 322
Wirklichkeitswissenschaft, 312, 322, 325, 327, 328
Wissen, alltägliches 32
Wissen, atheoretisches, 279, 280, 283, 292
Wissen, handlungspraktisches, 275, 277
Wissen, kollektives, 105

Wissen, kommunikativ generalisiertes, 275
Wissen, konjunktives, 280
Wissen, Seinsverbundenheit des 48, 277
Wissen, verkörpertes, 280
Wissensanalyse, 237, 238
Wissenschaft, individualisierende, 322
Wissenschaftstheorie, 26, 311
Wissensebenen, 276
Wissensformen, 275
Wissenssoziologie, 27, 48, 217, 220, 221, 241, 242, 271
Wörtlichkeit, 253, 254

Z

Zahl, der zu erhebenden Fälle, 182
Zeit, 78, 89
Zeitbezug, 229
Zeitperspektive, 339, 340, 347
Zitieren, 361
Zufalls- oder Quotenstichprobentechniken, 174
Zufallsauswahl, 174, 175
Zufallsprinzip, 320
Zufallsstichprobe, 46, 317
Zugzwänge des Erzählens, 93, 94, 96, 218
Zurückhaltung, 111, 112
Zusammenhang, 320, 327
Zusammenhang, historischer, 323
Zuverlässigkeit, 38, 39

Ökonomie und Soziologie endlich vereinen

Gertraude Mikl-Horke
Sozialwissenschaftliche Perspektiven der Wirtschaft
2008 | 272 S. | broschiert
€ 29,80 | ISBN 978-3-486-58250-5

Nach einer langen Zeit der separaten Entwicklung der wissenschaftlichen Disziplinen werden in diesem Buch nicht nur die wesentlichen Ansätze einer Integration von Ökonomie und Soziologie dargestellt, sondern es wird versucht, die ökonomischen Annahmen und Voraussetzungen in den soziologischen Theorien einerseits, die soziologischen Implikationen im Werk der Ökonomen klassischer, neoklassischer und heterodoxer Provenienz herauszuarbeiten.

Die kulturelle Einbettung der Wirtschaft hängt eng mit dem, was wir über Wirtschaft wissen oder zu wissen glauben und wie wir dementsprechend handeln, zusammen. Die Erklärung von Ungleichheit in ökonomischer, sozialer und politischer Hinsicht kann nicht ohne Bezug auf Machtverhältnisse und ihre Begründung auskommen. Die Frage des Gemeinwohls berührt reale und kognitive Probleme der sozialen Kosten, der sozialen Verantwortung der wirtschaftlichen Akteure und der Rolle des Staates angesichts der Entkoppelung des Marktes von sozialen Werten und Zielen.

Das Buch richtet sich an Studierende der Wirtschafts- und Sozialwissenschaften sowie an Dozenten und Sozialwissenschaftler.

Über die Autorin:
Univ.-Prof. Dr. Gertraude Mikl-Horke lehrt an der Wirtschaftsuniversität Wien.

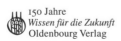
150 Jahre
Wissen für die Zukunft
Oldenbourg Verlag

Bestellen Sie in Ihrer Fachbuchhandlung oder direkt bei uns: Tel: 089/45051-248, Fax: 089/45051-333
verkauf@oldenbourg.de

Die verständliche Einführung

Morel, Bauer, Meleghy, Niedenzu, Preglau, Staubmann
Soziologische Theorie
Abriss der Ansätze ihrer Hauptvertreter
8., überarb. Auf. 2007. XIII, 337 S., gb.
€ 24,80
ISBN 978-3-486-58476-9

Das Buch führt in den zunehmend komplexer und unübersichtlicher werdenden Themenbereich „Soziologische Theorien" ein. Grundkenntnisse der verschiedenen Theorien sind aber unverzichtbar, strukturieren diese doch Fragestellungen und Erkenntnisperspektiven innerhalb und außerhalb der Soziologie, etwa in den verschiedenen speziellen Soziologien und in den Nachbarwissenschaften, wie sie auch die Problemauswahl und die Begriffsbildung in der empirischen Sozialforschung steuern. Der multiparadigmatischen Vielfalt der Soziologie wird Rechnung getragen: Anhand der Darstellung jeweils eines originären und repräsentativen Vertreters werden die Charakteristika des jeweiligen theoretischen Ansatzes sichtbar gemacht. Auch die dynamische Entfaltung des Themengebiets wird berücksichtigt, indem neben den „klassischen" Theorievarianten der Soziologie auch deren Weiterentwicklung und Wirkungsgeschichte sowie neue Theorieentwicklungen einbezogen werden.

Das Buch ist sowohl für Haupt- oder Nebenfachstudierende der Soziologie als auch für Studierende von Nachbardisziplinen geeignet.

Oldenbourg

Menschen und Manager: Ein Balanceakt?

Eugen Buß
**Die deutschen Spitzenmanager -
Wie sie wurden, was sie sind**
Herkunft, Wertvorstellungen, Erfolgsregeln
2007. XI, 256 S., gb.
€ 26,80
ISBN 978-3-486-58256-7

Was ist eigentlich los im deutschen Management? Kaum ein Tag vergeht, ohne dass die Medien kritisch über die Zunft der Führungskräfte berichten. Sind die deutschen Manager denn seit dem Beginn der Bundesrepublik immer schlechter geworden? War früher etwa alles besser, als es noch »richtige« Unternehmerpersönlichkeiten gab?
Antworten auf diese Fragen finden Sie in diesem Buch.

Es gibt kein vergleichbares Buch, das die Zusammenhänge des Werdegangs und der Einstellungen von Spitzenmanagern darstellt. Die Studie zeigt, dass es in der Praxis unterschiedliche Managertypen gibt. Diejenigen, die ihre Persönlichkeit allzu gerne der Managementrolle unterordnen und jene, die eine Balance zwischen Mensch und Position finden.

Das Buch richtet sich an all jene, die sich für die deutsche Wirtschaft interessieren.

Prof. Dr. Eugen Buß lehrt an der Universität Hohenheim am Institut für Sozialwissenschaft.

Oldenbourg